ET ALII
MACKSEN LUIZ

SERVIÇO SOCIAL DO COMÉRCIO
Administração Regional no Estado de São Paulo

Presidente do Conselho Regional
Abram Szajman

Diretor Regional
Danilo Santos de Miranda

Conselho Editorial
Ivan Giannini
Joel Naimayer Padula
Luiz Deoclécio Massaro Galina
Sérgio José Battistelli

Edições Sesc São Paulo
Gerente Marcos Lepiscopo
Gerente adjunta Isabel M. M. Alexandre
Coordenação editorial Clívia Ramiro, Cristianne Lameirinha, Francis Manzoni
Produção editorial Bruno Salerno Rodrigues
Coordenação gráfica Katia Verissimo
Produção gráfica Fabio Pinotti
Coordenação de comunicação Bruna Zarnoviec Daniel

Coleção Sesc Críticas
Coordenação Marta Colabone
Colaboração Iã Paulo Ribeiro
Apoio José Olímpio Zangarine

ET MACKSEN ALII LUIZ

edições sesc

© Macksen Luiz, 2017

© Edições Sesc São Paulo, 2017

Todos os direitos reservados

Preparação Pedro Paulo da Silva

Revisão André Albert e Silvia Balderama

Pesquisa Lucia Cerrone

Revisão técnica Renata Bühler

Projeto gráfico Ricardo van Steen

Diagramação Saul Sales

M219m	Macksen Luiz
	Macksen Luiz et alii / Macksen Luiz do Rozario Filho. – São Paulo: Edições Sesc São Paulo, 2017. – 516 p.
	ISBN 978-85-9493-005-7
	1. Teatro. 2. Crítica teatral. 3.Macksen Luiz I. Título. II. Rozario Filho, Macksen Luiz do.
	CDD 792

Edições Sesc São Paulo

Rua Cantagalo, 74 – 13º/14º andar

03319-000 – São Paulo SP Brasil

Tel.: 55 11 2227-6500

edicoes@edicoes.sescsp.org.br

sescsp.org.br/edicoes

/edicoessescsp

Apresentação

> *"Todo grande poeta [...] é um grande crítico,*
> *ao menos na perspectiva [...],*
> *como todo grande crítico é um poeta,*
> *ou em perspectiva ou em ação."*
>
> Alceu Amoroso Lima

O papel da crítica, no âmbito das expressões artísticas, é de fundamental importância por criar parâmetros de fruição e de execução das obras que chegam ao público. Independentemente do campo em que atua, a crítica é uma das formas mais contundentes de manter e elevar o padrão dos que fazem e dos que elaboram as mais diversas formas de arte.

Num voo raso pela história da arte, podemos perceber que a crítica toma corpo e é difundida nas sociedades no momento em que as artes passam a fazer parte não somente de uma elite social, mas também da vida daqueles que, embora não pertencendo à chamada "alta cultura", passam a ter contato direto com elas. Com a Modernidade e o advento de uma abertura do fazer e do gozar artísticos, a crítica passa a se fazer necessária, já que a quantidade de obras toma um vulto nunca antes visto.

Como um bem elitizado, para os poucos que, com tempo livre e poder aquisitivo, dela usufruíam, a cultura já serviu de oposição à barbárie que, segundo a elite da época, poderia se sobrepor à sua condição elevada de civilização. Supor que o caminho da crítica se abriu para que os "mais civilizados" (termos que hoje não fazem sentido e carregam forte tom de uma pretensa arrogância de superioridade) pudessem conduzir o que seriam os moldes de uma ou outra expressão artística não diminuiu nem diminui em nada seu valor; ele somente aponta os poderes sociais dirigindo, moldando, formando aqueles que começaram a enveredar pelo fazer artístico numa relação mais profissional, dentro de um amplo terreno demarcado pelas transações mercantis, como até hoje acontece.

As expressões artísticas, porém, começaram a tomar outros caminhos, a andar por vontades alheias a esses poderes e a se disseminar por todos os cantos. Nesta época de pós-modernidade, cuja venalidade real pode ser apontada, avaliada e chancelada para os produtos mais subjetivos, nesta época de capitalismo avançado, as artes eclodiram com força total. Não se trata mais de ver a crítica como balizadora de conceitos, ideologias, como um objeto que cerca e protege uma civilidade de poucos. Por mais que as diferenças socioeconômicas ainda estejam presentes, na arte elas passam a não ser mais elementos de descarte desta ou daquela obra.

Com as expressões artísticas em constante procura por sensações e elementos novos, o certo é que a crítica continua tendo relevância para a evolução dos movimentos que surgem a todo instante. A crítica, no caso, não faz um papel de rechaçar ou de tentar moldar os fazeres artísticos; seu papel é o da reflexão, do embasamento teórico, histórico e prático, que faz do crítico um elemento necessário, um ponto de referência ao desenvolvimento das artes.

O Sesc São Paulo reconhece na função do crítico sua relevância para formar públicos e refletir a respeito do papel da arte na sociedade. Vê em seu trabalho um modo de fixar e apontar a história para que possamos enxergar o que há de repetições travestidas de inovações e o que há de real inovação nos meios artísticos. Se a crítica pode ser vista como a construção de barreiras a emperrar uma passagem, seu significado toma mais força no instante em que propõe que tais obstáculos sejam transpostos.

É nessa perspectiva que apresentamos a Coleção Sesc Críticas, agora trazendo à luz parte significativa das críticas teatrais de Macksen Luiz.

DANILO SANTOS DE MIRANDA
Diretor Regional do Sesc São Paulo

Um devotado espectador

Para um crítico vocacionado, não há vida fora do teatro. Com essa determinação, ele é parte do ato teatral assim como são os atores, os encenadores, os autores. Na dimensão dessa entrega votiva, sua crítica se amplia como um documento que permanecerá além daquele ato tão efêmero, já que a ação cênica é de vida e morte nela mesma.

Nos meus setenta anos de ofício passei, como tantos outros colegas, por inúmeras avaliações críticas. Positivas e negativas. Relendo o que guardei desses julgamentos, revejo a minha própria vida nesse ofício e essa visão crítica me reposiciona dentro da minha história como atriz. Na distância dos anos, a minha memória se reacende. Sabemos que, quando desaparece uma geração de teatro, principalmente os atores, é por meio dessa documentação crítica que o futuro poderá saber de nós além de nós. Toda crítica teatral é material histórico. O crítico é um historiador. O crítico teatral é a nossa testemunha imprescindível.

Na história moderna do teatro brasileiro, entre os críticos historiadores, isto é, aqueles não eventuais, o nome de Macksen Luiz se faz presente como um vocacionado analista da nossa cena. Macksen é um testemunho pleno de trinta anos do que realizamos em nossos palcos. Sua estreia, como crítico, aconteceu em 1974 no jornal *Opinião*. Durante mais de duas décadas foi o único especialista em teatro do *Jornal do Brasil*, que esteve presente praticamente em todas as encenações cariocas e também nas que chegaram ao Rio de Janeiro. Hoje, assina a coluna especializada do jornal O *Globo*, mantendo a mesma perseverança e objetividade.

No seu leque de opções profissionais, já que sua formação vem da Escola de Sociologia e Política da Pontifícia Universidade Católica do Rio de Janeiro (PUC-Rio), Macksen Luiz bem poderia ter se fechado no atendimento a outras atividades jornalísticas, que também exerce, mas o teatro é o espaço no qual ele se sente solidamente integrado. É um observador sempre bem informado sobre o que vai julgar, cujo vocabulário crítico nunca é primário. Há nele uma visão crítica resguardada, mas humanizada. Não é benevolente, nem tampouco detrator. É isento e solidário mesmo numa avaliação negativa. Tem uma compreensão existencial e social da sobrevivência cênica em nosso país.

Na coletânea *Macksen Luiz et alii*, o leitor encontrará um panorama do que de mais importante os palcos do Rio de Janeiro apresentaram por meio de análises vindas de um crítico absolutamente integrado com a resistência da nossa expressão cultural. Macksen Luiz comprova as palavras de Sábato Magaldi: "O amor pelo teatro e a boa-fé [são] as qualidades primeiras da função do crítico". Acrescento, a propósito, a definição sucinta e essencial da crítica Barbara Heliodora: "Sou simplesmente uma espectadora de teatro".

O crítico Macksen Luiz é basicamente um devotado espectador do teatro.

FERNANDA MONTENEGRO

A permanência
do efêmero

A efemeridade do ato teatral não compromete a sua eternização. Total, quando se completa na cena e se projeta na plateia, se faz permanente nos traços que deixa em cada um dos que o constroem e assistem a ele. É fugaz na dificuldade de se reproduzir como registro histórico, visual ou jornalístico. Estreitamente relacionado com seu tempo e amplo na revitalização milenar dos seus meios expressivos, o ato teatral se deixa capturar pelas sensibilidades do momento, pelas emoções do instante e pela longevidade do pensamento.

Reviver no presente as progressões do passado é da natureza da criação, que extrapola da documentação dramatúrgica para a contemporaneidade da cena. Acompanhar esse avanço é assistir à invenção em estado inquietante. Ficar cara a cara com a experiência humana em sua beleza e sordidez, percorrer memórias com alegria e melancolia, ter a inteligência provocada pelo desafio do desconhecido e a ruptura com o já sabido, num exercício infindo de se descobrir a cada ida ao teatro.

O tempo da cena é finito; os sentimentos que provoca são infinitos. Tentar capturá-los em palavras, divulgá-los como atividade profissional, dispor-se a vivê-los como atos generosamente oferecidos são práticas de uma vida de espectador que se confundem com a impermanência de uma arte inesgotável na mutabilidade com que enfrenta a passagem dos séculos.

Um curto período da atividade de crítica teatral no *Jornal do Brasil* (1982-2010) expõe a tentativa de me debruçar sobre o palco como vivência – reflexiva, amorosa, definitiva. Em tão pouco tempo, é possível reter somente os fragmentos de uma experiência artística que nunca se desvinculou da vida real. É tentar reter a extensão da sua complexidade técnica e o prazer de usufruir de tudo o que cabe no humano. E, no teatro, o humano se mostra na totalidade.

MACKSEN LUIZ

1982

AS LÁGRIMAS AMARGAS DE PETRA VON KANT

Quando as luzes dos refletores do Teatro dos Quatro iluminam um corpo de mulher no centro do palco, veem-se apenas as suas costas muito brancas e os cabelos desalinhados de alguém que desperta. Assim tem início uma das mais emocionantes experiências que um espectador de teatro pode ter. O privilégio de assistir a um monstro sagrado exibindo, de forma plena, a extensão de seu talento.

Em quase duas horas, o privilégio de ver Fernanda Montenegro interpretando a sensível Petra von Kant vai ganhando contornos de verdadeira aventura pessoal, a alegria de compartilhar de uma poderosa aula de técnica teatral e de absoluto domínio da emoção em cena. O despertar de Petra/Fernanda é apenas o começo de uma interpretação que segura a atenção do espectador em todos os instantes e revela que a extensão dos recursos de que dispõe Fernanda é imensurável. Seu porte em cena é de um animal, dono da liberdade de se movimentar numa área que é inteiramente sua. Há uma intimidade tão estreita entre a atriz e seu espaço de trabalho que sua criação nada mais é do que um ato de intimidade. Cada pausa, silêncio ou movimento corresponde a um gesto que acentua a intimidade. A própria respiração é um elemento dramático tão forte que é impossível ao espectador deixar de ouvi-la.

Por mais que se conheça Fernanda Montenegro, será difícil não se surpreender com a sua interpretação em *As lágrimas amargas de Petra von Kant*. Não que tenha sido tocada por qualquer dom divino, mas apenas houve um daqueles raros e definitivos encontros entre atriz e personagem. Fernanda agarrou sua Petra com seus trinta anos de carreira e fez dela quase que uma soma das centenas de personagens que já interpretou, desenhando com técnica requintada a complexidade das emoções de uma vida. Não há nada que Fernanda faça como Petra que não seja fruto de extenuante exercício profissional, mas ao mesmo tempo a atriz demonstra a carga de emoção projetada na personagem, e que só pode ser explicada por um talento irretocável.

Essa atriz de formação tradicional – Teatro Brasileiro de Comédia (TBC), diretores italianos – nos dá uma interpretação tão rica que é impossível defini-la no tempo. Nada mais contemporâneo que o seu domínio corporal: na cena em que Petra discute com a amante, a repulsa de um contato físico é sugerida com leve, mas marcante, movimento de corpo para trás. Nada mais surpreendente do que os prodígios que consegue fazer com a sua voz: no meio do choro e do desespero de Petra ao confessar sua ligação homossexual à mãe e à filha, Fernanda a projeta com uma gama de modulações que vai do sussurro ao grito. Nada mais vanguardista do que a forma como revela à plateia a sua técnica de trabalho: a atriz se prepara para a cena final à frente do público, saindo do mais denso desespero para um espelho, diante do qual se penteia, se veste e caminha até um divã. As mudanças de clima dramático se fazem de frente e sem truques para a plateia.

Em cena, Fernanda/Petra está o tempo todo estimulando as atrizes com quem contracena. Nos momentos mais densos, quando tem diante de si Renata Sorrah, Fernanda visivelmente troca sua emoção com a companheira de cena, numa integração que somente a humildade de se saber profissional consciente poderia gerar.

A força e a inteligência da atuação de Fernanda Montenegro em *As lágrimas amargas de Petra von Kant* nos devolvem o prazer e a inteligência de ir ao teatro. O reencontro com essa arte na sua forma essencial – a palavra, o gesto, a emoção e as ideias – está enraizado nesta atuação, quase como um sinal que confirma o palco como uma zona de convivência e de troca, e não como um território reservado a cultivar pequenas vaidades.

Há pouco mais de um mês, morria, de causa ainda obscura, o cineasta e dramaturgo Rainer Werner Fassbinder (1945-82), aos 36 anos. Sua personagem Petra von Kant, aos 45 anos, quase sucumbe à necessidade de enfrentar a si mesma. Entre o autor e sua criação, muito provavelmente, existirão semelhanças, mas se existe algo que os une de forma indissolúvel é o fato de Fassbinder e Petra levarem suas vidas aos limites dos sentimentos extremos. Petra, como Fassbinder, também tem uma imagem notória, é desenhista de moda de sucesso na Alemanha atual. Recompondo-se de um segundo casamento frustrado, decide ajudar Karim, uma jovem filha de operários sem muitas perspectivas, por quem demonstra uma paixão irracional. Esse sentimento, que é apenas aproveitado por Karim como mais uma experiência, para Petra é a confirmação de tudo aquilo que havia descoberto nos casamentos anteriores. "Eu acho – diz ela – que o homem é feito assim, tem necessidade de outra pessoa, mas não aprendeu a ser dois." Mas a vontade de ser dois, de compartilhar, é o que faz Petra reproduzir com Karim aquilo que havia tentado viver com o segundo marido.

Esse "drama burguês", que os mais ranzinzas poderiam chamar de "teatro de alcova", não se circunscreve ao espaço fechado do ateliê-casa de Petra von Kant. Está localizado num espaço bem maior do que o da Alemanha atual ou de um teatro num *shopping center* do Rio.

Petra é uma personagem atual quando se transfigura na líder feminista ao apontar a mãe como uma prostituta, uma mulher que sempre se sujeitou a ser sustentada. Ou quando se transforma na mulher de negócios que conhece o jogo sujo do dinheiro, mas se entrega a ele porque sabe que o trabalho pode ser também uma fonte de prazer. Ou ainda quando descobre, finalmente liberada, depois de descer ao inferno de todas as suas emoções, a diferença entre o amor e o sentimento de posse.

A preferência de Fassbinder pelo universo feminino – já registrada há dois anos no mesmo Teatro dos Quatro em *Afinal uma mulher de negócios* – pode não ser um mero acaso. Prova apenas que reconhecia nas mulheres melhores portadoras de seus conflitos, e que *As lágrimas amargas de Petra von Kant* é a expressão, tão somente, de profundas experiências humanas.

O diretor Celso Nunes orquestrou o seu espetáculo combinando os cinco movimentos do texto em doses suaves. Dividida em cinco atos, a versão de Celso para a peça ganhou solução cênica inteligente ao eliminar os intervalos, ligando as partes através de Marlene, a criada a quem Petra subjuga e humilha. Essa personagem muda – tão bem interpretada pela bailarina Juliana Carneiro da Cunha – serve como ponto de ligação, ajudada numa das passagens por dispensáveis *slides*. Celso procurou revelar as emoções das seis mulheres em cena com tanta exatidão que alguns espectadores da sessão das 17h de segunda-feira não conseguiam disfarçar o seu impacto ao final do espetáculo.

Essa busca da emoção foi transmitida às atrizes de maneira que elas pudessem lançá-la ao público para que ele descobrisse o que está por trás de cada personagem. Renata Sorrah captou essa sutileza ao construir a sua Karim – de aparência vulgar, mas libertária no descompromisso com a vida – com o vigor de uma jovem inconsequente cuja vibração, no entanto, permite que o público compreenda seus movimentos interiores. Rosita Thomaz Lopes, num papel mais episódico, tem menor oportunidade, projetando apenas um tipo, da mesma forma que a ainda inexperiente Paula Magalhães. Já Joyce de Oliveira, como a mãe de Petra, nas duas cenas curtas em que participa, tem atuação sensível. Destaque ainda para a solução simples mas funcional do cenário de Celso Nunes, para a boa iluminação de Aurélio de Simoni e Luiz Paulo Neném – especialmente no final, quando adquire função dramática importante –, e para os figurinos de Kalma Murtinho.

HEDDA GABLER

Hedda Gabler marca o fim de uma fase marcadamente realista na obra do norueguês Henrik Ibsen (1828-1906), que depois optaria por forte simbolismo. A peça, além de ser divisor de tendências, é uma das mais atraentes para atrizes que já detêm sólida técnica e que veem na personagem-título a oportunidade de revelá-la em toda a sua extensão.

Mas a permanência de *Hedda Gabler* como um texto definitivo deve-se a seu caráter polêmico e intrigante. Afinal, quem é Hedda Gabler? Não apenas a filha de um general que, mesmo casando por interesse com um literato medíocre, não abdica da necessidade de exercitar sua inteligência, de investir (dentro dos limites da sociedade da época) contra algumas convenções sociais e de encontrar em ações maquiavélicas uma forma de autoafirmação. Percebia-se, também, como uma mulher que se faz tradicional, exigindo do marido luxo e permanente desdobrar de atenções, expressas em bens materiais, e usando-o como baliza de aceitação social. Ou, ainda, alguém que, mesmo com atitudes de construir e desfazer a vida das pessoas que a cercam, traz em si o germe da insatisfação e a necessidade de transformar o mundo.

Porém, é o personagem do advogado Brack que acende a chama da compreensão da estranha personalidade de Hedda, ao dizer o que falta a ela: uma direção para sua existência. Essa observação é destacada também pelo ensaísta Martin Esslin, que afirma que Hedda sabe quais oportunidades seriam "dignas para se dedicar, mas não consegue encontrá-las". E não as encontra porque vive numa sociedade dominada pelos homens, dentro da qual só lhe restam pequenos truques ou grandes golpes para se sentir viva, já que de outra forma a sociedade a impede.

Essa mulher intensa nos seus desejos de engolir quem se interpõe em seu jogo destrutivo não procura justificar os seus atos, já que de si sabe apenas que "detesta escândalos" e que tem obsessiva preocupação em buscar a beleza, a harmonia e a integração. Mas esses são valores absolutos que Hedda mitifica através de suas atitudes egoístas e maldosas. É capaz de humilhar a velha tia de seu marido pelo simples prazer de exercer a prepotência. De destruir a obra e a vida de um ex-admirador para medir a extensão do seu poder no jogo de forças. Os outros personagens são apenas figuração para que Hedda use o poder e a inteligência para manipulá-los. O único que a enfrenta, até porque o cinismo dele não tem restrições, é Brack, que desmonta as tramas armadas por Hedda e que, de certa forma, insinua a ela as suas possibilidades de escolher um futuro diferente. Sua escolha é trágica.

O realismo de *Hedda Gabler* pode sugerir um espetáculo com excesso de verismo, mas essa falsa impressão é desfeita pelo diretor Gilles Gwizdek. A concepção de seu espetáculo é algo fria, distante, dando a impressão de que não estava muito à vontade para enfrentar as sutilezas do texto. Gwizdek se propõe a ser quase ausente, e o espetáculo caminha com certa lentidão e algum desânimo. Não há solução cênica especialmente brilhante ou clara intervenção do diretor para criar qualquer tipo de emoção. A montagem é monocórdia e distante, deixando a impressão de que o que se passa no palco está a quilômetros, até mesmo, do espectador da primeira fila. Essa falta de fibra e de espinha dorsal reflete-se na linha de interpretação dos atores. Dina Sfat, na quarta-feira, dentro de seu desenho meio equidistante da personagem, teve momentos excelentes e outros extremamente frios. Em suas conversas com a rival Téa Elvsted (Xuxa Lopes), Hedda/Sfat se mostrava brilhante, da mesma forma que quando em confronto com Brack (Cláudio Marzo). Percebia-se, nesses momentos, a inteligência da atriz em mostrar as nuances de Hedda, as suas hesitações e vacilações. Em outros, a atriz parecia ausente, um tanto apagada e sem brilho. Havia algo errado com Dina naquela noite, tanto que no final, quando os atores vêm à cena para agradecer aos aplausos, ela surgiu apenas em uma das três cortinas. Soube-se depois que, antes de começar a sessão de anteontem, recebera a notícia da morte de sua irmã e, com um zelo irrepreensível, entrou em cena, o que, evidentemente, deve ter prejudicado a sua atuação, acrescentando uma emoção fora de lugar.

Otávio Augusto, como o medíocre marido Jorge Tesman, tem desempenho excelente. Com dosagem na fala e gesto, o ator detalha a cada movimento a angústia do homem subserviente à mulher. Cláudio Marzo não explora a ironia e o deboche do advogado Brack, enquanto Edney Giovenazzi destoa, pelo excesso de vibração, num espetáculo de temperatura gélida. Xuxa Lopes não está adaptada ao estilo de representação que exige recursos de voz e corpo que ela ainda não domina. Norma Geraldy compõe com delicadeza a velha tia Juliana, enquanto Gilda Sarmento é a silenciosa criada Berta.

O cenário de Gianni Ratto, também responsável pela discreta iluminação, é bonito em seu classicismo. Uma grande cortina de veludo verde-musgo serve de paredes para o lar do casal Tesman, com adequados móveis de época. Mas, para um cenário realista, o despojamento (há poucos móveis e faltam alguns elementos, como as flores a que Hedda faz referência) às vezes o torna um tanto pobre. O maior problema do cenário de Ratto, no entanto, está num belo espelho que serve de fundo (trata-se da sala íntima de Hedda). Esse espelho, que deveria criar o impacto da presença de Hedda na sua primeira aparição, visto de alguns lugares do Teatro Glaucio Gill provoca distorções nas figuras, criando efeito inverso ao desejado: o de imagens grotescas. Kalma Murtinho assina os belos figurinos, e a tradução de Millôr Fernandes é de alto nível.

SERAFIM PONTE GRANDE

O desafio de adaptar *Serafim Ponte Grande* para o teatro não é maior do que o esforço que enfrentaram aqueles que decidiram transpor *Macunaíma* e o poema de Raul Bopp, *Cobra Norato*, para o palco, apenas para mencionar adaptações recentes.
No caso do "não romance" de Oswald de Andrade (1890-1954), como definiu Haroldo de Campos, a empreitada se complica pela estrutura anárquica de uma narrativa que não tem pudor em usar vários estilos literários para contar a história de um brasileiro que, abandonando a segurança de um casamento convencional e a rotina de um emprego público, decide romper com tudo para empreender uma viagem libertária. A questão básica do romance está na estrutura segundo a qual foi escrito. Não há, ao ler o romance ou tentar adaptá-lo, como fugir dessa imposição da forma, já que dela partem a irreverência e a anarquia que dominam a personalidade do herói oswaldiano. Como se usasse fragmentos – a observação é ainda de Haroldo de Campos –, Oswald de Andrade arma uma paródia que é quase um quebra-cabeça que procura desequilibrar as formas "corretas e limpas" de fazer evoluir uma narrativa. Tudo acontece aos trancos, como se cada tropeço da história fosse um marco a ultrapassar. Especialmente em *Serafim Ponte Grande*, fica nítida sua demonstração de que para criar uma cultura nacional é preciso devorar e depois digerir as influências estrangeiras. Toda essa complexidade se interpôs ao adaptador Alex Polari, que, partindo do literário, teve necessidade de acrescentar trechos da biografia e de outros escritos de Oswald, para criar uma continuidade dramática e tornar inteligíveis suas múltiplas intenções. Esses enxertos não foram suficientes para tornar mais clara a transposição. Muito dificilmente quem não conhece o romance compreenderá o que se está passando. Até mesmo quando a narrativa fica mais clássica (Serafim embarcando no navio), Alex parece rendido à fidelidade ao original, mas não ao seu espírito. Faltou a provocação, o sentimento de rompimento que Oswald propõe através de Serafim. Oswald de Andrade tinha o prazer de provocar, mas seu adaptador retirou-lhe essa qualidade para substituí-la pela reverência. O que desagradaria profundamente o exaltado participante da Semana de Arte Moderna de 1922.
A excessiva reverência também atingiu o diretor Buza Ferraz, que construiu um espetáculo de pouca vibração, reduzindo o espírito crítico e aproximando-o da homenagem aos sessenta anos da Semana de 1922, longe de uma contribuição renovadora. Buza falha, exatamente, por não demonstrar qualquer boa razão pela qual escolheu *Serafim Ponte Grande* para encenar. Não se sente identidade do diretor com algumas das provocações do autor, como a acidez

sobre o caráter do brasileiro, a ironia sobre a dominação cultural do exterior e as proposições anarquistas libertadoras. Buza preferiu uma visão mais individualizada do personagem, daquele que rompe com o cotidiano sem perspectivas e que "se nega a ser medíocre numa sociedade baseada na simulação e no disfarce". Como a adaptação esfria também esse aspecto do romance, Buza não traduz cenicamente os diversos momentos em que Serafim rompe com a mediocridade, o disfarce e a simulação. O espetáculo tem passagens de tempo – como da infância para a idade adulta de Serafim, do rompimento do casamento com D. Lalá à viagem – que não são facilmente assimiladas pela plateia, o que compromete de modo irremediável as intenções do diretor.
Quando um diretor como Buza Ferraz – que enfrentou de forma brilhante o também difícil desafio de levar para o teatro O *triste fim de Policarpo Quaresma*, de Lima Barreto – não encontra o tom num espetáculo com os cuidados de produção e seriedade deste *Serafim Ponte Grande*, muito provavelmente é porque o tema lhe escapou das mãos. A prova disso é que o espetáculo carece de visão unificadora de seus elementos. Apenas nas cenas de Serafim assistindo ao circo na infância e no final de sua viagem pelo Oriente é que se percebe o diretor mais à vontade, comemorando com a brincadeira (quase infantil) e a irreverência (quase oswaldiana) a sisudez do rosto. Nesta montagem pouco provocativa, os cenários são bem desenhados, bem como o lindo telão que reproduz quadro de Tarsila do Amaral, mas não têm a irreverência e o humor que são básicos em *Serafim*. Da mesma forma, os figurinos, dos mesmos Pedro Sayad, Marco Antônio Dias e Manfred Vogel da cenografia, parecem mais preocupados em seguir a moda de 1933 – ano em que o romance foi escrito – do que, propriamente, em criar um guarda-roupa teatral. Coincidentemente, é nas cenas mais soltas que a trinca de figurinistas fica à vontade. A maquiagem, que poderia ser outro ponto forte na ação dramática, segue os bem comportados figurinos. A música de Tim Rescala mostra uma molecagem divertida. A iluminação da dupla Luiz Paulo Neném e Aurélio de Simoni, ainda que bem desenhada, também está condicionada à monotonia geral. A destacar a preparação de corpo dos atores, assinada por Ausonia Bernardes.
Guida Vianna, Angela Rebello e Pedro Camargo são os atores que aproveitam melhor as oportunidades de brincar com seus vários personagens, criando um tom de farsa, paródia e chanchada que, quase sempre, torna suas participações divertidas e inteligentes. Gilda Guilhon está surpreendentemente discreta, enquanto Juliana Prado, Felipe Pinheiro, Jurandir de Oliveira e Eduardo Lago também não se mostram muito vibrantes. Mas o maior equívoco recai sobre o ator Antônio Grassi, que tem a grande responsabilidade de interpretar o papel-título. Gesticulando muito, mas sem a ironia de Serafim, Grassi não conduz a ação com

a agilidade e o ritmo necessários para conquistar o público. A cena final é bem uma demonstração desse limitado domínio.

Serafim Ponte Grande, uma das produções mais caras em cartaz atualmente no Rio – a cena do elevador só prova que não houve limitações aparentes nos gastos –, não corresponde às expectativas que o Grupo Pessoal do Cabaré muito justamente cria a cada nova produção. A complexidade da montagem obscureceu o que seria essencial à provocação.

A AURORA DA MINHA VIDA

A escola é aborrecida, repressora e, às vezes, violenta, mas todos guardamos dela lembranças nostálgicas. Eis a conclusão a que se chega depois de assistir a *A aurora da minha vida*, peça de Naum Alves de Souza (1942-2016) que trata das vivências escolares de um grupo de estudantes numa escola típica de classe média perdida pelo Brasil. A ação não está situada em nenhuma época determinada; pelo visual, supõe-se que esteja espremida entre o final dos anos 1940 e toda a década de 1950, mas a ideia é a de criticar o sistema educacional brasileiro como um todo, de ontem, de hoje, de qualquer época.

Naum Alves de Souza, nascido em Pirajuí, interior de São Paulo, há quarenta anos, mostra com muito humor, em tom quase farsesco e com dose considerável de crueldade, os fatos corriqueiros que acontecem numa escola, desde a bagunça na sala de aula à didática ultrapassada, o ensino conservador e a reprodução de mecanismos sociais na pequena escala da sala de aula. É muito divertido rememorar, porque a memória afetiva de todos remete à mesma rotina escolar: os medos do início do ano letivo, a angústia pela necessidade de nota para passar de ano, a violência e a agressividade dos apelidos que captam, exatamente, uma fragilidade. Ou, ainda, os fatos marcantes, como a morte de um colega, o afastamento de um professor e a pompa cafona das cerimônias de formatura. Esse ciclo completo da vida escolar é o tema de *A aurora da minha vida*, e o que Naum deseja do espectador é que ele ria da sua própria condição de aluno e, nostalgicamente, reforce a sua ligação com esse passado. Tanto que, no prólogo, o grupo de estudantes cantando hino patriótico, de letra ufanista e espírito positivista, nos faz rir, vestidos com roupas verde-amarelas e imbuídos de fervor derramado.

A aurora da minha vida se propõe a mais do que consegue cumprir. O texto, com seus muitos momentos divertidos (a intervenção das alunas gêmeas, a chegada do aluno problemático, a discussão da mãe com o diretor e as cenas da gorda), no entanto, torna-se óbvio quando quer ser crítico. Repetitivo, quando pretende revelar a rotina, demonstra que Naum, desobedecendo regras elementares de dramaturgia, desprezou a progressão dramática. O segundo ato, totalmente dispensável, se arrasta como pastiche do primeiro, e com uma agravante: os acontecimentos têm um tom vizinho ao melodrama. É quando os alunos-personagens estão no antigo ginásio e se comportam como se estivessem no primário. Tudo fica um tanto postiço, além do que se sente falta de maiores referências a sexo. Não se vê nesses adolescentes muito interesse na descoberta do sexo, o que é, no mínimo, intrigante.

O diretor, e também cenógrafo, vestiu seu texto com bom humor e alentada nostalgia. No primeiro ato, o público é conquistado pelo charme. São irresistíveis as músicas (trilha sonora e direção musical de Samuel Kerr), os figurinos (assinados por Leda Senise), a interpretação dos atores (um conjunto quase farsesco), além de cativantes a cenografia (simples carteiras e um quadro verde) e a iluminação (Zé Augusto). Esse tom agradável não se sustenta na segunda parte, quando, pela repetição, transforma qualidades em redundâncias. O elenco mantém-se incólume à queda de interesse, especialmente Marieta Severo e Analu Prestes, que, em alguns momentos, brilham. Stella Freitas e Cidinha Milan, especialmente como as gêmeas, e Pedro Paulo Rangel (destaque para seu personagem do aluno-problema), Carlos Gregório, Mário Borges e Roberto Arduim respondem com muita garra às exigências da direção.

De *No Natal a gente vem te buscar,* texto anterior de Naum, guardam-se boas lembranças. De *A aurora da minha vida* fica a sensação de que se riu muito, mas que tudo se dilui quando saímos do Teatro de Arena, e de que tudo não passou de brincadeiras de crianças.

QUERO

O argentino Manuel Puig (1932-1990), autor de sete romances e de uma peça teatral – *O beijo da mulher aranha* foi apenas uma adaptação –, tem verdadeira obsessão pelas tramas folhetinescas dos filmes B norte-americanos dos anos 1940, pelas emoções baratas das radionovelas e pelo derramamento das letras de tango. Essas influências culturais moldaram seus romances e sua visão de mundo, condicionando sua forma de escrever. Poucos como ele conseguem escrever diálogos tão pomposos ("Quando penso que um dia posso morrer e deixar indefesa essa criança, me contorço de dor"), descrever emoções tão novelescas ("Eu tenho pelo senhor um profundo desprezo, há poucas horas que o conheço, mas isso me basta").

Quero, a primeira peça de Puig, escrita no Brasil, onde vive há três anos, não se desvia dessas influências; pelo contrário, se torna mais carregada, cheia de referências a esse lixo cultural. Mas, como sempre, o autor utiliza estrutura narrativa sofisticada para calçar seu melodrama. Em *Quero*, o espectador fica perplexo com as muitas pistas que ele fornece. Quando se abre o pano, o casal de meia-idade, instalado numa casa *art déco*, parece figura retirada de um filme de há 35 anos, sugerindo uma história policial. Com a entrada da filha adotiva, uma jovem que fica difícil definir porque não se deixa revelar, a plateia pode se imaginar diante de um daqueles dramas familiares. Mas, quando outro casal, vestido com roupas na década de 1920 (a ação se passa em 1948), visita a casa, sob o pretexto de que o carro está sem gasolina, descobre-se que podem ser os pais da jovem, mortos há anos. Mergulha-se, então, num clima de jogo, no qual cada um desempenha papéis que se intercambiam. O desenvolvimento dessa história, com direito a assassinatos, internamentos em hospícios, volta de personagens com outras identidades, pode atrapalhar a compreensão do público se o raciocínio for estritamente lógico.

O casal de visitantes, que reaparece como o médico e a enfermeira que internam a jovem filha, é, ao que se supõe, assassinado, enquanto a jovem reaparece como uma empregada esperada desde o início. O clima de mistério de uma história desconcertante não se explica senão por suas ambiguidades: o que é e o que aparenta ser. Puig brinca com esta dubiedade, transformando o público em depositário das aspirações dos personagens. Como ele próprio definiu – e aí está a chave para compreender *Quero* –, "a peça é uma alegoria sobre o poder da esperança nas pessoas". Afinal, cada um aposta no outro, na expectativa de que este realize suas aspirações e, para tanto, não tem censura em conferir-lhe a função que satisfaça essa esperança.

O entrecho psicológico-policial é servido como se fosse radionovela, com direito às emoções em capítulos. O invólucro, aparentemente melodramático, é mais um elemento que confunde o público com a cafonice do texto. Desde que a plateia entre na ideia do jogo de espelhos, em que ninguém é aquilo que aparenta ser, *Quero* flui como um quebra-cabeça que instiga a inteligência.

O diretor Ivan de Albuquerque se cercou muito bem na produção. Ao escolher o cenógrafo Anísio Medeiros para construir no palco do Teatro Ipanema uma casa com os mínimos detalhes em *art déco* – o chá é servido num bule em forma de gato –, o diretor acertou em cheio. O detalhamento desse cenário, com luminárias, vitrais e até campainha que segue o estilo arquitetônico, provoca impacto visual. Da mesma maneira, os figurinos assinados por Kalma Murtinho são dignos de qualquer manual de bom guarda-roupa. Criativos na reprodução das roupas de época, são tão bem executados que parecem ter saído de modista famosa. Mas Ivan foi ainda mais inteligente ao deixar que seu espetáculo não interferisse na construção do autor. Não propõe qualquer interpretação ao quebra-cabeça de Puig, deixa que a ação flua e que os fatos se desencadeiem. Para consegui-lo, armou o espetáculo com cuidado e dedicação. Sem esperar maior retorno de bilheteria – se visasse somente lucro, poderia tornar mais fácil o texto –, investiu seu *know-how* para que *Quero* se transformasse num exemplo de teatro feito com profissionalismo. O elenco desenha, na medida, a imagem exterior de seu personagem, sem qualquer psicologismo. Rubens Corrêa e Vanda Lacerda estão perfeitos como o casal dono da casa. A cena inicial, quando, sentados na sala de visitas, o marido lê jornal e a mulher borda, transmite o temperamento de dois indivíduos aparentemente comuns, mas que, liberadas as suas fantasias, são capazes de ações impensadas. Edson Celulari, em seu primeiro papel em teatro, revela talento e possibilidades. É irônico, mordaz e cínico, ao mesmo tempo que consegue transmitir ingenuidade, quando interpreta o médico. Uma provável revelação. Leila Ribeiro está sempre intensa quando tem que fazer a mulher visitante, e formal quando interpreta a enfermeira. E Maria Padilha demonstra por que é uma das atrizes mais promissoras da nova geração – além de sua beleza, projeta nuances de jovem com recursos de uma intérprete experiente. Uma confirmação.

Destaques, ainda, para a bela iluminação, parte integrante da ação, e para a sonoplastia, que usa, como as antigas novelas de rádio, trechos de clássicos e a música melosa dos filmes românticos. Por todos esses méritos, *Quero* merece ser visto, mas não por um público que deseja apenas uma história linear e que, ao sair do teatro, não quer pensar no que viu. *Quero* é tão intrigante que depois da sessão recomenda-se um papo para descobrir suas múltiplas interpretações. É um jogo tão divertido quanto o texto.

LEONCE E LENA

É curioso como um texto como *Leonce e Lena*, do alemão Georg Büchner (1813--1837) - quase um conto de fadas, de um romantismo derramado – tenha mobilizado tão intensamente o diretor paulista Luís Antônio Martinez Corrêa.

A história de Büchner foi escrita quando ele era ainda muito jovem e demonstra se situar na melhor tradição da fábula germânica. O encontro ingênuo entre Leonce e Lena – dois jovens da realeza que deveriam casar-se por conveniência, a mando do rei, pai do rapaz, e que fogem para escapar ao compromisso, mas acabam por se enamorar – é o centro de uma trama envolvida por longas discussões, revestidas de tintas irônicas, sobre o tédio e a aversão ao trabalho. ("Sou adepto do 'preguicismo'. A minha especialidade: a capacidade fora do comum de não fazer nada. O senhor pode ver, nenhum calo envergonha a minha mão.") Esse conto de fadas, sem moral ou preceitos edificantes, nem por isso deixa de ser pueril, ainda que não atinja o plano encantatório de *Sonho de uma noite de verão*, de William Shakespeare (1564-1616), e *O dragão*, de Evgueni Schwartz (1896-1958), apenas para citar exemplos de textos montados pelo Tablado.

Os momentos poéticos de Leonce e Lena – as cenas passadas na floresta, especialmente na canção dos insetos, as trocas de juras de amor do jovem casal – não têm o mesmo peso das verborrágicas discussões de Leonce e seu criado Valério sobre o difícil ato de conviver com o mais profundo tédio, muito menos sobre como descobrir boas razões para existir. ("O que as pessoas fazem com tanto tédio? Estudam por tédio, rezam por tédio, namoram, casam e se multiplicam por tédio e no final da história morrem de puro tédio.") Büchner, nesta fábula, reduz a vida à luta permanente para vencer a condição mortal de enfado. A narrativa arrisca olhar um pouco mais adiante quando a princesa descobre que, para além dos muros seguros do palácio, a beleza não é exatamente aquela descrita pelos livros. Em síntese, procura romanticamente estabelecer unidade idílica com a natureza, por meio da abolição do trabalho.

Luís Antônio simplesmente se encantou com o texto e, após um longo trabalho, que começou pela tradução e adaptação, criou um prólogo no qual introduz o próprio Büchner, que, com sarcasmo, diz ter escrito uma história romântica para ficar na moda do seu século, vertendo a afirmação, em seguida, para o francês, para não deixar qualquer dúvida quanto a sua adesão ao modismo. Tanto entusiasmo do diretor se justifica apenas parcialmente, porque a encenação mágica parece mais tocada pelo espírito tabladiano do que por Büchner. A montagem fica marcada pelo estilo muito próprio dos atores do teatrinho do Jardim Botânico e pela limpeza e bom comportamento de suas produções.

O que para Martinez Corrêa é entusiasmo, para o público foi uma decepção. A história corre muito vagarosamente, em ritmo semelhante ao problema crucial que assola a vida de Leonce. As soluções cênicas encontradas nem sempre ajudam a dinamizar a ação, já que os diálogos e monólogos se prolongam excessivamente. Leonce, nesse sentido, é prejudicado, pois a sua figura não consegue a mínima simpatia para seus problemas estratosféricos. A opção de não utilizar cenário – apenas um grande praticável de desenho mais avançado do que o do palco e alguns poucos dispositivos cênicos (árvores recortadas) – reduz as possibilidades de que sejam contornadas essas quebras de ritmo. Mesmo a vitalidade, o talento e, em muitas cenas, o excelente nível da atuação de Ricardo Kosovski, como Valério (*valet* de Leonce e a figura mais crítica de toda a história) não superam a queda de interesse. O casal Ricardo Maurício e Maria Clara Mourthé, intérpretes dos personagens-título, se esforça. Ele, mais do que ela, por força da maior participação de Leonce na trama. Ela, por enfatizar a aura romântica.

Thaís Balloni dá uma interpretação brejeira à criada. Inês de Teves demonstra ter absorvido muito bem as aulas de Nelly Laport de coreografia e preparação corporal, como de resto quase todo o elenco de trinta atores.

Mas, se Luís Antônio Martinez Corrêa acreditou em demasia na eficácia do palco sem cenários, acertou em cheio ao povoar o Tablado de bailarinas, cavalheiros e damas da corte, homens do povo, figuras de saltimbancos e artistas populares magnificamente vestidos por Kalma Murtinho. A figurinista, com longos anos de profissão, tabladiana da primeira hora, está numa fase de irretocável criatividade. Os seus figurinos para *Leonce e Lena*, além de encherem os olhos, são muito bem-feitos (de perto, pode-se perceber o seu bom acabamento), coerentes e de teatralidade extraída de pequenos detalhes, como um babado, um chapéu ou um sapato. Trabalho de alta categoria.

O recurso de usar um ator muito jovem como arauto, que no final faz um discurso totalmente desvinculado do espírito do texto, mas de belo efeito cênico, mostra um pouco mais claramente o perfil e o estilo de Luís Antônio. Sem atingir o melhor de sua carreira, em *Leonce e Lena*, parece ter feito uma homenagem simpática ao grupo que o acolheu.

1983

TRAIÇÕES

O dramaturgo inglês Harold Pinter (1930-2008) não tem a preocupação de extrair o absurdo do cotidiano, já que não está ligado ao teatro do absurdo. Muito menos aquela de seguir de maneira linear a psicologia dos personagens, já que não se pode dizer que seja um autor atrelado ao teatro psicológico. Seu universo, apesar de utilizar-se do absurdo e de traçar com nitidez a psicologia dos personagens, está mais identificado com ambiguidades, pausas e silêncios. O que se diz é preenchido pelo vazio do silêncio, não há por que buscar intenção nas palavras. Pinter abdica das referências sociais ou morais para estabelecer o comportamento. Há um ritmo interno nas suas pausas que possibilita ao ator e à plateia preenchê-las com as informações que o autor fornece, fundamentadas num rigoroso naturalismo e no mistério que se pode retirar da poética de um sonho mau.
Traições é um exemplar típico da dramaturgia de Harold Pinter. O clássico triângulo amoroso – marido, esposa e amante – é revisitado e na aparência não difere muito de qualquer "drama burguês" que incha o teatro há mais de dois séculos. O detalhe é que Pinter prefere retirar do drama qualquer conotação de mistério policial e motivações psicológicas que justifiquem suas atitudes. A narrativa se inicia com conversa banal entre a mulher e o amante sobre a relação há tempos encerrada.
Roberto (o marido), Cristina (a esposa) e George (o amante) se movimentam alternando traições. Todos traem, todos são humilhados em seu amor, todos sofrem. Nenhum dispõe de perspectiva afetiva. E a involução de suas histórias, contadas do fim para o início, até chegar ao encontro de Cristina e George, que deflagra o caso amoroso, está totalmente desvinculada de juízos de valor. Não havendo surpresa dramática, o público fica até certo ponto desconcertado por não saber o que pensar exatamente sobre as atitudes dos personagens. É aí que a técnica dramatúrgica de Pinter se concretiza, que o mistério se adensa e que o espectador tem a oportunidade de penetrar no cerne fluido das motivações de cada um.
Traições é um texto hábil por possibilitar tantas e tão díspares pistas e por deixar claro que "nenhum homem pode, realmente, saber o que motiva o outro, e que qualquer pretensão de tal conhecimento se tornaria impertinente". O diretor José Possi Neto não quis ser impertinente. Foi o prestidigitador desse triângulo cheio de prismas. A limpeza de uma concepção que parece ter sido traçada com a mesma exatidão matemática com que Pinter construiu os personagens não se choca com a forte carga poética. A excelente trilha sonora – que vai de músicas lentas e dançantes, para as cenas de bar e do apartamento, a "(I Can't Get No) Satisfaction", dos Rolling Stones, para o encontro inicial – enfatiza climas emocionais que *Traições*, na sua aparente frieza, embute nos escaninhos de cada diálogo. Mesmo sem

contar com os cenários de Maria Bonomi, construídos para a montagem paulista, *Traições*, com apenas uns poucos móveis, cortina ao fundo e sensibilíssima iluminação (ainda que mal direcionada, já que incide sobre os olhos de quem senta na lateral direita do teatro), atinge também limpeza visual que só ajuda no rigor do texto e da direção. Mas foi com o elenco que José Possi Neto encontrou a melhor resposta para a sua linha de direção. Paulo Autran, como o marido, tem interpretação sutil e ambígua, feita de muitos silêncios e ironias, e carregada de emoção. É brilhante a sua cena no hotel em Veneza e a conversa com o amante no bar sobre a sua ida a Torcello, quando dosa com diabólica inteligência humor e raiva. Odilon Wagner hesita entre a vulgaridade e a insensibilidade do amante, e demonstra tendência a criticá-lo. Quando resolve esta dualidade – mais uma vez, nas cenas de bar com o rival –, está muito bem. Karin Rodrigues conseguiu imprimir a Cristina uma visão entre a frigidez e a emoção contida, que resulta bem, evitando identificar a personagem como o epicentro das traições. Arnaldo Dias, como o garçom, consegue se destacar no seu minúsculo papel. São bonitos os figurinos de Clodovil.

Traições é um espetáculo desafiador, revestido por elegante e sutil invólucro de mistério e de poesia e que trata com originalidade de um tema desgastado.

EVITA

A versão brasileira de *Evita* abala uma das mais fortes místicas do teatro nacional: a de que não temos competência para montar espetáculos musicais ao estilo da Broadway. O espectador que, sentado na plateia do João Caetano ousar repetir essa velha conversa estará falseando a realidade e negando a evidência. Afinal, toda a parafernália técnica – 82 microfones, 38 caixas de som, duas mesas de som de cinquenta canais, tela gigante, cinco canhões de luz, o mecanismo técnico da iluminação – e o corpo artístico – 44 atores e 25 músicos – funcionam com harmoniosa perfeição, como se fossem um só instrumento, afinado por maestro perfeccionista. Quando se diz que os nossos cenotécnicos são inexperientes, é recomendável assistir, por exemplo, às dezenas de mudanças de cena, com a subida ou descida de telões e telas, a colocação ou retirada de adereços, num verdadeiro trabalho de engenharia e logística. Quando se reclama da incapacidade de nossos atores de interpretar, cantar e dançar ao mesmo tempo, mencionando sempre a falta de tradição nacional para o musical importado, é bom lembrar que, comparando as vozes do elenco brasileiro com as do inglês – basta ouvir o disco da trilha sonora original para estabelecer as diferenças –, em alguns casos até que nos saímos melhor.

Se, por um lado, *Evita* prova que há um temperamento brasileiro que pode ser ajustado às rigorosas exigências técnicas de musicais, por outro, evidencia que também não estamos assim tão distantes do *know-how* que nos permita escrever comédias musicais com temas menos inconsequentes. O que falta é sustentação econômica e tradição popular na recepção do gênero.

Evita conta, em formato de ópera, a trajetória desse mito argentino, dos tempos de bailarina até a morte. Em sequência de cenas curtas e rápidas, e apoio de um narrador para facilitar a evolução narrativa, é bem dosado o compromisso com a diversão, lei fundamental da indústria do *show business,* e com o retrato de uma figura conhecida. A dupla Andrew Lloyd Webber (música) e Tim Rice (letra), que havia escrito outra ópera-pop (*Jesus Cristo Superstar*), mostra indiscutível preferência por personagens marcantes e de reconhecido apelo popular. E com maior êxito do que na ópera anterior, Webber e Rice conseguiram transformar *Evita*, desde a sua estreia em 1978, em Londres, numa bem-sucedida empreitada empresarial, já encenada em 15 países. Mantém-se atualmente em cinco montagens em todo o mundo e tem grande possibilidade de chegar ao cinema, caminho natural de uma comédia musical de sucesso.

O sucesso, mérito da dupla de autores, deve ser muito atribuído também ao diretor Harold Prince, que construiu um espetáculo atraente. O que não funciona muito bem é, por paradoxal que pareça, o tratamento dado à vida aventurosa de Eva Duarte. Como em qualquer comédia musical (chamada de ópera porque é totalmente cantada, não há praticamente diálogos falados, ainda que sua estrutura seja típica de um musical), não se pretendeu defender teses ou atazanar a paciência do espectador com teorias ou análises históricas. Mas houve certa inadequação entre a procura de caracterizar a ambição de Evita (primeiro ato) e a sua instalação no poder e o painel social e político da Argentina do início dos anos 1950 (segundo ato). A história da mulher de Juan Domingo Perón, que morreu em 1952, não é tão simples a ponto de caber num libreto que obedece a estritas regras do musical – limite de tempo, generalização para suprir o desconhecimento das plateias inglesa e norte-americana sobre uma personagem tão distante do seu universo cultural. Há que apresentá-la com um pouco mais de nuances e definir a sua participação na vida política argentina.

No primeiro ato, reduz-se a sua vertiginosa subida a uma questão de amantes e de oportunismo, o que é verídico, mas tudo é tão esquemático que deixa a plateia perplexa. Na segunda parte, misturam-se com velocidade ciclópica as brigas internas do poder com o prenúncio de sua morte, o que não deixa tempo sequer de registrar a conversa entre Evita e Perón e entre Evita e Che. Os quadros também são previsivelmente divididos e a utilização de Che Guevara como narrador, que até certo ponto ajudaria a resolver as dificuldades narrativas, acaba, às vezes, por ser apenas intrigante. O que estaria Che fazendo na Argentina de Perón?

Se a história fica a meio caminho entre os fatos verídicos e a ficção alucinada, a direção de Harold Prince é matematicamente perfeita. Prince, tradicional produtor – *The Pajama Game* (1954), *My Fair Lady* (1956), *Um violinista no telhado* (1964) – e diretor – *Sweeney Todd* (1979), *On the Twentieth Century* (1980) – de clássicos do musical, usou toda a sua longa experiência para fazer de *Evita* um mecanismo de pura eficiência. Superando algumas limitações da estrutura da ópera, Prince arma e desarma as cenas com brilho, buscando causar a cada novo quadro um impacto renovado. O início é uma boa demonstração. *Evita* começa com a exibição de um filme – na versão brasileira, com a própria Eva Duarte na tela –, que é interrompida pelo anúncio de sua morte, o que por sua vez gera uma impactante reação na plateia.

Essa sucessão de acontecimentos desaba sobre a cabeça do público com fantásticos efeitos de cena (luz, *slides*, som), já que Prince tira partido dramático de cada elemento técnico. A primeira aparição de Evita, que sai da multidão, ela própria do povo, vestindo roupas simples e cantando "Não chores por mim, Argentina", é infalível. Excelentes ideias – a luta de poder representada por generais no jogo das cadeiras, a festa beneficente para as vítimas de um terremoto, as cenas no balcão da Casa Rosada e as que mostram a elite social da Argentina – encontram exatas transposições ajudadas por trilha musical que, se não faz com que o público saia cantarolando do teatro (e não foi escrita para isso), pelo menos equilibra canções ágeis de letras mais diretas com a imponência de outras, como a mais conhecida, "Não chores por mim, Argentina".

Toda a equipe brasileira (Maurício Sherman, direção geral; Johnny Franklin, coreografia; Edson Frederico, maestro e diretor musical; Miguel Rosenberg, diretor de cena) fez um trabalho irrepreensível, conjugando complexidade técnica com necessidade de mostrar alta qualidade artística.

Poucas vezes se viu integração tão perfeita, sem microfones com ruídos estranhos, cenários que entram fora de hora, atores que cantam fora do tom, bailarinos que tropeçam em cena, refletores que se apagam antes do tempo. Nada disso acontece; pelo contrário, tudo está a tempo e a hora funcionando sem arranhões, mérito de uma brava equipe brasileira que está envolvida no projeto há vários meses.

E este não é o único mérito da equipe brasileira. Vieram vários técnicos e diretores estrangeiros para ajudar a reproduzir a ópera no Brasil, que, limitada por força de cláusula contratual com os produtores ingleses, não pode ter sua concepção original modificada. Apesar disso, e com consentimento desses produtores, foram feitos alguns ajustes, como a mudança de ritmo das canções.

A orquestra, dispondo de microfones especiais, está competentemente dirigida pelo maestro Edson Frederico, ainda que com som um tanto abafado em algumas músicas. O coro formado por 34 cantores-bailarinos, que formam o povo argentino, os aristocratas, os familiares de Evita e os militares, é harmonioso. A cada uma de suas intervenções constata-se que tem a mesma qualidade de um similar da Broadway, mercado altamente competitivo e no qual só sobrevivem os melhores. Dançando e cantando sem qualquer deslize, mereceu, na noite da estreia, entusiásticos aplausos em cena. Até as crianças, seis ao todo, que nem sempre conseguem ter comportamento disciplinado no palco, marcam presença dentro do profissionalismo geral da produção.

Sílvia Massari, na episódica personagem da amante de Perón, canta muito bem e retira o melhor de sua pequena participação. Hilton Prado, que há anos participou de outros musicais, em *Evita* se destaca como Magaldi, o homem que ficou na História por ter sido o primeiro amante de Eva Duarte. Cantor de boleros, no original, de tangos, na montagem brasileira, Magaldi é o protótipo do músico de segunda, sem talento. Hilton está perfeito, tirando partido da sua excelente voz e acentuando a canastrice do personagem. Mauro Mendonça surpreende cantando. Voz potente, ainda que deseducada, não compromete o alto padrão vocal do espetáculo. Mas é como ator que Mauro se sai melhor, compondo um Perón populista, demagogo e malicioso, tanto na vida pessoal quanto nas tramas políticas. Carlos Augusto Strazzer tem a difícil tarefa de interpretar Che Guevara, a quem empresta o seu tipo físico e energia dramática. Mas, com problemas de modulação de voz, cujo timbre também não é muito agradável para o canto, Strazzer sucumbe em vários momentos a esses problemas incontornáveis.

Cláudia é a grande surpresa de *Evita*. Voz límpida, brincando com toda a complexidade da maioria de suas canções, revelando presença de palco sensível, dançando com razoável desenvoltura, Cláudia faz o que quer com sua voz privilegiada, sustentando notas altas da mesma forma como sussurra pequenas frases musicais. Definitivamente incorporada à comédia musical brasileira, Cláudia tem todas as condições de fazer uma fulgurante carreira no palco, o que, inexplicavelmente, não aconteceu no disco. Um nome consagrado.

Evita prova, portanto, que o artista brasileiro tem múltiplas possibilidades de consolidar-se na linguagem do musical, desde que sejam fornecidas estruturas de trabalho para criar aqui uma comédia musical norte-americana ou inglesa. Resta apenas saber se, para além dessa capacidade mimética, esse quadro de excelentes profissionais terá possibilidade de conseguir maior espaço de criação para obras do gênero geradas dentro das nossas fronteiras. *Evita* é um verdadeiro atestado de que é possível fazer, e muito bem. Agora é só dar continuidade.

TESTEMUNHA DE ACUSAÇÃO

Por mais que conheçamos romances, contos e peças (num total de quase 100 obras) de Agatha Christie (1890-1976) e seus inevitáveis assassinos e desfechos, é sempre um prazer reencontrar as histórias inteligentes dessa perfeita representante da Coroa Britânica. *Testemunha de acusação*, peça teatral de 1953 que teve origem num dos contos escritos por Agatha – ela transformou também *Os dez negrinhos* em texto para teatro e escreveu *A ratoeira*, que viria a ser o seu maior êxito no palco –, serviu de pretexto para que confessasse, com a ironia que gostava de utilizar, que considerava mais fácil escrever uma peça teatral do que um romance. "Os reduzidos limites de um palco de certa forma simplificam as coisas para um autor. Não é preciso ficar seguindo os personagens pelas escadas acima ou abaixo, ou pelos campos de tênis. Nem temos que nos preocupar muito com o que pensam. Basta escrever o que fazem e dizem."
Este contato salutar com a inteligência, o humor e a jovialidade de Agatha Christie nos devolve o prazer da sua obra, ainda que *Testemunha de acusação* não seja um texto excepcional. O final pouco convincente e alguns problemas de estrutura na narrativa teatral (o tempo dramático nem sempre é perfeito para acompanhar a sucessão dos fatos) não diminuem os méritos de *Testemunha de acusação*. A trama não deixa de ser interessante e os diálogos têm aquele brilho dos que sabem manipular bem a língua. O adaptador Domingos de Oliveira soube servir a esses méritos, a começar pela bela introdução, na qual a voz de Henriette Morineau é ouvida dizendo um texto de Agatha Christie sobre as razões para escrever para teatro e sobre o fim da vida e a morte. A ideia de transformar o advogado de defesa em mulher, para aproveitar o privilégio de trazer de volta ao palco Madame Morineau, também ajudou a valorizar a adaptação.
O julgamento do jovem Leonard Vole, acusado de matar uma senhora rica para se apoderar de seu dinheiro, constituiu-se na essência da trama. Ao contrário de outros textos de Agatha, este não se preocupa em lançar pistas que ajudem a esclarecer ou a confundir o público. Está muito mais fixado na disputa entre o advogado de defesa e a esposa de Vole, a misteriosa Romaine. O jogo cênico no tribunal é muito mais importante dramaticamente do que os acontecimentos paralelos, exceção apenas à aparição de uma misteriosa mulher que entrega cartas que mudam o destino de Vole. Um texto, enfim, que se acompanha com interesse, mesmo que já se tenha lido o livro ou visto o filme, na ótima versão de Billy Wilder.
A direção de Domingos de Oliveira se mantém fiel a seus últimos trabalhos: explorar tramas policiais. Domingos experimentou o gênero em texto próprio

(*No brilho da gota de sangue*), voltando também a criar iluminação participante, que lembra o preto e branco dos filmes policiais.

Outra qualidade da direção é a de não tentar criar um clima inglês, excessivamente impostado. O ar e o sotaque britânicos que circulam pela montagem não descaracterizam o espírito brasileiro mais solto.

Os cenários de Colmar Diniz são em si muito teatrais e conseguem ocupar o imenso palco do Teatro do BNH sem que pareçam barcos à deriva. O cuidado nos detalhes, tanto no tribunal quanto na biblioteca de mrs. Robarts, torna o trabalho de Colmar refinado. Os figurinos de Kalma Murtinho, além de ressaltarem o espírito inglês de vestir, estabelecem as diferenças entre os mais e os menos abastados e vestem bem os atores, dois fatos merecedores de registro, já que esses pormenores nem sempre são observados em nossas produções.

O elenco surpreende pela hesitação e insegurança. Diogo Vilela exacerba como Leonard Vole, gritando muito e se movimentando de modo desordenado, como se não soubesse o que fazer com o personagem. Maria Cláudia, tensa e com poucas nuances interpretativas, tenta escapar desses equívocos na sua participação-surpresa. Felipe Wagner desempenha sem esforço o promotor. Henriqueta Brieba não consegue impressionar como a governanta da mulher assassinada. Vinícius Salvatori, Telmo Faria e Oswaldo Neiva se revelam inexpressivos. Carla Vilela, Cláudio Miranda, Sílvia Holmes e Anuar Francisco não se destacam. Henriette Morineau, mesmo demonstrando a competência de sempre, fica pouco à vontade em muitas cenas, alongando pausas, contribuindo para que o ritmo do espetáculo sofra séria avaria.

A AMANTE INGLESA

Não se espere de Marguerite Duras (1914-1996) uma história linear. Mesmo que narre acontecimentos reais, como no caso da peça *A amante inglesa*, na qual Clara Laines assassina sua prima surda-muda, esquartejando o corpo e jogando as partes pela cidade em que mora, Viorne. Essa história é pretexto para que Marguerite tente investigar as razões que levaram aquela mulher a cometer o crime (a aparência), mas na essência expõe as razões para escolher determinado tipo de existência (a alma). Como tudo que Duras escreve, *A amante inglesa* está carregada de emoção, mas sob uma forma fria, gelada e distante. Na peça, confronta uma interrogadora (na versão teatral de Paulo Autran, interpretada pela atriz Jacqueline Laurence) com o marido de Clara e depois com a própria assassina. Por exigência da autora, não existe cenário, apenas uma cadeira, um foco de luz e um gravador, para deixar bem evidente que o confronto se concentra nos próprios personagens. E não entre eles, mas consigo mesmos.

A estrutura narrativa é sofisticadamente simples. A autora começa situando Viorne no mapa da França ("Viorne, 2.700 habitantes, 75 portugueses") e contando com detalhes o assassinato. Não ficam dúvidas de que o plano em que Duras trabalhará daí por diante não é exatamente o da fabulação clássica. Ninguém deve enganar-se quanto à elucidação dos motivos do crime. Não surgirão como resposta pronta e acabada, mas como mecanismos de um jogo anterior, de um quebra-cabeça formado por gestos e silêncios. Como diz o marido de Clara, Pedro: "Nada ficava nela, não guardava nada. Ela nos faz lembrar um lugar sem portas onde o vento passa." Clara e o marido, Clara e Maria Teresa, a prima surda-muda, sua vítima, a interrogadora, todos são individualidades que se inter-relacionam. Pedro, por amar Clara, procurou esquecer o seu passado e a indiferença da mulher, transformando a vida a dois numa rotina de hábitos silenciosos. Clara, desprezada pelo amante da juventude que morava como ela na cidade de Cahors, sobrevive à desilusão ("Eu prefiro a minha tristeza. Nunca me afastei da felicidade de Cahors. Ela inundou a minha vida."). Maria Teresa, que de dentro de seu mutismo procura existir, correndo para o bosque com alguns portugueses da cidade, e assim, imagina descobrir seu lugar no mundo. Por quê? Para quê? Não se sabe. E todos eles poderiam resumir as suas vidas ao que diz Clara à interrogadora: "Se conseguisse fazer a pergunta certa, saberia o que responder".

Esse jogo de reflexos e refrações do espelho da alma, tão caro a Duras, lembra os filmes *Hiroshima, meu amor* e *Duas almas em suplício* com roteiros baseados em seus romances. Valores como tempo, evolução dramática e ação interior ganham outra conceituação. Trabalha-se aqui com um ritmo determinado por um tempo psicológico peculiar. A estrutura de texto de Marguerite Duras provoca estranheza ao estilo de outros romancistas, como Alain Robbe-Grillet e Michel Butor, na mesma linha do movimento literário *nouveau roman*.

Paulo Autran como tradutor conseguiu uma versão adequada do texto em português. O jogo de palavras que resulta no título e outras sutilezas vocabulares são exemplarmente bem resolvidos. Como diretor, Autran correspondeu à simplicidade pedida pela autora. Despojado, quase rudimentar, o espetáculo se concentra nos três atores. O próprio Paulo, que está impagável com o marido assustado, um medíocre pequeno funcionário aposentado que sobrevive com migalhas. Sabe dosar a interpretação sem cair em qualquer clichê que ronda personagens semelhantes. Tônia Carrero, ainda que em dois momentos resvale para composição mais exteriorizada (nas cenas em que extravasa a sua loucura), no restante desenha minuciosamente a sua Clara Laines. Jacqueline Laurence, na participação mais ingrata, desincumbe-se bem da tarefa de interrogadora. Aproveitando-se das zonas de sombra e da movimentação constante, circulando até mesmo pela plateia, Jacqueline marca presença.

Ainda que pareça frio, A *amante inglesa* é um espetáculo carregado de emoção, no qual o silêncio e as pausas são tão importantes quanto as palavras. Montagem difícil para o público habituado a narrativas convencionais, propõe diferenças. Vale a pena descobrir quais são elas.

VARGAS

A discussão já se prolonga há anos. Existe um musical com linguagem brasileira? Ao longo do tempo, as discussões e tentativas de estabelecer os limites do gênero nas fronteiras nacionais esbarram em conceitos e visões quase nunca coincidentes. *Vargas*, no entanto, é um musical essencialmente brasileiro seja qual for a definição que se lhe queira aplicar. A opção da dupla de autores, Ferreira Gullar e Dias Gomes, não é inovadora ao utilizar dois planos narrativos. De um lado, bicheiros, passistas e cabrochas integrantes de uma escola de samba na qual há uma disputa de poder. De outro, Getúlio Vargas, Alzira Vargas, Gregório Fortunato, Carlos Lacerda, personagens do samba-enredo "Dr. Getúlio, sua vida, sua obra".

A estrutura do texto é hábil, conjugando as duas realidades em ações paralelas (Simpatia/Getúlio, Tucão/Lacerda, antagonistas no plano da escola e no enredo), de maneira que aproxima os meandros políticos entre a ascensão de Getúlio a seu último mandato e o suicídio, em 1954. Através do ensaio das alas, avançam as tramas para derrubar Getúlio do Palácio do Catete, e na quadra da escola registra-se a escalada do bicheiro Tucão contra Simpatia, o presidente da escola, para assumir o seu lugar, o que acontece após o seu assassinato. Até mesmo o detalhamento da trama, cheia de acontecimentos ocorridos nesse conturbado período do governo getulista, não fica prejudicado pelo esquematismo inevitável nesse tipo de narrativa. *Vargas* captura a acuidade política, o estilo de governo e a personalidade da controvertida figura do ex-presidente.

O diretor Flávio Rangel soube conciliar a esquematização dramática com o compromisso de uma montagem clara, alegre, feérica e bonita, como são as escolas de samba. O diretor transformou o palco numa avenida muito bem iluminada (mais uma vez, Flávio Rangel demonstra sua extrema sensibilidade como iluminador), sem abandonar a objetividade ao transmitir o aspecto político do musical, apesar de um certo populismo, bem de acordo com o estilo do personagem retratado.

A habilidade de distribuir massa de atores e figurantes em cena, tantas vezes ressaltada na carreira de Flávio Rangel, se mantém, mesmo quando a coreografia não colabora, com passos que, longe de reproduzir os das escolas de samba, os substituem por concepções de balé moderno e de *jazz*, o que causa algum estranhamento. Ou quando o cenário sugere o de ópera ou *show* de televisão. Com piso de cor metálica e fundo estrelado, o palco é ocupado com elementos cenográficos que pouco lembram as alegorias e a "estética do samba". Os figurinos se baseiam no desenho das roupas que os passistas exibem todos os anos na Marquês de Sapucaí, mesmo utilizando a obviedade do verde-amarelo como convenção da brasilidade. A destacar a qualidade do grupo de músicos e do som, que permite ouvir a trilha composta por Edu Lobo e Chico Buarque de Hollanda na sua multiplicidade rítmica de sambas-enredo, sambas de quadra e marchinhas.

O elenco enfrenta o desafio de se desdobrar em integrantes da escola e personagens do enredo. E resolve com eficiência essa chave dupla. Especialmente Oswaldo Loureiro, eficiente e comunicável ao fazer o bicheiro Tucão e o presidente Getúlio. Isabel Ribeiro não perde a batida como passista popular e Alzira Vargas. Paulo Gracindo, como sempre, muito correto. Grande Otelo incorpora o narrador com malícia e improviso a que já nos acostumou, fazendo crescer sua pequena participação. Milton Gonçalves e Jorge Chaia se mostram discretos, enquanto o restante do elenco demonstra cantar com afinação.

A exploração da narrativa do samba-enredo pode ser um caminho, entre tantos possíveis, para se reavaliar a comédia musicada brasileira. *Vargas* é um bom início. Só fica o desalento de saber que a peça foi escrita há mais de dez anos e que até agora poucos investiram na mesma trilha.

REI LEAR

Rei Lear (1606) dimensiona-se como a tragédia da ambição. A começar pela ambição do próprio Lear, que, ao repartir o seu reino entre as três filhas, pretendia usar as prerrogativas do poder sem os encargos de seu exercício. A duas delas são dadas prerrogativas ilimitadas para ampliar poder e riqueza. À terceira cabe o exílio da filiação. O intrincado jogo de ambições, que não obedece a qualquer ética, transforma a tragédia de William Shakespeare (1564-1616) em inventário do comportamento humano.

A sequência de acontecimentos que marcam os personagens faz de Lear um louco. A tragédia é, de certo modo, o processo de enlouquecimento até a lucidez. Como lembra a ensaísta Barbara Heliodora em *A expressão dramática do homem político em Shakespeare*[1], "para preservar sua condição, o governante precisa não só ocupar seu cargo como também preenchê-lo, fazendo jus a direitos e privilégios só quando assume igualmente deveres e responsabilidades". Ao abdicar

---

[1] Rio de Janeiro: Paz e Terra, 1978.

dessa função inerente ao poder, Lear desencadeia a sua tragédia, descobrindo as razões do mundo ("Pompa do mundo, é este o teu remédio, expõe-te a ti mesmo no lugar dos desgraçados e logo aprenderás a lhes dar o teu supérfluo, mostrando um céu mais justo"), as dificuldades de viver ("Assim que nós nascemos, choramos por nos vermos neste imenso palco de loucos") e os erros no mau uso do poder ("Peço só uma coisa. Esquece e perdoa. Sou velho e louco").

O dilaceramento da personalidade de Lear ocorre em paralelo com o esgotamento das forças políticas vivas, soterradas por desmandos e pela busca predatória da riqueza e do poder como valores absolutos. "Na cidade – diz Gloucester –, revoltas; nos campos, discórdia; nos palácios, traição, e se arrebentam os laços entre pais e filhos. E Kent, 'nobre e leal', foi exilado. Seu crime: a honestidade. É estranho." Depois de passada a tragédia, sob os escombros das mortes do reino destruído, dos laços familiares desfeitos e das mentiras, a "ordem natural" se recompõe. É Edgar quem aconselha no final: "Ao peso destes tempos, temos que obedecer. Dizer o que devemos, não o que é bom dizer. O mais velho sofreu mais; nós, jovens, garanto, jamais veremos tanto, nem viveremos tanto".

A visão do diretor Celso Nunes dessa tragédia talvez seja a mais salutar. As dificuldades, muitas vezes criadas por um esmagamento cultural nem sempre justificado, de reproduzir com fidelidade um improvável espírito shakespeariano levam a teorias mal digeridas do teatro elisabetano e a adaptações ao que se convencionou chamar de liberdade interpretativa do ator brasileiro. Celso Nunes driblou esses falsos cânones e preconceitos tolos e construiu um espetáculo seco, direto, sem qualquer outra preocupação que não aquela de trazer a perenidade da tragédia ao espectador. Hábil ao evitar essas enganosas e complicadas teorizações que, no mais das vezes, apenas camuflam a ausência de qualquer visão mais definida, o diretor repõe *Rei Lear* num trilho simples, debruçando-se sobre a narrativa com o desejo de contar bem uma boa história. Evitou tornar solene a montagem, recusando, por outro lado, os apelos à facilidade de um "naturalismo" extemporâneo. Não há um desenho de montagem carregado de tintas fortes que transformem Lear em mero ditador despótico e louco. Nem mesmo relações entre a intriga política e referências a fatos atuais que pululam pelas páginas dos jornais. Celso projetou *Rei Lear* na sua dimensão real: a de tragédia da ambição. Dessa forma, foi fiel, criterioso e denso.

A montagem sofre alguns graves problemas, em especial no aspecto visual. O cenário – palco recoberto com tiras de plástico e biombos móveis que recriam paredes, batalhas e palácios – ressente-se de um ar soturno, que seria extremamente adequado. A forte e dramática cor terrosa da parede de fundo contrasta com a melancólica e vulgar precariedade do plástico, além do que, nesta cenografia toda móvel, os efeitos de movimento são raros e esparsos. Os figurinos, mesmo considerando a boa confecção, misturam em excesso vários materiais sem obter resultados expressivos.

Por todas essas dificuldades, a iluminação bem desenhada – com destaque para a cena da caverna em torno do fogo, a luta utilizando os biombos e a tempestade, além do belo efeito do final – não sobressai mais. As inserções musicais são oportunas e ajudam a construir cenas densas.

Sérgio Britto aceita com bravura o desafio de interpretar Lear, sem recorrer a truques para escapar às armadilhas que se interpõem ao percurso do personagem. Revela estar de posse de seus melhores recursos na maturidade da carreira. Desenvolvendo trabalho corporal que ajuda a traçar a personalidade da ambiciosa Goneril, Yara Amaral se impõe pela limpidez na sua atuação. Ary Fontoura, no papel do Bobo, arranca espontâneos aplausos. Consciência lúcida das desgraças que se abatem sobre seu senhor, o Bobo na visão de Ary é extremamente comunicativo e popular. Ney Latorraca não consegue driblar o esquematismo, mostrando um Edmundo perverso com gestos largos e expressões exageradas. Abrahão Farc gesticula demais e tem dificuldades em revelar as transformações por que passa Gloucester. Ariclê Perez é uma Regana mais segura na cena em que recusa abrigar o pai. Fernanda Torres empresta a sua suave figura a Cordélia. José Mayer compõe com discrição o Edgar, enquanto José de Freitas e Roberto Frota têm participações hesitantes. Paulo Goulart desperdiça, por excesso em sua máscara facial, o bom papel de Kent, em especial na cena que encerra o espetáculo.

QUASE 84

O significativo título de *Quase 84* que Fauzi Arap (1938-2013) deu à sua peça justifica-se duplamente. Em primeiro lugar, pelo fato de o texto retratar o processo de massificação do comportamento – seja no plano da criação cultural, seja das relações interpessoais –; em segundo lugar, por ter sido escrito em março de 1983, exatamente no mês em que os eleitos em novembro de 1982 tomavam posse.

Quando se desenhava novo perfil do país, Fauzi concluía a peça, que, aparentemente, pretende ser um balanço dos anos em que se acreditou no milagre econômico, ou em que se lutou por uma nova ordem política e social, ou em que se negaram, pelo escapismo do sonho, os valores sociais vigentes. Fauzi conta, através do conflito de um casal – ela, uma alta executiva numa emissora de televisão; ele, um autor de novelas com passado teatral –, como ficaram os remanescentes dos anos 1970. Entre escombros emocionais, fracassos políticos, ambições de escalada social e crises no processo de criação artística, um grupo chega ao litoral, depois da tormenta, exaurido, mas tentando sobreviver com as forças que restaram.

Os choques nascem das visões distintas que cada um tem de seu lugar no mundo. A executiva é taxativa: "Mas, hoje, a arte é indústria. Ela não é mais alguma coisa que o sujeito possa realizar encerrado numa torre de marfim". A jovem que viveu em comunidade, e dá as suas razões para ter voltado: "Porque aqui fora, pelo menos, as coisas ficam mais bem definidas". O desenhista, que conseguiu manter-se um pouco ao largo de tudo, até ser capturado pelo ritmo industrial de produção: "Eu preciso da verdade para sobreviver". E o novelista que, deliberadamente, se interna numa clínica de repouso, atordoado pela dificuldade em estar no mundo: "Sou eu quem não cabe no mundo, sou eu quem precisa entender".

A dificuldade de Fauzi em narrar todos esses conflitos reside no grande número deles. Acontece de tudo num curto espaço de tempo. Por causa dessa ambição desmedida, o texto não tem um ponto referencial, fracionado em vários subtemas que o autor não procura desenvolver. Mergulha apenas parcialmente na perplexidade dos que perseguiram o "sonho", e sequer retrata os "filhos do milagre" ou discute as contradições dos artistas brasileiros dos anos 1970. Todos esses temas são apenas aflorados, às vezes, com tanta afoiteza, que se perdem. Fica-se sem saber aonde o autor pretendia chegar. Como resultado, restam anarquia e indefinição.

É difícil atribuir toda a malignidade a Luiza e toda a fraqueza e ingenuidade a Beto e André, todos os estereótipos da jovem tola a Clarinha, e tanta compreensão a Ciça. Os personagens se desequilibram, já que se baseiam em premissas óbvias. Mas, ainda assim, *Quase 84* propõe, em meio a essas fragilidades, visão muito pessoal e, apesar de tudo, otimista, de uma geração que, entre o sonho e a realidade, vive a dolorosa experiência de um país complexo.

A escolha de *Quase 84* para comemorar os 25 anos de carreira da dupla Ivan de Albuquerque e Rubens Corrêa, exatamente no Teatro Ipanema, um dos templos da cultura nos anos 1970, não foi gratuita. Muito do que a peça retrata faz parte da história dessa casa de espetáculos e nada mais natural do que Ivan e Rubens ressaltarem a identidade entre o teatro do desbunde e a dramaturgia daquele tempo criada por Fauzi.

A montagem de Ivan de Albuquerque preserva a marca do diretor, sensível a uma linguagem teatral contemporânea mas, igualmente, emocional. Ivan não se furta nem mesmo a citar antigos trabalhos (a cadeira de balanço em cena talvez seja uma lembrança de *Hoje é dia de rock*). Enreda-se, contudo, nas mesmas tramas múltiplas do texto. O espetáculo é quase uma comédia, quase um drama psicológico, quase uma encenação nostálgica. Cai no híbrido. As melhores soluções – fusões da iluminação com os diálogos interrompidos ao final das cenas – alternam-se com brincadeiras – o diretor sabe tirar partido da aparição inesperada de personagens –, mas não se delineia uma proposta mais clara.

Os atores se ressentem desse limbo. Cada um parece caminhar para um lado. Ivan de Albuquerque mantém-se comedido como Beto, enquanto Leyla Ribeiro carrega demais numa personagem por si mesma exagerada. Rubens Corrêa, competente como de hábito, não faz muito esforço para criar o seu André. Maria Helena Imbassahy consegue transmitir Ciça, ainda que tenha alguns problemas de emissão vocal. David Pinheiro compõe, no melhor estilo realista, o operário, enquanto Paulão se revela um ator de bons recursos, valorizando bastante seu exíguo papel. Cássia Foureaux, apesar de ultrapassar, de quando em vez, os limites da contenção, constrói a Clarinha aproveitando-se dos estereótipos fornecidos pela personagem.

Anísio Medeiros encontrou uma solução cenográfica adequada para o palco do Ipanema, especialmente ao criar molduras visuais com plásticos que dão à cena uma distorção estranha, lembrando o vídeo de televisão. A iluminação de Eldo Lúcio busca efeitos novos, com fusões de luzes. Até neon foi usado.

O CÍRCULO DE GIZ CAUCASIANO

O círculo de giz caucasiano foi escrito por Bertolt Brecht (1898-1956) quando vivia nos Estados Unidos, fugindo do regime nazista da sua Alemanha. Durante os dois anos em que se debruçou sobre essa história de esperança – de 1944 a 1945 –, Brecht refletia sobre o mundo que surgiria após a guerra.

A narrativa de *O círculo de giz caucasiano* se inicia na União Soviética, exatamente em 1945, quando os agricultores de dois colcozes discutem a distribuição de terras diante do delegado da Comissão Estadual de Reconstrução. Sem se entenderem, reivindicando usos diferentes para o solo e julgando-se com maiores direitos uns sobre os outros, os dois deixam de discutir quando artistas decidem mostrar uma lenda, exatamente a que conta a história do círculo de giz, "um espetáculo de teatro que tem muita relação com a nossa disputa". Pedindo de empréstimo uma velha história chinesa escrita, presumivelmente, entre os séculos XIII e XIV, Brecht acompanha os percalços por que passa a modesta criada Grusha ao se ver compelida a tomar para si a responsabilidade de salvar a vida do pequeno príncipe, depois que o pai, o governador, é assassinado e a mãe o abandona na hora da fuga. Grusha sofre pesadas consequências por tal gesto, mas, como comenta o cantor-narrador, "que poder fabuloso tem a vocação da bondade".

No quinto quadro, é introduzido um dos personagens mais importantes da trama, o juiz Azdak, responsável pelo julgamento sobre com quem ficará a criança, já que a mãe verdadeira do pequeno Miguel deseja fazer valer as prerrogativas de parentesco sanguíneo para manter os privilégios econômicos. Azdak exerce de forma nada convencional a justiça, desrespeitando o código de lei – usa o livro apenas para sentar-se – e extorquindo dinheiro das partes. Exerce, por vias transversas, a legalidade, à semelhança da justiça bíblica. Numa atitude salomônica, o teste do círculo de giz se resume em colocar a criança no meio para que cada uma das mães a puxe de um lado – a que tiver mais força ficará com ela. As atitudes do juiz Azdak, como registrou o diretor e teórico brechtiano Fernando Peixoto, estão fundamentadas numa "nova legalidade, legitimada no direito social".

O efeito exemplar dessa fábula está definido no comentário final do cantor: "As coisas devem antes pertencer a quem cuida bem delas: as crianças, às mulheres mais ternas, para crescerem belas; a carruagem, ao melhor cocheiro, para bem viajar; e o vale, aos que o souberem irrigar, para bons frutos dar". Mesmo sem ter o caráter circunstancial que poderia sugerir o período em que foi escrito, o texto é inflado por certo triunfalismo ideológico. O próprio Brecht responde a essas objeções: "Os tempos adversos fazem com que o humanitarismo se torne um verdadeiro risco para as pessoas humanitárias".

O diretor Paulo Reis manteve na íntegra o texto brechtiano, apenas procedeu a adaptações no prólogo. A ação é projetada para o ano de 2004, num Brasil (pelo menos há referências a lugares dentro de nossas fronteiras) que saiu de uma guerra revolucionária. Aproxima também da realidade latino-americana através da música especialmente composta pelo grupo Americanto. São boleros, tangos, bossa nova e sambas que substituem os compassos germânicos da trilha original escrita por Paul Dessau. As semelhanças estão mais vivas no caráter decisivamente farsesco imposto ao estilo de representação solta do elenco. Paulo Reis recusou cair na armadilha de transformar o belo e teatral espaço do anfiteatro do Parque Lage em balão de ensaio de experiências cênicas pirotécnicas. Ocupa a área, até certo ponto, de modo contido, movimentando os atores sobre tablado armado na piscina e em dois praticáveis laterais. A única extravagância, exigência do próprio texto, é a travessia de Grusha por uma precária ponte armada no ponto mais alto da mansão, que se torna um desafio à coragem da atriz Maria Padilha.

Os dispositivos cenográficos são igualmente simples – grandes tendas cobertas por panos com desenhos vagamente assemelhados aos incaicos ou astecas que, em nenhum momento, prejudicam as mudanças cênicas. Paulo Reis apenas não conseguiu resolver satisfatoriamente a transferência da história de Grusha para a de Azdak, já que o tom farsesco nesta parte às vezes obscurece o comportamento do juiz. Haveria que se levar em conta o fato de que o espetáculo, ao atingir essa fase, está com mais de três horas de duração, encontrando a plateia já um pouco cansada. A dinamização desse trecho ajudaria a não esgotar o público e contribuiria para jogar mais luz sobre Azdak, o personagem mais popular da peça.

Os figurinos se utilizam de materiais variados, como tapetes populares, cestas de vime para os chapéus, tecidos tinturados dos tempos *hippies* para as roupas aristocráticas. A iluminação valoriza a plasticidade de muitas cenas, como a das lavadeiras, a dos incêndios e a da fogueira e das tochas, que aos poucos recebe suave luz dos refletores.

Os 27 atores, seis músicos e quatro crianças que formam o elenco têm origens teatrais bastante diversas e, apesar dos seis meses de ensaios, não alcançaram homogeneidade em cena. Cada um desenvolve a linha de atuação segundo suas possibilidades. Maria Padilha, como Grusha, consegue transmitir a fragilidade e a força da criada simplória, em especial nas cenas em que decide levar consigo a criança e no reencontro com o noivo que chega da guerra. A pequena extensão de voz da atriz dificulta a melhor projeção das complexidades técnicas das canções. Daniel Dantas, numa composição forte, com requintes vocais, é um Azdak que vence o cansaço da plateia se impondo com interpretação bem-humorada e debochada. Zezé Polessa está à vontade como a mulher do governador, extraindo o riso da plateia. O mesmo acontece com Clarice Niskier, em composições hilariantes. Os problemas vocais da atriz foram contornados, a julgar pela nitidez com que projeta a voz, se comparada com a sua participação em *Porcos com asas*. Do grande elenco registre-se, ainda, a participação correta de Sebastião Lemos.

O círculo de giz caucasiano, ainda que um tanto prejudicado pela duração excessiva (4h10), traz ao espectador uma história exemplar que o ajuda a refletir sobre questões que estão nas páginas diárias dos jornais. Nessa produção difícil, que custou meio ano de trabalho, 20 milhões de cruzeiros e esforço para dar dignidade a uma montagem complexa, o saldo é mais do que positivo. É esperançoso. Como lembra Bertolt Brecht: "Ai, que é duro, noite e dia, ter de pedra o coração. Deve ser uma agonia ser mau com o poder na mão". Com essa fábula pela justiça, o grupo Pessoal do Despertar reafirma a força de comunicação do teatro, que nos faz pensar e acreditar.

VIÚVA, PORÉM HONESTA

Em 1957, quando Nelson Rodrigues (1912-1980) escreveu a farsa *Viúva, porém honesta*, não estava abdicando de nenhuma das suas obsessões. Pelo contrário, cultivava todas elas, mas apenas usava um daqueles golpes teatrais de que tanto gostava, no palco e fora dele.

O texto pode parecer surpreendente para aqueles que têm de Nelson Rodrigues a visão superficial de um autor de frases de efeito, um tanto debochado para os padrões pequeno-burgueses, mas que provoca misto de rejeição e fascínio. Inteligente, Nelson sabia utilizar essa imagem – aliás, a cultivava com a delicadeza de um jardineiro tratando de uma planta – sem abrir mão de compulsões pessoais e de original temperamento de dramaturgo. *Viúva, porém honesta* desarruma essas avaliações, já que Nelson, sem qualquer pudor em investir contra um "país à beira do abismo", nocauteia o falso moralismo, a crítica teatral e o bizarro do dia a dia. O criador de frases inventivas leva às últimas consequências as palavras de efeito ("só acredito em mulher honesta com úlcera"; "adquiriu com a viuvez o pudor, só toma banho de galochas"; "saiu do cemitério chupando chica-bom") e cria divertidos nomes para seus personagens (Dr. Lambreta, "o clínico ilibado"; Tia Assembleia, a solteirona; Diabo da Fonseca, o próprio Belzebu; Dorothy Dalton, o crítico de teatro; Dr. Sanatório Botelho, o otorrino).

Nesse clima de ousadia verbal, Nelson Rodrigues conta a história de Ivonete Guimarães, filha de um poderoso jornalista, que é levada ao casamento com o crítico de teatro, mas na noite de núpcias trai o marido com quatro homens. E justamente nessa noite, Dalton é atropelado por um papa-filas (designação de um enorme ônibus que circulava pelo Rio à época em que a peça foi escrita). Desde então, Ivonete ("um vivo não significa nada, mas um morto não se trai") decide nunca mais se sentar ("sentar é um desrespeito à memória de meu marido"). O pai, assustado, resolve convocar um grupo de pessoas que possa ajudá-lo a fazer a filha sentar: o diabo, uma velha prostituta, Madame Cri-Cri, um psicanalista, e o otorrino. Em meio a esse delírio, Nelson alfineta instituições sociais: da imprensa ao clero, do teatro à moralidade tacanha. Desafio para qualquer encenador, o texto – que, embora não pareça, foi escrito na década de 1950 – ainda confunde parcela do público, e se revela pulsante nesses difíceis e confusos anos 1980.

Eduardo Tolentino de Araújo percebeu, ao escolhê-lo, que dispunha de um rico material para construir montagem viva, agitada e comunicativa. A direção está inspirada na salutar raiva que *Viúva, porém honesta* traz em seu bojo. Demolidor com inteligência, anárquico com intenção e brincalhão com crítica, o espetáculo traz texto e direção caminhando em sintonia. Na visão de Tolentino, a peça é exatamente "uma farsa irresponsável", como o autor a definiu. Sua linha de trabalho não tem vergonha de usar o ridículo, o grotesco e a caricatura. Assim é como se mostra a pequena humanidade rodrigueana. Por trás de cada frase e atitude há lembranças de chanchada, de grandiloquências operísticas, de gestos de pastelão.

Nessa farsa rasgada, Tolentino usou desenho quase coreográfico. Os movimentos são estudados e depurados como se fossem projetados para um balé de passos ridículos. Os atores são lançados a composições mais desabridamente caricaturais, com gestual amplo, vozes altas e gritadas cantorias. Essa estrutura quase gráfica enfatiza o ridículo como, intencionalmente, o elenco é conduzido.

Os atores, contudo, não conseguiram realizar, na plenitude, o desenho da direção. Cláudio Gaya, como Diabo da Fonseca, retira de seu baú truques, alguns de efeito infalível. Emília Rey sustenta com segurança a composição de Madame Cri-Cri. Clarice Derzié, como Ivonete, tem bons momentos, contrabalançados por outros de alguma queda, em parte por sua pequena extensão de voz. Ernani Moraes, como Pardal, segura a brincadeira. André Valli sobrecarrega sua atuação. A cenografia de Ricardo Ferreira, sisuda demais para o espírito da montagem, no entanto, não compromete. Os figurinos de Lola Tolentino, bonitos em si, sofrem da mesma limitação do cenário. A iluminação de Aurélio de Simoni está ajustadíssima à "loucura" geral. A registrar o bom trabalho de Nelson Melim na direção musical.

A FARRA DA TERRA

Há nove anos, quando um grupo desconhecido de jovens foi apresentado a um pequeno número de convidados numa noite do extinto Teatro Opinião, o primeiro espanto foi o seu nome: Asdrúbal Trouxe o Trombone. O segundo, a maneira pouco ortodoxa como montaram O inspetor geral, de Nikolai Gógol (1809-1852), servindo-se do texto para armar uma brincadeira demolidora contra as instituições e a favor de sua própria juventude. O espetáculo seguinte, Ubu rei, de Alfred Jarry (1873-1907), ainda tinha como base um texto clássico que servia para os asdrúbals introduzirem concepções pessoais na linguagem cênica: números circenses e jogos cômicos, que não se atrelam a regras, em sadio desrespeito à seriedade. Nos dois espetáculos que vieram depois – Trate-me leão e Aquela coisa toda – o grupo tomou para si a tarefa de falar de seus problemas.

Trate-me leão registrava as dificuldades de deixar o regaço materno e entrar na vida adulta. Aquela coisa toda (a começar pelo título) mostrava a experiência, ainda desarrumada, de viver por conta própria. Em cada uma dessas montagens, o Asdrúbal se empenhou visceralmente, gastando um tempo de ensaios nunca inferior a nove meses. Esse modo de se construir como grupo consolidou a base de uma cena com aparente descompromisso formalista e de ruptura de preceitos e sisudez. O estilo desabusado do Asdrúbal pode ser considerado uma das poucas contribuições relevantes para o teatro brasileiro nos anos 1970, que sobrevive com os remanescentes do coletivo que atuam até hoje: Regina Casé, Hamilton Vaz Pereira e Luiz Fernando Guimarães.

Na sua quinta produção em nove anos, o Asdrúbal mantém-se fiel a si mesmo. Continua brincalhão, gastou longo tempo na elaboração de A farra da Terra – um ano entre a ideia de Hamilton, que estava na época em Trancoso, litoral da Bahia, e a estreia em março, no teatro do Sesc Pompeia, em São Paulo. Uma vez mais, a preocupação é a de refletir o momento que o núcleo fundador está vivendo. São quinze cenas que sintetizam uma viagem pela Terra na defesa da vida e da ecologia, durante a qual o grupo não descuida de cortejar o seu divertido sentido de observação do cotidiano da classe média, ironizando mensagens publicitárias, flagrando suas angústias e brincando com suas aspirações.

Para além dessa reportagem, que é constitutiva do espírito asdrubalino, afinal eles próprios são filhos dessa mesma classe, preferiram ampliar o alcance de seu teatro, investindo na ecologia. A sinceridade com que defendem as diversas formas de vida ameaçadas é comovente, mas insuficiente para transmitir visão mais consistente da questão. Atiram em várias direções, quase sempre usando o humor como veículo, sem escolher alvos mais definidos. Fala-se das focas da África, do Havaí e da Jamaica, sem mencionar a poluição da praia próxima ao Teatro Ipanema, onde se apresentam, a devastação das florestas brasileiras ou a contaminação dos alimentos que comemos todos os dias. Preferem enfocar em libelo difuso e alvos dispersos, numa narrativa fragmentada, que o espectador capta pulverizadamente. É possível rir da caracterização de duas atrizes vestidas de focas, mas não entender as elucubrações cósmicas que divagam pelo ar, deixando o teatro com a sensação de ter assistido à celebração bem-intencionada de um grupo de atores talentosos. Nada mais.

Há uma inegável crise de identidade do Asdrúbal. O que pretendem dizer corresponde a sincera necessidade de expressão, mas não se prepararam, convenientemente, para definir o objeto de seu olhar. Espontâneos, engraçados, honestos, esqueceram-se, contudo, de lançar raízes mais profundas nos problemas ecológicos. Quanto ao estilo de interpretação do elenco, o Asdrúbal mantém um gênero próprio de atuação, renovando o prazer de ver atores brincando com irreverência. Além de Regina Casé, que explora com muito humor as suas diversas participações, destacando-se como uma das focas e como o eremita e sua hilariante modulação vocal, Hamilton Vaz Pereira, até então apenas diretor, revela saber aproveitar o seu jeito meio bonachão com eficácia cênica. Luiz Fernando Guimarães é um dos mais fulgurantes talentos de comediante do teatro brasileiro, incorporando à tradição dos velhos cômicos técnicas atualizadas de humor. Carina Cooper é uma grata presença, conseguindo os maiores risos da noite. Lena Brito, Luiz Zerbini e Pedro Santos completam, com o ritmo frenético de suas intervenções, a coesão interpretativa.

A complexidade de *A farra da Terra* se inicia com os problemas do roteiro e se agrava com a parafernália técnica que acompanha a montagem. São sete aparelhos de televisão espalhados pelo teatro, que mostram simultaneamente o que acontece no palco, completando a ação com cenas pré-gravadas. O uso de vídeo, restrito a um *gadget* cenográfico, ainda não acrescentou muito à linguagem teatral. Na noite de estreia, o som e a projeção de *slides* estavam deficientes, o que, provavelmente, será reparado no decorrer da temporada.

Como Hamilton Vaz Pereira afirma, *A farra da Terra* não é tão somente um espetáculo teatral, mas tem muito de *show* de música, de circo e de manifestação de dança. Dessa mistura resulta a indefinição geral, já que não se concretiza como nenhuma dessas expressões artísticas. A destacar algumas canções com letras realmente teatrais, como se tivessem sido escritas para uma comédia musical, que poderia ter sido caminho melhor para *A farra da Terra*.

1984

A CHORUS LINE

A *Chorus Line*, independentente de suas qualidades, é um fenômeno do *show business* norte-americano. O espetáculo que iniciou carreira modestamente off-Broadway e que, devido ao sucesso, transferiu-se para o Shubert Theatre, em pleno distrito teatral de Nova York, está há pouco mais de nove anos em cartaz e foi visto por mais de 20 milhões de pessoas em quase 4 mil representações. E, desde que saiu dos Estados Unidos e iniciou viagens por várias partes do mundo – além do Brasil, Argentina, México, Porto Rico, Canadá, Austrália, Alemanha, Suécia e Japão já assistiram à criação de Michael Bennett (1943-1987) –, essa estatística não cessa de inchar. Acrescentando os muitos prêmios recebidos, como o Pulitzer, o dos Críticos Teatrais de Nova York e o Tony, completa-se o painel exitoso que, brevemente, deve se transferir para o cinema. As filmagens começarão ainda este ano.

Esse fenômeno, que foi muito estimulado pelos turistas que visitam Nova York, transcende a análise estritamente teatral para se caracterizar como um *show* em que o fascínio do tema e a demonstração de técnica, habilidade e virtuosismo conquistaram nativos e estrangeiros. O maior atrativo é a história que reúne trinta bailarinos que disputam, arduamente, oito vagas na linha do coro, aquela formação de bailarinos ao fundo do palco, compondo um cenário vivo para que as estrelas possam brilhar. "Vocês são a moldura, dão destaque à estrela. Nenhum de vocês deve atrair qualquer atenção."

A *Chorus Line* nada mais é do que a revelação do que cada um pretende ao concorrer a essa vaga para um trabalho anônimo e do que os motiva na profissão de bailarinos. A vida de cada um é contada diante de um diretor – ele mesmo saído da linha do coro, como o autor, Michael Bennett. Com nervosismo, autocomplacência, agressividade e expectativa, vão contando suas experiências pessoais e profissionais, fornecendo um quadro da alta competitividade no mercado do *show business* e demonstrando como a perspectiva de ascensão social, típica da sociedade norte-americana, é quase um deus a quem se deve cultuar incessantemente. ("O que faz uma pessoa no Bronx? Espera a hora de se mandar. Se Montalbán [referência ao ator Ricardo Montalbán] pode ser da TV, por que eu também não poderia?") Nesse grupo de postulantes ao emprego estão filhos de imigrantes, negros, homossexuais, bailarinos em início da idade crítica, que traçam quadro mais ligado ao estrangulamento do mercado de trabalho do que à "mágica" do *show business*. Tanto que A *Chorus Line* coloca em segundo plano as dificuldades e as questões que envolvem o palco para se concentrar na questão humana daqueles que precisam da vaga para se manter ou se sentirem dignos.

Ao escrever A *Chorus Line*, Bennett baseou-se muito na experiência de grande parte do elenco original, a ponto de alguns deles, por terem contribuído com frases e perfis dos personagens, até hoje receberem boa porcentagem de direitos autorais. E esse caráter verdadeiro agarra a emoção da plateia, que percebe estar vendo algo real. Pode-se até não gostar do tom quase lacrimogêneo que ameaça alguns personagens, como o homossexual Paul, mas é inegável que tudo está cimentado num terreno concreto, vivido.

A montagem é um relógio que controla os climas dramáticos, as cenas cômicas e os números musicais, levando o público a saltar da emoção de um quadro para a gargalhada no seguinte, com uma rapidez que os aplausos em cena aberta chegam a prejudicar o ritmo do tempo cênico.

A trilha de Marvin Hamlisch, com letras de Edward Kleban, tem canções envolventes e pelo menos a final ("One") pode ser considerada um "clássico" dos musicais norte-americanos. Ainda que as canções sejam bonitas ("What I Did for Love" e "Hello Twelve, Hello Thirteen, Hello Love", especialmente), as letras sobressaem, sobretudo nas músicas mais alegres e cômicas ("Dance: Ten, Looks: Three"). A coreografia, à primeira vista, pode parecer exageradamente acrobática e monótona, mas nada mais enganoso, já que está toda baseada nos passos coreográficos da linha do coro. A referência, sem dúvida, são as Rockettes, a famosa linha do coro do Radio City Music Hall que tem como maior habilidade o sincronismo. Um pouco desgastado pelo uso excessivo, apenas o *solo* de Laura diante do espelho e do ex-marido Zach, que lembra os movimentos óbvios e repetitivos das aulas de *jazz*.

Um dos pontos altos da montagem da Broadway – e, por extensão, da brasileira, já que por obrigação contratual o espetáculo tem que seguir rigidamente o original – é a iluminação. Criativa, tirando partido da alternância de tons, participa como personagem com vida autônoma.

A versão carioca de *A Chorus Line*, além das limitações de uma montagem com pequena margem de criatividade própria, é mais uma demonstração de competência do ator brasileiro. As dificuldades de cantar e dançar, além de atuar num ritmo frenético, exige fôlego que o elenco revela em boa medida. Há algumas dificuldades ainda não contornadas, como o desenho algo estereotipado das interpretações, já observado na versão da Broadway, mas que aqui se acentuam. É perceptível algum desnível entre o padrão da dança (quase sempre alto) e o do canto (hesitante às vezes, e inaudível quando em conjunto). Mas há destaques. Acácio Gonçalves como o autoritário diretor Zach, que, mesmo sem a força inibidora quando apenas se ouve a sua voz nas entrevistas dos candidatos, tem ótima participação como bailarino. Maria Cláudia Raia[2], como Sheila, que recria

---

[2] No ano seguinte, a atriz passaria a se apresentar como Cláudia Raia.

os movimentos e trejeitos da atriz da Broadway aspirante eterna a uma oportunidade, consegue empatia com a plateia com humor irônico e cáustico, mesmo quando exagera nessa linha. Márcia Albuquerque, como Laura, não aproveita integralmente a sua oportunidade na cena em que conversa com o ex-marido, mas convence. Ricardo Bandeira é um Bob entre divertido e patético, reunindo interpretação comunicativa e segurança na dança. Paulo Xavier, como Rick, com presença forte, tem ressaltada sua voz com timbre especial. Nádia Nardini se mostra à vontade, segura e impagável ao cantar "Dança: dez, aparência: três" ("Dance: Ten, Looks: Three"). Thales Pan Chacon interpreta Paul, o personagem mais ingrato, mas a máscara do ator e sua força como bailarino superam a tendência ao melodramático. Carola Monticelli, como Diana, a porto-riquenha, transmite simpatia, mesmo não explorando as possibilidades vocais exigidas pelas canções a ela confiadas.

A qualidade da tradução de Millôr Fernandes merece registro especial. Ainda que fiel ao original, Millôr se permitiu criar correspondências verbais que não só soam melhor em português como acrescentam qualidade ao humor. Na canção "Sing", quando uma bailarina mostra a sua visceral incapacidade de cantar, Millôr brinca com as palavras rimando "songamonga" com "araponga", sem que a essência do contexto cultural em que se passa o espetáculo seja ferida. Até o doutor Ivo Pitanguy é citado, com rara oportunidade. As letras mantêm a musicalidade necessária. Um trabalho de extremo rigor.

A Chorus Line é um passatempo agradável, realizado com profissionalismo e habilíssimo para segurar qualquer plateia. Usa a mágica do *show business* para tocar em questões mais dramáticas. Uma montagem que, com espelhos, guarda-roupa simples, apoteose que levanta o público, deixa-o seguro de que foram bem empregados os 7,5 mil cruzeiros do ingresso que ficaram na bilheteria.

ROMEU E JULIETA

A permanência de *Romeu e Julieta* (escrita em 1590) como uma das obras mais populares da literatura dramática se liga ao fato de que a história do jovem casal infeliz possui qualidades narrativas que renovam, infinitamente, o prazer de acompanhá-la. Ode ao amor, à possibilidade de haver o encontro entre duas pessoas (ainda que frustrado no final), libelo contra a intolerância, *Romeu e Julieta* volta uma vez mais ao palco, agora pelas mãos de Antunes Filho. A opção de Antunes pela obra parece ter sido, exatamente, por aquilo que faz dessa tragédia um texto essencial como fabulação e inesgotável como jogo dramático.

O ponto de partida do diretor foi o espírito depurador e redutor que já havia utilizado tanto em *Macunaíma* como em *Nelson Rodrigues*. O texto se concentra no que a Antunes parece básico: o encontro amoroso. Os conflitos entre os Montecchio e os Capuleto, que geram a tragédia, são apenas apresentados, eliminando-se até o final, quando Shakespeare promove a reconciliação das famílias após as mortes de seus filhos. Antunes preferiu concentrar-se na aproximação do jovem casal, na exposição total do amor entre eles, na dor e na procura da morte em nome desse mesmo amor. E sem cenários. Antunes foi capaz de encontrar o essencial da obra e em nenhum momento se pode dizer que tenha havido empobrecimento. Pelo contrário, a direção e a adaptação adotam uma visão romântica de *Romeu e Julieta*, que demonstra que os "clássicos" são passíveis de recriações, desde que não se procure brigar com o original ou ultrapassá-lo.

A opção estilística de Antunes Filho lembra muito o espírito do Teatro Tablado do Rio. Sem qualquer identidade com a linha de trabalho de Maria Clara Machado, Antunes aproxima-se dela nesta montagem pela extrema jovialidade. Ainda que inexperiente, o elenco se coloca em cena com profissionalismo irrepreensível. O desenho do espetáculo está fundamentado na juventude, como estão igualmente todas as montagens tabladianas. Os jovens, até mais do que os adultos, perceberão nesta versão de *Romeu e Julieta* que se está falando dos impulsos e sentimentos adolescentes, das reações e dificuldades que sentem de expressar seus desejos. A trilha musical dos Beatles dá um frescor a mais à montagem. O que acontece, igualmente, com o coro mudo, uma espécie de grupo de vestais que acompanha a trajetória do casal e que ao final adquire projeção poética, arauto que é da esperança e reafirmação do amor como precioso valor humano.

Os atores, muito jovens e com problemas na área vocal, compensam a inexperiência com entrega e disposição intensas. Giulia Gam, 17 anos, é uma Julieta terna quase sempre, e determinada nos momentos em que precisa tomar decisões, guardando sempre um ar de ingênua criança-adolescente. Marco Antônio Pâmio, 22 anos, é um Romeu comovedor. Transmite a carga de sofrimento e de angústia que recaem sobre o personagem, sem que perca o impulso juvenil, transmitindo o amor por Julieta como um sentimento em estado pleno. Darci Figueiredo é um Mercúrio algo *punk*, que estabelece grande comunicação com a plateia. Luiz Henrique, tanto como narrador (irônico, participante, conivente com o público) quanto como príncipe, mostra competência. Marlene Fortuna, como a ama, tem composição requintada, corporal e vocalmente. O restante do elenco mantém o bom nível interpretativo.

Antunes Filho criou, com marcações rígidas – algumas circulares, sempre de grande efeito plástico –, um espetáculo formalmente atraente, justificando a ausência de cenografia. As cenas de festa são marcadas por chuvas de papel de jornal picado, enquanto as lutas entre as famílias Montecchio e Capuleto, por bolas de meia que atravessam o palco como se fossem elementos de uma escultura cinética. Esses efeitos dão ao espectador a sensação de um palco rico, a ponto de conseguir transformar uma escada banal num balcão, ou uma canastra em esconderijo, depósito de poções mágicas e túmulo recoberto de flores, numa sucessão de surpresas visuais. Essa característica de Antunes Filho – a de retirar o teatral do menor movimento, e imprimir significados a objetos corriqueiros – projeta a busca do diretor por uma cena despojada e essencial.

CAMINHADAS

Caminhadas é um excelente exemplo da interação de diversas linguagens, sob a perspectiva de resgate de elementos brasileiros. Numa história simples, integrada à narrativa clássica da estrada a percorrer e das transformações que se processam no caminho, o autor e diretor Ilo Krugli (1930-) depura sua estética voltada para a poesia na fala, para a dança (quase sempre com passos retirados de manifestações folclóricas nacionais) no corpo e para os panos nos figurinos e cenários. A sofisticação de sua linguagem permite que ele conte uma história ingênua – a vida rotineira de um casal pobre, o ciclo vital se completando com o encontro, o trabalho, a união, o filho e a separação –, retirando de cada palavra ou gesto os valores básicos de aventura humana. Tudo é delicado, cheio de nuances, e mesmo um pequeno acontecimento é sinal de profundas transformações de vida. Varal de roupa se torna vestido, os panos que cobrem o ventre da mulher se transfiguram num recém-nascido, e a trouxa vira bolsa quando ela se dirige à cidade. Essa multiplicação de efeitos visuais e de desdobramentos dramáticos está intimamente integrada à caminhada traçada pelo compasso de viver. "Eu faço sempre o mesmo movimento. Minhas mãos podem ser de fogo, podem ser de água, da infinita doçura do milho."
Os movimentos monótonos do trabalho (mexer a farinha, lavar roupa, usar a arma quando se é policial "de quatro gritos e três subornos") são reelaborados como coreografia, de tal maneira que a imagem que o espectador recebe o estimula a completar a ação cênica. O que Ilo Krugli propõe é comunicação poética, linguagem que não se codifica através da pressa ou da reação superficial. É linguagem de fruição, na qual se aprende com delicadeza. *Caminhadas* busca a emoção pura em estado bruto, deseja captar sentimentos. Ilo Krugli consegue fazer dançar a tristeza, agitar trapos para figurar a alegria, usar caixotes para marcar a angústia, para em seguida lançá-los como fardos, como se fossem o peso da desesperança.

A montagem é bem construída em sua aparente simplicidade. Ao andar, conquista-se outra realidade, que nos modifica, mas que retém o elementar e o primário, o que se viveu no início da jornada. Cada um, transformado, prossegue como andarilho de sua própria vida. É o que o espetáculo sintetiza no final. A mulher, ao reencontrar o seu homem, o perde, seguindo o caminho entristecida, mas agora tem a levá-la o seu filho, que a puxa pelas mãos.

Misto de teatro, dança e musical, *Caminhadas* penetra nas emoções, estimulando-as de maneira quase hipnótica. As canções, os textos, os painéis cenográficos, os panos, os objetos de cena, tudo se movimenta para contar sentimentos, para captar o imponderável. Os dois atores – Graziela Rodrigues e Tião Carvalho – revelam habilidades na dança (ela de alto nível, ele lançando o corpo de maneira perfeita nos movimentos de folguedos populares), desenhando cristalinamente as emoções.

Com panos, lenços, trapos, atores-dançarinos e músicos-atores, *Caminhadas* retoma o sopro saudável que há dez anos impulsiona o Grupo Ventoforte para contar as suas histórias de lenços, ventos, amores, tristezas, numa caminhada pelo teatro da poesia, da festa e da emoção.

IRRESISTÍVEL AVENTURA

O título *Irresistível aventura* procura encontrar a unidade entre as quatro peças curtas – *Amor de Dom Perlimplim com Belisa em seu jardim*, de Federico García Lorca (1898-1936); *O oráculo*, de Artur Azevedo (1855-1908); *A dama da lavanda*, de Tennessee Williams (1911-1983); e *O urso*, de Anton Tchekhov (1860-1904), apresentadas nesta sequência – que compõem o espetáculo dirigido por Domingos de Oliveira. A aventura de que fala o título tanto pode ser a humana como a teatral. Ou ambas. Não importa. O que sobressai nesta seleção (e, como qualquer outra, passível de observações e reparos) é bem mais o aspecto teatral de cada um desses pequenos textos do que a tentativa de unidade temática.

Se em Lorca expressam-se as sutilezas dos sentimentos através da farsa e da poética, em Artur Azevedo sobressai a inteligência feminina no jogo de cartas marcadas do universo masculino. Em Tennessee Williams, o foco recai sobre os deserdados de uma sociedade que cultiva o êxito, e em Tchekhov revelam-se os mecanismos da mútua conquista. Como se percebe, um panorama tão eclético e amplo que nos faz acreditar que a seleção tenha sido feita a partir das qualidades intrínsecas de cada um. O que, no entanto, compromete esse painel são as hesitações da direção, que não demonstra linha coerente de intervenção que possibilite criar referências precisas para cada texto.

Domingos de Oliveira fez tentativas, não se pode negar, de buscar essa coerência na trilha musical, por exemplo. Seja no anúncio pelos atores do título e do autor no início de cada peça, evitando desse modo qualquer tom didático (as informações gerais sobre os textos estão no cuidadoso programa). Seja na orientação ao bom trabalho da cenógrafa e figurinista Rosa Magalhães, que com tapetes, roupas inventivas e adereços bem escolhidos monta e desmonta as cenas como se fosse um carrossel de giro rápido, com efeitos visualmente envolventes. Também na iluminação sensível, especialmente na primeira e na terceira peças, quando cria climas dramáticos de impacto poético. Os focos sobre o rosto de Dina Sfat em *A dama da lavanda* exploram a densidade da máscara facial da atriz; na cena do jardim em *Dom Perlimplim*, formas lembrando troncos de árvores são iluminadas por uma densa luz vermelha que é símbolo e marca do destino da personagem. Mas a direção falha ao não deixar claro o tratamento estilístico que adotou para tratar de realidades tão distantes quanto as de Artur Azevedo e Tennessee Williams.

A direção acerta em *O urso*, conseguindo transformar o extraordinário texto tchekhoviano numa pequena joia de concepção. Os atores estão visivelmente integrados ao espírito da peça, capazes de travar o jogo cênico com desenvoltura e inteligência. Chegam à plateia com interpretações vivas, cheias de energia, revelando troca sutil e coesão entre si. Em *Dom Perlimplim*, em que pese a frieza com que o público recebe esse esboço lorquiano de temas que o autor desenvolveria nas suas peças maiores, Domingos constrói toda a sua concepção sobre a pura teatralidade, tão bem expressa na caracterização em travesti da mãe ou na movimentação dos duendes. Mas, em *O oráculo*, o diretor não encontra ritmo compatível com a trama ingênua, impedindo assim que alguns atores soltem sua irreverência. É o caso de Dina Sfat. E, em *A dama da lavanda*, a decadência dos personagens é tratada com visível exteriorização.

O diretor não foi igualmente feliz na distribuição dos atores. Há equívocos evidentes, como a participação de Thelma Reston como o criado português em *O oráculo*, Hélio Ary, inadequado como o escritor frustrado de Tennessee Williams, e Dina Sfat em *Dom Perlimplim*.

Dina Sfat compõe com grande detalhamento e com impressionante máscara a Sra. Moore de Tennessee Williams, mas não desenvolve as muitas sugestões que insinua aqui e ali em *O oráculo*. Permanece num meio-termo entre a *coqueterie* e a necessidade de dar peso exemplar à sua viúva quase desprezada. Em *O urso*, no entanto, sua interpretação é magnífica, com nuances e momentos de perfeito domínio do tempo de comédia. Uma preciosidade de composição e sutileza.

Hélio Ary tem dificuldades em vencer o seu natural temperamento de ator farsesco. Se em *Dom Perlimplim* consegue, apenas parcialmente, superar as dificuldades de criar o personagem, como "o oráculo" de Artur Azevedo está bem mais à vontade, usando a sua inflexão peculiar e o seu porte tão característico. Na quarta peça, numa participação episódica e muda, está hilariante.

Thelma Reston não tem qualquer dificuldade em trazer à cena os personagens de Lorca e de Tchekhov, já que explora voz e corpo com a disciplina de atriz experiente. Em *A dama da lavanda*, demonstra certa tendência burocrática no tratamento da personagem.

José Mayer está seguro em todas as suas intervenções. Desde a minúscula participação no Lorca, quando não apela para a composição de uma mulher, mas apenas enfatiza a transposição teatral de interpretar um papel feminino, à vitalidade do irado visitante de *O urso*, Mayer não deixa dúvidas sobre suas potencialidades como ator de primeira linha.

Irresistível aventura não permite, apesar das eventuais restrições que se possam fazer, classificá-la como montagem apressada ou com ranço didático. É empreendimento cuidado – a destacar a tradução de Marcos Ribas de Faria – que tem parentesco com o antológico Festival de Comédia, apresentado pelo extinto Teatro dos Sete há mais de vinte anos. Nesse mergulho na dramaturgia, mesmo que o espectador não saia – como aconteceu no espetáculo do extinto Teatro dos Sete – banhado da salutar experiência de ter visto teatro em estado pleno, pode ter a certeza de que assistirá a uma tentativa de manter aguçados os sentimentos e a inteligência para criar o verdadeiro jogo cênico. E pelo menos em uma das quatro peças (*O urso*) consegue-se bem mais.

EMILY

Na pequena Amherst, Massachusetts, em meados do século XIX, Emily Dickinson, uma mulher de vida absolutamente comum, transpõe os limites da rotina de sua casa através da fantasia e de produção poética de alto nível literário. O autor William Luce (1931-) capta, como se estivesse trançando delicado rendilhado, a vida e as circunstâncias que levaram a frágil Emily a se transformar na poeta de sensibilidade irretocável, apesar de existência tão desprovida de reais alegrias.

Reclusa ("a alma escolheu seus amigos e depois fechou as suas portas"), delicada ("não sou ninguém. Aceito a vida que eu inventei"), lúcida ("o que é que existe para além do amor e da morte?"), fantasiosa ("diante da passagem do circo percebi, de repente, que a África estava ali"), Emily Dickinson assistiu ao longo de sua vida, de resto como qualquer um de nós, a existência passar. Foram perdas de parentes e amigos, desilusões amorosas, rejeição de editores. No processo crescente de desapontamento, Emily restringiu o seu universo aos limites da casa de Amherst, de onde o seu mundo foi apreendido e onde se passa a ação da peça.

Emily confessa que "viver me deixa em êxtase. Podem me tirar tudo, mas não me tirem o êxtase", o que aparentemente pode ser uma contradição, pois, sob os olhos da objetividade, nada em sua vida poderia levar a algo que se assemelhasse ao êxtase. Mas toda a sensibilidade dessa mulher solitária encontrava na palavra a forma de recriar-se, de captar tudo à sua volta, ainda que seu olhar alcançasse tão somente o que era atingido pelo que via ("Eu nunca falei com Deus, nunca fui até o céu, para ir lá adivinho qual é o melhor caminho").

Luce estrutura sua peça a partir das cartas de Emily Dickinson e de seus poemas. Mas não há uma divisão entre as informações factuais e sua poética. Fatos e poesia se misturam para traçar um perfil feito com cuidado e critério, de modo que se consegue formar imagem forte e nítida de Emily Dickinson. Percebem-se suas motivações para escrever, a presença da autoridade paterna e da religião, e aquele ponto indefinível e etéreo a partir do qual se confundem o viver e a criação. Tudo caminha no texto de William Luce com o ritmo próprio das pequenas tarefas a que Emily se confinou. No início, Emily mostra uma fatia de bolo e diz "é assim que me apresento, com este bolo". Dá a receita de como fazê-lo e, ao final, lembra que havia prometido descascar maçãs para sua irmã Vinnie, logo depois de nos fazer escutar "não sou capaz de descrever a eternidade. Ela desliza ao redor, como um oceano. E este mundo é tão pequeno, apenas um rubor no céu, antes da aurora. Por isso, é preciso que a gente se dê as mãos com força, que não falte ninguém, quando os pássaros chegarem".

O texto está marcado pelo ritmo da poesia; o monólogo de Emily é uma bela conversa com o público, a quem a personagem se dirige tal como se fosse surpreendida em seu quarto e a quem revelasse seu universo pessoal. Em essência, o texto investiga o mundo da criação. A extraordinária tradução de Maria Julieta Drummond de Andrade apreende em português a sonoridade de uma poesia feita de traços quase cotidianos, a simplicidade de uma mulher que se autoexilou na fantasia para que a vida não se lhe escapasse das folhas de papel.

Miguel Falabella encontrou a correspondência de toda essa luminosa poética numa montagem que respira profunda identidade e conhecimento do universo e da obra de Emily Dickinson. O diretor não fez escolha fortuita deste texto precioso, mas a partir do desejo de projetar uma obra pouco conhecida entre nós. Tal como Luce, Falabella busca, através de rendilhado de pequenos achados, de movimentos e inflexões que são sinais e evidências das motivações da personagem, nos apresentar alguém que nos faz compreender a sua sensibilidade. Somos nós – público – convidados privilegiados desse mundo que autor e diretor permitem que compartilhemos, seja rindo do exagero no uso de ovos na receita do bolo de melado, seja exultando com o êxtase de Emily ao ser tocada pela aurora boreal.

Os crepúsculos, a aurora boreal, as mortes, o abandono, o desprezo, as cartas, o mundo exterior, os parentes, o proibido passam pelo quarto de Emily, dentro do qual Falabella nos instala sem ferir a intimidade da personagem, mas apenas na tentativa de encontrar a nossa. Grata revelação de diretor, que na difícil e perigosa linguagem poética descobre uma via de expressão e de criação para uma carreira que, se espera, tenha continuidade.

A trama de renda, que lembra o pequeno e delicado camafeu que Beatriz Segall usa no seu vestido branco, está presente em todos os elementos da montagem. O cenário de Maurício Sette é um prodígio de sutileza na área, teoricamente, inviável do Teatro Candido Mendes. Na exiguidade do espaço cênico, ele construiu o quarto de Emily, as campinas que divisa de sua janela, lareira, pôr do sol, noites, jardim e até a terra na qual Emily planta suas sementes. Longe do realismo óbvio, Sette sintonizou sua concepção visual com poesia. Até mesmo a cortina esvoaçante, que tanto lembra os romances das irmãs Brontë, uma das preferências literárias de Emily Dickinson, está lá para nos mostrar que o material sobre o qual o cenógrafo trabalhou passa por cada palavra escrita pela poeta.

A roupa assinada por Kalma Murtinho tem a competência a que a figurinista já nos acostumou, enquanto a iluminação de Aurélio de Simoni cria belos efeitos, totalmente integrados aos climas poéticos que se sucedem em cena. A aurora boreal é luminosamente poética. Destaque ainda para a trilha musical de Antonio Mecha, perfeita, e para os adereços cênicos como as cartas, os cartões e as revistas que têm o cuidadoso envelhecimento dos papéis muito queridos.

O desafio de interpretar Emily Dickinson foi enfrentado por Beatriz Segall com tanto empenho e sensibilidade que a imagem da personagem, a partir de agora, estará indissoluvelmente ligada à da atriz. Beatriz equilibra sua composição entre tom infantilizado, de moça bem-educada, e a "perigosa" intensidade da criadora que pouco sabe de sua força como escritora. Mistura agitação nervosa com emoção e densidade técnica retiradas do baú afetivo que nutria a poética de Emily. Há sutis passagens de Beatriz Segall, da mais corriqueira expressão da vida doméstica (sua cena da receita de bolo é primorosamente bem desenvolvida) aos sentimentos mais fortes, de êxtase e de tristeza. Seja no encontro com a aurora boreal, seja na decepção de ver sua obra recusada pelo Sr. Higginson – ou ainda quando o pai descobre que Emily está escrevendo até de madrugada – a atriz transmite, em cada uma dessas cenas, múltiplas emoções numa interpretação irrepreensível, que equivale em qualidade à obra da autora que encarna.

MORTE ACIDENTAL DE UM ANARQUISTA

Há em Dario Fo (1926-2016) uma abordagem muito especial da teatralidade aplicada ao fato político. Seu teatro, mais do que exercício de indignação sobre uma sociedade baseada em injustiças, é a aplicação do farsesco para comentar essas injustiças. Fo parte de fatos banais, transformando-os em acontecimentos políticos e em matéria dramática.

Morte acidental de um anarquista é a melhor expressão dessa opção estilística do autor. Um louco é levado a uma delegacia policial depois de se fazer passar por diversos profissionais, até que, por circunstância corriqueira, atende a um telefonema no qual fica sabendo da visita de um juiz que investigará o "suicídio" de um ferroviário nas dependências da delegacia. Investe-se de juiz, depois de policial e, finalmente, de religioso, para desvendar diante dos policiais envolvidos no "acidente" toda a farsa montada por eles. A narrativa tem fôlego; o texto é relativamente curto. A montagem estende a duração das cenas e a ideia central tende a se esgotar, especialmente no segundo ato. Mas, ainda assim, *Morte acidental de um anarquista* mostra vitalidade ao desmontar o poder da máquina do Estado e a submissão do indivíduo a regimes contra os quais nem sempre se pode opor.

O público carioca assiste, com esta versão dirigida por Antônio Abujamra, à terceira montagem de *Morte acidental de um anarquista*, prova das potencialidades e atrativos desse texto. No entanto, não deixa de ser uma empreitada arriscada, já que num espaço tão curto de tempo (quatro anos) a plateia do Rio foi instada a assistir ao espetáculo tantas vezes.

Para sobressair, esta versão deveria trazer uma marca especial, diferente, e até ousada, para sensibilizar o público. E efetivamente a possui. A linha farsesca foi decisivamente ampliada pelo diretor, a tal ponto que criou um *nonsense* de gestos e *gags* verbais numa sucessão de brincadeiras que divertem o público. Abujamra desmembra cada diálogo em diversos segmentos cômicos, criando contrapontos humorísticos para uma simples gargalhada, por exemplo. Marca cada palavra com algum detalhe de humor, a tal ponto que, desde o início, o espectador não tem a menor dúvida de que está diante de uma abordagem, se não original, pelo menos intensa como farsa rasgada. Pode-se discutir essa escolha, afinal o excesso de "comentários" ao texto acaba por deixá-lo obscurecido, perde-se a sutileza de sua construção e, em alguns momentos, essa opção até emperra o desenvolvimento narrativo. Mas é inegável que a linha adotada foi levada até o fim, sem qualquer concessão e, nesse sentido, foge da saturação.

O espetáculo demonstra a segurança com que Abujamra brinca com as características da farsa, no gestual que pediu de empréstimo ao cinema-pastelão e às imagens de desenhos animados. Nesse vale-tudo, o espectador não pode deixar de rir, ainda que haja perda da substância desse humor à proporção que avança o espetáculo. Registre-se a forma como a proposta foi desenvolvida com tanta coerência. Os atores são as melhores expressões desse estilo, especialmente Antônio Fagundes, que está frenético como o louco camaleônico. Sutil, na aparente "grossura" de sua composição, Fagundes mostra o seu domínio interpretativo sem deixar dúvidas quanto à sua técnica. Usa o chavão de instigar a plateia a repetir uma frase impublicável com habilidade invejável. Mesmo discordando dos inevitáveis exageros que uma farsa sem freios provoca, há que se constatar o alto nível do trabalho do ator. João José Pompeo acompanha de perto Fagundes, enquanto o restante do elenco se integra bem ao *nonsense* geral.

O cenário de J. C. Serroni é um comentário detalhado sobre delegacias de polícia, com toques decorativos típicos da arquitetura fascista dos prédios públicos italianos. O palco do Teatro João Caetano, devido à sua amplidão, pode "engolir" os cenários não especialmente construídos para ele. No caso, a profundidade do cenário tende a afastar o espetáculo da plateia.

MÃO NA LUVA

A morte de Oduvaldo Vianna Filho (1936-1974) interrompeu uma das mais fulgurantes carreiras de dramaturgo em nosso país. Ao entrar em contato com *Mão na luva*, texto que escreveu em 1966, fica-se, no mínimo, surpreendido com a força de uma peça que na aparência difere tanto da obra de Vianninha. Afinal, o autor confronta um casal em fim de linha, deixando de lado as preocupações políticas e sociais. Mas, se observarmos com maior cuidado, verificamos que o texto é coerente com seu universo, além de expressar aquilo que tinha de melhor como criador: a generosidade. Mesmo escrito há tanto tempo, permaneceu inédito, não se sabe ao certo se por decisão do autor ou apenas à espera de que ele lhe desse retoques. A morte acabou com qualquer projeto, e somente em 1981 *Mão na luva* foi revelada. O curioso é que Vianna Filho a escreveu durante os ensaios de *Se correr o bicho pega, se ficar o bicho come*, do Teatro Opinião, no qual se buscava o coletivo. Delicada, investigando os motivos que corroeram um casamento, *Mão na luva* secciona a perspectiva social, transferindo o conflito para um apartamento e para o final de uma relação afetiva de sete anos.

Quem conhece, por exemplo, *Corpo a corpo*, *A longa noite de cristal* e, ainda, *Rasga coração* não estranhará que *Mão na luva* trate de tema tão particular. Em cada um de seus textos, Vianna Filho sempre discutiu o individual, colocando seus personagens, especialmente o homem, numa posição de fraqueza, às vezes ideológica, outras, emocional. A traição de alguns ideais em nome da sobrevivência, o medo de enfrentar a si mesmo diante de uma questão ética e a figura da mulher como elemento oprimido pelo brilho e inteligência do seu parceiro, mas igualmente lúcida a respeito das limitações dele, estão presentes, aqui e ali, ao longo da sua dramaturgia. *Mão na luva* traz, com lente de aumento, esses problemas para o centro do palco, deixando homem e mulher frente a frente, sós, num corpo a corpo sem máscaras.

Está presente o brilho dos diálogos de quem sempre soube usar as palavras como arma, como estilete que vai ao fundo do que pretende dizer. As palavras se decompõem, joga-se com o seu sentido, camufla-se e revela-se – é esse o engenho que Vianna Filho arma para melhor sustentar sua guerra conjugal. O próprio título se explica por essa riqueza verbal. Presente (a comunicação da separação pela mulher e os atritos decorrentes), passado (os diversos fatos que corroeram a afeição entre o casal), memória (os sentimentos que os ligavam) e confronto (a luta psicológica de dois náufragos prestes a se afogarem) se equilibram no mais límpido e clássico jogo teatral. Mesmo quando a ação se torna recorrente, em função das voltas dos personagens em torno de seus próprios limites, *Mão na luva* não perde a sua voltagem. Jogo emocional e esgrima intelectual, é bom exercício de dramaturgia.

Mão na luva chegou até Aderbal Júnior[3] num momento de desânimo e de desalento por que passa nosso teatro. É confortador reencontrar-se com a teatralidade, ver um trabalho rigoroso, criativo, cheio de nuances e carregado de inteligência. Aderbal usou o seu código muito pessoal na direção. Das marcações circulares a uma exploração interpretativa detalhada, elaborou transcrição cênica à qual não escapou, sequer, a pesquisa sonora de um rico diálogo. As palavras repetidas em gravação marcam um tempo emocional forte e a máscara do ator é explorada em múltiplas dimensões. Basta lembrar a dublagem da cena das rosas, quando a imagem do "homem de duas faces" fica nítida para o espectador.

As cenas se constroem e se desfazem, tanto ao ritmo de uma valsa tocada para marcar a inexorabilidade e a mútua dependência da união, quanto ao acompanhar a circularidade de movimentos nas conversas à mesa do jantar e na exposição das fissuras abertas pelo medo.

O espetáculo é límpido e depurado na sua análise emocional. O diretor parece ter investigado cada meandro dos personagens, pinçando de cada palavra seu sentido mais profundo, armando as cenas com o despojamento e a simplicidade de quem confia no material de que dispõe e na inteligência de quem irá consumi-lo.

---

[3] A partir da década de 1990, o diretor passou a ser conhecido como Aderbal Freire-Filho.

A inspirada iluminação, que é parte integrante do tempo dramático, os adereços simbólicos (mesa, cadeiras, porta, janela), que funcionam como sinais da rotina, evasão e partida, e a justeza da trilha sonora compõem unidade estética que nos devolve o prazer da fruição teatral.

Os atores Marco Nanini e Juliana Carneiro da Cunha se afinam de tal forma que seus movimentos sempre se completam. Transmitindo forte compreensão dos personagens, dançam harmoniosamente diante de espelho refletor capaz de expandir suas interpretações até mesmo em pequenos e sutis detalhes. Juliana, num meio sussurro, menciona a necessidade de a mulher criar jogos para abafar o conflito com seu parceiro, repetindo na mesma entonação parte do diálogo que havia dito minutos antes. Marco Nanini torna emocionante a cena em que cantarola Heitor Villa-Lobos tendo ao fundo a gravação de sua própria voz. São minúcias que reforçam atuações irrepreensíveis e interiorizadas. Juliana e Nanini intercambiam emoções, que chegam ao público em estado puro.

ESPERANDO GODOT

Esperando Godot foi escrita por Samuel Beckett (1906-1989) em 1953 e entrou para a dramaturgia contemporânea como obra definitiva, "clássica" na sua múltipla capacidade de investigação da condição humana. Os dois vagabundos, Estragon e Vladimir, numa expectativa infinita ("estamos esperando Godot, esperando a noite, esperando a espera") aguardam modificação para suas vidas sem qualquer esperança. Não é sem razão que o que se ouve como primeira frase do texto é a afirmação de que não há "nada a fazer". Esses indivíduos acuados adensam a relatividade dos sentimentos humanos de forma patética. São suplicantes, indivíduos que se demitiram de tornar a si suas próprias vidas e estão, irremediavelmente, sob o jugo de algo que lhes é desconhecido e assustador. Seja na relação dominador-dominado, representada pela tirania exercida pelo senhor sobre o escravo, seja na mútua dependência ("desisti quando o mundo era jovem").

Esse mosaico de vida, que ao longo desses trinta anos tem recebido inúmeras interpretações, está longe de se esgotar nas suas milhares de encenações. Sua permanência como texto dramático, contemporaneidade e riqueza de construção permitem que se renove a cada montagem.

Nesta nova versão brasileira de *Esperando Godot*, dirigida por Jacqueline Laurence, estreante na função, se não há concepção forte e marcante, há, pelo menos, criteriosa investigação de alguns aspectos (o patético, o desamparo, a solidão e o melancólico) que, ainda que não sejam levados muito adiante, afloram parcialmente. O necessário despojamento da cena é aproveitado pela diretora para experimentar um tom clownesco, levando as atuações ao paroxismo do ridículo. Há uma sugestão ao "palhaço", não à "palhaçada". Mas se Jacqueline conseguiu dosar essa linha, não soube, por outro lado, imprimir mais força ao espetáculo, tornando-o extremamente simples e correto, mas sem maior carga dramática, o que pode ser justificado pela inexperiência da estreia. Ao que parece, houve preocupação em não deixar que a montagem ganhasse muito peso. Há um ritmo ágil, a duração é relativamente curta e se desviou o foco para o risível, em detrimento do núcleo sombrio dos personagens. O que não se consegue é levar o espectador a *sentir* a finitude dos personagens e do seu universo. Criam-se sugestões de solidão, insinuam-se angústias densas, mas não se permite que se chegue ao fundo delas.

Quando a direção estabelece pausas entre algumas cenas, que supõe serem cenas-chave, através da paralisação do quadro e com excelentes recursos de luz, esboça um desenho de direção sensibilíssimo, delicado e teatralmente curioso. Mas nem sempre essa concepção está ligada à opção estilística do restante. A dicotomia fica nítida nos atores. André Valli, numa movimentação intensa, ao dizer os seus diálogos de forma muito rápida tende a esmaecer seu Estragon, que, no entanto, cresce quando o ator utiliza sua máscara facial em algumas pausas primorosas. Pedro Veras como Vladimir repete um pouco as características de André. Carlos Pimentel demonstra boa preparação corporal, e Luís Alves é presença não comprometedora. Janser Barreto, como o menino, completa o elenco.

Nos figurinos, Biza Vianna acerta nas roupas, mas se perde na caracterização, especialmente na maquiagem de Pozzo e Lucky, que lembra o pior do teatro ultrapassado (talco nos cabelos, traços grosseiros no rosto para marcar o envelhecimento, rosto embranquecido). O cenário de Biza segue à risca a indicação do autor e contém um bom efeito, especialmente com a iluminação de Aurélio de Simoni.

FREUD, NO DISTANTE PAÍS DA ALMA

Freud, no distante país da alma foi escrita por Henry Denker (1912-2012), em 1961, e estreou três anos depois em Nova York. Mais uma vez, estamos diante de uma daquelas hábeis peças estadunidenses nas quais o domínio narrativo e o bom acabamento técnico são predominantes.

O texto se inicia com a saída de Freud e de sua mulher, em 1938, de Viena, acossados pelo nazismo, pretexto dramático que é introduzido para que seja narrado, através de reminiscências, o caso da sua paciente Elizabeth von Ritter. Com dores nas pernas, resultado de um estado de histeria, Elizabeth serve de núcleo para que o público tenha perspectiva, quase didática, dos primórdios da psicanálise. O espectador está diante de um caso médico, mas ao mesmo tempo se defronta, ainda que de passagem, com as pressões sociais de uma comunidade científica amedrontada com os avanços de suas pesquisas. E ainda com o preconceito antissemita e com as próprias dificuldades de Freud em manter o seu equilíbrio emocional na convivência com a esposa grávida. A mãe de Freud o pressiona para renunciar às pesquisas, com medo da rejeição social e das consequências negativas para sua carreira de médico.

Denker sabe manipular todas as informações, revestindo-as de carga emocional. Mas o essencial do texto está na forma como capta uma inteligência em processo de investigação.

O diretor Flávio Rangel concebeu o espetáculo dosando a delicadeza dos diversos "climas dramáticos" em cenário detalhista, iluminação sensível e guarda-roupa impecável. O tom imposto ao elenco é bem mais vibrante. Os atores assumem uma tonalidade exaltada, prejudicando o colorido sutil do texto. A maior prejudicada éAriclê Perez, que interpreta Elizabeth. Não consegue desenhar melhor o perfil da personagem por uma intensidade de tiques e esgares que não chegam a configurar a sua histeria. O mesmo acontece com Adriano Reys, um Dr. Breuer agitadíssimo. Edwin Luisi está firme e minucioso na maior parte de sua interpretação, especialmente quando explora os momentos de curiosidade e entusiasmo de Freud em suas descobertas científicas. E compõe com preciosismo Freud na velhice. Maria Isabel de Lizandra tem presença correta como a mulher de Freud, mas encontra alguma dificuldade em interpretá-la na idade madura. Wanda Lacerda, apesar de visível tensão na estreia, faz uma mãe autoritária com vigor, mas cheia de nuances. Jorge Chaia tem passagem rápida em cena, da mesma forma que João Camargo, Chico Solano, Déa Peçanha e Cláudia Duarte.

Freud, no distante país da alma revela a competência da dramaturgia estadunidense em "popularizar" temas complexos, numa montagem de padrão profissional.

O BEIJO NO ASFALTO

Para situar *O beijo no asfalto*, nada melhor do que pensar numa tragédia. Carioca, é verdade, mas tragédia. Os elementos dramáticos que Nelson Rodrigues (1912-1980) utiliza na história de Arandir – que, num "gesto de bondade", dá um beijo na boca de um atropelado e esse fato é manipulado sordidamente por um repórter inescrupuloso – têm a mesma fonte da tragédia no sentido grego. Os personagens são impelidos a agir por sentimentos que não dominam; pelo contrário, são comandados por eles. O caráter inexorável da condição humana, as obsessões quase nunca sancionadas pelas convenções sociais e o sentido de perda da pureza e de separação pela morte são constantes na dramaturgia rodriguiana. Em *O beijo no asfalto* essa variedade de temas está presente de forma muito explícita, ainda que não seja um dos textos mais expressivos de Nelson.

A escolha dessa peça pelo Pessoal do Cabaré é em parte explicada pela necessidade que o grupo sentiu de trabalhar sobre um texto "finalizado", já que até então toda a sua pesquisa havia se fixado em adaptações ou em textos fragmentados. *O beijo no asfalto* foi a oportunidade de desenvolver outro plano de trabalho, mais ligado à vertente tradicional. Mas transparece em cena uma contradição entre a linha anterior e a nova proposta. A maior dificuldade está na visão um pouco nublada da direção na abordagem da tragédia de Nelson. É nítida a rejeição do diretor Buza Ferraz aos aspectos "carioca" e "escandaloso" da trama, mas ao mesmo tempo não se percebe qualquer outra perspectiva que os substitua.

Buza não faz concessões a um certo espírito suburbano, de classe média mais modesta, que a dramaturgia de Nelson Rodrigues cultiva com habilidade. Mas, igualmente, rejeita o caráter arquetípico das atitudes dos personagens: a quadratura amorosa marido-mulher-cunhada-sogro, a sondagem do repórter e a atitude do policial. A montagem se equilibra num meio-termo que não se define. Ora se acentua nas interpretações o caráter folhetinesco e suburbano dos personagens, ora se privilegia um teatralismo carregado. Nesse sentido se saem melhor os atores que interpretam os policiais, especialmente Ivan Cândido, com longa e segura experiência em interpretar personagens de Nelson Rodrigues, e Antônio Grassi, que compõe com deboche e grosseria o repórter. Já Gilda Guilhon, como Selminha, e Andréa Beltrão, como Dália, demonstram visível dificuldade em se situar no universo do espetáculo. Instáveis e pouco à vontade, perseguem um tom que não alcançam. José de Abreu e Stênio Garcia exacerbam numa grandiloquência vocal e gestual. Zezé Polessa, em personagens episódicos, adota leve caricatura de muita comunicação com a plateia.

Os poucos adereços cênicos – apenas móveis e persianas –, a iluminação habilidosa de Jorginho de Carvalho e a intervenção curiosa de dançarinos de *break* fazem as ligações entre as cenas, que logo se esgotam ao longo do espetáculo. Os figurinos de Sílvia Sangirardi contribuem para a assepsia visual, excessivamente preocupados em criar o bonito, mais do que o teatral.

O beijo no asfalto, apesar dessa hibridez estético-cultural, é, na concepção de Buza Ferraz, um esforço de dar uma contribuição própria à obra de Nelson Rodrigues. Faltou, no entanto, ao diretor e ao elenco, maior consistência e segurança na condução de uma narrativa que é perigosamente farsesca, mas que guarda da tragédia a origem e o espírito. Buza não quis inovar, mas não se fixou no tradicional, esfriando a montagem, que não sabe que rumo tomar. Mas é sempre estimulante assistir a uma obra de Nelson Rodrigues, autor que suscita polêmica, da mesma forma que a direção de Buza Ferraz. Diretor inteligente e criativo, Buza não permite que seus espetáculos sejam recebidos com indiferença. Até quando erra.

TEM PRA GENTE, SE INVENTE

Há que inventar. Não importa que não chegue a ser um espetáculo finalizado; mais parece *performance*, roteiro de acontecimentos teatrais que propõe ao público participar da construção de um ato de esperança. "Tem para todo mundo, cada estrela solitária pode ser um sol para alguém. Tem para ti, vida parece que sempre vai existir. Tem para gente descrente que não sabe se vai ou não estar nessa por muito mais tempo. Se invente."

Hamilton Vaz Pereira (1951-) concebeu e dirigiu *Tem pra gente, se invente* em nove cenas nas quais vai tecendo um quadro pessimista da vida contemporânea. São guerras, um onipresente sentido de finitude, o cheiro da morte, a miséria humana, a violência, que desfilam através de frases pedidas emprestadas a Baudelaire ou escritas, visivelmente, sob uma carga de poética indignação. A exemplo da "dramaturgia" do Asdrúbal Trouxe o Trombone, do qual Hamilton é o criador e o espírito, os quadros desta *performance* têm a preocupação de abarcar o cósmico para alcançar o particular, lançando vários dardos em muitas direções para buscar o fragmento. É esse o seu estilo. Neste espetáculo de pretensões mais experimentais, ambições e fragmentos acabam por resultar integrados.

Tem pra gente, se invente é fiel a seu título. Apostando, apesar de todo o pessimismo que retrata, na esperança de que cada um participe do banquete dos felizes, convida a descobrir o reverso da cena. A começar pelo fato de o público chegar ao teatro pela entrada dos atores, diretamente no palco. É a primeira descoberta. Meio perdidos, sem saber o que fazer, onde sentar (não há assentos), os espectadores recebem assim o impacto de uma criação teatral diferente, estranha. Alguma coisa mudou, vamos tentar saber o quê. É esta a estranheza que aciona *Tem pra gente, se invente*.

A plateia penetra, então, no ato teatral que acontece ao seu lado. O ator é mais do que seu vizinho, é seu parceiro, aquele que pede (sempre com um convite, sem qualquer tipo de constrangimento) que se formem filas, acendam velas, movimente-se uma bola ou se mude de lugar. O público é instado a perceber como o universo teatral se monta, como se desmonta, o que é a envolvência da luz e da música. No palco, a plateia é atriz e espectadora da invenção, deixando-se levar pela própria mágica da narrativa, ainda que pareça não perceber a extensão do que está sendo dito. Com a ajuda de um copo de vinho servido pelos atores, essa plateia vai se soltando, mostrando-se bem mais à vontade, passando pelos diversos estágios da sequência teatral, já conquistada pela proposta da plateia vazia do Teatro Villa-Lobos, transformada em área de representação. E é exatamente na plateia que termina o espetáculo, com o público devolvido às poltronas, assistindo à última cena como se estivesse numa relação convencional da representação. Completa-se, assim, o ciclo do ato teatral.

1985

GRANDE E PEQUENO

A atual geração de autores teatrais alemães desacredita tão profundamente das possibilidades de convivência numa escala humana que demonstra ser impossível criar qualquer vínculo interpessoal para além do pragmatismo das relações profissionais e da "eficiência" do universo tecnológico. O homem contemporâneo é apenas um elemento, e não o mais importante. Por condições muito particulares de sua recente história sociopolítica, a Alemanha gestou, no bojo do pós-guerra, cidadãos capazes de usufruir as benesses da espantosa recuperação econômica, mas frágeis para se contrapor à crescente desumanização e à ética social que tenta escamotear os contrastes.

Botho Strauss (1944-) é um intelectual típico dessa geração do desalento e do desencanto. Basta passar em revista por seus temas (Lotte, a personagem de *Grande e pequeno*, busca em dez quadros a expressão de suas carências e é, invariavelmente, rejeitada) e títulos (*Semblantes conhecidos, sentimentos ambíguos, A trilogia do reencontro, Os veranistas segundo Górki*) para compreender a que mundo se refere. Não há saídas aparentes, a trama social fechou qualquer alternativa que não a de aceitar com passividade um lugar na massa. As individualidades são indesejáveis e reafirmá-las é considerado delírio, pelos tolerantes, ou loucura, pelos indiferentes.

Strauss, a exemplo de seus conterrâneos Peter Handke (1942-), Tankred Dorst (1925-) e Heiner Müller (1929-1995), sabe que as histórias de cada um escaparam de seu domínio. Quando se tenta tomá-lo a si, estabelecer pontes humanas, contatos que utilizem a linguagem dos sentimentos, o indivíduo decreta a sua morte social. Como se fosse pilhado numa atitude irregular, fora dos padrões aceitáveis, a ele restaria então criar a sua própria linguagem para apreender o humano. Esse código individualizado ressalta no meio do conformismo da maioria, provocando solidão, frustração e loucura.

Lotte se transforma, aos olhos dos outros personagens – pelo menos daqueles com que tenta um contato mais íntimo, porque os outros já estão mergulhados na desistência –, em uma pessoa aborrecida, sempre solicitando aquilo que não se deve pedir: "Eu te peço, Paulo, vamos continuar, vamos continuar juntos, senão eu vou morrer soterrada de lembranças". Na sua quase mediocridade, Lotte é descrita sem qualquer sinal particular e até com certa vulgaridade.

São acontecimentos banais que constituem a narrativa, e as andanças de Lotte nas dez cenas mostram a personagem sempre à espreita, olhando de fora o mundo dos outros, que não desejam compartilhá-lo com ela. No Marrocos, ouve vozes que vêm do terraço ("acho prudente até nem escutar"). No quarto do casal, a briga pode significar uma aproximação e Lotte da janela tenta o contato ("mas espero ao menos que possamos ser um pouco mais íntimas, sabe, eu gostaria de te conhecer melhor"). Quando procura onde morar, depara com situações absurdas, mas de cotidiana realidade, e, ao ser abandonada pelo marido, que a expulsa, se atreve a pedir: "Só mais uma coisa, não me esqueça". Na falta de quem a receba, Lotte transfere sua moradia para uma velha cabine telefônica e o mundo, então, se limita àquele exíguo espaço: "Todas as pessoas que conheci foram embora, não se vê mais ninguém, como se as fronteiras tivessem sido mudadas e eu estivesse num outro país".

A religião torna-se, a partir daí, uma saída possível, uma escapada para quem se sabe sem saída: "Eu estou rigorosamente no vazio, mas eu também não vou ficar tão branca quanto o livro". Ainda que nada mais tenha sentido, mesmo assim Lotte prossegue buscando o contato, até mesmo se encostando a um homem que espera o ônibus: "O que é que eu vou fazer, o que é que eu vou fazer quando a música tiver acabado?". Para finalmente ir de encontro a um médico num consultório qualquer e ser advertida para que saia, já que confessa não ter nenhum problema de saúde. Com um "pois não", abandona a sala de espera. Este quadro se intitula, significativamente, *Em companhia*, e encerra a peça.

Como se observa, não é texto simples, muito menos uma proposta de linguagem que permita descompressão do espectador na poltrona. Tensa, triste (ainda que Strauss mantenha resquícios de comicidade nesta dolorosa pesquisa de Lotte), desesperançada, a peça obedece a um rigor formal capaz de sustentar a complexidade da personagem, provocando na plateia reações muitas vezes semelhantes às que se observam no palco. O espectador é um pouco conivente com o mundo que expulsa Lotte. A solução final da montagem de Celso Nunes corrobora essa visão. O diretor dosou o cerebralismo da obra com toques sutis de emoções amargas. Evitando explorar a facilidade da "doença" que se insinua todo o tempo, o diretor concentrou-se na fria enumeração dos fatos como se quisesse demonstrar que os dois planos em que circula Lotte (realidade e evasão) são uma unidade vivida por aqueles que rejeitam os impessoais ordenamentos contemporâneos. Concentra-se na essência e exerce até certo ponto uma crueldade expositiva. É como se durante todo o tempo provocasse atrito, esfregando aquela realidade na pele e na sensibilidade da plateia, sem deixar lugar para contemporização. Dessa forma, para os que entram nessa chave, o espetáculo é de poderosa ardência emocional. Para os que a rejeitam, uma revelação de similaridades.

O trabalho visual de Hélio Eichbauer é arma complementar na construção estilística da montagem de Celso Nunes. Num palco ampliado por elementos brancos e cinza, buscando linhas horizontais, com desproporções intencionais de objetos, tem-se a visão de um quadro hiper-realista vivo. Nesse sentido, e apenas como referência visual, seria possível comparar a concepção de Eichbauer aos espetáculos do vanguardista norte-americano Bob Wilson. Os figurinos seguem as rubricas do autor, mas Diana Eichbauer sabe tirar partido do pano de fundo do cenário.

O encontro de Renata Sorrah com Lotte demonstra a percepção da atriz quanto às potencialidades da personagem para o seu temperamento dramático. As formas, muito características de seu estilo interpretativo – respiração pessoal, carga nervosa e intensidade na atuação –, são reaproveitadas na criação de Lotte em medidas equilibradas. A emoção está viva, mas não compromete os movimentos de Renata, que prefere conduzir Lotte pelos meandros das suas próprias buscas. Interpretação cristalina e sensível, que revela profunda integração entre as concepções do autor, do diretor e da atriz. Selma Egrei desenha à perfeição a mulher neurotizada, aproveitando-se de uma soltura corporal impressionante (seus movimentos são de um balé) e de alfinetadas de humor que tornam sua personagem ainda mais densa. Exata e firme, Selma Egrei é grata revelação para o público carioca.

Paulo Villaça contrabalança bem os seus diversos papéis, mostrando-se mais feliz na placidez do homem do terceiro quadro. José de Abreu e Abrahão Farc estão corretos, enquanto Catalina Bonaki compõe a velha com máscara patética. Joyce de Oliveira e Telmo Faria desenham com sensibilidade suas intervenções. Ada Chaseliov e Roberto Lopes não exploram completamente os seus papéis.

O TEMPO E OS CONWAYS

"A alegria e a dor tecem trama fina" é a citação de William Blake que ajuda a penetrar na espiral do tempo que J. B. Priestley (1894-1984) constrói em *O tempo e os Conways*.

A família Conway (viúva e seus seis filhos) vive no interior da Inglaterra em 1919, próspera e respirando a esperança de felicidade que o fim da guerra e o aniversário de 21 anos da intelectual Kay parecem prenunciar. No primeiro movimento desse texto em que a circularidade temporal estabelece um giro cabalístico dos desejos humanos, há uma mascarada na festa em que a aparente inocência dos jovens "atores" de um drama familiar ensaia a vida. Uma charada, cuja palavra-chave é "astuciosa" (e não por acaso), ocupa os Conways, e o espectador conhece quem é e como é cada um deles. No segundo movimento, vinte anos depois, outra reunião de família, mas agora para partilhar a quase miséria material e a falência de todas as vontades. O teatro deixa de ser fantasia e se faz real. No terceiro movimento, volta-se à festa do início, mas já conhecemos o que foi feito da vida dos personagens. A charada se completa, a plateia encontra a resposta no tempo, resolvendo assim o enigma dramático. E na vida, como se resolve? Com uma mascarada?

O texto de Priestley propõe essa desarrumação da cronologia "narrativa" não apenas como recurso estilístico que nos pode lembrar Pirandello, mas como forma de valorizar o conceito de tempo, indissoluvelmente ligado à aventura humana. Quase cinquenta anos depois da estreia, o interesse por *O tempo e os Conways* permanece e seu maior trunfo é a carga de emoção que transpira de seus diálogos. Os truques e os mistérios da vida convivem no cotidiano, na sala confortável de uma família, onde os sentimentos se roçam, a violência maltrata, e morte e vida se alternam.

A convivência dos contrários, a razão mesma do "conflito teatral", conduziu a direção de Eduardo Tolentino de Araújo. O teatro, com seus golpes de cena, está no centro da montagem, que valoriza a representação como recriação do real. Como na festa dos Conways, o espetáculo se utiliza de uma caixa de disfarces (Carol maquiada fazendo a passagem do primeiro para o segundo ato), para em seguida deixar os personagens com o rosto e a alma nus. As ênfases que a música estabelece são contrapontos tão fortes quanto a iluminação propositadamente colorida e exposta, para não deixar esquecer que estamos vivendo o ritual de representação da existência. A mascarada está no jogo teatral, mas o tempo e nós mesmos somos capazes de fazer da vida uma bufonaria, a caricatura do que poderia ter sido.

O espetáculo de Tolentino não recusa a emoção. O clima da montagem se assemelha ao do filme bergmaniano *Fanny e Alexander*, mas o que falta para que *O tempo e os Conways* ganhe maior densidade é a dificuldade do elenco, especialmente o masculino, de realizar as propostas da direção. Aracy Balabanian revela forte presença, enquanto Denise Weinberg, Luciana Braga e Emília Rey compõem com muita correção seus nuançados personagens. Vera Barroso não explora a inconsequência de Hazel, e Nádia Carvalho tende a tipificar as limitações de Madge. Dos atores, Pedro Veras se sai melhor no primeiro ato, enquanto Renato Icarahy, Jorge Bueno e Celso Lemos mostram-se longe de resolver melhor suas interpretações.

C DE CANASTRA

C de canastra é perfeitamente coerente com a evolução teatral da dupla Felipe Pinheiro (1960-1993) e Pedro Cardoso (1962-), que desde *Bar doce bar*, há quatro anos, recria no palco um estilo de humor bastante peculiar. As mesmas referências que servem de base ao universo temático da dupla (mitologia do cinema, da televisão e das histórias em quadrinhos; a crítica ao próprio ritual do teatro; a captação de usos e costumes no que têm de estereotipados) desde o início estão de volta, mas trazendo inegável depuramento estilístico. É como se houvesse uma cristalização do "teatro besteirol", que se expressa aqui por maior preocupação em ressaltar a teatralidade de cada um desses "atos de variedades".

Na origem do gênero, que se confunde com os cabarés da Alemanha dos anos 1920, encontra-se o jogo do ator reduzido à essencialidade de suas regras. A dupla funciona como ponto e contraponto interpretativos, como troca entre atores que trabalham seus instrumentos com sintonia e cumplicidade. O que Pinheiro e Cardoso transmitem em cena é essa afinação. Não será fácil, por exemplo, descobrir o que foi escrito por Pedro ou por Felipe, da mesma forma que, no plano da interpretação, a unidade só se rompe para que reafirmem as individualidades e personalidades de cada um como ator.

Numa sequência generosa de esquetes – são dois atos que se estendem por 2h15, com intervalo – nem sempre há dosagem na oferta. A primeira parte é visivelmente menos ágil do que a segunda, que, compacta e com ritmo crescente nas mudanças de quadros, de tipos e de situações, permite aos atores os seus melhores momentos. Como a partir do encontro das mulheres que falam de seus namorados, seguido da identificação dos atores como personagens de si mesmos, que por sua vez se transfiguram em locutores de telejornal do século XXI (a sucessão de piadas neste quadro é impagável), culminando com crítica demolidora ao ufanismo nacional. A montagem resolve nessa sequência os problemas de linguagem que dificultam, na maioria dos espetáculos, a fluência e unificação dos esquetes do "teatro besteirol". O espectador não tem tempo de relaxar o riso, é estimulado a acompanhar freneticamente as *gags*, ao mesmo tempo que os atores ficam igualmente estimulados a intensificar os desafios técnicos para desenhar com nitidez cênica o tom ilógico e levemente absurdo das cenas. A convergência dos autores com os atores se completa nessa parte final do espetáculo, quando a brincadeira encontra, finalmente, a teatralidade.

Ainda muito presos à crítica aos que consideram o "teatro-brincadeira" como inconsequente, Pedro e Felipe perdem tempo em responder a essas observações. Na verdade, o melhor de seu humor está, exatamente, na captação de banalidades, dos pequenos fatos, de trivialidades e na tentativa de oferecer consistência teatral à simplicidade. *C de canastra* demonstra ainda que a dupla amplia o tratamento de seu universo, com a introdução do humor mais cruel.

À maturidade dos autores – que ainda assim não perderam o sentido da brincadeira e da simplicidade, bases da sua criação – corresponde maior sofisticação e exigências na gama das interpretações. O ar patético e moleque de Pedro Cardoso está adquirindo mais densidade, como prova o quadro do garoto que procura jogar futebol e no qual a mímica e a dramaticidade na medida certa permitem que o ator construa delicada atuação. Ou na pequena cena do sapateado (um dos melhores truques do espetáculo), quando faz uso do inesperado com pleno domínio do ritmo. Pedro, no entanto, ainda encontra dificuldades na manipulação vocal, revelando forte tendência a recorrer a um diapasão baixo, tornando, algumas vezes, difícil ouvi-lo.

Felipe Pinheiro, mais identificado com o humor direto que utiliza a expressividade de máscara facial bem marcante, prefere buscar apoio na plateia. Estrutura suas composições no desejo de fazer do público cúmplice todo o tempo, e para isso lança variadas iscas de seu arsenal cômico. A composição do cego e do cosmonauta Severino provam que seu estilo é solto, brincalhão, bem debochado.

A supervisão de Amir Haddad, a correta iluminação de Luiz Paulo Neném, a bem-humorada música de Tim Rescala e os painéis-telões que evocam o cenário para os esquetes do antigo teatro de revista criam uma cena simples, mas eficiente do ponto de vista da comunicabilidade. Mesmo no primeiro ato, quando o ritmo é desacelerado, percebe-se o empenho de buscar a teatralidade através do inesperado, do surpreendente. A duplicidade e o vazio das palavras – nos quadros dos soldados norte-americanos e do casal adolescente – são bem explorados cenicamente, o que possibilita aos atores desvendarem-se em múltiplas dimensões. Como se fossem magos, tiram da cartola suas invencionices. Brincam com o outro (o espectador) e consigo mesmos (revelam parcialmente a mágica de seu trabalho). É o teatro brincando, mas sem esquecer as regras de seu jogo.

ASSIM É SE LHE PARECE

Ninguém é exatamente o que parece ser. A ilusória certeza de que existe uma única verdade capaz de nos fazer acreditar num mundo ordenado por lógica e racionalidade é explorada por Luigi Pirandello (1867-1936) em toda a sua obra, especialmente em *Assim é se lhe parece*. A presença de um funcionário municipal, Sr. Ponza, que chega a uma pequena cidade italiana acompanhado da sogra, Sra. Frola, e da esposa, traz consigo um enigma que a comunidade provinciana tenta decifrar. Sogra e genro vivem em casas separadas e a filha da Sra. Frola só consegue se comunicar com a mãe através da janela, por acenos e bilhetes. Por que tão estranho comportamento? A Sra. Ponza é realmente filha da Sra. Frola? Ou seria a Sra. Frola louca, como afirma o Sr. Ponza? Ou o louco é o Sr. Ponza? Que tipo de acordo existe entre os três? Qual é o direito dos habitantes da pequena cidade em interferir na vida dos recém-chegados?

A trama de Pirandello busca um sentido mais profundo no núcleo que concentra a perplexidade em decompor o conceito de verdade. Buscá-la atende apenas à "tola curiosidade", como afirma Lamberto Laudisi, o único personagem que a despreza, por sabê-la inútil. O que Laudisi pretende dizer – e nesse sentido assume a voz do autor – é que as relações entre as pessoas têm embutida a incompreensão recíproca. A Sra. Ponza, que no final se apresenta como a única capaz de confirmar as versões conflitantes, de repor a verdade, não deixa dúvidas quanto à dialética da relatividade humana: "Para mim, sou aquela que me creem".

Duvidar de tudo não ajuda a encontrar a verdade, pelo contrário, devolve o sentido de transitoriedade dos conceitos e demonstra a inexorabilidade da procura da razão, que serve, no entanto, apenas para evidenciar a falta de sentido das atitudes humanas. Mais uma vez, é Laudisi que interpreta o absurdo de empenhar-se na absolutização da verdade: "Os dois [refere-se ao Sr. Ponza e à Sra. Frola] anularam, destruíram esses fatos em si mesmos, no mais fundo da alma. Criando, ela para ele, ou ele para ela, um fantasma que tem a exata consistência da realidade e no qual os dois concordam com perfeita harmonia, pacificados". Essa harmonia é, justamente, a conciliação do inconciliável, o ajustamento dos contrários. O fantasma é o real; a razão, a justificativa para a loucura; a máscara, o próprio rosto.

O curioso é que esse aspecto mais "filosófico" do texto de Pirandello – o essencial da discussão de *Assim é se lhe parece* está, exatamente, no prisma que fragmenta a verdade – se contrapõe a um naturalismo estrito, representado pela pequena humanidade dos que desejam satisfazer, com explicações definitivas, a curiosidade pela verdade. O naturalismo nada mais é do que a estética que se fundamenta no "espelho da vida", na sua reprodução, e que, na Itália, ganhou o nome de *verismo*, etimologicamente ligado à verdade. Os personagens que jogam o trio neste conflito comportam-se como indivíduos facilmente reconhecíveis (seriam o espelho da plateia?), em oposição ao Sr. e Sra. Ponza e à Sra. Frola, quase criações teóricas sobre a relatividade conceitual (em última análise, expressões de uma vacuidade). A peça não perde nunca os balizamentos naturalistas; a discussão de uma ideia intelectual está referida a esse "pé no chão". As realidades subjetivas da massa de personagens que quer saber quem são os três e com quem está a verdade impulsionam a ação, mas não a desviam da coerência dos comportamentos mesquinhos, tão realisticamente identificáveis.

Essa "contradição de termos" levanta a questão "do sentido profundo das inovações formais" de Pirandello. É evidente que a originalidade de sua dramaturgia criou padrões e traços na escritura dramática contemporânea que só lhe acentuam o valor. Mas, igualmente, o aspecto insólito, escandaloso e de estranhamento do pirandellismo já está depurado, restando uma visão menos interferida pela emocionalidade do novo. Como bem situou o crítico Sábato Magaldi, "visto na sua fórmula, o pirandellismo é de fato algo ultrapassado. Não podemos circunscrever-nos às suas conquistas e à sua expressão. Nesse sentido, ele tem data". *Assim é se lhe parece* também tem a sua. Não a de 1917, quando foi escrita, mas a dos anos em que a linguagem teatral foi incorporando e recriando as "invenções" de Pirandello. Esse relativo "envelhecimento" traz problemas e desafios a qualquer diretor que pretenda montá-la. Paulo Betti, responsável pela versão competente e empenhada do Teatro dos Quatro, não pôde escapar de muitos deles. O primeiro é o da harmonização estilística: comédia dramática ou teatro de tese? Betti optou pelo meio-termo, no qual trabalhou os personagens naturalistas com contornos de comédia, enquanto os três estranhos se distribuem em estilos, senão opostos, pelo menos díspares.

A segunda dificuldade se situa num desdobramento da primeira. Sem qualquer atração de tornar "novo" Pirandello (os seus textos são sensibilíssimos ao novidadeiro), o diretor não revela, por outro lado, toque mais pessoal em seu trabalho. O texto parece ter-lhe escapado do controle. São várias as compartimentações da sua montagem. Insinua a farsa nas cenas do coro dos curiosos. Introduz um tom solene e operístico, dramaticamente carregado, na presença dos Ponza e da Sra. Frola, ajudado por trilha sonora em si muito forte, que quase desenha outro espetáculo. A amplitude do cenário, que se espalha por uma boca de cena de muito comprimento, obrigou o diretor a distribuir os atores em massas, sem dúvida harmoniosas, mas um tanto convencionais. A prova é que sente necessidade do recurso da iluminação de foco fechado para seccionar e dar relevo às cenas capitais.

As consequências dessas contradições se refletem, mais visivelmente, na linha interpretativa dos atores. A composição detalhista, sinuosa, cheia de ambiguidades de José Wilker, em que pese a sua completa realização, caminha solitária dentro do espetáculo. O Sr. Ponza é único num todo, um *solo* cuidado, mas estranho, destacado. Nathalia Timberg é uma Sra. Frola quase patética, que obedece razões psicológicas. A atriz realiza esta linha na plenitude de sua experiência. Márcia Rodrigues, como a Sra. Ponza, incorpora sua natural elegância a uma dramaticidade exteriorizada, diminuindo o peso da personagem.

O restante, o coro dos curiosos, tem uma maior unidade de atuação. Yara Amaral modula a voz, movimenta com graça afetada o corpo, constrói, enfim, uma pequeno-burguesa de província com a certeza de evitar a caricatura. Ary Fontoura aproveita as insinuações de humor de seu Conselheiro Agazzi para intervir na medida da comicidade levemente farsesca. Cristina Pereira e Vic Militello controlam a tendência à caricaturização. Henriqueta Brieba reafirma, com sua figura adorável, a natural empatia que sempre estabelece com o público. Nildo Parente empresta dignidade a personagem apagado, enquanto Lícia Magna cumpre metodicamente a sua pequena intervenção. Ruyter Carvalho e Alexandre Zachia não chegam a desequilibrar a distribuição. Mário César Camargo é um prefeito sanguíneo, mas que tem dificuldade em transmitir a autoridade do personagem que interpreta. Já Sérgio Britto fica bastante prejudicado pela diluição de Laudisi em meio aos outros personagens. Veículo do autor, Laudisi é uma espécie de "boa consciência", aquele que ressalta os sentimentos mesquinhos e que detém, talvez, aquela que seja a única verdade que o autor admite: a de que não há verdade. Sérgio se movimenta discreto, pontuando criticamente o que é dito, mas fica difícil para o ator fazer-se mais presente com as marcações que lhe couberam.

A duplicidade da imagem do espelho – existem muitos no cenário – não é apenas uma ideia cenográfica, mas uma recorrência que o diretor não tentou disfarçar. A concepção cenográfica nos demais elementos revela, no despojamento dos poucos objetos em cena, uma sugestão ao básico que nem sempre a montagem acompanha. A parede de espelhos no final, um efeito espetacular e fantasioso (é inevitável a lembrança de Lewis Carroll na saída da família Ponza e no reflexo da plateia aplaudindo), destoa da simplicidade visual do restante da cenografia. Os figurinos são mais teatrais ao vestir as atrizes. A iluminação se mostra correta dentro da concepção fragmentária da direção. Millôr Fernandes prova, uma vez mais, a sua obsessão pelo perfeccionismo.

Assim é se lhe parece, nesta montagem do Teatro dos Quatro, confirma a linha de repertório de um grupo que desde a sua criação oferece ideias, reflexão e integridade intelectual ao seu público. Pirandello dá continuidade a essa proposta séria e sólida. Eventuais discordâncias apenas demonstram que é na troca de ideias que se cria relação viva no teatro, e *Assim é se lhe parece* não permite que se deixe o teatro sem se questionar até mesmo o espetáculo.

ESTE MUNDO É UM HOSPÍCIO

Não há propriamente surpresa na situação básica de *Este mundo é um hospício*. O cinema realizou divertida versão, dirigida por Frank Capra, com Cary Grant. A Companhia Tônia-Celi-Autran montou-a em 1961, e muitos filmes e peças depois, se não reproduziram a trama desta comédia de Joseph Kesselring (1902-
-1967), pelo menos incorporaram o espírito brincalhão de seu humor negro. Mas *Arsenic and Old Lace* (título original) resiste bravamente ao tempo e se mantém eficiente como ideia dramática com seu delicioso tom macabro. A narrativa se

concentra em duas velhinhas que, penalizadas com a solidão de cavalheiros que as procuram em busca de quarto para alugar, decidem abreviar-lhes a tristeza. Servem vinho de sabugueiro envenenado. Quando a peça se inicia, já existem doze enterrados no porão.

O tratamento cômico deste entrecho – inicialmente o autor pretendia fazê-lo um drama pesado, mas foi dissuadido por autores mais experientes – possibilita imediata simpatia da plateia pelas velhinhas. E o ar absurdo do universo particular que as duas criaram é acompanhado, quase cinquenta anos depois da peça escrita, com divertido interesse. Não se pode desconsiderar, no entanto, que *Este mundo é um hospício* tem ingenuidades que forçam um humor menos requintado, como acontece quando estão em cena Freddy e o médico Dr. Einstein. Mas Kesselring armou com precisão a ciranda de cadáveres, o encontro e desencontro de personagens e até se permitiu brincar com a crítica teatral. Texto habilidoso na busca de efeitos cômicos, é ainda hoje um suculento prato para elenco afiado.

O diretor Geraldo Queiroz projeta o humor macabro através de montagem que explora menos a comicidade sutil (que poderia conseguir numa linha de interpretação tecnicamente sofisticada) e bem mais os efeitos teatrais explícitos (jogo de iluminação feérico, trilha musical com os acordes chavões dos filmes de terror). Joga com todos esses truques numa tentativa de modernização da comédia. Percebe-se o seu esforço, mas fica, igualmente, a impressão de que o trabalho com os atores poderia ser mais uniforme e coeso, especialmente junto às atrizes que interpretam as adoráveis Abigail e Hortênsia. Marta Rosman é uma Hortênsia que usa passos curtos, voz trêmula e que sabiamente não explora de maneira óbvia a surdez da personagem. A atriz perde, por outro lado, um pouco o domínio da composição por transmitir um vigor que é, justamente, o oposto da fragilidade da sua velhinha. A personalidade da atriz se sobrepõe à da personagem.

Pela característica que o diretor imprimiu à atuação das atrizes que interpretam Abigail e Hortênsia – a clássica composição das velhinhas simpáticas, um tanto encurvadas, voz em vibrato, passinhos curtos e aspecto frágil –, ressalta a comparação entre as duas personagens. Mas, no caso desta montagem, como Maria Clara Machado e Elizabeth Henreid se revezam no papel de Abigail, a comparação mais evidente é entre as duas intérpretes. Maria Clara mostra-se bem menos segura. A sua natural voz modulada, aparência frágil e figura pequena contribuem enormemente para vestir-se de Abigail. Mas percebe-se que a atriz não aprofundou o caráter macabro da personagem, da mesma forma que evitou investir no seu aspecto "adorável". Mantendo-se disciplinadamente dentro da orientação do diretor, Maria Clara Machado não enriquece sua interpretação com qualquer detalhamento mais pessoal. Mas, de qualquer forma, é sempre bom revê-la no palco, ela que, ao longo de mais de trinta anos como autora e diretora no Tablado, sufocou sua carreira de atriz.

Já Elizabeth Henreid aproveita de todas as formas a oportunidade, desenhando uma Abigail equilibrada entre o arsênico e a alfazema (mais criativo, este foi o primeiro título da peça em português). Com minúcia, consegue fundir a dualidade da velhinha que mata não sem antes perguntar a que religião o futuro morto pertence, para cumprir a adequada exéquia fúnebre. Sutil, a atriz encontrou o tom exato nas gargalhadas, nas pausas e até mesmo no improviso, como aconteceu na segunda sessão de sábado, quando pelo menos duas vezes criou sobre situações imprevistas. Uma das pioneiras do Teatro Brasileiro de Comédia, Elizabeth Henreid demonstra na voz firme e bem colocada, no trabalho corporal e na segurança em cena que uma boa escola é essencial no teatro.

Camilo Bevilacqua cumpre com intensidade o papel do sobrinho, exagerando, no entanto, nas reações de espanto e de surpresa a que seu personagem é submetido ao longo da ação. Mônica Serpa, numa estilização da mocinha pouco inteligente e casadoira, acaba por criar aquela que talvez seja a chave cômica mais curiosa do espetáculo. Com movimentação estereotipada, que imita os passos dos dançarinos dos velhos musicais – especialmente Ginger Rogers –, e voz insuportavelmente metálica e fina, diverte com sua composição definida. Oswaldo Louzada é sempre uma agradável presença. Num papel mínimo atinge ritmo e consistência que não podem ser explicados apenas pela experiência, mas pelo talento. Rui Rezende defende bravamente um tipo horripilante, bem coadjuvado por Mário Roberto Pessanha. Paulo Nolasco está mais seguro e engraçado do que Gilson Antônio da Silva, na dupla tola de policiais. Jitman Vibranovski tempera com cuidado a loucura de seu personagem. Roberto de Cleto cumpre a sua pequena parte, enquanto Carlos Murtinho realiza estilização bastante elaborada.

O cenário de José Dias arruma bem o palco do Teatro de Arena e os figurinos de Kalma Murtinho, competentes como sempre, apenas destoam nas roupas vestidas pela atriz Mônica Serpa. É impossível não associá-las a Branca de Neve e a Alice no País das Maravilhas, nas imagens criadas por Walt Disney.

THEATRO MUSICAL BRAZILEIRO: 1860-1914

Na metade do século XIX o teatro brasileiro sofria uma intensa crise de dramaturgia. Os autores dramáticos andavam omissos, penas recolhidas, tinteiros vazios e cabeças voltadas para a faceirice e ligeireza d'além-mar. O que Paris decretava como moda era aclimatado no Brasil, e a capital francesa se divertia com as operetas, a ópera-bufa e as *variétés*. Na rua do Ouvidor e adjacências, o modismo teatral era consumir as brincadeiras traduzidas, tanto que Machado de Assis registrou sua preocupação com o silêncio dos nossos autores dramáticos e vaticinou a redução da cena brasileira a "espetáculos de feira". Isto em 1873.

A pesquisa de Annabel Albernaz, Marshall Netherland e Luís Antônio Martinez Corrêa sobre o teatro do século XIX no país se concentrou, exatamente, no período em que burletas, operetas, melodramas e comédias musicadas proliferam como gêneros teatrais dominantes. A súmula desse período é o que constitui o espetáculo *Theatro Musical Brazileiro: 1860-1914*. Através das partituras musicais dos espetáculos, o diretor Luís Antônio estruturou um recital (ou seria um sarau musical?) com preciosidades não apenas musicais, mas verdadeiras reportagens sobre a expressão social brasileira do período.

São treze quadros em ordem cronológica que revelam, ao contrário do que previa Machado, a insuperável capacidade nacional de recriar-se. Nos diversos fragmentos musicais de peças como a opereta francesa *La fille de Madame Angot* (traduzida molequemente por Artur Azevedo como *A filha de Maria Angu*, em 1876, e na qual a riqueza verbal das palavras brasileiras, em especial aquelas de origem indígena, é utilizada para parodiar a sonoridade dos vocábulos franceses), empreende-se uma devassa ao nosso atávico complexo cultural. Uma burleta carnavalesca como *Fandanguassu* (1914), de Carlos Bittencourt, usa no "Tango da mulata e do guarda civil" o duplo sentido e a malícia com perfeito conhecimento da eficácia cênica. E tanto na comédia-opereta *A capital federal* (1897) quanto na burleta *O mambembe* (1904), ambas do extraordinário Artur Azevedo, se percebe, mais do que em quaisquer outras canções, a habilidade em transpor o modismo e a superficialidade para a brincadeira crítica da sociedade que os adota. E para isso utiliza o recurso estilístico fornecido pelos próprios modismos. A mistura de palavras francesas na canção "Meus senhores, aqui lhes apresento" é bem a síntese dessa apreensão inteligente do mundanismo.

O recital, tão bem acondicionado no belo espaço da Sala dos Archeiros do recém-restaurado Paço Imperial, encontra a teatralidade por não forçar, artificialmente, a sua eclosão. A cena é despojada. Três músicos, três atores, pequenos detalhes cenográficos (duas portas de entrada e vasos com plantas tropicais) e um coro de treze vozes colocado na sacada que circunda a sala. É tudo. O clima é o de um sarau do século XIX que agrega o despudor da intensa vida atual. As canções se sucedem, anunciadas por tabuletas e interpretadas por atores-cantores (de vozes bem colocadas), explorando o teatral de cada frase musical. São bem mais eficientes, no entanto, quanto menos procuram "representar" as canções. Fora dos contextos teatrais para os quais foram escritas, as músicas precisam ter vida própria, trazer em si a informação "dramática" e, dessa forma, se tornar cenicamente independentes. Na maioria dos casos, a direção encontra o que há de teatral nas canções, ao mesmo tempo que deixa fluir a beleza de muitas delas ("Ama a lua a branca vaga", da opereta *Trunfo às avessas*, de França Júnior, de 1871), a ironia de outras ("Tango do malandrismo", da revista *Gavroche*, de Artur Azevedo, de 1898) e a mistura de triunfalismo e exaltação de algumas, como a opereta cômica *Corda sensível*. Esses climas teatrais de cada música são perfeitamente identificáveis pela plateia que, embalada pelo som ora moleque, ora romântico, assiste a um recital que não desvia o olho da Europa, mas que não resiste a brincar com o nosso complexo colonial. Estripulias, diriam os antigos.

QUATRO VEZES BECKETT

A imobilidade marca o universo de Samuel Beckett (1906-1989). Cegos, paralíticos, dissociados de uma ação que encontre em si mesma qualquer justificativa, seus personagens (às vezes nem isso, como em *Nada*) existem apenas pelas palavras. E são as palavras que criam a situação, não do ponto de vista realista, de identificações históricas e narrações evolutivas, mas diante da questão beckettiana básica: a linguagem. Qualquer que seja o plano em que estabeleça essa linguagem, suas premissas estão embutidas nela própria, como estigma da sua precariedade. Em *Quatro vezes Beckett*, os textos reunidos no espetáculo se interpõem em planos diversos. Em *Teatro I*, que contrapõe um cego e um paralítico numa área brumosa, indefinida, na qual medem forças inexistentes num jogo de mútua fricção, é inevitável a referência às obras mais antigas de Beckett, especialmente por seu caráter niilista. Diálogos como este: "Por que você não se deixa morrer? Eu não sou infeliz bastante, essa é a minha infelicidade" se aproximam, por exemplo, de *Fim de jogo*, apenas para citar outro texto do autor já conhecido no Brasil, e no qual se ouvia: "Ele chora, portanto vive".

Em *Nada*, a linguagem ganha o estatuto abstrato. Não existem propriamente personagens, mas pedaços de corpos pulsantes no chão (uma mão que se movimenta ao ritmo das palavras, um dorso que ondeia, uma perna). Passos de um caminhante são ouvidos, como sua voz, através de gravação. As menções a ruínas, à desistência antes de nascer tornam-se secundárias diante do ritmo que adquirem. Corpo e som, fala e pausa constroem, quase que na forma de uma *performance* de origem plástica, itinerário geográfico por interioridades.

Já em *Teatro II*, a introdução do humor num sarcástico comentário sobre homens debruçados em pilhas de processos que reproduzem o vazio da rotina não modifica a equação niilista. Mas aqui, como em *Teatro I*, há o traço da conotação, a tendência a buscar o referencial e, portanto, esgotar o código de linguagem numa chave convencional.

Em *Aquela vez* percebe-se com mais nitidez o estágio da convenção dramática, se assim podemos chamá-la, em que se despreza o raciocínio lógico. Um rosto é tudo que se tem em cena. O foco de luz cria essa "área de representação" infinita, múltipla, tornada essencial pelo seu silêncio. Mais uma vez, é a voz gravada que extrai da máscara qualquer redundância, devolvendo-lhe a expressão despojada dos paralíticos, cegos, mudos, desesperados e abúlicos de si próprios. O som das palavras está livre das ênfases e das intenções, é até monocórdio, com ritmo todo especial, marcado pelas circunvoluções do pensamento. A relação beckettiana é assim apreendida em sua totalidade.

A montagem de Gerald Thomas, estabelecida sobre esses pilares, intenta rejeitar as noções retóricas e investe na harmonia (no sentido musical) dos contrários. A manipulação da fala e das imagens se situa no plano da metáfora, e a interação que se estabelece do palco para a plateia surge da possibilidade de trabalhar a hesitação, o quase, não as certezas e completudes. O fracionamento da fala é recurso que estraçalha qualquer desenvolvimento linear; dessa maneira, e aliada a fortes invenções visuais, se organiza a estética da dissonância. A pesquisa cênica de Thomas vive o seu processo de avaliação e de busca de significações. Está sujeita, portanto, ao rito da passagem e à sua temporalidade. Em *Aquela vez* há quase cristalização de conceitos, na medida em que a invenção da imagem se serve da palavra para criar a metáfora, completando esses estágios. Nas demais, nem sempre é o que ocorre. É ainda a palavra, carregada de significados tradicionais que lhe são atribuídos pelas relações convencionais do teatro, que prevalece em *Teatro I* e *Teatro II*. As preocupações de Thomas nesses dois textos encontram mais dificuldades em fixar os limites abstratos sobre os quais elabora sua encenação.

É bastante complexo eliminar a "historicidade" dessas peças curtas. A tendência a justificar comportamentos, buscar razões, levantar possibilidades, provoca efeito contrário ao proposto pelo diretor. Por mais poderosas que sejam suas imagens e as tentativas, em *Teatro I*, de criar com névoa de fumaça uma identidade suprarreal e de pedir emprestado a artistas plásticos como Magritte o cenário de *Teatro II*, a força e a essência da palavra, muitas vezes, invadem essas formas de sua negação. O grau de novidade que a proposta de Gerald Thomas carrega é suficiente para que se traga para o teatro brasileiro um elemento importante: o questionamento da intervenção direta no real e as decorrências de um código cênico eminentemente abstrato que se fraciona para criar com o espectador, como diria o teórico Martin Esslin, "uma interação simultânea".

A eventual dificuldade do público em absorver essa carga nova o transforma de certa maneira em comparsa do diretor. Até a relativa ausência de tensão (e não há como desprezar a terminologia clássica), que seria substituída pela troca de inconscientes, cria efeitos de estranhamento que a plateia, por reação, substitui por meios de estabelecer sistemas lógicos. Essas dificuldades também se estendem aos atores, que, como a plateia, têm formação tradicional. O desafio de desarrumar o código e se ajustar a novas significações foi aceito com vigor pelo elenco. Sérgio Britto cria o cego, assim como Rubens Corrêa, o paralítico, numa chave que procura escapar do psicologismo. Corrêa, em *Teatro II*, aciona o humor patético sem reforçar qualquer ponto. Sérgio, por seu lado, é impulsionado por um cinismo que nada tem de comum com a psicologia. Ítalo Rossi, com voz tecnicamente perfeita, cria invólucro sonoro para a decomposição visual de *Nada*, e brilha com interpretação milimetricamente planejada, mas nem por isso destituída de empatia, em *Aquela vez*. Do imaginário do autor ao do espectador, Ítalo é o veículo de formas inconscientes, a consubstanciação de imponderabilidades. A sua interpretação prescinde da emoção, suas bases são outras, mas é inevitável que a provoque pelo rigor de construir tão significativamente a complexidade de um universo. Irrepreensível.

O alto nível da iluminação, a teatralidade dos figurinos, a originalidade da sonoplastia e da tradução fazem de *Quatro vezes Beckett* um espetáculo que encontra na insatisfação com o caráter literário do teatro sua mais profunda motivação. Apesar dos problemas, como a visível inadequação de *Nada* ao palco italiano e a presença de alguns traços de códigos teatrais que se procura negar, *Quatro vezes Beckett* impõe à pesquisa da linguagem elementos fortemente inovadores. Confrontá-los é a dialética que a montagem nos propõe.

CYRANO DE BERGERAC

A extrema sensibilidade teatral do diretor Flávio Rangel o conduziu ao ponto de partida mais inteligente para transpor um clássico que estreou há 88 anos em Paris para o universo culturalmente eclético da plateia brasileira. Ao encomendar nova tradução de *Cyrano de Bergerac*, de Edmond Rostand (1868-1918), ao poeta e dramaturgo Ferreira Gullar, definiu-se pela teatralidade e fez opção pelo contemporâneo. O risco de utilizar a tradução erudita e detalhista de Carlos Porto Carreiro, de 1907, era o de inviabilizar essa "comédia heroica" para o espectador, cujos ouvidos não estão familiarizados com os alexandrinos, cuja informação histórica não é minuciosa a ponto de conhecer a França do século XVII e para quem Cyrano é vagamente familiar. A dupla Rangel e Gullar privilegiou o aspecto heroico do personagem, acentuando o romantismo de sua paixão pela bela Roxana através de versos decassílabos ("Amante também foi

– do amor que dói. Aqui jaz o nosso herói: Hércules-Saviniano de Cyrano de Bergerac. Homem que tudo foi e nada foi") e com liberdade vocabular de alta criatividade ("te proíbo que o ridicornizes").

A busca do efeito teatral desta tradução em nenhum momento facilita a qualidade intrínseca da obra de Rostand. Pelo contrário, acrescenta a um texto, tão arraigadamente fincado à cultura francesa, ressonância universal pela forma como ressalta a requintada elaboração literária da peça. O conteúdo poético e *les grands mots*, tão caras à construção vernacular francesa, estão intactos. E, ao fazê-lo, procura a recriação em português corrente de uma poética sofisticada, mas que expressa a grande potencialidade popular do personagem. Tradução e adaptação exemplares, que, ao lado do trabalho de Geraldo Carneiro em *Uma peça como você gosta* (*As you like it*, de Shakespeare), repõem as questões de fidelidade e respeito ao autor no plano da própria criação.

Superada a primeira dificuldade, Flávio Rangel estava diante de outras tantas, complexas e desafiantes. A riqueza do personagem Cyrano não poderia ser reduzida à heroificação convencional. Como existiu efetivamente, Cyrano (1619-1655) serviu à criação de Rostand num aspecto de sua atribulada vida: a paixão por uma bela mulher. Essa sugestão dramática, no entanto, é apenas pretexto para que o autor aproveite as características físicas de Cyrano, com seu "colossal nariz, que de tão colossal chega aos confins do absurdo", para contrapô-las aos valores espirituais. Com sua "pronunciada cartilagem", Cyrano acreditava ser impossível chegar à amada, por isso cria o artifício de emprestar sua inteligência, poesia e espírito ao corpo do jovem Cristiano, belo mas tolo, por quem Roxana se apaixona. Mas se é ao físico que se dirigem seus primeiros impulsos, é pelo brilho de palavras bonitas, generosas e sinceras que Roxana se apaixona. Mantendo-se oculto na identidade do outro, Cyrano alimenta seu amor impossível, abandonando os seus interesses pela dramaturgia e pesquisa científica, dedicando-se às bravatas e fanfarronices do espadachim destemido que era, conservando, no entanto, precioso sentido de justiça.

A montagem de Rangel se dedica a mostrar os muitos perfis desse herói marcado pelo bizarro desenho do nariz, mas concentra maior atenção nas motivações que impelem o amor de Cyrano. É no aspecto do anti-herói que as fissuras, provocadas por sua aparência e pela insegurança decorrente, melhor se revelam. A linha de direção procurou na inevitável grandiosidade da cena traçar uma elegia ao amor. As cenas de comédia, concentradas no início, a de batalha e, muito em especial, as românticas se distribuem com dosagem equilibrada e bem ao estilo das grandes montagens que Flávio Rangel desenvolveu ao longo de sua carreira. Seria possível, caso o diretor tivesse feito uma escolha mais segmentária e camerística do que seu habitual código criativo, trabalhar minuciosamente a multiplicidade de Cyrano. A opção traz a peculiaridade de fazer "popular" uma peça até então inédita no Brasil e que estava cercada de aura "clássica", inibidora em relação ao original. A empatia de sua montagem conquista a plateia do Teatro Cultura Artística de São Paulo, seja pela movimentação semelhante à de comédia musicada, seja pela utilização de truques cênicos (o estabelecimento do quadro inicial, quando os atores se apresentam como intérpretes da história de Cyrano). O público se deixa arrebatar pela narrativa, acompanhando com vivo interesse, e até alguma emoção, as aventuras do pobre Cyrano.

Antônio Fagundes aposta na modernidade. Constrói Cyrano em perfeita sintonia com o espírito da tradução. Mas está mais à vontade nas cenas cômicas, já que nas românticas mostra tendência a dissimular o lado emocional num relativo tecnicismo. No herói, Fagundes fica solto, quase moleque, irônico; no anti-herói, se contrai. Bruna Lombardi é uma Roxana bonita, explorando com inteligência o que a personagem tem de malicioso. Os outros 34 atores, em papéis que oscilam entre pequenas aparições e figurações, se comportam como unidade que serve à espetaculosidade da cena.

O desafio de trocar roupas em vinte segundos, de mudar a caracterização em pouco tempo, de cantar em afinado coro, foi superado pelo empenhado grupo de profissionais. A figurinista Kalma Murtinho criou roupas suficientemente bem desenhadas que pudessem ser trocadas em espaço tão curto de tempo. O cenário de Gianni Ratto soluciona a multiplicidade de ambientes com duas estruturas fixas (o balcão e um promontório) sob praticáveis que Flávio Rangel ocupa criativamente.

Cyrano de Bergerac é uma ousadia empresarial que Antônio Fagundes e três outros produtores não hesitaram em enfrentar. A presença do público nesses primeiros dias (no último sábado, os 1.200 lugares do teatro estavam lotados e os cambistas na porta vendiam entradas por até 100 mil cruzeiros; o preço normal é de 60 mil cruzeiros) demonstra que o texto de Rostand conseguiu chegar finalmente ao Brasil através dos seus valores básicos: a riqueza e a potencialidade populares da narrativa e a universalidade do tema.

O CORSÁRIO DO REI

O corsário Duguay-Trouin (1673-1736) não é apenas a figura legendária da narrativa de capa e espada, mas o símbolo de uma ordem econômica que, predatória nos seus mecanismos, espalha injustiça social e atitudes pusilânimes entre suas vítimas. No musical *O corsário do rei*, Duguay-Trouin é quem ocupa a cena como herói (ou anti-herói) para demonstrar o processo de espoliação do Brasil, cuja sangria de seus cofres circula em direção ao exterior. E, para prová-lo, o autor Augusto Boal (1931-2009) prefere usar tempos cruzados e metáforas explícitas. A ação efetiva transcorre numa taberna no Rio, em 1856, quando se anuncia a chegada de comerciantes estrangeiros "confessos, vindos de toda a Europa, desarmados". Para recebê-los improvisa-se representação teatral, justamente a que conta a história do corsário francês passada um século antes, tendo como atores os bêbados, prostitutas e marginais que se espalham pela taberna decadente. As intenções exemplares de tal entrecho ficam desvendadas em definitivo quando, ao final, banqueiros ao estilo contemporâneo não deixam dúvidas sobre a época de que se está falando.

O caráter simplificador do musical, pelo menos se a base for o modelo norte-americano do gênero, nem sempre é propício a tantas e tão superpostas argumentações. A estrutura das comédias musicais que a Broadway e o West End exportam contém em si elementos diluidores (efeitos de cena, canções de impacto) que comprometem qualquer tentativa de tornar mais denso o debate de ideias. *O corsário do rei* está aprisionado nessa fórmula, ainda que seu autor insinue em poucas cenas que o modelo pudesse ter sido a dupla Bertolt Brecht-Kurt Weill. Por um lado, o recurso primário e desgastado do teatro no teatro permite supor que a ingenuidade e o descompromisso serão a tônica; por outro lado, descobre-se que a necessidade de enfatizar posições ("o egoísmo dos ricos legitima a violência dos pobres") é incompatível com a necessidade da espetaculosidade e do brilho. O texto se transforma numa força estilística, pois no frágil arcabouço que o sustenta existem sinais de que o tom é de musical, mas que a vontade é de espetáculo histórico de convenção política. O desequilíbrio assume proporções esquizofrênicas. Afinal, dedica-se a maior parte das atenções à trajetória pessoal do corsário Trouin, em si absolutamente destituída de marcas individuais que justifiquem heroização, e reduz-se a questão da pilhagem econômica a uma cartilha didática da história nacional. Não há ajuste no tom. Quando há o humor mais virulento e demonstrativo, bem ao jeito brechtiano, como na cena do convencimento do bispo a entrar na sociedade em cotas para invadir o Rio de Janeiro, evidencia-se a estreiteza das peripécias de um pirata medíocre com crises existenciais.

A introdução das músicas, se não chega a ser artificial, pelo menos está longe de se integrar naturalmente à evolução dramática. Em que pese o valor musical de boa parte delas (com destaque para "Canção de Duguay-Trouin nº 2" e "Rock da canalha"), são apenas adendos à narrativa, quando muito complementos dissociados. As letras têm agilidade vocabular que descreve com muito maior impacto a transversal do tempo que o texto quase nunca resolve. O modelo norte-americano não serve a esta peça, não há a menor dúvida. A concepção coreográfica, calcada em Bob Fosse, não tem qualquer função e correspondência na narrativa. Nas batalhas seriam suficientes movimentos coreografados, porque os demais balés se provam redundantes. A cenografia, entre o barroco-operístico--tropicalista, não assume as características críticas que seus contornos parecem sugerir. Grandiloquente nas cenas de luta, de gosto duvidoso nos elementos de palco, detalhista no teatro de rua, sombrio no painel tropical do Rio, o cenário de Hélio Eichbauer esgota nessa multiplicidade qualquer chance de unidade.

A direção de Boal parece tender no início para a farsa, mas há um desvio de percurso que desenha ora a rigidez dos preceitos da comédia musicada, ora o tom de um teatro de tese. Na farsa, Boal mergulha no maniqueísmo das situações, fazendo de Trouin velho um boneco com espírito de Dercy Gonçalves e da figura dos poderosos, estereótipos grotescos. No musical, administra a grandiosidade sem encontrar lugar para a invenção. Na demonstração da tese, reduzida à simplificação, resta pouco à discussão, nada informa além do que se sabe sobre o tema. As deficiências do texto, são mais visíveis no segundo ato, ressaltadas nas marcações nem sempre muito felizes e no indisfarçável cansaço do elenco em cantar e dançar.

Marco Nanini é um Duguay-Trouin bem à vontade na cena inicial e um tanto mecânico nas demais. Sua voz de belo timbre valoriza as canções que interpreta (mas no segundo ato se mostra fatigada), com presença cênica de ator com sólidos recursos técnicos. Sua atuação neste musical não alcança brilho e viço que permitiriam a ele preencher o palco com magnetismo e calor. É tão somente correta. Nelson Xavier, em personagem quase episódico, ainda que tenha a função de narrador, demonstra competência na sua sempre eficaz chave de cinismo e de interpretação crítica. Lucinha Lins cumpre o que a personagem exige: cantar. Denise Bandeira e Betina Viany procuram segurar as suas mínimas intervenções com empenho. Roberto Azevedo não encontra dificuldades em se distribuir pelas várias exigências de um musical. É íntimo do gênero. Os outros atores realizam, na medida das solicitações, o que foi pedido.

O corsário do rei, apesar do incidente com a mesa de luz que adiou a estreia, é prova do amadurecimento técnico do teatro brasileiro para os desafios do musical. Som, luz e cenotécnica funcionam com precisão. No setor de criação, no entanto, os resultados são bem mais modestos e nos deixam uma lembrança. A de que o mesmo Boal foi responsável por *Arena conta Zumbi*, um musical cuja temática tão bem condicionou a forma.

UM BEIJO, UM ABRAÇO, UM APERTO DE MÃO

É como se *Um beijo, um abraço, um aperto de mão* completasse o tríptico do mural dramático iniciado com *No Natal a gente vem te buscar* e continuado por *Aurora da minha vida*. Com esse texto que invoca questões de repressão religiosa que se abatem com tristes consequências sobre uma família de classe média, Naum Alves de Souza (1942-2016) conclui, ao que parece, o ciclo temático sobre seres humanos mutilados para a felicidade.

Não há saída aparente para os personagens de Naum, especialmente nesta peça, quando, esfolados por convivência difícil, já não têm mais como cicatrizar as múltiplas e crescentes feridas. Demitindo-se de viver – não mais sofrem com a repressão religiosa, apenas se estiolam nos seus efeitos –, prosseguem o jogo tentando encontrar refúgios e tréguas, ter pequenos ganhos afetivos. Como recompensa, só resta a loucura. A angústia provocada por uma religião que sufoca os mais legítimos instintos humanos ("O Senhor é bom. Será que eu vou entender isso algum dia?") é o pano de fundo emocional que torna os personagens incapacitados a viver. Em contraponto estão à procura da integração consigo mesmos, com o que os cerca e com a tentativa de troca do afago. A necessidade do abraço que a Moça só vê concretizado com a tia velha, traste sem serventia, expressa o esvaziamento de uma existência falida. Mas toda essa carga emocional que a peça de Naum Alves de Souza projeta com habilidosa carpintaria talvez seja tão somente o recurso de linguagem que usa para manipular categorias mais essenciais.

Com este texto, o autor mostra mais claramente que o seu universo temático trabalha mais as sutilezas dos arquétipos trágicos – família, religião, morte, dever – do que o "melodrama" de situações-limite. A emoção, como conceito nivelador para que se acompanhe e compreenda o "destino" da Moça, é a aparência. O processo de composição da loucura (a liberdade da recusa) é que molda o núcleo trágico. A Moça, tal como a heroína trágica da narrativa clássica, não se explica dramaticamente pelas condições sociais de sua família, pelos procedimentos restritivos da religião ou pelo psicologismo banal. Sua existência está mais além. A relação com a morte, representada pela irmã suicida, fica mais forte do que os fatos que a alimentam. O mundo familiar não circunscreve a banalidade da convivência, mas os papéis básicos desempenhados por pai e mãe. A religião e o dever social não adquirem conotações ideológicas, mas sentido balizador como cenário da atuação humana. Naum exercita, uma vez mais, o que já constitui as suas obsessões temáticas, como a crueldade e humor sutis do cotidiano, ressaltando elementos mais atemporais e conceituais que indicam maior sofisticação estilística – a qual, certamente, ampliará nas futuras peças.

O diretor enxugou sua montagem da carga emocional, mesmo quando, ao final, a contundência dos acontecimentos inspira um incômodo nervosismo na plateia. A secura revela a possibilidade de "desdramatização" e configura "tragicidade". A relativa frieza serve ao trágico e contorna o melodramático, eliminando qualquer dúvida sobre o risco de o texto ser fronteiriço ao dramalhão. A limpeza visual (o cenário também é assinado por Naum) compõe com a iluminação sensível, e em algumas cenas – como a dos mortos, extraordinária –, o quadro reflete o desordenamento da Moça.

O elenco é que nem sempre acompanha a ambientação. As interpretações adquirem tom realista, levemente deslocado e inoportuno, lançando pistas enganosas. Marieta Severo é quem melhor traça os contornos do estilo didático-expositivo que torna nítido o processo e a evolução da Moça. Pedro Paulo Rangel não resolve os dois momentos de seu personagem. Enquanto aluno, opta pela chave do humor. Enquanto marido, não projeta suas fraquezas e pusilanimidade. Analu Prestes se revela inadequada para compor sua contida A Mais Velha. Mário Borges destrincha para o público a vilania do Cunhado, enquanto Ana Lúcia Torre repete um tipo no qual parece se especializar. Cidinha Milan não se intimida ao construir corporalmente e com timbre de voz quase caricato a Tia desprezada. Na linha que adotou se sai bastante bem. Roberto Frota se apaga com sua voz de alcance limitado e Bebel Gilberto usa bem sua figura adolescente.

A música e direção musical de Samuel Kerr acrescentam à montagem uma quase parceria. Evitando obviedades para recriar climas dramáticos, Kerr utiliza com grande competência a música incidental que pontua a ação. Dignos os figurinos de Biza Vianna.

Um beijo, um abraço, um aperto de mão demonstra a saúde e a vitalidade da obra de Naum Alves de Souza, acusado de restringir sua temática à religião, à família e ao memorialismo. Sem deixar de circular por um mundo que lhe é íntimo, amplia seu olhar.

1986

OS VELHOS MARINHEIROS

Às vezes, a ilusão do teatro estabelece com a obra literária pontos de identidade estilística que garantem sua autonomia como realização dramática. *Os velhos marinheiros*, adaptação de Carlos Szlak para histórias de Jorge Amado (1912-2001) realizada pelo grupo paulista Boi Voador (ligado ao Centro de Pesquisa Teatral Sesc Vila Nova [atual Sesc Consolação], dirigido por Antunes Filho), encontrou na transposição para o palco não só a correspondência ao espírito de crônica de costumes, como uma definição de palco integrada a linguagem investigativa.

A história de Vasco Moscoso de Aragão é contada com sabor quase picaresco, ao mesmo tempo em que se acentua aquela leve tonalidade absurda que colore a nossa realidade. A transcrição teatral não se pretende mais inteligente ou brilhante do que o original, busca a teatralidade com as próprias armas da encenação. O maior acerto está em captar o espírito da obra de Amado com recursos de técnica dramatúrgica que se adaptam à proposta da encenação. E isso só foi possível pela estrutura de trabalho do Boi Voador. Quase um ano de ensaios, que incluíram duas versões da adaptação e outras tantas de espetáculos, *Os velhos marinheiros* só se concluiu depois que o diretor Ulysses Cruz deu por terminadas as pesquisas que correram paralelas à escritura do texto. Dessa forma, houve integração no processo criativo com excelentes resultados para a montagem.

Ulysses Cruz investiga o aspecto picaresco do universo de Jorge Amado, acrescentando-lhe comentário sobre o absurdo mítico que impulsiona (e critica) o real com suas injustiças e sonhos frustrantes. A vitalidade dos personagens, a pequena humanidade do Recôncavo e a sociedade de Salvador dos anos 1920, que Amado sabe tão bem reproduzir, conservam-se intactas, mas ganham sopro poético ao chegar ao palco depuradas de qualquer regionalismo ou folclorização. Cruz coreografou a montagem, assemelhando-se ao estilo dos últimos espetáculos de Antunes Filho. O palco com poucos elementos é ocupado por massas de atores que compõem quadros vivos, quase cenários móveis, que apoiam a narrativa. O diretor dividiu o espetáculo em dois atos, nos quais sublinha a ação com música bem diferenciada (no primeiro, Caetano Veloso do tropicalismo e da fase londrina; no segundo, Vicente Celestino com canções triunfalistas e de amores intensos) e ajustada ao tipo de fabulação do entrecho.

Os impactos visuais são sucessivos e, em alguns casos, até brilhantes. Da água que espirra quando um personagem mergulha no mar a todo o desenho da viagem acidentada de Salvador a Belém, os efeitos servem a uma cena alegre e delicadamente poética. As citações a Antunes, algumas bem explícitas, não retiram a originalidade da pesquisa do grupo e do diretor. Afinal, é uma procura que segue a mesma linha consolidada em *Macunaíma*, mas que evolui em direções personalizadas. Ulysses Cruz recria o delírio (brincadeiras como patins iluminados alternam-se com serpentinas que caem do teto, numa evocação permanente do Carnaval do país) e revela a poesia (um golpe de mestre a leitura em *off* da cena final na voz de Jorge Amado).

Ainda que haja uma homogeneização do elenco no plano corporal, são indisfarçáveis as limitações vocais, atenuadas pela permanente capacidade da montagem em reinventar-se cenicamente. As quedas de ritmo são superadas quando uma cena adquire tal vitalidade que o espectador acaba por esquecer a anterior. Nesse refluxo (cenas mais estáticas, cenas muito vigorosas), *Os velhos marinheiros* mobiliza o público, que, mesmo percebendo eventuais desníveis, é tocado por imagens poderosas e envolvido por clima poético que nos palcos brasileiros tende a se confundir com sentimentalismo. Pesquisa que dá sequência ao teatro de Antunes Filho, *Os velhos marinheiros* lança o diretor Ulysses Cruz na vertente que faz do mundo brasileiro e suas contradições realidades que encontram tradução através de estética universal.

ENCONTRO DE ÍTALO ROSSI E WALMOR CHAGAS COM FERNANDO PESSOA

Não há como assegurar a qualidade de um projeto artístico apenas pela competência de seus participantes, mas a maturidade técnica e o profissionalismo de alguns criadores são suficientes para estabelecer um padrão definitivamente superior à maioria do que se assiste nos palcos da cidade. O recital *Encontro de Ítalo Rossi e Walmor Chagas com Fernando Pessoa*, que ocupa o Sobrado do Viro do Ipiranga, surgiu da conjugação de competência e profissionalismo de dois atores com sólida formação e longos anos de carreira, que se utilizaram desse currículo invejável para criar cena despojada, na qual sobressaem a maturidade e a emoção, filtrada por intérpretes sensíveis.

O ponto de partida desse recital de poesias foi a simplicidade. Dois atores, três músicos responsáveis pelas vinhetas sonoras, roupas sóbrias, iluminação sutil, palco despido de adereços (apenas duas cadeiras e um cabideiro) e a disposição de jogar sobre a obra de Pessoa olhar desprovido de emoções banalizadas por qualquer artificialismo de interpretação ("nada tem a ver com os atores de convenção", como adverte o poeta). A experiência e a seriedade ensinaram aos atores que a solenidade do olhar perdido num ponto infinito, a impostação tensa para dizer verdades definitivas e o manuseio do material poético como roteiro sentimental, por serem formas de dissimulação, são meios desgastados e preguiça criativa. Ítalo e Walmor estabeleceram diálogo cênico, os poemas estão efetivamente dramatizados como se compusessem uma fala contínua, poesia e atores, público e intérpretes, plateia e poemas. O ciclo teatral se completa à perfeição. Cada estágio é atingido sem qualquer recurso exterior, a emulação do espetáculo surge dos próprios elementos que o integram. Os gestos e as nuanças vocais não têm nenhuma gratuidade, se explicam pelo ritmo da poética.

Os cultores de Pessoa, pelo menos os mais radicais, poderiam estranhar a seleção, afinal não há qualquer receio de utilizar o mais "popular" de sua obra ("O poeta é um fingidor", "Dizem que finjo ou minto", "Esta velha angústia", "Não, não quero nada", entre outros). Mas até essa seleção, que provoca um reconhecimento imediato da plateia, serve de decisivo apoio para que o trabalho da dupla de atores ressalte. Não se percebem em qualquer um dos poemas vestígios de interpretação já conhecida. A emoção – e não é pouca – passa por um filtro tão poderoso que os poemas, por mais conhecidos que sejam, parecem estar sendo ouvidos pela primeira vez. A tristeza, tão peculiar à sensibilidade portuguesa, ganha uma qualidade nova, a sensação muito presente do desconforto existencial dos nossos dias. Poeta e atores projetam uma modernidade impressionante. Não é por acaso que a música de fundo não é o fado, mas sim um som melodioso, com acordes de dissonâncias. A palavra recria-se.

Os atores até rebuscam o sentido irônico e quase sempre desiludido dos poemas, mas sem melancolia. A poética de Fernando Pessoa recebe tratamento que ressalta os seus valores mais essenciais, que, por um inevitável e até necessário processo de vulgarização, andavam um tanto obscurecidos por brilharecos.

Encontro de Ítalo Rossi e Walmor Chagas com Fernando Pessoa não leva ninguém às lágrimas. E felizmente não se propõe a criar qualquer sentimento que se aproxime disso. Dimensiona uma obra poética que valoriza e acrescenta à língua portuguesa formas literárias únicas e fulgurantes. Em vez do caminho mais fácil da reiteração de Pessoa que nos chega através da mídia, Ítalo e Walmor preferiram o mergulho pessoal dos que, como o poeta, sempre viveram de expressar emoções. Ítalo Rossi alcança neste atual estágio de sua carreira aquele ponto em que nada parece lhe escapar como instrumento de trabalho. Com domínio absoluto de técnica sólida e dosagem de emoção irrepreensível, Ítalo incorpora no pequeno palco do Sobrado toda a tradição de um profissional que aprendeu a se colocar num palco (voz precisa, movimentação corporal na medida) e tem a inteligência cênica de compreender o universo que precisa transferir ao público. Está fantástico quando, ao repetir palavras pontuadas pelo acompanhamento musical, circula por essas duas linguagens, oferecendo uma tal nitidez de interpretação do poema que provoca aplausos imediatos.

Walmor Chagas costura em detalhes sutis (uma leve tontura, um aparente cansaço) o que há de básico nos versos que diz. Dialogando com a maturidade de Ítalo, Walmor revela emoção mais à flor da pele, burilada através de um ar de desesperança e angústia que cria forte tensão. A capacidade de troca entre os dois atores é uma verdadeira aula de interpretação.

FEDRA

A tragédia decreta a seus personagens o único destino possível de se realizar na plenitude: a própria tragédia. Não que se deixe de procurar a vida em outros planos de expressão, mas os deuses, o poder político e os laços sanguíneos são sempre os instrumentos através dos quais se manifesta a inexorabilidade do trágico. Os personagens de *Fedra*, de Racine (1639-1699), porém, se movem impulsionados pela paixão (amor e ódio), que se não consegue vencer as interdições, ao menos permite que surja a vontade de tomar nas mãos os seus destinos. É impossível. Na paixão está embutida a sua negação. Fedra já no início é "uma mulher cansada de si própria", sem forças, que invoca a morte, o que não a impede de levar seus sentimentos pelo enteado Hipólito ao ponto extremo de conduzi-lo à morte. A rainha tem em si a contaminação trágica de um destino que antecede a sua existência, mas ainda assim refaz a cada movimento da vida a necessidade de reafirmá-la. Perde. O seu amor cheio de fúria é, exatamente, a sua perdição.
Hipólito, casto, puro, honesto, generoso ("Eu mesmo me aplaudi, quando me conheci"), sucumbe na paixão à virtude. Incriminado por Fedra, que lhe atribui o amor que é só dela, fica calado diante do pai, Teseu, e assim realiza seu destino fatal. A paixão, uma vez mais, serve à morte. Enone, confidente de Fedra, é quem a faz sair do imobilismo ("a razão e a vontade, eu as perdi") aconselhando-a a confessar seu amor pelo enteado, e em seguida a inverter as posições amorosas quando da chegada inesperada do marido Teseu. Enone é o instrumento das desgraças, mas o que a move é ainda a paixão: "Meu país e meus filhos, deixei tudo por tua causa". Já Teseu se deixa enredar pela trama urdida por Enone e cujo veículo é Fedra: ele se divide entre mulher e filho. O peso da autoridade faz com que o que lhe parece a verdade esteja do lado de Fedra. Contra a vontade, mortificado pela "traição" do filho, Teseu o expulsa com sofrimento: "Como é que o rosto profano de um adúltero pode brilhar assim com a luz da mais santa virtude?".
O impedimento do amor gera o ódio e é através dele que a vida se extingue. Fedra, arrependida, tenta salvar Hipólito, apesar da invocação a Netuno para que o mate, feita por Teseu. Desiste, acirrando a ira do marido, ao saber que Hipólito dedicava seu amor à jovem Arícia. O ciclo se fecha, a tragédia se encerra plena de

desgraças, como é de seu destino, e no entanto todas as suas etapas foram esgotadas com o amor e o ódio, no humano desejo de se realizar no outro.

Como é de paixão que trata *Fedra*, foi também nela, muito provavelmente, que o tradutor Millôr Fernandes encontrou forças para realizar trabalho tão cuidadoso, brilhante e criativo. As características formais dos versos de *Fedra* e a sua sonoridade francesa são desafios nada desprezíveis. Descartando o pedantismo das versões fiéis, nas quais as duas línguas saem traídas, a versão de Millôr adotou certas liberdades (a maior delas, a de transformar os alexandrinos em versos livres), sem arranhar a dignidade clássica e literária do original. Há integridade na língua portuguesa que em momento algum empobrece *les grand mots* de Racine, mas traz até nós, brasileiros, tão pouco íntimos dos segredos da palavra, seu sentido básico de comunicar emoções e atiçar a razão. Millôr Fernandes nos conduz às paixões narradas por Racine sem invocar os deuses do Olimpo literário, entidades inacessíveis que, quase sempre, são utilizados como pretexto para esconder o que se suponha querer revelar. Clara, forte, bem sonora, essa tradução atinge o essencial do texto: a sua beleza poética.

O diretor Augusto Boal também encontrou na essencialidade o caráter de seu espetáculo. O seu olhar para Fedra se concentra no temperamento apaixonado da personagem, como de resto de todos os outros. Ao contrário da solenidade da tradição clássica francesa, Boal preferiu captar o furor e o destempero, conservando, no entanto, o ritual de uma teatralidade carregada de sinais densos, de qualquer forma inevitáveis pela própria exigência da peça. Mas o ascetismo só está presente no despojado cenário de Hélio Eichbauer. No mais, o diretor busca o cerne dos conflitos pelo descarnamento das atitudes inflamadas dos infelizes personagens. O gesto largo e o movimento corporal intenso são expressões daquilo que as palavras denunciam. Não há no desenho da montagem qualquer vestígio de literalização da trama (a palavra como valor em si mesma). O que ressalta é a "sujeição amorosa", para citar Racine, dos personagens às suas paixões. A intimidade do diretor com a arena permite que esse depuramento, que está na base de sua concepção, se amplie ao ponto de criar vínculos estreitos entre a forma reveladora e a linguagem pomposa. A arena estimula a proximidade e qualquer fratura se revela sem disfarces. A extrema solenidade levaria ao risco de estilhaçar, pela evidência, a parede (no caso do teatro de arena são quatro) invisível.

Fernanda Montenegro é uma Fedra catalisadora. Atrai para si todos os olhares, concentrando ódio e amor com tal intensidade que seu rosto se ilumina como se nele estivessem, desde sempre, todos os contraditórios sentimentos por que passa Fedra. A segurança técnica da atriz torna possível um domínio facial em que até mesmo o leve movimento das pálpebras adquire sentido dramático. Na cena em que confessa seu amor por Hipólito, parece um animal pronto a atacar, cheia de sensualidade (ao tocar o coração, insinua-se ao amado como se ofertasse os seios) e de medo. Toda a construção da personagem se fundamenta num refluir. Fechando e abrindo o corpo, segundo as emoções que o impelem à ação, Fernanda traz Fedra no fio tênue que a separa dos contrários (vida e morte, amor e ódio).

Jonas Mello é Teseu. Além de explorar seu poderoso timbre vocal, tem oportunidade de detalhar com muita acuidade as hesitações deste pai e marido conflituado. Na sua primeira cena, quando demonstra a decepção por acolhida tão inamistosa, Jonas traça o equilíbrio perfeito entre a necessidade de honrar o poder e os compromissos dos laços de sangue. Esse mesmo tom entre o majestático (do rei) e a perplexidade (do pai) se reconstitui na cena em que expulsa Hipólito. Exato. Wanda Kosmo contracena com Fernanda num diapasão de eloquência, mas falta aprofundar o que há de envolvente em Enone. Fernando Torres como Terâmene, o tutor de Hipólito, se ressente daquele que talvez seja o monólogo mais difícil de toda a peça: o que conta a morte de seu pupilo. Quase um anticlímax para as plateias contemporâneas, essa narrativa desafia o ator por ser excessiva. Fernando, ainda assim, dribla a dificuldade com tom pacificador, emprestando autoridade ao discreto personagem. Edson Celulari é um Hipólito capaz de deixar perceber as diversas fases por que passa o enteado de Fedra. Diante do pai, faz-se frágil (na composição corporal essa atitude fica claríssima). Diante da amada Arícia, oscila entre o pudor e a alegria do amor finalmente confessado. Diante de Fedra, acentua o medo. Uma interpretação em que o ator mobiliza os seus melhores recursos. Cássia Kiss[4] é Arícia, voluntariosa no seu exílio, e a atriz sabe emprestar-lhe dignidade. Betty Erthal se mostra mais intensa do que exige a sua Ismênia e Joyce de Oliveira, como Panopeia, é um arauto, sem arrebatamentos das desgraças.

Fedra coloca à disposição do público brasileiro uma tragédia clássica francesa diante da qual a plateia tem a oportunidade de descobrir a beleza de uma construção literária única e do que há de potencial na paixão. As dificuldades que os desafios formais propuseram ao tradutor, ao diretor e aos atores foram vencidas bravamente.

---

[4] Desde então, a atriz mudou algumas vezes de nome artístico. Na alteração mais recente, em 2015, ela passou a se chamar Cássia Kis.

IDEIAS E REPETIÇÕES – UM MUSICAL DE GESTOS

É extremamente animador assistir a *Ideias e repetições – um musical de gestos*, que dá sequência à pesquisa pessoal de Bia Lessa nas áreas da dramaturgia e do espetáculo. Desde *Ensaio nº 1*, há dois anos, Lessa recorre a textos literários que se transformam em espetáculos com forte influência coreográfica (as massas de atores se movimentam no palco criando cenários e intenções dramáticas tão imponderáveis quanto o efeito de um gesto) e de investigação de sentimentos humanos básicos.

Neste *Ideias* – o título é bastante oportuno como definição da proposta –, a diretora e adaptadora remexe, uma vez mais, esses sentimentos tão difíceis de definir, como o amor, a morte (e a sua escolha), a separação e as vivências submetidas à passagem do tempo. Procura retirar o caráter literário que está na origem dos textos de Jorge Luis Borges, Gabriel García Márquez ou Lygia Bojunga Nunes e teatralizá-los do ponto de vista de uma escrita cênica extremamente ágil, na qual os quadros se armam e desarmam com rapidez necessária apenas para fixar uma emoção ou flagrar o vazio (ou a plenitude) de um sentimento. A palavra se inscreve, tal como os outros elementos da cena, como uma das possibilidades de criar o "clima" geral. Tudo se fragmenta num corpo cuja unidade é feita de pedaços, das frações, definindo, assim, o sentido de precariedade e de transitoriedade da experiência humana. "Sempre é uma palavra – a frase é dita ao longo do espetáculo – que não é permitida entre os homens."

Na montagem, Bia aproveita os diversos alçapões do palco do Teatro do Sesc da Tijuca para transformá-los em entradas e saídas do jovem elenco, sempre perseguindo uma chegada ou partida. A intensa movimentação dá o tom sob o qual a montagem está imposta. A música, pano de fundo e ponta de lança simultaneamente, acentua ou sufoca a ação, registrando o que há de fugaz entre o encontro e a separação.

Ideias e repetições – um musical de gestos desenha-se sobre recorrências, sobre os motivos (sempre os mesmos) que fazem as pessoas chegarem (aos lugares e aos sentimentos) e partirem. Ainda que identificado com a "estética Antunes Filho", percebe-se no espetáculo a maneira pessoal como Bia a interpreta, como se a cada montagem descobrisse o seu próprio código de linguagem.

As concepções da diretora servem aos propósitos da montagem, já que foi criada para turma de alunos formandos da Casa de Arte de Laranjeiras. O elenco é trabalhado como se fosse um coro e, dessa forma, as eventuais deficiências se diluem, mas é possível detectar valores individuais, com material potencialmente rico. As escadas, torres e pequenas saídas do palco do Sesc foram laboriosamente utilizadas, aproveitando-se esses muitos desvãos para efeitos de iluminação sempre de grande impacto. O guarda-roupa em tons "sujos" é adequado ao peso dramático da maioria das cenas. A destacar ainda as marcações coreográficas que retiram efeitos tão exatos para definição dos personagens. Basta mencionar a Barbuda e o Mágico.

Para quem procura no teatro uma linguagem não linear, gosta de ver num palco formas cênicas tratadas como categorias estéticas, mas nem por isso abdica do prazer da emoção, *Ideias e repetições – um musical de gestos* propõe um mergulho revigorante na magia do confronto teatral.

TRAIR E COÇAR... É SÓ COMEÇAR

Marcos Caruso (1952-) parece estar especializando-se em *vaudeville*. Foi coautor com Jandira Martini de *Sua Excelência, o candidato* e agora é o único responsável por *Trair e coçar... é só começar*, comédia que usa todos os truques técnicos do gênero para contar história de adultérios não consumados.

A trama de *Trair*, como a de qualquer *vaudeville* que se preze, aposta na convenção teatral de que acima de tudo (da lógica, especialmente) há que se preservar as aparências. O autor sabe manipular o jogo de entra e sai, possui tempo narrativo que mantém o ritmo do humor e ousa criar situações muito diversificadas. É verdade que nem sempre todas essas variáveis recebem tratamento equilibrado. A peça sofre de alguns desequilíbrios de ritmo que demonstram relativa insegurança de Caruso em relação à multiplicidade de cenas que constrói. A empregada, por exemplo, ao mesmo tempo que comenta e faz avançar a ação, é apresentada em muitos momentos de maneira excessivamente primária. A solução final se mostra insatisfatória pela sua rapidez, quando anteriormente Caruso faz questão de esmiuçar cada movimento dos personagens. Mas, apesar de todas essas dificuldades, Marcos Caruso consolida sua carreira de autor de comédias e, caso depure os seus temas, ambicionando um humor mais crítico e cáustico, terá condições de ser um bom comediógrafo, como diziam os antigos.

Atílio Riccó dirige o espetáculo como se fosse um orquestrador. Não pretende brilhos ou efeitos para além do que o próprio texto propõe. Essa opção faz com que os defeitos da peça se acentuem. Suas soluções cênicas não procuram conciliar ou solucionar pontos de estrangulamento do entrecho, mas mesmo assim a fluência da maioria das cenas permite a dinâmica de espetáculo. Como discreto organizador desse jogo, Riccó deixa os atores à vontade para brincar com seus personagens. Ângela Leal faz uma mulher coquete que a atriz sustenta melhor na primeira cena. Adriano Reys e José Augusto Branco procuram não interferir com grandes voos nos seus personagens, contidos demais para uma comédia. Roberto Pirillo faz composição de um vendedor, utilizando todos os gestos e trejeitos do estereótipo homossexual, e consegue, apesar disso, ser muito engraçado. Martim Francisco tem boa intervenção. Com seu rosto gozador, Martim interpreta um padre surdo que tem algo de patético e de *clown*. Elisângela está muito afetada. Fátima Freire sofre com uma personagem ingrata, quase episódica, enquanto Tato Gabus se esforça como o amante ardoroso, mas o personagem tem fôlego curto. Marilu Bueno se revela grande caricata no papel de empregada. Sem apelar para exageros, a atriz faz as ligações das cenas, evitando com bom humor que os personagens se encontrem, tudo marcado por pausas corretas e inflexões nas quais tira partido da mordacidade. Dribla até a dualidade (inteligência aguçada e ignorância extrema) que poderia inviabilizar a empregada em cena.

MAHAGONNY

Mahagonny não é apenas uma cidade onde tudo é permitido, em que a semana tem sete domingos e se pratica a tese de que não há nada que o dinheiro não possa comprar. Metáfora de metrópole capitalista que vive da selvageria das relações econômicas e sociais que procuram lucros máximos (o nosso "vamos tirar vantagem em tudo"), essa ópera de Bertolt Brecht (1898-1956) e Kurt Weill (1900-1950) não pode ser dissociada do contexto político dentro do qual foi projetada. Escrita em 1927 – haveria uma versão ampliada uma década mais tarde –, *Mahagonny* marca, na teorização de Brecht, o avanço no sentido de fixar o conceito do épico como linguagem para uma cena reflexiva, não apenas expositiva e emocionalizada.

No caso dessa ópera sobre uma cidade de dissipações, comandada pelo dinheiro, Brecht utilizou a própria técnica da ópera tradicional, burguesa, para criticá-la. A estrutura formal se assemelha à da ópera convencional, mas é exatamente nessa igualdade aparente que está concentrada a mais contundente repulsa por tal origem. A denúncia sobre a profunda injustiça e cegueira do capitalismo selvagem se expressa pela forma tradicional, evidência do mundo que a gerou.

A permissividade de que falam os personagens de *Mahagonny* revela o caminho através do qual a cidade sucumbe. A montagem de Luís Antônio Martinez Corrêa cometeu o erro de acreditar nas possibilidades ilimitadas de *Mahagonny* e desequilibrou-se na gangorra da opção formal. Não se decidiu por um rigor brechtiano (ênfases didáticas em cada quadro que deixam clara a "tese" geral sobre uma sociedade baseada em valores injustos). Muito menos impõe uma estética que junte a voz e a visualidade numa cena depurada para que sobressaia a essência do libreto. Não demonstra qualquer intenção de "nacionalizar" o espetáculo, aproveitando a tradição musical brasileira. Luís Antônio serve-se de cada uma dessas concepções em dosagem que torna difícil ao espectador reunir as peças e compor uma unidade estilística.

Numa ópera não há como dramatizar demais as marcações cênicas (as comédias musicais norte-americanas é que chegaram mais próximo), mas, se não são criadas soluções de palco que dinamizem a ação cantada, corre-se o risco de ficar vizinho ao recital estático. Com exceção de umas poucas cenas, como a da imaginária volta do Alasca no barco cujo casco é a mesa de bilhar, o diretor deixa escapar ótimas sugestões para conceber, com alguma nitidez, suas imagens. Todas as mortes são pouco vibrantes, estabelecendo indistinta progressão dramática.

E numa ópera há que reunir vozes de qualidade que possam manter o espetáculo num plano musical compatível com o valor das composições. Sem dúvida que a música de Kurt Weill é complexa, exigindo dos cantores preparo e domínio de voz para vencer tantas e tão intrincadas dificuldades. Mas, se estamos dispostos a desafiar essa complexidade, precisamos nos empenhar duplamente: encontrar as soluções técnicas para dominar a partitura e interpretá-la com o mínimo de potência. Em que pese a criteriosa direção musical de Tim Rescala, também responsável pela ótima execução ao vivo, ao lado de Luiz Antonio Barcos, o panorama vocal do elenco é inconsistente. Há atores com visível preparação vocal, mas que não se adaptam às necessidades de transmitir ao público uma história cantada. Tensos, revelam um esforço disciplinado em cumprir a tarefa, e com rigidez desnecessária que faz o espetáculo perder a fluência. É surpreendente que, entre esses cantores, nenhum deles explore o seu lado de ator, uma forma de superar as marcações pouco inspiradas.

CARMEM COM FILTRO

Na segunda-feira estreou no Teatro Procópio Ferreira, em São Paulo, *Carmem com filtro*, baseada no texto de Prosper Mérimée (1803-1870), mas, sem dúvida, inspirada na ópera de Georges Bizet (1838-1875) – não fosse o adaptador (ao lado de Daniela Thomas) e diretor Gerald Thomas um encenador obsessivamente preocupado com a identificação do espetáculo teatral com partituras musicais. Regente da musicalidade que extrai do som das palavras, inventor de ritmo narrativo que acompanha os compassos dos metrômetros, Thomas recusa pela sonorização o caráter realista da representação. Em *Carmem com filtro*, como já havia feito em *Quatro vezes Beckett*, a memória e o tempo, o espaço e a forma, a metáfora e a lógica, tomam conta do espaço cênico como categorias palpáveis, traduzidas num estilo próprio de encenar.

Não interessa a Thomas o caráter expositivo da cena, mas a narrativa enquanto processo que desdobra referências à representação. Um exemplo. A cena inicial de *Carmem com filtro* é longa, repetitiva e absurdamente bela. No palco semiescuro, apenas uma grande janela com cortinas esvoaçantes, que mostra (numa projeção) a dança de ciganas espanholas. Chega um homem vestido de preto que atende a um telefone que toca irritantemente. Ao atendê-lo ouve uma voz mecânica que diz "acabou, um dia eu te conto tudo" repetidas vezes. O homem se joga pela janela. Todo o tempo há um ritmo marcado de dança espanhola e uma neblina que esmaece a já escurecida cena. Não há dúvida. Trata-se da memória de alguém que se mata. Corte. Escuro total no palco. Surge o quadro do homem pendurado de cabeça para baixo. E a queda. Corte. Novo *blackout*. Cena recomposta com o homem sendo puxado. Atores estáticos e os diálogos sendo ditos como se fossem discursos.

Mesmo a aparente contradição entre o tom melodramático da história de Carmem e a secura no tratamento dos sentimentos (não é por acaso que o diretor define sua montagem como "ópera seca") de tão ardorosos personagens é resolvida pela trituração dessa incompatibilidade. As longas falas, que mencionam emoções derramadas, tristezas abissais e destinos inflexíveis, são decompostas como se sofressem uma autópsia, como se descarnassem e alcançassem o núcleo, o inconsciente. A "velhice" do estilo, seja da história, seja da ópera, tem reaproveitamento nessa "paixão de cem anos" como se a temporalidade fosse um desvio através do qual se fixassem os contornos e as tessituras da memória.

O impacto visual do cenário e da concepção visual de Daniela Thomas (a cor predominante é o marrom-sujo que corresponde ao tabaco mencionado no texto) não só ocorre pela enorme plasticidade de seu desenho, como pela minúcia de cada traço. A música em *cello* de Jaques Morelembaum recria a da ópera. A iluminação lateral de semissombreada cria quadros de impressionante densidade dramática, ao mesmo tempo que reforça a imagem minimalista do espetáculo.

Ao eliminar o caráter psicológico da encenação, Gerald Thomas elimina também a emoção, o que não deixa de ser um desafio para os atores. Ainda que Antônio Fagundes e Clarisse Abujamra refaçam suas imagens como atores e evoluam para um tipo de interpretação antipsicológica, não alcançam o domínio de interpretação proposto pelo diretor. O restante do elenco – Oswald Barreto (Lilas Pastia) e especialmente Bete Coelho (Micaela) – consegue se integrar sem dificuldade. *Carmem com filtro* confirma Gerald Thomas como um dos mais inventivos e inquietos diretores brasileiros.

SÁBADO, DOMINGO, SEGUNDA

Sábado, domingo, segunda é título que usa os dias da semana para sintetizar uma comédia popular sobre o cotidiano. Como na sequência que marca a evolução do dia a dia, o autor napolitano Eduardo de Filippo (1900-1984) reúne na casa dos Priore a parentada, os amigos e os empregados em torno do ritual do almoço familiar de domingo. O sábado é o dia da preparação, de deixar a comida temperada, de fazer os acertos com a empregada, de organizar com os comensais o encontro do dia seguinte. O domingo é o grande dia da comezaina, do suposto encontro de confraternização, mas, como quase sempre acontece, é também pretexto para a explosão de latentes ressentimentos. Na segunda, com os estragos devidamente contabilizados, a família se recompõe.

Como se percebe, há uma transparência nesse universo doméstico que não é dada apenas pela possível identificação com uma realidade, latinamente cultivada, mas pela disposição do autor em mostrar um mundo fácil de entender. O caráter popular, antipsicológico do teatro de Filippo (a vida serve à ação, não há qualquer tipo de interpretação para justificá-la) está concentrado na apreensão de situações, como se o autor nos colocasse num privilegiado posto de observação de onde assistíssemos ao desenrolar da movimentação de uma casa. Para isso não são necessárias grandes teorizações a respeito das atitudes dessa pequena humanidade – totalmente sem heroísmos ou incapaz de modificar o curso da história, mas, sem dúvida, suficientemente complexa e divertida – para se enredar na trama de frustrações, amuos e alegrias que fazem mais ou menos saborosa uma macarronada ou provocam irritação por uma simples chave trocada.

O texto não deve, no entanto, enganar o espectador pela "facilidade" com que expõe a trama. Mérito incontestável daqueles que sabem ser simples. De Filippo tem por trás de si a tradição do teatro cômico napolitano, que, por sua vez, é descendente da *commedia dell'arte*; portanto, muitos séculos o apoiam. E se engana quem imagina que esse jogo de aparências seja apenas uma história banal bem contada. O estouro de Pepino Priore deixa o público inteiramente paralisado, como acontece também na maneira como o autor dosa a presença dos personagens. Não há pequenos personagens, cada ator tem a sua oportunidade. Eduardo de Filippo, ao fazê-lo em *Sábado, domingo, segunda,* não só consegue captar a vida em pulsação como transformar em poesia e humor as banalidades dos que nunca serão heróis épicos, mas apenas heróis das suas pequenas vitórias.

A direção de José Wilker se dedica à ourivesaria de deixar fluir o que acontece numa casa em três dias. O entra e sai acompanhado de reclamações, brigas, alegrias e de receitas culinárias, tudo está no palco do Teatro dos Quatro exalando o perfume da comida (verdadeira) que é servida aos atores. A montagem de Wilker tem o odor desse cotidiano. Não é fácil, como aparenta na leitura do texto, distribuir em cena a ação central e os acontecimentos paralelos, praticamente inexistentes, mas que Wilker soube manipular à vontade de quem convive numa casa. As soluções que encontrou para a empregada (como colocar a cadeira junto à porta da cozinha para que ela coma junto aos patrões) são evidências de observações detalhistas do dia a dia. Quando o texto apresenta alguns excessos (o personagem Carmello tem função dramática um tanto artificial), o diretor os contorna. Apesar da requintada interpretação dos atores, Wilker transmite o que há de essencialmente popular e comunicativo na trama, nunca sobrepondo razões críticas ou analíticas a um universo que se explica por si mesmo. Há uma luminosidade vital nas ações dos personagens que a direção reforça como se fosse uma luz forte, que hipnotiza.

Yara Amaral não optou pelo fácil caminho de uma *mamma* italiana. A atriz consegue caminhar por todas as emoções da personagem com alternância de explosões e contenções que somente uma intérprete com seus recursos pode alcançar. Cristina Pereira está perfeita como a empregada. Entre subserviente e petulante, Cristina se faz presente nos menores detalhes. Ary Fontoura reafirma as suas qualidades de ator, seja nos silêncios do ciúme, nas intervenções cômicas ou na emoção do reencontro com a esposa. Paulo Castelli, apesar de demonstrar a juventude e a soltura de Rocco, não chega a ressaltar o seu espírito brincalhão. Pedro Veras luta bravamente contra o personagem mais opaco da peça.

Paulo Gracindo tem composição de irresistível comunicabilidade, cheia de detalhes (tremor nas mãos, ar maroto dos velhos). Mônica Torres se mostra mais segura na cena da conversa com o pai (decisiva na trama) do que nos dois primeiros atos. Renata Fronzi é uma Tia Memê talvez menos exuberante do que se imagina, mas sempre simpática. Guilherme Karan não tem dificuldades em explorar a sua intimidade com o humor popular. Nildo Parente fica distante da magia e fantasia do Tio Rafael/Polichinello. Paulo Goulart, mesmo utilizando em excesso sua máscara facial, equilibra o calor humano do vizinho amistoso. Márcia Rodrigues, ainda que com contenção corporal, constrói no seu belo rosto a compreensão, tolerância e fidelidade de Helena Ianello. Arthur Costa Filho contracena sintonizado com o tipo de humor de Gracindo. Alexandre Zachia cria o brutamontes sem muito brilho. Rafael Ponzi está discreto como seu personagem, o que também acontece com Ester Jablonski. Mário Lute não se mostra satisfatório como o médico.

Os figurinos de Mimina Roveda situam a ação no ano em que a peça foi escrita (1959). Há divertidas criações que nos lembram aquela época. Os cenários de Paulo Mamede

– a cozinha italiana e a grande sala de refeições – têm um cuidado de execução notável. O painel do fundo, lembrando as roupas nos varais das casas napolitanas, alcança bom efeito. As dimensões da cozinha talvez pudessem ser menores, concentrando mais a ação e criando maior intimidade entre o palco e a plateia.

Sábado, domingo, segunda é um texto de adorável simplicidade que encontrou nesta montagem do Teatro dos Quatro uma forma, igualmente simples, de chegar ao público. A qualidade do elenco, a segurança do diretor e a empatia que se cria fazem com que o espetáculo carioca se mantenha fiel ao popular, reinventado e cultivado por Eduardo de Filippo.

KATASTROPHÉ

A reação do espectador diante da obra teatral de Samuel Beckett (1906-1989) é quase sempre de perplexidade, como se o autor propusesse uma suspensão crítica no fluxo da experiência cotidiana e a projetasse através dos seus mecanismos mais poderosos (a linguagem, a recorrência de situações, a fragmentação do real).

Os personagens de Beckett são detalhes, partes de uma unidade que se perdeu ao longo da tentativa (sempre inútil e desesperada) de integrar a aventura humana a estrutura teórica que explique os absurdos do inexplicável. Viver, reafirma a cada peça o dramaturgo irlandês, é uma busca do sentido de algo que se perde na própria procura. Não é por acaso que os personagens beckettianos utilizam as palavras na acepção mais corriqueira, afirmam e duvidam num interminável diálogo consigo mesmos, deixando bem claro que as palavras os aprisionam, já que o seu significado se perdeu pelo uso banalizado a que se reduziram como reflexo de vivências igualmente banais. Em *Katastrophé*, os tradutores Luís Roberto Benati e Rubens Rusche reuniram quatro textos curtos de Beckett que são bastante demonstrativos de seu universo terminal, sufocantemente agônico, lúcido e sutilmente desesperado.

Eu não reduz a expressão teatral a uma boca iluminada em meio ao palco na penumbra, na qual se percebe ainda a figura de alguém (um padre, uma mulher, um ouvinte assexuado?) de proporções aumentadas. Essa boca fala compulsivamente de uma pessoa, faz perguntas para as quais nunca tem respostas, atropela o ritmo e o som das palavras ao ponto de torná-las muitas vezes ininteligíveis, impossíveis de serem captadas sob qualquer ponto de vista. Aliás, como a ilogicidade da situação que gerou a compulsiva fala dessa boca sôfrega por aprisionar o caos pelas palavras. Já em *Comédia*, o clássico triângulo amoroso da fabulação literária se estabelece entre um homem e duas mulheres mergulhados até a cabeça dentro de vasos e que contam, repetidamente, a convivência entre eles. Três solidões, três pessoas-objetos, três sentimentos que nunca interagem. Em *Cadeira de balanço*, uma mulher ouve sua própria voz que, na monotonia do balanço, vai passando em revista a sua vida, reduzida à triste visão da paisagem oferecida por uma janela. Em *Catástrofe*, a diretora e sua assistente manipulam, como a um boneco inerte, um ator em cena.

Essas quatro peças compõem de forma bem representativa (e demonstrativa) a extensão das impossibilidades que se interpõem aos significados, ainda que aparentes, da vida. O espectador, eliminando o efeito de estranhamento que os textos de Beckett ainda provocam (que é tanto maior quanto mais se procura uma representação realista do mundo), mergulha num clima sufocante, de angústia, que, diabólica e ironicamente, o autor retira da realidade. A penumbra que cobre o palco em *Eu não* provoca efeito sufocante de falta de ar vital. A existência já se encerrou; aquilo a que se assiste é sobrevida inútil contra a qual não se tem, sequer, coragem de negar. O paradoxo e a crueldade estão nesta inexorabilidade em prosseguir.

Em *Comédia*, todas as possibilidades do jogo social do triângulo afetivo já foram esgotadas, só resta a recorrência de contar e repetir a história, sem emoção, sem perspectiva, sem fim. Nesses movimentos incessantes e repetitivos estão marcados o ritmo e o tom do teatro de Samuel Beckett, e a possibilidade de apreendê-los no palco se define melhor quando se adota, vigorosamente, o caráter *abstrato* da narrativa. Não se trata de ser ilógico pelo prazer de chocar ou confundir, mas o de reelaborar no plano da linguagem partículas, fiapos e fragmentos de linguagem (seja a verbal, a corporal ou a afetiva), a partir dos quais o mundo do autor se explica. O diretor Rubens Rusche interpretou satisfatoriamente esse aspecto abstrato, conferindo à sua montagem peso de sentimentos e equilíbrio cênico que refletem as preocupações beckettianas. Mas essa correspondência (antirrealismo, abstração) se expressa bem melhor em *Eu não* e *Comédia*, quando a sensibilíssima iluminação de Mário Martini é uma aliada poderosa.

Em *Cadeira de balanço*, ainda que seja mantida a qualidade da iluminação, a correção da linha adotada pela atriz Maria Alice Vergueiro e a empatia que cria na plateia, a montagem adota tom melancólico que mostra tendência a objetivar um estado psicológico. Em *Catástrofe* o tom se torna ainda mais exemplar, como se esse texto curto, antes de pretender fechar de maneira integrada o espetáculo, quisesse explicar o que a plateia assistiu anteriormente. O impacto se esvazia.

As interpretações são contemporâneas na sua negação de qualquer realismo. No elenco, o destaque é para Maria Alice Vergueiro, que consegue sobressair com sua bem empostada voz, forte presença e visível entrega à complexidade beckettiana. Cissa Carvalho não resolve satisfatoriamente a sua intervenção em *Catástrofe*, enquanto Edson Santana se mostra melhor em *Comédia* do que em *Catástrofe*. *Katastrophé* conduz o espectador pelo fascinante universo de Samuel Beckett, possibilitando que se avaliem as dificuldades da aventura humana não apenas como algo passível de não se concluir satisfatoriamente, mas como mergulho intelectual que nos retira da mesmice de cotidianos opacos. Justamente a possibilidade de fazer que se reflita sobre essa condição inerente ao homem. Sério, bem realizado e dolorosamente belo, *Katastrophé* só se ressente de um pequeno detalhe: poderia ser mais provocador.

QUARTETT

O fluxo da memória é descontínuo. O tempo, uma categoria de cuja ação não escapamos, mas que positivamente não dominamos. Memória e tempo transitam em *Quartett*, como se o autor Heiner Müller (1929-1995) desejasse despojar a representação de componentes como a historicidade, a justificativa dos atos humanos, a psicologia, para erigir o fato dramático sobre o mito e a metáfora. Escolheu uma origem literária – *As ligações perigosas*, de Choderlos de Laclos (1741-1803) – da qual procura desmontar o caráter lógico para acentuar-lhe a subjacência dos movimentos da sedução na procura do prazer esfacelado pela morte iminente.
Merteuil e Valmont, os dois personagens, se multiplicam, são quatro quando conveniente para que os lances do jogo de representação (o autor deixa claro o tempo todo que o público assiste a uma criação teatral) se tornem mais vigorosos e que as estocadas sejam impiedosamente mortíferas. Esses personagens imobilizados numa "cápsula de tempo" entre o limiar da Revolução Francesa e após a Terceira Guerra Mundial falam compulsivamente do êxtase do prazer como lembrança antiga (Merteuil) e como método de apreensão do mundo (Valmont). O desejo domina os dois, e é o que mantém pulsante esse sentimento. Para que se conservem humanos, jogam pesado. A violência verbal, que se manifesta em imagens eróticas de inimaginável alcance, expressa a "arte dramática das feras". Quase animalizados pela certeza de alcançar a unidade ("A tormenta de viver e não ser Deus. Ter a consciência e nenhum poder sobre a matéria"), só se apaziguam na morte. A metáfora sobre a impossibilidade da transcendência humana se completa.
A caixa teatral onde estão encerrados Merteuil e Valmont aprisiona um lapso de tempo suficientemente longo para que caibam nele momentos históricos tão cruciais: a ascensão da burguesia e o pós-apocalipse. Circula nessa faixa temporal uma humanidade que sofre a interferência da sucessão de anos, não como consequência dos fatos históricos que modificam suas vidas, mas resultantes de sua ação permanente.

Mortalmente atingidos por doenças incuráveis, Merteuil e Valmont se definem como detritos que só possuem o passado como linguagem comum, esse mesmo passado que os informa de que vivem "o tédio da destruição": "Odeio o passado. As mudanças o acumulam. Olha o crescimento de nossas unhas, continuam a germinar em nosso caixão". O mito do tempo é revisto através da crueldade.

A narrativa manipula elementos tão etéreos quanto a metáfora e o mito, desprezando a identificação de vozes que ecoem o real e trabalhando sobre a acumulação de palavras e imagens apreendidas pelos sentidos que lhes atribuímos. O espectador é levado a buscar significações a partir de seu código pessoal. Esse código, profundamente marcado pelo realismo (a reprodução das características básicas do real), o estimula a transformar numa mera história, com evolução, clímax e desfecho, conceitos que Müller pretenderia eliminar em favor da suprarrealidade e do simbólico. Mas será que essa procura se explicaria apenas pelo hábito e pela tradição do espectador tradicional? Certamente que não. Heiner Müller ao se apoiar no literário, condicionou a plateia aos cânones de um romance do século XVIII, com seus sinais identificadores próprios. Ainda que o texto não traga nenhuma rubrica que insinue ao encenador comportamentos e atitudes dos personagens – nesse sentido, há uma generosa liberdade do autor em relação ao papel do diretor –, se fundamenta numa prolífica sequência de citações literárias. E formalmente o aspecto do tempo e da mutação de papéis entre os personagens não chega a adquirir formas fragmentárias, atrelados como estão ao tradicional tom narrativo dos romances discursivos.

O diretor Gerald Thomas percebeu esse domínio literário e tentou revertê-lo utilizando o excesso verbal e o acúmulo de referências pragmáticas através de seu pessoal código cênico. Ele pretende que as palavras sejam decupadas como sons capazes de nos conduzir, tal qual a música (a imagem é do próprio Thomas), a um estado de abstração, dentro do qual caberiam os conteúdos míticos e metafóricos. A dificuldade de unir tal volume de texto a imagens plasticamente evocativas do abstrato é imensa.

O palco, transformado numa espécie de calabouço, com paredes que ressaltam texturas e respiradouros por onde entra a luz e passam os sons (do tropel de cavalos a ruídos de aviões) é construído como uma caixa de truques. Vazio, as luzes acendem e apagam, antecipando os efeitos que virão em seguida. Quando surgem os atores, em rápidas aparições, a cena se transmuda em arena, dentro da qual lutarão os personagens. Quebra-se, dessa forma, a possibilidade de penetrar na linguagem do espetáculo por meio da continuidade. Mas será suficiente?

A cenografia de Daniela Thomas retém esse efeito de contornos abstratos ao reduzir a imagem a uma cela. Sem móveis, com apenas uma garrafa e um cálice ao centro (objetos que ganham presença e ênfase tão grandes quanto as dos personagens-instrumentos), reduz-se as um espaço de confinamento e de finitude. É um lugar de abandono, local de repulsa, árido como o câncer que corrói Merteuil e a decadência que assoma a Valmont. As frestas, as passagens, o espaço que se abre para que penetre o desagradável vento final (pós-atômico?), tudo adquire conotação sufocante, contrabalançada por figurinos de traços históricos. Se acrescentarmos a extraordinária iluminação de Gerald Thomas (são marcantes os efeitos cênicos que o iluminador retira da entrada de Sérgio Britto, dos focos laterais e das linhas de luz que compõem quase um grafismo no palco), será possível perceber a extensão do projeto antirrealista da montagem.

No plano da sonoridade, seja dos ruídos incessantes e constantes de um disco emperrado, da voz gravada dos atores ou da música (dramaticamente exata de Jaques Morelenbaum) propriamente dita, o espetáculo chega perto do irrealismo da memória.

Na partilha das luzes e sombras da alma, no entanto, o diretor tem grandes dificuldades em prescindir do instrumental psicossociológico para criar algo evanescente. A cena, sem se basear na concretude das emoções, se estrutura sobre elas. O impulso de negá-las do ponto de vista da lógica da psicologia faz descarnar os conteúdos mais essenciais da estrutura mítica. A montagem não cai na vala comum das emoções sentimentalizadas, mas igualmente não projeta as emoções readquiridas no recôndito da memória. *Quartett* insinua, mas não instiga.

Os atores Tônia Carrero e Sérgio Britto têm sobre si a dura responsabilidade de equilibrar suas interpretações entre valores quase imponderáveis. Mais estilo do que técnica, a forma de representação de uma cena tão abstrata determina que se apague o passado (nada dos maneirismos das interpretações psicológicas) e se investigue uma forma que somente o futuro nos dará possibilidade de completa avaliação. Tônia atua majestaticamente, com garbo e elegância que valorizam com extrema sutileza as palavras que diz. A atriz parece ter encontrado um som para os vocábulos, sem que necessariamente esse som corresponda à desmontagem de seu sentido. Tônia se apoia, acima de tudo, na maneira de dizer, como se, em meio a um discurso quase cifrado, descobrisse e privilegiasse a forma para determinar o sentido. Há uma tal beleza em Tônia – figura de extrema dignidade – que não se lhe adivinha a decadência da personagem. Nessa contradição, a atriz encontrou sua maneira de expressão. Sérgio Britto experimenta, em momentos alternados, a farsa e a atuação épica que servem à transferência constante de climas dramáticos do personagem. Sérgio briga menos do que Tônia com a procura de seu registro interpretativo, mostrando-se mais disposto a entrar num jogo cujas regras ainda não estão completamente definidas. Sua atuação é uma aposta no desconhecido, um tributo ao futuro.

DE BRAÇOS ABERTOS

O que *De braços abertos* propõe não é unicamente a desgastada crise de relacionamento homem-mulher. Instalada desde o primeiro encontro entre Luísa, artista gráfica profissionalmente bem-sucedida, e Sérgio, jornalista inseguro e amante dependente, essa crise impulsiona as atitudes contraditórias dos personagens (amor e ódio, crueldade e ternura), provando-se tão mais profunda quanto maior é a impossibilidade do afeto.

A impossibilidade, como terceiro personagem da trama, elimina qualquer futuro para o casal que dá voltas em torno de obsessões que paralisam os impulsos generosos do encontro amoroso. Ainda que Luísa confesse que existe em si um lado obscuro e maldito, permanece a vontade de encontrar o outro, de lançar iscas para partilhar a solidão. Já Sérgio adota o cinismo e a amargura como únicos pontos de honra da dignidade perdida. Entre os dois, o mundo objetivo de uma redação de jornal, as frustrações da origem humilde e o desespero por não conseguir reverter os rumos de suas esperanças irrealizadas. É este o universo temático escolhido pela autora, Maria Adelaide Amaral (1942-).

A autora demonstra maturidade e domínio da narrativa num nível de sofisticação estilística apreciável. Do encontro de Luísa e Sérgio, seis anos depois da separação, Maria Adelaide parte para recontar a história de um amor dilacerado através do recurso do *flashback*. À primeira vista, esse tratamento pode sugerir uma difícil opção. Seja pelo estilo, seja pelo tema, há o perigo de ser passadista. Maria Adelaide é atual. O presente interrompe o passado para comentá-lo, quebrar a emoção ou, exatamente o oposto, acentuá-la. Nesse balanço do tempo, oscilam sentimentos sempre excludentes (Luísa elimina Sérgio e vice-versa).

Sem desprezar o humor, Adelaide instala clima opressivo, meio esquisito, sempre muito próximo aos clichês das situações amorosas, para que com essas repetições se faça o reconhecimento dos mecanismos da afeição. A peça interrompe-se na sua cronologia, volta ao presente rebuscando as dificuldades do passado, para se concluir com o consolo da ternura.

O despojamento da direção de José Possi Neto, que reduz a cena ao confronto de dois atores em estado de compreensão mútua (Irene Ravache e Juca de Oliveira trocam intensamente afinidades interpretativas), não se inibe diante do humor do texto. Explora o riso tenso, as brincadeiras dos diálogos (nem sempre muito felizes) e um jeito indefinido dessa relação perigosa, com a precisão de quem quer atingir resultados bem definidos. Acompanha o texto nos seus altos e baixos emocionais, guiando a plateia por áreas de sombra e de luz a que são jogados os personagens. O espetáculo não tem explosões, momentos exaltados. A chave da montagem é a da minúcia de cada frase levada ao limite dos seus desdobramentos psicológicos.

Juca de Oliveira compõe o jornalista com detalhes de comportamento requintados. É capaz de usar o sarcasmo e na cena seguinte mostrar-se frágil e infantil. Juca transita com perfeita intimidade na contradição. Mesmo quando tende a exagerar, parece se dar conta do risco, reintegrando-se imediatamente ao perfil básico do personagem. Irene Ravache, que também é tentada a pequenos exageros, recupera-se toda vez que aciona a sutileza. Dúbia (fraca ou forte?), fria (medo ou ironia?), fraca (por amor ou solidão?), apaixonada, Irene transmite todos esses sentimentos, enfatizando-os não com recursos dramáticos explícitos, mas com nuances praticamente imperceptíveis. A atriz é uma verdadeira operária da peça, já que é capaz de construí-la delicadamente em cada um dos seus escaninhos. Neste sentido, Maria Adelaide Amaral não poderia ter encontrado atriz que expressasse tão ardentemente o que ela escreveu.

De braços abertos esquadrinha uma relação amorosa nos seus limites. Com as agressões decorrentes do fato de se saberem sem futuro, os personagens demonstram que a autora não desconhece que recriar a emoção no palco é uma árdua e difícil tarefa. Mas Maria Adelaide Amaral conseguiu com grande competência.

LILY E LILY

Pierre Barillet (1923-) e Jean-Pierre Grédy (1920-) se parecem, até pela ligação indissolúvel de seus nomes, aqueles letreiros de empresas comerciais que estão nas fachadas de lojas atacadistas. De certa maneira, esses resistentes autores franceses são realmente uma empresa, mas dedicada a escrever peças teatrais. Como Marc-Gilbert Sauvajon (1909-1985) e André Roussin (1911-1987), apenas para ficar na França, a dupla Barillet e Grédy adotou a matriz do boulevard, dentro da qual adapta histórias cômicas inconsequentes, de humor mais verbal do que de ação e que resiste como marca há trinta anos. *Lily e Lily* é mais um produto da fábrica desses dramaturgos "gêmeos".

A atriz de Hollywood dos anos 1930 cheia de tédio, devoradora de homens, encharcada de álcool e drogas, criadora de escândalos, é visitada pela irmã gêmea, puritana do interior casada com pastor protestante, que por circunstâncias aceita substituir a irmã. O entrecho é alimentado pelo contraste das personalidades e de pequenos e discretos quiproquós que surgem em consequência da semelhança física. O que distingue essa história dos *boulevards* mais picantes e movimentados é que a produção de Barillet e Grédy não tem aquele estilo que diferencia um produto artesanalmente bem acabado de um artigo produzido em série. Discursiva, de humor sem brilho, anunciando a ação mais do que a expressando, *Lily e Lily* é apenas um produto Barillet e Grédy que não desmente, mas também não acrescenta nada ao currículo da dupla.

João Bethencourt, ao traduzir a peça, procedeu a verdadeiro enxugamento do texto, reduzindo-o a menos uma hora do que a montagem original francesa. Medida correta desse diretor experiente que ao longo de sua carreira se especializou em comédias e num padrão profissional que se impõe como medida de atuação. O ritmo de sua montagem se aproxima do "tempo teatral francês". A ênfase está nas palavras, na forma de dizê-las, mais do que no nervosismo da ação.

Como conhecedor da plateia brasileira, Bethencourt introduziu tom caricato que reacende parcialmente a expectativa de humor do espectador nacional. Mas a experiência do diretor o levou a acondicionar o espetáculo com o luxo que se espera de um quarto de estrela de cinema. Nesse sentido, o cenário e os figurinos de Pedro Sayad atendem ao esperado, ainda que pudesse haver mais luxo na alcova, um tanto sóbria no seu tom pastel. A tradução nem sempre tem fluência, chamando a atenção expressões facilmente identificáveis em francês, mas que soam estranhas em português. Em *Lily e Lily*, Bethencourt demonstra, mais uma vez, que conhece as minúcias da comédia, mas diante do material disponível aplicou mais a sua experiência do que o seu conhecimento.

A HONRA PERDIDA DE KATHARINA BLUM

Vítima do Estado moderno, que precisa se autopreservar acima de humanismos ou considerações morais, a jovem Katharina Blum sucumbe à sua própria perplexidade. "O Estado que não faz nada – desabafa a humilde empregada doméstica da Alemanha dos anos 1970 – para proteger uma pessoa dessa sujeira não é um Estado, é um borrão, uma mancha no mapa, um nada." Heinrich Böll (1917-1985), o autor de *A honra perdida de Katharina Blum*, procura através desta novela, posteriormente adaptada por Margarethe von Trotta, atingir as raízes dos mecanismos desse Estado anti-humanista, dentro do qual subsistem valores de justiça e de moralidade invocados apenas para eliminar, exatamente, a justiça e a moralidade. O crédito que a ingênua Katharina deposita nesse Estado se manifesta pela determinação em construir a sua vida com muito trabalho, pagando a hipoteca do apartamento e a dívida do carro com muitas horas extras, economias e privação. A casa, o automóvel e o trabalho constroem uma dignidade que, supõe Katharina, a faz tributária dos direitos de cidadania. Como demonstra a sua história, não é bem assim que as coisas acontecem.

Numa noite de Carnaval, Katharina Blum conhece Ludwig Gotten, acusado de

terrorismo e com quem passa uma noite. No dia seguinte, seu apartamento é invadido pela polícia e, na tentativa de justificar a ameaça que o terrorismo representa, arma-se uma série de situações que incriminam a inocente Katharina. Quatro dias depois da invasão, a moça se torna assassina do repórter que, conivente com a polícia, vasculhou sua intimidade e jogou sobre ela mentiras suficientes para fazê-la, a um só tempo, prostituta, comunista, mentirosa e marginal. Humilhada pela manipulação das informações – polícia e imprensa são apresentadas como sustentação do poder político e econômico –, Katharina ganha a consciência da sua condição nesse curto espaço de tempo.
Böll, quando escreveu a novela, era acusado de defender os terroristas do Baader-Meinhof, mas, na verdade, suas posições eram contra a verdadeira "caça às bruxas" que o Estado alemão implantou sob a justificativa de se defender da ação armada e que, em nome disso, estendia-se em formas repressivas que sacrificavam as liberdades individuais. A imprensa, além da justiça e da polícia, era considerada pelo Prêmio Nobel de Literatura uma porta-voz dessa rede de domesticação social, projetada através da intimidação, do medo e da violência. "A palavra – afirmou Böll – entregue desarmada ao demagogo inescrupuloso, ao frio estrategista ou ao oportunista, pode transformar-se numa sentença de morte para milhares de seres humanos." Na fábula moralizante que é *A honra perdida de Katharina Blum*, Böll escolheu uma obscura cidadã para demonstrar a força e a ação que a palavra deturpada pela mentira tem como poder de destruição.
A adaptação teatral da obra de Heinrich Böll acompanha a sequência da novela, com exceção do início, quando o autor utiliza *in extremis* o efeito de distanciamento. O estilo de reportagem (uma das muitas ironias da peça) e a forma direta e seca, que tem como elemento básico a utilização do tempo como fato narrativo determinante, impulsionam a história em *flashes*, pedaços de um mosaico cheio de arestas que se monta progressivamente até atingir o painel. O esmagamento individual de Katharina para que se preserve uma estrutura de poder recebe tratamento de exposição jornalística, com os fatos se sucedendo dia a dia, num tom impessoal. O público participa, simultaneamente, do processo de criação da farsa e da transformação por que passa Katharina. Böll desemocionaliza a narrativa ao ponto de reduzi-la a "relatório". A força dramática emana, no entanto, da maneira como esse "relatório" é esmiuçado. Há uma rigidez estrutural que sustenta e equilibra o distanciamento que provoca a reflexão e, por outro lado, existe uma carga de emoção que incide sobre as dificuldades vividas por Katharina. Deste contraponto surgem, com muita nitidez, o perfil de uma mulher dignificada por atitude ética e os tortuosos caminhos que conduzem a sociedade.
O espetáculo concebido por Luís Carlos Ripper não trabalha essa estrutura sob a

qual se assentam a razão e a emoção. A começar pelo aspecto visual. O palco do Teatro Glaucio Gill se parece a uma estação interplanetária, com painéis iluminados, mesas cheias de aparelhos, canhões que projetam luz na plateia, microfones e fones que eletrificam as vozes. As roupas, cinza e prateadas, reduzem todos os personagens (com exceção de Katharina) a robôs disfarçados. Essa opção uniformiza demais a montagem, eliminando particularidades e reduzindo o texto a maniqueísmo inexistente.

A direção não considerou a importância fundamental do tempo, registrando sua passagem apenas em tabuletas escondidas na lateral do palco. Na verdade, esse elemento é essencial para compreender a extensão das modificações que sofre Katharina ao longo da mascarada que se arma contra ela. Desconsiderá-lo é tornar a peça obscura. A agravar essa pouca clareza, a tradução pesada, dura, com construções verbais inaudíveis em nossa língua. Tudo contribuiu para uma irrealidade que afasta o caso da jovem Katharina da experiência viva da plateia. O espetáculo projeta monotonia que, absolutamente, não corresponde a qualquer característica estilística, mas a um subaproveitamento do material dramático. O jogo teatral não se conclui, as cenas não têm uma gradação demonstrativa e muito menos expressão emocional.

Juliana Carneiro da Cunha como Katharina Blum sofre bastante com essa uniformização da montagem numa distante região espacial. Sua interpretação não possui as nuances necessárias para que se entenda o que ocorre com a personagem. A passagem do tempo e a consciência progressiva, que culminam com o gesto final, não estão incorporadas à sua linha de atuação, o que torna difícil a percepção do que efetivamente ocorre com Katharina. As marcações no palco giratório e por entre a cortina de persianas muitas vezes escondem a atriz em cenas em que sua presença, sua máscara facial e sua tensão são essenciais. O restante do elenco está demasiadamente preso ao maniqueísmo da montagem. Os policiais, os membros da justiça e o jornalista são obviamente truculentos, os parentes de Katharina não chegam a mostrar a dimensão de sua lucidez, enquanto os outros personagens encontram interpretações inadequadas.

A *honra perdida de Katharina Blum*, que segue a tradição despojada da nova dramaturgia alemã, encontra na versão brasileira involuntária ampliação desse despojamento, ao ponto de fazê-la diluidora e longínqua. O racionalismo expositivo de Heinrich Böll se reduz a um dualismo simplificador, no qual os poderosos esmagam os fracos. Neste texto há questões muito candentes (do papel do Estado moderno aos direitos do cidadão, da função da imprensa ao caráter da polícia) que a montagem carioca, positivamente, não explora.

ELECTRA COM CRETA

Coincidência ou não, no momento em que o movimento concretista comemora os trinta anos da 1ª Exposição Nacional de Arte Concreta no Brasil, o diretor Gerald Thomas lança proposta teatral concretista. Da mesma forma que seus pares da poesia, Thomas em *Electra com Creta* procura "o mínimo múltiplo comum da linguagem", aquele ponto de síntese a partir do qual a desestruturação da narrativa, a imposição da sonoridade e o formalismo visual se combinam para quebrar a linearidade literária.

Fiel à sua linha de experimentação, o diretor contrapõe os mitos gregos (Electra e Medeia, que assassinam suas origem e descendência) ao fim do milênio (os reflexos inconscientes dos traços arquetípicos no processo do tempo). A maneira que escolheu para construir esse painel teatral/instalação plástica/fotograma de cinema foi a de utilizar a metáfora na apreensão de resquícios abstratos dos processos psicanalíticos e na discussão da linguagem estética. Em meio a toda essa catedral de intenções, Thomas ainda encontra lugar para citar o seu tão querido Samuel Beckett, através de dois personagens que reafirmam a crise da palavra e a impossibilidade da ação.

Não é fácil ou permeável a interpretações menos ambiciosas um tal volume de informações que a montagem despeja sobre o espectador. A ele restam duas alternativas: deixar-se enredar pela visualidade, pela sonoridade musical, pelas palavras e soltar os sentidos; ou tentar penetrar numa concepção carregada de chaves pessoais que nem sempre se explicam cenicamente. Se a opção for liberar os sentidos, não haverá dificuldade em saborear a montagem, afinal a colocação na área de representação de três telas que decompõem o processo expositivo permite que a plateia acompanhe o movimento da ação quase que numa sequência cinematográfica. Os belos efeitos de luz laterais harmonizam a cena, ao ponto de fazê-la parecer imagem de sonho. Os figurinos, de vaga historicidade, insinuam a modernidade nos detalhes dos cabelos *punk* e da maquiagem *dark*, aguçando o dramático do modismo. Alguns toques de humor (elemento novo na criação de Thomas) completam essa fruição mais sensitiva do que racional.

Mas se, por outro lado, se deseja abordar *Electra com Creta* no plano de elaboração de seu autor, o espetáculo apresenta grandes desafios e contradições profundas. A aversão ao psicológico, que redunda na hipervalorização do psicanalítico, joga a criação de Thomas numa confusa exteriorização de conceitos só parcialmente assimiláveis. No duelo entre Electra e Medeia, as referências clássicas e mitológicas à tragédia perdem-se na interpretação do sentido de culpa e de expiação inerente ao trágico. Thomas abre possibilidades a essa culpa quando Medeia cogita que seus filhos assassinados pudessem ter sobrevivido e quando Electra rejeita conter em si "todos os crimes de minha civilização". Há um árbitro nessa luta, Sinistro, que ao longo da narrativa morre por diversas vezes, liberando Medeia e Electra de suas culpas. Mas essa culpa não é apenas exterior, social, é uma culpa interna, por isso inesgotável.

Essa inexorabilidade projetada nos dias que antecedem ao fim do século completa o circuito ritualístico. Ao assistir à montagem, a plateia não terá elementos suficientes para fazer tantas e tão complexas ilações. A relativa monotonia do espetáculo contribui para que o peso e a carga dessa construção teórico-estética desabe sobre as cabeças psicológicas e realistas como um intrincado quebra-cabeças verbal. O recurso épico de narrar e comentar a ação é atribuído ao próprio Gerald Thomas, que, dessa forma, assume o papel de mestre de cerimônias de ensaio teatral, conduzido como manifesto ou declaração de princípios estéticos existenciais. A sua voz em *off*, na maioria das vezes, submete seu código teatral à sua própria crítica, sem contudo evitar que o "literário" e o "psicológico" estejam na origem de suas obsessões. O alto nível da concepção visual de Daniela Thomas às vezes transcende à asfixia conceitual de Gerald e alcança resultados em imagens bem mais expressivas do que o descontínuo atordoamento verbal.

Já com o elenco, Gerald Thomas demonstra um crescimento sensível na sua pesquisa. O grupo de atores absorve a manipulação do *gestus* teatral através da decomposição em seus elementos formadores: dramático, trágico, cômico. Ao buscar expressão menos codificada em bases psicológicas, Thomas cria atores quase bonecos que servem às suas teorias de palco. Beth Goulart e Bete Coelho estão perfeitas na construção desse tipo de ator. Vera Holtz segue muito de perto as suas companheiras, enquanto Maria Alice Vergueiro incorpora de tal forma o estilhaçamento de suas falas que corporifica a abstração do mito que interpreta. Luiz Damasceno consegue ser moderno sobre base tradicional. Marcos Barreto está por demais fixado na criação de seu tipo.

Electra com Creta acrescenta ao panorama teatral carioca um volume apreciável de anticonvencionalismo e de debate sobre a linguagem contemporânea do espetáculo. No calor desses debates, sem dúvida, o teatro caminhará um pouco mais em direção à sua integração nas artes atuais. Mesmo com sua frieza e sua poesia minimalista, *Electra com Creta* traz ao palco duas questões que Thomas tão bem caracteriza numa poética sem tempo. A de que "são os poetas os malfeitores, porque enxergam", e de que "basta olhar as coisas com um pouco de afeto".

ARTAUD

Antonin Artaud (1896-1948) não foi uma personalidade criativa amansada pelas pressões que sofreu nos manicômios em que esteve internado ou por outras pressões sociais a que foi submetido ao longo de uma vida tumultuada. Perseguindo a "metafísica em ação", Artaud projetava no teatro a procura da totalidade, unindo a ideia de "pensamentos em estado puro" à da "linguagem sob forma de encantação". O espetáculo *Artaud*, que se apresenta no porão do Teatro Ipanema, é uma síntese desse pensamento fulgurantemente anárquico, diante do qual o espectador não pode deixar de se surpreender. O delírio pessoal e criador de Artaud se articula através de visões de vida e de arte esteticamente definidas, que resultam em formas de surpreendente alcance como linguagem.

Na montagem dirigida por Ivan de Albuquerque e interpretada por Rubens Corrêa, fragmentos desse universo múltiplo são oferecidos como tessitura fina de um louco solitário, que seu tempo não soube apreender. O recital está dividido em módulos (teatro, loucura, depoimentos, criação) que tecem o rosto contraído de vários Artauds, revelando realidades "pelo direito e avesso". A alucinação, que Artaud pretendia que fosse "o principal meio dramático", acompanha os movimentos de Rubens Corrêa, que, com intensidade, desenha diversos momentos pelos quais o personagem transita, rebuscando as nuances e os estágios dos estados alucinatórios.

A passagem temática é realizada com sutilezas. À explosão inicial, que marca a sua visão de teatro, segue-se crescente dilaceramento representado por tom nervoso, mas menos tenso. A mudança processa-se com os movimentos de mãos de Rubens por trás do encosto de uma cadeira que domina a cena ("meu corpo voa em pedaços"). Evitando o estado de demência que poderia conferir caráter psicológico mais evidente, o ator preferiu recorrer a seu arsenal de recursos e trazer à cena uma pequena demonstração das suas possibilidades. Pode-se discordar da contenção, que não permite que alcance o ponto do quase delírio, mas não se pode negar a competência, a experiência e a maturidade do ator para sofisticar seus recursos.

A disposição das arquibancadas no porão do Ipanema faz com que o ator seja visto pela plateia num plano mais baixo, o que, forçosamente, o faz olhar para o alto. Tal arquitetura dá ao público domínio sobre o ator que, metaforicamente, representaria as mesmas forças repressoras ao espírito livre e incontrolável de Artaud. Com os meios disponíveis, o diretor Ivan de Albuquerque construiu um espetáculo que se fixa sobre o magnetismo de Rubens Corrêa. A plateia não se frustra, já que na emoção de captar as palavras inflamadas de Artaud está a base desse recital. Ainda que algumas imagens não sejam muito felizes, como a da crucificação e do uso derramado dos gestos, *Artaud* revela uma face não tanto provocadora do retratado, mas certamente de muita sensibilidade.

1987

LIGAÇÕES PERIGOSAS

A Marquesa de Merteuil, personagem no qual Choderlos de Laclos (1741-1803) concentra sua maior carga de amoralismo e de paixão pela conquista em *Ligações perigosas*, considera a vingança e o impulso amoroso como projetos heroicos de valorização social. Mulher numa sociedade de homens, a Marquesa compreende que precisa se inventar, dominando o outro sexo para vingar o seu próprio. O papel de coadjuvante é repudiado através de laboriosa tessitura existencial. Há que descobrir o que as pessoas escondem, ouvi-las atentamente e conhecer as regras da dissimulação para exercer uma forma de poder.
Merteuil completa a sua educação sentimental usando os homens como objeto de seu prazer. É uma guerra para a qual só existe a possibilidade de vencer ou morrer. O Visconde de Valmont, parceiro da Marquesa nas ardilosas mentiras que transformam os outros em vítimas de intrigas, por sua condição de homem é um inimigo natural. De Merteuil, pode-se dizer que é "genuinamente perversa".
Escrita sete anos antes da Revolução Francesa, *Ligações perigosas* reflete o processo de decadência de uma sociedade em estágio de reordenação. Merteuil e Valmont, mais do que representantes dessa decadência, são expressões de esgotamento de um projeto social em que a liberdade de uso não pressupõe o conceito de troca. No plano psicológico, o romance de Laclos sugere nos seus diálogos mordazes e cruéis que os dois personagens recriam em si mesmos a possibilidade de existência que os identifique com a liberação dos limites. No jogo de cada um, são infinitas as alternativas de experimentar. O único limite conhecido é o de vencer ou morrer.
A peça de Christopher Hampton (1946-), adaptada do romance, conduz a trama de Laclos pela variação de estrutura narrativa quase folhetinesca, que fornece elementos de modernidade dramática na recriação da ideia crepuscular de um jogo de vida infinitamente repetido. O aspecto de novela, como as que assistimos pela televisão, contudo, é enganoso. A essa forma se atribui a facilidade de um código exaustivamente aplicado, mas no texto de Hampton-Laclos destaca-se a maneira como comenta a essência de uma ação destrutiva.
O diretor José Possi Neto preferiu adotar uma linha nada cruel e dissoluta no seu espetáculo ao desenhá-lo como antessala de um salão requintado. Antes de assumir seus papéis de manipuladores, Merteuil e Valmont conversam sob a proteção de um grande biombo, símbolo da tênue separação entre a verdade e a mentira. O cenário marmóreo, os figurinos perolados, a cena em baixo relevo reproduzindo movimentos marcantes de dissimulação compõem um quadro visual que corresponde à frieza e determinação das atitudes.

Possi elabora uma montagem requintada, na qual o valor da palavra é acentuado, mas em que se procura explicitar o que está embutido nos desejos, através de referências visuais, como a presença coreografada do mordomo. Essa opção causa perda de cumplicidade entre Merteuil e Valmont. Às vezes o dueto se desfaz, deixando perceber conclusões que somente deveriam ser demonstradas no final. Mas a montagem de Possi devolve ao teatro carioca um cuidado artesanal raramente disponível por aqui. O espetáculo estabelece rigor detalhista que se manifesta nas inflexões dos atores e na criação de envolvimento teatral vigoroso. Os atores contracenam efetivamente.

Marieta Severo supera tendência a suavizar a Marquesa de Merteuil em favor de sua função emblemática, alcançando sofisticação no desenho interpretativo. A atriz transmite os estados mutáveis da personagem, incorporando o estilo derramado de um bom folhetim. Na mesma chave está Carlos Augusto Strazzer, um Valmont de capa e espada, debochado, mas que interioriza os conflitos e as hesitações do homem cujos sentimentos não são monolíticos como os da sua parceira. Um trabalho bem construído, ainda que possa ser aperfeiçoado ao longo da temporada. Cássia Kiss encontra algumas dificuldades para resolver a sua máscara teatral. Às vezes sobrecarregada de intenções, o que poderia ser resolvido com menos ênfase. Deborah Evelyn empresta juventude e ar malicioso a Cécile Volanges. Marcos Palmeira e Roney Vilela revelam inexperiência. Vera Buono e Rosita Thomaz Lopes devem adquirir mais segurança, após a fase inicial da carreira do espetáculo. Antônio Negreiros utiliza a sua condição de bailarino para projetar o mordomo.

O cenário de Possi, de estrutura sólida e visualidade europeia, ganha maior teatralidade com a iluminação quente do próprio diretor. Os figurinos de Rita Murtinho só confirmam a excelente fase dessa profissional. *Ligações perigosas* oferece ao espectador a oportunidade de assistir ao jogo inteligente e maldoso de duas forças dominadoras. Neste novelão de sentimentos carregados, há lugar para as sutilezas e sofisticações de uma estética contemporânea. José Possi Neto foi sensível manipulador dessa mágica teatral.

O ENCONTRO DE DESCARTES COM PASCAL

O cenário é o convento de Minimes, num fim de tarde em setembro de 1647. René Descartes (1596-1650) e Blaise Pascal (1623-1662) se encontram para uma conversa que parece conduzi-los à confrontação. De um lado, Descartes reafirmando a universalidade da razão, numa França marcada pelo poder da Igreja; de outro, Pascal, profundamente ligado às proposições jansenistas, defendendo a fé religiosa através de recursos não demonstrativos. O autor francês Jean-Claude Brisville (1922-2014) inspirou-se numa reunião dos dois filósofos, que efetivamente ocorreu nas circunstâncias mostradas na peça, para escrever O *encontro de Descartes com Pascal*, em cartaz no Teatro da Aliança Francesa de Botafogo.

Sem testemunhas ou qualquer outro registro além do fato de ter acontecido, esse encontro sugeriu a Brisville a possibilidade de recriá-lo ficcionalmente. O autor dispensou o caráter histórico em favor da dramatização dos pensamentos, numa síntese rigorosa de divergências e do jogo reflexivo dos contrários. Geometricamente escrita, a peça revela a intimidade de Brisville com os personagens, sem contudo reduzir o texto à vulgarização de conhecimento. O *encontro de Descartes com Pascal* não supõe o domínio prévio do espectador das ideias expostas em cena; pelo contrário, a essência da narrativa é bastante sólida para se sustentar como um fato dramático autônomo.

Descartes surge como um homem preso à entrega radical do conhecimento, encontrando na dúvida o método para atingir o saber. ("Eu confesso de bom grado que me divirto a estudar as operações do meu espírito e a me concentrar na minha atenção. Aquilo que encontro é, talvez, menos importante do que o ato da descoberta.") Já Pascal se debate entre a apreensão do mundo através da exatidão matemática e a perda da razão e da liberdade diante dos postulados da fé. ("Eu meço minha vida mortal pela imortalidade da minha alma [...] A indiferença sobre a minha eternidade me irrita.") Em meio a esse debate, o respeito de um homem mais velho pelo jovem brilhante, a quem procura pelas regras da análise, evidência, enumeração e síntese, conduzir à razão, sobressai num confronto em que o desenho humano, tanto de Descartes quanto de Pascal, reforça o primado do pensamento.

A direção de Jean-Pierre Miguel tem o mesmo rigor observado no texto. Monástica como o cenário que a abriga, a discussão entre os filósofos adquire o efeito expositivo dos estágios de um pensamento em evolução. A palavra, esse elemento tão esquecido ultimamente no teatro, ganha consistência expressiva capaz de fazê-la existir como veículo de ideias. O uso cênico que Miguel adota para redimensionar as palavras no palco é surpreendentemente despojado. Não há ação explícita, conflitos abertos ou choques físicos no texto de Brisville. Há apenas a palavra informando a ação interna, os movimentos sonoros captando a razão em estado puro, ou "pelo atalho do sonho". Miguel acredita de tal maneira na força das palavras que é capaz de escurecer o palco, deixando os atores nas sombras para que o espectador fique diante dos seus significados básicos. Rigoroso, quase ascético, o diretor abandona a emoção e a intensidade em favor da explanação, sem com isso perder o caráter cênico do embate. A teatralidade proposta se vincula à tradição clássica da literatura dramática francesa, seja nas pausas longas, seja na base discursiva. O cenário de Luís Carlos Ripper é um primor de despojamento, todo horizontalizado para aproveitar o ingrato desenho do palco do Teatro da Aliança, e com um teatralíssimo painel ao fundo que marca os cálculos geométricos dos filósofos. A iluminação valoriza o ascetismo e a beleza da cenografia. Impecáveis os figurinos de Kalma Murtinho.

A presença inteligente dos atores em O encontro de Descartes com Pascal é decisiva para que a racionalidade e o delírio da peça se tornem visíveis. Ítalo Rossi, definitivamente um ator amadurecido, permite que a ironia, a fraqueza, a inteligência, as manobras e o cansaço de Descartes fiquem transparentes. Ítalo, contido por direção que enfatiza as pausas, os silêncios e os tempos mortos, preenche-os com tal requinte interpretativo que a plateia fica em suspenso, conduzida pela sensibilidade do ator. Cada gesto se incorpora ao racionalismo do personagem numa integração absoluta, cada inflexão deixa perceber os "estados de alma" de alguém que deseja fazer valer a razão. A cena final, quando Descartes se vê "rejeitado" depois de oferecer seu legado intelectual a Pascal para que ele prossiga nas pesquisas, é exemplarmente transmitida por Ítalo. Em especial quando ameaça queimar sua obra no fogo da vela.

Daniel Dantas acompanha o brilho de seu companheiro de cena. Ainda que se sujeite a composição muito evidente, Dantas consegue alcançar bons momentos, como na timidez da chegada ou quando se inflama na defesa dos postulados da fé. O encontro de Descartes com Pascal traz ao panorama teatral do Rio o rigor de uma montagem na qual se retoma o valor da palavra como fato dramático e que reconduz o ator a representação despida de efeitos e de recorrências. Um espetáculo às vezes árido, mas sem dúvida brilhante como o pensamento de seus personagens.

LÚCIA MCCARTNEY

Em pouco mais de duas dezenas de páginas, o conto *Lúcia McCartney* conta a paixão de uma garota de programa da Zona Sul carioca por um executivo paulista. Publicada em 1968, essa história, que já foi filmada por David Neves e agora é adaptada para o teatro por Geraldo Carneiro, permite desdobramentos para outras formas de expressão. O rigor da obra de José Rubem Fonseca (1925-), sintetizado por estética literária inovadora e linguagem substantiva, sugere a transferência dessas características para outras formas expressivas. A versão teatral de *Lúcia McCartney* (Teatro Nelson Rodrigues) é a prova evidente de que o corte profundo que Rubem Fonseca propõe na narrativa literária, ao ser projetado para o universo do teatro, absorve o sentido do drama através dos valores básicos dos próprios mecanismos do palco. A sensibilidade de Geraldo Carneiro como adaptador, já demonstrada em *Uma peça como você gosta* (*As you like it*, de William Shakespeare), se manifesta na incorporação das regras do espetáculo com a mesma ênfase com que Fonseca domina a construção verbal.

As modificações no conto foram circunstanciais. Geraldo preferiu acrescentar novo personagem (Antônio Paulo, companheiro do executivo José Roberto), transferir a ação do final dos anos 1960 para um futuro próximo (década de 1990) e criar um prólogo, inspirado em *Lulu*, do alemão Frank Wedekind (1864-1918). Ainda que se possa contestar a eficácia desse novo personagem, que apenas serve de justificativa a uma atitude de José Roberto, que no livro é mais sutil, no restante o adaptador acertou. Da ópera ao melodrama, do confronto de personagens à fusão interior, Geraldo Carneiro amoldou o literário ao dramático. O conto tem vida própria no palco, é um texto teatral autônomo e íntegro como forma dramática. As dificuldades de expressar em cena os planos emocionais quase fluidos foram exemplarmente superadas pela harmonização do universo ficcional de Rubem Fonseca com narrativa dramática que busca sua referência, todo o tempo, no palco, não no livro.

O desenho da direção de Miguel Falabella funciona quase como coautoria da adaptação. Os caminhos do espetáculo são percorridos pelo diretor com a exuberância da ópera e a sutileza do drama psicológico. Alegoria que faz do palco "o picadeiro que separa a vida da arte" e que projeta o olhar sobre a animalidade do homem, a montagem cria efeitos de estranhamento: entradas e saídas dos personagens quase mecânicas, alternância de climas dramáticos e, acima de tudo, surpreendentes jogos de iluminação que percorrem o espetáculo como balizador de emoções. A coerência e segurança de Falabella na condução da narrativa, tão bem sintetizadas na imagem do ator que cria a figura do homem-bicho, no início e no final do espetáculo, se manifestam ainda na sólida direção de atores.

Tony Ramos é um José Roberto seco, mas cheio de escaninhos através dos quais revela a sua necessidade de paixão. O tom em que lê as cartas que escreve a Lúcia revela um ator com enormes possibilidades interpretativas. Maria Padilha usa a sua figura diáfana e misteriosa para compor uma Lúcia de fogosidade contida. A atriz trabalha a interioridade da personagem nos extremos do amor e do desespero. Scarlet Moon domina uma Isa apagada e rancorosa. Nelson Dantas ameaça contornos patéticos, que são abandonados em favor de linha de atuação menos pesada. André Valli é um Renê mais transparente nas cenas intimistas do que nos quadros de massa. O achado do coro está composto por grupo de atores coeso e maleável às difíceis intervenções que lhe são exigidas.

A visualidade do cenário construído de canos de aço e dos figurinos com sugestão futurista completam essa montagem, na qual a iluminação de Jorginho de Carvalho dá a justa medida para a grandiloquência operística do melodrama urbano. Banal como qualquer história de amor, *Lúcia McCartney* transcende à sequência de fatos que compõem a trama para, através dela, rediscutir as linguagens literária e teatral. A emoção, forte como o desespero da jovem Lúcia, agarra o espectador, que, diante do espetáculo, sentirá vontade de retomar a obra de José Rubem Fonseca.

GARDEL: UMA LEMBRANÇA

O escritor argentino Manuel Puig (1932-1990), apesar do afastamento do seu país, com o qual mantém relação um tanto conflituosa, revela-se em sua obra literária um ardoroso poeta de sua nacionalidade. Fascinado pelo cinema, especialmente o norte-americano, Puig utiliza essa referência quase como sustentação para ressaltar o caráter melodramático tão afinado com a sensibilidade argentina. Nos seus romances, o cinema e as paixões impossíveis se combinam numa harmoniosa descrição dessa emotividade, através de palavras e imagens propositadamente derramadas. Em *Gardel: uma lembrança* (Teatro da Galeria), Puig se mantém coerente com sua biografia de autor, elegendo Carlos Gardel, o misterioso e secreto mito da Argentina, como personagem de comédia musicada com sabor latino-americano.

Mais do que a figura emblemática do Gardel das biografias inconclusivas, Puig preferiu utilizar a mitologia da sua criação: o tango. A peça, em momento algum, se preocupa em contar a vida de Carlos Gardel, de quem não se sabe ao certo o ano de nascimento e cuja morte ainda suscita especulações. Apropria-se do espírito do tango, com suas letras tristonhas e movimentos sensuais, para relembrar Gardel numa visão muito pessoal, em que se juntam uma esperança de bondade e a definitiva descrença de sua possibilidade. Tanto que o texto se resume a duas situações básicas – a paixão pela prostituta Sacha, em 1914, em Buenos Aires, e o reencontro vinte anos depois num cassino de Monte Carlo – dentro das quais não se desenha em detalhe qualquer traço de Gardel. Pretexto para introduzir o tango como linguagem de sentimento, *Gardel: uma lembrança* privilegia a canção como a síntese da vida desse personagem e como reflexo de expressão cultural.

Se na dramaturgia Puig escolhe a música como a revelação de identidade, é através dessa opção que investe melodramaticamente, criando situações que são letras de tango ampliadas. Mas sua peça é pouco mais que um roteiro a ser percorrido por um diretor inventivo e identificado com a sonoridade do tango. Aderbal Júnior[5] está afinado com esse roteiro da musicalização da alma tanguista.

O que ressalta na direção é a apropriação do melodrama como forma narrativa, dentro da qual não se procura a crítica à forma, mas se desenha com elegância a sugestão de gesto interiorizado. A montagem tenta deflagrar, com extrema delicadeza, mas com permanente sentido de espetáculo, o que está por trás da exasperação das letras candentes do tango. Como se usasse um estilete, Aderbal sensibiliza o conteúdo musical, tal qual o paradigma desse sentimento continental de fatalismo que torna o sabor da vida sempre agridoce. A direção não corteja a imitação dos filmes argentinos dos anos 1930 ou 1940, mas retira deles aquela força comunicativa que os tornava populares.

Se, no primeiro ato um tanto alongado, há forte marcação dos passos de tango, na segunda parte recria-se o ar decadente de uma Europa pós-Primeira Guerra. Entre esses dois pontos, Aderbal reivindica o melodrama como elemento revelador da força cultural latino-americana. A sonorização dessa cultura é primorosamente resgatada pelos tangos de Gardel e pela música original de Luís Antonio Barcos, um verdadeiro coautor da montagem. Inteligente, criativa, insinuante, a música de Barcos sintoniza poeticamente as evocações russas das prostitutas, inventa comentários bem-humorados das cançonetas do *show business* dos anos 1930 e reveste os tangos de Carlos Gardel da carga melodiosa da afetividade. Esta criação impecável é complementada por coreografia de Ricardo Bandeira, com citações deliciosas ao tango e ao *music hall*. Os figurinos de Biza Vianna sabem dosar as cores, criando para cada cena uma cromatização própria. As roupas das prostitutas são em tons pastel, as dançarinas usam brilho e vermelho, os homens vestem impecáveis ternos e *smokings*, que compõem perfeito colorido em cena.

Os cenários de Luiz Carlos Ripper têm soluções bonitas, como na abertura do segundo ato ou no navio, mas tendem a pesar um pouco pelo uso dispensável dos complicados e nem sempre bonitos mecanismos cenográficos da casa em que morre Liuba. Os biombos vazados deixam entrever a movimentação nas coxias. A luz de Maneco Quinderé estabelece o clima poético. Do elenco sobressai Thales Pan Chacon, um Gardel sem preocupações miméticas e com voz que possui a tonalidade do tango e a prosódia da língua espanhola. Interpreta as canções provocando uma natural emoção na plateia. Na interpretação de Pan, constata-se que, em meio àquele melodrama, o ator se mantém até mesmo frio e contido como recurso técnico para fazer aflorar a emoção. Analu Prestes canta com correção e alcança em pelo menos uma cena (a do anúncio da morte de Gardel) grande momento no espetáculo. O grupo de prostitutas-coristas se destaca em todas as suas participações. Betty Gofman, Oswaldo Louzada, Ivone Hoffmann

---

[5] No fim da década de 1980, o diretor passou a ser conhecido como Aderbal Freire-Filho.

defendem com competência as suas intervenções. Ludoval Campos, num papel pequeno, demonstra suas boas possibilidades de ator. Clemente Viscaíno e Ricardo Bandeira estão num plano mais discreto.

Gardel: uma lembrança, sem pretender ser uma peça autobiográfica, fornece ao espectador a dimensão humana e cultural de um compositor e cantor que soube captar o espírito de seu país. Como um tango bem tirado no bandoneon, *Gardel* confirma a elegância de Aderbal no tratamento do universo melodramático e não deixa dúvidas quanto à maturidade de Luís Antonio Barcos como compositor. É um prazer usufruir seu trabalho.

A CERIMÔNIA DO ADEUS

No livro *A cerimônia do adeus*, Simone de Beauvoir (1908-1996) registra os últimos dez anos de vida de Jean-Paul Sartre (1905-1980), em acerto de contas de uma convivência intensa. Na peça de Mauro Rasi (1949-2006) o mesmo título adquire o significado de acerto de contas do autor consigo mesmo.

A cerimônia, no caso, é o rito de passagem do jovem Juliano. De volta à cidade do interior paulista, de onde saiu com pouco mais de vinte anos, Juliano revive o choque com a mãe oprimida e limitada pela existência doméstica e o descompasso com os conceitos provincianos de um país que se desenhava obscurantista. O fulgor juvenil, com todos os exageros decorrentes, representa em Juliano a vontade de romper, de inventar aquilo que pela ação parece impossível. O personagem reage ao que hostiliza a sua sensibilidade, encontrando nos livros o que a realidade sonega. Juliano é absolutamente claro ao se situar diante do que lhe é negado: "Aqui só há duas soluções: submeter-se ou usar a imaginação". É o que faz, inventando o casal Simone de Beauvoir e Jean-Paul Sartre como livros-companheiros, com quem conversa, expõe angústias, demonstra fragilidade. São os pais que a sua invenção torna aceitável. Os verdadeiros, a realidade os faz por demais humanos.

Nesse seu 17º texto teatral, Rasi conserva a sua marca autoral mais forte: o humor. Apesar do indisfarçável tom confessional, a peça é uma construção dramatúrgica milimetricamente elaborada para que se atinjam efeitos precisos. A criação de Simone e Sartre como personagens vivos, com os quais Juliano convive no espaço de liberdade do seu quarto, é um belo achado dramático, que o autor sabe manipular. A existência da dupla vai-se explicando aos poucos, o fio de realidade e fantasia que os une aos outros personagens se define sutilmente, além de servir de contraponto às discussões-chave (questão feminina, sexo, afetividade, política). A peça desvenda seu arcabouço tão ardilosamente que se tem a certeza de que foi escrita com muita emoção, mas que, sem dúvida, Mauro Rasi não deixou que lhe escapasse o domínio pleno de suas intenções. Juliano diz ao final, quando deixa a casa dos pais para ganhar o mundo: "O homem não é senão um projeto; só existe na medida em que se realiza". *A cerimônia do adeus* se enquadra nessa determinação.

Por outro lado, a peça guarda pureza e integridade comoventes. Se as ingenuidades e os arrebatamentos de Juliano podem parecer comportamentos típicos de uma geração, não são, no entanto, menos evidentes da vontade de cristalizar a pureza das descobertas e os desejos primários da afetividade. Não é por acaso que a mãe Aspázia se torna herdeira da fantasia do filho Juliano. Nesse gesto, a peça reafirma a esperança.

O diretor Paulo Mamede hesita diante da difícil decisão de escolher a linha que dá o contorno geral à montagem: humor ou memória? A peça supõe os dois planos, mas há que se decidir por criar uma cena que os costure harmoniosamente. A montagem do Teatro dos Quatro oscila entre esses balizadores. Mamede consegue evocar a lembrança dos textos de Jorge Andrade na abertura e no final do espetáculo, quando Juliano dedilha o piano. Ou quando, amorosamente, o rapaz beija Simone de Beauvoir, enquanto sua mãe permanece tristonha, sob um foco de luz, diante da janela. São cenas de indiscutível força poética. Sob essa perspectiva, o espetáculo ganha envolvência que remete ao universo de Andrade e a citações tchekhovianas.

O lado da fantasia, que o cenário aproveita com recursos de filmes, é trabalhado com mais discrição. A primeira entrada de Juliano no quarto-santuário se constitui num momento de vivo impacto, já que define a área a conquistar. Mas o texto é delírio, febre, tensão, e a montagem não se permite aumentar a temperatura além do limite de segurança. A música, por exemplo, rompe com o bom comportamento, empregando comentário às vezes poético, às vezes abertamente romântico, como nas trilhas dos "velhos (e bons) filmes em preto e branco".

A cenografia harmoniza o espaço físico com o interior, ainda que a horizontalização do palco expanda demais as marcações. A hesitação na escolha entre o humor e o memorialismo fica evidente na interpretação do elenco. Yara Amaral corajosa e decisivamente aposta no humor e leva essa opção até o fim. Sua interpretação ganha, dessa forma, comunicabilidade extrema, ainda que a atriz não deixe escapar a crueldade e o lado sombrio de Aspázia. Sérgio Britto é um Sartre irrepreensível. Usando a miopia do filósofo como elemento principal para compor fisicamente o personagem, Sérgio sabe tirar partido do humor com que Sartre é desenhado por Rasi. Nathalia Timberg é uma Simone elegante e aristocrática, que tende a explorar menos a comicidade. Mas Nathalia brilha em duas cenas (no encontro amoroso com Juliano e na conversa com Aspázia). Marcos Frota faz Juliano sanguíneo e cheio de ardorosa vontade, num cuidadoso trabalho corporal. Monah Delacy compõe uma divertida Brunilda, a tia espírita. George Otto explora a desproteção do amigo Francisco e Camilo Bevilacqua nem sempre alcança o complexo Lourenço.

A cerimônia do adeus evidencia o processo de maturidade de Mauro Rasi como autor. Rasi não abre mão da sua vocação para o humor, da segurança nos diálogos e da crueldade na análise de comportamentos, acrescentando, contudo, visão poética e sincera do universo pequeno-burguês. Num espetáculo em que em muitos momentos a poesia se confunde com o humor, reafirmam-se o profissionalismo e o padrão técnico do Teatro dos Quatro.

DONA DOIDA: UM INTERLÚDIO

A mineira Adélia Prado (1935-), católica, poeta, tem a rara capacidade de tornar absoluta a experiência de viver. Para ela, Deus se confunde com a Beleza e suas ressonâncias estão nos fatos simples e palpáveis que passam todos os dias pelas mãos de uma dona de casa: "Continue passando a língua no molar obturado, desgostosa, porque se não sou eu a cuidar da cozinha, uma lata de óleo é a conta de dois dias". Por Adélia ser católica praticante, sua religiosidade a conduz a esse sentimento de totalidade. O que confirma a plenitude, no entanto, são as coisas simples, corriqueiras, comuns à nossa humanidade: "Neste quarto meu pai morreu, aqui deu corda no relógio e apoiou o cotovelo no que pensava ser uma janela e eram as beiras da morte". Adélia não procura chegar ao absoluto, já o tem, como se cada novo verso fosse a reiteração de certeza inabalável. É uma poesia que se alimenta da emoção vivida ao descamar um peixe recém-pescado numa noite interiorana ou ao retirar um caquinho de espelho do bolso para se olhar, vaidosa. As palavras nada escondem, revelam: "Mas o que eu sinto, escrevo. Cumpro a sina, inauguro linhagens, fundo reinos – dor não é amargura".

A integridade de Adélia Prado ao tocar a vida não camufla a consciência daquilo que a faz triste e infeliz, mas as reações à dor são sempre neutralizadas pelo desejo permanente da transcendência: "Estou no começo do meu desespero e só vejo dois caminhos: ou viro doida ou santa. De que modo vou abrir a janela, se não for doida? Como a fecharei, se não for santa?".

Desde 1976, quando publicou o seu primeiro livro – *Bagagem* – até maio deste ano, com o último – *O pelicano* –, Adélia desenha estratagemas misteriosos. Os rituais caseiros, que são celebrados no quarto, diferem dos da sala e da cozinha, mas podem se encontrar até no banheiro. O belo e o feio estão em toda parte, falam seus versos: "Ninguém se assusta se eu virar assassina. Eu já sou assassina, eu desejo a morte de tudo que obrigue o menino a escrever: mãe, estou desesperado. Já não basta ser gente para encanecer de dor?". A santidade e a danação também. A seleção organizada por Fernanda Montenegro e Naum Alves de Souza para este *Dona Doida: um interlúdio*, em cartaz no Teatro Delfim, estabelece o traço poético que une todos os contrastes: o sentimento. De Fernanda, o sentimento feminino: "Tudo que não é mulher está em ti". De Naum, o sentimento religioso: "E teu corpo na cruz suspenso. E teu corpo na cruz sem panos". A síntese reflete a poética de Adélia, sem que se lhe acrescentem penduricalhos. A montagem respira simplicidade, mas lá estão a sensualidade (tão bem desenhada pela luz), a medida do tempo (balançado pelas pausas da atriz), a fé (a música servindo como seu contraponto) e a emoção (no enfrentamento olho a olho da atriz com a plateia). Não há qualquer recurso à ênfase. Adélia não é enfática, é natural. Suas palavras escritas nascem da fala. A montagem de Naum Alves de Souza deixa que sejam ouvidas, já que não é feita de arroubos, mas de tessituras.

Neste solo, Fernanda Montenegro mostra que a maior identidade que estabelece com Adélia Prado é através do sentimento do absoluto. A atriz se impõe à representação como se o ato teatral fosse uma totalidade. E para Fernanda sempre o é, conquistando a sua transcendência profissional na apropriação de sua área de trabalho. De lá emana a autoridade conquistada, emoção a emoção, e cultivada técnica a técnica. Em *Dona Doida*, o ardor da representação pode ser percebido quando Fernanda faz movimentos com as mãos, preparando invisível cataplasma. Soberba: "Eu ponho o amor no pilão com cinza e grão de roxo e soco. Macero ele, faço dele cataplasma e ponho sobre a ferida".

Fernanda se transmuda em segundos. A mesma atriz que enche os olhos de lágrimas, no momento seguinte abre um sorriso sem perder o domínio da sua intensidade emocional. *Dona Doida: um interlúdio*, com seu roteiro equilibrado, permite que uma atriz com recursos tão extraordinários possa expô-los em generoso ato de fé no trabalho: "Quero que me governe um homem bom e justo, que cuide para que chegando a noite todo mundo vá dormir cansado com tanto trabalho que tinha por fazer e foi feito". Mesmo discordando de algumas marcações pouco solenes (mãos nos bolsos, excesso de caminhadas) e do figurino que procura a displicência, que contrastam com a severidade e o rigor negro do cenário, é impossível não se emocionar. Fernanda, como Adélia, capta o que está na essência ("Te amo com a memória, imperecível") e na permanência da sua profissão ("Porque a vida é de ferro e não se acaba nunca").

MATURANDO

É animador constatar que *Maturando* representa um depuramento dos 17 anos de investigação da dupla Marcos e Rachel Ribas numa pesquisa de teatro de bonecos de extrema originalidade. Mesmo com base nas formas japonesas desse tipo de teatro, os Ribas conseguiram criar verdadeiros poemas cênicos, nos quais manipulam bonecos miniaturizados, estabelecendo relação teatral única como medida de tempo e relação dramática. Se antes o universo temático abrangia o urbano e o rural, agora o foco é sobre o existencial. Em seis curtos poemas a condição feminina é tratada de maneira emocionalizada, como se o ato da concepção ou a memória da velhice fossem alternâncias do ciclo vital da mulher. Em meio a essa investigação, introduzem-se vinhetas, em forma de haicais, que ampliam o tom poético.
A técnica de criação e manipulação dos bonecos mostra aparente simplicidade. Os atores, cobertos de roupa preta, se apresentam com o rosto descoberto, depois de um ritual de preparação do cenário. Em seguida, cobrem o rosto, também de preto, se curvam e a luz se apaga. Quando a cena volta a ser iluminada, aparece um boneco pequeno, como uma mulher deitada em sua cama buscando o prazer solitário. Cada movimento é detalhado com tal cuidado que até a respiração faz pulsar aquele pedaço de pano e de espuma como um corpo humano arfando de desejo. Cumpre-se com os bonecos a pulsão dramática do teatro. Não como reproduções em miniatura da escala humana dos atores, mas como "atores" com vida cênica própria, ao ponto de em muitas cenas o espectador esquecer da existência do manipulador.
A novidade de *Maturando* está, exatamente, na presença dos manipuladores como atores. Em *Ele*, um quadro sobre a mulher em que só há um homem em cena, Marcos Ribas faz um amante que desperta e encontra em roupas e outros objetos a presença da amada. Ou quando Rachel Ribas envelhece à frente do público, numa lenta maquiagem que a faz senil (no físico e nas atitudes) em alguns minutos.
Como nesse país as pesquisas e a verdadeira investigação não encontram possibilidade de ter continuidade, a não ser quando caem no imediatismo da moda, e aí morrem, reconforta saber que Marcos e Rachel avançam na linguagem que inventaram. *Maturando* sofre, contudo, da irregularidade provocada pelo trabalho excessivamente concentrado nos dois. O espetáculo atinge pontos vigorosos nos quadros a *Concepção*, *Outono*, *Memória* e *Primavera*, mas se desequilibra em *Fogo* (apenas uma vinheta virtuosística) e em *Ele* (a ideia da repetição humana dos movimentos dos bonecos não se clarifica inteiramente). E mesmo os dois belíssimos haicais, que integram interlúdio entre os quadros, parecem outro espetáculo. Ainda assim, só a existência dessa poesia oriental em

forma de imagem justificaria a ida ao Teatro Cacilda Becker. Em movimentos no escuro, quase como sombras, os atores vão construindo a cena com panos, nuvens, luas e luz, provocando impacto poético que atinge diretamente a emoção. A música, elemento fundamental da montagem, já que não há palavras, funciona como contraponto para a maioria dos quadros. Poderia ser audível num tom mais baixo, já que a cena tem som próprio (tosses, respiração, silêncios) que a música não deixa perceber, abafa. Mas *Maturando*, em que pesem as objeções secundárias, se projeta na sua inteireza de concepção como uma discussão básica sobre o conceito de tempo no jogo teatral. Os manipuladores se movimentam com lentidão, arrumando a cena, demonstrando que o tempo da ação está fora da correria dos *mass media* ou do cotidiano do espectador. Ganha-se o tempo para perceber como uma poesia se completa, como age sobre os desejos humanos. O tempo que o boneco leva para completar um gesto tem a duração dos sentimentos que escapam à rotina e à pressa da sobrevivência. Quando os manipuladores se misturam aos bonecos o tempo real se recria no espaço poético, atemporal.

Maturando é um espetáculo dirigido àqueles que compreendem a manifestação teatral, como suspensão do real, como possibilidade de reinventá-lo num tempo poético. Menos importante do que a técnica cada vez mais sofisticada do casal Ribas é o fato de *Maturando* constatar que a maturidade não é um objeto em si mesmo, mas um renascer, como tão bem demonstra no quadro final: *Primavera*.

MEU TIO, O IAUARETÊ

Na cena quase escura, duas figuras se desenham. Um jagunço de capa preta à direita e um onceiro caçador à esquerda. A primeira luz que se acende é a do fogo para esquentar o caldeirão de comida. O primeiro som que se ouve é a voz gutural do onceiro – "nhem, nhem, sim" –, meio homem, meio animal. Assim se inicia a extraordinária experiência de compartilhar a imagística da fabulação de Guimarães Rosa (1908-67) com a interpretação de Carlos Augusto Carvalho[6].

O conto *Meu tio, o Iauaretê*, que deu origem ao espetáculo que está de volta ao Teatro Cacilda Becker, constrói-se como fábula de raízes na ancestralidade (o fogo, o gesto, a fala, o medo), mas com a economia de sentimentos daqueles que se moldaram com a perda. A sempre fascinante invenção verbal de Rosa incorpora o universo de sons produzidos "no meio das Geraes", no qual a tradição da troca de vivências através da oralidade se mistura à animalização de uma vida perdida no seu próprio abandono. O universo mítico, transmitido pela herança

---

[6] Ator mais conhecido hoje como Cacá Carvalho.

cultural, se revela elemento de ligação do real violento com a possibilidade de transcendência. O onceiro, jogado num fim de mundo, enlouquecido pelo desprezo dos homens, descobre de novo o sentimento no contato com o animal. A descrição de sua paixão pela onça Maria-Maria é uma das mais poéticas criações da língua portuguesa.

A estrutura do conto, e portanto da adaptação teatral, é a dos *causos*, daquelas histórias contadas ao pé do fogo que a tradição narrativa brasileira mantém em traços vivos na personalidade cultural do país. O conflito dramático está na chegada do jagunço, que, num jogo de dissimulação, medo mútuo e evocações, cria com o onceiro relação em que a animalidade e a humanidade se impõem como inseparáveis. O cheiro, o som, o faro, o gosto e o movimento são sinais que alertam o homem para a sua sobrevivência física e afetiva. O onceiro, ao se confundir com a sua caça, rompe com os limites, projetando na força do animal o instinto do homem ("o poder da onça não tem pressa"/"a onça pensa apenas que está apenas tudo bem, tudo bom").

O ator Carlos Augusto de Carvalho apropria-se do mundo de Guimarães Rosa com a mesma inventividade e brilho verbal da origem literária. Carlos Augusto faz das frases de Rosa um cristal todo rendilhado, estilhaçado por inúmeros veios sonoros, por meio dos quais insufla a poética e a força de um mundo violento. Há um detalhamento de voz (os graves e os agudos se alternam segundo o ritmo das falas), de efeitos com ruídos tirados do fundo da mata (o ator arranha a garganta para obter o som da onça rosnando diante da presa) e das pausas que são silêncios cheios de insinuações de barulho (é quando Carlos Augusto muda o ritmo da fala: da agressividade para o amansamento). O corpo é uma caixa de ressonância sonora. Na raiva, o tórax se torna um tambor que reverbera o ódio. Na sensualidade, as unhas conseguem, ao arranhar a pele, encontrar as regiões sensíveis ao prazer. A boca, mesmo quando cheia de alimento, cria um infinito fraseado que se articula com as formas de recriar a fala.

Carlos Augusto de Carvalho estraçalha os movimentos. Não se baseia na dança, mas na teatralização da natureza. Ao cortar lenha, empresta significado do empenho. Ao se fazer onça, descobre o humano na animalidade. Inesquecível.

Meu tio, o Iauaretê, com direção de Roberto Lage, está intrinsecamente ligado à atuação extraordinária de Carlos Augusto. A luz é tênue e vai se firmando aos poucos, e a música só é ouvida depois dos primeiros 30 minutos do espetáculo (ao todo são 60), tudo com tal serenidade que o espectador é transportado, miticamente, para as matas das Geraes. O ator Guilherme Bonfanti faz o contraponto mudo e solene. A montagem rediscute na prática a questão de um estilo brasileiro de interpretação, dá alguns sinais sobre o impasse da dramaturgia e repõe, no seu devido lugar, a estéril discussão sobre a contemporaneidade.

CENAS DE OUTONO

O outono é uma estação crepuscular, durante a qual a natureza e os sentimentos se preparam para a hibernação. Yukio Mishima (1925-1970), um dos escritores japoneses contemporâneos mais controvertidos (em parte por sua filiação a grupos ultradireitistas e pelo seu suicídio – *seppuku* –, cometido em favor do Japão tradicional), ultrapassou as suas fronteiras nacionais, universalizando-se com visão de mundo perversa mas altamente poetizada. Nas suas 40 novelas, 33 peças e inúmeros contos, além de alguns ensaios, Kimitake Hiraoko (esse é o seu verdadeiro nome) evocava a morte como projeção da dignidade, do dever moral e da vitalidade da paixão. Com linguagem econômica, de poucas efusões formais, Mishima tem sua obra vazada numa concepção poética de ideias tradicionais. A morte em Mishima reafirma a vida, faz dela um ritual que toma a forma de liberação absoluta e de supressão da existência em defesa da paixão. A vida se avizinha da morte, não com conceito cristão de continuidade, mas como virtualidade dignificada.

Cenas de outono, no Teatro Delfim, reúne duas peças curtas. Em *Os leques*, uma gueixa jovem enlouquece e é mantida sob o domínio de uma pintora sem talento. O namorado, a quem a jovem obsessivamente espera para trocar os leques que são os símbolos da integração amorosa, quando volta da longa ausência tem de enfrentar a possessão amorosa da mulher sobre a gueixa. Em *Madame*, a ex-amante do marido de uma jovem doente reconquista-o com o passado até conduzir a rival à morte. As tramas dessas histórias são aparentemente simples, mas na verdade a forma de contá-las é que importa. Em *Os leques* a espera é um elemento conceitualmente valorizado e a infelicidade, um veículo de perfeição e beleza. A harmonia se cria num ponto para além do sofrimento e do amor, na inexorabilidade da vontade. Ironicamente, a história termina com a observação da mulher, que conclui: "Como a vida é bela".

Em *Madame*, o processo de sedução e de posse do objeto amado é violento, com a ausência completa de algo que se assemelhe à ética. Mishima, nessas duas pequenas e quase sempre belas demonstrações de seu atormentado mundo ficcional, transforma os personagens em atores de histórias construídas sobre a avidez da conquista. Obedece a um código de comportamento que se transfigura em ética perversa. É a poética do maligno.

Naum Alves de Souza tratou *Contos de outono* como um amargo depoimento sobre sentimentos crepusculares. Recria a sensibilidade oriental nos movimentos e no ritmo, que sugerem um tempo existencial em que a intensidade do desejo e do ódio se mede por ritual sem tempo. Mas todo o trabalho do diretor foi consideravelmente enriquecido pela excelente música de Edgar Duvivier e pela estupenda iluminação de Maneco Quinderé. A trilha sonora é contínua e não só comenta dramaticamente a ação como a enfatiza, colorindo a emoção. Mistura ritmos orientais, em *Os leques*, com sons rascantes que remetem ao primitivo e à decomposição dos gemidos de dor. Em *Madame* há ligação com a sonoridade abstrata. Uma música de alto nível de criação e sofisticada execução.

A iluminação de Quinderé é quase um espetáculo em si, com a luz funcionando como elemento dramático com vida própria. Os atores são envolvidos por intensidades diferentes de luminosidade. A passagem do primeiro para o segundo ato é realizada através da luz, quando o palco ganha tonalidade azul e seus matizes. Não há qualquer efeito que seja gratuito, tudo emana poesia, num dos melhores e mais brilhantes desenhos de luz das últimas temporadas. A qualidade da música e da iluminação se sobrepõem ao desequilíbrio do elenco.

Marieta Severo cria, em *Os leques*, máscara facial em que os olhos têm predominância. A atriz projeta uma dramática chama de enlouquecimento. Há uma severidade na sua composição que lembra personagens que interpretou anteriormente, alguns escritos pelo próprio Naum. A atriz não estabelece um crescendo que a faça alcançar o tom exato na frase final. Deixa que se perca. Em *Madame*, Marieta é uma figura hierática com uma determinação imperial, quebrando a sua tendência a suavizar a forma como enuncia seus diálogos. A sedução e o encantamento da personagem se diluem.

Eduardo Lago, em ambas as peças, não alcança a complexidade do universo dos personagens, e sua limitação de recursos o impede de estabelecer a contracena. Sílvia Buarque se mantém num plano discreto, já que a sua extrema juventude profissional ainda não permite que absorva toda a extensão das vivências do que interpreta.

A ESTRELA DALVA

A vida e a carreira de Dalva de Oliveira (1917-1972) se confundem através de seu repertório musical. O que marcou essa cantora de voz anasalada e interpretações emocionais foi sua profunda identificação com as letras românticas e os amores frustrados dos sambas-canções e boleros que expressavam sua visão ardorosa da relação amorosa. O caráter autofágico de uma profissão na qual os mecanismos de aceitação e repúdio são fluidos e imponderáveis completou o quadro de sofrimento de Dalva, incapaz de compreender os seus desejos e frustrações.

A dupla de autores – João Elísio Fonseca (1952-) e Renato Borghi (1939-) – deixa claro no musical *A estrela Dalva* que o inferno pessoal e a fragilidade profissional que sufocaram Dalva de Oliveira não foram suficientes para abafar a intenção de lembrar a cantora com carinho (e em alguns casos até com idolatria), como se fossem cultuadores fiéis. Fonseca e Borghi demonstram grande admiração pela estrela, sintetizada no personagem Bombom, uma espécie de secretário que sustenta o mito. Os autores repetem Bombom, preservando a imagem mítica de Dalva. Essa intenção cria algumas dificuldades. Os fatos estão todos lá, mas a narrativa lembra as homenagens reverentes que pouco revelam e muito incensam.

A *estrela Dalva* é quase um recital de música, que mostra em sequência o repertório da cantora, entrecortado por acontecimentos de sua vida alinhavados superficialmente. Não existe qualquer perspectiva dramática palpável, mas somente transposição direta de uma admiração, que é insuficiente para criar dinâmica teatral mais orgânica. As músicas, que tão bem interpretam os sentimentos derramados, não encontram paralelo nos diálogos simplificadores dos conteúdos das letras. Frases como "o coração está machucado, eu deixo sangrar", ou "o amor é simplesmente o ridículo da vida" e ainda "não ficou só uma cicatriz no rosto, ficou uma cicatriz na alma" não são ouvidas como desabafo, desespero ou lamento, mas como lugares-comuns de uma literatura de qualidade duvidosa.

A direção de Roberto Talma enfraqueceu ainda mais o texto ao deixar de impor visão mais definida ao material dramático. Talma cria um *show* no palco do Teatro João Caetano, mas não estabelece relação teatral que aproveite inteligentemente a emotividade das canções e os climas existenciais de Dalva. Restringe-se a contar rotineiramente uma história já em si convencional. Ocupa de maneira desordenada o amplo palco, movimentando os atores (em especial Jorge Fernando) com marcações corridas e repetitivas (Marília Pêra sai marcialmente do fundo do palco até o proscênio para cantar). Poucas vezes atinge um real domínio da montagem, como acontece quando Bombom dubla Dalva.

A cenografia, que de início sugere uma apropriação ágil do palco, revela-se sem fôlego e precária como concepção. A coreografia ambiciona reproduzir os balés vistos nos cassinos e nos *shows* de televisão, mas apenas repete passos jazzísticos. Em algumas cenas, a coreografia se justifica para que Marília tenha tempo de mudar de roupa. Aliás, um desgaste adicional para a atriz, obrigada a trocas sucessivas que afinal não se impõem, já que o guarda-roupa, na procura de recriar épocas, se perde no tempo.

Marília Pêra, mesmo sem uma base de personagem para trazer Dalva de Oliveira ao palco, desenha a cantora de maneira pessoal, quase mimeticamente. Seja na prosódia italianada, seja nos gestos minuciosos, ou ainda na interpretação das músicas, a atriz usa sua aguçada percepção para captar esses sinais exteriores e transformá-los em emoção. Misturando o tom das letras às vivências da cantora, Marília recria uma aura evocativa que comove a plateia. Mais do que imitar, o que seria mero exercício técnico, tenta estabelecer uma imagem dramática. Sua voz canta a lembrança de Dalva. É capaz de dar trinados e agudos que, de olhos fechados, se diriam de Dalva, mas é igualmente capaz de transmitir o universo humano da cantora. O público se extasia quando Marília canta *A estrela Dalva*, as canções do segundo ato ou a polêmica musical entre Dalva e Herivelto Martins.

A capacidade de interiorização que Marília atinge, apesar da personagem inexistente dramaticamente, só reconfirma a sua habilidade em explorar uma natural teatralidade. Mas mesmo toda a sensibilidade da atriz não faz com que escape ao esquematismo das cenas sem música. Marília é apenas Dalva quando canta.

O restante do elenco luta contra a precariedade dos personagens. Jorge Fernando se esforça bravamente para conduzir o espetáculo, mas sua chave interpretativa abusa de estereótipos. Renato Borghi apaga-se como Herivelto, menos por culpa do ator e mais do autor. Ariel Coelho carrega no aspecto cômico do argentino. Paulo César Grande descolore o já pálido Bruno.

A estrela Dalva devolve Marília Pêra ao musical com a competência e o profissionalismo que são suas marcas. A atriz supera o risco da homenagem lacrimogênea e constrói uma Dalva pulsante, pelo menos, ao cantar a estrela.

NOSSA CIDADE

A estreia de *Nossa cidade* ganha, neste momento de duras medidas econômicas, um caráter de heroísmo. O elenco e os técnicos do grupo Tapa se empenharam para que o público carioca pudesse assistir, no Teatro Nelson Rodrigues, à montagem da peça do norte-americano Thornton Wilder (1897-1975) que mobiliza 19 atores e que chega de São Paulo recomendada por uma boa carreira na capital e por excursão por 36 cidades do interior do estado, além de várias indicações para os prêmios Mambembe, Shell e Apetesp.

O caráter de excepcionalidade dessa estreia – na quarta-feira também estreou *Tributo a Chico Mendes*, no Teatro Cacilda Becker, vencendo o desaparecimento da Fundacen, patrocinadora do Projeto Mambembão – oferece perspectiva diferente na avaliação do espetáculo. Afinal, essa peça tão delicadamente construída (escrita no final dos anos 1930, mantém inalterada a solidez da sua construção dramática) continua a ser um tocante e poético registro da vida de uma pequena cidade (originalmente nos Estados Unidos, e na versão do Tapa adaptada para o interior paulista). Através dos habitantes dessa cidadezinha, Wilder faz um seccionamento no tempo e rompe com a estrutura narrativa realista. O narrador assume o papel do autor, pirandellianamente, intervindo na ação para interrompê-la ou para avançar o tempo.

Dividida em três épocas – cotidiano, casamento e morte –, *Nossa cidade* é feita de pequenos sentimentos, aqueles que se expressam na banalidade do dia a dia, mas que têm a grandeza da mais profunda emoção. O ato de viver é o grande personagem de Wilder. O diretor Eduardo Tolentino de Araújo, que demonstra na sua carreira especial sensibilidade para esse tipo de universo – basta lembrar a sua montagem de O *tempo e os Conways* –, fez leitura um tanto "branca" de *Nossa cidade*. A adaptação prejudica muito o estabelecimento do clima filigranado do texto. Imposta artificialmente, a transferência para a cidade paulista contribui para que a peça perca muito da sua *veracidade* dramática. É difícil convencer a plateia de que no interior de São Paulo, na década de 1910, fosse servido leite maltado e que jovens cursassem escolas de agricultura. O bom gosto visual, no entanto, ajuda a embalar poeticamente o espetáculo, que conta com as presenças sensíveis de Walderez de Barros e Umberto Magnani.

Com apenas mais três dias de espetáculo – hoje, amanhã e segunda –, *Nossa cidade* prova, em meio a essa crise avassaladora que atinge o teatro de maneira tão funda, que as artes cênicas têm capacidade de sobrevivência extraordinária. As ameaças que rondam o palco parecem desaparecer quando, diante de atores representando a vida, o público reconhece que o imaginário, a poesia e a reflexão ajudam a pensar o instante apenas como o tempo em suspensão.

1988

UMA PEÇA POR OUTRA

A remontagem de *Uma peça por outra*, sete anos depois de sua estreia com o mesmo grupo Tapa que agora traz de volta essa coletânea de textos de Jean Tardieu (1903-1995), ganha uma repercussão suplementar. Num momento em que o teatro carioca se defronta com uma crise de identidade, que se estende dos graves problemas decorrentes das dificuldades de produção a uma política de repertório anárquica e a uma indefinição técnica e artística, as oito peças curtas escritas pelo francês Tardieu no início da década de 1950 servem de base ao diretor Eduardo Tolentino de Araújo para atiçar a discussão sobre as regras do jogo teatral a extensão do uso da palavra no palco, as implicações de recursos dramáticos já explorados em excesso e até mesmo a inesgotável questão do colonialismo cultural.
Tolentino se apropria da dramaturgia de Tardieu com o espírito brincalhão de quem deseja reciclar um universo cultural sobrevivente a vanguardas mal digeridas, até mesmo contestando a ressonância na contemporaneidade de um autor como este. Produto da *avant-garde* francesa, à qual emprestou a sua sólida formação literária, Tardieu utiliza os elementos clássicos da linguagem teatral e romanesca para desmontá-la. O truque dramático a que o autor recorre constantemente é o de subverter as intenções primárias da narrativa para colocar em seu lugar os múltiplos sentidos do confronto humano. Impregnada do teatro francês do final do século XIX e das primeiras décadas do século XX, a dramaturgia de Tardieu reelabora as recorrências estilísticas de uma linguagem esgotada. O teatro desse autor se torna absurdo, sem ser exatamente um exemplo do gênero, pela inversão de papéis que atribui aos personagens na hipocrisia do jogo social. Em *Só eles sabem*, o espectador está afastado da ação teatral. Os personagens desenvolvem em cena uma ação com a qual o público não compartilha. Em *Um gesto por outro*, a vulnerabilidade das relações sociais é demonstrada através de atitudes bizarras (cuspir é um valor social, enquanto comer é um ato vergonhoso) que põem a nu convenções vazias. Em *Uma palavra por outra*, Tardieu investe diretamente contra a elasticidade conceitual da fala ("As palavras não têm outro sentido a não ser o que nos apraz atribuir-lhes"). *O que falar quer dizer* reforça essa ideia de "atribuição de sentido". *Osvaldo e Zenaide* ridiculariza as réplicas e pausas do teatro burguês, enquanto em *Havia uma multidão no solar* os monólogos são o alvo de contestação de uma dramática de efeito. *Uma voz sem ninguém* gira em torno de uma sucessão de palavras e *Conversação sinfonieta* transfere para o verbo a sonoridade da música.

Na concepção de Tolentino, todas essas alternativas de crítica mordaz são tratadas de maneira inteligente e sempre participante. É verdade que a montagem se desequilibra, aqui e ali, pela diferença de climas cômicos que a direção estabelece. O espetáculo começa num tom sombrio e excessivamente europeu, com os atores se movimentando numa chave tensa que nem sempre completa a intenção de caricaturar a técnica teatral mal manipulada. À proporção que o espetáculo avança, o tom é encontrado, especialmente no entreato da conferência, realmente impagável, e no quadro que introduz o segundo ato (uma citação divertida ao tropicalismo). Se em *Osvaldo e Zenaide* fica transparente o tipo de teatro que se quer sublinhar, em *Só eles sabem* a ideia não parece tão clara. A dinâmica de cena em *Havia uma multidão no solar* e em *Um gesto por outro* não se repete em *Uma palavra por outra*. A inadequação de *Uma voz sem ninguém* se deve muito mais a sua má colocação na sequência das histórias do que, propriamente, a sua qualidade.

O elenco do Tapa corresponde às exigências que lhe são feitas, ainda que haja problemas de ajuste de temperamento de intérprete ao estilo de representação imposto. Denise Weinberg é uma grata revelação de sensibilidade para a comédia. Clara Carvalho empresta sua figura delicada aos seus personagens maliciosos. Brian Penido Ross é um Osvaldo com boa presença, enquanto Charles Myara se destaca quando a figura do narrador ganha maior soltura. Eliana Fonseca utiliza bem a sua voz e estilo bonachão. Ernani Moraes, Guilherme Sant'Anna e Zé Carlos Machado se distribuem por vários papéis com rendimento satisfatório.

Uma peça por outra é uma divertida análise do artesanato teatral, projeto de uma discussão cênica sobre os vários impasses da linguagem cênica. Com a mesma seriedade e profissionalismo que acompanham as produções do grupo, o Tapa discute as suas próprias dúvidas com muito bom humor. Uma diversão inteligente que propõe com a dubiedade de sentidos a certeza da pluralidade.

TRILOGIA KAFKA
XICA DA SILVA

Em São Paulo se concentram atualmente os dois polos da radicalidade teatral brasileira. De um lado, Gerald Thomas está encerrando amanhã a sua temporada em Campinas com *Trilogia Kafka*, no Teatro Castro Mendes; de outro, Antunes Filho apresenta no Teatro Anchieta, na capital, a sua versão de *Xica da Silva*. São propostas antagônicas como estética, mas capazes de provocar a subversão da linguagem cênica pela insatisfação que revelam com os procedimentos de um teatro preso ao determinismo da bilheteria.

Gerald conseguiu criar a sua trilogia, que reúne A *metamorfose* e O *processo*, de Kafka (1883-1924), mais *Praga*, um texto original do próprio Thomas sobre a cidade e o universo desse autor tcheco, através do patrocínio da empresa Artecultura. Já Antunes Filho desenvolve há seis anos o seu Centro de Pesquisa Teatral, no Sesc Vila Nova, em condições econômicas bastante favoráveis. A possibilidade de cada um criar o seu núcleo de trabalho já os faz um tanto especiais no mercado nacional de teatro. Essa capacidade de inventar formas materiais que concretizem suas ideias não parece ser uma circunstância casual, mas extensão da maneira obstinada com que Gerald e Antunes procuram interferir no real com criatividade.

As três semanas em que *Trilogia Kafka* esteve em Campinas – estreia dia 5 de maio em São Paulo e somente no ano que vem chega ao Rio – provaram que a concepção seca, cinzenta e operística de Gerald Thomas cria na plateia um efeito de estranhamento em relação à rotina do realismo psicológico. O espectador quer identificar a história já conhecida de Joseph K., submetido a um processo absurdo, ou de Gregor Samsa, que acorda sob a forma de uma barata. Mas será que reconhecerá apenas essas duas situações de Kafka? Certamente que não. Gerald Thomas transfigurou o que em Kafka é narrativo num núcleo dramático a partir do qual o literário, a imagem e o som se misturam como numa usina de contrastes. O desenvolvimento da ação está no palco, mas de maneira diferente, como se o diretor não desejasse apenas mostrar Kafka ou reproduzir seu universo literário. Gerald Thomas quer mais. Kafka, sem ser um pretexto, é uma essência da qual se fragmentam ideias que contradizem ou confirmam a expressão literária, sugerindo desdobramentos (em Shakespeare ou em Wagner) e rompimentos formais (o teatral se confunde com esse conceito na ópera). Em cena não está um Kafka expositivo, mas o seu absurdo ao contrário. Muitas vezes o que se vê não é o que as palavras informam. Isso acontece quase todo o tempo em *Trilogia Kafka*. As cenas se desenvolvem aos pulos, em repetições, como se ali não estivessem atores vivos, mas figuras impressas num celuloide por alguém que os fizesse repetir seus atos ou distorcer a sua voz. O crescendo de várias cenas é essa repetição. Joseph K. desperta várias vezes com a acusação que pesa sobre ele. Nessa recorrência, elimina-se o peso psicológico do medo para deixar transparecer a perplexidade. E assim se alcança o núcleo central de Kafka.

O diretor substituiu a voz natural do ator por sua voz gravada. Dublando a si mesmo, cria uma intermediação que esvazia a identificação realista. E ao cantar uma ária de ópera, com a sua música forte e tonitruante, o ator se desconstrói. Para alguns, todo esse arcabouço – que Gerald Thomas justifica através de teorizações que mencionam jogo de xadrez, "ilhas náufragas" (os personagens estão sós, vagando), a figura dissociada da personalidade e a ideia matemática de equação –, não seria muito visível para a plateia. Eles podem até estar certos, mas Gerald não está preocupado com o fato de os espetáculos serem "legíveis". O diretor sabe que esse é um processo (sem trocadilho) de uma linha de trabalho que antes de tentar negar a tradição teatral realista, procura justificar-se como linguagem de rompimento, legitimando uma investigação que, mesmo assumindo um tom provocativo (mais na verbalização de Gerald do que na cena), mantém perfeita coerência. De *Um processo* e *Uma metamorfose*, como os definiu Gerald Thomas na sua adaptação (*Praga* estreou em Campinas como um *work in progress*), fica a impressão de que a radicalidade que se atribui a esse diretor anglo-brasileiro está mais identificada com sua imagem pessoal do que com o seu teatro. Como diretor, ele persegue, vagarosa e persistentemente, o isolamento do teatro dentro da ópera, inventando a sua ópera seca.

Antunes Filho, desde a explosão de *Macunaíma* há oito anos, não aceita a ideia de radicalidade. Pratica uma estética que rompe com o teatro de formato previsível (a linearidade do jogo), e quer escolher as suas próprias regras no fundo das matas das cidades e do passado brasileiros, dosando-as com formulações de física pura. Não é à toa que suas montagens são praticamente desprovidas de cenários e que a movimentação dos atores obedece a uma limpeza de linhas que parece ao espectador estar diante de um traçado numa prancheta. Mas não é nesse aspecto formal que Antunes Filho procura a invenção. Ao escolher as peças que levará ao palco, segue rigoroso desvendamento das causas que pesaram nessa eleição. No caso de *Xica da Silva*, de Luís Alberto de Abreu (1952-), Antunes desejava discutir a questão do colonizado e do colonizador, através da negra que no século XVIII implantou num arraial da região mineradora de Diamantina um pequeno feudo no qual reinava. Fornecendo informações sobre os veios de pedras preciosas, Xica era cortejada pelo contratador João Fernandes, que a mantinha como uma rainha, satisfazendo seus menores desejos. Essa microcorte portuguesa no interior de Minas, e o poder de troca e de uso entre o colonizador e o colonizado, é aquilo de que trata *Xica da Silva*. O texto de Abreu, sem qualquer pretensão de inovar – é uma narrativa tradicional com um diálogo vibrante e com nítidas ideias sobre o processo de perda da identidade nacional –, serve a Antunes para conceituar a "carnavalização", que pediu emprestada ao russo Mikhail Bakhtin. A carnavalização estaria na apropriação da festa como representação das regras sociais. A inversão pela fantasia (o mendigo se veste de rei, o rei brinca de pobreza) possibilita que se tenha a ilusão do poder e da riqueza. E ninguém melhor do que Xica para figurar nacionalmente essa fantasia.

A montagem de Antunes Filho deixa claro o processo de troca de papéis fictícios.

Xica nunca teve o poder, que era português e exercido com mão de ferro. Foi apenas usada por João Fernandes, expressão desse poder ao qual serviu pensando estar se aproximando dele. Antunes quis mostrar essa utilização e com isso até abriu mão de sua "limpeza" formal para carnavalizar, decisivamente, a cena. O espetáculo é uma escola de samba com diálogos, na qual as evoluções misturam passos de lundu com minuetos, exaltações com terríveis conspirações, mas que ressalta sempre a figura de Xica da Silva como demonstração da nacionalidade. Esse aspecto é atraente, em especial pela interpretação de Dirce Thomaz, que traz uma informação interessante no conceito de ator brasileiro.

Xica da Silva parecerá decepcionante para aqueles que esperam um Antunes Filho espetaculoso, com novas propostas. Antunes está contido pela natureza da peça, por uma estética não tão carregada de efeitos e por um desejo maior de propor discussão sobre a nacionalidade do que de desarrumar teorias cênicas.

Tanto Gerald Thomas quanto Antunes Filho podem parecer distantes da radicalidade mas, no entanto, sedimentam conceitos que investigam há vários espetáculos. Thomas já conseguiu, por exemplo, cristalizar sua perspectiva de ator através de Bete Coelho e Luiz Damasceno – Joseph K. e Gregor Samsa, respectivamente –, intérpretes perfeitos de uma atuação seca. Antunes quer se apropriar da brasilidade e para isso volta até *Medeia* (o seu próximo projeto), revolvendo raízes. Misterioso, sem dúvida, como são cheios de segredos os espetáculos de Thomas para um público acostumado ao realismo. A próxima montagem de Gerald será *Doroteia*, de Nelson Rodrigues, que ele não pretende modificar. E, assim, ambos subvertem a radicalidade, voltando a algum ponto conhecido.

MEU QUERIDO MENTIROSO

Jerome Kilty (1922-2012), autor de *Meu querido mentiroso*, é habilidoso ao dar forma teatral à correspondência trocada entre a atriz Mrs. Patrick Campbell (1865-1940) e George Bernard Shaw (1856-1950) durante quarenta anos. A inteligente Campbell duela com a ironia e o brilho verbal de Shaw num longo e às vezes doloroso desvendamento de suas personalidades. Kilty foi duplamente hábil: ao registrar historicamente essa convivência e ao procurar, através da dramatização dos candentes sentimentos que as cartas expressam, driblar a monotonia que ronda a sua leitura. Pode-se atribuir a Kilty o mérito de ter evitado que a troca de correspondência se transformasse apenas numa troca de belas palavras escritas. Insinua o dramático através de diálogos que misturam o formalismo do que está escrito com um coloquialismo que as próprias cartas assumem em alguns momentos. As informações sobre datas, circunstâncias e personagens são introduzidas a partir do que está contido na correspondência. Exceção apenas quando é de todo impossível marcar a passagem do tempo ou informar ao público da convenção teatral a ser adotada (como no prólogo). Mas são as cartas, como expressão de calor humano e de elegância na escrita, que se constituem no material "teatral" mais vivo.

O arcabouço da dramaturgia de Kilty é quase de uma comédia elegante, formato que, provavelmente, o autor usou para tornar mais digerível "toda uma vida em cartas". Kilty afirma que tentou "preservar o espírito da correspondência", identificando-o com a elegância teatral da atriz e a ferina inteligência de Shaw. O material das cartas, no entanto, tem um substrato humano que transcende a esse formato que, de certa forma, exterioriza a densidade dos sentimentos em exposição. Não que *Meu querido mentiroso*, visto apenas do ponto de vista do conteúdo das cartas, seja um texto dramaticamente marcante. Não há habilidade que contorne a inevitável monotonia em que a peça cai no segundo ato, quando a envolvência com as palavras não é suficiente para suprir a pouca sustentação teatral que marca o declínio e a "perda do esplendor do crepúsculo".

Mesmo o prólogo, que tem função informativa, não rompe com a opção do autor em dar uma leveza maior do que sugere o drama interno da narrativa. O diretor Wolf Maya, perfeitamente identificado com o clima de comédia elegante, construiu seu espetáculo aproveitando ao máximo essa sugestão do texto. Nesse sentido, sua montagem é fiel ao original. Maya retira as muitas possibilidades que a integração dos personagens permite, criando cenas que se fundamentam nos mais recorrentes efeitos de uma comédia inglesa clássica. A direção enfatiza esses efeitos, ao ponto de explorar as cortinas do cenário despojado quase como um pano de boca para deixar transparente o caráter da representação. Ao mesmo tempo, a iluminação de Jorginho de Carvalho cria, por meio de focos e luz dirigida, um destaque a mais.

Na concepção de Wolf Maya, o tratamento sofisticado se impõe sobre o lado humano dos personagens, que se tornam figuras teatralmente bem definidas como traços de uma época, mas às vezes insuficientemente dimensionados como perfis de vivências. Quando Mrs. Campbell diz que, ao publicar parte dessa correspondência em livro, sobressai o Shaw humano, tem-se a impressão de que isso se concretiza bem mais na leitura do que na representação. Wolf não quis interferir muito na tradução, preferindo o tratamento ameno de uma *conversation piece* inglesa.

Os atores têm papel decisivo na combinação do tom elegante com a dimensão pessoal da dupla Campbell-Shaw. Afinal, as cartas não são invenções literárias, são reais. Nathalia Timberg se mostra perfeitamente à vontade no papel da atriz de classe, já que a sua personalidade de intérprete se ajusta bem a esse gênero de papéis. Timberg tira partido da sua figura sofisticada, da dicção perfeita e da forte presença. A atriz domina as mudanças de climas dramáticos com segurança, ainda que nos momentos mais densos Nathalia resolva mais pela técnica e pela experiência do que pela busca de uma solução original. Sérgio Britto, um tanto prejudicado na noite da estreia pelo nervosismo, desenha Shaw com um temperamento um tanto extrovertido. Mesmo se considerarmos a origem irlandesa de Shaw, a linha adotada por Sérgio parece exteriorizar em excesso os sentimentos intrincados do escritor. A atuação de Sérgio se destaca quando descreve a cremação do corpo de sua mãe.

Meu querido mentiroso, veículo para o temperamento de dois atores tecnicamente maduros, assegura ao espectador a possibilidade de acompanhar o exercício de interpretação de Nathalia Timberg e de Sérgio Britto, que conferem, 24 anos depois de atuarem nos mesmos papéis, a marca de tantas vivências profissionais. Mesmo que nessa recriação não tenham ampliado a construção dos personagens para além das suas inegáveis competência e técnica. Faltou ardor.

EXERCÍCIO Nº 2
EXERCÍCIO Nº 3

Na área da pesquisa teatral nem sempre se consegue deixar claras as intenções que no plano teórico parecem translúcidas. Na experiência Sesc-Ensaios, que sob inspiração da irrequieta Bia Lessa remexe com a linguagem cênica, procurando rejeitar os cânones realistas e investigar conceitos como espaço e tempo, há uma considerável distância entre a formulação e o desenvolvimento da gramática do espetáculo.

Tanto José Luiz Rinaldi (*Exercício nº 2*) quanto André Monteiro (*Exercício nº 3*) são oriundos do núcleo de pesquisa que Bia Lessa desenvolve no Teatro do Sesc da Tijuca e, portanto, têm uma natural identificação com a linha de trabalho que inspira a diretora. E é justificável que assim seja, afinal cada um ainda está à procura da sua própria referência, da mesma forma que a inspiradora foi, progressivamente, se desligando da influência de Antunes Filho. Mas o que se repete nessas duas montagens – apropriadamente designadas de *Exercícios* – é a fixação a postulados que Bia Lessa manipula com maior segurança (estética despojada a serviço da decomposição de sentimentos). A cena é seca, quase limpa, os movimentos dos atores são complementares, fechando e abrindo em torno de emoções contraditórias, que se seguem umas às outras como se quisessem estabelecer alternâncias.

Em *Exercício nº 2* esse processo se evidencia na coreografia corrida dos atores, que expressam os sentimentos dos personagens em permanente choque dos contrários. Rinaldi transpõe um dos romances (*Justine*) do *Quarteto de Alexandria*, de Lawrence Durrell, para a sua peça curta (45 minutos), através de imagens que servem a essa sucessão de emoções entrecortadas por cortes quase cinematográficos. "A cidade é uma armadilha" (as pedras soltas no cenário são o seu indício físico); "as mesmas ruas se cruzam sem fim" (como os dois casais que intercambiam seu afeto); essas e tantas outras frases demonstram bem o espírito de Durrell. Diante da mulher, por exemplo, Durrell afirma que só há três possibilidades ao homem: amá-la, fazê-la sofrer ou então fazer literatura. É a que ele escolhe. Rinaldi o acompanha. Seu espetáculo não possui um código impenetrável, mas reduz a saga de Durrell sobre a cidade de Alexandria e seus apaixonados habitantes a um melodrama literário de proporções modestas. Há uma tentativa de desestruturar uma linguagem sem substituí-la por outra que valorize a que se pretende superar. A qualidade literária do romance de Durrell, já em si discutível, na versão condensada de Rinaldi, se pulveriza por questões técnicas de adaptação e pelas dificuldades do elenco em dar uma dimensão pessoal a emoções já em si muito carregadas.

Em *Exercício nº 3* há uma procura da originalidade através da integração entre cenário e atores. O cotidiano de uma família de classe média e a solidão a que seus membros estão submetidos são os elementos com que André Monteiro tenta explorar uma comunicação teatral renovada. Mesmo com a engenhosidade do cenário de Doris Rollemberg, parte constitutiva e essencial na linguagem do espetáculo, a ideia absurda e metafórica de uma casa que abriga as neuroses domésticas não se completa. Se alguém vive no alto de um armário, outro se mete sob a cama ou a entrada e a saída se fazem através de um móvel, nada parecerá estranho, já que, menos do que rompimento e novidade, *Exercício nº 3* recorda as invenções de Eugene Ionesco, sem a sua sustentação verbal. Os diálogos banalizam as imagens, e muito raramente o espetáculo ganha autonomia e encontra uma trilha original por onde possa expressar os seus fundamentos teóricos. A destacar no elenco o histrionismo de Marcos Oliveira e a máscara de Carolina Virgüez.

O duplo exercício de teatro, que pode ser visto no Teatro do Sesc da Tijuca, não tem a pretensão de mostrar produções acabadas, mas apenas de revelar processo de pesquisa que evolui nas oficinas da Tijuca com seriedade e vontade de transformar a linguagem do teatro.

No intervalo de 15 minutos entre o *Exercício nº 2* e o *Exercício nº 3* o espectador pode assistir ao vídeo do Exercício no 1, montagem de Bia Lessa que sedimentou muitas das preocupações da diretora. São bonitas imagens intercaladas com depoimentos de atores, diretores e estudantes sobre teatro de pesquisa. Alguns depoimentos são surpreendentes. Vale a pena conferir.

O PREÇO

O *preço*, a última peça de Arthur Miller (1915-2005) a conseguir respaldo do público, quando estreou em 1968 nos Estados Unidos, foi insatisfatoriamente avaliada, já que os acontecimentos políticos desse ano conturbado solaparam o poder analítico em relação a uma obra equidistante da euforia transformadora daquele período. O texto de Miller é mais um dos seus dramas domésticos, de características realistas, com definições psicológicas nítidas e carpintaria sustentada por diálogos de escrita fluente. E, como tal, está perfeitamente integrado à sua produção teatral, em que a figura do homem norte-americano se projeta no universo familiar como se nesse microcosmo as maiores e mais profundas contradições da sociedade do sucesso e da ilusão se infiltrassem num cotidiano triste e mesquinho.

Em *O preço*, os móveis velhos de uma casa que desmoronou com a morte do pai estão à venda. Os dois irmãos, que não se veem há dezesseis anos, afastados por ressentimentos, frustrações e incompreensões mútuas, se encontram no sótão da casa onde moraram na infância e adolescência para as negociações da venda do passado. O comprador, um velho de 89 anos, negociante atilado, faz o contraponto à discussão entre os irmãos (o centro de todo o segundo ato). O velho Solomon adquire projeção exagerada na narrativa, por conta de o personagem exigir composição de ator com múltiplos recursos maduros. Veículo para o brilho, o quase nonagenário Solomon tem garantido sucesso aos atores que o encarnam, a exemplo de Paulo Gracindo, que, há exatamente vinte anos, criou o personagem e agora volta a ele. Mas a construção de *O preço*, usando as regras do manual norte-americano do *playwriting*, distribui entre os quatro personagens oportunidades semelhantes, equilibrando a argumentação de cada um deles.

A peça trata, basicamente, da ilusão de viver numa sociedade na qual é preciso se provar capaz de vencer. Não está em jogo um amontoado de móveis cheios de recordações, mas a negociação da vida daquelas pessoas. Arthur Miller é sensível a personagens que se autoexilam num ponto de ruptura de suas vidas (morte, casamento, cataclisma social), a partir de onde expõem o conflito consigo mesmos e com o social.

Os irmãos Walter, um cirurgião bem-sucedido que apostou no sucesso, e Vitor, um policial que interrompeu a sua vida universitária para cuidar do pai atordoado com a quebra da Bolsa de Nova York, em 1929, se defrontam em negociação sobre a forma de resgatar frustrações. A esposa de Vitor é outro ponto de atrito entre os irmãos.

Não são poucas as dificuldades de colocar em cena, nesse final dos anos 1980, um drama psicológico de bases tão tradicionais em que a mão do diretor precisa da leveza de um suspiro para que as pequenas intenções não se transformem na rouca sonoridade de um grito. Bibi Ferreira dirigiu O preço com o preciosismo de marcas bem desenhadas e com visão respeitosa e reverente às rubricas. É uma opção justificável, por todas as razões, mas que se choca com os condicionantes de drama psicológico de concepção rígida, mas não estratificada. Bibi se aprisiona, abdicando de oferecer maior contribuição criativa. A começar pelo cenário de visualidade pesada que esbarra numa tradução com linguagem solta e atual. A montagem de Bibi investe na emoção, reiterando ênfases. É dessa maneira que a montagem chega à plateia, em especial no segundo ato, quando o público se emociona com a explosão de Vitor (Rogério Fróes) e com a cena final de Solomon (Paulo Gracindo).

A atuação de Paulo Gracindo registra em detalhes de voz, tremor das mãos e dosagem entre a insinuação do fim e a vitalidade do humor o perfil do homem sem o medo da morte. Rogério Fróes atua em chave sanguínea, um tom acima da fragilidade do personagem. Carlos Zara, em plano mais discreto, mostra alguma mecanização. Beatriz Lyra tem dificuldades em colorir sua Esther.

O preço, sem alcançar o melhor da produção de Arthur Miller, possibilita que a experiência do autor se transforme numa montagem em que o calor da discussão emocione plateias mais suscetíveis. Espetáculo profissional, como são habitualmente as produções do Teatro Copacabana, O preço paga tributo ao excesso de respeito ao texto e a uma dramaturgia já muito marcada pelos anos.

FRAGMENTOS DE UM DISCURSO AMOROSO

Roland Barthes (1915-1980) explica o seu *Fragmentos de um discurso amoroso* (a primeira edição saiu na França, em 1977) pela extrema solidão como esse discurso se expressa. É falado por muitos, mas não é sustentado por ninguém, escreve Barthes. No livro do semiólogo, o Sujeito Amoroso aparece como o *eu* do discurso amoroso, "de modo a pôr em cena uma enunciação e não uma análise". Em ordem alfabética, a situação amorosa é apresentada através de 85 figuras por "alguém que fala de si mesmo, apaixonadamente, diante do outro (o objeto amado) que não fala". No estilo fino, elegante e apaixonado de Barthes há um método dramático, desvinculado de qualquer caráter psicológico, que acentua nesse monólogo interior os pressupostos da fala afetiva, aquela que devolve a quem a enuncia a medida dos seus sentimentos. Nas diversas figuras amorosas criadas por Barthes para captar o jogo afetivo, são descritas situações vivenciadas pelo Sujeito Amoroso, pondo em crise a relação com a linguagem. Dizer-se amante torna vulnerável o Sujeito Amoroso, passível de sofrer todo tipo de angústia decorrente das infinitas possibilidades que assaltam a convivência com o ser desejado.

A adaptação teatral de Teresa de Almeida procura experimentar no palco o enamoramento em ação. O que não é muito fácil, já que por mais habilidade que se atribua à adaptadora há a inevitabilidade do monólogo. O Sujeito Amoroso funciona como veículo solitário, como a voz única que falando em si projeta a relação com o outro, conduzindo o espectador ao espaço da fala. Mas nada disfarça a forma do monólogo, mesmo quando ilustrado pelas citações de *Werther*, de Goethe, e de *Ligações perigosas*, de Choderlos de Laclos. A fala única se impõe, dificultando que a passagem do literário ao teatral alcance uma autonomia dramática capaz de fazer esquecer as limitações do monólogo. Ainda assim, a adaptação transmite com agudeza o sentido da obra de Barthes, especialmente na cena em que a paixão nos leva ao ridículo (perfeita a transcrição para o palco da figura da Espera).

O diretor Ulysses Cruz desdobrou o monólogo em cenas paralelas, em acontecimentos de palco até surpreendentes (a iluminação e a música estão sempre presentes para criar um efeito de impacto ou uma imagem poetizada). O cenário, surpreendente na sua frieza pós-moderna (ou seria referência a um mundo sem tempo?), estabelece pulsações dramáticas fortes, ainda que no palco do Teatro Dulcina fique um tanto atravancado. Foi visivelmente concebido para um espaço maior. Mas o desenho de direção de Ulysses Cruz adquire uma forma fragmentária que até pode corresponder à forma original da obra de Barthes, mas que esvazia a intensidade apaixonada de uma relação direta como a que se estabelece no teatro. A ilustração da fala do ator Antônio Fagundes, absoluto no palco com seu carisma, humor e domínio do público, se realiza de forma pouco interativa, ao contrário do livro. Werther, o herói romântico por essência, é usado por Barthes como súmula do discurso de alguém apaixonado. Seu suicídio é a confirmação do estado de plenitude amorosa, da mesma forma que a trama amorosa de *Ligações perigosas* serve a Barthes como evidência da procura da "cadeia de equivalências que liga os enamorados do mundo".

Antônio Fagundes está profundamente identificado com o discurso de Barthes e a segurança com que o ator manipula os diversos estágios da trajetória amorosa cria os momentos mais intensos e vibrantes da montagem. Fagundes consegue unir o discurso de Barthes à força do sentimento, dessa forma encontrando o sentido do espetáculo que, apesar de bonito visualmente, é um tanto frio e distante na sua paixão intelectual. O elenco de apoio se mostra bastante imaturo.

Fragmentos de um discurso amoroso, que estará apenas por um mês no Teatro Dulcina, comprova o sentido visual forte na linha de trabalho de Ulysses Cruz, mas transfere também para o teatro muito do espírito do livro de Roland Barthes. A atuação de Antônio Fagundes e a inevitável emoção que as candentes palavras de Barthes provocam fazem de *Fragmentos de um discurso amoroso* um programa que acrescenta ao panorama teatral do Rio uma carga de reflexão com afetividade.

DENISE STOKLOS IN MARY STUART

No palco inteiramente vazio (a cadeira é apenas um apoio secundário), Denise Stoklos entra em cena como um vento forte, como um sopro arrebatador que ocupa cada centímetro desse espaço que ela faz essencial ao estabelecer a primazia do ator. *Denise Stoklos in Mary Stuart* não devolve apenas uma ideia de teatro com mínimos recursos e com a presença absoluta do ator, mas conduz o espectador a refletir sobre questões básicas às quais a atividade teatral tem demonstrado olímpica indiferença nas últimas temporadas.

Denise Stoklos, logo que chega à cena, estabelece a relação vital desse espetáculo: palavra e corpo. Na voz e na extraordinária movimentação corporal, a atriz e mímica pretende contar a história do exercício do poder como algo intrinsecamente maligno, através das primas Mary Stuart, rainha da Escócia, e Elizabeth, rainha da Inglaterra. Na dubiedade do jogo político, Elizabeth confina à prisão Mary, que acaba por ser sacrificada. Essa situação serve a Denise como ponto de partida para discutir o poder, a indignidade representada pela tentativa de sua manutenção e a perda da honra na sua disputa. A história do século XVI, na distante Inglaterra, serve como pretexto para que Denise discuta a necessidade de indignação no Brasil da atualidade.

Ainda que seja um solo, Denise Stoklos não permite que *Mary Stuart* se transforme numa demonstração virtuosística. A base técnica (a preparação corporal e vocal de Denise está num alto nível de execução) possibilita que aquilo que a atriz pretende dizer fique claro e projete em universos tão diferentes quanto o da corte inglesa de há quatro séculos e o da crise brasileira contemporânea um raciocínio límpido. O que move Denise Stoklos é a indignação, mas para sustentá-la fez uma minuciosa avaliação dos seus meios de expressão, em que cada gesto ou palavra ganha nesse ato de testemunho valor artístico próprio. A atriz não se deixou levar somente pela ira santa, mas fez-se apoiar por um dos mais rigorosos procedimentos de pesquisa, o que tornou possível a *Mary Stuart* conseguir o alto padrão que oferece à plateia. E tudo sem que Denise Stoklos perdesse a motivação inicial.

Mary Stuart representa em imagens e em dimensão poética formas de convivência violentas, que Denise multiplica por vários personagens, sendo que a convenção que estabelece para Elizabeth (o poder representado pela roupa) e para Mary (as paredes da prisão) dá bem a medida de como são delicados e sutis os instrumentos da atriz. Com um simples gesto, uma mudança de tom de voz, Denise Stoklos se transfigura, é outra, fala de rainhas e de si, mostra raiva contra injustiças, lembra Vladimir Herzog (1937-1975), Ulrike Meinhof (1934-1976) e Nelson Mandela (1918-2013). Mas não há panfletarismo ou qualquer citação banal para cortejar e ideologizar plateias. O humor também é usado para discutir tragédias. Denise Stoklos não tem qualquer pudor em nacionalizar a sua interpretação, citando explicitamente Dercy Gonçalves. O ridículo nacional é tocado em ácida crítica à mídia, ao mesmo tempo que Mary Stuart faz sua autodefesa. Essa geleia geral está fincada em sólida técnica e alto padrão interpretativo.

Ao remexer na vida nacional, por meio de uma longínqua referência histórica, Denise Stoklos desmonta vários preconceitos. Sem fazer da metáfora uma tola transcrição ou posição legítima, muito menos da encenação, veículo feito tribuna, a atriz paranaense se prova uma artista brasileira que rejeita o improviso e a facilidade para mostrar com força o que pensa de viver num país em tempos de crise moral. Coerente com sua trajetória, faz referências a seus últimos espetáculos, sem que com isso esteja se repetindo, mas mostrando o desenvolvimento de sua pesquisa. Usa até "Aquarela do Brasil", na voz de Elis Regina, de maneira original e emocionante.

A destacar ainda a excelente iluminação de Denise e Isla Jay. Aguardar que ainda nessa temporada carioca Denise Stoklos apresente *Irati*, seu último espetáculo, no qual a atriz volta às origens, à sua cidade de nascimento, ao país de outro tempo.

FILUMENA MARTURANO

A vida no teatro de Eduardo de Filippo (1900-1984) é pouco mais do que o dinheiro surrupiado de uma carteira ou de uma lágrima conseguida depois de anos de olhos secos. São trivialidades, pequenos detalhes entrevistos nos becos ou nas casas de Nápoles, onde de Filippo nasceu e desenvolveu a sua especial sensibilidade para retratar, através de uma particular fatia de humanidade, alguns sentimentos universais. Fincado em Nápoles e numa teatralização com profundas raízes populares, de Filippo vai buscar flagrantes simples de existências nada marcantes para alcançar o que lhe parece comum a todos: os sentimentos expostos ao seu próprio desejo de se manifestar. Os personagens de Eduardo de Filippo gravitam em torno da sobrevivência, afetiva e física, transformando valores pessoais em valores éticos. Eduardo de Filippo, pouco antes de morrer, em 1984, aos 80 anos, dizia que "a linguagem que criei só a consegui porque absorvi, avidamente e com piedade, a vida de tanta gente". Essa piedade e esse olhar atento fizeram com que a peça *Filumena Marturano*, escrita em 1946, seja hoje a mesma joia de delicadeza e construção dramática de outras de suas obras, como a já conhecida *Sábado, domingo e segunda*.

Filumena conta a história de ex-prostituta que, adolescente, é expulsa da casa materna porque sua saída representa uma boca a menos à mesa e que na juventude é retirada da pensão de mulheres por rico comerciante. Durante 25 anos vivem juntos, numa relação em que o amor aparece em frestas, em pequenos instantes, até que Filumena, mãe de três filhos (um deles de seu companheiro D. Domenico), resolve simular doença para obrigá-lo a casar com ela, *in extremis*. Dessa maneira pretende que D. Domenico se faça pai dos três, e não apenas de um deles, já que ardilosamente confessa que um entre eles é seu filho. Domenico nunca saberá quem é o seu verdadeiro filho. São os três ou nenhum, manipula Filumena a paternidade despertada em Domenico.

A trama, construída com muito humor e perfeita dosagem de emoção, retira dessa comédia dramática qualquer sentido melodramático. Há uma sabedoria popular encravada na obra de Filippo que faz com que aflorem grandes sentimentos a partir de situações corriqueiras. A vida, com a inexorabilidade do tempo, marca as pessoas pelas mudanças que provoca, mas há um núcleo que permanece intocado, onde se guardam os momentos de encontro e ruptura, de desejo e fastio, de amor e ódio. É esse núcleo que oxigena a dramaturgia de Eduardo de Filippo. Filumena é personagem de raiz dentro dele. Seus sentimentos são claros e permitem que sua obstinação não se confunda com ódio. A mulher, que apenas conhecia a lei de fazer rir, ao final descobre a lei de fazer chorar.

Analfabeta, massacrada, Filumena emerge de todas as vicissitudes com a dignidade e capacidade de ordenar a sua vida que lembra os anônimos heróis populares, mas sem nenhuma idealização. Ela gasta uma vida para formar a sua família. Essa vitória é perseguida dia a dia numa saga doméstica.

O diretor Paulo Mamede evitou, prudentemente, a regionalização de *Filumena Marturano*. Investiu nos aspectos universais do texto, mas demonstra apreensão em deixar explodir – seja pelo humor embutido na peça, seja pela exaltação sempre presente na dupla Filumena e Domenico – uma estética mais popular. Mamede conduz sua montagem como drama de sutilezas psicológicas, distante da força propulsora da afeição ferida. A narrativa evolui delicadamente, mas com timidez. Os personagens se expressam pelas entrelinhas. São mais tchekhovianos do que napolitanos.

Percebe-se, contudo, em Paulo Mamede o desejo de marcar um estilo através da interpretação dos atores. Yara Amaral faz uma Filumena interiorizada que se comporta muito racionalmente. A atriz, com natural exuberância, especialmente canalizada em papéis de *mammas* ferozes na defesa de seus filhos, se aprisiona nessa racionalidade que a personagem, sem dúvida, possui, mas que não é a sua essência. José Wilker briga com o realismo da peça. Sua composição aprofunda a distância entre as dúvidas e fraquezas de D. Domenico e a tendência do ator (pela formação e forte personalidade de Wilker) a criticar o personagem. O ator tem dificuldade em amoldar a emoção de Domenico ao seu estilo vigoroso de intérprete. No terceiro ato, quando D. Domenico modifica sua atitude, Wilker esfria demais essa mudança. Yolanda Cardoso, como a fiel empregada de Filumena, tem presença convincente, às vezes tocante. E isso apesar de caracterização, na peruca e maquiagem, que desenha figura fisicamente artificial. Arthur Costa Filho compõe com mais simpatia do que subserviência o empregado de D. Domenico. O trio de filhos – Richard Riguetti, Paulo Castelli e Luiz Maçãs – está perfeito, marcando bem as diferenças entre eles. Na conversa com o suposto pai se afinam como num terceto musical harmonioso. Bia Sion, como a empregada brejeira, aproveita ao máximo cada uma das suas pequenas intervenções. Mônica Torres transmite o medo que a enfermeira sente diante de Filumena. Pedro Veras correto como o advogado. Alexandre Padilha completa o elenco.
O cenário de Paulo Mamede tem interessante concepção, explorando a ideia de transparência, de silhuetas entrevistas por trás das portas e paredes. O aspecto marmóreo das paredes, de repente, fica translúcido em belo efeito plástico. Os figurinos se perdem na indefinição de época.
Filumena Marturano devolve Eduardo de Filippo ao público carioca, dois anos depois do merecido êxito de *Sábado, domingo e segunda*, comemorando os dez anos do Teatro dos Quatro. A casa de espetáculos da Gávea tem no seu palco uma montagem atraente que, certamente, receberá o reconhecimento das plateias.

A emoção da solidariedade

A tragédia – a morte da atriz Yara Amaral no naufrágio do Bateau Mouche – ameaçava interromper a carreira do espetáculo *Filumena Marturano*, em cartaz no Teatro dos Quatro desde setembro de 1988. A temporada de cinco meses se interromperia, atores e técnicos ficariam desempregados e o público não mais poderia assistir a esse texto do napolitano Eduardo de Filippo. Mas *Filumena* continua em cartaz pela força e emoção da atriz Nathalia Timberg, que se prontificou a dar prosseguimento à personagem criada por Yara, com menos de uma semana de ensaios, ao mesmo tempo que se preparava para reestrelar *Meu querido mentiroso*, o que aconteceu na segunda-feira no mesmo Teatro dos Quatro.

Quem for assistir à Nathalia como Filumena constatará que as motivações que a levaram a assumir o papel são essencialmente emocionais. Uma tal carga de empenho e de dedicação, além da demonstração de profissionalismo, prova que a emoção construiu a atitude da atriz. A Nathalia que surge diante da plateia, na cena silenciosa em que a personagem é provocada pelo marido que acaba de descobrir uma falcatrua, é exemplar para entender a sua participação nessa montagem. Hierática, digna, tensa, Nathalia Timberg começa a viver uma mulher que se preparou por 25 anos para encontrar a felicidade, reunir os filhos, acarinhar o amado e, finalmente, se permitir chorar. Nathalia constrói sua interpretação sobre esse choro represado. São gestos levemente napolitanos que emolduram atuação altamente interiorizada, em que os silêncios e as intenções são tão importantes quanto as palavras. Atriz requintada, não se desvia da linha do diretor Paulo Mamede, cumprindo com disciplina e ardor a sua orientação de equilibrar os climas de melodrama e de humor.

A emoção de Nathalia Timberg fica contida pela necessidade de servir à narrativa, mas a atriz não disfarça a solidariedade que joga sobre a Filumena. É uma solidariedade que nasceu do desaparecimento da colega morta e que se estende a uma intérprete que molda a personagem até a explosão final, quando, encharcada de emotividade, se derrama em prantos. Na primeira sessão de domingo, quando Filumena finalmente consegue chorar, Nathalia liberou a emoção abertamente. Ao receber calorosos aplausos da plateia, Nathalia Timberg ainda chorava, como se a emoção estivesse pronta a ser oferecida em estado pleno. Uma emoção de reverência, que lembrava uma colega desaparecida, ao mesmo tempo que ajudava a cumprir a perenidade do teatro. Yara Amaral e o teatro estão sendo reverenciados por Nathalia Timberg nesse seu ato de solidariedade e profissionalismo.

A CERIMÔNIA DO ADEUS

Na sexta-feira estreou no Teatro Anchieta, em São Paulo, *A cerimônia do adeus*, de Mauro Rasi (1949-2003), que foi lançada no Rio há um ano pelo Teatro dos Quatro. Na sua montagem carioca, dirigida por Paulo Mamede, a peça e o espetáculo receberam vários prêmios (Molière e Mambembe), marcando a virada na carreira do autor. Mas quem for assistir ao espetáculo paulista, dirigido por Ulysses Cruz, dificilmente compreenderá a razão de tantos prêmios e reconhecimento. *A cerimônia do adeus* é um texto sobre a possibilidade de transcendência do real através da fantasia. O poético é quase uma segunda natureza formal nessa cerimônia, em que o tom memorialista não deixa que a evocação adquira aquele caráter de autorreferência alienante e banal.

A *cerimônia do adeus*, como diz o jovem personagem Juliano, propõe o dilema: ou se submeter à realidade ou usar a imaginação para recriá-la. Juliano escolhe o imaginário, dando vida aos livros de Simone de Beauvoir e de Jean-Paul Sartre, tornando-os figuras vivas com quem dialoga em seu quarto, o único espaço de liberdade de que dispõe. Só esse achado, que funciona como comentário e sugestão para intermediar a perplexidade de Juliano e a loucura familiar, já demonstra a inventividade do autor.

A mãe, figura central da casa que administra com a frustração de nunca ter reconhecida a sua individualidade, e com a solitária consciência de como é pequeno o seu mundo, não se comporta como um arquétipo maternal, mas como uma personalidade frustrada. O pai, presença onipresente, mas oculta e apenas pressentida através de uma tosse nervosa, denuncia a sua ausência de vontade no refúgio de si mesmo. A tia, uma espírita que, sofrendo de câncer, sublinha toda a sua vida na certeza de que em encarnações passadas foi ninguém menos do que Cleópatra, daí o seu carma. Há ainda o primo e o amigo que ajudam Juliano a descobrir as suas reais possibilidades afetivas. É um texto sobre sentimentos em que a chave da descoberta – a peça se inicia com a volta de Juliano à casa paterna – está no choque entre realidade e fantasia. Esses dois planos expressam o essencial de *A cerimônia do adeus*, de que "o homem não é senão um projeto: só existe na medida em que se realiza".

O diretor Ulysses Cruz, um dos mais requisitados e respeitosos nomes da nova geração, que embarcou no fim de semana para Portugal, onde assinará a montagem de *Henrique IV*, de Pirandello, não emite qualquer sinal de identidade com *A cerimônia do adeus*. Ulysses, com uma bem definida opção diretiva (seus espetáculos usam poucos cenários e revelam estilo de interpretação frio e contido), constrói verdadeiros painéis teatrais, dentro dos quais detalhamentos ficam sempre deslocados. *A cerimônia do adeus* não se enquadra com facilidade a esse tratamento muralista, a um ciclorama de emoções. Ulysses reduz a peça à crônica de um jovem do interior, um tanto esquisito e agitado. Nada mais injusto com o texto.

A falta de cenários rompe com a primeira convenção da peça, o quarto de Juliano, onde ele é o dono da fantasia que torna possível a existência física de Sartre e de Simone. A tonitruante trilha sonora, em vez de pontuar o texto, funciona como o elemento mais forte, parecendo preexistir ao texto. Há profunda indiferença ao poético, substituído por uma visão suprarreal. Quando Ulysses pretende acentuar o humor, faz apenas uma pobre tradução em imagens daquilo que os personagens somente insinuam. É o caso do casal de escritores-livros que são jogados como se fossem objetos, obrigando os atores que os interpretam a arranhar o ridículo. Ainda se construiu um incompreensível dispositivo cenográfico no segundo ato – no primeiro, o máximo que se permite são livros que caem do teto e umas poucas cadeiras – de concepção extremamente convencional. É mais um jogo visual para confundir a plateia, que é lançada ao antirrealismo no primeiro ato, mergulha no naturalismo no início do segundo, e conhece o limbo estilístico nos últimos 30 minutos do espetáculo. Acrescente-se série de projeções de *slides* com imagens desconexas, numa multimídia fora de lugar, e se terá a extensão dos equívocos.

Diante de tantas e tão variadas incompreensões, o elenco se ressente, à exceção de Sônia Guedes, que, indiferente à frieza e aos movimentos coreográficos do restante dos atores, desenha a tia Brunilda com humor patético. Marcos Frota é um Juliano desorientado, conduzindo a narrativa com muita acrobacia e pouca emoção. Comporta-se como um arauto, anunciando um desfilar de cenas desalinhavadas. Ileana Kwasinski é submetida a uma camisa de força interpretativa que culmina com o paradoxo da última cena. Cleyde Yáconis e Antônio Abujamra são Simone e Sartre coisificados, descarnados da emoção e da contracena com o jovem Juliano. Os demais atores agravam o descompasso entre as intenções do texto e a visão do diretor.

A *cerimônia do adeus*, na produção paulista, esvazia a mágica do texto e uniformiza, numa linearidade muralista, o entrechoque do sentimento do tempo com a fantasia poética. Ulysses Cruz esmaeceu as qualidades da peça sem acrescentar-lhe qualquer visão de rompimento ou sinais de originalidade.

INIMIGO DA CLASSE

O cenário de *Inimigo da classe*, do inglês Nigel Williams (1948-), em cartaz no Teatro da Casa de Cultura Laura Alvim, lembra as abandonadas escolas públicas brasileiras: vidros quebrados, paredes sujas, carteiras em péssimo estado, falta de material, uma desolação. O cenário humano – grupo de jovens reunidos à espera de um professor que nunca chega – parece bem mais distante das referências nacionais. Numa escola de zona pobre, a sala de aula da turma 5-B é ocupada por alunos desajustados, filhos de pais empobrecidos, deficientes físicos, estropiados sociais. Esse quadro, invariável nos grandes centros urbanos, tem no Brasil uma base social única pela absoluta indiferença como é tratada a questão.

A peça, inglesa por essência, sofreu o processo de adaptação apenas parcial. As transposições para a Cidade de Deus ou para o BarraShopping não amenizam a estranheza pelo "nevoeiro que encobre a cidade", e muito menos pela lembrança da jardinagem. Os meninos-personagens são, no máximo, parentes próximos dos jovens norte-americanos do filme *Sementes da violência* (*The blackboard jungle*, de Richard Brooks), enredados em dúvidas filosóficas como a do "espaço do saber", da "vontade do conhecimento" ou dos "recursos didáticos".

Inimigo da classe discute as relações de dominação num sistema educacional rígido e injusto. O texto se torna ingênuo quando investe contra a política de educação, reflexo e expressão de uma sociedade falsamente democrática. Sem discutir as razões da marginalização dos jovens, ao mesmo tempo que propõe formas pouco claras e ambíguas de revolta, a peça se apoia em visão exterior e de bom-mocismo, que se constata no final, piegas e moralista.

O diretor, adaptador e responsável pela dramaturgia, Renato Icarahy, estabeleceu padrão artesanal que permite que se desenhe um espetáculo correto como execução, com cenas de luta bem acabadas e de incômoda violência. Mas a montagem está datada como estética. Icarahy não contorna a pieguice do texto e a autocomplacência disfarçada em denúncia. Faz protesto com voz fraca. Raul Serrador é um líder virulento, que extrai da força física a sustentação para seu Ferro. Edgar Amorim trabalha a ambiguidade do Gatão, enquanto Fernando Rebello cumpre apenas a função de contraponto à força de Ferro. André Costa e Hilton Cobra retiram alguma vivacidade de suas intervenções. Nilvan Santos e Mário Roberto estão num plano bem mais discreto.

Inimigo da classe termina com "Ideologia", a música de Cazuza que reflete tão apropriadamente a desesperança e a falta de perspectiva em que os jovens da peça tanto se debatem. Cazuza é bem mais contundente, com melhor poesia e maior síntese.

ORLANDO

Bia Lessa não se limita na sua pesquisa a interpretar cenicamente o texto. A literatura dramática é quase pretexto para que explore outras realidades teatrais, valorizando a representação como jogo, procurando correspondências para além do que expressa a palavra. Em *Orlando* – em cena no Centro Cultural Banco do Brasil –, o romance de Virginia Woolf (1882-1941) foi adaptado por Sérgio Sant'Anna, mas esse conceito de adaptação se desliga de qualquer preocupação com "fidelidade" para se concentrar apenas nas sugestões para que a obra literária se integre ao fluxo da memória/tempo da montagem.

Não se justifica uma avaliação das (des)semelhanças entre o original e sua versão teatral. Bia não persegue a transposição, procura a *sensação* que o literário pode projetar sobre a cena. *Orlando*, em que pese a opinião que se possa ter das suas qualidades intrínsecas, é, sem dúvida, um texto primorosamente bem escrito que insinua a questão da passagem do tempo e da diversidade da existência. O interesse de Bia Lessa por *Orlando* parece se concentrar nesses dois pontos, para onde converge a concretude cênica baseada na associação do gesto ao seu meio físico. Para tanto, a diretora estabelece código em que prevalecem sentimentos e emoções em busca de materializarem-se.

O teatro de Bia Lessa procura com essa materialidade as múltiplas possibilidades da trajetória dos personagens. Orlando não se faz homem e mulher, vivendo por quatro séculos, por qualquer truque narrativo, já que não se explica essa mutação e longevidade. O que se quer é encorpar a camada do tempo como percurso acumulativo de solidão e consciência da sua história na natureza. O tempo é a flecha abstrata que impulsiona as transformações, a marca do andamento do viver, com o pensamento capturado evolutivamente. Não é fácil perceber essas teorizações no palco. O espectador, encharcado pelo teatro psicológico e de conotação literária, estranha a proposta em que o tempo se explica tão somente por imagens. O que deseja Bia Lessa é a desestruturação da linearidade, justapondo a ela um "teatro que divirta e emocione", como ela confessa.

É discutível dizer se as intenções da diretora estão arredondadas. A dissociação da linha de interpretação – o elenco atua como mais um elemento no espaço cênico – nem sempre permite que se alcancem os estágios de diversão e emoção. Há uma corrente tradicional que pulsa no subterrâneo da montagem. O figurino é uma concessão ao registro do tempo. Entra em choque com o despojamento do cenário, que sugere a passagem das épocas (a permanente queda das folhas) de forma abstrata, constituindo expressão autônoma. Os atores oscilam entre a fala coloquial – com o seu correspondente gesto – e a solenidade rebuscada. Nessa contradição, Bia marca o ponto limite da sua radicalidade. Fernanda Torres, como Orlando, atinge momentos de alta condensação do fluido tom interpretativo, mesmo não dimensionando o personagem temporalmente. Os demais atores têm menos oportunidade de explicitar essa interpretação mais "materializável".

Mas *Orlando* fascina o espectador pela estranheza ao fazer com que os objetos (todos construídos em ferro e de desenho impecável) sejam manipulados de maneira alegórica. Roupas que se consomem no fogo; chuva de terra e água que encharca instigam os personagens a contracenarem com concretudes, como se reagissem ao elemento físico. É quando a abstração perseguida pela diretora mais se evidencia. *Orlando* é provocativo no desejo de romper a relação texto/cena. Bia Lessa mostra, a cada nova montagem, que sua pesquisa a conduzirá à renovação. É apenas uma questão de tempo.

1989

ENCONTRARSE

Teatro é artifício. Mentira que se transforma em verdade, o ato de representar é uma maneira de recriar, temporariamente, o real, dissimulando com a ilusão das máscaras (as muitas caras possíveis) e dos espelhos (os múltiplos reflexos de si mesmo) as incertezas de viver. Luigi Pirandello foi grande prestidigitador, capaz de dar formato às dúvidas e às dualidades, de estabelecer troca intermitente entre contrários, de impor a um encontro a sua inevitável separação. O teatro adquire autonomia criativa, que passa a se constituir numa realidade com existência concreta. A forma pré-condiciona a vida no palco, existe por suas próprias características e pela necessidade de criar um "realismo das aparências". Pirandello revela a construção interior da obra, como um jogo descoberto.

Em *Encontrarse* (1932), texto da última fase do autor italiano, em cena no Teatro Copacabana, Donata Genzi é uma atriz apaixonada por si mesma, alguém que experimenta a possibilidade de se conhecer e de dominar os seus meandros. O fato de exercer a profissão do disfarce torna sua procura um tanto mais complicada. Aquela que se empresta para viver outras vidas pouco sabe de si mesma, e que para se encontrar sabe que tem que se procurar em outras criaturas, aquelas que a possuem no palco.

Encontrarse não é das peças mais fáceis do autor italiano. Com estrutura dramática desequilibrada, o primeiro ato faz uma preparação exageradamente longa para a entrada de Donata e em que os personagens que gravitam em torno da atriz são mero adendo. O texto mexe, no entanto, com a emoção de maneira primorosa. Numa construção dramática em que a expressão dos sentimentos é quase uma delirante explosão interior, Pirandello teatraliza o imponderável: o conflito interno de Donata. Mas não se imagina esse conflito como projeção psicológica, apenas como recurso para que os artifícios do teatro sirvam à permanente exasperação dos contrários. Donata quer ir ao encontro de si mesma e as palavras conduzem a atriz pelos caminhos da dúvida. Ao falar, ela se apropria do sentimento, cria alguma concretude, inventa. É a chave para o seu verdadeiro encontro.

Ulysses Cruz, ao ser infiel a Pirandello, esgarçou o universo do autor até o limite da subversão. O diretor não apenas desrespeita ordenação dramática, como cria no interior da montagem uma formalização radical. *Encontrarse* é deliberadamente frio, com a emoção exposta por meio das formas cênicas mais abusivamente exageradas. Essa contradição, essencialmente pirandelliana, é o grande truque de Ulysses. A ópera é um balizador que formaliza o ritual da representação. Com deliberada exterioridade, a ópera impõe a emoção como evidência, sem qualquer sutileza para detalhar o sentimento. É dessa exteriorização que Ulysses se apropria. Os gestos são largos, de dramaticidade que não deixa dúvidas quanto à intenção. O imponente cenário de Maurício Sette, na sua concepção operística *high-tech*, está todo demarcado pela imagística das artes cênicas do século XIX. A extraordinária música de André Abujamra reforça o drama de Donata. Tudo é representação da falsidade. O espectador está diante de uma atriz em conflito, a trama é o desdobramento desse conflito. Ulysses não procura envolver o público nesse atrito. A identificação se estabelece no plano da dúvida que assalta Donata. É nesse ponto que a emoção aparece, em que a poesia de Pirandello aflora. Pode-se discutir se essa perspectiva do diretor está realizada no palco, mas, sem dúvida, seu espetáculo projeta Donata e seu duplo.

A estranheza do estilo de atuação cria o efeito de distanciamento. Os atores estão representando, não ficam dúvidas. Renata Sorrah, como Donata Genzi, é uma atriz que passionaliza seus sentimentos. Como um herói em sua odisseia, Renata percorre os conflitos, explorando os percalços que se interpõem ao seu encontro final. No primeiro ato, Renata alcança, apenas parcialmente, o desenho da Donata, já que está muito pouco à vontade no gestual carregado, além do que a sua chave interpretativa não se adapta à figura da *diva* catalisadora. Mas, nos dois atos subsequentes, encontra o tom. Dominando a respiração, aproveita as oportunidades de experimentar a sua tensão dramática até as fronteiras do rompimento. No monólogo final, quando a atriz Donata dialoga com a mulher Donata, Renata Sorrah tem um inesquecível momento de palco.

Selma Egrei não consegue integrar a sua elaborada movimentação corporal às exigências da amiga de Donata. Thales Pan Chacon dá interpretação pouco vital ao jovem marinheiro, amante de Donata, emprestando-lhe visão crítica. Rodrigo Santiago se apaga, numa timidez inexplicável. Antônio Abujamra, que pela adaptação do texto feita pelo diretor acumula alguns personagens, funciona como um *deus ex-machina* na cena. Mais uma vez, sua personalidade se sobrepõe à do intérprete. Rosita Thomaz Lopes, Ana Borges e Tuca Andrada estão em plano bastante mais discreto.

Numa montagem em que os figurinos de Rita Murtinho combinam beleza com teatralidade, e em que a iluminação de Domingos Quintiliano transforma o Teatro Copacabana numa caixa luminosa, o público tem a oportunidade de, por vias transversas, descobrir Pirandello numa versão pós-moderna.

SUBURBANO CORAÇÃO

Uma estética popular não se impõe apenas pela força de sua comunicabilidade. Para além da expressão mais direta e ingênua, existem valores estéticos próprios, baseados em formas de se apropriar com fantasia do real, para transformá-lo em jogo lúdico de pura mágica. *Suburbano coração*, texto de Naum Alves de Souza (1942-2016), com letras e músicas de Chico Buarque de Hollanda, em temporada no Teatro Clara Nunes, é uma peça comunicativa, em que a plateia reconhece fortes referências populares e identifica, pela repetição, um tipo de comicidade popularesca. Os autores a definem ora como burleta, ora como uma comédia de costumes à brasileira. Pode-se contestar se esses rótulos são aplicáveis, mas seria apenas um exercício especulativo, sem qualquer sentido para iluminar o conteúdo do texto.

A história não poderia ser mais simples. Lovemar, mulher romântica que persegue a ideia do amor eterno, representado por um homem, idilicamente construído por fantasias radiofônicas, esbarra em inconciliáveis tombos na sua existência real. Os homens são imperfeitos e Lovemar não vive o sonho puro que gostaria. Desse entrechoque, nasce o impasse e o patético de uma mulher de sonhos tão acanhados diante da crueldade do mundo. O problema é que a narrativa de Naum Alves de Souza tem dramaturgia frágil, muito pouco inventiva, em que os diversos estágios afetivos da ingênua Lovemar se reduzem a pouco mais do que esquetes interligados por *gags* superficiais.

O autor tipifica os personagens como figuras cômicas que caracterizam as situações, sem nunca projetar nas suas ações o pretendido lirismo que deveria conferir sentido poético à ingenuidade de Lovemar. Não se trata de discutir se Naum busca a "estética suburbana" em seus próprios termos ou se, ao contrário, parte do efeito *kitsch* como forma expressiva. A peça não esconde a vocação para a exterioridade cômica. A precariedade do texto se acentua ao se comparar à música de Chico Buarque de Hollanda. Como um mago da alma suburbana, Chico capta o sentimentalismo piegas das periferias afetivas em músicas e palavras que, como poucas, refletem amores frustrados e desejos quiméricos. Há uma poesia intensamente bela, que revolve esses arrabaldes do bom gosto, e que projeta um humor cáustico que não esconde indisfarçável carinho pelos sentimentos primários que retrata. Os signos suburbanos estão em versos como "Balançam os cabides/Lustres se acenderão/O amor vai pôr os pés/No conjugado coração". E ainda em "Não, solidão, hoje não quero me retocar/Nesse salão de tristeza onde/Outras penteiam mágoas/Deixo que as águas invadam meu rosto". A emoção estereotipada que confunde, em rimas cheias e paixões arrebatadoras de cotidianos banais, também está cantada neste *Suburbano coração*: "Que sonho viver/Um amor natural/Quase igual/A um amor de cinema/Igual aos amantes/ Que sem treinar antes/Já cantam juntinhos".

O diretor Naum foi fiel ao autor Naum. Sua montagem se corporifica no humor que lembra as "cortinas" do teatro de revista, as farsas ingênuas das comédias brasileiras da década de 1930, apimentadas pela liberdade do "teatro besteirol". A mistura não faz liga homogênea, capaz de apoiar trilha sonora tão sugestiva. A introdução da música fica, dessa maneira, artificial, longe do espírito cômico arrebatado da encenação. Agravando essa separação, a montagem tem vazios, ocos inconcebíveis – depois de muita ação, a cena fica em *blackout* com um solene violoncelo em solo – que provocam equívocos, como o de dois finais. O público ri muito, pelo menos na primeira parte, o que já seria um mérito se o único propósito fosse esse. Acontece que a música indica outros caminhos, nos quais o humor fica perdido em comentários divertidos sobre a tristeza de Lovemar e em que a poesia não inunda as suas emoções baratas.

Em concepção visual realista, *Suburbano coração* é vestido por figurinos exageradamente fantasiados, numa livre interpretação do mau gosto e da vulgaridade. O cenário, que confina a sala da casa de Lovemar ao centro do palco, desequilibra a horizontalidade da cena, apertando os músicos a um canto e criando um buraco negro no lado direito. O que mais incomoda na visualidade de *Suburbano coração* é que nem as roupas nem o cenário registram a passagem do tempo. A direção é também responsável por essa fixidez temporal. Não se estabelece crescimento dramático das etapas da desilusão de Lovemar. E como as cenas são quase estanques, se concluem em si mesmas.

Fernanda Montenegro reafirma o seu lendário profissionalismo. Num esforço físico que a obriga a se multiplicar em papéis, Fernanda faz aparições surpreendentes em tipos que são quase homenagens ao velho teatro brasileiro. Sem que seja cantora, Fernanda se desincumbe da tarefa de interpretar as músicas de Chico como uma artesã que ordenou a voz para transmitir com correção as melodias. Algumas canções, contudo, exigiriam voz mais melodiosa, mas a atriz deixa que as letras cheguem à plateia. Na elaboração de Lovemar, Fernanda abriu mão do patético implícito na personagem para explorar um relativo grotesco. Ganha o humor popular. Perde o eventual tragicômico. Otávio Augusto está mais à vontade nesse chavão de humor. Sem carregar a mão, explora o histrionismo despudorado da pusilanimidade e a canastrice dos vários pretendentes ao amor de Lovemar. Há sutileza na interpretação de Otávio, que aproveita pequenos detalhes – a sua fala atrapalhada da frase "tábuas do Sinai galgai de cócoras o Gólgota, galgai" exemplifica bem o estilo cômico-popular. Ivone Hoffmann brinca com a fogosidade de Julinda e Ana Lúcia Torre faz o contraponto na outra solteirona ansiosa. *Suburbano coração* provoca reações espontâneas de aplauso na plateia – na sessão das 18h do domingo, o espetáculo foi interrompido duas vezes por palmas efusivas –, como se o espectador referendasse a eficiência do humor popularesco. Pela qualidade profissional dos nomes envolvidos e pela fresta aberta pela música de Chico Buarque de Hollanda, *Suburbano coração* deixa entrever como a emoção poderia conduzir o riso com sabor de riso. Mas o coração bate descompassado por um subúrbio de telão.

O JARDIM DAS CEREJEIRAS

Anton Tchekhov (1860-1904) é o autor das possibilidades adiadas. Seus personagens vivem à espera de que o tempo, numa alquimia de sentimentos exauridos, recomponha o passado. O teatro de Tchekhov faz com que o instante, o momento em que a vida se expressa de maneira mais banal e corriqueira, ganhe a melancolia dos desejos irrealizados. Em *O jardim das cerejeiras* – em temporada no Teatro dos Quatro –, Tchekhov reúne numa propriedade rural na Rússia do início do século XX um grupo de aristocratas decadentes que têm suas atitudes marcadas por sensibilidade crepuscular. Ninguém, nem mesmo os personagens "positivos" (aqueles que ainda têm alguma esperança de transformar suas vidas, como Ania), se liberta da contingência tchekhoviana da inutilidade dos atos. Liuba, que por toda a vida repetiu o gesto inútil de se entregar à destruição, se refugia no passado. A casa em que nasceu, tão carregada de lembranças, não merece de Liuba nenhuma atitude para salvá-la. Hipotecadas, casa e jardim passam às mãos do filho de camponês, um arrivista que procura ultrapassar sua origem através do acúmulo de riqueza. Mais um gesto inútil. Lopakhine será sempre (e não apenas para a família de seus antigos patrões, mas para si próprio) um homem vulgar.
Os jovens, como o estudante Trofimov, eternizam sua condição como se aspirassem a um futuro diferente, mas seus movimentos em direção à mudança são lentos e impotentes. Verbalizam a consciência (o discurso de Trofimov sobre os intelectuais exemplifica bem esse imobilismo), mas a ação não se concretiza. Outro gesto inútil. O velho empregado Firs, que acompanha com fidelidade patética o patrão *bon-vivant* Galev, descobre, pouco antes de morrer, que o esqueceram, que é mais um traste entre as bugigangas abandonadas na casa vendida. Firs resume na sua desilusão o espírito de todos: "E foi assim que a vida passou... e eu nem consegui viver". Ao se demitir de viver, essas melancólicas figuras chegam à desesperança, se perdem num tempo que não conseguem reter.
Esse texto fundamental para a compreensão da alma humana recebe tratamento

reverente do diretor Paulo Mamede. Não há rupturas – a única quebra é o cenário que procura a abstração. Mamede limpa a cena de interpretações psicológicas, projetando o universo de Tchekhov num cenário horizontal, praticamente sem móveis, onde os atores se sentam no chão, seguindo os traços indefinidos do cenário. A direção evita explicar motivações. Resume-se ao painel de vidas apodrecendo, ruindo, desperdiçadas. As marcações são hieráticas (pelo menos no primeiro ato) quando Mamede consegue reunir no quarto de brinquedos da velha família tantas crianças grandes que brincam, inconsequentemente, com suas vidas. Os atores se movimentam bruscamente, como se cada gesto intempestivo revelasse uma urgência que, na verdade, encobre a paralisação. Nem sempre o diretor sustenta esse desenho. Falta unidade à montagem, manifestando-se mais nitidamente no elenco. Criar tempo cênico e clima dramático tchekhovianos é um desafio. O *jardim das cerejeiras*, nessa produção do Teatro dos Quatro, nem sempre estabelece envolvência: o espetáculo está marcado por uma frieza demonstrativa, parecendo ficar ao largo das atitudes dos personagens. A consciência da perda, tão forte na dramática de Tchekhov, não é presença palpável, apenas evocação.

A iluminação de Maneco Quinderé "esquenta" o palco com suas tonalidades azuis e vermelhas (anoitecer e amanhecer), com bonitas soluções como a da passagem do trem e a das silhuetas dos atores em contraplano. Explora com delicadeza a tessitura do cenário. As ranhuras do papelão, que compõem imagens abstratas, quando recebem luzes laterais redimensionam com impacto o cenário de Paulo Mamede, em colaboração com Paulo Roberto Leal. Neste quadro de cores matizadas, os figurinos de Mimina Roveda exploram a decomposição do marrom.

A unidade cromática do visual não se transfere para as interpretações. Há atores que agem numa chave naturalista, enquanto outros ritualizam a atuação em gestos formalizados. Othon Bastos transmite as contradições de Lopakhine, equilibrando vulgaridade e hesitação interior. Emília Rey é uma grata revelação. Com voz e presença fortes, Emília domina a criadinha. André Valli demonstra no humor o melhor perfil do desastrado Epikodov. José Lewgoy cria um impressionante Firs. Decrépito, com resquícios de um passado menos amargo, Firs recebe de Lewgoy tratamento tchekhoviano na sua declinante tristeza, ainda que o ator não consiga sustentar com a mesma segurança a cena decisiva do espetáculo. Clarice Derzié enfraquece, com frescor postiço, a sua Ania. Nathalia Timberg é uma atriz de grande domínio sobre seus meios de expressão. Sua Liuba passa da mais profunda angústia para a inconsequência com um simples agitar de cabeça. Nathalia dá a dimensão plena da personagem. Renée de Vielmond, mesmo com bons instantes de interiorização, fica prejudicada por marcações que a obrigam

a circular e gesticular de maneira nervosa, o que parece deixar a atriz dispersiva. Sérgio Britto "passeia" sobre Gaiev, tal a facilidade com que dá o tom ao velho mimado. Ada Chaseliov não se impõe com Charlotte. Nelson Dantas estabelece aura de simpatia para Pitchtchick. Camilo Bevilacqua faz uma boa e sólida composição para o pusilânime Iacha. Edwin Luisi é um Trofimov com energia contida e sutil timidez. Virgínio Liberti desperdiça a sua teatralíssima entrada.
O jardim das cerejeiras, extraordinário texto de Tchekhov, nos é devolvido numa montagem que ilumina a melancolia de viver. Num panorama vulgarizado por um comercialismo que apenas barateia o palco, *O jardim das cerejeiras* é uma retomada do teatro como visão poética da alma humana.

MARAT MARAT

Apesar de o rótulo se pregar a alguns espetáculos como forma de sanção cultural, são poucas as montagens que merecem o adjetivo de experimentais. *Marat Marat*, em cartaz no Teatro da Aliança Francesa de Botafogo, é um dos raros em que a pesquisa de linguagem, razão e justificativa do espetáculo, recebe tratamento cênico que expressa fundamentos teóricos. A transposição da teoria à prática tem nitidez, e sai daquela área sombria em que chafurda a maioria das montagens que pretendem a experimentação, mas que apenas revelam teorias mal absorvidas. O texto de *Marat Marat* se liga à poética de Jorge Luis Borges; a Revolução Francesa serve a Márcio Vianna (1949-1996), responsável pela criação e direção, como ambientação para expor Jean-Paul Marat às suas próprias contradições. O liberal de antes é o despótico de hoje. Entre eles se instala o poder.
Vianna usou os textos de Borges "Sobre o herói e o traidor" e "Encontro consigo mesmo" como paradigmas para situar Marat diante da revolução que ajudou a realizar e que para se consolidar usou o terror. Parodiando Artaud, a montagem de Márcio Vianna constrói Marat e seu duplo. Os delírios de Marat o conduziam a reviver-se nos seus atos, confrontados com a imagem revertida de si mesmo. Os diálogos entre o real e o possível, o concreto e o ideal, dão a conformidade pessoal a Marat, que vive numa banheira à espera de diminuir as suas dores (tinha uma horrível doença de pele) imerso na água, de onde tirava algum alívio.
A água torna-se, assim, na montagem de Vianna, um elemento essencial. É dela que escorrem todas as marcações e de onde se retira a tensão dramática: há constante queda de água, em forma de pingos, que faz o contraponto às falas. Mas, se água é o elemento em que se esvaem o terror e a dor, é no fogo do debate que se acende a questão da ambiguidade: "O que é o herói; o que é o traidor?".
A decomposição da voz em *off* – o único que não tem os diálogos gravados é um

dos Marat – pretende dissociar a fala do gesto. A música de Carlos Sandroni, que se confunde com canções revolucionárias, desempenha muito bem a sua função dramática. As máscaras exercem o efeito de distanciamento, apoiando fortemente o sentido de ritualidade da encenação. O cenário de Doris Rollemberg, que aproveita de maneira espantosa o difícil palco do Aliança de Botafogo, tem a forma de grande parede úmida, que deixa entrever uma área recoberta por ladrilhos de onde o povo emerge, vindo das frestas.

Marat Marat é, sem dúvida, o melhor e mais bem-acabado espetáculo experimental em cena no Rio. Com pesquisa que se consubstancia em imagens esteticamente vigorosas, a montagem de Márcio Vianna trata além de tudo da questão da dualidade do tempo. Vale a pena descobrir qual é a máscara que a Revolução Francesa vestiu.

A ESTRELA DO LAR

Mais do que a família (ou a figura materna), o teatro é o grande personagem de *A estrela do lar*, que estreou quarta-feira no Teatro Copacabana. A realidade se transforma numa representação, num palco cotidiano em que a família reinventa-se através de fantasia delirante. Essa suprarrealidade não é criada apenas como antídoto às frustrações alimentadas numa pequena cidade do interior paulista nos anos 1960, mas na recusa a admitir que para além da mentira só há o sofrimento. O teatro, o verdadeiro simulacro da mentira, é o veículo escolhido para que os personagens atuem num outro plano, o da falsidade consentida. Hermes, um comerciante com veleidades literárias, a mulher Aspázia, dona de casa que transforma o telefone num ícone para o culto de seu teatro pessoal, e o filho Juliano, autor de peças como o pai, fazem a recriação do dia a dia, acumulando camadas imaginárias de fábulas escapistas. Há um elo que se quebrou nessa família. *A estrela do lar* mostra como o trio procura sobreviver a essa fratura.

Mauro Rasi (1949-2003), nessa segunda parte da sua trilogia – a primeira foi a peça *A cerimônia do adeus* –, aprofunda o clima de delírio que no texto anterior se circunscrevia à convivência de Juliano com Simone de Beauvoir e Jean-Paul Sartre, personagens corporificados pela sua imaginação. Agora, rompidos os limites do quarto, onde Juliano "escondia" Simone e Sartre, toda a casa é ocupada pelos personagens que saem dos textos escritos pelo pai e pelo filho – Juliano escreve suas peças niilistas no verso dos dramas barrocos de Hermes. As convenções explodem; a dramaticidade da ópera se instala na casa de classe média, com libreto que canta o lugar-comum e o lixo cultural. Aspázia é a diva dessa encenação grandiloquente sobre as banalidades da vida. A catedral de palavras que ela vai construindo compõe uma fotografia superexposta da sua melancolia irreconciliável. Nesse teatro informal, o maior espectador é Juliano, autoconsciência da família, *alter ego* de Mauro Rasi.

A estrela do lar guarda a ingenuidade provinciana dos desejos de fundo de quintal, ao mesmo tempo que impulsiona e justifica a loucura que desagrega todo convencionalismo. Mas essa mesma ingenuidade interfere na peça como elemento que enfraquece a base de apoio do delírio que faz de Hermes, Juliano e Aspázia seres tão incomuns na sua trivialidade. O jogo verbal (a pronúncia errada de nomes estrangeiros ou a *naivité* intelectual de Juliano) é bem menos eficiente do que todo o arcabouço glauberiano que o autor elabora na mistura de realidade, ficção e fantasia.

Ao assumir a função de diretor, Rasi cercou a produção de cuidados bem maiores do que os da maioria das montagens cariocas. O impacto visual de *A estrela do lar*, que combina multimídia e vídeo de Ricardo Nauenberg com sólida concepção cenográfica de Alexandre Toro, é responsável por grande parte da qualidade da produção. Como poucas vezes no teatro, o vídeo se integra à ação dramática. Os personagens da peça escrita por Juliano – que têm a mesma origem estética do filme contado por Molina no romance-peça-filme *O beijo da mulher aranha*, de Hector Babenco – surgem na tela transparente como projeções de uma invenção delirante. O cenário de Toro, uma caixa de surpresas que desdobra os tempos narrativos, revela mais do que a habilidade em *explicar* visualmente a interpenetração das fantasias. Reproduz a estética das peças de Juliano e Hermes, ao mesmo tempo que *comenta* a ambientação de uma casa do interior na década de 1960. Toro trabalha a teatralidade, joga sobre o espectador o efeito da cena, com a colaboração inventiva da luz de Luiz Paulo Neném. Os figurinos de Rita Murtinho adotam o exato tom crítico, seja nas roupas operísticas, seja nas indumentárias inspiradas nos filmes hollywoodianos dos anos 1940. Os comentários musicais de Edgar Duvivier são precisos, já que ele não procura impor sonoridades, apenas sublinhar a ação.

Todo esse aparato de sustentação garante a *A estrela do lar* alto padrão profissional, mas igualmente esfria a intensidade do delírio cênico. Mauro Rasi já inicia o espetáculo muito acima do tom. Aspázia ao telefone derrama sobre a plateia uma tal carga de loucura que o desenvolvimento e o acirramento do caráter desagregador da fantasia não atingem no decorrer do espetáculo clímax semelhante, que, no entanto, o visual tão bem sintetiza. Há vácuos, repetições e ênfases que reforçam imagens e intenções que, se fossem condensadas, surtiriam maior impacto. No elenco, Marieta Severo domina o palco numa composição rica e intensa de uma Aspázia beirando a histeria. Mas a atriz sabe, também, tornar evidente a perplexidade da personagem. Há momentos tão sutis de Marieta que é possível perceber que a atriz construiu Aspázia não como megera, mas como mulher patética. Marieta Severo não faz caricatura; recria, tão somente, as fantasias da personagem. Sérgio Viotti, com sobriedade, empresta seu inteligente temperamento de ator ao Hermes. Andréa Beltrão, nos vários personagens que incorpora, traça desenho corporal brilhante. Sônia Guedes, como Mercedes, faz contraponto à delirante Aspázia. Emílio de Mello é um intérprete promissor, mas como Juliano não arredonda o personagem. Enrique Diaz, num papel mais difícil (amigo e cúmplice de Juliano), empresta curiosidade e mistério ao Nielson, funcionando como ponto de ligação entre o mundo exterior e a vida doméstica. José Carlos Sanches não é muito exigido nas suas intervenções.

Desvendando um pouco mais os meandros de sua memória afetiva, Mauro Rasi reafirma com A estrela do lar a sua identidade com o universo das lembranças, no qual o passado não é apenas evocação, mas dolorosa perda. Nesse sentido, se aproxima de Jorge Andrade, ainda que nesse espetáculo, o diretor tenha sobrecarregado o texto com *féerie*. Com isso, a crueldade, o carinho e o fascínio de Rasi por seu universo familiar foram encobertos pela necessidade de um teatro de muito efeito e citação.

A VIDA DE GALILEU

"Pensar é um dos maiores prazeres da raça humana." O postulado da razão, que Galileu Galilei encarna de maneira extraordinária na sua determinação de encontrar a verdade científica, se equilibra com a vontade do homem em atender aos apelos de seus sentidos. *A vida de Galileu*, em cena até domingo no Teatro João Caetano, projeta sobre o cientista que abjurou suas teorias "por medo da dor física" uma reflexão em torno do estatuto da liberdade e da extensão do pensamento como prática e afirmação humanista.

Bertolt Brecht (1898-1956), em *Galileu*, amplia, como em nenhum dos seus outros textos, a questão do homem e o seu tempo. Não se trata apenas de *historiar* a figura do cientista submetido às pressões da Igreja, que, diante da evidência científica a desmentir os dogmas religiosos, se refugia no obscurantismo da violência. Galileu aplica o conceito de movimento – "E tudo se move" – à natureza da descoberta. Ele sabe que "a verdade é filha do tempo, não da autoridade" e que "a ciência não exige que se pergunte aonde ela nos leva". Esse conhecimento não se mostra suficiente para que, diante da iminência da dor, Galileu evite negar a razão. A negação circunstancial (Galileu, apesar de todas as pressões e da vigilância, prosseguiu sua obra científica nos *Discorsi*) desarticulou profundamente o pensamento da sua época, mas não dissociou o prazer da prática científica. Galileu resume com rara simplicidade o papel da ciência, cuja "finalidade é aliviar a canseira humana".

Além do humanismo, o Galileu de Brecht acredita "na força suave da razão", aquela mesma que faz com que hoje, três séculos depois dos acontecimentos vividos pelo cientista italiano, o papa restaure a figura e a teoria de Galileu. Sem qualquer tentativa reducionista de mostrar o perfil psicológico do personagem. A *vida de Galileu* tem nessa reivindicação do prazer uma forma de apropriação do mundo em que a razão é um postulado relativizado pela impulso do prazer. Galileu, ao contrário dos clérigos e dos participantes do Carnaval (numa das cenas mais definidoras dos papéis sociais na ciranda do poder), não usa máscara. Metáfora de um universo em que se procuram as sombras, a máscara que esconde é a mesma que Galileu Galilei acaba adotando para fugir às garras da Inquisição. A máscara somente disfarça, por trás dela pulsa a inteligência que não se aquieta. A razão é vencedora.

O espetáculo do Teatro de Comédia do Paraná, assinado por Celso Nunes, não estabelece hierarquia de categorias analíticas no desenho da montagem. A *vida de Galileu* de Celso Nunes reforça muito o aspecto hedonista do personagem. Galileu é quase bonachão, deixando o texto num plano mais acanhado. Um exemplo: o conflito de Galileu antes de abjurar não alcança o núcleo da questão entre a razão e o prazer. O espetáculo é tímido diante da amplitude da peça, criando-se sobre *situações* dramáticas sem filtros analíticos. Celso Nunes estabelece uma cena que se autolimita, fechada numa teatralidade um tanto pesada e convencional. O elenco, formado majoritariamente por atores tecnicamente pouco maduros (ainda que revelem apreciável potencial), mostra dificuldade em corresponder ao peso da convenção tradicional. Apenas Paulo Autran, que empresta a sua autoridade e domínio dos seus recursos, articula com inteligência a trajetória de Galileu. Enfatizando o lado prazeroso de Galileu, Autran realiza o personagem fiel à chave da direção.

O cenário de Gianni Ratto apoia a pesada opção do diretor, enquanto os figurinos de Kalma Murtinho caminham muito hesitantes para romper com a pesquisa histórica. A música de Celso Piratta Loch, mesmo com função meramente ilustrativa, é uma grata revelação para a plateia carioca. Do esforço de produção da Fundação do Teatro Guaíra resultou uma A *vida de Galileu* marcada pela presença de um ator com a segurança interpretativa de Paulo Autran e pela visível seriedade do projeto.

1990

A PARTILHA

A *partilha*, o primeiro texto de maior fôlego de Miguel Falabella (1956-), em cartaz no Teatro Candido Mendes, é uma comédia dramática. Aparentemente essa conceituação é uma contradição em termos, mas na verdade guarda o sentido tchekhoviano da tênue marca que separa os sentimentos da sua expressão social. Há um ridículo, quase patético, entre a vontade de viver a plenitude das emoções e os obstáculos que se interpõem à simples conquista da existência. Se em Tchekhov essa impossibilidade é o estofo que enche as existências dos personagens, nessa comédia dramática de Falabella o inalcançável – a recomposição do passado como uma ideia mítica de felicidade – desvenda-se através de humor cruel, que não atenua a ação do tempo e a consequente corrosão das emoções.

A peça é extremamente simples. Quatro irmãs se encontram no velório da mãe, retomando pela circunstância da morte – o fim de um tempo – o passado comum. A divisão dos bens deixados pela morta acentua as diferenças entre elas (e o início de possíveis transformações), lançando-as num jogo em que a crueldade serve de estímulo para que, da divisão, cheguem à unidade (o conjunto de café da Toddy é o símbolo da união).

Não é fácil trabalhar dois planos tão sutis quanto os da emotividade e do riso. Se um velório pode ser cenário para a gargalhada, não é menos adequado para a lágrima que devolve a consciência do já vivido. Os objetos, desmembrados para se transformarem em dinheiro, não têm apenas o valor passível de ser contabilizado monetariamente. São sinais evidentes de linguagem afetiva. Miguel Falabella administra essas realidades dramáticas com exemplar simplicidade. Ao procurar apenas contar uma história, transcende à pura ação para encontrar o substrato das personagens e as suas motivações mais profundas. É impressionante como Falabella *sente* a alma feminina: a mulher é o agente de suas próprias emoções. Mas o autor não fecha seu universo no restrito circuito feminino. Chega à humanidade dos personagens.

Além dessa enorme sensibilidade do autor para captar as recorrências das emoções, *A partilha* demonstra ser uma peça com excelente bom humor. O riso acompanha, permanentemente, a história amarga dessas mulheres, mas o humor não é um compromisso *a priori*. Existe e funciona como integrante estrutural do texto. O agridoce é o sabor de *A partilha*. Às vezes, Falabella adocica demais a comicidade (apesar de engraçada, a discussão sobre as sucessivas doenças familiares é totalmente dispensável), mas na maioria do tempo *A partilha* mostra-se uma peça enxuta, de humor bem colocado e apoiada em generosa e delicada compreensão dos personagens. É, enfim, uma peça amorosa.

O espetáculo, também dirigido pelo autor, segue a simplicidade do texto. Aproveitando o pequeno espaço do Candido Mendes, faz estripulias. A começar pelo cenário de Pedro Drummond, que transforma em segundos uma capela-mortuário num apartamento de Copacabana. Ou então na forma como conduziu a interpretação das atrizes. Como cada uma das irmãs tem personalidade marcadamente diferente, Falabella imprimiu, a partir da unidade estabelecida pelo humor, uma diferenciação que aproveita o temperamento de intérprete de cada uma delas. Thereza Piffer é a mais prejudicada, pelo fato de sua Laura – a irmã mais moça, que o autor carrega de chavões – ter os diálogos mais ingratos. Thereza dá solenidade à personagem nos instantes mais sérios, e não consegue partilhar do humor dominante. Arlete Salles marca boa presença, com uma forma muito peculiar de dizer as frases. A atriz possui entonação curiosa, dividindo as frases com ênfases surpreendentes. Natália do Vale, que faz uma tijucana empedernida, tira partido dos efeitos cômicos da reprimida Selma. Natália brinca com a personagem, mas sem tipificá-la. Susana Vieira, apesar de na noite de estreia (quarta-feira) começar um tanto afetada, no desenrolar do espetáculo ganhou um tal domínio da Regina que permitiu que se usufruísse de seu irresistível talento de atriz cômica. E nas cenas mais dramáticas, Susana revela *timing* perfeito.

A partilha, como referência tchekhoviana perceptível na dualidade drama e humor, conta com simplicidade uma história que mexe com a memória afetiva do espectador, utilizando-se do riso como arma infalível para desmarcar o triste, mas belo sentimento humano de perseguir a felicidade.

A MULHER CARIOCA AOS 22 ANOS

A mulher carioca aos 22 anos, o romance que João de Minas (1896-1984) escreveu há quase sessenta anos, não pode deixar de ser visto como curiosidade literária. Há qualidades que transpõem o exotismo de um autor que em 1934 trata o sexo como simulacro de hipocrisia, e que na sua obra literária incorporava gêneros tão estranhos à época (como a ficção científica).

A mulher carioca aos 22 anos, porém, está longe de ser um romance com estrutura narrativa impecável. Há rupturas na sequência de situações, com personagens que desaparecem ou fatos que se atropelam, mas que no livro, se não se tornam desculpáveis (afinal, essas interrupções estão longe de ser opção estilística), pelo menos são toleradas pelo ritmo imposto pela leitura. A transposição para o teatro desse romance peculiar obedece ao seu formato original. Aderbal Freire-Filho preferiu não adaptá-lo, mantendo toda a trama como no original: a da narração folhetinesca. Os diálogos são circunstanciais e toda a trama se desenvolve a partir dos fatos narrados. Como Aderbal praticamente não alterou o romance (há apenas pequenos cortes, quase imperceptíveis), o diretor fez uma escolha exclusiva sobre o caráter literário da obra.

O espetáculo de Aderbal é a apropriação teatral do literário. Como a narrativa se mantém romance, a teatralidade surge pela leitura cênica em que as imagens não se desprendem da palavra. A fala está no centro e o caudaloso volume de palavras se torna, assim, a essência do espetáculo. A chave para que o espectador entre no código da montagem é a farsa. Os atores interpretam, através do tom farsesco, a sua própria narração. Antecipam o que vai acontecer, vivem aquilo que anunciam, sem modificar, em nenhum momento, essa linha interpretativa.

Mas essa intervenção de Aderbal no material literário acaba por ser um tanto restritiva. *A mulher carioca aos 22 anos* adquire ritmo uniforme, sem alterações de intensidade dramática que diferenciem as cenas. A palavra ganha, sem dúvida, relevância sobre toda a construção teatral, adquirindo presença avassaladora no espetáculo, mas são quatro horas de duração e a mão única da encenação provoca inevitável entorpecimento narrativo. Por outro lado, o público desprende a sua atenção por não encontrar alternâncias dramáticas no palco. Aderbal Freire-Filho insiste nesta linha, ao ponto de reduzir a iluminação a duas intensidades de luz, o que acentua ainda mais o tom monocórdio.

Como o romance *A mulher carioca aos 22 anos* tem estrutura anárquica e desordenada (é mais imaginativo e delirante quando a trama começa a se resolver), e o espetáculo não se constrói em escala, inexistem climas culminantes. A padronização pela farsa – o rodízio de personagens (os oito atores interpretam 80 papéis) e a troca constante de figurinos – provoca ainda uma regularidade na interpretação. Dentro da linha de atuação, os atores compõem as situações, mais do que os personagens. Candido Damm mostra muita ironia ao narrar. Duda Mamberti explora com bons efeitos os personagens femininos. Gillray Coutinho tem figura *clownesca*. Malu Valle tira boas risadas da plateia com algumas entonações muito bem usadas. Marcelo Escorel e Thiago Justino estão menos à vontade do que Orã Figueiredo e Suzana Saldanha, que não estabelecem limites à exuberância.

A mulher carioca aos 22 anos talvez não amplie o romance de João de Minas com interferência dramatúrgica mais profunda. A obra desse autor tem valor histórico maior do que os seus méritos literários, mas a estranheza de seu universo (uma visão do Brasil absolutamente iconoclasta) é atraente. Aderbal Freire-Filho optou por valorizar a palavra, ainda que com isso possa ter enfraquecido outros aspectos do espetáculo – o caráter de diversão, por exemplo.

A BAO A QU

O experimentalismo é uma área propícia a aventureirismos cênicos. Sob o abrigo da palavra *experiência* escondem-se falta de ideias e ausência de qualquer base teórica. Contrafações de vanguardas, cópias mal alinhavadas de espetáculos imaginados, e nunca vistos, muitas montagens experimentais são apenas demonstrações de tiros cegos no modismo. A *bao a qu* (*Um lance de dados*) – segundas e terças-feiras no Espaço Cultural Sérgio Porto –, ainda que não deixe transparecer apoio mais consistente para o estabelecimento das imagens cênicas, é um caso evidente de *intuição* teatral do diretor Enrique Diaz (1967-). Praticamente sem palavras (há uma babel de línguas que lembram levemente o som de idiomas conhecidos), a única frase dita durante toda a encenação é "um lance de dados jamais abolirá o acaso". O espetáculo se constrói sobre essa possibilidade do acaso, da sua interferência sobre o fluxo da racionalidade. São casais que se desentendem, movimentos que reproduzem a neurose urbana e gestos que supõem conflito de sentimentos, tudo sob a égide do processo de criação.

Na área de representação – espaço modulado por tapadeiras – a ação se transfigura em imagens abstratas que decompõem a *veracidade* das situações encenadas. É essa habilidade de Diaz em dar solidez cênica a pouco mais que um balé de ideias esparsas que surpreende em *A bao a qu*. Da mesma forma que o título guarda um tom cifrado (na verdade é retirado de história de Jorge Luis Borges), a encenação despreza a procura da clareza. O código da linguagem é a razão mesma do espetáculo. Enrique Diaz lança, com a juventude de seus 22 anos, algumas fortes imagens ao espectador. É sinal das possibilidades de um diretor que tem mais do que ideias provocantes (é inevitável a citação de algumas figuras emblemáticas da vanguarda de teatro-dança) geradas pela inconstância da pouca idade. *A bao a qu*, ao contrário do que insinua o espetáculo, não parece ser obra do acaso na carreira de Enrique Diaz. Se à intuição o jovem diretor acrescentar muito trabalho e estudo, há possibilidade de *A bao a qu* não ser evento solitário de uma carreira promissora.

M.O.R.T.E.

Em *M.O.R.T.E.* (*Movimentos Obsessivos e Redundantes para Tanta Estética*), espetáculo que estreou no final de semana no Teatro Nelson Rodrigues, os recursos do teatro servem a Gerald Thomas como metalinguagem de suas montagens anteriores. A expressão cênica de Thomas, cada vez mais dissociativa na aparência, se articula numa estrutura teórica que busca a sua *coerência* na forma. O encenador assume, já de início, o papel de entidade deificada: "Faça-se a luz". A luz é feita e o espaço da representação definido: "Entre o erro e a falha, entre o porão e o sótão". Thomas encontra em si mesmo as referências para construir em uma hora e quarenta minutos um percurso teatral que pretende discutir a criação (no teatro ou fora dele) e o eixo descentrado das forças que interferem sobre ela. O autor-diretor parte dos princípios de que "as estradas estão todas pavimentadas desde Kant, e em todas as línguas", e de que "o discurso é apocalíptico porque acontece agora".

Não é fácil transpor os códigos de uma estética como a de Gerald Thomas, que traz à cena imagens quase abstratas que transfiguram arquétipos e mitos (do teatro e de fora dele). A sua construção formal é poderosa e perturbadora nos fragmentos da cena e no acúmulo de pedaços de "tanta estética" e dos "estilhaços de um período de trégua". Em outras palavras, para Gerald, a criação está *paralisada* porque não há objetos com os quais (ou contra os quais) se provoque a invenção. Gerald tenta, então, resgatar de forma desconstruída os mitos e arquétipos da cultura ocidental. Talvez para recompô-los ou retomá-los. Um esforço obsessivo e planetário.

Os restos de *Fim de jogo*, o último espetáculo de Thomas, compõem o cenário de Daniela Thomas. A parede lateral serve de muro das lamentações, e no piso estão espalhados os despojos humanos (partes de corpos, caveiras, ossos, entulho) de mortes acumuladas. Os signos cristãos e judaicos se mostram prenhes da passagem do tempo (de um ventre inchado sai um relógio) e estão recobertos com panos brancos, parecendo miniobras do escultor Christo, aquele que costuma embrulhar monumentos pelo mundo. O embate entre o encenador e a plateia começa com a definição dos papéis de cada um: o diretor é todo-poderoso e autoritário, capaz de construir signos que se multiplicam em permanente processo de autogeração; o público é instado a perseguir essas imagens de inconsciente solto que buscam referendar-se em citações. A dificuldade em decodificar os signos pessoais de Gerald Thomas não deve levar o espectador a se considerar desinformado ou pouco perspicaz: deve fazê-lo apenas questionar a própria forma com que o diretor propõe esse universo.

Você (nome da personagem interpretada por Bete Coelho) sai da plateia para o palco para se integrar à representação. Esculpindo aquilo que já está pronto, Você se corporifica através de relações binárias básicas: pai-filho; poder-palavra; tensão-silêncio. Ao entrar no pacto que é o teatro, Você faz um percurso circular em torno de uma geometria que volta ao ponto zero. "Começa-se de novo aquilo que já começou." São os movimentos redundantes em torno de uma estética em crise. *Carmem com filtro 2,5* já apontava para um desvio de rumo na obra de Gerald Thomas. A sua tentativa de abranger a discussão do espaço teatral como hipótese que comprove conceitos submetidos a questões da contemporaneidade vem cifrando sua linguagem ao ponto de até mesmo a sua perspectiva do lúdico (o jogo do teatro como humor e brincadeira) se transformar em recado amargo para exorcizar tantas incompreensões (a apreensão do público, a reação da crítica, o teatro vigente). Essa sensação de incômodo que Gerald parece sentir em relação a categorias que interferem em sua criação é capaz de levá-lo a reações provocativas, mas profundamente ingênuas. Na montagem de *Sturmspiel*, estreada em Munique em fevereiro deste ano, as preocupações de Thomas se balizavam por duas referências absolutamente nítidas: *A tempestade*, de Shakespeare, e a reunificação alemã. Em M.O.R.T.E., o universo se amplia (não há sinalizadores) e o objeto se desvia para um palco sobrecarregado de referências que expulsa a cumplicidade do espectador.

Os contrários se confundem a todo instante – a batucada que precede a Wagner, ou Hamlet que empresta a paternidade a um contexto histórico – e tornam M.O.R.T.E. uma narrativa que se desestrutura não por razões de contexto, mas de forma. Gerald Thomas desmembra a sua estética num esgarçamento daquilo que é a sua marca autoral: a extraordinária criação de imagens poéticas de arquétipos que invadem o inconsciente do espectador provocando a fantasia e a reflexão. Em M.O.R.T.E. várias cenas conduzem a esta sensação de profundo envolvimento com o imaginário. Mas a carga anárquica de citações, a desordem e a desarticulação de uma vocação pirandelliana pós-moderna, aliada a posição imperial diante do fenômeno da criação, fazem que M.O.R.T.E. ritualize uma concepção formal até quase a sua cristalização.

Bete Coelho continua sendo a maior expressão cênica de Gerald Thomas. Mesmo com a recorrência estilística na sua interpretação, Bete entusiasma na cena do velório e enterro do Pai, quando cultua a morte em gestos dramaticamente dançados. Aliás, a fragmentação dos corpos chega nesse espetáculo ao ponto de jogar atores no chão e transformá-los em formas rastejantes. O elenco da Companhia de Ópera Seca passa por transformação, com a incorporação de novos atores, ainda sem muita *tarimba* no estilo interpretativo de Thomas. Os mais antigos – Luiz Damasceno, Magali Biff e Malu Pessin – concretizam melhor a forma de representação fragmentária, enquanto os demais – Edilson Botelho, Mário César Camargo, Ludoval Campos, Joaquim Goulart, Kiki Duarte e Cacá Ribeiro – nem sempre demonstram intimidade com o estilo.

M.O.R.T.E. não se sobrepõe às questões que Gerald Thomas tenta privilegiar como foco de sua expressão criativa, mas o espetáculo é comprovação de uma das suas hipóteses teatrais: tempo, espaço, pensamento são *transcendidos* no palco. Cada vez mais formalista, sem dúvida, Gerald Thomas cria muito movimento com sua estética. Ainda que redundante.

A ESCOLA DE BUFÕES

No século XVI, quando se passa a ação de *A escola de bufões*, do autor belga Michel de Ghelderode (1898-1962), em cena no Espaço III, a atividade dos bufões estava em declínio. Varridos pelos ares renascentistas, a bufa horda de fanfarrões arrastava a sua decadência por conventos em ruínas, num "clima de porão" com "sombras vespertinas". É assim, pelo menos, que Ghelderode capta, em Flandres, esses seres disformes, grotescos, quase repugnantes, como verdadeiras paródias humanas.

Mas por que o diretor Moacyr Góes foi buscar em seres tão tristes os comparsas para discutir a representação teatral? As figuras dos bufões carregam em si formas seculares de representação, são memórias da transitoriedade do teatro, aqueles que transformam em farsa os tristes jogos da vida. A teatralidade, nas encenações de Góes, é um objetivo cênico em si. Em *A escola de bufões* esse objetivo é procurado como meio de atingir a questão essencial do espetáculo: a capacidade reveladora da arte. A grande arte, como define o autor, tem compromisso intrínseco com o ato de viver. É na bufonaria e no ridículo de homens estropiados pelo lado mais feio da existência que se ocultam os meios de reinventar a vida. A aparência traz em si a possibilidade de reconversão do feio em bonito. Por meio de anátemas – "para o leproso, um beijo/para o diabo, obras piedosas/ para os sábios, a fogueira" – os bufões vivem os opostos para chegar à sua função: o cruel prazer da farsa.

A direção de Moacyr Góes trabalha para explorar os limites da teatralidade. A sua construção cênica é toda centrada no próprio processo de reavaliar as formas teatrais naquilo que têm de específico como linguagem. Essa sua elaboração remete o espectador a uma relação diferente com o fato cênico. Em *A escola de bufões*, a área de representação do Espaço III é mais uma vez redefinida. Agora, em desenho de Hélio Eichbauer, o cenário propõe tensão adicional à montagem. Com rigor construtivista, Eichbauer abre no palco brechas e falhas, em forma de alçapões, que o diretor aproveita para ocupar com os atores em intensa movimentação acrobática. Mais uma vez, o espetáculo cria, pelos opostos, definição de linguagem. A plateia é jogada num estado de tensão extrema diante de atores igualmente tensionados pelo *risco* da atuação. A maior farsa está representada por uma coreografia que, além de definir-se no gesto bufão (desengonçado, torto, fora de prumo), também decompõe-se em movimento amplo, quase poético. O cenário seco, carregado de significados (à cruz da esquerda se contrapõe a Nau dos Loucos, uma caravela presa à parede, do lado esquerdo), enche-se de "anatomias perversas" que repelem a comodidade e o conforto. Incômodo o cenário, angustiante a movimentação dos atores, a plateia é provocada a sentir a tensão. O trabalho corporal de Deborah Colker é bem mais do que um exercício de preparação de atores, mas significativa elaboração coreográfica com autonomia criativa.

Toda a tensão decorrente da montagem projeta imagens poderosas, como as extraordinárias danças do mestre Folial e do bedel Galgüt, num dos momentos mais fortes do teatro carioca nas últimas temporadas. A música de Mário Vaz de Mello é outro dos elementos que compõem esse quadro de "maligno prazer". Originalmente composta para o espetáculo, a música tem caráter dramático bastante definido – a sua inserção na banda dos bufões, antecedida apenas pelos instrumentos de percussão, dá o tom exato do "penoso apostolado que é divertir os humanos". Os figurinos e a maquiagem assumem um alto padrão de sofisticação visual. Mas fica sob a responsabilidade do diretor Moacyr Góes a orquestração de toda essa cuidadosa produção. Uma cena emblemática da sua requintada procura do equilíbrio instável entre a emoção de pensar a função da arte através de velhas e tristes figuras bufonas é aquela em que os atores dirigidos à plateia apontam para as máscaras como simulacro, "coleção de efígies". Na montagem de Góes, e parodiando o autor, "a grande mímica dispensa o franzir de rostos". É exatamente essa despojada ideia de que o teatro tem que ser visto por dentro que confere a esta peça o papel de discutir a questão da contemporaneidade do ato teatral.

Moacyr Góes rege sinfonia cruel, que trata todo o tempo de questões da vida, mas com a pompa fúnebre de mortes anunciadas. Os executantes dessa sinfonia são atores que demonstram disponibilidade admirável para a proposta do diretor. Não se trata apenas de esforço físico notável, mas de capacidade de concentração sobre personagens que se expressam pela corporeidade. Todo o elenco de apoio são bufões perfeitos que ocupam o palco com presença envolvente e algo repulsiva. Realizam com precisão as exigências corporais e vocais, numa unidade cênica de ação poética. Leon Góes, como Galgüt, mostra, mais uma vez, as qualidades de ator para dominar a sua expressão de corpo. Sua figura, cínica e onipresente, tem atuação catalisadora. Floriano Peixoto, um Florial forte, realiza duas cenas de impacto: a da dança e sua primeira entrada. Apesar de toda a unidade de interpretação desse elenco bem preparado, nota-se uma certa falta de autoridade interpretativa que nem de longe compromete a montagem.

A escola de bufões traz ao panorama teatral do Rio pesquisa de linguagem que se despoja do espontaneísmo para se fundamentar em base teórica sólida. A participação da *dramaturg* (responsável pelo apoio teórico à montagem) Beti Rabetti foi essencial para que *A escola de bufões* consiga reter, na sua pouco mais de uma hora, a transitoriedade do ato teatral, exatamente por demonstrar que o efêmero pode sustentar o permanente. Os bufões, metáforas de uma forma de teatro tão ingênua, servem de pretexto para discutir a grande arte, aquela que se liga à vida pelos laços do palco.

CARMEM COM FILTRO 2,5

Quando as portas do Teatro Nelson Rodrigues se abrem e o público vai à procura de seus lugares, o palco já está iluminado e um ator vasculha os livros espalhados pelo chão. O cenário é o mesmo da *Trilogia Kafka*, que Gerald Thomas apresentou no Rio em fevereiro de 1989, mas sua aparência é um tanto decadente: semidestruído, parece ter sido arrombado pela ação do tempo e de vândalos. A plateia se acostuma com a cena, ocupando com o olhar o extraordinário cenário de Daniela Thomas, apropriando-se, lentamente, da emulação teatral. Seguem-se dez minutos de ação silenciosa em que a ausência da palavra emoldura cenas que definem as pretensões da montagem de número 2,5 de *Carmem com filtro*.

Gerald Thomas investe em dois alvos – o comentário cáustico sobre a apreensão de seu código cênico e a didatização das referências culturais que permeiam o texto – como se propusesse uma brincadeira sobre a sua própria construção teatral. Em *Carmem com filtro 2,5*, Thomas acentua o processo dissociativo da narrativa teatral sob a ótica do humor. O espetáculo refaz o gesto cômico através da *Carmem*, de Prosper Mérimée (1803-1870), mas com o acúmulo de todas as interpretações que se incorporaram à obra – desde a ópera de Georges Bizet à vulgarização romântica das versões fílmicas. O tratamento que Gerald Thomas dá a essa figura destrói o mito da feminilidade submetida ao masculino. O amor de José por Carmem não é correspondido. Na verdade, a sua paixão é Escamillo. Entre eles, a triste presença de Micaela. O furacão romântico dessa história é desprezado no comentário mordaz sobre a inter-relação humana (nada é possível além da humilhação) e a função da cena (o teatro parece não ser o lugar para o humanismo).

Ironias à parte, Gerald Thomas reafirma com *Carmem com filtro 2,5* o seu indiscutível domínio de uma teatralidade personificada num aparato cênico irrepreensível. A iluminação secciona o palco em quadros narrativos, como se cada um deles se transformasse, cinematograficamente, em fotogramas de sequência descontínua. A trilha sonora impõe uma teatralidade operística, pedindo emprestado sonoridades múltiplas: tanto a lírica de Wagner e o minimalismo de Philip Glass quanto a batucada e o samba-exaltação de Ary Barroso. O cenário e os figurinos conferem dramaticidade à visualidade. Os atores, em especial a fúria cênica de Bete Coelho, compõem um quadro extraordinariamente provocativo e fascinante como demonstrativo de um estilo interpretativo. Todo esse aparato, que remete a densidade cênica e a envolvência estabelecida a partir de um jogo dramático claramente reflexivo, desmorona, de certa forma, diante de novo e perturbador elemento: o humor. *Carmem com filtro 2,5* desarruma essa construção ao procurar desmontá-la pelo humor. Gerald Thomas volta ao mito Carmem para refazer o trajeto da cultura ocidental. O erudito Lilas Pastia serve de veículo para ridicularizar certo tipo de prática cultural. Personagens beckettianos circulam como narradores que comentam o núcleo dramático sugerido por Merimée, e, assim, o teatro se desarticula diante da plateia. Até a figura do diretor-autor se torna presente na regência da cena, como se na sua arqueologia da cultura ocidental ele assumisse o papel de um mestre messiânico.

Mas o humor parece não ser, exatamente, a linguagem mais apropriada para que Thomas discuta questões de tão ampla envergadura. Seu humor se concretiza através de observações que se banalizam (mais por seu caráter sentencioso do que propriamente pela facilidade do tom e pela intenção provocativa), como se quisesse lançar anátemas de maneira juvenil. Thomas não incorpora a autoironia, mas exterioriza a ironia sobre reações (roteiriza o entendimento de seus espetáculos) e referências (aponta nos gregos, em Goethe e em Shakespeare, entre tantas outras citações, sinais para a desmontagem do mito num universo analítico pessoal). O humor se impõe como combinação pouco orgânica do desejo de provocar embate com a plateia e incontornável rigor formal sobreposto a essa "deformação" estilística que superficializa preocupações que, sem dúvida, estão no centro do teatro contemporâneo. Thomas concede a si mesmo espaço para brincar com o seu processo de criação. Mas o tom dessa brincadeira confunde-se, numa babel de línguas, com a perda de alguma vitalidade. Ao transformar em circunstanciais (não se atribua ao humor a função de apagar os traços de um debate intelectual, mas neste caso apenas à forma como Gerald o utiliza) alguns pontos relevantes da cultura contemporânea, o diretor confirma a sua maturidade como construtor do fato cênico, mas revela uma ingênua disponibilidade para provocar.

As imagens se absolutizam no palco como a mais poderosa referência de *Carmem com filtro 2,5*. Gerald Thomas é um autor que, ao contrário do diretor sempre voltado para o *work in progress*, estabelece diálogo um tanto difícil com as suas próprias proposições. A grande cena operística de Gerald Thomas traz em si o impacto de sua desconstrução. O autor Gerald Thomas, no entanto, parece saturado de tantas referências, como se o leitor obsessivo do Museu Britânico sucumbisse à ordenação da escrita.

CONCÍLIO DO AMOR
VEM BUSCAR-ME QUE AINDA SOU TEU
PANTALEÃO E AS VISITADORAS

A recessão, que quebra empresas e ameaça jogar para um futuro improvável a tão perseguida estabilidade econômica, passa ao largo da oferta teatral em São Paulo. Pouco mais de trinta espetáculos – praticamente o mesmo número do Rio – se espalham pelos teatros da cidade em horários e dias variados, preenchendo toda a semana com uma afluência de público nada desprezível. Diretores como Ulysses Cruz e Gabriel Villela têm mais de uma montagem em cartaz (três de Ulysses e duas de Gabriel); espetáculos estão há um ano em cartaz (*Concílio do amor*, no Centro Cultural São Paulo, e *Fragmentos de um discurso amoroso*, que volta com a Companhia Estável de Repertório) e produções ambiciosas (*Estrela do lar* e *Orlando*, ambas cariocas) disputam um mercado altamente seletivo em que a questão da linguagem nem sempre está no centro da cena. Enquanto o diretor Moacyr Góes começa a preparar em São Paulo a montagem de *Os gigantes da montanha*, de Luigi Pirandello, com a presença da estrela de televisão Regina Duarte no elenco, a perspectiva que as atuais montagens paulistas transmitem é da onipresença do diretor. Figura imperial, absolutizada pela interferência na totalidade do espetáculo – a cenografia, os figurinos, a luz e os métodos interpretativos dos atores têm mais do que suas assinaturas, mas marcas pessoais abrangentes.
Gabriel Villela, 31 anos, de Carmo do Rio Claro (sul de Minas), formado pela Escola de Comunicação e Artes da USP, é um diretor de rara sensibilidade teatral. Apesar da ECA, se define como um diretor de formação assumidamente espontânea – assistia na infância aos circo-teatros mambembes que aportavam na sua cidade e só entrou em contato com uma encenação profissional em 1977, com *Torre de Babel*, de Fernando Arrabal, numa produção de Ruth Escobar. Mas Villela impressiona pela organização cênica de seus espetáculos, que se estruturam com impecável rigor formal. O universo estético-afetivo de Villela, que se alimenta da vivência interiorana (o imaginário mineiro), da cultura popular (o circo-teatro) e do teatro processional (a teatralidade das cerimônias religiosas), se transmuda em montagens afinadas com a modernidade teatral. *Concílio do amor*, peça alemã escrita por Oskar Panizza (1853-1921), é uma boa indicação das preocupações estéticas de Villela. No espaço amplo e inacabado do Centro Cultural, o diretor se apropria da arquitetura (de suntuosidade empobrecida) para solenizar um texto que, misturando a farsa com formas dramáticas extremamente ritualizadas, trata da sífilis, uma peste do século XIX que serve de metáfora a males contemporâneos. Ainda que o texto seja irregular

na dosagem entre o farsesco e o ritualístico, a montagem de Villela impressiona pelo seu substrato visual e contundência cênica.

Ainda que se movimente por referências vizinhas à reiteração (o religioso e o *kitsch* são leituras quase sempre perigosas), Villela não se deixa derrotar por tais facilidades. Se em *Concílio do amor* ainda revela hesitações para estabelecer uma verdadeira procissão demoníaca, em *Vem buscar-me que ainda sou teu*, a sua outra direção, em cartaz no Teatro Anchieta, a sua compreensão do universo da peça parece bem mais resolvida. O autor Carlos Alberto Soffredini (1939-2001) estabelece através do melodrama do circo-teatro ligação com a lembrança de uma forma narrativa. O dramalhão circense *Coração materno*, o mesmo que inspirou Vicente Celestino na canção da mãezinha assassinada pelo próprio filho a pedido da amante desalmada, é retrabalhado como uma linguagem em si. Soffredini revela complacência com esse mundo decadente, já Villela discute o gênero. Villela, que também desenhou os cenários (caixotes de exportação que representam carroças de circo ou depósitos), veste os atores com figurinos agressivamente belos nos seus rasgos e trapos (o diretor confirma que se inspirou em mortalhas), movimentando-os como títeres de uma história já contada. Nessa reflexão sobre processos teatrais – o diretor confessa que prefere se debruçar mais sobre o narrador do que sobre a narrativa – Gabriel Villela se aproxima de expressão altamente formal, mas sem perda da emoção.

A montagem de Ulysses Cruz para o romance *Pantaleão e as visitadoras*, do peruano Mario Vargas Llosa (1936-), é uma demonstração do exercício absoluto do diretor. No cubo arquitetônico do Teatro Mars – uma construção com 17 metros de altura – Ulysses experimenta o espaço explorando recursos da cena na sua acepção de *show business*. A saga do militar que instala um bordel itinerante nas selvas da Amazônia peruana para mitigar os impulsos sexuais da soldadesca é um *show* de efeitos. Uma piscina, pontes levadiças, gansos em cena, chuva e atores submetidos a malabarismos arriscados jogam sobre os sentidos do espectador alguns estímulos. Mas são tantos, que Ulysses Cruz não permite à plateia o mergulho na farsa. A montagem agride, com a sua pirotecnia, o núcleo central da trama: o absurdo da realidade latino-americana.

QUADRANTE

"Sou um homem de teatro." No palco vazio do Teatro da Casa de Cultura Laura Alvim, Paulo Autran inicia seu recital *Quadrante* fazendo essa declaração de princípios, pedida de empréstimo a Millôr Fernandes (1923-2012) e Flávio Rangel (1934-1988, a quem dedica o espetáculo) e que abria o monólogo que o ator dizia em *Liberdade, liberdade*. Nada mais verdadeiro e conveniente para sancionar o espetáculo de um ator de 67 anos, com 40 de carreira, que na solidão de um palco despido de qualquer adereço fica iluminado pela presença imperial do intérprete que, como um mago, retira de sua canastra de trabalho os diversos recursos (técnica, emoção e experiência) para se defrontar com o público sem camuflar seus truques. *Quadrante* ambiciona ser um resumo despretensioso de uma carreira de profissional que adquiriu a autoridade indiscutível no *métier* e que hoje se expressa numa prática requintada.

A seleção das crônicas, poemas e trechos de peças foi feita pelo próprio Paulo Autran, num roteiro que explora, inteligentemente, as suas melhores características de ator. A finura do humor de Autran se manifesta nas entrelinhas, em especial nos textos de ligação. A introdução que ele faz para o poema "Natureza morta", apresentando o seu autor Onestaldo de Pennafort, é uma deliciosa e bem-humorada crítica ao "espírito carioca". Sutil, mas certeira, essa crítica toca profundamente a nossa inconsequência. A elegância com que passeia sobre o ranço do estilo declamatório de décadas passadas só se compara à emoção que empresta à interpretação de "Meus oito anos", de Casimiro de Abreu.

Mesmo que a forma de recital tenha suas restrições, Paulo Autran dribla habilmente algumas armadilhas do gênero (tendência ao virtuosístico), sem, no entanto, conseguir superar por completo o caráter restritivo de uma manifestação de teatro excessivamente econômica. Mas *Quadrante* se justificaria, caso não tivesse quaisquer outras qualidades, pela atuação de Paulo Autran para *Meu tio, o Iauaretê*. Ágil (seu corpo se amolda às formas animais como se ele fosse um homem de 30 anos), agressivo (a sua composição fascina pela violência da figura), detalhista (a palavra resgata o extraordinário universo vocabular de Guimarães Rosa), Paulo Autran alcança um dos melhores e mais expressivos momentos de sua carreira. Diante de uma única cena de *Meu tio, o Iauaretê* confirma, plenamente, que é um homem de teatro contemporâneo.

ELAS POR ELA

Marília Pêra é uma grande atriz. Em *show* teatral de uma hora e meia no Teatro Ginásio, Marília interpreta o repertório de 35 cantoras brasileiras com a boa voz que tem (que educou pelo estudo e pela dedicação ao obstinado aperfeiçoamento profissional), revivendo, de certa maneira, os 43 anos em que pisa os palcos. *Elas por ela*, sem ser uma súmula da carreira, é uma homenagem que Marília presta a toda a sua formação artística. Quando ela canta Aracy Cortes, pode-se imaginar a avó Antônia Marzullo, que provavelmente representava nos mesmos pavilhões onde a cantora se apresentava. Ao interpretar "Camisa amarela", relembrando Aracy de Almeida, é possível perceber o pai e o tio, Manoel e Abel Pêra, que mambembavam pelos teatros do Brasil nos anos 1930. Ou a mãe Dinorah, que atuava na mesma época em que as cantoras do rádio alimentavam a dor de cotovelo dos brasileiros.

A própria Marília recompõe, inconscientemente, toda a sua trajetória. Na maturidade dos seus recursos, a atriz dança com o mesmo empenho que ensaiava a carreira no início dos anos 1960 na revista *De Cabral a JK*. Canta com a mesma segurança de quando interpretou uma das personagens da comédia musical *Como vencer na vida sem fazer força*. Interpreta com a mesma autoridade com que desenhou a Mariazinha de *Fala baixo senão eu grito*. O reencontro com a atriz através da música torna secundária a discussão dos limites de gêneros. *Show* de música ou teatro? *Elas por ela* prova que uma atriz como Marília Pêra é do teatro e é lá que depura sua técnica, seja cantando, improvisando ou interpretando.

Elas por ela começa com o coro quase todo familiar (os filhos Esperança e Ricardo e ainda Luiz Montagna) anunciando que "A louca chegou", de Adoniran Barbosa, Henrique de Almeida e Rômulo Paes ("Quem conhece essa mulher/É que sabe o que ela é"), para terminar com "Têmpera", música especialmente escrita para o espetáculo por Gonzaguinha, num jogo de palavras com o sobrenome de Marília ("As deusas têm têmpera/Pura energia e têmpera/Pura magia e têmpera"). Marília assume, plenamente, no espetáculo a têmpera de uma louca. Apaixonada pelo palco, toma conta do espaço que lhe é reservado de forma absoluta. Ainda que a montagem não fosse toda concentrada nela, dificilmente Marília Pêra deixaria que a atenção se desviasse dela. São raras as atrizes que, como ela, possuem a *star quality*. Pode-se considerar dispensável todo o aparato cênico, que inclui a presença de crianças que apoiam texto e imagens um tanto piegas. Mas dificilmente se fica insensível ao trabalho técnico que puxa a mais pura emoção de cantar a história musical brasileira dos últimos cinquenta anos.

Ao surgir no palco, depois de se abrirem quatro cortinas, Marília Pêra já se impõe. O jeito malandro e malicioso de Aracy Cortes aparece até na maneira como Marília mexe os lábios. Um pequeno reforço na pronúncia dos erres e Aracy fica translúcida. A outra Aracy, a de Almeida, é vestida com indefectível sotaque carioca. Carmen Miranda, em duas fases – a norte-americana com "Chica chica boom chic" e a pré-americana, com a premonitória "Mulher exigente" – ganha da atriz um brilho que remete à sua criação da *Brazilian bombshell* no musical dos anos 1970 *A pequena notável*. Mas é no bloco das cantoras do rádio que requinta nos detalhes. Na clássica "Mensagem" ("Quando o carteiro chegou/E o meu nome gritou/Com uma carta na mão") transparece o sotaque italianado da paulista Isaurinha Garcia. E é apenas um leve anasalado na voz. De Isaurinha para Ângela

Maria, a voz modula, um tom mais potente, e o corpo se projeta para a frente. Voz e gesto conjugam-se harmoniosamente para que Ângela/Marília interprete "Orgulho". A Dalva de Oliveira, reencarnada por Marília e que o público carioca já conhece do espetáculo *A estrela Dalva*, desenha-se no gesto característico da cantora ao agradecer os aplausos cruzando os braços junto ao coração.

O forte temperamento crítico que Marília Pêra cultiva na sua personalidade artística move a visão que empresta a algumas cantoras e ao tipo de poesia que enaltece o amor frustrado. Em "Haja o que houver", de Fernando César e Nazareno de Brito, com sua inacreditável letra ("Bate, se queres bater,/Será pra mim um prazer/Ajoelhar-me no chão/Pedindo perdão"), Marília Pêra acentua o prosaico desses sentimentos de samba-canção, com irreprimível tom de farsa. Já a comediante toma conta da cena com uma surpreendente interpretação de Marlene em "Lata d'água" e uma hábil imitação de Elza Soares. Se, no bloco da dor de cotovelo, Marília estabelece com menos nitidez as diferenças entre as cantoras nos anos dourados, no bloco dedicado à jovem guarda ficam apenas como uma citação.

O virtuosismo de Marília Pêra permite até que enfrente "La seguidilla", da ópera *Carmem*. Como um belo truque teatral, a ária dá sequência à homenagem a Elis Regina, única das cantoras que tem a sua voz reproduzida no espetáculo e com quem Marília Pêra faz um belo dueto em "Aquarela do Brasil".

Elas por ela não tem invenções teatrais evidentes. O cenário, a participação do coro, bailarinos e músicos procuram a sintonia profissional com a competência e a técnica de Marília Pêra. A atriz, que como cantora prova que a extensão de uma prática profissional é só um permanente embate com o talento em processo de refinamento, mostra que, nela, esse corpo a corpo amadurece com a sutileza do autoconhecimento. Com a pretensão de divertir, *Elas por ela* é um perfeito entretenimento: profissional, prazeroso e inteligente. Marília Pêra sabe, por experiência e trabalho, como divertir no teatro. Ao encarnar tantas cantoras, é como se reinventasse, cenicamente, a sua história profissional, cultivando seu passado. Marília Pêra é, realmente, uma grande atriz.

JOÃO DE MINAS: A MULHER CARIOCA AOS 22 ANOS

Hoje, às 23 horas, quando os espectadores estiverem aplaudindo a cena final de *A mulher carioca aos 22 anos*, no reformado Teatro Glaucio Gill, uma curiosidade estará satisfeita: quem foi João de Minas (1896-1984)? O romance *A mulher carioca aos 22 anos*, escrito em 1931 por esse temperamento criativo de traços um tanto extravagantes, chega ao teatro pelas mãos de Aderbal Freire-Filho, que empreendeu verdadeira arqueologia literária para restabelecer "a relação do teatro com a palavra, questionando um vínculo inseparável que está sendo recusado". A montagem de Aderbal tem a duração de quatro horas (a encenação contínua, aos sábados e domingos, começa às 18h e deve se estender por mais uma hora, em consequência dos intervalos) e reproduz, rigorosamente, a narrativa do romance. Não há adaptação, mas fidelidade ao que se lê em pouco mais de 100 páginas desse "romance sexual", cuja edição original da Marisa, em 1934, trazia a recomendação de "prohibido para senhoras".

O próprio João de Minas – seu verdadeiro nome era Ariosto Palombo – é que conta que *A mulher carioca aos 22 anos* nasceu por sugestão do acadêmico João Ribeiro na crítica do *Jornal do Brasil* sobre o seu livro de estreia, *Jantar de um defunto*, em 1929. "João Ribeiro – escreve João de Minas no prefácio de *A mulher carioca aos 22 anos* –, admitindo a minha 'prodigiosa imaginação', achava que eu aplicava mal essa 'imaginação', não a queimando nas luxúrias de um romance..." E dentro do "campo do analfabetismo nacional", João de Minas decidiu fazer "nestas páginas, com o escândalo de hoje, aquilo que daqui a talvez vinte anos os escritores farão com a maior naturalidade. A minha maneira de escrever, hoje essa maneira escandalosa, amanhã será uma modalidade vulgar".

A mulher carioca aos 22 anos não deixa de ser um romance espantoso, passados quase sessenta anos da primeira edição. A história da ingênua Angélica é contada quase como um folhetim que pode ser confundido com as publicações populares que apelam à vulgaridade. Cercada de todo tipo de hipocrisia e venalidade, a crédula Angélica descobre que a moralidade é mercadoria de uso externo na vida brasileira. Impiedoso com as instituições, sobra muito pouco de pé. A imprensa é transformada num depósito de chantagem e de tráfico de influência. Não é sem motivo que o jornal descrito no romance ganha o nome de *A Honra Nacional*. Os políticos também são alvo das ironias indignadas de João de Minas: "Este livro é uma ponte entre a República Velha e a Nova. Nesse sentido, é o único. Este romance romanceia (*sic*), mudando os nomes dos bois, os últimos tempos da República do PRP. E passa para os primeiros tempos da República Nova, ao redor de um moço bonito que acaba interventor de Alagoas". Nada mais premonitório. O interesse de Aderbal pelo romance se vincula muito mais à possibilidade de explorar "a carga furiosa de palavras" do que à semelhança com o diálogo (e eventualmente o universo) de Nelson Rodrigues ou de qualquer outra referência dramatúrgica. "Todas as palavras do livro são absorvidas pelos personagens", conta o diretor. "João de Minas permite que floresça a teatralidade. A imaginação febril do autor se manifesta por uma atitude extremamente inovadora: cria e abandona personagens. Pretendo ter captado essa exuberância criadora."

O perigo é considerar João de Minas como um caso literário, apropriando-se dessa estranheza como um fenômeno literário exótico. Aderbal não tem medo do risco. "É impossível evitar quaisquer apropriações que sejam feitas." O diretor pretende apenas revelar a "modernidade na maneira de escrever de João de Minas" para restabelecer "uma comunicação perdida pelo teatro".

Aderbal Freire-Filho, paralelamente à estreia de A *mulher carioca aos 22 anos*, reinaugura o Teatro Glaucio Gill inteiramente reformado, com a sala Yan Michalski, sala de ensaios, camarins bem equipados e biblioteca (banco de peças teatrais brasileiras). E inicia o Centro de Demolição e Construção do Espetáculo, que "importará" grupos internacionais já nesta temporada, funcionando como possibilidade de aglutinar ideias sobre a prática do teatro. Aderbal resumiu em recente artigo a sua perspectiva na criação teatral, que de certa maneira é a base de ação do Centro. "Admiro muitos dos construtores do teatro contemporâneo, acompanho de perto algumas correntes, mas não devo filiação ortodoxa a qualquer dos ramos da árvore que se planta agora. Estou mais interessado, porque quero trabalhar com as forças da incompatibilidade, que são as forças que vão criar a nova definição." E João de Minas é, sem dúvida, uma força da incompatibilidade.

1991

CARTAS PORTUGUESAS

As cinco cartas escritas, supostamente, por Mariana Alcoforado (1640-1723), no século XVII, reunidas sob o título de *Cartas portuguesas*, permaneceram ao longo de tanto tempo como um texto sobre a paixão. O amor de uma mulher por um homem que a abandona é maior do que a solidão e a clausura (vive reclusa num convento) a que se condena. A correspondência revela a exaltação e o ardor do sentimento, o estado de arrebatamento que o amor desperta nessa mulher. As cartas, além de expressarem esses sentimentos exacerbados, adquiriram caráter libertário de uma paixão que reafirma a existência. Ainda que contrariada, a paixão de Mariana Alcoforado vivifica quem a experimenta: "Prefiro ser desgraçada amando-te do que nunca te haver conhecido".
Cartas portuguesas vincula toda essa explosão de sentimentos a um gongorismo literário que reforça as imagens de um inconsciente tocado por um amor cujo limite está no desejo de viver a plenitude da existência. O sentimento que Mariana Alcoforado derrama sobre a sua condição de mulher presa a engrenagem opressora apenas evidencia sua procura de justificativa para integrar a beleza ao fluxo da vida. A dor e o sofrimento são reivindicados como a voz interior que leva à loucura, mas não retira o conhecimento do prazer.
A adaptação teatral de Júlio Bressane para a obra da autora portuguesa condensa esse caudal de palavras exaltadas em roteiro que obedece não ao ritmo interno dos escritos (a repetição, a circularidade das evocações e a descontinuidade estilística), mas à procura da abstração e da atemporalidade. A encenadora reviu e ampliou essas intenções ao situar sua montagem numa floresta. Para Bia Lessa, a floresta representaria um lugar possível para a imaginação: ponto de referência para todos os tempos. Não é fácil, no entanto, integrar essa ideia a partir de concepção cenográfica quase realista. No palco se instala uma floresta com plantas vivas, um riacho e muita terra. Há quase uma contradição entre essa floresta real e o movimento interior de Mariana Alcoforado. A floresta é uma referência física, absolutamente identificável, e a diretora parece querer substituir a ausência de ação explícita, que o texto efetivamente não possui, por ocupação frenética do espaço cenográfico. As atrizes manipulam todos os materiais disponíveis (terra, água, barro), ingerem terra, se vestem com roupas molhadas, construindo uma cena inutilmente suja, sem conseguir dar significação a toda essa elegia aos elementos físicos e sem apontar um efetivo sentido ao texto. A palavra é esvaziada de seu caráter literário para se expressar na sua forma literal.
Bia Lessa preenche a inação com movimentos intensos e desordenados em torno dos signos banais da religiosidade (coroa de espinhos, cruzes), sem demonstrar qualquer

outra ideia por trás dessa agitação cênica. A encenadora associa aos diversos climas dramáticos do texto uma trilha sonora que sublinha, da mesma forma que a cenografia, o excesso de ação física (a vulgaridade, por exemplo, se identificaria com a estética da música brega). A cena inicial tem a duração de 15 minutos (o tempo total do espetáculo é de 50 minutos), marcada por trilha sonora pesada e servindo de pano de fundo para ritual de significado explícito: a concretização da imagem de Mariana Alcoforado com o seu duplo. As duas atrizes (Luciana Braga e Carla Camurati) interpretam uma só personagem, figurando o amálgama de Mariana e seu inconsciente. Óbvia e pesada, a cena serve tão somente de introdução para que a trilha se modifique e se ouçam músicas brasileiras antigas, além de demonstrar a qualidade e as mudanças tecnológicas das gravações em disco. Se a diretora deseja provocar o choque, consegue apenas ficar no jogo fácil das aparências.

Mas *Cartas portuguesas* prova como o ator é um ser que se põe em disponibilidade e que tem diante do seu trabalho uma generosidade espantosa. O que as atrizes do espetáculo se dispõem a fazer em cena é, no mínimo, um gesto de confiança na encenadora e na capacidade de cada uma se expor. Luciana Braga vai até o fundo dessa desesperada atividade física, obscurecendo num barroquismo de gestos a força das palavras. Carla Camurati realiza com empenho marcas bizarras, como a do cabaré (a floresta, por um artifício de luz, se transforma numa casa noturna) ou a da mímica. As atrizes se esforçam, mas é difícil dar significados menos superficiais quando uma couve-flor se torna um símbolo teatral ou quando um pombo-correio de papel-jornal não alcança voo poético, mas se revela apenas uma constrangedora solução cênica.

Bia Lessa não conceitua a sua encenação, falta a seu espetáculo uma ideia que justifique as opções que a diretora escolheu para *Cartas portuguesas*. A palavra, elemento essencial e emblemático dessas cartas apaixonadas, se torna secundária, perdida em meio à torrente de terra, água, plantas e barro.

O TIRO QUE MUDOU A HISTÓRIA

Fatos históricos, como os ocorridos no último dia de vida do presidente Getúlio Vargas, já trazem em si a informação que caracteriza o registro jornalístico. O factual é um perigoso elemento quando se propõe transpô-lo para a criação artística. O estritamente documental é, no mínimo, enfadonho, e as interpretações políticas ficam bem melhor em livros do que em palcos. *O tiro que mudou a história* é, nesse sentido, uma adaptação teatral envolvente nas duas frentes em que atua: a do texto e a da encenação. A peça, escrita por Aderbal Freire-Filho (1941-) e Carlos Eduardo Novaes (1940-), faz questão de mostrar posição diante dos acontecimentos que se desenrolaram no dia 24 de agosto de 1954.

Os fatores políticos que engendraram a queda de Vargas são identificados pelos autores como forças retrógradas e antinacionalistas que se articularam para derrubar um político modernizador. A análise é suficientemente abrangente para não permitir nuanças que definam melhor as características de um caudilho contraditório. Como qualquer interpretação é passível de contestação, a visão dos autores pode ser discutida, mas é bem defendida dramaticamente.

A dupla recria a História através do jogo teatral, usando recursos do texto dramático sem se deixar restringir pela grandeza da temática. A qualidade da peça transcende o factual, recriando os acontecimentos históricos com o rigor da informação, mas sem esquecer o sentido teatral que, necessariamente, há que se emprestar à narrativa. O quadro social situa a ação e os gestos de Getúlio, permitindo que se confira dimensão humana à figura do político. O teatro, no entanto, é o impulsionador dessa representação do fim de uma vida. Os antecedentes e as consequências de um gesto adquirem caráter emblemático na peça de Aderbal e Novaes: teatralização de uma maneira de contar uma história e metáfora cênica da vida nacional.

O cenário do Palácio do Catete, onde se desenrolaram todos os acontecimentos narrados, ganha projeção dramática impressionante. Aquela arquitetura eclética, carregada de ornamentos, tem a dramaticidade que os fatos da República lhe conferiram. O diretor aproveita duplamente esta cenografia. A ação começa nos jardins do palácio, com três parcas/bruxas (na tradição grega ou shakesperiana) que anunciam, com tambores e maus presságios, os acontecimentos que vamos assistir. Para cada momento da agonia política e pessoal de Getúlio, a plateia (são no máximo 75 espectadores que percorrem o tempo dessa agonia) caminha a pé por salões, salas de música, aposentos íntimos, para terminar no quarto simples em que Getúlio se matou. Os espectadores se transformam em coparticipantes dessa "tragédia brasileira" não só pela proximidade que associa a plateia do testemunho, como pela inserção do espectador à forma de narrativa altamente poetizada. O que se passa na "alma dos reis" é o que canta a montagem, e como vive a alma do país até hoje é o que conta.

Os desenhos dos arabescos, os anjos do corrimão, a claraboia ("o brilho dos vitrais é o reflexo e muito mais do sol ardente do Brasil") se incorporam à narrativa. O diálogo de Getúlio com a Morte e o solilóquio de Benjamim, irmão do presidente, são dois momentos em que o cenário com carga operística se transforma em *décor* para o encontro da razão e do medo. As frutas e os animais dos frisos da sala de reuniões marcam a síntese que a peça faz da nacionalidade: "Só a antropofagia nos une. Não foram os cruzados que vieram. Foram os fugitivos de uma civilização que estamos comendo, porque somos fortes e vingativos como o jabuti".

Como não há qualquer intenção de reproduzir com fidelidade a História, o espetáculo não se fixa em tipos físicos que imitem os personagens retratados. Cláudio Marzo, sem qualquer semelhança física com Getúlio Vargas, é capaz de revelar com máscara forte, silêncios e pausas bem dosadas um homem construindo a sua morte. Domingos de Oliveira explora com extrema sinceridade e entrega o medo de Benjamim. Paulo José empresta autoridade a Oswaldo Aranha. Os demais atores cumprem os seus papéis com disciplina cênica. O uso da música, introduzida em cenas em que a emoção supera a reflexão, acrescenta maior grau de teatralidade à encenação.

O tiro que mudou a história não é uma dramatização de acontecimento da história do Brasil. É uma peça teatral, com encenação que procura encontrar a linguagem própria para o cenário do Palácio do Catete. O teatro não é um meio para contar o suicídio de Getúlio Vargas. É expressão de um olhar poético sobre a história e a arte. Como a jovem narradora diz ao final, "tu, ator, mais do que qualquer outra arte, deves possuir a arte da observação".

O BAILE DE MÁSCARAS

Mauro Rasi (1949-2003) assume tom confessional em sua dramaturgia pósbesteirol desde *A cerimônia do adeus*, quando o jovem Juliano (*alter ego* do autor) procura ultrapassar os limites de um ambiente cultural interiorano através de fantasia delirante (o casal Simone de Beauvoir e Jean-Paul Sartre é personagem). Em *A estrela do lar*, o delírio de Juliano se incorpora à fantasia de seu pai, erigindo o conceito classe média de cultura como razão narrativa. Em *Tupã*, que antecede a esses dois textos, Mauro Rasi faz o seu rito de passagem entre a produção besteirol e a biográfica, mas mantém como cerne a cultura da aparência. Em *O baile de máscaras*, o último texto de Mauro Rasi que ele também dirige, a situação básica é retirada de sua experiência pessoal. Um grupo se reúne durante quatro dias de Carnaval para assistir a vídeos de ópera e filmes. Os que participam dessa "maratona cultural" são projeções de personagens reais – o autor dá crédito à sua apropriação –, impiedosamente revistos por olhar que capta a imagem de dentro do *melting pot* cultural que desenha cada um deles.

A ideia é, no mínimo, divertida, pelo menos em linhas gerais. Afinal, a situação, bizarra em si, promete ser a radiografia de sensibilidade artística desvinculada de verdadeira expressão cultural. A atitude, mais do que a essência, é embalada através de diálogo cáustico, o maior e melhor trunfo de Rasi. Algumas cenas são bem construídas, em especial as que estabelecem os contrapontos entre as referências culturais brasileiras – como as da empregada e o seu filho Vinícius – e as atitudes de cultores das belas-artes dos espectadores dos vídeos. O baile de máscaras tem alguma dificuldade em sustentar a situação-chave, já que a rigor o texto não se apoia numa ação explícita, mas em movimento crítico em relação a comportamento. O aspecto estético está mais próximo da bufonaria do que do melodramático, numa construção que obedece a um desenvolvimento previsível, antecipando a explosão emocional dos personagens.

O desabafo vai num crescendo lento e adquire o tom melodramático e lamentoso de uma cena trágica em desacordo com o espírito de humor dominante. E, ao contrário de provocar alguma solidariedade na plateia (na verdade, a crueldade do autor é muito mais uma atitude que persegue o choque do que propriamente um jogo psicológico), acentua o patético de fancaria. Ainda que O *baile de máscaras* possa ser compreendida sem o conhecimento das referências (as árias de óperas, o caráter de cada filme, os mecanismos da crítica e da produção teatral e os personagens inspiradores), a falta delas esvazia bastante a apreensão do espetáculo. E nesse sentido, até mesmo os símbolos desse universo (como a piada com a estatueta do Prêmio Molière) não são explicitados ao público leigo, o que é uma ameaça de transformar O *baile de máscaras* numa encenação, senão cifrada, restrita. Mesmo considerando que no cerne da peça está em discussão outro universo (a ausência de identidade cultural), não se pode esquecer que ela se dirige a um público interno, talvez aquele que esteja retratado em cena. Não sem razão que uma das frases que provoca maior reação da plateia (pelo menos na noite de estreia) seja a do desabafo de Horácio, arquiteto e cineasta, que pergunta: "Por que você acha que brasileiro não gosta de encontrar-se com brasileiro no exterior? Porque é um espelho". As gargalhadas foram imediatas.

O diretor Mauro Rasi seguiu cuidadosamente seu roteiro, reproduzindo na realização cênica os limites da dramaturgia. O primeiro ato, que percorre os dois primeiros dias da maratona (sábado e domingo), é mais enxuto e conciso, e o diretor extrai dessas qualidades o melhor rendimento da sua encenação. O ritmo é preciso, o final do ato com a entrada da empregada Dica em contraponto a Mimi, da ópera *La Bohème*, é quase perfeita. No segundo ato, as limitações e a previsibilidade não contribuem para que a encenação sobreviva à graça direta (há algumas piadas medíocres) e supere o melodrama, não como linguagem, mas como conteúdo. Os desabafos, as grandes árias dramáticas dos personagens, acabam por resultar em anticlímax que apaga a ironia.

O figurino de Mimina Roveda veste de absurdo fora de lugar os personagens. Todos a rigor, os atores não têm figurinos críticos ou operísticos. São apenas roupas de gala num apartamento carioca durante o Carnaval. O cenário de Paulo Mamede cria belo visual cinza e branco, com as estantes de vídeo compondo muito bem a ambientação. O uso das estantes móveis, contudo, tem aproveitamento limitado. A iluminação de Maneco Quinderé, bonita em muitas cenas, carrega na individualização colocando em foco o rosto dos atores. O recurso acaba resultando fácil, aprofundando a fragilidade de alguns monólogos. E o uso da projeção se revela pouco eficiente. O ruído do projetor e a má qualidade da exibição desconcentram o público.

A volta de Cleyde Yáconis ao teatro do Rio no papel da italiana Uberta Molfetta só comprova a qualidade dessa atriz. A personagem, que poderia ser facilmente caricaturada, é transfigurada por Cleyde, com humor e domínio técnico, em interpretação sensível, clara e extremamente reverente à personagem. E, ainda assim, o trabalho de Cleyde é o oposto do que representa Uberta. Uma interpretação irrepreensível. Sérgio Viotti puxa a sua atuação para um aspecto mais patético, às vezes com bons resultados. Daniel Dantas mostra um ar de ausência que ajuda a compor a imagem do autor em processo de autoavaliação. Lilia Cabral não encontra a chave da personagem. Cláudio Mamberti, frio no primeiro ato, alcança algum destaque no segundo. Thelma Reston se confunde ao tentar encontrar a comicidade de Dica e Roberto Frota e Reinaldo Gonzaga ampliam a imagem branca de seus personagens. Luís Cláudio não destoa como Vinícius.

O *baile de máscaras* trabalha com código, talvez cifrado para a maioria dos espectadores, sobrevivendo como brincadeira um tanto cruel com personagens reais. Mauro Rasi usa a sua capacidade de exercer o humor, acertando quando esquece que o objeto de seu olhar não é apenas a crueldade de salão.

NARDJA ZULPÉRIO

A personagem Nardja Zulpério, que empresta nome a este monólogo, é uma figura de seu tempo. Depois de um dia atarefado – passa pela dolorosa experiência de se confrontar com a morte – Nardja chega a seu apartamento e entra em contato com o mundo através de parafernália eletrônica (telefone, vídeo, interfone, controle remoto, microfone). As vozes de fora falam de uma urgência que Nardja percebe no seu cotidiano. Há que procurar suprir a carência afetiva do filho num almoço, preparar-se para a seleção de um comercial, fazer conferência em Belo Horizonte e entregar projeto sobre Nietzsche para um programa na televisão estatal. "A vida está cada vez mais exigente", desabafa Nardja no início de sua maratona existencial, em que a evocação de emoções ancestrais (a mitologia de Eros e Psiquê) e a tentativa de aprender o mundo (Nietzsche) se misturam, anarquicamente, ao dia a dia dessa mulher urbana que ao se defrontar com a multiplicidade das solicitações assume a complexidade pós-moderna.

O texto de Hamilton Vaz Pereira (1951-) é trampolim para que uma atriz como Regina Casé, com capacidade histriônica e acurado temperamento teatral, interprete a ideia da urgência. A peça não obedece estrutura muito linear, já que evolui mais pelo ritmo das palavras do que propriamente pela coerência narrativa. Hamilton Vaz Pereira não estabelece limites para o seu barroquismo verbal ("Estou viciada em ternura") e estrutura o texto sobre impulsos marcados pela sucessão de ideias esparsas que atingem um espectro amplo. O autor impõe adendos que interrompem o fluxo das palavras através de truques como a reversão de como dizê-las. Nardja deixa de ser alvo da ação para assumir o papel da atriz em plena representação. Ao detalhar a história de Eros e Psiquê, Hamilton Vaz Pereira suspende a ação para deixar sobressair o mito. Talvez não seja um recurso de linguagem ou de estilo – *Nardja Zulpério* está marcada pela irregularidade estrutural – mas acaba por funcionar cenicamente pela presença catalisadora de Regina Casé. O diretor conduz a encenação pela trilha indicada pela atriz: o carisma cênico de Regina Casé. *Nardja Zulpério* é um espetáculo bem-humorado, divertido, em que as quebras de interesse são compensadas pela intérprete. A direção cria, com a ajuda de eficiente cenário de Luiz Zerbini, ambientação bem contemporânea, com toda a aparelhagem eletrônica funcionando como tensão teatral, que contagia a plateia. Mas a encenação repousa sobre a capacidade de Regina Casé para criar personagem que converge para a sua personalidade de atriz. Inteligente e sagaz, com capacidade de improviso e de observação, Regina se mostra herdeira dos nossos melhores cômicos populares. Como Nardja, a atriz complementa a intensidade da personagem com espontânea relação com o público, ocupando o palco com naturalidade, o que permite à plateia ficar à vontade diante de sua atuação. É como se tudo a que se assiste fosse muito simples, mas ao mesmo tempo percebe-se que todos os gestos, frases e improvisos são resultados de extensa qualificação técnica.

Regina Casé faz cena de plateia em que aproveita a reação do público com inteligência e tempo cênico surpreendentes. A atriz, que surgiu com o grupo Asdrúbal Trouxe o Trombone, do qual foi uma das fundadoras e sua melhor intérprete, manteve saudável relação com uma forma de atuar profundamente ligada a determinado tipo de vida. A sua personalidade de intérprete permite que se reconheça na maneira de estar em cena a força única de uma atriz que tem código personalíssimo. Mesmo quando o novelo do texto confunde a plateia, Regina consegue torná-lo atraente.

Nardja Zulpério usa metáforas e mitos para nos confrontar com a própria impossibilidade de transcender a tantas banalidades para chegar a uma vida menos enganadora. O texto sugere essa possibilidade, mas é a atuação de Regina Casé que demonstra, com a intensidade de um furacão, que a mudança, na vida e no teatro, não é uma utopia.

NO LAGO DOURADO

Uma peça como *No lago dourado*, de Ernest Thompson (1949-), é resultado de circunstâncias muito peculiares na dramaturgia anglo-americana. A adequação do psicologismo à técnica da escrita teatral possibilita que textos como este se integrem a um tipo de produção dramática que dilui a fórmula do realismo psicológico em situações bem estruturadas, com dose pretendida de emoção e diálogos que pareçam naturais. O texto do norte-americano Thompson segue, à risca, essa tradição numa narrativa em que o casal de velhos, isolado numa casa junto a um lago, revive, pela 48ª vez, as idiossincracias de sua vida em comum. O prenúncio de que este pode ser o último verão – Ethel (Nathalia Timberg), aos 69 anos é uma mulher ativa, emocionalmente segura e consciente do quadro familiar, e Norman (Paulo Gracindo), aos 80 anos, tem perdas ocasionais de memória e exercita, permanentemente, um humor ácido – assusta o casal, que, mesmo assim, renova a esperança de voltar no verão seguinte. O passado está impregnado nas recordações que a casa traz a cada um e na repetição de um ritual doméstico (e afetivo) renovado todo ano. O presente fica representado pela filha Chelsea (Elaine Cristina) que vem visitar os pais, trazendo o namorado, o dentista Billy (Flávio Galvão) e seu filho (Alexandre Santini). O carteiro Charlie (Élcio Romar) também faz parte desses ritos de verão.

Ernest Thompson conduz a trama de maneira crepuscular, centralizando-se no casal como imagem refletida de uma natureza que morre. As metáforas criadas pelo autor são todas desse tipo, simplificadoras (ao envelhecimento do casal corresponde a morte do lago), mas que podem até funcionar, desde que não se pretenda atribuir à peça pretensões que, na verdade, estão longe de suas intenções. Os diálogos têm a naturalidade da fala coloquial, o que estabelece identificação da plateia com os personagens: os seus sentimentos os tornam iguais ao espectador. Até mesmo a pieguice que ameaça melar a história – o autor demonstra capacidade espantosa em administrar essa descarga de insulina – é contornada pela habilidade de Thompson em conduzir, milimetricamente, a emoção da plateia. *No lago dourado* é bem construída, ainda que alongada (não há material para tanta ação, sustentada, apenas parcialmente, por tempo psicológico interior), e tem seguro apelo para plateias conservadoras, atraídas pelo modelo do realismo psicológico, que, atualmente, sustenta o teatro comercial do eixo Broadway-West End.

Gracindo Júnior desenvolve linha discreta na direção, em que resolve, satisfatoriamente, as marcações, insuflando alguma envolvência dramática, mas tem dificuldades em criar interação que conceitue a montagem. Mesmo assim o espetáculo flui, com eventuais quebras de ritmo que ralentam demais o desenvolvimento da cena. O cenário de Olinto Sá é de um realismo explícito (o fundo da cena com a reprodução do lago é quase fotográfico), colaborando para que a encenação perca a agilidade. As trocas de adereços e a exibição de slides em inconcebíveis tiras de tecido, além de quebrarem o ritmo, são responsáveis por efeito muito feio. Além de Gracindo Júnior conduzir frouxamente o elenco.

Paulo Gracindo compõe o velho Norman com boa dose de humor e de alheamento, mas se faz um tanto ausente, o que torna sua interpretação, às vezes, por demais ensimesmada. Nathalia Timberg carrega a boa e compreensiva Ethel com sua reconhecida técnica, mas não evita o tom choroso em algumas cenas. Elaine Cristina cumpre, com pouca contribuição pessoal e sem força, as características de uma Chelsea certinha. Flávio Galvão adota linha crítica ao personagem sem conseguir desenvolvê-la. Élcio Romar exagera no peso que atribuiu ao carteiro e está insatisfatório na cena em que chora. Alexandre Santini é correto como o garoto que dá alegria ao velho Norman.

No lago dourado possui qualidades que o credenciam a ser considerado um bom exemplar do circuito comercial. Não traz qualquer novidade nem mesmo é brilhante no manuseio da carpintaria tradicional que o qualifica. Como um novelão, tem seus ganchos e apelos, que serão mais irresistíveis quanto maior for a disponibilidade do público em não filtrar a espontaneidade de seus sentimentos. Em *No lago dourado*, enfim, tudo parece ficar em algum lugar do passado.

VEM BUSCAR-ME QUE AINDA SOU TEU

Gabriel Villela tem apenas 31 anos e se declara um diretor de formação assumidamente espontânea, apesar do curso concluído na Escola de Comunicação e Artes da USP. Mas se há uma característica que ressalta dos três espetáculos profissionais assinados por ele – *Você vai ver o que você vai ver*, *Concílio do amor* e *Vem buscar-me que ainda sou teu* – é a extrema sensibilidade cênica que demonstra em concepções com rigor construtivo e projeção poética. Villela se alimenta da vivência interiorana (o imaginário mineiro), da cultura popular (o circo-teatro) e do teatro processional (o ritual das cerimônias religiosas), estabelecendo linguagem que explora uma teatralidade aparentemente espontânea, mas que obedece a impulso criativo com base em estéticas difíceis, realizadas com rara maturidade expressiva.

O religioso, o popular e o *kitsch* são leituras quase sempre perigosas, já que conduzem à reiteração ou à crítica formais, não alcançando a transcendência teatral que possibilite considerar as montagens integradas ao universo sobre o qual pretendem refletir. Em *Vem buscar-me que ainda sou teu*, peça de Carlos Alberto Soffredini (1939-2001), o diretor Villela pôde explorar com sua extrema sensibilidade (e conhecimento) os melodramas de circo para construir um belo depoimento sobre a arte da representação.

O texto de Soffredini traça paralelo entre a canção "Coração materno", que Vicente Celestino popularizou nos anos 1940 e que se originou, exatamente, de um drama circense, com a vida difícil de um grupo de atores mambembes em vias de extinção. Soffredini revela, igualmente, conhecer o mundo do circo-teatro, da mesma forma que nas suas peças *Na Carreira do Divino* e em *Mais quero asno que me carregue* mostrava ter intimidade com a cultura caipira e com o universo popular de origem ibérica. Mas *Vem buscar-me que ainda sou teu* tem estrutura dramática desigual. A interpenetração do real (a vida dos atores mambembes) com a ficção (as encenações do circo-teatro) é um tanto simplificadora nos dois planos. O excesso de elementos que informam o melodrama às vezes é somente redundância dramática e há visível condescendência em relação ao tema, o que acaba por se confundir com passadismo.

O diretor Gabriel Villela aguça a sua sensibilidade teatral ao ponto máximo da emoção vivida e estabelece arcabouço cênico impecável, capaz de superar as fragilidades e o clima rançoso que o texto corteja fortemente. *Vem buscar-me que ainda sou teu* é uma encenação sobre a arte de encenar. O que é essa sensação fluida, quase imponderável, que está no centro da arte do fingimento que é o teatro? Villela capta esses instantes com alta voltagem poética e emociona duplamente o espectador: pelo resgate da emoção ingênua e pela homenagem à permanência e às possibilidades de encantamento da representação. Não é fácil para o diretor driblar as inconsistências do texto: há algumas zonas mortas, como nas cenas em que participa a vizinha caricata e na crítica dispensável e conservadora da atriz de vanguarda. Mas são detalhes numa montagem que se constrói através de extraordinária visualidade. O cenário de Gabriel Villela transforma caixotes em camarins e palcos, dentro dos quais os personagens, vestidos com mortalhas lindamente rotas (os figurinos e os preciosos telões são assinados por Romero de Andrade Lima), desfilam sua agonia cultural.

O palco, com a sensível iluminação de Davi de Britto, que usa luzes na ribalta, é ocupado no prólogo por narrador, espécie de *clown*/bufão onipresente que, de certa forma, antecipa os acontecimentos. Esse bufão (o único que usa cor na roupa, os outros personagens são monocromáticos) sopra a poeira como sinal de que aquele mundo do velho teatro será revivido. Esse gesto de revivescência também se manifesta quando os atores entram em cena e espanam a poeira de suas roupas. Essa imagem do pó, antes de ser saudosista, evoca um passado que se quer lembrar para trazê-lo revivificado ao presente. A música é de autoria de Dagoberto Feliz, que consegue contrapor ao dramalhão das originais "Coração materno" e "A patativa" sonoridade suave e triste. A conjugação de todos esses elementos, tão bem orquestrados, transforma a encenação repleta de referências brasileiras em uma cena de linguagem e estilo universais.

Laura Cardoso interpreta Aleluia Simões, a velha empresária e atriz que se confunde com o fim de um gênero de teatro, mas que sabe da inexorabilidade da permanência da arte de representar. A atriz compõe com detalhamento e requinte a figura da Aleluia numa comovente (e nunca melosa) atuação. Laura Cardoso encarna com rara sensibilidade o conflito de uma atriz que sabe que o seu mundo está ultrapassado. É emocionante a cena em que revela essa consciência, pouco antes de se submeter à imolação e à morte. Paulo Ivo faz o bêbado Rui com mistura bem construída de canastrice (como forma de linguagem) e emoção. É tocante a sua interpretação de "A patativa". Álvaro Gomes compõe com minúcia, especialmente física, o Campônio. Falta a Cláudio Fontana maior autoridade cênica para impor-se como o bufão. Lucinha Lins é prejudicada por marcação corporal um tanto complicada (lembra as coreografias de Bob Fosse). Lúcia Barroso agarra com entusiasmo a possibilidade de explorar a chanchada na caricata Virgínia. Roseli Silva executa com malícia a "Cancionina Song", antes e depois da transformação em atriz de vanguarda. Luiz Santos se mostra insatisfatório como o malandro.

Vem buscar-me que ainda sou teu revela à plateia do Rio o diretor Gabriel Villela e oferece a possibilidade de usufruir de espetáculo enriquecedor. O telão (referência involuntária ao final da emblemática montagem de *O rei da vela*, de José Celso Martinez Corrêa), mesmo ameaçando criar um anticlímax depois dos aplausos, encerra o espetáculo com ainda mais emoção. A voz e a interpretação de Caetano Veloso para "Coração materno" reúnem e sintetizam os pedaços desse universo belo e encantatório que é o teatro.

1992

ANTÍGONA

A encenação na atualidade de uma tragédia grega escrita em 442 a.C. projeta sobre o espectador contemporâneo algumas perplexidades. A dimensão do tempo que tornou intocada a essência da obra atinge diretamente a memória. A contundência da palavra poética se transforma em referência para os conflitos. E o universo de deuses e destinos confunde escrita milenar com conteúdo ancestral. *Antígona*, a tragédia de Sófocles (497 a.C.-406 a.C.), traz ao espectador a discussão sobre a linguagem atual do teatro. A tragédia em *Antígona* se concentra na defesa do direito. De um lado, Antígona está justificada pela razão fraternal ao enterrar, contra a vontade do rei, o corpo de seu irmão. De outro, Creonte legitima seu ato com razões de Estado. Se Creonte se revela tirano, pela inflexibilidade, a sua capacidade de confirmá-la é tão persistente quanto a de Antígona em levar a sua empreitada até o fim.

Antígona serviu-se do território trágico para o debate político. Várias encenações se utilizaram do embate Antígona-Creonte como metáfora do poder discricionário e da possibilidade de resistência, emprestando à tragédia, muitas vezes, significados circunstanciais, o que o diretor Moacyr Góes evita definitivamente. O seu espetáculo – na aparência frio e monocórdio – é como se fosse partitura com sonoridade poética, mas sem o colorido dos movimentos. Apenas na aparência. O diretor destaca o movimento interno do trágico: o que é dito contém em si mesmo a sua ressonância. Creonte não é o tirano puro. Antígona não é a representação da justiça absoluta.

A montagem de Moacyr Góes alcança o centro do trágico ao compreender que os personagens são ilhas de palavras que se encontram no confronto da cena. Ainda que a versão de Góes se ressinta, parcialmente, do conflito e do antagonismo direto, o diretor compreendeu que o essencial está no modo velado e insidioso como se cria a envolvência como um ato teatral delicado. O aspecto visual, com o cenário operístico de Hélio Eichbauer, os figurinos em tons pastéis de Samuel Abrantes, a iluminação de cores fortes de Moacyr Góes e Milton Giglio e o visagismo carregado de Fabio Namatame, desenha uma cena calorosa.

O desafio do diretor em relação ao elenco não foi inteiramente vencido. Alessandra Alli apenas empresta a sua figura ao corifeu e ao menino. Malu Valle, tanto como Ismene quanto como Eurídice, fica no plano da composição física. Regina Rodrigues, como corifeu, não vai muito além da máscara trágica. Henri Pagnoncelli é um Tirésias esvaziado, com pouca presença. Enrique Diaz, apesar da tentativa de estabelecer cumplicidade fácil com a plateia, faz um guarda que registra a sua breve intervenção. Emílio de Mello é uma grande revelação. Sua interpretação tem a inteligência e a compreensão do sentido do conflito de Hêmon diante do pai Creonte. Ivone Hoffmann tem o privilégio de ser contemplada com as palavras de maior beleza poética do texto. Transmite cada uma delas, valorizando-as. A sua cena final – uma das mais sensíveis do espetáculo – já seria suficiente para credenciar sua interpretação. Ítalo Rossi, mesmo com problemas de emissão, demonstra ser um ator cuja autoridade se consolida com o tempo – os silêncios de seu Creonte adquirem notável carga dramática. Marieta Severo fica prejudicada pela dificuldade em evitar o caráter psicológico com que constrói sua Antígona. A atriz parece não ter encontrado a sintonia com a atmosfera da encenação.

ROMEU E JULIETA

Qualquer encenação contemporânea de *Romeu e Julieta* é uma decisão corajosa. Ao se levar à cena na atualidade a peça de William Shakespeare (1564-1616), vulgarizada por incontáveis versões no teatro, no cinema e na literatura, e transformada em referência narrativa excessivamente explorada, não se pode deixar de considerar esse quadro de banalização cultural.

Moacyr Góes aceita o desafio de rever a tragédia de Shakespeare através dos seus definitivos valores dramáticos: a poesia e a palavra. E para tanto escolheu a excelente tradução de Barbara Heliodora, que mantém os diálogos em versos, ao mesmo tempo que destaca as qualidades da peça sem torná-la difícil. A tradução é audível e fácil, até para ouvidos de hoje tão desabituados ao verso e à sonoridade literária. Mas a versão de Góes para a tragédia da impossibilidade do amor se perde, exatamente, pela falta do domínio da palavra versificada.

Romeu e Julieta é narrativa sobre intolerância e urgência do amor, pressionado por desavenças que não são do casal. A paixão se realiza como rito de sobrevivência dos sentimentos. O que torna impossível o amor entre os dois não é apenas a recusa social da união, mas de como se apropriam da paixão. Moacyr Góes revestiu a encenação desse sentido de violência. Baniu, praticamente, a moldura romântica, polarizando os personagens em torno das suas ambições.

O rigor e a eficiência do cenário sóbrio de José Dias – construção em dois planos com balcões e coxia aparente – contrastam com o colorido dos figurinos de Samuel Abranches. Já aí se estabelece contradição visual, ampliada pelo uso do fogo – é pobre a metáfora da queima da maquete do cenário – e da água. Por outro lado, na cena em que se ouve a música de Pink Floyd, fogo e som se harmonizam em imagem poderosa.

O elenco é pouco sensível à métrica do verso. Os atores não se apropriam da forma como dizer a poesia, deixando evidentes os limites de voz e de técnica. Leon Góes é um Romeu tenso, sempre perseguindo o modo como dizer, perdendo o conceito do que diz. Até as suas cenas corporais – movimentos sinuosos com a espada – são insatisfatórias e postiças. Maria Luísa Mendonça resolve a Julieta através de entonação monocórdia e chorosa. Escapa a transparência lírica a Julieta. Cláudio Mamberti constrói o seu frei Lourenço apenas no plano vocal. O personagem fica diminuído. Thelma Reston, com atuação exuberante, desenha uma ama menos conivente e mais cômica. Floriano Peixoto empresta ar vulgar a Mercúcio. Sérgio Maciel não demonstra presença como Benvólio. Leonardo Brício, como Teobaldo, tem participação reduzida a uma luta de espadas bem executada. Ester Jablonski faz uma senhora Capuleto apagada. E os demais têm participação precária, alguns até com atuações amadorísticas.

UMA RELAÇÃO TÃO DELICADA

A autora francesa Loleh Bellon (1925-1999) foi bem mais do que habilidosa quando escreveu *Uma relação tão delicada*. Manipulando emoções recorrentes da relação mãe e filha, aproveitando-se do dia a dia de um contato afetivo e potencialmente rico em conflitos, Bellon percorre a vida em comum de duas mulheres durante três décadas. Os papéis de autoridade afetiva se alternam neste longo período de convivência (a dependência emocional se transfere da mãe para a filha à medida que o tempo passa), marcado por permanente e mútuo sentimento de abandono.
Em cenas do cotidiano que flagram a relação, a autora percorre manual de situações clichê. O medo infantil da menina de enfrentar a longa noite de solidão se reproduz na velhice da mãe, que pede à filha que não se afaste antes que consiga dormir. A indiferença materna às pequenas interferências da garota volta quando, na velhice, a mãe solicita a mesma atenção para suas miudezas. Loleh Bellon nos conduz por melodrama familiar em que a identificação (a plateia se vê no palco) funciona plenamente. A peça se mantém na superfície segura da dramaturgia de efeitos, não escondendo o propósito de provocar a emoção vinculada às vivências afetivas de mãe e filha. Quanto mais padronizadas são as experiências palpáveis, mais nítidas e cativantes ficam as imagens que funcionam como espelho.
A encenação de William Pereira evita entrar em choque com o melodrama e constrói, a partir da cenografia do próprio diretor, um espaço meio abstrato (área neutra para confronto dos sentimentos), repleto de malas (evocação da passagem do tempo). Ainda que William Pereira se perca nas cenas que se passam no fundo do palco – têm marcações pouco inspiradas –, o espetáculo consegue

estabelecer ligação refinada entre as atrizes Irene Ravache e Regina Braga, que dominam a emoção, sem permitir que a pieguice e o lugar-comum, ameaças sempre presentes, tomem conta de suas interpretações.

Numa peça de emoção, as atrizes trabalham com a técnica, o que se revela o melhor caminho para se desviar do novelão. A dupla supera as fraquezas do texto e atinge alto nível de atuação. Regina Braga, a filha, está no perigoso limite da composição por idade, mas a atriz empresta à personagem mais do que a exteriorização física da criança e da adolescente, conseguindo expressar as transformações ao longo do tempo. O seu rosto, postura física e, acima de tudo, sua delicadeza proporcionam ao papel intensidade tocante. Irene Ravache está irretocável. Como a mãe, passeia pelas idades e recria a sabedoria doméstica da maternidade. É comovente a sua interpretação na velhice: detalhista, preciosa e burilada na gesticulação. Irene catalisa a cena com atuação exata e precisa. Roberto Arduim fica um tanto deslocado em papel meramente ilustrativo.

Uma relação tão delicada não é sucesso de três anos por acaso. O texto tem eficiente comunicação com o público. Na noite de estreia, os lenços saíram das bolsas para enxugar lágrimas nada furtivas. Mas o que arrebata mesmo é o trabalho da dupla de atrizes.

NO CORAÇÃO DO BRASIL

Miguel Falabella (1956-) é um cronista de olhar sensível e de humor melancólico. Em *A partilha*, sua primeira peça longa, o autor surpreendia o tempo – que parece ser o material dramático desse cronista à procura de resgatar o passado – diante da inexorabilidade da morte. Em *No coração do Brasil*, o tempo se projeta em vidas estagnadas num presente sem futuro. Os personagens que se gastam, vazios, numa sala de espera de cinema suburbano são metáforas de um país que adia, indefinidamente, o seu futuro. Miguel Falabella tem indisfarçável carinho pelos seus personagens, retirando da banalidade de seus projetos e da pequenez de suas vidas a crônica de uma certa nacionalidade adiada.

No coração do Brasil, no entanto, não alcança a abrangência que o título promete. A situação-chave é por demais simples para se sustentar, a não ser que o autor encontrasse equilíbrio entre memorialismo (lembranças individuais, muitas vezes, são enganadoras) e personagens com força dramática. A passagem do tempo é marcada por acontecimentos vividos pelos brasileiros do final dos anos 1960 e início dos anos 1970, anunciados através do recurso de voz em *off* de radiojornal. Mas o autor tem dificuldades em estabelecer o tempo interior daqueles espectadores de filme cuja ação nunca pôde se realizar nas suas vidas. A mistura da fantasia do cinema com a realidade nada brilhante estabelece correlação excessivamente explorada, e que o filme exibido no final apenas acentua.

O compromisso com o humor – Falabella demonstra estar sempre atenuando o impacto dos diálogos com comicidade de ocasião – ameaça fazer dos seis personagens, caricaturas de lembranças, retirando-lhes consistência humana. A narrativa, fixa na sala de espera, se torna algo inverossímil, impedindo que se encontre razão para a imobilidade daqueles desgarrados que circulam por ali. Mas possui toque mágico para recriar suas memórias. Toca em sentimentos sutis, invade a alma dos personagens com olhar que funciona como bisturi que rasga o núcleo desses seres desimportantes. Esse é o grande e maior mérito do texto.

A encenação, do mesmo Falabella, fortalece esse espírito carinhoso. Quando consegue captar "os desejos adiados" de cada ator, mergulha em pura emoção. Quando interpõe o humor a impulsionar a emoção, esvazia-se no caricatural. O cenário de Carlos Augusto Lefèvre, que reproduz, com algum luxo, o *hall* de cinema suburbano, é exageradamente realista. A iluminação de Maneco Quinderé não explora a presença da sala escura do cinema, a não ser quando a luz da tela se projeta, rapidamente, na sala de espera. Os figurinos de Rita Murtinho têm o compromisso de época, e como a moda do período em que se passa a ação é uma das mais desastrosas e de mau gosto, as roupas se tornam quase ridículas.

Maria Padilha faz a baleira que se eterniza atrás do balcão da *bonbonnière*, à espera de que o namorado faxineiro conclua o supletivo. A dor de dentes que a acompanha e as aulas de francês que, penosamente, se arrastam por capítulos e capítulos de um velho livro de método ultrapassado, fazem dela uma solitária e triste figura. Maria Padilha procura emprestar-lhe alguma vulgaridade, mas a atriz mantém porte alheio à personagem. Na cena final, quando recebe de presente o segundo volume do livro de francês – a história de Helène é um achado da peça –, Maria consegue o seu melhor momento.

Thales Pan Chacon está pouco convincente como o faxineiro: o ator se sobrepõe ao personagem. Analu Prestes dá vida e alguma intensidade à lanterninha. Stella Freitas interpreta personagem difícil, porque esquemática. Mulher que apanha do marido, sua presença constante no cinema não encontra muita justificativa. Camille K faz uma travesti que frequenta o cinema atrás de companhia, mas a personagem tem pouca função dramática e a atriz em nada contribui para dar-lhe projeção. Renato Reston, como *alter ego* do autor, está convincentemente discreto. Jacqueline Laurence, como a francesa que vive num quartinho em cima do cinema, tem interpretação delicada demonstrando a transformação da personagem, e com pelo menos uma excelente cena: a da retomada das aulas de francês e do destino de Helène.

O próprio Falabella assume o papel de narrador, completando a última fala da peça: "A vida passa assim, ó, num instante". A voz de Miguel conta a importância do cinema na sua adolescência: "Foi com eles [*os seus personagens*] que aprendi a gostar de ouvir e contar histórias. Foi com eles que aprendi que todo passado é ficcional, e que esta é a única maneira de narrar a vida com absoluta fidelidade". *No coração do Brasil* revela a sensibilidade de Falabella pela gente que cria e de que gosta. Pena que o carinho por suas criaturas, às vezes, seja somente compromisso artificial com o humor. A cena da *Vida de Cristo*, por exemplo, é uma piada dispensável.

COMUNICAÇÃO A UMA ACADEMIA

No conto "Relato a uma Academia" – que na encenação de Moacyr Góes ganhou o título de *Comunicação a uma Academia* –, Franz Kafka (1883-1924) explora, através da "humanização" de um macaco, as possibilidades da linguagem. O animal que discursa para a Academia (o lugar para a elevação do saber) adquire humanidade no momento em que domina a palavra. Falar significa conhecimento, ampliação do espaço de expressão e meio de estabelecer diferenças entre animalidades: selvagem e civilizada. Kafka submete, com extrema ironia, a natureza símia à metamorfose humana, e aquilo que parece transformação é, na verdade, reflexo. Macaco e ser humano se confundem na sua natureza: um e outro a projetam na prática da sobrevivência. O macaco decide transformar sua "condição símia" em "condição humana" por necessidade. Ao descobrir-se sem outra saída, resolve encontrar a única possível: deixar de ser macaco.
Kafka usa linguagem cruel na dissertação do animal aos humanos. O macaco demonstra, com a ciência que a palavra lhe confere, a extensão do horror. A liberdade é somente vertigem. E o alheamento, consequência natural da domesticação necessária a continuar vivo. A ironia do autor ao jogar com essa dupla condição projeta quadro perturbador, com animal e humano compartilhando a falta de saída.
Moacyr Góes trabalhou esse material – que recebeu competente tradução de Clara Góes – como processo de investigação. Na cena, sobressai a palavra, como vertente que conduz à consciência adquirida e como forma de ampliar o conhecimento. Por mais assustador que seja o que tal conhecimento revela. No monólogo, o encenador criou ritual no qual a figura do ator é o ponto de ruptura – a interpretação elimina a animalidade para se assegurar da essência da fala. O contraponto humano dos contrarregras – o público representa a própria assistência da Academia – confere carga dramática por oposição.
O dispositivo de José Dias tem a função opressora de uma jaula-caixote, que

guarda a figura grotesca de parque de diversões. A luz, penetrando pelas frestas do caixote, compõe imagem altamente evocativa de melancolia, bem como o foco sobre o rosto de Ítalo Rossi, que ora lembra o efeito de canhão de luz sobre um fenômeno de feira, ora fixa a impressionante máscara do ator. Da cenografia, que é montada e desmontada à frente da plateia, ao vestir e o despir do animal (cena de dilacerante impacto emocional), *Comunicação a uma Academia* se compõe desse fazer e desfazer.

A presença de Ítalo Rossi é decisiva para que *Comunicação a uma Academia* rompa com os limites restritivos da adaptação de obra não teatral e do formato de monólogo. A maturidade técnica desse ator permite que alcance ampla apreensão do universo dramático e o projete com segurança e autoridade. A ilusão do animal é sugerida através de pequenos e definitivos detalhes, como leve dificuldade de movimentos ou como a mão semifechada. Gestos suficientes para que se crie a animalidade. Cada fala se reveste de um tom que acompanha a evolução narrativa. A desesperança e o horror se alternam com a ironia, e o ator percorre cada um desses sentimentos como se os dissecasse. Sua interpretação traz o rigor da explanação intelectual e do olhar cético. Ítalo Rossi assume a cena com tal autoridade e consciência do *métier* que provoca verdadeira e real emoção, e que ocupa o palco como espaço de revelações. Leon Góes e Floriano Peixoto, como os soldados, marcam presença com tensão surda.

IMAGINÁRIA

Márcio Vianna elimina o teatro visível para tentar, na invisibilidade do escuro, reinventar a cena. *Imaginária* é um espetáculo em que a ausência completa da luz se transforma no fundamento da relação teatral, que, subtraindo a imagem, rompe com o próprio sentido da comunicação. Os textos de Geraldo Carneiro (1952-) não supõem qualquer caráter inovador. São peças curtas que se entreligam pela ideia de se deixar conduzir através da imaginação do espectador. O cego, protagonista da história, funciona como consciência da plateia, já que é do seu ponto de vista (a falta de visão) que se assiste ao desenrolar da ação. Sem ver, o público é induzido a se identificar com o cego, e a partir das sensações de alguém privado da visão. O escuro desencadearia, ainda, o imaginário através das fábulas (*Rainha de Sabá* e *Apocalipse*) que se contrapõem às relações do cego com sua namorada e com seus pais.

Vianna alcança inevitável impacto pelo inusitado do formato. Não há qualquer vestígio de luz em uma hora de duração, exceto na cena final, em que a figura do cego aparece, deitada em posição de desemparada solidão. Para os claustrofóbicos não se recomenda. Para os demais, o impacto se dilui progressivamente até chegar ao ponto de estabelecer relação passiva entre o palco e a plateia. As sensações de cheiro (identifica-se a tangerina que o casal saboreia, o uísque que bebe, a água de flor em que se banha) e de estado físico (o vento no corpo e a própria escuridão) tocam os sentidos, mas não desencadeiam "a fantasia de imaginar o mundo". Muito menos a fantasia de imaginar outra linguagem teatral. O público incorpora a falta de imagens tão logo se familiariza com a escuridão, e passa a ouvir o espetáculo. A encenação dificilmente permite que o espectador a vivencie para além da captação direta dos sentidos. Márcio Vianna ilustra os textos com sons banais (caixa de música para evocações; ruídos constantes de pingos para suspense) e sonoplastia de radioteatro, esgotando a ideia do escuro total, sem transcender os limites dos efeitos.

A passividade provocada nos 30 espectadores da assistência fica evidente na postiça integração de coro de vozes que circula entre o público, propondo perguntas aleatórias. Os atores Guilherme Leme e Bel Kutner só se corporificam no final, quando aparecem sob as luzes dos refletores para receber os aplausos. Suas interpretações ficam reduzidas a vozes, semelhantes às que se ouvem em gravação (de Vera Holtz e Antônio Abujamra, os pais do cego).

A radicalidade formal de *Imaginária* pode confundir os mais apressados em detectar novidades, mas resulta fria e pouco provocante. A impostação solene converte o anticonvencional em jogo de cartas marcadas, no qual a plateia é parceira cega sem o trunfo do uso da imaginação. O *blackout* é o grande e único ator em cena.

CONFISSÕES DE ADOLESCENTE

O desabafo nem sempre é passível de se transformar em criação artística. O jovem, por conta dos conflitos próprios da idade, projeta sua interioridade em atitudes e comportamentos de aparente ruptura, mas que na verdade são conflitos por descobrir o seu lugar no mundo. *Confissões de adolescente* distribui por doze quadros as impressões de Maria Mariana (1973-), 18 anos, sobre a sua experiência de adolescente. Filha de Domingos de Oliveira, que dirige esta adaptação do diário da jovem, Mariana relata vivências típicas da idade, como o primeiro namorado, a relação com os pais, o sentimento da morte e o despertar da sexualidade. Ingênuos, muitas vezes, sensíveis, quase sempre, os escritos de Maria Mariana são sinceros diante de tanta perplexidade.

Obras baseadas em histórias de adolescentes, como o romance *Little Women* (*Mulherzinhas*), da norte-americana Louise May Alcott, ou relatos como o *Diário de Anne Frank*, não apenas captam o mundo da juventude, mas também conferem-lhe valor literário que transcende ao documental. *Confissões de adolescente* não foi escrita diretamente para o teatro e, portanto, o diário tinha a destinação original de repousar na gaveta como depoimento íntimo. A intimidade de Mariana é a mesma de tantos outros jovens, e é dessa maneira que as confissões se universalizam. A generalização e ausência de pretensão são favoráveis à adaptação para o palco. Não se quer demonstrar nada, apenas deixar entrever a alma juvenil, mesmo considerando que o teatro é impiedoso ao desvendar, quando a palavra se torna imagem, os problemas para verter simples diário íntimo em obra cênica. O que há de mais pueril sobressai, e o que há de mais frágil como dramaturgia se evidencia.

Domingos de Oliveira na direção seguiu a simplicidade do material disponível, explorando a juventude do elenco (as idades das quatro atrizes variam de 16 a 19 anos) e o despojamento do espaço, além da presença discreta do músico Alexandre Vaz, que tem utilização discutível.

Confissões de adolescente, por força da carga desigual dos quadros, rende melhor quando o texto transmite mais sinceridade. A letra da canção inicial, na qual Maria Mariana desfia lista de princípios (quase uma Declaração dos Direitos do Adolescente), é um desses bons momentos. A ingenuidade da garota de treze anos que vive sucessivas paixões, o bom humor que imprime à difícil experiência com drogas e a poesia que estabelece com o sentimento da morte são outros instantes que rompem com os limites da gaveta e ocupam com dignidade o palco. Ingrid Guimarães tem oportunidades menores nos diversos quadros, mas demonstra bom tempo cômico na cena da droga. A Carol Machado resta dar realidade à fraca cena da jovem com alma dupla. Patrícia Perrone, a mais jovem das quatro, é uma revelação, com vivacidade que compensa a imaturidade. Maria Mariana alcança bons momentos no quadro sobre a relação pai e filha e sua intensidade, ainda indisciplinada, já revela qualidades apreciáveis como atriz.

Confissões de adolescente é um simpático espetáculo que tem no adolescente o seu melhor público. Sem tribunas ou ressentimentos, é um olhar sobre período da vida em que tudo parece ameaçador e instável. Aos jovens é lembrado que, mais do que se identificar, podem rever no teatro comentários sobre como curtir os seus contraditórios sentimentos.

VAU DA SARAPALHA

Em Guimarães Rosa (1908-1967), a linguagem está na essência da sua literatura. O autor faz apropriação (ou recriação) do mundo sertanejo de Minas através de personagens em que a fala é a expressão do homem, sujeito à sua própria existência, reinventando-se pela fala. A poesia áspera de Rosa, retirada da rudeza da realidade, ganha dimensão literária de saga da condição humana. Seja nos romances, seja nos contos, como em *Sarapalha*, é extraordinário na economia da ação e na riqueza vocabular. A adaptação de Luiz Carlos Vasconcelos, que também assina a direção de *Vau da Sarapalha*, mantém a tensão do original, mesmo criando alguma ação que possibilite dar-lhe formato teatral. Dois homens, atacados pela malária, esperam a morte, até que um deles descobre a paixão do outro por sua esposa.

Reduzido à trama, o conto não permite que se tenha a real extensão de suas qualidades. A adaptação mantém o espírito rosiano, que encontra em Luiz Carlos encenador capaz de imprimir tempo lento e exasperante repetição da agonia dos dois homens. A montagem oscila entre concepção *naïf* e segmento dramático de espectro mais sofisticado. O diretor utiliza a água e o fogo como elementos determinantes para criar contrapontos visuais. O uso do som (palavras e ruídos da natureza e de animais) remete ao sensorial, enquanto o corpo, à memória. As soluções cênicas são de beleza agressiva, como a unidade dos corpos, envoltos por tecido. Desta integração, criam-se imagens de indiscutível potência, que também aparecem na composição física da atriz Soia Lira e no desenho vocal dos atores.

A ingenuidade de certas opções, como alguns traços realistas na linha de interpretação do elenco e a indefinição entre cenário abstrato ou registro etnográfico, atinge a unidade estilística. Everaldo Pontes e Nanego de Lira, como os primos atacados pela malária, têm momentos que ultrapassam as atuações realistas, aproximando-se de um perfil mais verdadeiro. Soia Lira tem composição corporal de impacto (se movimenta de maneira peculiar) e de voz (emite sons ininteligíveis). O patético da figura acentua a onipresença da personagem, pairando sobre a vida dos dois homens.

1993

VIAGEM AO CENTRO DA TERRA

O livro *Viagem ao centro da Terra*, de Júlio Verne (1828-1905), é um romance de pura aventura. A expedição do professor Lindenbrock às entranhas da Terra se transforma numa obsessão por um objetivo cujo sentido está no percurso em si. O romance, em que pese a introdução na Alemanha e a estada na Islândia que prepara a viagem, se desenvolve através das dificuldades e dos embates que o trio de exploradores – além de Lindenbrock, seu sobrinho Axel e o guia islandês Hans – enfrenta nesse mergulho. Júlio Verne não empresta a esta narrativa qualquer sentido científico – e, não por acaso, *Viagem ao centro da Terra* é, entre as suas obras, a menos premonitória –, mas apenas revela o espírito da aventura como valor literário e possibilidade de fabulação.

O espetáculo de Bia Lessa – em temporada no Teatro I do Centro Cultural Banco do Brasil – não segue estritamente a história de Verne. A adaptação de Moacyr Scliar, reformulada ao longo dos ensaios, subverte o sentido da obra de Verne, transferindo o conceito de aventura para outra visão. Há duas forças que se opõem: a personagem de Crush, inexistente no original, que se integra à aventura pelo desejo de encontrar um tesouro e enriquecer, e Lindenbrock, que procura no racionalismo e nas certezas científicas explicações para a existência. O que cada um expressa são dois movimentos antagônicos, que se negam ao final, quando constatam a inutilidade de seus esforços. Crush conclui que seus desejos se perdem em "névoas de nada", e Lindenbrock tem seu cientificismo queimado pelas forças da natureza. A encenadora desconstrói o original.

O cenário metalizado de Fernando Mello da Costa, com fios que ligam objetos e atores a pontos fixos e roldanas, e os figurinos de material perecível (papel) de Sylvie Leblanc opõem forças físicas que se entrechocam como metáfora de superação de limites. A adaptação privilegia a preparação para a viagem, fixando-se nas cenas domésticas e nos preparativos da aventura, deixando a viagem num segundo plano.

A primeira parte se alonga nos detalhes e nas brincadeiras, com espírito lúdico e ingenuidade pueril. A luta contra os animais fantásticos e a descoberta da água são por demais rápidas, como se tivessem sido resultantes de cortes daquilo que se supõe tenha sido retirado do material bruto. Esse núcleo fica de tal forma prejudicado que compromete a clareza.

O elenco, ao mesmo tempo que está fisicamente tensionado, medindo força com os elementos cenográficos, não abandona o aspecto lúdico. O melhor símbolo dessa dupla tensão-brincadeira talvez seja a vaca interpretada por Marq Frerichs. Marq abre o espetáculo utilizando sua bela voz para anunciar a criação do mundo através do Gênesis bíblico. A composição corporal do prosaico animal comenta a ação de maneira divertida e oportuna. Cláudia Abreu, como Crush, inventa com malícia juvenil uma personagem que, de outra forma, revelaria ser apenas irreverente. Júlia Lemmertz trata com comicidade e leveza a mãe. Marcos Oliveira, como Lindenbrock, resvala, na voz e na linha *clownesca*. Otávio Müller vai perdendo a vivacidade ao longo do espetáculo. Betty Gofman parece brincar como um dos islandeses. Dany Roland, o outro islandês, está melhor como a empregada Marta. A música de Seigen Ono tem sonoridade descritiva. A iluminação de Paulo Pederneiras confere bela envolvência ao palco.

GILDA – UM PROJETO DE VIDA

Talvez o conceito de alta comédia precise ser revisto. Esse gênero, que alimentou o teatro comercial por longo tempo, e em que a elegância da palavra é proporcional à leveza da trama, ainda tem seu lugar na cartela teatral. Mas para se impor como forma sobrevivente de uma época, a alta comédia tem que se apoiar nas suas próprias referências estéticas. Hoje, a encenação de uma peça como *Gilda – Um projeto de vida*, de Noël Coward (1899-1973) – em cartaz no Teatro João Caetano – se justifica como exercício de estilo e do diálogo como expressão formal da ação dramática. Em Noël Coward a palavra tem precedência sobre a ação. A situação da mulher que mantém um relacionamento com dois homens, que por sua vez se confessam apaixonados entre si, perde muito do amoralismo que poderia existir nos anos 1930, quando a peça foi escrita. O embate nesse carrossel de sentimentos, que aproxima e afasta cada vértice do triângulo amoroso, é muito menos ligado a qualquer situação e mais à maneira com os diálogos são ditos. A trama parece ser secundária. *Gilda – Um projeto de vida* é exemplar perfeito de alta comédia, ainda que sua estrutura seja um tanto pesada nos seus três atos originais. E o brilho do autor na elaboração de diálogos cheios de *wit* pode soar anacrônico diante da urgência e da fragmentação contemporânea do teatro de imagens. A história de Coward sobrevive do efeito de como a mordacidade da palavra consegue projeção. *Gilda* é uma peça estática com frases de efeito – "a vida é para viver, não para ser retrucada" –, humor corrosivo – "deste belo apartamento, quando o dia está claro, vê-se o outro lado da rua" – e brincadeiras com a tradição teatral – "o jantar está servido". Deste fio de navalha "dos pequenos instintos" e da minudência de banalidades do bem viver (a apologia final é ao prazer individual) Noël Coward constrói universo com a mesma leveza de uma pluma no ar. Mas como é difícil captar a suavidade deste voo.

O espetáculo dirigido por José Possi Neto se assegura do estilo da alta comédia cowardiana através de seus sinais externos: cenários e figurinos. A elegância da cenografia de Felippe Crescenti – extremamente prejudicada por sua localização no fundo do palco – e a exuberância dos figurinos (especialmente os femininos) de Regina Guerreiro não suprem a ausência do espírito e da verve maledicente do texto. José Possi Neto se preocupa com a ordenação física dos atores – e, mesmo assim, há marcações insustentáveis para peça de ação tão limitada –, descuidando-se em captar o furor da palavra, o detalhe e a insinuação, o sentido das pequenas crueldades do jogo da sedução. O diretor não se integrou ao espírito da peça, o que se evidencia nas tentativas de dar tom de comédia de situação a uma comédia de estilo. Fernanda Montenegro demonstra vitalidade e elegância notáveis. Vestindo com charme roupas finas, ajeitando os cabelos com *coqueterie*, a atriz cria uma imagem flutuante no palco. Mas Fernanda sustenta sua interpretação no plano da imagem e não no "duelo sem sangue" como escreve o autor. Thales Pan Chacon não encontra o cinismo que parece perseguir, enquanto Flávio Galvão mecaniza sua atuação, longe do ardor e da inteligência do personagem. Sylvio Zilber cumpre rotineiramente o seu papel. A Eliana Rocha cabe emprestar exuberância histriônica à criada. Susy Arruda, numa participação mínima, é quem sintetiza o espírito e o frescor do mundo de Noël Coward. Com algumas gargalhadas e entonação afetada, Susy Arruda passeia no palco, exatamente como uma pluma solta no ar.

BRINCANTE

À primeira vista, *Brincante* – em temporada, simultaneamente com *Figural*, no Teatro Delfim – é apenas um espetáculo de fortes referências culturais nordestinas e de nítidos traços populares. Mas num outro plano, a montagem se revela com contornos universais e de segmentação erudita. Antonio Nóbrega (1952-) cria, através do personagem Tonheta, uma espécie de síntese da memória narrativa (da Bíblia aos *shows* de televisão). *Brincante*, que na terminologia popular nordestina significa brincadeira, brinquedo, adquire caráter mais amplo. Antonio Nóbrega interpreta, como um artesão de feira, o poder poético e de encantamento das histórias. Contar é mais importante do que viver, parodia o poeta, citando o texto de Bráulio Tavares (1950-), que adverte: "A vida pode acabar, mas as histórias continuam". Tonheta vai até a primeira delas, a de Adão e Eva, para mostrar que essa contínua e interminável capacidade humana de fabulação está ligada à sua necessidade de recriar e compreender o mundo.
É, exatamente, no teatro do mundo que Tonheta se inventa. Parente não muito distante das figuras da *commedia dell'arte*, dos prestidigitadores medievais, dos cegos e

repentistas de feira nordestinos, Tonheta adquire múltiplas vidas com as histórias que o antecederam e que, na verdade, ajudaram a construí-lo. O prazer de contar, que salva o personagem do caos que o cerca, tem na carroça com que percorre o mundo o duplo símbolo: do teatro e da memória. Transitando entre o popular e o erudito, Nóbrega se aproxima da obra de Ariano Suassuna – em especial do extraordinário romance *A pedra do reino* –, reinventando com visual de imperiosa força referencial, assinado por Romero de Andrade Lima, esse universo de histórias antigas que se encontram numa figura frágil, terna, picaresca.

O espetáculo de Romero de Andrade Lima talvez não tenha a limpeza e o ritmo que recomendariam os manuais técnicos, mas a integração do ator-bailarino-*clown* Antonio Nóbrega – bem coadjuvado por Rosane de Almeida – ao mundo onde nasceu permite à plateia definitiva experiência de teatro. O ator tem um tempo diferente. Sua presença ganha a suavidade e o ritmo do contador, surpreendendo pelas ligações profundas com as tradições ibéricas, a aspereza nordestina e o signos religiosos. É um homem desprotegido que, de sua rabeca, tira sons dissonantes para encher de música um mundo que parece não querer ouvi-lo. Comovente.

O FUTURO DURA MUITO TEMPO

A transposição de *O futuro dura muito tempo*, mergulho confessional do filósofo Louis Althusser (1918-1990), conserva a turbulência e a intensidade do "abismo de angústia" projetado pelo pensador francês neste livro, que sintetiza impiedosa autoimagem. O filósofo marxista, que matou a esposa, sobreviveu às prisões da guerra e das clínicas psiquiátricas, emerge como alguém que tinha de si um doloroso reflexo: "Um ser inteiramente de artifícios e imposturas, um filósofo que não conhecia nada da história da filosofia, e que de Marx só tinha estudado seriamente o primeiro volume de *O capital*".

A adaptação de Márcio Vianna – em temporada no Teatro Glaucio Gill – propõe a luta deste homem com a própria imagem através do ator. Vianna abandona qualquer tentativa de interpretações psicológicas ou filosóficas e, simplesmente, dá a palavra a Althusser. O relato obedece a imersão no incoerente universo pessoal do atormentado filósofo. A admiração de Vianna por Althusser, já demonstrada no texto que abre o espetáculo, se reflete na investigação sobre o estado de melancolia e depressão que comanda a solitária vida do filósofo.

O encenador expõe a agonia existencial de Althusser sem subterfúgios, valorizando as sensibilidades do casal de atores. Vanda Lacerda revela contenção delicada, captando a tensão surda de Hélène, a mulher-sombra que suportava a convivência com o irascível Louis. A atriz tem uma bela cena quando conta as sucessivas mortes a que assistiu quando criança. E também no silêncio carregado de humilhação, ao ouvir de Althusser a repulsa ao toque físico, ou quando menciona a traição pressentida. Rubens Corrêa empresta seu temperamento barroco de ator a interpretação rica em minúcias, em que cada gesto se amplia em significados. O ator transita pelas alternâncias do personagem, inflamado como um pensador em ebulição e fragilizado ao recordar a indiferença materna. A loucura se constrói numa teia de olhares, em que Rubens Corrêa se debate arrebatadamente ao mesmo tempo que domina a violência a que Althusser se permite. Em contracena com Hélène, em que o prefixo *in* é pretexto para desencadear guerra de emoções, Rubens demonstra a sua larga extensão técnica de intérprete amadurecido.

1994

HAM-LET

É uma maratona teatral que dura cinco horas e vinte minutos (incluindo os dois intervalos) e que deixa o espectador atônito diante da apropriação que o diretor José Celso Martinez Corrêa faz de *Hamlet*, de William Shakespeare (1564--1616). No cenário de impacto do Parque Lage, José Celso desconstruiu a peça shakespeariana, transformando-a, a começar pelo título (*Ham-let*, que estreou sábado), em celebração ritualística de suas obsessões como encenador. Podem ser vistas sugestões dos ritos religiosos, a tentativa de discutir o teatro como elemento de transformação cultural e o endeusamento do homoerotismo. Além de servir de acerto de contas do encenador com sua história: os personagens de *As boas* contracenam com Polônio, e os mesmos figurinos e maquiagem de *O rei da vela* são usados pelo "rei do teatro".

Esse ajuste com o passado, por outro lado, deixa alguns traços profundamente passadistas, seja formalmente, seja como referência cultural. Há neste *Ham-let* certo messianismo teatral, como se José Celso pretendesse conduzir a plateia (ou pelo menos fazê-la aderir a uma de suas "vontades" teatrais) pelos caminhos que aponta como emblemáticos de seu teatro. Com isso, cria situações extremamente constrangedoras, exigindo, por exemplo, participação do espectador para a qual não aceita recusas. A plateia é submetida a uma duração excessiva do espetáculo e convidada a ser participante de algumas celebrações que ferem o seu direito como espectador e o respeito às regras de convivência social.

A tragédia de Hamlet talvez tenha pouca relação com toda essa construção teatral, já que o espetáculo não se desenrola a partir dos conflitos do príncipe que se defronta com o assassinato do pai pelo seu tio, o qual usurpa o trono e se instala no leito de sua mãe. A tragédia pessoal, a agonia interior do príncipe da Dinamarca e a sua procura pela verdade se tornam secundárias, quase pano de fundo para a exaltação de um furor teatral demolidor. O *Hamlet*, de Shakespeare, fica mais pobre em sua poesia, na sua fúria verbal e na sua tragicidade. A tradução mostra completo desrespeito pelo texto, recriando-se quase como uma adaptação livre, que subverte espaço, tempo e linguagem.

Além dos problemas técnicos de *Ham-let* no Parque Lage, a montagem sofre ainda de uma certa "impureza" formal. Cenas menos depuradas e construídas como se fossem resultado de soluções improvisadas colaboram para que o tempo de duração do espetáculo ganhe mais peso. As ingenuidades do encenador – como as provocações à plateia – se tornam muitas vezes irritantes, mas não são suficientes para desvalorizar o que *Hamlet* tem de melhor: a sua força bruta como expressão teatral. Mesmo que o bizarro substitua o trágico, e o grotesco se imponha sobre o poético, *Ham-let* é uma máquina teatral poderosa, manipulada de maneira anárquica e, muitas vezes, precária, mas capaz de extrair de alguns pontos, que não exatamente o texto, força expressiva estonteante. Muito do barulho e gritaria – ironicamente é o personagem Hamlet que, num dos mais belos momentos da sua procura pela verdade, conclui que "o resto é silêncio" –, da sexualidade desperdiçada como bandeira e do tropicalismo envelhecido é que fornece o temperamento de um espetáculo como *Ham-let*. Irritante e desproporcional, sujo e mal-acabado, *Ham-let*, ao mesmo tempo, constrói cenas de força e beleza (como a da partida de Hamlet para o Brasil) raras no teatro atual.

O elenco, com interpretação de um barroquismo glauberiano, tem em Marcelo Drummond um Hamlet com voz totalmente inadequada para o palco, e em Christiane Torloni uma rainha Gertrudes presa a emoção um tanto deslocada. José Celso Martinez Corrêa, gesticulando e se movimentando em excesso, se apropria da cena quase como pregador religioso. Denise Assumpção tem voz poderosa e ar agressivo de confronto. Walney Costa impõe presença física que não esconde a inconsistência de sua interpretação. Pascoal da Conceição, dentro da proposta da montagem, empresta a Polônio um ar patético. Alleyona Cavalli[7] é uma Ofélia nervosa, intensa e que leva a tensão interpretativa mais longe. Marcelo Serrado, Élcio Nogueira, Hector Othon, Eduardo Medeiros, Joaquim Soares e Yuri Sampaio completam de maneira irregular a distribuição.

CAPITAL ESTRANGEIRO

Não é nenhuma revolução na comédia brasileira. Muito menos mostra qualquer invenção para além da correta escrita de uma peça de situações. Mas o que se pretende com um texto como *Capital estrangeiro* a não ser divertir, sem ultrapassar os limites do bom gosto e da inteligência? O autor Sílvio de Abreu (1942-), estreante em teatro, escreveu uma comédia em que as referências à história recente do país (o *impeachment* de Collor) mostram seus reflexos sobre a vida de um dos favorecidos pela corrupção.

Alberto (Edson Celulari) inicia a peça numa conversa telefônica com o ex-presidente em que, num tom desesperado, faz apelo para que ele o ajude a sair do buraco em que se encontra. Sem dinheiro, com aluguel atrasado, comendo macarrão semipronto, mantém como únicos bens um automóvel e o símbolo máximo do consumismo: o telefone celular. A mulher, Telma, compartilha dessa miséria com solidariedade de ocasião. A solução para sair desse impasse é a visita

---

[7] Atriz hoje conhecida como Leona Cavalli.

de um industrial italiano que o casal conheceu num cruzeiro nas ilhas gregas, e que parece, diante do quadro de penúria, a única possibilidade de salvação. Mas o passaporte para esta salvação seriam a beleza e a sensualidade de Telma.

Sílvio de Abreu constrói esta comédia com diálogos ágeis e observações às vezes mordazes sobre um certo cinismo e cupidez nacionais. Mas *Capital estrangeiro* nem sempre parece verossímil. As situações têm um desenvolvimento que foge das mãos do autor (a preparação da chegada do italiano é alongada e todas as cenas que antecedem o desfecho são antecipadas pela plateia, que "adivinha" o que vai acontecer). Por outro lado, Sílvio de Abreu substitui a ação pela palavra, ameaçando fazer com que a peça caia numa relativa monotonia. Mas são detalhes de uma comédia que, no balanço final, cumpre sua função de divertimento.

A direção de Cecil Thiré não acrescenta muito ao texto. Sua encenação é linear, com tempos mortos que comprometem o espírito da comédia. O cenário realisticamente pobre de Colmar Diniz, a iluminação de rotina de Maneco Quinderé e os figurinos corriqueiros de Marco Aurélio não contribuem para dar vivacidade ao espetáculo. O diretor acerta o passo, contudo, com os atores. Edson Celulari demonstra bom tempo de comédia e sustenta seu inescrupuloso personagem com leveza e *savoir--faire* que resultam em desembaraço. Patrícia Travassos[8] é uma comediante que aproveita o segundo plano para sobressair em pausas, olhares e entonações sempre com um humor que se avizinha da crítica. Hélio Ary completa a distribuição, interpretando o italiano num tom de comédia sofisticada.

Capital estrangeiro é daqueles espetáculos em que o conceito de teatro comercial se aplica sem qualquer sentido pejorativo ou de desvalorização. Exemplar de um gênero de produção que faz falta no mercado teatral carioca, *Capital estrangeiro* atinge aquela relação difícil em que a boa diversão não compromete o bom nível de realização teatral.

EDUARDO II

Não se trata apenas da inapetência de um rei para o poder, mas do exercício do público diante do privado. Esta, entre tantas outras, poderá ser a interpretação contemporânea da peça *Eduardo II*, que estreou este fim de semana no Teatro I do Centro Cultural Banco do Brasil, numa encenação de Moacyr Góes. A opção do diretor para este texto seiscentista de Christopher Marlowe (1564-1593) parece se encaminhar para esse tipo de discussão, mas, na verdade, o espetáculo *Eduardo II* deixa claro que Moacyr Góes assume a prevalência da palavra sobre todos os

---

[8] Em 2002, a atriz alterou seu primeiro nome para Patrycia, motivada pela numerologia.

outros elementos. O diretor demonstra ter percebido que a peça não tem as qualidades que suportem as suas extensas cenas, que a questão homossexual não é o seu eixo central e que é necessário valorizar a palavra sobre a ação.

O texto foi cirurgicamente cortado para um tempo dramático que se concentraria no antagonismo entre a paixão do rei pelo seu amante Gaveston e a decorrência da falta de ímpeto pelo exercício do poder. No plano em que o encenador situa o espetáculo, a palavra ganha ainda mais relevo, mesmo que, aparentemente, a intenção seja a de que as cenas procurem alcançar maior dinâmica. Os cortes não escondem o peso narrativo de *Eduardo II*.

A encenação de Moacyr Góes contrapõe a esta apropriação a visualidade, que se impõe em dois planos: o cenográfico e o corporal. O equilíbrio fica difícil de ser atingido, afinal, a expressão da palavra se apoia numa solenidade que o corpo desfaz. Para o elenco, em parte por sua inexperiência e juventude, em parte pela inadequação a uma escala de atuação em que a palavra não pode ser apenas interpretada, essa tarefa de usar corpo e voz se torna um problema de coordenação.

A bela construção cenográfica de Maurício Sette – ainda que um tanto prejudicada pelas dimensões do palco do Teatro I do Centro Cultural Banco do Brasil – confina o poder do rei a um globo vazado que sugere o universo. As escadas *high-tech* e as correntes, que funcionam como pontes levadiças, contribuem com o som áspero quando são acionadas, criando efeito de atrito. Esse arcabouço cenográfico é usado pela orientadora de movimento do espetáculo, Regina Miranda, como espaço acrobático, em que atores se movimentam numa corda bamba. O gestual fica num meio-termo entre movimentos aristocráticos e de risco (Gaveston é quase um acrobata).

Os figurinos de Samuel Abrantes se concentram no negro, apenas concedendo o vermelho à rainha, quando ela, desprezada, encaminha sua vingança contra o marido. O vermelho e o negro não chegam a ser originais como cores dramáticas, mas servem aos figurinos levemente pós-modernos. A trilha, que amplia com música religiosa a solenidade do espetáculo (e em contrapartida sublinha o poder da Igreja na narrativa), investe, na cena final, na contundência do som *punk* do The Clash. É um efeito de alcance previsível e cujo suposto impacto se dilui exatamente na previsibilidade do jogo dos contrários. Nesta incorporação de tantos e tão contrastantes elementos, *Eduardo II* não camufla uma certa disparidade entre as intenções e a efetiva realização.

Guilherme Leme é um Eduardo II que encontra a ressonância na ênfase do corpo. A palavra se perde diante da exuberância com que o ator "fala" com os gestos. Enrique Diaz, ainda que seu maior veículo expressivo também seja o corpo, consegue tocar a ambivalência do jovem Gaveston. Beth Goulart, excessivamente marcada como a rainha, também esvazia-se numa linha corporal. Ricardo Kosovski não encorpa como Mortimer, enquanto Gilberto Gawronski é um bispo sem marcas e um Lightborn muito composto.

Os demais atores do elenco – Samir Murad, André Barros, Sérgio Maciel, Adriana Garambone, Guilherme Linhares, Sandra Isaack, Carmo Dalla Vecchia, Carlos Thiré, Adriana Bonfatti, Eliete M. M., Roberta Rosalém e Ulla Werneck – variam de interpretações de pouca expressividade à indisfarçável inexperiência.

O HOMEM SEM QUALIDADES

O primeiro espanto diante da adaptação para o teatro do romance-ensaio *O homem sem qualidades*, do austríaco Robert Musil (1880-1942), é a própria ousadia desta adaptação. As quase 900 páginas da tradução brasileira – na edição completa alemã são pelo menos 1,9 mil – permeiam longos trechos reflexivos com imagens poéticas e muita ironia, que dão a essa obra crepuscular da Europa entreguerras dimensão bastante bem-humorada.

De certa maneira, a abordagem do adaptador Alberto Renault procurou tornar possível a encenação de um livro que trata, filosoficamente, da ausência de *qualidades* de um homem e, ficcionalmente, da história de um tempo. Ulrich, ao abrir mão dos valores que estão na essência da prática social (o conhecimento e o poder) em favor de um sentido do possível, descobre o sentimento do amor como a única forma da realização individual. Robert Musil, que levou pelo menos quatro décadas escrevendo *O homem sem qualidades* – sem concluí-lo –, não encontrou (e será que isso é possível?) a sua transposição para o teatro.

A complexidade do livro, que pode ser lido em seus dois planos expressivos – com visão filosófica ou meramente romanesca –, está longe do palco do Centro Cultural Banco do Brasil. A imagem que a adaptação transmite é de uma sequência de cenas que obedece, provavelmente, à ordem narrativa interna, mas que não se dá a perceber ao público.

O adaptador seguiu a indicação de Robert Musil, que escreveu: "Resulta da história deste romance que a história que nele deve ser narrada não é narrada". Se na literatura Musil segue essa linha, na versão para o palco a narrativa adquire um valor em si mesmo, em que uma ideia geral sobre as "experiências" do personagem Ulrich parece inexistir. O espectador fica diante da colagem de cenas, que assumem caráter levemente brincalhão sem referência sólida à obra que a originou. O espetáculo dá poucos indícios para que se penetre na obra de Musil, e, afinal, a encenação só se justifica se o teatro projetar sobre um outro meio expressivo interpretação diferente ou pelo menos reprodução dos melhores valores do modelo. A adaptação não ilumina o livro O *homem sem qualidades*, apenas faz transposição confusa, que sequer consegue se fixar numa forma minimamente definida. A fragmentação não serve como desculpa para as soluções arbitrárias que se adotam nesta empobrecedora visão teatral.

O espetáculo de Bia Lessa é construído sobre esta adaptação restritiva, tornando-se extensão ampliada de colagem sem uniformidade. Bia Lessa também não justifica as diversas opções que adotou, a começar por ocupar o pequeno palco do Teatro I do Centro Cultural Banco do Brasil com arquibancada para receber parte da plateia. Os espectadores servem de "cenário", recebendo à porta uma maleta-máquina fotográfica para que fotografem o espetáculo. Para quê? Não se encontra qualquer explicação ou justificativa.

Com o palco atravancado por essa arquibancada, a área de representação se reduz a um corredor em que se atropelam atores e máquinas cenográficas (algumas até muito interessantes como concepção escultórica) e é reservada à plateia a função de elemento ambiental e de coadjuvante constrangido da ação. Os figurinos de Taísa Borges são irregulares, apesar do bom efeito do uso de uma única cor para cada fase do personagem Ulrich. O elenco se desdobra em vários papéis, alguns dos quais obrigam os atores ao ridículo de imitar animais ou de circular por uma tal variedade de indicações que não se sabe o que, efetivamente, estão interpretando. Daniel Dantas assume ar distante e indiferente como Ulrich, contribuindo bastante para deixar ainda mais volátil um personagem já mal delineado pela adaptação. Ana Beatriz Nogueira, Betty Gofman e Sílvia Buarque, em que pesem algumas caracterizações infelizes, procuram encontrar algum sentido nas suas intervenções, sem muitos resultados. Lucélia Santos, pelo menos, tenta emprestar sua natural tensão nervosa aos personagens. Otávio Müller e Dany Roland não se destacam, enquanto Wellington Soares mostra sua completa inexperiência.

SERMÃO DA QUARTA-FEIRA DE CINZAS

Sem ser exatamente um texto teatral, o *Sermão da Quarta-Feira de Cinzas*, do padre Antônio Vieira (1608-1697), projeta grandes dificuldades na sua adaptação para o palco. Não há exatamente uma adaptação. O que se assiste no Espaço Cultural Sérgio Porto é ao monólogo em que excelente ator empresta sua técnica, inteligência e sensibilidade ao discurso religioso de caráter exemplar. O papel do diretor diante da excelência do ator é apoiar sua interpretação e não interferir demais no seu brilho pessoal.

O diretor Moacir Chaves, ainda que tenha valorizado a atuação de Pedro Paulo

Rangel (sua linha de atuação, sem dúvida, foi indicada pelo encenador), construiu montagem em que se definem os traços do sermão (em especial o efêmero da existência e os limites da vida) e a transitoriedade do tempo. Estilisticamente, o diretor escolheu o equilíbrio dos contrários, mostrando sinais de festa em contraponto ao religioso, o *kitsch* de um filme bíblico como ilustração de episódio bíblico e o *Hamlet*, de Laurence Olivier, sublinhando a inevitabilidade de sermos pó. Antes de provocar qualquer contraste óbvio – as imagens da favela da Rocinha são as que mais enfatizam comentário social –, esse jogo retira a solenidade que poderia apenas servir de evidência da inadequação do sermão como peça teatral. O cenário de Fernando Mello da Costa, além de resolver bem o difícil espaço do Sérgio Porto, usa um palco circular com desenhos em pedras portuguesas como um ciclorama para as projeções, criando abstração atemporal, mas com referências a imagens reconhecíveis. Os figurinos, entre o padre e o cidadão, sugerem bem a dualidade da função do intérprete. Mesmo que não tenha um melhor acabamento que apoie no mesmo plano a atuação requintada de Pedro Paulo Rangel, *Sermão da Quarta-Feira de Cinzas* é uma montagem interessante, que traz à cena um tema denso, e de forma fluente.

A interpretação de Pedro Paulo Rangel se sustenta num tom que reproduz a essência do sermão, ao qual empresta inteligente visão: ressalta em inflexões quase brincalhonas o caráter definitivo da palavra do padre Vieira. O ator procura no detalhe o ponto a partir do qual fundamenta a palavra do sermão. Há um comentário sempre presente em cada uma das frases, numa atuação tão límpida na sua elaboração técnica e de uma sensibilidade de filigrana. Em montagem de pouco menos de uma hora, Pedro Paulo Rangel cria uma vibração e uma relação intensa com a plateia. A participação de Kelzy Ecard é apenas complementar.

A RUA DA AMARGURA

A rua da amargura – 14 passos lacrimosos sobre a vida de Jesus, que estreou no fim de semana no Centro Cultural Banco do Brasil, é a expressão das referências culturais-afetivas mais recorrentes do diretor mineiro Gabriel Villela. Estão em cena a iconografia religiosa, a estética dos "dramas de circo" e uma visão poética da cultura popular. O espetáculo se inspira em *Mártir do calvário*, texto anacrônico de Eduardo Garrido (1842-1912), escrito no início do século XX, que provoca alguns sorrisos pela ingenuidade dos versos e da métrica do diálogos. Mas o diretor procura, exatamente, recriar a partir dessas formas estéticas de segunda mão uma teatralidade sofisticada. O caráter religioso da peça é secundário, já que Gabriel Villela utiliza o melodrama, que conta sem qualquer preocupação interpretativa a vida de Cristo – apenas uma linguagem a ser explorada no palco. Da mesma forma, o exagero e os sentimentos derramados do "drama de circo" são veículos para que o encenador recomponha a memória do "velho" teatro. A cultura popular, portanto, deixa de ser objeto nostálgico – em nenhum momento Gabriel Villela apela para uma "imitação" da forma inspiradora original – para se transformar em comentário altamente lírico sobre o que o tempo cristalizou em história. *A rua da amargura* deixa a impressão de que esta linha de investigação de linguagens às vezes empresta importância à arquitetura visual e a citações sonoras que se impõem como estrutura cênica altamente envolvente, mas na qual a emoção tem precedência sobre quaisquer outros elementos.

A primeira parte do espetáculo, que acontece durante 20 minutos no *foyer* do Centro Cultural Banco do Brasil, funciona quase como uma forma de sensibilização para o que se vai assistir em seguida (na próxima uma hora e dez minutos, dentro do Teatro I). O elenco entra tocando e cantando músicas que variam da pueril "Romã, romã" à conhecidíssima "Noite feliz", passando por "Adeste, Fidelis" e pela popular "Bom José", criando impacto indiscutível. A aparição daquelas figuras, coloridas como *dervixes*, pintadas como num quadro vivo, já estabelece relação *favorável* para remeter os espectadores – sentados, formando um círculo – a uma representação de rua, mas com a alegria de festa. Apesar das dificuldades apresentadas pela acústica do *foyer*, essa introdução antecipa o clima de celebração de formas teatrais ingênuas. A aparição do Menino Jesus é uma deliciosa brincadeira com o imaginário religioso, da mesma maneira que a música embala, com seu ritmo e sutilezas, lembranças do espectador.

Ao entrar no teatro, a plateia se defronta com bela moldura para o palco. São ex-votos, pequenos altares e imagem de Cristo que decoram a boca de cena numa mistura de sala de devoção com lapinha, complementados pela ribalta com luzes que lembram velas. Não há religiosidade neste visual, mas revisão da estatuária católica. O cenário do próprio Gabriel Villela coloca no palco um grande presépio de palha, com céu de pequenas estrelas de luzinhas, delineando-o com lamparinas, tudo sob um piso de espuma, que faz com que os atores caminhem como se estivessem a ponto de se desequilibrarem. Um belo efeito, como se os atores nos fizessem acreditar que flutuam numa suprarrealidade.

A representação do drama começa com a figura de Jesus – o ator Eduardo Moreira faz melancólica composição do Cristo através de gestos e de máscara facial de profunda tristeza – no proscênio. Os acontecimentos que levam Cristo até a ressurreição desenrolam-se como pantomima. Judas está representado por um palhaço. A alta voltagem poética se justifica em cenas tão admiravelmente simples que levam a plateia ao espanto. O discurso de Jesus sobre Jerusalém é retirado de uma mala com a cidade em miniatura. Esses efeitos encantatórios se multiplicam em *A rua da amargura*.

Os figurinos de Maria Castilho e Wanda Sgarbi são obras de teatralidade pura. Além da combinação de tecidos e texturas, que se misturam para formar painel de cores, os figurinos também foram criados a partir dos mesmos detalhes secundários que a cultura "erudita" despreza ou aos quais não dá qualquer importância. Basta olhar o sangue que escorre da testa de Cristo: é feito de papel de bala vermelho. A iluminação de Maneco Quinderé reforça esta beleza visual extraordinária.

No elenco, além de Eduardo Moreira, como Jesus, se destacam Bia Braga, com bela voz e presença insinuante como a Samaritana; Rodolfo Vaz, um Judas *clownesco*; e Teuda Bara, uma patética *mater-dolorosa*. Os demais atores – Antônio Edson, Arildo de Barros, Beto Franco, Inês Peixoto, Júlio César Maciel, Paulo André e Simone Ordones – assumem seus personagens (na verdade, seria melhor classificá-los como sugestões de personagens) de maneira lúdica.

PENTESILEIAS

Pentesileias é caso de dramaturgia precária ou de excesso de referências? Os dois males assaltam esta adaptação de Daniela Thomas (1959-), que chega até os gregos, com a *Ilíada*, de Homero, passa por uma peça alemã do século XIX, de Heinrich von Kleist, incorpora citações de William Shakespeare e George Bernard Shaw e reproduz René Descartes. Na encenação, as citações não são menores: de Dalva de Oliveira a José Celso, com vagas lembranças a Gerald Thomas. Dessa mixagem resulta espetáculo que está longe da pretendida ordem linear (começo, meio e fim) apregoada pela diretora Bete Coelho. *Pentesileias* se desconstrói a partir de sua própria falta de costura de tantas e tão diversificadas influências.

No pretenso alinhavo desse painel pós-moderno está a condição feminina, sustentada pela personagem Pentesileia, da *Ilíada*, rainha das Amazonas, morta por Aquiles. Ao incorporar a Pentesileia de Kleist, em que a mulher é quem mata e devora Aquiles, a adaptadora Daniela Thomas pretendeu, ao que parece, tratar da paixão feminina como efeito avassalador, destrutivo e inadequado na convivência com o masculino. Pentesileia mãe mata a amante do marido e o condena à castração. Daniela Thomas, ao mesmo tempo que insinua um certo determinismo no comportamento feminino, deixa aberto o espaço para brincar com a solenidade da tragédia. A peça é feita de interrupções críticas que lembram ao espectador que se está diante de uma representação, de que tudo é teatro, possivelmente apenas ilusão. Acontece que *Pentesileias* está carregada de sinais trágicos, transmitindo ideia de feminilidade atormentada e difusa, que a adaptadora não consegue tornar dramaticamente clara.

A diretora Bete Coelho, sofrendo também desse excesso de referências, percorre caminho cênico tortuoso, em que procura sempre um impacto pela imagem. A representação de um universo que a todo instante remete a uma qualquer citação, expressa por teatralidade de gestos e vozes trágicos, é quebrada pela atuação do elenco, que aponta sempre para a recusa da ilusão. Bete Coelho constrói algumas belas cenas, como a que abre o espetáculo, quando as bailarinas fazem uma aula de dança. O sentido dessa cena, como de resto de algumas outras, nem sempre fica claro (seria uma afirmação da figura feminina?).

A música de José Miguel Wisnik usa o som sampleado de vozes femininas e reforça, no plano sonoro, essa impressão de experimentalismo *déjà vu*. A canção final, com um jogo de palavras de ritmo monótono, confirma a impressão. O cenário de Daniela Thomas é, basicamente, um palco em declive, estendido até a plateia, com tábuas fixadas a intervalos. A iluminação de Wagner Pinto aproveita as frestas para buscar efeitos de sombras, mas as tonalidades são um tanto óbvias (violência/vermelho).

O elenco não responde uniformemente ao proposto pela direção. Bete Coelho atinge bons momentos, com interpretação tragicamente contemporânea, e Giulia Gam alcança, pelo menos na cena da morte de Aquiles, intenso refinamento. Renato Borghi elabora na dualidade física masculino-feminino a figura do conselheiro. Mas os demais atores, quando não demonstram graves problemas de emissão vocal, deixam a certeza de que não estão preparados para a tarefa de subir a um palco. Com exceção de Lu Grimaldi, que tenta emprestar alguma individualidade às figuras das Peripatéticas, os demais têm pouca presença.

PEER GYNT

A encenação de *Peer Gynt* por Moacyr Góes representa mudança de rumo na carreira deste diretor de 34 anos que, em pouco menos de dez anos, procurou definir o espaço do palco que ele chama de cena como uma área de investigação permanente. Com a difícil peça do norueguês Henrik Ibsen (1828-1906), Moacyr consolida algumas ideias que vinha alimentando nos seus mais recentes espetáculos (*Comunicação a uma Academia*, *Epifanias* e, em certa medida, *O livro de Jó*).

Sem abrir mão da discussão da cena, Moacyr Góes se volta, em *Peer Gynt,* para a expansão da área expressiva de suas montagens, buscando comunicabilidade e concretização de suas preocupações teóricas na própria encenação. Já na escolha do texto, o diretor enfrenta a complexidade de uma narrativa longa, feita de dezenas de cenas e que percorre a trajetória do personagem que enfrenta o real com a fantasia e a mentira, construindo o sonho de ser poderoso, e que acaba por ser "imperador de si mesmo". Moacyr acompanha *Peer Gynt* com visão poética, da qual ressalta a emoção, o que é novidade nas encenações do diretor.

O espetáculo já se desenha a partir da adaptação de Clara Góes, que depura a amplitude do texto em favor da concentração. No primeiro ato – originalmente são cinco – se define o desejo do personagem, enquanto no segundo se demonstra a busca da realização desse desejo. É nítida a diferença entre as duas partes, como se a segunda ficasse prejudicada pela urgência, que acaba por descolorir o onírico e emocional que sustentam o primeiro ato. Mas a adaptadora não banalizou o texto, pelo contrário, venceu a dificuldade de concentrar a ação – a estrutura da peça é dispersiva – e tornou essencial o desenvolvimento narrativo. Com esta base, Moacyr Góes conduz a encenação como uma história em que "as mentiras se parecem com a verdade". O diretor percorre extremos (verdade, mentira, "sonhar acordado") tal como Peer Gynt, para quem a aventura da existência está na recriação do real. Moacyr explora essa possibilidade de reinvenção da realidade no teatro. Favorece a mentira do teatro com efeitos que reforçam a realidade do palco. A cenografia de José Dias é uma aliada poderosa dessa "mentira", lançando Peer Gynt ao mundo, investindo-o com um manto com o globo terrestre impresso, sinal da sua ambição. Ampliando o palco com uma moldura que expande os planos da representação, o cenógrafo utiliza muitas cortinas e panos coloridos como elementos da natureza. Acrescentando detalhes como telhados, varas, miniaturas de moinhos e casas, Dias projetou sugestiva cenografia. Os figurinos de Samuel Abrantes, além do excelente desenho inspirado na imagística nórdica, utilizam a cor de maneira luminosa e atraente. A iluminação de Moacyr Góes reforça o aspecto solar, o mesmo que se encontra nos cenários e nos figurinos. A música de Wagner Tiso sublinha, melodiosamente, a ação.

José Mayer enfrenta com bravura o desafio de interpretar Peer Gynt. O ator empresta a dualidade que impele o personagem a perseguir seu sonho, ainda que o registro da maturidade não tenha a mesma consistência do da juventude. Ivone Hoffmann, como a mãe, adota tom agridoce e ao mesmo tempo popular. Sua cena da morte é irretocável. Floriano Peixoto, tanto como o ferreiro quanto como mensageiro, utiliza bem a sua poderosa voz. Leon Góes, com menores oportunidades, revela o brilho da sua preparação corporal em gestos mínimos, como ao agitar um pano. Ítalo Rossi, seja como rei dos *trolls*, seja como o pai do noivo, e até mesmo no gesto banal de fechar uma cortina, deixa claro o grande ator que é. Patrícia França defende bem a sua Solverg, enquanto Antonella Batista (correta com a princesa *troll*), Letícia Spiller (cuja beleza é valorizada na cena da odalisca) e Paula Lavigne (presença apagada) completam o elenco feminino. Gaspar Filho explora o aspecto caricatural.

1995

GILGAMESH

Cada estreia de um espetáculo de Antunes Filho é cercada por justificável expectativa. O diretor paulista, com 45 anos de carreira, já experimentou vários momentos da cena brasileira, desde os anos 1950, na tradição do Teatro Brasileiro de Comédia, e na revolução estética de *Macunaíma*, nos anos 1970, até a inquietação atual, quando suas montagens ganham a individualidade de linguagem e de inserção na contemporaneidade. *Gilgamesh*, o mais novo espetáculo de Antunes Filho, que estreou quinta-feira no Teatro Sesc Anchieta, em São Paulo, é, por todas as razões, montagem que estabelece ainda maiores expectativas. Antunes Filho assumiu o papel de dramaturgo ao adaptar a epopeia do rei da cidade mesopotâmica de Uruk, que viveu cerca de 2,7 mil anos antes de Cristo. Escritos por sumérios, esses poemas míticos percorrem a trajetória de Gilgamesh à procura da sua humanidade. Em seu caminho, este rei, em parte humano, em parte deus, descobre que quem "olhou para todas as coisas" desvenda aquilo de que os homens "só podem falar ventos, empreender ventos". Em narrativa carregada de citações míticas e em que os arquétipos se constroem como memória, há tantas referências (a começar pela distância histórica) que, eventualmente, a encenação poderia definhar entre a proposta e sua realização. Não é o que ocorre.
É evidente que essa carga referencial leva o espectador a alguma perplexidade, pelo menos de início. O ascetismo de monges que introduzem o herói à sua saga e andam pelo palco em círculos – ou então rodopiam num longo e belo movimento circular – reforça o caráter repetitivo e hipnótico do espetáculo. A própria forma de contar a história faz com que as palavras sejam quase decompostas em divisão silábica com ênfases surpreendentes de estranheza. Os poemas foram dramatizados sob a perspectiva mítica e arquetípica de sua gênese.
Na ambientação visual, o palco despido vai sendo conquistado ora por atores vestidos com brilhos e cor, ora por caixas-vitrines que abrigam algumas figuras. A concepção de cenários e figurinos de J. C. Serroni se equilibra nessas diferenças, mostrando poderosa beleza em sua carnavalização, ainda que não fique satisfatoriamente resolvida a presença do guardião da Floresta de Cedros e surpreenda com a pirotecnia dos fogos de artifício da engenhoca que desenha o Touro Celestial. A força de intérprete de Luís Melo e o rigor de Sandra Babeto marcam a excelência num elenco que sustenta a beleza do espetáculo. Talvez Antunes não alcance a dimensão que ambiciona, mas toca com sensibilidade a poesia da cena. Basta que Gilgamesh retire o pano que cobre o corpo do amigo para que essa poesia se expresse plenamente.

TRÊS MULHERES ALTAS

Edward Albee (1928-2016) é um autor que, indiscutivelmente, escreve muito bem. Desde os anos 1960, com a bem construída *História do zoológico*, o dramaturgo norte-americano mostra extrema capacidade de manipular situações dramáticas e de desenvolver, com grande domínio de *playwriting*, as suas tramas. Mesmo com essas qualidades, Albee acumulou, durante quase duas décadas, vários fracassos, com seus textos sendo rejeitados por público e crítica. *Três mulheres altas* foi a retomada do sucesso, com direito a Prêmio Pulitzer e a temporadas gloriosas em Nova York e Londres. Nesse texto estão as melhores qualidades do autor, em especial sua capacidade de criar um jogo teatral ao qual empresta certa perversidade. Seu olhar se detém no lado obscuro, sombreado, mau, dos personagens, revelado através da senilidade de uma mulher de 90 anos.

A peça, no primeiro ato, é quase um texto realista-psicológico, apresentando o quadro de degenerescência dessa mulher, diante de duas outras: a dama de companhia e a jovem advogada do escritório que trata dos negócios da velha senhora. O espectador se vê diante de fragmentos da história de vida dessa mulher, revelados por ela própria, entre acessos de incontinência urinária, lapsos de memória e muita amargura. As outras mulheres são ouvintes que deixam entrever suas personalidades diante do conservadorismo e do sentido de finitude de uma vida que se descortina diante delas. O final do primeiro ato fecha o quadro realista.

No segundo, a velha senhora se desdobra em três tempos, e cada uma das atrizes a representa em diferentes idades. A personagem contracena consigo mesma, em idades diferentes, utilizando o tempo como elemento de autoconhecimento. A mulher jovem de 26 anos se recusa a *ver* a sua decadência na velhice, enquanto, aos 52 anos, tomada pela frustração de um casamento e pelo choque com o filho adotivo, se mostra uma pessoa dura, intransigente, desesperançada. Aos 90 anos e dona da própria vida, se debruça, com ceticismo e a certeza de que sua experiência chegou ao fim, sobre a vida ainda pulsante das suas outras imagens mais jovens.

A peça deixa a certeza da segurança de Edward Albee como dramaturgo, mas o recurso teatral do segundo ato é uma armadilha que pode surpreender o diretor. José Possi Neto estabeleceu alguns parâmetros para sua encenação, como suavizar um pouco a densidade do texto e buscar um clima mais próximo da elegância cênica. De certa maneira, o diretor ameniza a emoção que a montagem poderia provocar. O espetáculo acaba por se tornar um tanto discursivo, em especial no primeiro ato, esgotando rapidamente, no segundo, a "surpresa" da divisão no tempo da velha senhora. O cenário de Felippe Crescenti é correto na sua elegância clássica e a iluminação de José Possi Neto e Wagner Freire complementa bem a cena com o uso de intensidades dramáticas.

Beatriz Segall faz um trabalho de composição – com destaque para a movimentação corporal e a voz – minuciosa, no sentido de captar mais o espírito da velha senhora do que propriamente a sua senilidade física. A atriz tem alguns momentos de patética sinceridade, como nas ameaças de choro e, sobretudo, no final do primeiro ato. Nathalia Timberg faz a dama de companhia com discreta condescendência, mas na mulher de 50 anos a atriz domina mal a dispensável excitação corporal. E Marisa Orth carrega um pouco no humor crítico.

TORRE DE BABEL

Torre de Babel, peça escrita nos anos 1960 por Fernando Arrabal (1932-) e que toca, alegoricamente, na Espanha franquista, parecia uma empreitada árdua ao voltar a ser encenada nesses liberais anos 1990. O que restaria daquela metáfora de uma Espanha asfixiada pela ditadura em contrapartida às glórias do Século de Ouro e aos fulgurantes personagens de *Quixote* ou *El Cid*? A resposta, muito provavelmente, seria de que da *Torre de Babel* restariam os escombros de uma época, a ruína do teatro político. Mas não é bem assim, pelo menos diante do espetáculo dirigido por Gabriel Villela que inaugura o pequeno e confortável teatro do Sesc Copacabana.
Primeiro espetáculo profissional que Gabriel Villela assistiu aos 16 anos – era a versão de Luiz Carlos Ripper, em 1977, com a atriz Ruth Escobar no elenco –, *Torre de Babel* parecia ser uma obsessão juvenil que o diretor retomaria para encontrar uma referência pessoal. Afinal, anunciavam-se cortes, pequenas adaptações e até a introdução de outros textos – no caso, citações de *A vida é sonho*, de Calderón de la Barca (1600-1681), e *Dom Quixote*, de Miguel de Cervantes (1547-1616) – para "atualizar" uma peça condenada à sua época. Mas Gabriel Villela foi bem mais adiante para quem queria, supostamente, perseguir o sonho de juventude. Reescreveu cenicamente, com a sua peculiar gramática teatral, um texto do qual extraiu substrato que se escondia sob a camada do imediatismo político. Gabriel Villela parece ter se perguntado ao montar o texto de Arrabal: de que matéria é feito o sonho? A resposta é o seu sensível, belo e tocante espetáculo.
Há uma distância entre a intenção e a interpretação do diretor. O que era olhar amargo e raivoso (ainda que ingenuamente esperançoso) sobre a possibilidade de mudanças sociais se transforma em imagens de representação poeticamente circense. Não deixa de haver relativa distância entre a palavra e a imagem, que faz com que a construção visual seja valorizada sobre todos os demais elementos. Gabriel Villela usa a arena do teatro como picadeiro, no qual deixa claro que estamos diante de uma representação, aparentemente simples. A grande maestria de Gabriel Villela é conseguir criar esse universo onírico sobre texto que indica

caminho inverso. A capacidade de ajustá-lo – outro bom exemplo da habilidade em fazê-lo foi sua montagem para *Romeu e Julieta* – só confirma a força expressiva desse encenador. Em *Torre de Babel* as referências ibéricas ficam por conta do texto e das citações, já que o diretor utiliza a cultura religiosa e popular como linguagem cênica. As imagens que evocam o circo assumem caráter de fetiche teatral e, antes de se esgotar pela repetição, parecem a cada montagem um depuramento estilístico.

O cenógrafo Gabriel construiu um picadeiro em vários planos, circundado por pequenos guarda-chuvas de trapezista e por bolas que flutuam como emblemas de batalha quixotesca de tiros de talco. Um trono ao qual a personagem Latídia chega por linha tênue, deixa em suspenso a plateia, metáfora da instabilidade que persegue a personagem. A iluminação de Maneco Quinderé, ao mesmo tempo que cria *féerie* circense, filtra a luz como se houvesse um anteparo de vidros coloridos. Extraordinário trabalho de luz. Os figurinos de Wanda Sgarbi exploram a beleza de cores, tecidos e adereços, apesar de alguns detalhes, como perucas e a *pobreza* de certos tecidos, arranharem o seu acabamento. A trilha sonora contribui fortemente para estabelecer o clima onírico, e a preparação corporal de Vivien Buckup desenha movimentos harmoniosos.

A assinatura de Gabriel Villela nas suas montagens tem um preço, e quem parece pagar são os atores. O elenco está num registro que serve mais à concepção circense. Marieta Severo tenta emprestar algum poder à Latídia, mas a atriz não disfarça a tensão provocada pelas dificuldades de se manter o equilíbrio delicado em precários suportes. Malu Valle cresce quando a criada Mareda assume a figura de Santa Teresa D'Ávila. O bailarino André Vidal compõe com vigor corporal o Asno Marciano. Antonio Calloni, Guida Vianna e Mário Borges correspondem com precisão à visualidade do espetáculo. Lourival Prudêncio, na caracterização do índio, se empenha na caricatura, enquanto Orã Figueiredo se aproxima da chanchada. Maria Letícia, coberta por caracterização pesada, consegue individualizar sua bêbada. Enrique Diaz, além do excelente trabalho corporal, traça com inteligência a sua quase episódica participação.

DON JUAN

No último sábado, os 780 lugares do Tuca estavam ocupados, mas não se sabia, a princípio, se o público teria ido assistir a *Don Juan*, montagem de Gerald Thomas, ou ver a estrela Ney Latorraca. Com alguns minutos de espetáculo, a reação dessa plateia às cenas de sexualidade mais direta ou à linguagem pessoal do diretor já se faz sentir. Ao burburinho provocado por comentários em voz alta seguiram-se as deserções. Alguns saíam do teatro fazendo barulho, para deixar claro o seu desagrado. Ao final, a plateia se dividiu: as primeiras filas aplaudiram e um grupo, ao fundo, vaiava. Os atores vieram ao palco agradecer, sorridentes, e chamaram o diretor Gerald Thomas, que respondeu às vaias jogando beijo para o público. O autor da peça, Otávio Frias Filho (1957-), saiu da plateia e se juntou ao elenco para compartilhar a reação. Não chegou a ser um *happening* teatral, mas, sem dúvida, a vaia é um fato incomum no teatro brasileiro. A reação talvez expresse muito mais a perplexidade diante de um espetáculo que não se compreende do que um julgamento moral. Mas, qualquer que seja o motivo, *Don Juan* não deixa o espectador indiferente, até por suas deficiências.

A peça de Otávio Frias Filho pretende rever o Don Juan através da paródia, em que a figura do conquistador se defronta com aquilo que o nega: a impotência. Esse Don Juan se debate em torno de mulheres que necessitam de seu poder reprodutor. O autor escreveu um longo – e muitas vezes confuso – texto, que superpõe personagens e fragmenta cenas. O mito Don Juan não é discutido sob qualquer ângulo, numa abordagem mais próxima do universo de Nelson Rodrigues. Basta citar os nomes de alguns personagens, como Cadelão, ou frases do tipo "todo jovem é canalha". Mas *Don Juan*, antes de procurar cortes cinematográficos, numa aparente narrativa de contrastes, é uma sucessão de cenas que se ligam como quebra-cabeça sem encaixes.

Na contramão do texto, Gerald Thomas cria uma anticomédia. Há uma densidade dramática marcada pelos sinais que a cenografia (um desenho geometrizado do próprio Thomas) aponta, os figurinos um tanto *fashion* (de Walter Rodrigues) esboçam e a música de Michelle Dibucci reforça, indicando a realização de uma festa em meio a um velório. Gerald Thomas circula, de maneira imperial, sobre o texto, e como um bom artesão de palco que é, se prova, uma vez mais, um requintado escultor.

A interpretação de Fernanda Torres tem petulância e um pouco de cinismo. Ney Latorraca se divide entre a sua personalidade de ator e as restrições impostas pelo manual de atuação de Thomas. Vera Zimmermann, Luiz Damasceno e Ludoval Campos se ajustam melhor aos códigos do diretor. As vaias são apenas a parte visível da falta de integração entre encenação e texto. E bem que Gerald Thomas tentou a salvação: cortou pelo menos 40% do texto original.

PÉROLA

Mauro Rasi (1949-2006) é o biógrafo da vida doméstica de sua família. A partir desse reduto das suas lembranças afetivas, reinventa um passado quase mítico, em que se misturam realidade, ficção e sentimentos. Em *Pérola*, o autor volta-se, uma vez mais, para a sua mãe, a estrela do lar, para quem criou ritual de adeus numa tentativa de se separar dela, e ao lado de quem empreendeu uma viagem até Forli à procura das origens.

Desta vez a mãe se torna menos difusa e ganha a concretude da imagem desenhada pela morte. Juliano, o personagem *alter ego* de Rasi nas outras três peças, agora se chama Emílio e se torna mais interveniente na trama, sendo ao mesmo tempo narrador, filho e autor para quem a morte da mãe é a sugestão para que faça um mergulho nos afetos familiares. Quando esse universo parecia mostrar sinais de se esgotar, Mauro Rasi escreve uma comédia crepuscular, em que o humor, às vezes delirante, se junta ao melodrama interiorano. Os diálogos remetem à memória do espectador, já que está presente o vocabulário da classe média, retrabalhado em cenas de humor, até certo ponto cruel, e emoção derramada de melodrama radiofônico.

Pérola é a retomada do passado de Emílio através da separação definitiva de um tempo que se esgota com a morte. A volta ao lar para o enterro da mãe é pouco mais do que o pretexto para que aquele mundo familiar, confinado num sobrado de cidade do interior, confira dimensão universal a um cotidiano banal, que se recria através da fantasia e dos sonhos. A construção de uma prosaica piscina ou a compra de duas casas para que "bangalô" se transforme em "palacete", aparentemente sonhos rasos, na verdade são maneiras de se justificar no mundo. É deste material que Mauro Rasi faz o seu teatro.

A encenação que Mauro Rasi construiu para sua *Pérola* não perde de vista o humor, mesmo que um tanto amargo. O espetáculo reforça o olhar do narrador sobre a trama, como coautor do que assiste e participa. Essa forma de quebrar a ilusão às vezes se torna recurso fácil e desnecessário, mas é somente um detalhe numa montagem em que o diretor, assim como o autor, sabe dosar humor e emoção. A estética cinematográfica, que se observa no interessante cenário de Gringo Cardia e na trilha sonora de Marcos Ribas de Faria, apoia o próprio estilo do espetáculo com seus cortes de climas e fantasia das telas. A iluminação de Maneco Quinderé, com belos contrapontos, confere luminosidade hiper-realista. Apenas os figurinos de Beth Filipecki tendem para o comentário crítico.

Vera Holtz, carregando no sotaque interiorano, é uma Pérola evocativa. A atriz equilibra o ar etéreo da dona de casa com humor ácido, resultando, em alguns momentos, comovente. Sérgio Mamberti acompanha Vera Holtz no sotaque, um pouco menos acentuado, para compor Vado como figura bonachona. Sônia Guedes como a amarga Tia Norma empresta a ela ar agridoce. Emílio de Mello como o narrador se insinua com elegância e autoridade como espectador-ator. Anna de Aguiar[9] tem atuação convincente como a frágil filha. E Edgar Amorim não deixa que o cunhado fanatizado se transforme em caricatura.

DIAS FELIZES

O universo de finitude de Samuel Beckett (1906-1989) não se esgota neste seu caráter terminal. *Dias felizes*, jogo cruel em que as palavras parecem desmentir aquilo que expressam, é ao mesmo tempo cômica e trágica, em outro tipo de jogo tão caro a Samuel Beckett. Essa peça, de 1961, uma das mais expressivas deste dramaturgo definitivo no século XX, trata do fim de um tempo, do esvaziamento da vida diante da banalidade do cotidiano.

A otimista Winnie cumpre o ritual da sua solidão num cenário deserto, que se estende às próprias condições de sua existência (vive com o corpo enterrado na areia e, à proporção que o tempo avança, a areia vai cobrindo mais o seu corpo, deixando-a ao final apenas com a cabeça de fora). O tempo marcado pelo som de uma campainha, que inicia e encerra cada um desses dias felizes, é o elemento inexorável diante do qual Winnie e seu marido – que, meio alheio, vive num buraco – compactuam as suas solidões. Cada um precisa do outro para aguentar o passado e a vida em comum, e seguir sob as condições de sua sobrevivência.

O texto de Samuel Beckett é um longo e árido percurso, em que as palavras adquirem ressonância quase hipnótica. O sentido opressivo às vezes se confunde com esse volume de palavras que assustam. É um texto áspero, seco, tragicômico, que se enfrenta com alguma dificuldade, em especial para as atuais plateias tão desatentas e pressionadas por outras urgências e cada vez mais desajustadas ao ritmo do teatro. Não é fácil penetrar no universo beckettiano (até pela rejeição ao incômodo e ao peso que provoca), mas vale a pena tentar vencer as aparências e ir mais além, para encontrar a riqueza de significados que se desvendam, quanto maior for a habilidade com que o texto é transposto para a cena.

A encenação de Jacqueline Laurence, com cenário, figurinos e luz de J. C. Serroni um tanto solares, se torna discreta diante da presença impositiva da atriz que interpreta Winnie. Afinal, *Dias felizes* não deixa de ser um longo monólogo, em que a voz quase solitária da personagem encontra no outro personagem apenas even-

---

[9] Atriz hoje conhecida como Carolyna Aguiar.

tual contraponto. A diretora, talvez por força da poderosa personalidade interpretativa de Fernanda Montenegro, conduz o espetáculo segundo os parâmetros estabelecidos pela atriz. Mesmo com a introdução de comentários musicais, que marcam um certo tipo de dramaticidade, o espetáculo no primeiro ato adquire histrionismo que parece querer sublinhar uma interposta comicidade. É um alto risco que a montagem corre, e talvez seja o que mais desconcerta o público. Mas, no segundo ato, *Dias felizes* ganha tragicidade e verdadeira emoção. Fernanda Montenegro é uma atriz com força expressiva catalisadora. Como Winnie, a atriz tem um primeiro ato em que sua interpretação exalta o tragicômico, o que acentua alguns recursos de voz, entonação e pausas, que parecem estar se tornando marcas muito fortes em Fernanda Montenegro. Mas, no segundo ato, quando "interpreta" apenas com o rosto, sua atuação se amplia enormemente. Fernando Torres dá dimensão dolorosamente trágica ao marido. A destacar, ainda, a tradução primorosa de Barbara Heliodora.

MELODRAMA

O interesse do diretor Enrique Diaz pelo melodrama não se manifesta apenas através de visão histórica. Seu espetáculo *Melodrama* explora as possibilidades do gênero, emprestando-lhe análise levemente crítica. O texto de Filipe Miguez (1967-) é quase uma colagem de todos os truques melodramáticos, como o apelo primário à emoção, as situações inverossímeis de laços sanguíneos que destroem relações amorosas e a eloquência de frases subliterárias que enfatizam emoções baratas. A peça faz o registro dessas formas, sem esquecer os traços que o melodrama deixou na nossa memória.

O espetáculo distribui pequenas histórias, bastante significativas como exemplares melodramáticos, por diversas formas de expressão: da opereta à televisão, do teatro ao rádio, da literatura ao cinema, todas com apelo afetivo. Afinal, o melodrama é referência cultural ligada às lembranças mais comuns na fabulação latino-americana. O texto não está destituído de problemas. O autor expõe insegurança dramatúrgica no modo como *arruma* os temas sem encontrar tom mais *emotivo* que também está implícito no gênero.

A montagem de Enrique Diaz empresta concepção até sofisticada para o tema. O diretor utiliza a imagem para ressaltar o caráter dramático do melodrama. A cena inicial, com uma dupla em luta, se transforma num bailado em que o corpo de uma mulher morta ganha vida num belo tango macabro. O espetáculo tem desenho bem-ordenado, com as histórias se fundindo através de cada um dos segmentos. O uso da televisão alcança bom efeito com a reprodução em *tape* da cena em que a plateia se assiste ao vivo. A cenografia de Fernando Mello da Costa aproveita o palco do Teatro I do Centro Cultural Banco do Brasil com o uso de painéis com rodas que contrapõem o visual contemporâneo às pinceladas *vintage* das pinturas dos telões. Os figurinos de Marcelo Olinto, em que pese alguma irregularidade na sua concepção (falta desenho unificador), são bastante criativos na opereta e menos felizes nas roupas mais modernas. A iluminação de Maneco Quinderé cria ambientação quase perfeita, até mesmo quando procura efeitos reiterativos, como o uso do vermelho como cor que define um ar de *bas-fond*. A trilha musical tem o bom gosto de usar *mornas* de Cabo Verde, na voz de Cesária Évora.

O elenco masculino – Cesar Augusto, Gustavo Gasparani e Marcelo Valle – demonstra menor maleabilidade para se multiplicar pelos vários papéis e maior dificuldade em encontrar interpretações que não sejam apenas caricaturais. Bel Garcia, apesar da menor oportunidade que as demais atrizes, atinge momentos bastante divertidos. Drica Moraes compõe com humor a sofredora Doralice. Susana Ribeiro é quem mais se aproxima, nas suas várias intervenções, de um suposto estilo melodramático de atuação.

EXORBITÂNCIAS

Aparentemente, *Exorbitâncias* parece uma coletânea de textos e de atitudes teatrais que se apresenta ao público quase como provocação. Mas, na verdade, o diretor Antônio Abujamra reuniu um grupo de jovens atores, que se misturam a outros veteranos, para lançar manifesto existencial-cênico em que se discute dos últimos acontecimentos políticos à função do teatro. Essa abrangência de temas e estilos faz que *Exorbitâncias* corresponda a seu título e a seus propósitos. Antônio Abujamra imprimiu reflexões de maneira bastante habilidosa, ainda que algumas vezes faça do excesso (em todos os sentidos) marca apenas provocativa da encenação. São quase quarenta atores que se movimentam como massa unitária no palco do Teatro Glaucio Gill, alinhavando colagem de cenas retiradas de textos tão excludentes entre si como os de Dalton Trevisan e Shakespeare, de Thomas Bernhard e Caio Fernando Abreu, passando ainda por Patrícia Melo e François Rabelais. Dessa mistura resulta montagem com vigor que sustenta a exposição de tantos autores, confundidos numa sucessão de cenas que pretende olhar, abusadamente, para o teatro e o mundo.

O estilo de Antônio Abujamra é bastante iconoclasta. Provocador, muitas vezes debochado, o diretor arma essa farândola, como ele mesmo define *Exorbitâncias*, qual uma ciranda de atos teatrais que se mostra como tomada de posição diante da arte da representação. Com direção geral e concepção de Abujamra, as diversas cenas foram dirigidas por vários diretores, que compõem este painel que ativa e brinca com a relação palco-plateia. Desde piadas sobre o teatro-dança de Pina Bausch à escassez de público nos teatros, Abujamra manipula a realidade cênica como brincadeira que está sempre apontando para o ridículo. O diretor faz referências a alguns dos seus últimos espetáculos – *Um certo Hamlet*, *Fedra* e *Retrato de Gertrud Stein quando homem* – com tom ácido de crítica e veste todos os atores (homens e mulheres) com combinações. É esse o espírito deste divertido *Exorbitâncias*.

O grande elenco se entrega a esta proposta de celebração teatral com empenho e, em alguns casos, com talento. São jovens que vibram na mesma sintonia do espírito do diretor. O resultado é bastante contagiante. Apesar da aparência de manifesto-lúdico, *Exorbitâncias* é um espetáculo com estrutura definida, que toca em temas múltiplos, até de maneira panfletária e ingênua, mas que guarda coerência na superficial anarquia. Os atores, mesmo quando assumem papel mais testemunhal, não se deixam cair na pieguice ou na complacência. Formam um grupo, algumas vezes exaltado, mas com plena consciência do que faz. E a participação de Antônio Abujamra através de um vídeo é um dos mais expressivos momentos deste *show* de espontaneidade criativa.

1996

A DAMA DO MAR

Henrik Ibsen (1828-1906) vai buscar no simbolismo as formas expressivas para construir a sua peça *A dama do mar*, que está em cena no píer da praça Mauá. Mais do que uma escolha literária do autor, o simbolismo é a própria justificativa dramática para esta narrativa da mulher que se identifica com o mar como extensão metafórica de sua existência. Élida se torna um ser errante, incapaz de prosseguir antes de desfazer as amarras que a prendem à obsessão sobre aquilo que a amedronta e a atrai. O mar é o símbolo poderoso que a personagem traz em si como transfiguração de sua alma atormentada pela certeza de que é necessário confrontar-se com os sentimentos para compreendê-los.

Ao contrário de outras personagens femininas de Ibsen, como a protagonista de *Hedda Gabler* ou Nora de *Casa de boneca*, Élida não age para romper com a realidade burguesa, ainda que a situação social representada pelo gesto de liberdade concedido pelo marido possa indicar força condicionante. Todos os movimentos da atormentada mulher se situam no plano da alma. Élida não é libertária para o mundo, senão para si própria. Os que gravitam em torno são pouco mais do que presenças que ajudam a construir os gestos de ação e repulsão, como as ondas do mar, que impulsionam suas dúvidas. *A dama do mar* tem a sutileza das oscilações pendulares em que os extremos são formas ocultas a serem desvendadas. O caráter simbólico não deixa muita alternativa para o realismo. "Os sentimentos são sempre enigmas", diz Wangel, o marido de Élida. É exatamente disso que trata *A dama do mar*.

Edla van Steen traduziu e adaptou *A dama do mar* de maneira a concentrar a ação. Retirou personagens secundários, reduziu cenas, sem qualquer comprometimento à essência da peça. A tradução conserva a poesia, mas tem a fluência da oralidade. O diretor Ulysses Cruz procura encontrar equilíbrio entre o caráter espetacular da sua encenação e o domínio do símbolo como linguagem de minúcia. A peça não se ajusta com muita facilidade a um quadro cênico em que a imposição de uma paisagem real – a baía de Guanabara – é tão determinante. O público fica diante de construção cenográfica que utiliza elementos dispersivos (além das embarcações, há integração do espectador a uma maneira diferente de assistir a teatro) que se contrapõem aos aspectos enigmáticos dos sentimentos. Esses efeitos cenográficos, como o da chuva que mereceu aplausos da plateia na noite de estreia, na sexta-feira, confirmam a atração do diretor somente pelo efeito, esgarçando a densidade das cenas. A iluminação de Maneco Quinderé é sempre eficiente. E os figurinos de Rita Murtinho cumprem a sua função de vestir com leve evocação de tempo.

O diretor Ulysses Cruz cria ainda alguns outros signos visuais. É o caso dos movimentos circulares dos atores e o uso de enorme plástico para figurar a água.
A atmosfera opressiva dentro da qual Élida se debate fica, às vezes, prejudicada por uma composição que paga tributo à plasticidade. O elenco segue linha interpretativa que procura ocupar espaço nesta exuberante paisagem cenográfica. Os atores têm interpretações expansivas, carregadas no físico, mas com pouca autoridade. Murilo Elno é um estrangeiro sem mistério e força atrativa. Felipe Martins não transmite a fragilidade do jovem artista. Paloma Duarte compõe a Hilda Wangel com excessiva jovialidade. Tereza Seiblitz faz uma Bolette com superficialidade naturalista. Floriano Peixoto é uma figura distante e pouco à vontade. Hélio Cícero cresce, tal como o personagem do Dr. Wangel que interpreta, ao longo do espetáculo. Christiana Guinle ameaça alguma melancolia na construção de Élida, estruturando a personagem com pulsão emocional. A atriz dá força à complexidade de uma personagem quase onírica, apesar de alguns traços corporais que procuram desenhar figura vigorosa.

JANGO, UMA TRAGÉDYA

Jango, a única peça teatral do cineasta Glauber Rocha (1939-1981), que está em temporada no Teatro Carlos Gomes, se parece com manifesto político. O temperamento inquieto e a necessidade expressiva de um criador tão impetuoso quanto Glauber Rocha não são suficientes para fazer desta interpretação da história política do presidente João Goulart um nítido texto teatral. O que transparece nesta sequência de frases sentenciosas, de discursos políticos em tom subjetivo e de fragmentação em quadros sem qualquer sentido dramático é um barulho de palanque, no qual a figura de Jango se torna opaca e se apaga.
O autor usa o personagem muito menos como referência histórico-biográfica – ainda que o texto assuma um incômodo aspecto de relatório factual – para trazê-lo à cena como simulacro da "tragédya" brasileira. Em nenhum momento o presidente assume esse papel de figura emblemática dessa tragédia. As suas contradições e hesitações, que são apenas arranhadas, demonstram que não se conseguiu emprestar-lhe a transcendência épica da sua representatividade na nacionalidade. E sem obter o efeito dos cortes cinematográficos que estabelecem a linguagem narrativa glauberiana, *Jango* é tão somente uma peça que se fragmenta em cenas que em si têm pouca ou nenhuma tradução teatral. As formas delirantes, sobretudo visuais e verbais, que Glauber Rocha emprestava a seus filmes estão ausentes. São citadas figuras tão díspares quanto Elizabeth Taylor, Carmen Miranda e Regina Rosemburgo (amiga de Glauber, a quem a peça, escrita em 1976, é dedicada), e

a falta de sustentação para a inclusão desses nomes submerge na falta de sentido. Tudo fica um tanto aleatório, solto num palco que serve de plataforma a um discurso político confuso e contraditório.

O diretor Luiz Carlos Maciel procurou, de certa maneira, ordenar o material caótico, modificando a ordem de algumas cenas. Mas não conseguiu imprimir clima dramático que compensasse a fragilidade intrínseca de peça estruturalmente precária. Luiz Carlos Maciel desenha espetáculo bastante referenciado em estética teatral dos anos 1970, da qual a movimentação de massas no palco parece ser a maior marca. Por outro lado, procura dar aspecto de distanciamento, que se demonstra no uso de máscaras. E, simultaneamente, cria cena de convencionalismo pesado e de pouco vigor. Os cenários e os figurinos de Colmar Diniz têm tom sombrio e nem sempre o cenógrafo é feliz na utilização de alguns materiais (como o plástico que cobre o fundo da cena). A coreografia de Renato Vieira não apresenta muita criatividade e as músicas de Ricardo Pavão e Bida Nascimento cumprem sem muito destaque a função de conferir justificativa à ideia de musical do espetáculo. A iluminação de Jorginho de Carvalho é o melhor a que se assiste no palco.

Cláudio Marzo enfatiza a composição física de Jango, mas não consegue dimensionar o personagem. Os demais atores – Antônio Pitanga, Dinho Vasconcelos, Flávio São Thiago, Charles Myara, Isadora Ferrite, Conceição Rios, Pedro Prisco, Paulo Carvalho, Beatriz Penna, Helena Ignez e Maria Cláudia – têm interpretações irregulares. O corpo de bailarinos e cantores se esforça para compor cena harmônica.

Jango não demonstra em toda a sua extensão o temperamento criativo de Glauber Rocha, ao mesmo tempo que faz da figura do presidente uma esmaecida lembrança, sem perspectiva histórica mais clara.

O BURGUÊS RIDÍCULO

A encenação de uma peça de Molière (1622-1673) oferece muitas dificuldades a um diretor contemporâneo. A habilidade com que o autor francês manipula a construção de seus textos faz que as montagens na atualidade fiquem presas ao exercício de estilo ou a intervenção modernizante que procura, acima de tudo, imprimir a assinatura do diretor. Não foram poucas as mexidas nos originais de Molière para fazê-los mais inteligentes ou mais brilhantes. No caso dos adaptadores e diretores Guel Arraes e João Falcão, que assinam a versão de *O burguês fidalgo*, rebatizado de *O burguês ridículo*, no Teatro Casa Grande, há grande intervenção, como a inclusão de cenas de outras peças do autor e de um prólogo.

Mas esta coautoria, tanto na dramaturgia quanto na encenação, se constitui nas melhores qualidades do espetáculo. Sem arrogância ou pretensão, Guel e Falcão criaram montagem com fortes referências populares em forma e estilo, estabelecendo comunicabilidade franca e direta. Os "acréscimos", especialmente o prólogo, insuflam sopro de ingenuidade e de comicidade que contribuem para tornar o espetáculo alegre, divertido e comunicativo.

A estrutura de O *burguês ridículo* é a clássica neste tipo de comédia, e os adaptadores brincam com ela ao dizer, no prólogo, quando o próprio Molière está com dificuldades de concluir a peça que escreve, que este tipo de comédia tem sempre o mesmo final. São essas pequenas brincadeiras, além do "respeito" à estrutura do original, que permitem ao espetáculo projetar o humor com fluência e envolvimento. Mas, tanto na adaptação quanto na encenação, Guel Arraes e João Falcão demonstram que não pretenderam assumir o papel de intérpretes de uma moral, ou juízes de uma época. Às vezes esse descompromisso provoca efeito nivelador no plano formal, esvaziando os comentários mais ácidos sobre costumes. Mas a opção por linha mais popular é coerentemente desenvolvida e alcança eficácia.

A concepção cenográfica de Regina Gilson e Fernando Marés acentua o ridículo pelos excessos e pela diluição. Os figurinos de Emília Duncan são divertidamente críticos e mudam ao longo da peça até o final, quando, em estreita ligação com a cenografia, se transformam numa festa com traços nordestinos. A iluminação de Maneco Quinderé contribui, decisivamente, para que a cena adquira o colorido de celebração cômica. A música de Marcus Vinícius e Dyonísio Moreno se integra com naturalidade à concepção cênica.

No elenco, Marco Nanini se destaca como um ator com ritmo preciso para o tipo de humor que empresta ao emergente Jourdain. O ator brinca com seu temperamento cômico, recriando com inteligente e elaborada composição as formas de representação dos comediantes populares brasileiros. Os demais atores seguem a mesma linha, em especial Betty Gofman, uma criada ardilosa que usa composição vocal que lembra uma caipira bem brasileira. A atriz chega ao limite do popularesco, mas o resultado é, invariavelmente, divertido. Ary França também tira partido do humor popular através de máscara facial que explora com histrionismo. Na cena da aula de fonética, França estabelece perfeito duelo cômico com Marco Nanini. Dora Pellegrino se integra ao espírito da montagem e faz uma aristocrata decadente com malícia. Charles Paraventi mostra desenvoltura como o criado. Já Virgínia Cavendish e Bruno Garcia se enquadram com pouco mais de dificuldades na linha cômica.

O SONHO

O sonho, de August Strindberg (1849-1912) escrita no início do século XX, faz um itinerário da experiência humana através do movimento sutil e ilógico do onírico. A filha do deus Indra chega ao mundo para desvendar as razões dos sentimentos humanos ("os homens são dignos de lástima"), percorrendo a dor e a trivialidade da experiência de viver para entender as razões de tanto sofrimento e melancolia. Esse percurso de uma entidade divina pela transitoriedade humana permite desvendar o absurdo das misérias que acompanham a existência. "O mundo fora do espelho está ao contrário", e é desse outro lado que o reflexo da humanidade parece ser o mais real e verdadeiro.
Strindberg cria em O sonho uma narrativa desconstruída, como se obedecesse à lógica do sonho, na qual espaço e tempo são subversões e os rituais de uma certa magia, os elementos da expressão poética. Strindberg busca estabelecer a transfiguração da realidade para compreender o mistério que faz da vida dolorosa sucessão de perdas e de desencontros. O enigma da existência está atrás da porta, mas quando ela se abre não há nada. Strindberg vai buscar na tradição clássica o material para a viagem em torno da imponderável condição humana.
A atração do diretor Gabriel Villela pelo texto de Strindberg se revela de maneira apaixonada na encenação que está em cena na Sala do Coro do Teatro Castro Alves, em Salvador. Mais do que a identidade com a construção onírica do autor, Gabriel Villela consegue transcrever esse universo em extraordinárias imagens que poetizam os rituais do teatro em celebração multicultural.
O sonho para Gabriel Villela se transforma num espaço de representação em que as referências africanas se contrabalançam com insinuações orientais que, por sua vez, se misturam a sinais de brasilidade popular. Signos cristãos se confundem com contemporaneidade europeia, num caldeirão que fervilha com alta temperatura poética. Mas todos esses signos não são exteriorizações com prevalência da visualidade, e sim imagens que por si mesmas se constituem numa linguagem que retira de formas narrativas variadas – do cantochão religioso à ópera, da representação popular ingênua à citação de uma certa teatralidade de rompimento – a fragmentação de que é feito um sonho.
A carga que o diretor empresta ao espetáculo fica no limite da surpresa, pela invenção permanente. Esta se desconstrói pela beleza que retira da simplicidade. Mas Gabriel Villela não resiste ao excesso nessa exposição generosa de seu mundo teatral, o que provoca algum descompasso, tanto no ritmo quanto na fluência. O impacto de O sonho não deixa dúvidas, porém, de que o diretor está em sintonia com a sua mais delicada poética teatral. Apenas não dispôs de elenco

que pudesse, apesar de seu empenho, incorporar essa mesma tonalidade poética, pois fica muito aquém da sofisticada proposta do diretor.

AS BACANTES

Com *As bacantes*, José Celso Martinez Corrêa concretiza mais do que uma obsessão de quase duas décadas de encenar o texto de Eurípedes (480 a.C.-406 a.C): cristaliza forma de espetáculo na qual o tom processional e dionisíaco estão fortemente condicionados pelo espaço físico de seu teatro em São Paulo. O Teatro Oficina foi construído para abrigar a encenação de *As bacantes* e, portanto, o espetáculo preexiste à casa de espetáculos. No Rio, ao mostrar a montagem no Armazém, escolhido pelo Rio Cena Contemporânea para espetáculos de concepção visual mais arrojada, José Celso Martinez Corrêa transfere essa fixação, adaptando *As bacantes* a um espaço reconstruído à semelhança do teatro paulista, mantendo-o como ritual e manifesto cênicos de transformação cultural, com referências ao homoerotismo.

O diretor quer que o teatro seja uma provocação, de ressensibilização da plateia para o jogo de cena, para dentro da qual quer trazer o espectador, algumas vezes de maneira bastante agressiva (basta ver a nudez imposta a Caetano Veloso na noite de sábado). O diretor tem o domínio absoluto sobre a construção desta versão longa, e muitas vezes fulgurante; direta, e quase sempre despudorada; violenta, e claramente desmedida. A peça, que remonta a quatrocentos anos antes de Cristo, se torna pretexto para embate entre forças retrógradas (que o diretor identifica com vários segmentos da sociedade brasileira) e libertárias (associadas à sexualidade e às drogas). José Celso estabelece esse confronto através de permanente provocação, numa mistura de opostos em que parece valer tudo: um caldeirão de referências, que variam de citações da marchinha "Mamãe, eu quero" ao barroquismo de Glauber Rocha. Muitas vezes essas citações são apenas situações provocativas, jogo de cena que está sempre voltado para captar a passividade do público, mas não se engane quem achar que há apenas ideias arbitrárias, sem sustentação. José Celso, nessa estrutura físico-existencial (Teatro Oficina-*Bacantes*), é um encenador que apoia visceralmente uma prática cênica desabrida.

As bacantes, no entanto, é autocomplacente na sua aparente anarquia. O espetáculo tem tempo de duração que excede a sua capacidade de se estruturar cenicamente, o que provoca repetições e tempos mortos, ainda que muito ruidosos. Há uma propensão à precariedade, no domínio técnico do elenco, mais voltado a mostrar atitudes do que "interpretar" personagens. O caráter messiânico acaba por reconduzir o espectador a seu tradicional lugar de passividade. *As bacantes* é menos arrebatador do que quer seu diretor, e, nesse sentido, é pouco dionisíaco e mais épico e trágico.

VENTANIA

Hoje é dia de rock, a peça de José Vicente (1945-2007) que se transformou num fenômeno cultural de uma geração no Rio dos anos 1970, é mais do que uma sugestão para Alcides Nogueira (1949-) escrever *Ventania*, texto que está em cena no Teatro I do Centro Cultural Banco do Brasil.

Nessa recriação dos caminhos da existência que se perdem na memória de lutas antigas – o sagrado e o profano, a liberdade e o medo, o velho e o novo –, Alcides Nogueira se inspirou fortemente no espírito de *Hoje é dia de rock*, com melancólico "clima mineiro". Mas essas referências são informações retiradas de um universo ficcional que transcende peça teatral (*Hoje é dia de rock*) e produção literária (*Os reis da terra*, romance de José Vicente) para se constituir em fábula sobre o tempo e a memória que se acumula sob a sua ação. O casarão mineiro que abriga a vida de três jovens – Zé procura a transcendência através do místico, Vicente se revela numa viagem interior e a Cega descobre a realidade dos sentimentos pela fantasia – é o símbolo de todos os seus sonhos aprisionados, bafejados pelo vento e pela presença de uma deusa (a morte) que aponta as possibilidades de caminhos.

Ventania é essa alegoria poética que, algumas vezes, se desconstrói. Mas o espetáculo de Gabriel Villela aponta para o domínio seguro da narrativa cênica. O diretor procura a construção do sonho, conduzindo a memória com linguagem visual referenciada ao mundo dos personagens. Há um aspecto de teatro paroquial, de representação religiosa, que se mistura ao clima de quermesse com suas músicas sublinhando a ilusão, compondo cena tocantemente artesanal. *Ventania* tem a beleza tosca dessas manifestações ingênuas.

Gabriel Villela decompõe com poderoso conteúdo visual a imagística religiosa e o sentido ritualístico do sangue na fé cristã. *Ventania* corre o risco de ficar circunscrito a uma estética da imagem, ainda que o diretor consiga sustentar com a poética ilusionista do espetáculo (seja na grandiloquência operística, na nostalgia de uma valsa brasileira ou na vibração da música pop) as invenções imagísticas.

O cenário de Gabriel Villela, desenhado com os contornos de luzes de quermesse, tem a mesma concepção toscamente simples que acompanha a encenação. A iluminação de Maneco Quinderé projeta esse artesanato visual ao plano de um espaço poético. Malu Valle explora com surpreendente autoridade vocal a mãe morta.

Sílvia Buarque transita com sutil dubiedade no papel da Cega. Rogério Romera, como a deusa, tem um bom momento no prólogo, quando, numa cena de alta beleza plástica, fala do vento. Alexandre Schumacher, como George Michael, supera a tendência natural à caricatura com toque de humor. Lourival Prudêncio é a avó chorosa com estilo popularesco. Davi Taiu faz o Zé com um travo patético, e Eriberto Leão, como Vicente, amplia a exacerbação do personagem.

REI LEAR

A grande tragédia do rei que abdicou de seu poder em favor das filhas, destituindo-se da "propriedade" da realeza, está na consciência de que sua autoridade se esvai com a revelação de quem são realmente suas herdeiras. As filhas para as quais transfere o poder demonstram que a sua escolha não foi apenas equivocada, mas injusta com a única delas que, ao revelar sua "honestidade", provocou a ira paterna. É esse velho rei que William Shakespeare (1564-1616) surpreende no momento em que transfere toda a sua vida para aquelas que pareciam ser a prerrogativa para uma existência crepuscular. A consciência progressiva de que cometeu um erro e a lucidez adquirida somente depois de enlouquecer transformam o personagem numa trágica imagem da solidão humana.

Rei Lear, que está somente até amanhã em temporada no Teatro João Caetano, é, sem dúvida, um texto de grandeza trágica e das melhores criações do autor. E a poesia, que transcende à expressão fabular shakespeariana, atinge em *Rei Lear* alguns momentos brilhantes. Basta lembrar o solilóquio da loucura de Lear.

Uma montagem de *Rei Lear* sempre propõe algumas dificuldades ao diretor que enfrenta o desafio de encontrar o tom. O diretor Ulysses Cruz buscou atribuir-lhe "significado" contemporâneo. A começar por tradução e adaptação que "interferem" vigorosamente no original, tornando-o mais coloquial. Os cortes e a fluência que se procura nesta versão de Marcos Daud servem à concepção em que o caráter de espetáculo é valorizado a partir de características próximas aos efeitos que a indústria cultural estabelece como comunicação. A palavra fica mais fácil e a imagem, mais vibrante. A narrativa tenta adquirir o som de uma banda pop e a fúria de imagens com movimentos rápidos. Ulysses Cruz consegue essa transposição com ritmo sempre muito intenso e se arrisca, corajosamente, a fazer de *Rei Lear* uma narrativa aventureira. Além da presença da música, marcada por ritmo de tambores e tamborins, e que, em algumas cenas, fica próxima do som do grupo Olodum. A luz, com aparato técnico bastante sofisticado, confere à cena o brilho de um *show* musical. A cenografia de Hélio Eichbauer, que usa duas enormes rampas móveis na criação de várias ambientações, acrescenta ao palco uma imponência, acentuada pelo grande painel de tecido ao fundo. Os figurinos também tiram partido dessa grandiosidade, com as capas de tecido artesanal.

Todo esse aparato sufoca a poesia do texto. Mas esta parece ter sido a opção do diretor, que buscou ampla comunicabilidade, e para tanto impôs tanta espetaculosidade. A encenação cria um painel de efeitos pirotécnicos. Esse ritmo se reflete na interpretação do elenco. Paulo Autran é um Lear menos solene. As nuanças de Lear, especialmente a perda da razão, ficam esmaecidas por esse perfil mais marcado pela "ação" do que pela "interioridade". A autoridade cênica de Autran faz que, diante dessa linha, o ator empreste interpretação que se volta para a plateia. O caráter trágico de Lear fica menos evidente, com Autran em registro acrobático.

Karin Rodrigues (Goneril) e Suzana Faini (Regan), como as duas filhas de Lear, sustentam com intensidade as suas personagens, o que já não acontece com a frágil Rachel Ripani, como Cordélia, a filha desprezada. Marcos Suchara está muito pouco convincente como o bobo, reduzido a trejeitos e inteiramente vazio. Bartholomeu de Haro, como Kent, e Hélio Cícero, como Gloucester, ainda mostram alguma consistência nas suas atuações, da mesma maneira que Adriano Garib, como Edmund, o que raramente acontece com os demais atores.

SONATA KREUTZER

Sonata Kreutzer, de Lev Tolstói (1828-1910), que foi adaptada para o teatro por Fernanda Schnoor e Eduardo Wotzik e está em temporada no Teatro do Sesc Copacabana, é um monólogo interior no qual um homem que assassinou a esposa e foi absolvido expõe as suas razões para um interlocutor mudo: no original literário, para um passageiro desconhecido do trem em que ambos viajam; no teatro, numa praça, para os espectadores da plateia.

Esse homem não conta apenas as razões que o levaram a assassinar a mulher com a qual teve cinco filhos e relação fundamentada num enorme vazio. O personagem de Tolstói vai além do "como foi" e do "por que foi" do crime para fazer diagnóstico amargo do casamento. O tédio e a incomunicabilidade que se estabelecem no ritual doméstico não impedem que o ciúme se instale na vida deste homem, não exatamente por qualquer paixão amorosa, mas pelo temor da solidão. A trama de Tolstói, escrita com ritmo narrativo de grande precisão, recebeu no teatro o mesmo cuidado ao manter o equilíbrio entre a força expressiva das palavras e o despojamento formal do monólogo. Na verdade, não há propriamente tensão dramática que concentre a ação – afinal, o crime já foi cometido e o assassino já ganhou a absolvição.

O que prevalece são os movimentos interiores deste homem que, diante da sua necessidade de eliminar alguns sentimentos (Tolstói propôs a exclusão do sexo para se alcançar a harmonia humana), chega ao extremo de romper com as convenções sociais. A morte, que parece ser uma solução para seu ciúme, se mostra como consciência sobre a vida.

A dupla de adaptadores manteve esse núcleo intacto, valorizando, contudo, a palavra como elemento teatral que se confirma pelo temperamento do ator que a interpreta. Há um despojamento absoluto no espetáculo de Eduardo Wotzik, que eliminou qualquer adereço que pudesse romper a relação essencial do ator com a palavra. Não há cenário, somente um pequeno banco no centro da arena. A iluminação tem apenas sutis mudanças de intensidade. E a música – *Sonata a Kreutzer*, de Beethoven, que dá título à novela de Tolstói e que é a sonoridade que marca o ciúme do personagem – só é tocada no final, num efeito antidramático que o diretor procura encontrar permanentemente em toda a sua montagem.

Nada é ressaltado ou sequer sublinhado num espetáculo que nem por isso está desprovido de humor (as observações sobre o casamento fazem a plateia sorrir) e de uma carga de emoção (ainda que o diretor imponha interpretação mais expositiva do que sentimental). *Sonata Kreutzer* tem movimentos suaves, mantendo-se numa mesma linha, como se fosse um depoimento.

Luís Melo cria um personagem sem o apoio de recursos que identifiquem um código de emoções. Frio, o ator estabelece distanciamento em relação ao peso emotivo do conflito interior. As pausas, às vezes um tanto longas, parecem transparecer o caráter de depoimento, como uma extensão do envolvimento com o personagem. Atuação sensível e depurada de um ator inteligente, técnico e de grande presença.

METRALHA

Uma biografia, quando o personagem focalizado está em plena atividade, torna-se uma daquelas produções instantâneas, prontas para o consumo descartável, e quase sempre associada ao escândalo e ao oportunismo, ou uma obra inibida pela atualidade. É o caso de *Metralha*, biografia teatral de Stella Miranda (1950-) que está em temporada no Teatro I do Centro Cultural Banco do Brasil. A autora fez detalhada pesquisa sobre a vida e a carreira do cantor Nelson Gonçalves e a transformou em musical um tanto evasivo.

Não há dúvida de que Stella Miranda mostrou cuidado na pesquisa, mas talvez tenha se envolvido demais com o material, faltando determinar qual o objetivo final. Nelson Gonçalves surge como um cantor de bela voz, mas este parece ser o seu perfil dominante e único. O texto abre mão de desenho mais forte da personalidade de Nelson – a complexidade de sua vida pessoal tem tratamento esquemático – e apenas faz biografia ilustrada pelas músicas que o cantor interpretou ao longo da carreira. *Metralha* traz imagem de mão única de um cantor que tirou bom partido de sua voz. Mas a autora não sustenta essa imagem sob qualquer outra perspectiva. *Metralha* se torna apenas reverente. Não existe clima de época – os diálogos misturam gírias antigas com atuais, deixando claro que a ótica é a de hoje – nem uma visão até mesmo evocativa da presença de Nelson Gonçalves na vida artística. A peça tenta disfarçar a sequência cronológica com antecipações do que acontecerá no futuro, para deixar claro que se está contando uma história brincando com o tempo. A tentativa não disfarça a linearidade biográfica.

A montagem de Stella Miranda, de certa maneira, é bastante adequada ao tom despretensioso do texto. Neste musical com características bem ágeis, as cenas se sucedem com rapidez, o que torna o espetáculo dinâmico e leve. Talvez falte estilo ao texto, mas a montagem, apesar de não ter igualmente uma marca forte, tem pelo menos fluência. A cenografia de Felippe Crescenti resolve bem as pequenas dimensões do palco e a necessidade de constantes mudanças. Os figurinos de Patrício Bisso são um tanto *estilosos*, mas pelo menos desenham a época nas roupas e nos cabelos. A iluminação de Maneco Quinderé é sugestivamente colorida. A direção musical de Tim Rescala ajusta-se às potencialidades vocais do elenco e cria embalagem um pouco uniformizada, mas correta. A coreografia de Deborah Colker faz insinuações de movimentos coreográficos do Trio de Ouro, reproduzindo os gestos típicos dos conjuntos dos anos 1950.

Diogo Vilela se aproxima de Nelson Gonçalves como uma figura equidistante, numa composição rígida, mecanizada, que retira qualquer sinal de emoção do personagem. A composição facial (os lábios tensos) é em parte responsável por essa interpretação contida. O ator, sem ter grande extensão de voz, busca interpretar as músicas ao estilo de Nelson Gonçalves. Totia Meireles, Cláudia Netto e Soraya Ravenle se distribuem por vários personagens e têm boa presença. Guilherme Leme, também interpretando diversos papéis, encarna com o mesmo espírito leve da montagem os seus vários personagens. Da mesma forma que o restante dos atores: Édio Nunes, Jorge Maia, José Mauro Brant, Marcelo Escorel e o menino Bruno Miguel, que tem um interessante timbre de voz.

Metralha é um tanto fiel à biografia de Nelson Gonçalves e não escapa do rotineiro e simples registro factual, mas se realiza como um espetáculo cheio de empenho e cuidado artesanal.

MARY STUART

O conflito entre duas rainhas na Inglaterra do século XVI, dramatizado por um alemão quase três séculos depois, atinge a contemporaneidade pela forma como uma suposta disputa de poder constrói jogo de individualidades. *Mary Stuart*, a peça de Friedrich Schiller (1759-1805) – que no espetáculo em cena no Teatro Villa-Lobos tem versão adaptada, não versificada e condensada de Stephen Spender (1909-1995)–, reveste o exercício do poder como possibilidade da dúvida, ao contrapor a força da autoridade investida à da autoridade adquirida.

Elizabeth, rainha da Inglaterra, mantém presa Mary Stuart, rainha da Escócia, numa disputa que transcende as questões do poder para se revelar entrechoque dramático de duas existências. Em *Mary Stuart*, o confronto de rainhas – de um lado Elizabeth, dona de um poder que quer se sentir legitimado, e de outro Mary, a "vítima" que pode legitimar o poder que a aprisiona – é menos a recriação de personalidades históricas do que a apropriação dramática dos personagens. As tramas de bastidores numa corte, com suas intrigas e ambiguidades conspiratórias, têm nesta versão a "função" de recompor o perfil de duas mulheres que se enfrentam e que têm a História como cenário e o poder como circunstância.

A encenação é hierática, áspera, quase fria, mas extremamente poética na aparente aridez. A montagem de Gabriel Villela, tão distante de seu universo cênico mais reconhecível (um teatro com referências populares, de inspiração formal num certo tipo de religiosidade), reforça esse desapego histórico para valorizar a *individualização* da trama. E o diretor empresta à cena solenidade que está muito próxima da sua ritualização da teatralidade, seja na revisão do romantismo, seja na tonalidade expressionista. *Mary Stuart* pode até parecer formalista demais no seu ascetismo e rigor construtivista, mas sobressaem as belas imagens criadas pelo encenador.

As grandes portas que compõem o imponente cenário de Gabriel Villela deixam entrever a duplicidade de atitudes e de rostos. São elementos com alta carga dramática, já que ao mesmo tempo que aprisionam, separam e dividem os espaços dos personagens. Do grande painel pintado ao fundo, que se mostra ao ser dramaticamente aberta a porta-pórtico central, Gabriel Villela faz superfície para composições de imagens. É pena que o dispositivo de projeção que dá a ilusão de movimento ao painel não funcionasse no espetáculo do último domingo. A iluminação de Maneco Quinderé, de fina dramaticidade, e os figurinos de João Santaella Júnior e Paulo Rogério de Oliveira (um tanto rústicos) completam o visual imponente. A música, que aumenta a solenidade, é usada com a precisão de instrumento bem afinado.

Os papéis de Elizabeth (Xuxa Lopes) e Mary Stuart (Renata Sorrah) são perfeitos para um duelo de interpretações. Nesta montagem, há equilíbrio entre o detalhamento interpretativo de Xuxa Lopes e a intensa e racional atuação de Renata Sorrah. Xuxa Lopes sustenta bem as oscilações e dúvidas que assaltam a personagem, ainda que a atriz se deixe levar por recursos mais fáceis, como o tom choroso e a linearidade da voz. Já Renata Sorrah tem interpretação mais interiorizada. É uma atuação inteligente e carregada de emoção. Cláudio Fontana e Miriam Mehler estão sóbrios, como quase todo o elenco.

1997

CARTAS PORTUGUESAS

Ainda que não se tenha certeza sobre a existência real dos personagens – supostamente seriam a sóror portuguesa Mariana Alcoforado e um oficial francês –, *Cartas portuguesas* permaneceu muito mais como um depoimento humano arrebatador na sua pungência, na dor que expressa, na sensualidade que transmite e no misticismo que o envolve, do que um peculiar registro literário do século XVII. A correspondência de uma freira ao amante que a desprezou se transformaria num texto de significados que transcendem o seu caráter literário, alcançando a dimensão humana do sofrimento, chegando até mesmo a servir de inspiração libertária. Mas será que *Cartas portuguesas*, por mais adaptações que venha a sofrer, é compatível com a linguagem teatral?

As dúvidas persistem diante de mais uma encenação dessa paixão epistolar. O espetáculo de Moacyr Góes, em cena no Teatro Glória, não consegue transpor para o palco um texto essencialmente estático na forma – as cartas são dirigidas a um amante ausente e não têm qualquer resposta. Não há, portanto, contracena às cartas. As palavras que saltam da escrita são sempre muito apaixonadas e projetam de maneira candente desejo e dor, mas são insuficientes para criar uma *ação* que sustente a realização cênica.

O diretor distribuiu a personagem de Mariana Alcoforado por três atrizes, o que provoca uma certa dispersão do tênue núcleo dramático. Por este artifício, o conteúdo das cartas se esvai em imagens que multiplicam gestos e esfacelam a densidade interpretativa. A contundência e a poética da palavra adquirem forma recitativa que não atinge o cerne do que, efetivamente, está sendo dito. As palavras ficam soltas, procurando um sentido que não se reproduz no formato cênico. A construção cenográfica de José Dias, em si muito sugestiva – um círculo que envolve uma cruz, pousado sobre uma área coberta por água e limitado por paredes como as de um monastério –, acaba por ser usada de maneira inadequada. A pequena abertura de luz, ligada por uma escada, fica sem nenhuma função, da mesma maneira que as projeções são dispensáveis por assumirem papel meramente ilustrativo. A música, que marca as mudanças das cartas, empresta solenidade que o espetáculo tem dificuldade de incorporar. Os figurinos de Samuel Abrantes, ainda que inspirados nas vestes brancas, se tornam um tanto estranhos com os paletós vermelhos.

O trio de atrizes – Paula Burlamaqui, Mariane Vicentini e Jaqueline Sperandio – revela pouca força para sustentar os desafios do texto, e na tentativa de desenhar a sensualidade da personagem acaba por enfatizar estereótipos. Apesar do empenho e da seriedade da encenação de Moacyr Góes, *Cartas portuguesas* se mostra pouco sensível ao tratamento teatral, mais pela sua força epistolar do que pela força das palavras de uma mulher em desespero.

O LIVRO DE JÓ

Jó é posto à prova por Deus. Dele são retirados os bens e mortos os filhos. Doenças lhe são impostas. Tantas provações levam Jó a ficar reduzido ao sofrimento, incapaz de compreender as razões divinas que o levaram ao estado de penúria. A sua humanidade se confronta com desígnios transcendentes, fica sem saber quais são as intenções de Deus ao submetê-lo a tantas provações. Ao perguntar, Jó exclui o pragmatismo da mulher, que nega aquilo que não pode mudar, e abandona a religião formal que transforma crenças em ritos. Jó quer conhecer, descobrir a vontade divina, e seu percurso é o de um homem que se mantém na fé. Ele acredita na ação de Deus como um ato que, mesmo escapando à sua compreensão, é algo que legitima sua condição humana. A existência de Deus se prova para Jó com a própria vida e o conduz a superar toda a dor pela sustentação de sua fé. É nela, e com todas as provações que ameaçam abalar seus fundamentos, que Jó reafirma a sua humanidade, reencontrando a divindade da vida. A fé, em Jó, que no episódio bíblico adquire o caráter exemplar de exercício, é, no espetáculo O livro de Jó, adaptação dramática de Luís Alberto de Abreu (1952-), uma permanente busca da inserção desse homem bíblico na atualidade. O destino humano, impregnado dos flagelos contemporâneos – doença, peste, angústia, sofrimento –, é confrontado com a dúvida – valores, ética, religião, fé.
A encenação de Antônio Araújo se propõe ao espectador quase como uma experiência vivenciada. A montagem em um hospital semidesativado já confere o sentido dramático de um cenário que guarda a memória de seu uso. São salas, corredores, enfermarias onde se imaginam impregnadas dores e sofrimentos e que compõem um palco em que a representação está próxima dessas lembranças. O caráter deambulatório do espetáculo – a plateia é conduzida pelas diversas cenas – secciona a ação, criando em cada uma delas uma relação física imperativa. Não é apenas a virulência de imagens em que sangue e suor podem causar alguma repulsa, mas a força teatral de construções visuais que, efetivamente, trazem conteúdo dramático. O livro de Jó não é um espetáculo que usa esse invólucro para construir uma cenografia, mas faz da cenografia um elemento a mais para que apareça a emoção. A montagem é toda baseada na emoção que se cria por imagens poderosas, que se infiltram pelas palavras na sensibilidade da plateia.
Se as imagens são devastadoras – todo o aparato visual provoca impacto indiscutível –, a base teatral do espetáculo se sustenta para além desse impacto. Apenas na cena em que o ator se contorce sobre a cama, tendo ao fundo um painel de radiografias, a teatralidade cede ao apelo performático. Mas é um pequeno desvio em uma encenação que traz a plateia para dentro da representação, sem artifícios

ou constrangimentos. Há uma linguagem depurada que faz com que se desça aos porões de uma alma, banhada a sangue cenográfico. A iluminação fixa em intensidade sutil a força da representação. Da mesma maneira que a música, que complementa a cena, empresta a solenidade de um rito litúrgico. Na cena final se conjugam a concentração emocional do ator e a rudeza poética da cenografia num espaço de emoção plena.

Os atores, como acólitos de uma celebração, se entregam com vigor físico a criar interpretações ritualísticas. Mas é Matheus Nachtergaele, como Jó, quem traduz a pulsação corporal em uma corajosa interpretação. Com domínio físico e concentração de emoção, Matheus Nachtergaele traça em filigranas de tensão um Jó devastado pela necessidade de conhecer, mas que mantém a força de sua fé. O ator tem interpretação arrojada, inteligente, sempre emocionante.

DRÁCULA E OUTROS VAMPIROS

O personagem de Bram Stoker (1847-1912) é apenas uma referência para o diretor Antunes Filho em *Drácula e outros vampiros*, em temporada no Teatro Nelson Rodrigues. Essa criatura que se alimenta de sangue, surgida nos estertores do século XIX, serve de inspiração para uma *boutade* sobre o século XX. O espetáculo prescinde da palavra – com exceção de textos introdutórios a cada um dos atos – e é construído como um balé de elegia ao sinistro, uma ópera macabra, um filme de quadros expressionistas, uma história em quadrinhos de traços rápidos. Ao eliminar a palavra, a encenação concentra em movimentos a sua carga expressiva, usando o personagem Drácula ora como alegoria cômica, ora como metáfora política.

No primeiro ato, o conde Drácula e seu séquito, formado por mortos-vivos, seu secretário e uma "generala", se instalam num cemitério, ávido por sangue de jovens virgens. O aparecimento das virgens, pertencentes a um clube de fãs do vampiro, é que acaba por fornecer a primeira vítima para o insaciável Drácula. O choque entre o humano e o fantástico se distribui por cenas em que o tom não deixa dúvidas sobre o alcance da brincadeira que está na base da dramaturgia e da encenação. No segundo ato, ainda que se mantenha o mesmo tom, a intenção parece ser associar a figura mítica de Drácula a Hitler. Drácula-Hitler submete a processo de vampirização política uma sociedade que, com a pompa das cerimônias, lança palavras de ordem anti-humanistas. Seria uma metáfora da globalização?

O espetáculo deixa algumas dúvidas sobre suas reais intenções. *Drácula e outros vampiros* é um ensaio de comédia que tem o tom macabro como inspiração, mas não deixa muito claro se o autor e diretor dispõe de domínio ou temperamento para esse tipo de brincadeira. O espetáculo tem em muitos momentos uma beleza hierática, formada pelas marcas já clássicas de Antunes Filho – movimento de grupos de atores, ocupação horizontal do palco, música, sons e línguas recriadas numa teatralidade desconstruída. Nessas cenas, *Drácula e outros vampiros* adquire solenidade coreográfica e densidade dramática que nos conduzem a outras esferas de comunicação. Será que as tentativas de oposição entre a malignidade e os esforços humanos em derrotá-la não estão na base da própria consciência do maligno na condição humana? Ou a representação hitleriana de Drácula – com direito até a um pastiche brasileiro com carnavalesco anauê integralista – é a expressão da "velha ordem político-social"?

São interpretações passíveis de serem consideradas diante do que a montagem propõe em diversas de suas cenas, mas é o espírito de humor que prevalece na maioria dos quadros. O riso não nasce com espontaneidade, fica sempre a dúvida se aquilo que se vê efetivamente tem humor. O espetáculo se mostra como tentativa de experimentar uma linguagem, ou várias, dependendo do ponto de vista de quem assiste a ele, e, portanto, se caracteriza como um balão de ensaio que às vezes é provocante (pelo despudor de incorporar soluções cênicas que têm a espontaneidade do improviso) e em outras, desconcertante (como a ausência da palavra). *Drácula e outros vampiros*, na sua elaboração, tem muito do teatro de variedades. É como se em cada cena houvesse a preocupação em encontrar um efeito novo, um quadro diferente, uma renovação de estilo. E a maneira como Antunes Filho procurou essa diversificação foi através da multiplicidade de manifestações culturais. Neste sentido, a colaboração do cenógrafo e figurinista J. C. Serroni foi fundamental. A concepção visual está repleta de citações. O cenário é uma lembrança das concepções do século passado para óperas e balés, enquanto os figurinos misturam referências da época do ficcional Drácula com figuras meio humanas, meio mitológicas, com hordas hitleristas e roupas para rituais sadomasoquistas.

O cenário também adquire esse aspecto de teatro de variedades, nas tumbas do proscênio, com campas que ganham luzes coloridas, marcando assim o desenho da ribalta. A cenografia brinca abertamente com vários elementos da cultura tradicional e da cultura pop.

O grupo de atores compõe com sintonia coreográfica a descaracterização das individualidades dos personagens. Nesta linha de interpretação é possível considerar que Eduardo Córdobhess é apenas um Drácula de filme de terror de segunda linha, que Lulu Pavarin é uma generala de história em quadrinhos e que Geraldo Mário é um secretário de ópera-bufa, mas que estão perfeitamente integrados a seus números neste *show* de variedades que procura fazer de Drácula uma criatura que serve de pretexto para se brincar com as possibilidades do teatro. Antunes Filho consegue.

DIÁRIO DE UM LOUCO

Neste monólogo, originalmente um conto, há uma força literária que supera definições de gêneros. *Diário de um louco*, em cena na Casa da Gávea, transcende o limite do tempo em que foi escrito – o século XIX –, antecipando a fase fulgurante do realismo literário russo, e se mostra como testemunho de Nikolai Gógol (1809-1852), que, através de um modesto funcionário público, nos dá uma visão penetrante da sociedade da sua época. O pequeno empregado Axenty Ivanovitch Propritchitchine, que vive num quarto miserável, preso a um trabalho sem importância (o patético da sua condição está representado pela desimportante tarefa de apontar a ponta das penas de escrever), se submete à humilhação de se reconhecer através dos olhos do outro. O universo deste homem, que tem a consciência desesperada de que está à margem pelos seus limites e pelas suas diferenças, é marcado pela solidão. Mas o conto de Gógol não é um drama psicológico, com implicações numa análise dos aspectos humanos do processo de esquizofrenia. Para além das características psicológicas que jogam o triste Propritchitchine num manicômio na Rússia czarista, investido no papel de rei da Espanha, está um personagem de extrema delicadeza humana, um indivíduo sensível tocado pela lucidez de descobrir no mundo à sua volta uma "racionalidade" que lhe é estranha. A construção da loucura é um processo de desagregação da individualidade que o funcionário vai compondo através de evidências, como a de que a filha de seu patrão é um objeto de amor inalcançável e até de que a sua aparência física provoca repulsa. A consciência progressiva de quem ele é, sempre refletida por meio de constatações negativas, o conduz ao rompimento com o real. Deixa de ser o funcionário humilde de uma repartição qualquer, para se tornar um rei sem súditos de um manicômio anônimo.
Diário de um louco é uma pequena joia literária, que tem ritmo interno ajustado ao mundo de um personagem que evolui dentro do conflito, guardando sua carga de humanidade até mesmo na ironia (as suas observações são contundentes sobre um certo tipo de comportamento social) e na ternura diante desta mesma sociedade que, afinal, o repele, mas que ele tanto deseja integrar. Há uma emoção profunda que conduz a descida deste homem ao centro de sua dor. A verdade do personagem não tem nenhuma relação com qualquer verismo na reprodução do estado de loucura, mas com real criação ficcional sobre a existência surpreendida num momento de rompimento.

O espetáculo de Marcos Alvisi demonstra sensibilidade afinada do diretor com o texto. A encenação parece propositalmente menos densa, numa aparente tentativa de buscar a humanidade do personagem nas suas oscilações emocionais. O diretor não se intimida ao tentar até alguns toques de humor e ensaia, ainda que timidamente, se desprender do realismo. Sob esta ótica, a atual versão de *Diário de um louco* mantém a medida da emoção, que o diretor articula ao longo do espetáculo com habilidade. A música vai um pouco ao encontro desse detalhamento ao sublinhar aquilo que o ator vive com economia de meios expressivos. Os dois momentos do personagem – a dissociação da realidade e o confinamento no manicômio – estão bem marcados pelo diretor, que consegue aproveitar a pausa (inclusive para a mudança do cenário) para criar um belo impacto cênico. A iluminação de Marcos Alvisi também marca com desenho detalhista as passagens de tempo, e os figurinos de Kalma Murtinho mostram requinte de criação na precariedade da sua pobreza, enquanto o efeito cênico da camisa de força explode numa beleza melancólica no adereço da coroa de talheres. A caracterização fica um tanto comprometida apenas pela peruca.

Diogo Vilela tem interpretação sensível para o infeliz funcionário. O ator evita qualquer chave fácil e estabelece, em lenta e minuciosa aproximação, as mudanças de emoção por que passa o personagem. Vilela se permite até usar o humor como sugestão para compor a mutação de sentimentos, e nessa evolução é possível atingir a intensidade da cena final não como clímax dramático, mas como a revelação do dilaceramento. O pequeno espaço da Casa da Gávea faz que a aproximação do ator com a plateia seja de quase intimidade, e esta respiração próxima encontra na interpretação olho a olho de Diogo Vilela emoção pura.

MORTE E VIDA SEVERINA

Morte e vida severina, como qualquer construção poética de João Cabral de Melo Neto, tem rigor geométrico nos seus versos e lucidez na percepção do mundo.
A viagem do retirante do sertão até Recife, percorrendo o rio que deságua no mar, caminhando pela paisagem da miséria, ele mesmo mais um dos miseráveis dessa paisagem, é uma saga de fome e de morte em que o poeta, no racionalismo de sua escrita despida de retórica, atinge a emoção da existência dos destituídos. Nos versos secos – "o menino tem a marca de humana oficina" – e nas imagens áridas – "Não és a semente na mão, és o próprio grão" –, João Cabral de Melo Neto traça essa caminhada como descida ao ventre desse mundo, cortado por um rio ora fluente, ora seco, até ao mar, aparentemente infinito e libertador.
O poema *Morte e vida severina* tem a contundência de seu tema, não apenas como

reflexão sobre a morte por condições sociais injustas, mas também como trata, sem proselitismo, a poetização da miséria. *Morte e vida severina* é uma obra em que a emoção nasce da força poética e não de seu uso para recriar o realismo da miséria. O poema é minuciosamente construído como tragédia: a esperança da vida espreita a permanência da morte inútil pela miséria.

O espetáculo dirigido por Gabriel Villela mergulha na poética de João Cabral de Melo Neto com imagens retiradas de um mundo mítico (a terra como representação da vida e da morte, a mãe que gera e a que devolve a vida a essa mesma terra) e de signos de uma estética múltipla (misturam-se caixões, ossos e mortalhas de imagens fotográficas a formas inspiradas numa dramática de cores populares). A encenação encontra na confluência dessas duas linhas uma interpretação para o poema dramático, despindo-o de qualquer localização regionalista e de reprodução realista.

Morte e vida severina não tem estas características como fundamentos de sua expressão poética; são cenário e testemunho de um sentimento do mundo. Gabriel Villela procurou reproduzir o sentimento do mundo sem resquícios de melancólica piedade. Esta versão teatral é quase ascética em sua exuberância visual. A morte está no centro do cenário, com caixões – transporte onipresente da viagem da vida pela morte –, as fotografias de Sebastião Salgado emoldurando a boca de cena e os figurinos que transfiguram os atores em sertanejos ensanguentados, vagando pela miséria com o colorido de festas populares e lembranças de lugares remotos. O impacto dessa construção visual sensibiliza e traz ao palco uma ideia de celebração. Os cinco primeiros minutos do espetáculo, quando a plateia se defronta com esse quadro, ao mesmo tempo que se começa a cantar, de maneira suave, "Admirável gado novo", de Zé Ramalho, estabelecem emoção viva. É essa emoção que, de certa maneira, se perde ao longo do espetáculo. A música, além dos originais de Chico Buarque de Hollanda para a primeira montagem de *Morte e vida severina* (o compositor está ainda na trilha do espetáculo com "Assentamento"), traz outras canções, como "Os coveiros", de Fernando Muzzi, e "Asa-branca", de Luiz Gonzaga. Se as músicas originais de Chico estão indissociavelmente ligadas ao poema, as demais se transformam em meros comentários sonoros.

NOITE DE REIS

Já na sua origem, *Noite de reis* tem um caráter de celebração. Escrita por William Shakespeare (1564-1616) para comemorar a 12ª noite depois do Natal – é exatamente *12ª noite* o seu título original –, esta peça tão cheia de ação e dissimulação joga com ambiguidades para alcançar o triunfo do amor.

A jovem náufraga Viola, que se esconde sob o nome de Cesário, dizendo-se eunuco, é apaixonada por seu amo, o Duque Orsino, que por sua vez o faz mensageiro de seu amor junto à condessa Olívia, que cai de amores pelo rapazinho Cesário. A existência de um irmão de Cesário, Sebastian, que é confundido com ele, acaba por se introduzir na história em meio a tramas de criados ardilosos, bobo esperto e lúcido, e criado arrogante. Nada é o que parece ser nesta narrativa em que a paixão é despertada entre pessoas do mesmo sexo (ainda que os envolvidos desconheçam essa condição) através de arranjos nos quais a sagacidade desmascara a empáfia e o jogo do amor se afirma como possibilidade de vários arranjos. Nesta comédia, carregada de ação, a aparência é desmontada como desdobramento de atos de exaltação da vida. Shakespeare, com sua poderosa habilidade de dominar situações dramáticas (a inspiração no romano Plauto em suas comédias e em alguns outros autores em suas tragédias é apenas a evidência de que consegue imprimir originalidade em suas recriações), constrói diálogos que enchem de poesia observações sobre a vida que ele constatava ser cheia de "som e fúria, significando muito pouco".

Noite de reis, que está no Teatro I do Centro Cultural Banco do Brasil, com direção de Amir Haddad, é uma encenação solar, repleta de movimento, ação, cores e espírito de brincadeira. A imagem que o espetáculo transmite é de um viço cênico que enreda a narrativa numa ciranda de efeitos teatrais que envolve o espectador com leveza e frescor. O cenário de Hélio Eichbauer, com dispositivo que sugere o palco elisabetano, tem nas cortinas, coloridas e sempre em movimento, um acessório intrinsecamente ligado à concepção do espetáculo. O correr dessas cortinas, definindo espaços de representação, incorpora ainda o caráter dissimulador de alguns personagens e serve de elemento que marca o ritmo da ação. Os figurinos de Biza Vianna confirmam o colorido marcante do espetáculo, sublinhados por iluminação que procura dar claridade alegre ao palco. A música de Tim Rescala acompanha com sua sonoridade poeticamente dramática os volteios da trama. É pena que o elenco demonstre pouca capacidade vocal para interpretar as belas canções. Amir Haddad, ao mesmo tempo que imprime esse ar solar, demonstra segurança na condução do espetáculo, transformando-o em agradável *divertissement* e fazendo que as três horas de duração (sem intervalo) se tornem envolventes e suaves.

No elenco, Tonico Pereira, como o Bobo Feste, e Pedro Cardoso, como Malvólio, se destacam em atuações espontaneamente cômicas e de muita comunicabilidade. Enquanto Tonico Pereira se transfigura num Bobo ardiloso, Pedro Cardoso imprime ao Malvólio o seu peculiar temperamento cômico. Renata Sorrah é uma Olívia fogosa e Malu Valle, uma criada cheia de malícia. Daniel Dantas, o Duque Orsino, e Cláudia Abreu, Olívia, estão um pouco distantes do espírito da montagem. André Gonçalves usa o vigor corporal para construir Fabiano. Os demais atores – Ivo Fernandes, Cláudio Mendes, João Grilo, Sandro Valério, Marcelo Vianna, Érico de Freitas, Felipe Rocha e Bernardo Guerreiro – nem sempre estão muito afinados. Algumas interpretações são bastante insatisfatórias.

1998

GATA EM TETO DE ZINCO QUENTE

O realismo psicológico da dramaturgia de Tennessee Williams (1911-1983) é resistente como uma das formas dramáticas mais expressivas do século XX. A capacidade desse autor, ao lado de Arthur Miller (1915-2005), de desenhar o perfil psicológico de uma América em conflito com sua própria identidade – em Williams muito mais do ponto de vista das relações emocionais e em Miller, das condições sociais – foi capaz de criar produção dramática que demonstra acurada percepção de um mundo marcadamente voltado para o êxito, mas dentro do qual se decompõem aqueles que não encontram lugar na corrida pelo sucesso.
A obra teatral de Tennessee Williams, se por um lado traz alguns dos exemplares mais depurados do realismo psicológico (*Um bonde chamado Desejo*), por outro mostra que seu fôlego foi curto – *Gata em teto de zinco quente* é a evidência dessa dramaturgia irregular. Em parte pelas condições do período em que o autor escreveu seu teatro, há sempre em suas peças uma difusa referência à condição sexual. Esse elemento, em si mesmo um forte impulsionador da ação, algumas vezes se sobrepõe à coerência e ao verismo de um texto realista. Em *Gata em teto de zinco quente*, que com direção de Moacyr Góes está em cena no Teatro Villa-Lobos, a personagem central é Maggie, uma mulher insatisfeita com o casamento com Brick, ex-jogador de futebol que se entrega à bebida depois da morte de seu inseparável amigo, a quem devotava amizade que se confundia com atração homossexual mútua. Bêbado constantemente e sem tocar em Maggie, Brick assiste à disputa da família pelo espólio do pai, um bem-sucedido plantador de algodão que é o último a tomar conhecimento de sua doença mortal. O irmão de Brick e sua cunhada não disfarçam a ambição pela herança, enquanto Maggie mistura o desejo pelo dinheiro ao desejo de reconquistar o homem que, por meio da indiferença e da bebida, anestesia o medo de confirmar sua homossexualidade.
No embate entre sentimentos e aparências, Tennessee Williams escreveu uma peça em que o eixo dramático se dilui na repetição das investidas e recuos do casal Maggie-Brick. O texto se esgarça na impossibilidade do autor em concentrar nas dificuldades do casal carga dramática mais rica e com meios mais econômicos do que os diálogos recorrentes estão a indicar. A tradução e adaptação de Marcos Ribas de Faria para esta montagem procedeu a meticulosa cirurgia no texto, condensando a peça, tornando-a, assim, mais fluente e menos caudalosa. Não há em *Gata em teto de zinco quente* suficiente ação dramática e riqueza psicológica nos personagens para sustentar o jogo cênico mais longo.
Moacyr Góes revestiu sua encenação de discreta invenção autoral. O diretor parece ter compreendido a necessidade de administrar um espetáculo realista com

os instrumentos próprios a esse gênero. A qualidade de produção com a qual se cercou estabelece uma cena atraente. O bonito cenário de Hélio Eichbauer, que explora o vermelho como cor predominante, quebrando o realismo com alguns brinquedos distribuídos pelo palco e com a transparência do painel de fundo, se completa com o efeito final que remete ao cinema melodramático de Hollywood dos anos 1950. A trilha sonora de Marcos Ribas de Faria usa repertório que se compõe oportunamente de pequenos comentários dramáticos. A sempre competente iluminação de Maneco Quinderé e os figurinos realistas de Kalma Murtinho – a figurinista conseguiu valorizar ainda mais a beleza da atriz Vera Fischer – fixam esses cuidados de produção.

Neste tipo de encenação há que se proceder a um trabalho detalhista de interpretação. Moacyr Góes mostra ter compreendido essa necessidade, mas o elenco nem sempre a domina. Vera Fischer é presença de fascinante beleza, mas não supera a monotonia a que Maggie parece condenada. Floriano Peixoto assume atuação uniformemente distante. Marcos Matheus tem participação episódica, enquanto Guida Vianna retira da cunhada ambiciosa um leve tom de humor. Mário Borges consegue projetar na cena do encontro familiar a frustração do personagem. Ivone Hoffmann demonstra perfeita sintonia com as exigências da mãe. Mas é Ítalo Rossi que domina plenamente, numa interpretação madura do velho pai. O ator mostra com segurança de recursos as filigranas de um personagem que sofre transformações não facilmente percebidas. Ítalo Rossi ilumina o pai com atuação irrepreensível. Basta acompanhar a mudança física que compõe com imperceptíveis movimentos de corpo quando o pai toma conhecimento de sua sentença de morte. Ao entrar em cena, o ator explode em virulência física e verbal; ao sair, é um homem destruído pela certeza da morte. Atuação de alta técnica e delicada sensibilidade.

PARA DAR UM FIM NO JUÍZO DE DEUS

Para dar um fim no juízo de Deus, com apresentações hoje e amanhã no Centro de Artes Hélio Oiticica sob a direção de José Celso Martinez Corrêa, é a última peça escrita por Antonin Artaud (1896-1948), poucos meses antes de sua morte e já num estado de dissolução de suas forças. O texto, que deveria ser transmitido pela rádio oficial francesa, foi censurado, e o fragmento teatral, anarquicamente feito de discursos inflamados e referências a ritos (alguns identificáveis, como os dos índios mexicanos, outros palpáveis, como os da fisiologia humana), ficou como testamento destemperado da sua incansável procura da alquimia entre a criação e a vida.

Artaud, mesmo nesta peça radiofônica, manteve o persistente desejo de devolver ao teatro o caráter de ritual primitivo e de alcançar dimensão anímica, com ação mágica, a revelação daquilo que é "obscuro no espírito, enfurnado, não revelado". E a forma que Artaud encontrou para ressaltar essas zonas sombreadas foi por meio de "espetáculos feitos diretamente em cena e com todos os meios que a cena oferece". Em *Para dar um fim no juízo de Deus*, Artaud penetra em áreas de sombra que se escondem nos desejos da guerra, na espiritualização do corpo, exaltando com redundância e, muitas vezes, com impulsos vitais anárquicos.

Nesse sentido, o espetáculo de José Celso Martinez Corrêa é artaudiano. A encenação se constrói no palco – no caso, um espaço sem a configuração da arquitetura convencional – e se faz de pulsações de intensidade irregular, mas que revelam o desejo de criar um fluxo de tensão cênica que na sua atabalhoada realização não deixa de ter seu mérito. *Para dar um fim no juízo de Deus* consegue essa tensão por vias paralelas, trazendo o corpo como objeto de representação, veículo para atingir uma celebração que se exprime entre o culto hedonista e a agressividade sem pudor.

O que o diretor propõe, no entanto, é por demais demonstrativo, como se quisesse impor conceitos por meios expressivos que parecem negá-los, além de transmitir interpretação mais vivenciada do que construída. O espetáculo estabelece tensão na superfície (há toques físicos dos atores nos espectadores e ameaças não tão sutis de provocar repulsa com a exposição de odores humanos), e só residualmente explora a tensão interna que exala da incandescência verbal de Artaud.

Os signos que são usados por José Celso adquirem o sentido secreto de uma confraria cênica, que encontram tradução parcial em referências aparentemente aleatórias. Da canção de Dorival Caymmi que fala da festa de Iemanjá no dia 2 de fevereiro (dia da proibição da emissão radiofônica da peça de Artaud) à caracterização de José Celso (imagem de Abelardo de *O rei da vela*), ou as citações a Hélio Oiticica (um parangolé é usado em cena), o espetáculo se referencia por esses códigos que se esgotam em si mesmos quando são usados como bandeiras de estética perturbada. *Para dar um fim no juízo de Deus* persegue constantemente o confronto da palavra delirante de Antonin Artaud com o gesto provocador da demolição teatral. Os escombros são resíduos pulverizados de temperamentos incendiários.

A DONA DA HISTÓRIA

A pretensão de fazer a história, visível nas atitudes pomposas dos homens públicos ou encoberta pela intimidade anônima do cotidiano dos simples mortais, responde, qualquer que seja a escala desse desejo, à necessidade de dominar a própria existência, de tornar realidade um fluxo que não se consegue manipular. A vida e o destino escapam das mãos, quase sempre. A invenção da vida e o destino da fábula, quase nunca. *A dona da história*, texto de João Falcão (1958-), em temporada no Teatro do Leblon, é a comédia da vida contada, em que as emoções que se embutem num cotidiano banal se materializam na maneira como essa banalidade pode ser assumida por uma narração que especule sobre as possibilidades de mudar sua história. "Tudo existe para minha história acontecer", diz a mulher de 50 anos para si mesma aos 20 anos, num diálogo de lembranças e com o qual procura encontrar o momento em que seu destino foi traçado no passado e, quem sabe, poder modificar o seu futuro, que, na verdade, é o seu presente.

O que determinou o futuro – casamento burocrático com homem medíocre – foi ter atirado um pedaço de pau a um cachorro e, assim, ter conhecido o homem da sua vida. Ir a um baile confirma a escolha de seu destino. Mas se fosse diferente e se tão prosaicos acontecimentos tivessem sido outros, essa mulher estaria casada, teria filhos, se sentiria frustrada? Quem saberá?

Em *A dona da história*, brinca-se com o destino, com o imponderável da fatalidade, com as escolhas que foram feitas ou que deixaram de ser feitas. Mas será exatamente com esse caráter filosófico da dúvida que essa comédia se constrói? Na verdade, o que a peça efetivamente demonstra são as possibilidades de armar uma narrativa em que a maneira de contar é a sua própria razão.

As duas mulheres, que são a mesma em idades diferentes, se tornam o recurso dramático através do qual João Falcão explora o jogo do teatro que se estabelece a partir de uma mesma história em tempos diferentes. Esse embate de memórias, que enfrentam a vontade de interferir naquilo que já foi vivido, é também um jogo de sentimentos que persegue a vontade de que sua história aconteça de outra forma e que, mesmo sendo única e imutável, possa ser modificada.

Ao trazer para o centro da cena o desdobramento das maneiras de contar uma história, João Falcão não deixa de se apoiar na comédia. Esse caminho aponta para o equilíbrio entre a forma rebuscada de construir a peça – o texto surpreende pela capacidade de se autoinventar – e a simplicidade do universo que retrata. Mesmo em se tratando de sentimentos, e o autor tem sensibilidade feminina para tratá-los, as personagens são, pela própria irrealidade de sua condição, reflexos de estrutura narrativa que tem precedência sobre qualquer realidade.

A história da mulher em dois tempos é a trama, que não deixa de provocar a ideia de manipulação hábil de situação vagamente pirandelliana. O mundo em que vive esta mulher e seu duplo é que fornece ao autor a possibilidade do exercício de humor. As observações sobre as relações corriqueiras do casal e das idiossincrasias da vida em comum têm sabor de comédia de costumes, enquanto as brincadeiras com o teatro se parecem com esquetes.

É ao circular entre esses dois planos – da comédia e da construção narrativa como entrecho – que João Falcão consegue ressaltar os sentimentos de quem, ironicamente, não tem história. Ou, pelo menos, uma história que seja pouco mais do que as diferenças à mesa a partir da preferência pelo pescoço de galinha, e na cama, com a cessante vida sexual.

Igualmente hábil é o diretor João Falcão, que revestiu o seu espetáculo de moldura incomum, indefinida no tempo, transportando-se à nostalgia e a alguma melancolia, mas que tem âncora no humor. A encenação é um balé que sublinha a ação como um diálogo em movimento. Como as personagens estão a todo momento manipulando o tempo, o diretor compõe a cena de modo que esse vaivém não se perca no excesso das palavras, rompendo com essa carga narrativa através da representação de certas situações.

O esquete do teatro experimental, além de ser bastante divertido no seu tom crítico, permite "respiração" no jogo narrativo. Essas cenas têm um caráter de humor bem definido, não deixando qualquer dúvida sobre a sua sintonia satírica. É dessa forma, equilibrando os dois pontos referenciais do texto, que o diretor consegue um estranhamento para a encenação. A orientação corporal de Márcia Rubin definiu para as atrizes gestos evocativos, nos quais mãos e corpos deslizam como num balé, marcando as interpretações como se as personagens tivessem saído de um baile, que é, afinal, o centro deflagrador da memória em suspensão.

O cenário de Doris Rollemberg também usa o movimento como base da concepção. A redução da boca de cena, o aprofundamento do palco e a extrema sobriedade que a cenógrafa imprime à caixa cênica ganha dramaticidade com o movimento de objetos, como cadeiras e portas, por meio de uma esteira. Esse movimento com a esteira, que é também estendido às atrizes, cria a ideia de passagem de tempo.

A iluminação de Maneco Quinderé aproveita o despojamento do cenário para jogar com intensidades luminosas, exaltadas na subida do calor emocional, delicadas nos fios de luz que recortam figuras. Uma iluminação sensibilíssima. Os figurinos de Emília Duncan vestem de lembranças as debutantes do baile.

Marieta Severo e Andréa Beltrão estão perfeitamente integradas a esse baile de histórias possíveis, numa contracena em que os sentidos do jogo são perfeitamente levados por interpretações que tocam a dúvida, a tristeza e o medo, sem abandonar a chave do humor. Andréa Beltrão retira dos 20 anos da personagem uma certa perplexidade juvenil, acompanhada de humor meio moleque.

Marieta Severo explora os aspectos banais da personagem com trava meio amarga. Mas é na comicidade mais explícita que ela demonstra desenvoltura que torna a caricatura de Maria Helena extremamente divertida. Se, na cena do espetáculo experimental, Andréa Beltrão e Marieta Severo intensificam esta parceria bem--humorada, nos demais momentos, a dupla revela sintonia que, antes de uniformizar – a sincronia de movimentos e de imagens não deixa de ser um risco –, acaba por ressaltar a identidade de cada uma delas. Duas boas interpretações de uma mesma personagem.

SOMOS IRMÃS

Sandra Louzada, a autora de *Somos irmãs*, em temporada no Teatro I do Centro Cultural Banco do Brasil, no Centro, encontrou no registro da emoção a linguagem musical que conta a vida das cantoras Linda e Dircinha Batista. A história dessas duas famosas estrelas, que, dos anos 1940 ao início dos anos 1960, ocupavam as ondas do rádio com magnetismo e poderosas vozes, é apresentada pela autora em dois planos. Ao mesmo tempo que se mostra a construção das carreiras das Batista e o êxito decorrente da idolatria provocada pela incipiente indústria nacional do entretenimento, se assiste ao último dia da vida de Linda, mergulhada, ao lado das irmãs Dircinha e Odete, numa irreversível decadência física e material, evocando, de maneira dissociada da realidade que atualmente vive, o passado de glórias.

O musical, que usa o repertório das irmãs para compor a trilha sonora, estabelece nesse jogo de tempos a trajetória de duas mulheres que, para além da carreira profissional, viveram uma vida dramática em que a sustentação para o sonho das vozes de sucesso encontraria no silêncio da dura realidade a extensão da fragilidade material de que são feitos os sonhos. Em nenhum momento Sandra Louzada pretendeu explicar, justificar, ou até mesmo analisar as razões pelas quais Linda e Dircinha chegaram ao limite da dignidade quando a carreira declinou. Não aponta causas ou sustenta argumentações sobre o stalinismo dos *media*, apenas fornece um quadro humano, carregado de emoção, que desenha de forma sutil a decadência.

A presença de uma mãe dominadora, o alcoolismo de Linda, o desperdício do patrimônio e a fraqueza de um pai são apenas referências factuais, já que a autora ressalta, ao dramatizar tais acontecimentos, a impossibilidade das duas mulheres de ultrapassar a dimensão irreal do sonho. Pela própria característica do gênero, esse musical não deixa de sofrer algum esquematismo dramatúrgico que se arma em função da música e da maneira como esta se encaixa na trama. Mas o contraponto, tanto musical quanto dos planos de tempo (a carreira de sucesso e o declínio humano), se estabelece a partir de perspectiva inteiramente emotiva. Sandra Louzada vai avançando sobre a ascensão e decadência das Batista, procurando filtrar da história o aspecto que mais fortemente se identifica com o gesto humano, e não com o gesto público. E em nenhum instante *Somos irmãs* fica piegas ou apela para sentimento piedoso, retirando apenas da trágica vida das cantoras a emoção que lhe é própria.

O espetáculo encenado a partir deste texto é bastante coerente com o espírito da peça. Os diretores Ney Matogrosso e Cininha de Paula não carregam a mão para buscar emoção fácil, ainda que façam chorar boa parte da plateia. O compromisso é com o musical, com a maneira de fazê-lo comunicativo, vibrante e, na medida do possível, feérico. Ao criar essa estrutura, a dupla de encenadores atende a uma visão talvez um tanto tradicional no tratamento de uma comédia musical, mas, por outro lado, empresta nervosismo cênico que ajuda a quebrar a dureza do drama pessoal das Batista.

Há até mesmo exuberância, como se os diretores estivessem tentando permanentemente amenizar o quadro dramático. O cenário de Hélio Eichbauer, que resolve bem a necessidade de estabelecer dois tempos narrativos, se fixa no realismo do apartamento semidestruído, fazendo antagonismo com o jogo de biombos e espelhos de um *show*. Os figurinos de Cláudio Tovar reproduzem as roupas do período com o detalhismo de pesquisa. A iluminação de Ney Matogrosso e Enor Fonseca tira partido do sombrio ambiente do apartamento e da luminosidade intensa do período de sucesso.

A direção musical de Leandro Braga e os músicos Arminda Valeri, Oscar Bolão, Chico Sá, Pié, Josimar Carneiro e Luciana Harmond apoiam com eficiência o material vocal. As coreografias de Renato Vieira seguem estilo por demais convencional que reforça bastante o lado menos bem-sucedido do musical. Os efeitos do texto, em especial quando jogam a música sobre a dramaticidade, fazendo com que os tempos cênicos se encontrem, são sempre um trunfo de comunicabilidade. A gravação da voz de Dircinha, ainda uma garotinha, cantando no seu primeiro disco, que é ouvida na cena em que a cantora vive o momento mais desesperadoramente solitário, logo depois da morte de Linda, é um golpe de teatro infalível. E não é o único num espetáculo que pretende agarrar o espectador pela emoção. O elenco de apoio, que atua com eficiência dentro do que é exigido, sofre um pouco com as cenas em que é levado a interpretar nomes conhecidos, como animadores de auditório, donos de cassinos e alguns personagens circunstanciais, pagando tributo à coreografia pouco inspirada e à inexpressividade dos tipos.

Mas Renato Rabelo, Garcia Júnior, Cecília Rondinelli, Marllos Fraga e Paulo Mazzoni cumprem com empenho suas intervenções. Izabella Bicalho é uma Odete (a outra das irmãs Batista) tão discreta quanto a participação da personagem na trama. Rosane Gofman tem interpretação na medida das poucas exigências da mãe autoritária. Nicette Bruno, Suely Franco, Cláudia Netto e Cláudia Lira, que fazem as irmãs Batista na maturidade e na juventude, respectivamente, têm boas atuações, capazes de dar a dimensão das fases da vida das cantoras e com vozes que projetam bem as músicas do repertório da dupla. Cláudia Netto é uma Dircinha assustada e perplexa na juventude e com a brejeirice exigida pela maioria das melodias que interpretava. Cláudia Lira faz uma composição física muito próxima da verdadeira Linda. Nos gestos, na empostação vocal e na agitação, a atriz compõe tão bem a cantora quanto melhor reflete os conflitos da mulher. Suely Franco, como Linda na idade madura, tem um trabalho que explora com sutileza a força patética que a personagem assume muitas vezes. E Nicette Bruno é uma Dircinha com alcance trágico, feita de ausências, pequenos gestos, silêncios e comovente projeção de um mundo interior esfacelado. Um trabalho de emoção e interiorização. Um ótimo quarteto de atrizes.

TODA NUDEZ SERÁ CASTIGADA

A estreia nacional de *Toda nudez será castigada*, no suntuoso Teatro Alfa Real, em São Paulo, na noite de quinta-feira – a temporada carioca começa dia 5 de junho, no Teatro Carlos Gomes –, marca também a estreia do diretor Moacyr Góes no universo dramático de Nelson Rodrigues. A peça escolhida, a última de uma fase em que o autor explora as diversas manifestações do desejo no espaço do subúrbio dos sentimentos, propõe algumas dificuldades a um encenador que deseja imprimir caráter inovador a um texto sobrecarregado de dramática muito peculiar. O próprio Nelson Rodrigues definiu *Toda nudez será castigada* como uma "obsessão em três atos". Em função da modernidade, os três atos se tornaram anacrônicos, mas a obsessão é a perfeita forma de apreender esse texto em que os personagens são impelidos pela necessidade de encontrar o objeto do desejo, seja na pulsão sexual, na repressão individual, na vontade de vingança ou através da mítica da pureza inalcançável. Do encontro do viúvo Herculano com a prostituta Geni, articulado pelo ressentido Patrício, irmão de Herculano, são desencadeados os desejos que jogam os personagens contra a sua atitude social, ampliando os seus abismos interiores até quase o estado de loucura existencial. A peça se inicia com a gravação em fita da voz de Geni, que já anuncia a

Herculano que, ao ouvi-la, ela estará morta. O suicídio, que marca deliberado anticlímax, desencadeia percurso inverso ao das narrativas lineares, mostrando o desfecho no início, de maneira a desmontar a história, que é usada como elemento aglutinador de desejos tão irremediavelmente solitários na obsessiva impossibilidade de sua realização. Ao mesmo tempo, *Toda nudez será castigada* traz as frases de efeito que fizeram do jornalista Nelson Rodrigues um frasista imbatível e cada uma delas, parte integrante e estilística de seus diálogos curtos, diretos e rascantes. Nesta peça as *boutades* verbais parecem menos aliciantes, mas de certa maneira configuram um aspecto de humor que perpassa o texto. Por outro lado, a dramaturgia rodriguiana não tem qualquer ligação com o teatro psicológico. Os personagens não refletem sobre seus comportamentos. A originalidade de Nelson Rodrigues está justamente nessa realidade dramática incapaz de ser analisada através de conceitos psicológicos. O autor, e em *Toda nudez será castigada* ele não foge à escrita, manipula signos inquietantes de mundos interiores com o fatalismo da desilusão.

Essa tragicomédia da obsessão recebeu do diretor Moacyr Góes o tratamento de um jogo duplo: construiu-se um espetáculo ascético e formalista em muitos pontos, contrabalançado por linha narrativa que acentua "espontaneidade" cênica ao se aproximar de um estilo *kitsch*. O diretor investe no aspecto mítico do texto, estabelecendo alegorias coreográficas, trazendo para o centro do palco as tias com onipresença quase sempre muda, ainda que fortemente inibidora. A trilha sonora de Marcos Ribas de Faria reforça essa moldura formal. O cenário de José Dias, em planos marcados por uma escada, onde os dispositivos cênicos se integram, com o sobe e desce de movimentos, à amplitude das massas espaciais no palco, está perfeitamente de acordo com essa "beleza" formalista do espetáculo. A iluminação de Maneco Quinderé projeta ainda mais o construtivismo da montagem. Os figurinos de Samuel Abranches estão mais próximos do outro aspecto da montagem, no qual a ação parece estar concentrada num registro interpretativo um tanto explícito em sua exposição de emoções baratas.

Com esse dualismo, *Toda nudez será castigada* se esvazia de sua carga dramática essencial, sem acrescentar originalidade ao sentido abissal da atitude dos personagens. A montagem retira a emoção da cena, até mesmo quando deixa entrever tratamento vagamente melodramático nas interpretações. Há uma crítica subjacente nas atuações, o que impõe escala de comentários a cada uma delas. Marília Pêra adota linha que não encontra muita correspondência na veracidade de Geni. A atriz desenha a personagem como evocação infantil, com sinais exteriores, como um figurino que insinua a imagem de uma criança e a manipulação de objetos como bonecas e até uma mamadeira. Desse modo, identifica tal composição com comentário marcante e até certo ponto intrigante, tornando sua Geni pouco nítida e bastante esquemática. Walter Breda não projeta com um mínimo grau de convencimento a luta de Herculano com o seu desejo. Leon Góes, o filho, se mostra pouco à vontade na sua primeira cena, mas ganha maior autonomia interpretativa quando mais afinado com seu estilo de atuação, em especial quando se defronta com Geni no hospital. O trio das tias – Maria do Carmo Soares, Eliana Guttman e Helen Helene – faz composição previsível. Luiz Carlos Buruca, Flávio Kactuz, Leopoldo Pacheco e Paulo Gama se distribuem em papéis episódicos, mas é André Valli que alcança o tom que valoriza a pusilanimidade de Patrício, numa atuação cheia de insinuações e sutilezas que ampliam e enriquecem o personagem.

TIME ROCKER

Como na maioria dos espetáculos de Robert Wilson (1941-), *Time Rocker*, que faz hoje a última apresentação no Theatro Municipal, dimensiona o espaço e o tempo como elementos cênicos determinantes de nova apropriação da linguagem teatral. Nesta ópera-*rock*, com libreto de Darryl Pinckney baseado em *A máquina do tempo*, de H. G. Wells, e música de Lou Reed, essa equação cênica se desdobra com a sonoridade (da música e das palavras) como um outro ponto de referência desse diretor que eliminou o aspecto literário-dramático de sua concepção autoral. Não há lugar, pelo menos com a carga atribuída a um espetáculo dramático, para a ilustração das palavras como razão narrativa.

O norte-americano Bob Wilson não recria uma história, mas um imaginário no palco. *Time Rocker* é uma viagem que se desdobra no tempo, esfacelado por épocas, povoado de lembranças, localizado algumas vezes em um lugar indefinido, carregado de possibilidades futuras. O espaço é percorrido em trinta cenas que giram em torno da dúvida sobre aquilo que se chama de amor. Ao fim da jornada, fica-se sabendo que fazer o tempo girar "é isso que é o amor", como escreve Lou Reed na canção "Turning Time Around". A medida, tanto do tempo quanto do espaço, não decorre da interioridade dos personagens (Bob Wilson abomina qualquer conceituação psicológica que comprometa a abstração da cena), está condicionada pela estrutura (arquitetura) teatral que faz a alquimia desses elementos para acionar máquina cênica que, no seu formalismo, consegue estabelecer poética única que dá unidade à imagem e à palavra. Os movimentos obedecem a um ritmo marcado pela desconstrução da forma, o gesto não ilustra ou comenta, apenas apresenta. O espaço é ocupado pela referência à multiplicidade de representações, de tal maneira que se percebe desde a simplicidade das marionetes e do teatro de sombra até a tradição da comédia musical sob a perspectiva do expressionismo alemão.

Time Rocker amplia o conceito de Bob Wilson em relação à procura da "obra total", aquela que traga em si a variedade de linguagens que não se resumem genericamente nas artes cênicas. As imagens, assim como a música e o espaço do palco, são abstrações que buscam identificar-se com um imaginário contemporâneo, referenciado à passagem do tempo, à memória dos sentimentos e à urgência da transformação. Em *Time Rocker*, a carga dessa imagem referencial ganha tom até brincalhão, com humor que confere ao jogo seu sentido mais primitivamente teatral.

O percurso da dupla Nick e Priscilla, que viaja nesse espaço, é conduzido por engenharia cênica em que o despojamento e a limpeza ascética das imagens se equilibram em narrativa mecânica. Cada elemento é, em si mesmo, integrante da construção desse imaginário. A luz, tão presente quanto a figura do ator, é capaz de lançar aos olhos do espectador um impacto que não está preso a nenhum efeito externo, mas integrado à atmosfera e ao ritmo da encenação. O neon, como luz de contraste, provoca algumas mudanças e quebras, quando a excessiva luminosidade se segue ao escuro profundo. O olhar do público é atacado pela luminosidade, a ponto de numa fração de segundos não se conseguir captar integralmente a imagem, que explode com a mesma intensidade da refração da luz. É mais uma condição do olhar da plateia, que recebe, continuamente, esses estímulos sensoriais a conduzi-la a um estado de surpresa.

Até os objetos adquirem realidade para além da sua conformação cenográfica. Os atores, muitas vezes, se confundem a esses objetos, seja como metrônomos, seja como árvores, ou confinados em gaiolas, numa simbiose que traz vida a elementos inanimados. As imagens voam como lembranças vagas de formas já vistas ou pressentidas – o esqueleto do peixe que flutua no palco traz memórias bíblicas – que perpassam por reproduções plásticas hiper-realistas – a cena na Nova Inglaterra tem a beleza pungente da perda pela morte – até alcançar o movimento do sopro de um jornal ao vento. Embora possa parecer que *Time Rocker* seja um exercício puro de formalismo estetizante, na verdade essa ópera-*rock* com música envolvente, talvez um pouco menos provocadora do que a sua transcrição visual, é uma criação de racionalismo matemático, que se compõe em sintonia com a emoção burilada.

Os atores-cantores do Thalia Theater de Hamburgo se integram à proposta de Bob Wilson. A qualidade técnica das suas vozes – Stefan Kurt, Annette Paulmann e Sona Cervena se destacam com seus registros de dramaticidade distanciada – e a sofisticada impostação corporal fazem do elenco harmonioso veículo para as invenções cênicas. Até mesmo situações tão difíceis quanto cantar pendurados de cabeça para baixo, como acontece com Stefan Kurt e Annette Paulmann, são perfeitamente interpretadas pelos atores. O antirrealismo absoluto, exigindo do elenco que execute marcações esdrúxulas (mas nenhuma delas parece arbitrária ou aleatória num desenho tão bem esquadrinhado), joga os atores em movimentos quase mecânicos, dissociando gestos e som de maneira a fazer com que palavra e silêncio tenham pesos próprios. É difícil, e às vezes estranho, usar essas máscaras descaracterizadas, confundir-se quase com os objetos, mas é exatamente dessa mistura que se criam a emoção e a poesia, dois sentimentos que *Time Rocker* provoca de maneira avassaladora. Bob Wilson propõe um jogo tão volátil quanto o "espírito que voa no tempo" ou a constatação de que "fazer o tempo girar é o amor", mas que ganha concretude e mantém relação viva com a encenação. É o teatro refletindo as dúvidas de seu tempo, remexendo com as tradições para redescobri-las num outro plano, o do futuro.

DA GAIVOTA

Da gaivota, que estreou sexta-feira no Teatro do Leblon, na Sala Marília Pêra, é uma condensação de *A gaivota*, de Anton Tchekhov (1860-1904), que Daniela Thomas adaptou, visando à eliminação de personagens e à procura de concentração narrativa na qual a criação artística ganhasse o centro da trama. Os personagens se despregam de sua ambientação original para se atomizarem – os monólogos interiores projetam individualidades, tornando secundária a contracena –, num processo para romper com o realismo da peça.

Provavelmente, sem a adaptação, *A gaivota* teria um tempo de duração muito maior do que a hora e meia desta versão, e a ameaça de tédio que paira sobre os espectadores – cada vez mais pressionados por urgências escapistas que tanto amedrontam os produtores – poderia se cumprir. Mas o risco de ultrapassar esses limites talvez fosse mais desafiante do que a estrutura compacta criada por Daniela Thomas, que não redimensiona o alcance do texto e tem muita dificuldade para estabelecer atmosfera. A interiorização é projetada em detrimento de uma ação em que elementos realistas e até mesmo alguns outros melodramáticos estão permanentemente rondando a narrativa. Ao quebrar com essa sequência, eliminando o tempo interno e o espaço existencial, a adaptação escolheu aproximar a peça de Tchekhov através da perspectiva da criação e dos problemas artísticos que o texto reflete, mas que não são os únicos.

A gaivota é um tanto mais complexa e rica. A peça se parece a instrumento que toca sentimentos de maneira cirúrgica. O autor faz uma incisão na alma dos que se desencontram. Os desejos são sempre irrealizados, as palavras, que serviriam para revelá-los plenamente, escondem a verdade, e os gestos, por mais definitivos que sejam, são atitudes. Em *A gaivota*, todos são um tanto mais frágeis. Aquele grupo, reunido numa casa de verão na Rússia czarista, vive em permanente embate, cada um procurando o outro, mas sem nunca encontrar a si mesmo. A atriz Arcádina, falsamente dominada pelo mundo do teatro, se confronta a partir dos amores conflitados pelo filho Treplev – um escritor frustrado na sua criação e na paixão pela jovem atriz Nina – e pelo amante Trigorin – ele, um escritor conhecido, mas insatisfeito com a fama, e que se envolve com Nina. O outro está sempre em um ponto oposto, e qualquer movimento em sua direção significa se perder. Muito romântico? Talvez. Melodramático? Em muitas cenas, sem dúvida. Mas *A gaivota* é, intrinsecamente, essa construção dramatúrgica na qual a ação é interior, e é através do que se passa por trás dos atos dos personagens que eles se explicam. O que motiva o gesto ou a inércia – em Tchekhov há sempre alguém pretendendo algo que não consegue realizar – está no interior de cada um. É essa tentativa que a adaptação de Daniela Thomas foi buscar.

Sem nenhuma intenção psicológica que transforme a trama em narrativa elíptica, Tchekhov constrói subtons, nuanças de estilo em monólogos interiorizados, de onde surgem as vozes que parecem ser ouvidas apenas por quem as fala. Daniela Thomas reduziu os quatro atos a quatro movimentos. A supressão do espaço identificável no cenário despojado e sombrio – a cenografia parece ter sido desenhada para outro espetáculo – contrasta com os figurinos que deixam entrever uma época. A disposição espacial do palco, que a diretora ocupa considerando como quarta parede o lago (a plateia) de que fala o texto, permanece imutável e com poucas possibilidades de ser desconstruída. Além dessa projeção do lago na plateia, o palco italiano é utilizado com a informalidade de atores sentados no chão ou de costas para o público. A densidade da cena se transfere, portanto, para o elenco. O que acaba por não acontecer nas atuações de solos frios, nos quais os atores jogam aos monólogos estilos muito pessoais e excludentes no conjunto. Antônio Abujamra se contém com algum esforço para não ampliar com sentido crítico o empregado Chamráiev, reduzido a um personagem esquemático. Nelson Dantas apenas insinua a humanidade do velho Sorin. Celso Frateschi tem atuação equidistante do atormentado Trigorin. Fernanda Torres empresta convicção e tom nervoso à jovem Nina. Fernanda Montenegro utiliza a sua autoridade para construir a Arcádina. A atriz tem duas cenas (a conversa definitiva com Trigorin e o diálogo sobre a idade) em que exerce plenamente essa autoridade. Matheus Nachtergaele é um Treplev que se põe convenientemente à sombra, mas o ator demonstra relativo conflito entre a palavra e um sentido mais corporal de interpretação.

A gaivota, na adaptação, tradução, concepção e direção de Daniela Thomas, vai em busca das longas pausas interiores de Tchekhov, mas através de uma cena que tenta, a todo instante, negar as forças que movem seu universo dramático. E é tão somente a emoção que está na base do mundo oculto de sentimentos da alma tchekhoviana.

CARTAS DE RODEZ

Cartas de Rodez é a forma que Antonin Artaud (1896-1948) encontrou para dizer ao mundo do seu estado de negação. O dramaturgo, o poeta e o interno Artaud, confinado no asilo psiquiátrico de Rodez durante a ocupação nazista da França, escreveu a seu psiquiatra como forma de redenção do sofrimento diante das sucessivas internações e dos métodos violentos de tratamento.

Em Rodez, onde o regime e os métodos eram menos agressivos, Antonin Artaud descobriu no Dr. Ferdière a possibilidade de o psiquiatra ser o seu ouvinte – o outro a quem devolvia a sua caótica reordenação do mundo com sua razão e seu espírito peculiares. Ainda que houvesse essa "compreensão", inexistente nas outras instituições por onde Artaud havia passado, em Rodez os métodos de tratamento acabavam por não diferir muito dos usados em manicômios mais conservadores.

O eletrochoque e outras "técnicas" atingiam Artaud com ressonância física, representada por fortes dores, e projeção espiritual, no receio de perder a sua "esfera poética própria". Alternavam-se, assim, no conteúdo das cartas, os estados de espírito que são, de certa forma, a síntese da dor e da "loucura" de Antonin Artaud.

Ao escrever, Artaud projeta, em depoimento de realidade humana pungente, as implicações, para além da dor física e da desumanidade de viver num manicômio. Em paralelo, trata da criação como um ato que retira da "doença" a sua seiva expressiva: "Os estados místicos do poeta não são delírios. São a base de sua poesia". Na própria linguagem das cartas, Artaud investe tanto nesse desabafo pessoal quanto na poética da dor.

A transposição das cartas de Artaud para o palco do auditório do Instituto Pinel ganha a forma de monólogo no qual a força das palavras se encontra na composição do gesto. O código de uma mímica é baseado no delírio poético. O espetáculo usa o auditório do Instituto Pinel como espaço simbólico, numa ambientação cenográfica que isola a sala com paredes de tecido e distribui pelas cadeiras bonecos de figuras humanas com os rostos encobertos.

Esse caráter de instalação, com muita luminosidade, adquire mais um desenho plástico do que propriamente uma ambientação com dramaticidade. O ator francês Stephane Brodt, sob a direção de Ana Teixeira, explora, segundo a gramática de Étienne Decroux, as possibilidades do gesto, buscando intencionalidade dramática que faça ecoar as palavras de Artaud. Em muitos momentos, especialmente quando substitui o texto por sons de uma língua de ruídos guturais, essa integração do movimento na cena projeta a tensão do criador desesperado. Já quando diz o texto de Artaud, a sua voz percorre as palavras imprimindo ritmo na fala que parece decompô-las em fragmentos.

A "intimidade" que a montagem promete fisicamente, com a pequena plateia de 50 espectadores, não se realiza no plano da encenação, em que o ator se fixa mais no virtuosismo. A execução dos movimentos demonstra técnica e "limpeza" que, no entanto, tornam-se assépticas. A falta de "emoção" contrasta com a carga emocional do texto artaudiano, e mesmo as cenas de grande beleza formal – a iluminação favorece a máscara e o corpo do ator – são incapazes de estabelecer no âmbito da palavra a mesma força expressiva que Stephane Brodt transmite com o corpo.

Cartas de Rodez reflete muito parcialmente o espírito tormentoso e delirante de Antonin Artaud, preferindo se enquadrar mais como um exercício de estilo de um ator com vigoroso domínio corporal.

AS TRÊS IRMÃS

Os personagens de *As três irmãs* sobrevivem por suas atitudes inerciais. São quase espectros de vidas por viver, incapazes de tomar a si as possibilidades de encontrar razões para existir. Há sempre um mundo a ser alcançado, mas que nunca é atingido pela ausência do gesto que realize o desejo. As vontades deixam de ser reais para se transformarem em impulsos míticos, distantes da realidade, impossíveis de ser atingidos, e dessa maneira mantêm-se cristalizadas no medo, no desespero e na desesperança. Tchekhov (1860-1904) é amorosamente cruel com seus personagens, lançando sobre essas pequenas vítimas de si mesmas um olhar de compreensão, revelando a extensão de vidas e de um mundo declinantes.

Em *As três irmãs*, essa apatia e a falta de forças para construir qualquer atitude que não seja a de abandonar-se aos desejos irrealizados se concentram em pessoas que vivem vidas medíocres na província. As três irmãs perseguem uma idílica volta a Moscou, onde viveram a juventude e de onde trazem as recordações de um mundo que terminou. Essa Moscou não é apenas uma cidade cheia de lembranças, geografia de uma felicidade fictícia, mas a imagem de vivências que não se reproduzem ao longo do restante das suas vidas. Essa pequena humanidade se debate sem que qualquer atitude exterior seja, minimamente, reflexo para que sua vida sofra modificações.

Na dramaturgia de Tchekhov, a pausa, o silêncio e a inação parecem ser o substrato de poética niilista. Os personagens tchekhovianos, para além da sua condição social e do seu tempo, têm a dimensão que toca a condição humana no seu aspecto crepuscular. O que não acontece é tão importante quanto aquilo que está ocorrendo. A ideia de que aquelas pessoas são um grupo de desocupados, perdidos na indolência e inapetência para a vida, é um tanto redutora em relação à visão amarga da existência e ao triste reflexo da vida em qualquer latitude e em qualquer tempo. As irmãs que assistem à perda de seus sonhos na desesperança de se saberem incapazes de torná-los concretos, já que não sabem "como se deve viver", revivem com a melancolia dos que conhecem a vulnerabilidade, a sua completa inutilidade. Essa arquitetura realista, com traços de poesia outonal, é feita por aquilo que não é expresso, por movimentos lentos e silenciosos, por musicalidade próxima à de um adágio.

A encenação de Bia Lessa, que está em temporada no Teatro I do Centro Cultural Banco do Brasil, insufla ao texto de Tchekhov a sonoridade de uma ópera. A diretora imprime dinâmica quase de cortes cinematográficos. Já no cenário de Gringo Cardia, que rompe com o realismo com um grande gabinete que sugere as paredes de uma casa burguesa, imersa em um palco coberto de areia negra, há uma multiplicação de quadros (molduras) que interseccionam as cenas. A projeção das palavras ou de parte do texto na lateral do palco reforça essa busca de dinâmica que atende, basicamente, a uma ativação dos sentidos do espectador. Mesmo que algumas vezes as palavras sirvam de mero jogo de efeitos (por exemplo, sós/S.O.S.), assim como a justaposição de música e de vozes sobre os diálogos, que ficam abafados propositadamente. *As três irmãs*, na versão de Bia Lessa, é um espetáculo em oposição ao movimento inercial do texto. A diretora não abre mão de um certo toque de humor com brincadeiras totalmente dispensáveis, como usar uma bomba de desinfetante ou fazer um personagem tirar piolho do cabelo. O multiúso de elementos visuais, a tentativa de dar um caráter físico às interpretações (os atores sobem literalmente pelas paredes) e o rompimento deliberado do ritmo interior, comprometem a emergência de uma "emoção" mais concreta. A montagem, com algumas cenas que ganham beleza visual tocante (a inclinação do cenário e as imagens do vento são duas expressões desse desenho), se esgarça nesses efeitos fragmentadores.

No elenco se refletem as disparidades de tons e de formas interpretativas que cada ator parece adotar. Renata Sorrah vive com arfante emoção as pulsantes hesitações de Olga. Deborah Evelyn compõe com triste melancolia as frustrações de Masha. Lorena da Silva não consegue imprimir à jovem Irina a mínima credibilidade. Ana Beatriz Nogueira dá realidade à vulgaridade de Natasha, enquanto a participação do ator Thierry Trémouroux não se justifica no papel da ama. Miguel Lunardi, com voz apagada e presença tímida, deixa que Vershinin se perca como personagem sem importância. Fernando Alves Pinto assume tom quase caricatural que deixa pouca margem para que o personagem se concretize. Dionísio Neto dá um sentido patético a Kuligin e Emílio de Mello exagera no tom que adota para o médico. Vadim Nikitin chega a comprometer o equilíbrio do elenco com interpretação inexpressiva. Dany Roland mostra neutralidade no palco.

CACILDA!

A estreia, no último fim de semana, de *Cacilda!*, no Teatro Oficina, em São Paulo, manteve a expectativa que qualquer novo espetáculo de José Celso Martinez Corrêa (1937-) provoca na cena teatral. O projeto de encenação de *Cacilda!* era acalentado há pelo menos sete anos, desde quando José Celso terminou de escrever a peça que resultaria num caudaloso texto de quase mil páginas – e no qual o autor-diretor repassa menos a vida de Cacilda Becker, e mais a procura da prática teatral como exercício de existência. A Cacilda que emerge de uma arquitetura cênico-dramática muito pessoal (o autor reescreve a biografia à luz de um pacto com as leis cênicas que estabeleceu para seu teatro) se torna protagonista da história cultural do país. A atriz, que sofreu derrame cerebral no intervalo da apresentação de *Esperando Godot*, em 1969, mergulha por 40 dias num estado comatoso, ao fim do qual morre. E é contra esse coma que o autor investe a sua fúria cênica, já que identifica o caráter do teatro e da cultura nacionais com um coma estético-ideológico.

A Cacilda Becker que desfila pela passarela-palco do Teatro Oficina é um ser mítico, forte nas ações que a integram à fragilidade da vida. Como seria previsível, não se espere encontrar em *Cacilda!* a imagem biográfica da atriz, que obedeça à ordem cronológica ou ordenação aristotélica. Entre a Cacilda real e a Cacilda personagem, José Celso criou a Cacilda médium, capaz de "incorporar" cada uma delas como metáfora de uma energia contida pelo coma cultural. Este caminho adotado por José Celso, carregado de analogias e citações – a Semana da Arte de 1922 e o AI-5 são duas referências que se confundem com a história de Cacilda Becker (1921-1969) –, se manifesta num delírio em que Godot é alguém que supera a espera beckettiana para se revelar como um animal (minotauro) libertário.

O texto de José Celso Martinez Corrêa é extremamente coerente com as obsessões do diretor, que procura encontrar "função" para a cena através de linguagem que seja orgiástica e, ao mesmo tempo, uma recuperação "ideológica" da atividade teatral. Em *Cacilda!*, a construção de um tal arcabouço está intimamente ligada ao barroquismo das encenações de José Celso. O coma é o ponto de partida que permite que sejam estabelecidas ligações com a mitologia grega (por meio de Perséfone, que é obrigada a descer às profundezas da Terra, mas de onde provoca um ressurgimento) e com tantas personagens que Cacilda Becker interpretou ao longo da carreira. Godot, que marca um encontro, sempre adiado, é também o ponto de chegada, a metáfora que conclui o diálogo da atriz com o seu tempo. Da forma como a peça foi condensada – ainda assim o espetáculo tem quatro horas de duração, com 20 minutos de intervalo –, há um descompasso entre as implicações biográficas e o núcleo dramático. A infância e o seu núcleo familiar se estendem demais, reiterando uma imagem dispersiva. Se o acerto de contas entre Cacilda Becker e Tônia Carrero é um episódio que ilustra um momento de vida, algumas outras menções biográficas ficam sem nenhuma sustentação. A peça percorre um painel de nomes e acontecimentos que, se o espectador não tiver prévio conhecimento, perdem qualquer sentido. Essa falta de dosagem, tão ao gosto da intensidade que José Celso imprime às suas celebrações cênicas, se reflete também no espetáculo.

O espaço cênico do Teatro Oficina, projetado por Lina Bo Bardi, é uma enorme passarela com arquibancadas laterais. A ocupação desse espaço adquire formato de procissão ou de desfile em que os acólitos de uma cerimônia de macumba, intercalada por cenas hedonistas de corpos nus, procuram a energia viva do jogo teatral. Tudo está sempre num tom acima da sensibilidade mediana, o exagero é uma provocação permanente, o excesso, uma maneira de gerar quase irritação no espectador. Mas, para além de todas essas "dificuldades" de estabelecer uma comunicação mais direta, a montagem cria liames surpreendentemente sutis. Os fios, que podem ser tanto uma torrente de sangue ou um indicador para o percurso até o porão do teatro, traçam os mecanismos de um espetáculo que, em meio a tanta dispersão, atinge instantes de emoção.

A intensidade com que Bete Coelho encarna uma Cacilda que desce aos infernos demonstra adesão total ao espírito delirante da cena. Giulia Gam, a outra Cacilda, disciplina as intervenções em cenas-chave com atuação mais racional. O elenco, distribuído por vários personagens, se individualiza com maior ou menor força expressiva em meio a um coletivo que está sempre voltado para os ritos processionais. *Cacilda!*, ainda sem estreia prevista no Rio, ganharia em impacto se sofresse alguns cortes, mas, ainda que mantenha os excessos, joga no rosto do espectador um confronto provocador com a prática do teatro, que às vezes atinge plenamente o alvo, e outras vezes apenas respinga alguns fragmentos de tentativas irrealizadas.

ARTE

Arte, a peça de Yasmina Reza (1959-), é quase uma grife, um daqueles berloques da cultura chique nos quais se agregam temática com aparência contemporânea e observações espirituosas sobre comportamentos socialmente identificáveis. Como uma comédia que pretende dar, ao mesmo tempo, uma piscadela para a recepção estética da obra de arte e um afago nos valores da amizade, *Arte* passeia com o descompromisso de uma conversa cheia de maneirismos por esses temas, sem se deter em qualquer um deles além do tempo necessário para alcançar o efeito que os faça parecer inteligentes e profundos.

A compra por quantia vultosa de um quadro monocromático, branco com pequenas nervuras igualmente brancas, provoca em Mário reação explosiva, irracional, o que deixa Sérgio, o comprador, agredido e magoado. Ivan, o terceiro personagem desse trio masculino, é menos dotado, tanto na vida profissional quanto em brilho intelectual, mas serve de contraponto à desavença decorrente do julgamento que Mário faz da obra comprada por Sérgio.

Esses companheiros de quinze anos de convivência, aparentemente sem muita relação entre si, enfrentam a crise implantada pela compra do quadro para revalorizar as razões da amizade. A autora, de origem iraniana, mas de expressão francesa, segue em parte a tradição racionalista da sua cultura de adoção, e impõe aos personagens capacidade de argumentação desproporcional ao alcance de seus problemas. O modo como o quadro é recebido traz, secundariamente, a questão da forma como é recebida a arte na atualidade. Será que a estranheza provocada por obra de cores e traços tão econômicos é a medida da absorção da arte nestes tempos da cultura do espetáculo? Ou será que a reação de cada personagem não é a ressonância das possíveis reações da plateia diante do quadro?

Não se trata de um problema de avaliação artística, sequer de medida da sensibilidade contemporânea para a criação artística, mas de extrair da percepção do senso comum uma chave dramática. Nesse sentido, Yasmina Reza é habilidosa na escolha de um quadro polêmico como elemento deflagrador da trama. A sustentação narrativa, no entanto, fica comprometida pela maneira como a autora desenvolve esta trama. Afinal, há em *Arte* pelo menos duas referências muito fortes à dramaturgia norte-americana no tratamento, se não na estrutura da peça, ao menos em algumas cenas.

O personagem Ivan está um tanto deslocado no embate entre os dois outros, e sua função de mediador é tão mais implausível quanto a sua falta de "função" na briga dos amigos. Ivan é o veículo para as cenas mais engraçadas, como aquela em que justifica seu atraso com os problemas com a noiva sobre a inclusão do nome das madrastas no convite de casamento. Esse monólogo é tão divertido quanto qualquer bom diálogo de comédia de situação de Neil Simon. As agressões verbais de Marcos e Sérgio provocam lembranças das peças psicológicas de Edward Albee, o que deixa a certeza de que *Arte* é comédia que articula um tipo de dramaturgia de resultados. O mundo afetivo e as contradições emocionais parecem desproporcionais às suas permanentes atitudes aligeiradas, que reduzem tudo a uma "tempestade em copo d'água". O compromisso com o final feliz atinge a "veracidade" da trama, que se "resolve" com a mesma facilidade com que uma tela branca de 50 mil dólares pode ser rabiscada com uma caneta de tinta lavável.

Mauro Rasi tem direção discreta que enfatiza o temperamento dos três atores, o que às vezes não é suficiente para estabelecer contracena mais intensa. O cenário de Emily Comecau traduz a neutralidade exigida e os figurinos de Helena Montanarini reinterpretam de maneira *fashion* as características dos personagens. A trilha de Edson Frederico interfere para ressaltar climas e passagens de tempo e a iluminação de Maneco Quinderé busca dar relevância à brancura da cenografia. Há toda uma embalagem para fazer de *Arte* uma montagem atraente, e nem mesmo o uso de microfone pelos atores prejudica esse invólucro bem-acabado. O diretor não acrescenta muito aos grandes esboços do texto, preferindo valorizar um remoto espírito de comédia sofisticada com o qual também se reveste a peça que inaugura o Teatro das Artes, na Gávea.

Os atores compõem seus papéis ressaltando mais as individualidades do que a contracena entre eles. O texto, com seus solilóquios, já mostra tendência para esvaziar o confronto, e, mesmo quando ele ocorre, a impressão é de que cada um está falando para si mesmo. Paulo Gorgulho interpreta Sérgio com atitudes afetadas, como se esse gestual fosse identificação de arrivismo novo-rico. Paulo Goulart é um Marcos vigoroso na indignação, mas incapaz de sugerir as pequenas e raras transformações por que passa em meio a sua invariável argumentação. Pedro Paulo Rangel sustenta o Ivan com sentido de humor levemente irônico e na exata medida de tempo e ritmo, emprestando autoridade a um personagem que, sem a competência e o brilho do ator, deixaria a certeza de que é complemento artificial na construção da peça.

ROBERTO ZUCCO

Há pouco mais de um ano, *Divinas palavras*, montagem baiana assinada pela diretora alemã Nehle Franke, revelava ao teatro nacional uma encenadora de rara linguagem pessoal. A adaptação para o sertão baiano da peça do espanhol Ramón María del Valle-Inclán (1866-1936) – que o público do Rio finalmente poderá assistir a partir do dia 7 de janeiro – cria contundência ao refletir sobre a miséria humana, provocando reações quase físicas de incômodo. Além disso, dispõe de estrutura cenográfica na qual o público é conduzido pela narrativa através dos movimentos circulares de uma arquibancada. Um impacto a mais. Mas há uma sofisticada linguagem nesta elaborada descida ao inferno dos miseráveis com uma poesia retirada da dor. Em *Roberto Zucco*, o novo espetáculo de Nehle Franke que estreou há duas semanas na Sala do Coro do Teatro Castro Alves, em Salvador, a miséria ganha outro contorno, mais urbana e com traços globalizados. A peça é do francês Bernard-Marie Koltès (1948-1989), que na sua pequena obra dramatúrgica encontra nos excluídos – a marginalidade se instala no espaço da ordem estabelecida – o material para percorrer o cenário em que a violência, a morte e as relações emocionais são simulacros de desejos aparentemente imotivados.

Roberto Zucco é um personagem real e a sua trajetória na história policial o transforma num marginal violento que mata, sucessivamente, o próprio pai, a mãe, um policial e uma criança. As razões de tais atos, na perspectiva ficcional de Bernard-Marie Koltès, ficam inexplicadas. O autor não encontra finalidade ou motivo para a sangria provocada por Zucco, um anti-herói nunca julgado apesar dos sentimentos odiosos que possa provocar. Os seus atos são expressões da brutalidade de um mundo – e não há, igualmente, qualquer acusação direta à sociedade que antagoniza a ação de Zucco – diante do qual as vítimas vivem na normalidade. Sem ser um libelo amoral e sem ética aos pressupostos da convivência social, *Roberto Zucco* evidencia que a injustiça do mundo está na essência da violência, banalizada por atos de desejo à vida que se refletem numa ação individual. O homem está cindido, buscando a morte que lhe devolva a vida, ou pelo menos o sentimento da vida.

Roberto Zucco é um texto difícil nas suas implicações "filosóficas", já que exige perguntas sobre o nebuloso terreno da violência como mão dupla que leva e traz a morte num estado da existência que mata e ao mesmo tempo revivifica. Nehle Franke marcou a encenação com linguagem que acentua a estranheza de um território em que não existe nada a dizer. Os quadros da peça, que desenvolvem as mortes múltiplas, têm corte nervoso que mostra os atos de Zucco numa sequência de fatos expostos com a frieza de um relato. Mas a agressividade do que é mostrado amplia de tal maneira a força dos gestos que a montagem pode confundir a violência com sua representação teatral. Nehle Franke faz de *Roberto Zucco* um espetáculo artificialmente marcado, com os gestos dos atores se transformando num balé lento de desespero e morte. Num cenário com imensa porta de aço e grandes cubos transparentes, são filtradas as cenas de personagens para os quais cada um de seus passos e qualquer palavra dita parecem custar esforço inumano. O som que pontua os diálogos sai a golfadas, como se antecipasse um vômito, tudo marcado por música que retira sonoridades de uma superfície metálica. *Roberto Zucco* é o espetáculo do atrito permanente, que torna visível aquilo que pesa e impede. A violência que se projeta do palco é muito menos aquela que a ambientação opressiva, as palavras grunhidas e os corpos animalizados arrastam em cena. O tempo narrativo tem a duração de prolongada luta interna de um homem que procura a transparência que corpo e alma podem alcançar.

Nehle Franke desestrutura o corpo, arranha a voz, arrebenta com a lógica e devolve, como em *Divinas palavras*, o sabor amargo da miséria humana. Se nem sempre os atores correspondem plenamente a essa linha interpretativa – o fracionamento da voz exige domínio técnico –, por outro lado, a impulsividade corporal e a ferocidade como se jogam em cena compensam eventuais limitações. *Roberto Zucco* confirma o rigor e a tradução para um universo cênico de imagens e palavras fortes de uma diretora de métodos extremamente pessoais que vai em busca da emoção que o teatro pode provocar pelo caminho estranho do fascínio da repulsa.

UMA NOITE NA LUA

Um homem em estado de angústia e sofrimento passeia pelo seu pensamento como um lunático pelos seus sentimentos. O tímido, que perdeu a amada Berenice, e que na falta do traquejo social insinua-se numa festa para um ator, oferecendo-lhe uma peça que ainda não está escrita, é um homem solto num palco, com uma frase na cabeça – "um homem em cima de um palco pensando" – e um desabafo na alma – "vem passear na minha lua". É um homem pronto a deixar disponível o fluxo do que se passa na sua cabeça para que se perceba que há "um homem em cima de um palco pensando". *Uma noite na lua*, a peça de João Falcão (1958-) em temporada no Teatro dos Quatro, é uma comédia feita desse fluxo de pensamento, em que as ideias de alguém, tentando captar a tensão de criar e de viver a reconquista do objeto amado, são o material para monólogo em que o personagem fala consigo mesmo, construindo narrativa que é exterior a seu pensamento.

O diálogo que o homem estabelece com o seu pensamento se manifesta através da maneira como ele o expõe. A narrativa e o processo de criação em si se transformam numa outra forma de contar, multiplicando aquilo que se conta. O homem está todo o tempo em cima de um palco pensando, e enquanto mostra o que pensa, também admite ser um personagem manipulado por outro autor, o da própria peça da qual é personagem, num permanente desdobrar que joga com tempos emocionais diferentes e com a habilidade em montar quebra-cabeças em que se circula pelo movimento solto do pensamento.

"O livre pensar é só pensar", parece lembrar João Falcão nesta pequena joia poética que remonta formas de contar histórias e reviver sentimentos que são tão comuns às nossas pequenas humanidades. O que dizer, como se expressar, na criação ou no amor? Cada um está sempre indo ao encontro de sua utopia, de concretizar desejos pelas vias transversas do mundo da lua, de chegar à realização pelos impalpáveis mecanismos da criação e do amor. João Falcão, mais uma vez, brinca com esse mundo vagamente pirandelliano das vozes do tempo e das palavras que contam das emoções que perambulam por zonas misteriosas. *Uma noite na lua* se elabora muito mais com os elementos fluidos dos meios que usa para tratar de "um homem em cima de um palco pensando" do que propriamente como uma peça de ideias ou que tenha algo transcendental a dizer. É na simplicidade com que se apropria de um jogo engenhoso e na forma como despeja a carga amorosa sobre o vaivém daquilo que conta que o texto de João Falcão provoca um envolvimento quase encantatório, capaz de tirar do derramamento romântico uma seiva que o impregna de veracidade. O *happy end* é uma decorrência do clima exaltador da vontade de encontrar a felicidade, percorrendo os caminhos do mundo "masculino" para viver sentimentos "femininos". O espetáculo, também assinado por João Falcão, é tão ou mais habilidoso do que a peça. A nudez do palco de início deixa o ator solitário em cena, como se o diretor pretendesse extrair da sua interpretação toda a carga contida nesse monólogo poético. Mas essa impressão, como tantas outras pistas que o espetáculo aponta, é desmentida logo em seguida. A presença do ator, que vai desenrolando as dúvidas do personagem, é paralelamente "multiplicada" com a mesma sutileza com que vão surgindo outros meios cenográficos. As telas e projeções sugeridas pelo cenário de Vera Hamburger asseguram à cena dimensão multimídia que, no entanto, não se torna exposição de efeitos ou pastiche da estética de videoclipe. O truque dramático do cartão cenográfico de Analu Prestes, que esconde delicada revelação sobre a amada, é outro dos elementos de ambientação muito bem elaborados dessa cenografia participante e até divertida.

A iluminação de Irma Vidal é igualmente coparticipante dramática na cena, além de encontrar belas soluções para "preencher" o despojamento do palco. A trilha de Raul Teixeira e Carlinhos Borges reforça o clima poético, entrando pelos ouvidos com a suavidade de um movimento sonoro. E a música de João Falcão, ao ser cantada num ritmo de valsa ou como lembrança de um *rap*, embala o pensamento do homem que pensa. A figura de Marco Nanini, que fica entre o desamparo da tradição cômica e os gestos de um ator com recursos expressivos sofisticados, deve bastante ao figurino de Marcelo Pies e à preparação corporal de Deborah Colker. Marco Nanini faz deste solo um momento rico de sua maturidade como intérprete. O ator brinca com as formas narrativas que estão embutidas neste jogo de contar e reviver, que com inteligência e sutileza enreda o espectador na fluidez do pensamento à solta com a mesma emoção que acompanha a envolvente experiência de "um homem em cima de um palco pensando".

A VIDA É SONHO

A vida é sonho, texto setecentista espanhol de Calderón de la Barca (1600-1681), é essencialmente fabular, aquele tipo de narrativa em que o "exemplo" justifica e sanciona a ação. Calderón de la Barca projeta, através do caráter impermanente da existência, a capacidade humana da escolha. Conta a história do príncipe Segismundo, confinado pelo pai, o rei Basílio, numa torre, já que um vaticínio previa para o herdeiro do trono o destino de um governante déspota e atribuía-lhe a responsabilidade pela morte da mãe. A mãe morre, efetivamente, do parto, e o rei tem a certeza de que Segismundo cumpriria seu destino. Preso, o príncipe se torna aquilo que se supõe ser a sua sina. Depois de ser submetido a prova por seu pai, na qual vida e sonho se confundem, o príncipe confirma a veracidade dos vaticínios. Mas na fábula, como na vida, a razão se opõe aos impulsos naturais, a realidade é contraponto do sonho, aquilo que parece nem sempre é, e a liberdade (o livre-arbítrio) contradiz o determinismo das previsões eternas. Calderón de la Barca joga na fábula questões tão amplas quanto as dúvidas sobre a vida. O sonho, que perpassa essa representação do grande teatro do mundo, sugere uma pergunta simples e definitiva a Calderón: "O que é a vida?". A que ele responde: "Um frenesi, uma ilusão, uma sombra, uma ficção, pois toda a vida é sonho e os sonhos, sonhos são".
O desafio de enfrentar a poética da peça não é pequeno e o diretor Gabriel Villela faz uma segunda tentativa de interpretar o material de que é feita a essência do sonho. Se na primeira versão, em 1991, o diretor utilizava a imagística religiosa, imprimindo caráter de procissão à montagem que incorporava narrativas de um teatro mais popular e que tinha apenas atrizes no elenco, nesta revisão da peça, em temporada no Teatro Glória, o diretor restringe o aspecto "religioso" do espetáculo em favor do aspecto "onírico".
O elenco desta vez é masculino, com a participação de apenas uma atriz-cantora. Gabriel Villela mistura muitas e várias referências culturais, que acabam por retirar da narrativa a sua "clareza", imprimindo-lhe uma desconstrução de imagens que reduz a cena a um plano quase abstrato. O diretor procura captar o elemento onírico da poética de Calderón de la Barca numa simbologia que estabelece em algumas das variantes de seu universo autoral: música iugoslava, aboio, samba-

-enredo, tecidos orientais, imagens barrocas religiosas, o teatro da feira medieval, formas ingênuas de teatro popular brasileiro. Nessa multiplicidade, elabora unidade criativa muito pessoal, mas que estilhaça o conteúdo do texto.

Muitas das imagens resultantes da combinação de tantas referências têm beleza próxima à de um quadro, mas há algo de estático no palco que imobiliza essa beleza num plano mais estético do que dramático. O texto se distancia, asfixiado pelas imagens que retiram de uma gaiola ou de um cesto de vime o sentido de um aprisionamento. Isso faz com que a transfiguração do sonho esteja muito mais na ingenuidade da representação dos atores dormindo do que na pulsação da cena. Como Segismundo, que "sonha grandezas impossíveis", a encenação sonha uma escala onírica que fica no plano das imagens, criando ilusões sem a mesma vertigem com que desdobra o seu baú figurativo.

A música, que tem na participação de Nábia Villela a intérprete que marca as cenas, sustenta uma sonoridade que se dilui num tom lamentoso. Sílvio Kaviski (Segismundo) e Celso André (Rei Basílio) compõem, ao lado de Alcemar Vieira, Fabiano Medeiros, João Petry, Maurício Grecco, Maurício Souza Lima, Rogério Faria, Sérgio Abreu e Wagner Miranda, o elenco que colabora com empenho para desenhar num palco o sonho de tornar realidade o grande teatro do mundo. São executantes de um desejo que ficou em algumas imagens, belas e únicas, ainda que vagas e esparsas.

1999

DOLORES

O musical *Dolores*, em temporada no Teatro II do Centro Cultural Banco do Brasil, segue roteiro que vai se tornando padrão, no qual a biografia de alguém ligado à música se concentra nos aspectos mais exteriores da história para corresponder a um "brilho" associado à linguagem do gênero. A narrativa se torna quase um *intermezzo* entre as canções, pretexto para que se selecionem músicas que informem sobre a trajetória do biografado. Muitas vezes, o alcance dessas músicas é bem maior do que a perspectiva que se empresta à vida da personagem. Não se trata de retirar a qualquer custo qualquer "ação" da biografia, mas de integrar e projetar sob alguma visão a sequência dos acontecimentos que envolvem essas vidas.
Em *Dolores*, o roteiro de Douglas Dwight (1965-) e Fátima Valença procura encontrar situação que apresente a cantora e compositora Dolores Duran no contexto do Rio dos anos 1950, através de amigos, parceiros e cronistas que conviveram com ela e que trazem aspectos que tracem o seu perfil. O texto acompanha Dolores Duran a partir de sua última noite, quando chega à casa pela manhã, depois de uma noitada de música e boemia e desabafa seu cansaço: "Não me acorde. Vou dormir até morrer". Num movimento inverso, a peça se volta, então, para o início da carreira da jovem Adileia da Silva, nome verdadeiro de Dolores Duran, para contar a sua trajetória até reencontrar no final a cena que abre o espetáculo. O percurso narrativo, depois da inversão de tempo da abertura, obedece à cronologia, a qual sustenta o perfil que investe discretamente numa caracterização psicológica de Dolores, ao mesmo tempo em que insinua referências ao mundo dentro do qual a cantora se revelou. Lá estão seus amores, a noite do Rio, com seus barões de boates, picadinhos que "ensinaram a cidade a comer" e umas tantas citações a pessoas que conviveram com a compositora e que são reflexos da época.
A seleção musical reúne composições expressivas, como os sambas satíricos de Billy Blanco, as criações de Dolores Duran ("A noite do meu bem", "Pela rua", "Castigo", "Solidão", "Por causa de você", entre outras) e até "My Funny Valentine", de Rodgers e Hart. Mas o roteiro não chega a desenhar com muitos traços qualquer dessas vertentes. É possível sair do teatro com imagem bastante sensível de Dolores Duran e perceber, nas entrelinhas, em que mundo ela vivia, mas a relação de músicas que compõe a encenação é bem mais fértil.
O espetáculo de Antonio De Bonis valoriza a música como expressão da história de Dolores Duran. No cenário único de uma boate da Copacabana dos anos 1950 (a cenógrafa Lídia Kosovski reproduz, através do vermelho predominante no palco, a obscuridade de uma casa noturna), o diretor tenta criar envolvência que reflita a boêmia de um período da vida carioca. Mas os aspectos pessoais e

artísticos da cantora, que são o núcleo da peça, ficam comprometidos pelo fracionamento das cenas, que parecem querer distribuir o máximo de informação em uma única cena. A movimentação é intensa, mas a montagem não ganha ritmo que impeça que em muitos momentos se instalem tempos narrativos prolongados, a ponto de nem mesmo a música conseguir ultrapassá-los.

O compromisso com o "espetacular" às vezes deixa que o caráter mais intimista e "psicológico" da biografia se dilua em meio a um tom musical altissonante. As poucas possibilidades que se criam para que os figurantes não repitam as marcações no palco fazem da cena um quadro de imagens recorrentes, ainda que em vários instantes a figura de Dolores Duran se desenhe com força dramática.

A direção musical de Tim Rescala compõe, ao lado dos cinco músicos que tocam em cena, painel sonoro que reflete o som de um tempo. A presença de um elenco mais afinado com a música do que com a interpretação empresta a *Dolores* uma categoria musical apreciável. Soraya Ravenle, com sua voz límpida, dramatiza na medida da correção musical as composições da cantora. Lenita Ribeiro, como a amiga Julie Joy, e Ana Veloso, como a também amiga Marisa Gata Mansa, acompanham a boa projeção de voz da cantora-atriz que interpreta Dolores Duran. José Mauro Brant se desincumbe, igualmente com correção, das recriações que faz da voz de Charles Aznavour e de cantores dos anos 1950. José Antônio Carnevale se esforça para encontrar humor na figura de Ary Barroso.

Dolores reproduz um tipo de musical que tem se multiplicado nas últimas temporadas – o roteiro musical é superior ao tratamento dramatúrgico –, mas ainda assim tem o mérito de trazer de volta alguns dos bons músicos, cantores e compositores da música brasileira, que quase sempre têm obra mais rica do que a dramatização de suas vidas.

UM EQUILÍBRIO DELICADO

É uma família norte-americana, bem-posta na vida, em princípio ou fim de linha. Tanto faz. Aquelas pessoas que circulam por uma "sala de estar de uma ampla e luxuosa casa situada na atualidade" não são apenas personagens da cultura da culpa estadunidense, mas gente desgarrada pela necessidade de exprimir o amor. *Um equilíbrio delicado*, que Edward Albee (1928-2016) escreveu em 1966, se sustenta nos sentimentos atemporais dos personagens e no aspecto psicológico de suas motivações. Qualquer justificativa social para a peça parecerá fora de lugar. A reunião dessas pessoas durante o fim de semana é um embate permanente que roça "o lado ácido do afeto". Agnes e Tobias abrigam, no precário equilíbrio da sua própria convivência, Claire, a irmã de Agnes que se encharca em álcool, e a filha do casal, Júlia, sempre voltando para a casa dos pais depois de casamentos fracassados. A presença inesperada de um outro casal, amigo de Agnes e Tobias, que se instala na casa depois de um ataque de medo, é como um espelho a devolver imagens que cada um não consegue ver em si mesmo.

Esse drama psicológico, que percorre todas as variações do gênero, traz movimento interior que capta as motivações como ruído surdo que se instala num plano para além da ação real. Em *Um equilíbrio delicado* se persegue a conciliação entre os desejos e a forma de jogá-los no mundo. A luta doméstica pela manutenção do equilíbrio no mercado dos sentimentos já está perdida. O que se quer é "só amor, amor, amor, mas tanto, tanto e tanto", mas para alcançá-lo, ou tão somente deixar que simplesmente se expresse, cada um parece se instalar "num pesadelo horrível". *Um equilíbrio delicado* evolui pelos estados de alma e se debate no pequeno mundo daqueles que "inventam pecados para se justificar".

A cenografia de José Dias obedece às rubricas, recriando um espaço quase onírico no palco do Teatro I do Centro Cultural Banco do Brasil. Com o cenário suspenso dentro do palco, com paredes que projetam a imagem de uma área infinita (a sala parece estar solta), fica-se diante de um quadro instável. É nesse cenário que a iluminação de Paulo César Medeiros vai colorindo de tons azuis e amarelos a passagem do tempo. Os figurinos de Biza Vianna vestem o elenco com elegância. A encenação de Eduardo Wotzik, um diretor de temperamento autoral despojado, tem apelo à simplicidade. O diretor vai tecendo a ação, descartando arroubos em favor de gesta da emoção.

Um equilíbrio delicado se apoia num elenco de alto nível. O texto dispõe de papéis ricos em possibilidades. Clarice Niskier não hesita em assumir sem reservas a sua Júlia. Ítala Nandi impõe a Claire composição que reforça mais atitudes do que comportamentos. Camilla Amado, em sensíveis gestos e com voz levemente trêmula, faz de Edna uma personagem que despeja sua amarga lucidez. Luís de Lima adquire ar frágil e tocante na cena em que se defronta com Tobias. Tônia Carrero capta o sentido de fiel da balança de uma Agnes que busca o equilíbrio para preservar a continuidade. Com discreto nervosismo, Tônia Carrero constrói emoção límpida. Walmor Chagas marca, com sua construção sólida, a fragilidade de Tobias. Na difícil cena do confronto com o amigo intruso, Walmor Chagas elabora a tensão até chegar ao choro com verdade emocional.

ALICE ATRAVÉS DO ESPELHO

O que faz de *Alice no País das Maravilhas* e *Através do espelho* narrativas fascinantes são as inúmeras possibilidades exploratórias que oferecem a cada leitura. As histórias de Lewis Carroll (1832-1898), com suas implicações interpretativas, ganham, com a dimensão das imagens na adaptação para o palco do grupo Armazém, em temporada na Fundição Progresso, uma forma na qual o contato da cena com o espectador se torna uma extensão palpável.

A adaptação não só usa os textos de Lewis Carroll, como também faz referências à sua biografia e personalidade. Seu verdadeiro nome era Charles Lutwidge Dodgson e suas atividades o conduziam para a igreja e para a universidade: era reverendo e matemático. A fascinação que meninas exerciam sobre ele e a dúvida em que fazia questão de envolver a sua vida se integram na montagem de *Alice através do espelho* como elementos delirantes. Os adaptadores, Paulo de Moraes e Maurício Arruda Mendonça, incorporam esses traços "biográficos", contrastando-os com percepção suprarreal das imagens "verdadeiras" que um espelho reflete. Aquilo que parece ser é somente uma das aparências possíveis para o real. O que está revestido de contornos de realidade é uma das infinitas metamorfoses por que passam os valores. No percurso de Alice, o que lhe é estranho na aparência comprova a relatividade das certezas.

A encenação de Paulo de Moraes inventa um espaço cenográfico dentro do qual *Alice através do espelho* realiza a "ação física" da trama, criando envolvimento concreto. O espectador segue Alice na viagem para dentro do espelho, penetrando numa dimensão semelhante à das experiências vividas pela personagem. O teto cresce e diminui até levar Alice e o espectador à sensação de ela ter crescido ou de ficar pequena. O cenário provoca sensações que acompanham a plateia, através de escorregas e de saborear chávenas de chá. Essa integração estabelece expectativa – para onde se vai em seguida?; qual a novidade que o espetáculo vai propor? – de "fascinante" ilusionismo lúdico. Tantos elementos aliciantes se expandem nas citações à trilha de *Hair*, às canções dos Beatles, ao psicodelismo e até ao filme *Priscilla*. *Alice através do espelho* envolve 35 espectadores nesse atraente teatro peripatético.

Carolina Kasting veste a Alice com perplexidade ingênua, enquanto Patrícia Selonk empresta um ar intrigante ao Chapeleiro Maluco. Felipe Grinnan (a Lagarta) e Maurício Grecco (o Gato que Ri) vivem com força corporal as suas figuras. Simone Mazzer é uma Rainha de Copas cheia de energia, que se estende ao restante do elenco: Sérgio Medeiros, Ana Paula Oliveira, Flávia Menezes, Simone Vianna e Ricardo Grings.

O ZELADOR

Harold Pinter (1930-2008) é a versão mais contemporânea da tradição teatral inglesa. As suas peças têm como origem tanto o "drama burguês" quanto a comédia anglo-saxônica e, no entanto, ultrapassam esses "modelos" para constituírem dramaturgia absolutamente original em seus segmentos dramáticos e linguagem cênica. O zelador, que está em cena no Teatro Glória, pode ser considerado exemplar dessa técnica de esgotar as possibilidades de um gênero – no caso, uma narrativa naturalista absurda – para estabelecer outros planos de percepção do real.

O texto confina num quarto-depósito, cheio de quinquilharias recolhidas pelas ruas, dois homens. Aston, mentalmente frágil, é quem acumula os objetos sem saber, exatamente, a razão da incessante recolha, e também é o responsável pela vinda de Davies, um vagabundo que salva de uma briga de bar. Mick, proprietário do quarto, pretende dominar, por conta da sua condição de dono do imóvel e de "protetor" do irmão Aston, a relação do "inoportuno" com esse mundo estabelecido. O visitante vai assegurando sua presença através da arrogância de pequenas conquistas na posse do espaço físico e das zonas obscuras dos sentimentos. A expulsão de quem o acolheu e depois a de quem nunca o aceitou parece gesto improvável para quem vem de mundo exterior àquele quarto. Absurdo? Nada que se afaste muito da irracionalidade cotidiana. Pinter mostra em seu teatro que a realidade pode ser percebida como ilusão. Não há julgamentos morais ou pistas indicadoras que justifiquem os personagens, muito menos surpresas dramáticas, golpes de teatro ou quaisquer outros efeitos que interfiram na extrema concentração de histórias paradoxalmente lineares.

Em O zelador, os três homens agem sem que se consiga entender as suas motivações, e a ambiguidade das atitudes fica demarcada pelas pausas e pelo silêncio. O que dizem é, muitas vezes, preenchido com mais eloquência pelo vazio do silêncio do que pelas intenções superficiais das palavras. Há um ritmo interior nas pausas que possibilita ao ator e ao público preenchê-las com interpretações que procurem encontrar verossimilhanças com padrões teatrais (revisão do naturalismo e ainda comédia do absurdo) ou com o mistério que se pode retirar da poética de um sonho. Há algo de perturbador na dramática de Pinter, que se incorpora à narrativa como ameaça velada, destruindo certezas de se ter encontrado uma "explicação". Em O zelador, as bizarrices que possam comandar a ação mantém coerência psicológica quando se ouve Aston dizer que "cada palavra pode ter um sentido diferente". A perseguição dos vários sentidos é que faz desse círculo de atos aparentemente sem razão um jogo de atitudes que se explicam por si mesmas, como se passado, presente e futuro fossem meras figuras de retórica para perturbar a pura lógica do simplesmente ser. A observação de Harold Pinter de que "nenhum homem pode, realmente, saber o que motiva o outro, e qualquer pretensão a tal conhecimento se torna impertinente" deixa para o encenador uma área exploratória inesgotável.

O diretor Michel Bercovitch investigou a possibilidade de ser impertinente ao optar por espetáculo em que a dosagem de comédia é a forma de admitir que há um *nonsense* circulando. A opção do diretor, sem dúvida, mostra abordagem peculiar e ao mesmo tempo sofisticada. Não é nada fácil sustentar, na voltagem da comicidade, universo tão fluido e com domínios expressivos tão indeterminados. É uma pista entre tantas, que em *O zelador* pode deixar que uma certa sutileza se perca pelo caminho, mas que aproxima a montagem de linguagem até mais contundente. O diretor desenvolve pantomima, deixando evidente painel absurdo, sem ordenação lógica, em que as palavras vão adquirindo múltiplos e intrigantes significados. A encenação tem esse caráter intrigante de acentuar as contradições de ser e não ser, de nada ter complementaridade, e a comédia prova ser um sopro sadiamente desagregador.

O cenário de Eduardo Filipe e Márcia Andrade reveste o palco de objetos velhos, depósito de sucata que pode corresponder à clara intenção dramática, mas que oferece pouca ambiência no palco. Os figurinos, assinados pela mesma dupla, se aproximam da citação na roupa de Mick (de personagens de Samuel Beckett, de Groucho Marx?) e de desenho teatral nos trajes dos demais. A iluminação de Paulo César Medeiros encorpa a cena com contraluz formando uma ribalta, ultrapassando a falta de clima cenográfico. A trilha sonora, em sintonia com o espírito do espetáculo e sem nenhum pudor estilístico, usa até o som pasteurizado de Ray Conniff. No elenco, se concentra a maior qualidade de *O zelador*.

As interpretações são coerentes, possibilitando a cada ator desenvolver com sensibilidade pessoal o "humor" das ambiguidades e dos silêncios. Leonardo Medeiros carrega nas pausas, sempre ressaltando o sentido enigmático de Aston. Ao silenciar, o ator continua a ser uma presença intensa. Marcos Oliveira traça o jogo inteligente de dissimulação do inexpugnável Davies. Ao dar alguma pista sobre como age o personagem, Oliveira desmente no instante seguinte e, assim, Davies adquire a carga de sua dimensão secreta. Selton Mello transforma Mick num prestidigitador que, aparentemente, é árbitro daquela disputa, mas que é, ele próprio, integrante da mesma articulação. Este Mick insinuante e impenetrável é vivido por Selton Mello com ênfase na malemolência de movimentos que sublinham referências ao humor e redimensionam a visão do personagem. Com um trio de atores que recriam o universo de Harold Pinter valorizando o material dramático, *O zelador* ganha em exercício de interpretação aquilo que perde ao tentar acrescentar como extensão de comunicabilidade.

O VISCONDE PARTIDO AO MEIO

Num palco que mostra os seus mecanismos e em que os atores se dividem em dois, com truques de maquiagem e de figurino, o grupo Galpão procura a inteireza da prática teatral. Ao encenar o romance O *visconde partido ao meio*, de Ítalo Calvino, o diretor paraense Cacá Carvalho e os atores, todos mineiros, narram fábula europeia que vai tecendo a sua trama no imaginário de criaturas que se humanizam no plano do fantástico.

A peça O *visconde partido ao meio*, adaptação livre da obra de Calvino, em temporada no Teatro Nelson Rodrigues, através do regionalismo, vai encontrar a metáfora nas divisões. A referência está distante, no século XVII, quando o visconde Medrado de Terralba percorre algum ponto da Boêmia, em plena guerra austro-turca, e seu corpo recebe o petardo de um tiro de canhão, deixando-o cindido. Da parte do corpo que permanece viva, com meia boca, meio nariz – em contraste com a outra, da qual "só restava um mingau" –, emerge um visconde que exercita a maldade absoluta. A fúria maligna, que engole todas as vontades de deixar no mundo os traços daquilo que pode ferir as pessoas, não tem limites para Terralba, que persegue essa natureza como uma conquista "da maldade original de todos nós". As andanças do visconde, infernizando a vida de seus criados, dos huguenotes que ocupam suas terras, e até do sobrinho, narrador de sua história, nada mais são do que o exercício pleno do poder de ser mau. As peripécias do visconde o conduzem para o encontro com a jovem Pamela, diante de quem surge a sua outra metade, que vive os aspectos bons, igualmente em estado absoluto. A prática do bem, em escala tão completa, provoca a consciência de que maldade e bondade são inerentes à condição de cada um, e que o visconde em sua *incompletude* apenas dramatiza a complexidade antimaniqueísta.

Quaisquer que sejam as metáforas que se retirem da narrativa de Ítalo Calvino, sempre parecerão ingênuas ou veladamente transparentes, mas é desta pureza fabular que O *visconde partido ao meio* retira a força narrativa de um imaginário de referências que, por outro lado, se exprime com o mesmo mistério do sonho absurdo de capturar o fogo-fátuo.

A recriação cênica desta história pelo Galpão projeta inúmeras dificuldades pelo caráter literário da narrativa, que alimenta com o fabuloso o seu realismo. O garoto narrador, que por meio de um livro a ser escrito compõe a trama, é um artifício que corresponde ao papel que o menino desempenha no original. O detalhe é que na conversão para o palco o livro se torna, ele mesmo, um elemento cênico, tal como os personagens, incidentais ou não, que se transformam em atores de uma encenação que tem o texto como um espectro de imagens. Os atores, com exceção do intérprete do visconde de Terralba, estão partidos pela máscara e pelas roupas que os fazem ser dois personagens. A engenhosidade do carpinteiro Pedroprego, construtor de alçapões, guilhotinas, máquinas de matar, serve de pretexto para que seja o manipulador do mecanismo teatral que movimenta o cenário. A cena em O *visconde partido ao meio* é integrante do fracionamento do texto de Calvino, representação de um teatro que tem em seus atores as mesmas particularidades de sentimentos em pedaços do visconde inspirador. Alguma concessão ao realismo, em imagens às vezes muito claramente identificáveis, não chegam a quebrar esse quadro feito de partes, eventualmente abstrato nas palavras, mas rigoroso na construção e tocante nas intenções.

Cacá Carvalho permitiu que se pudesse fruir da narrativa expondo as entranhas do teatro. Aquilo que é fantástico na fábula passa a ser traduzido com o que está por trás do fantástico no palco. Nem sempre parecerá muito clara a sequência narrativa (a transcrição em outro meio expressivo supõe, neste caso, independência formal), ainda que a realidade cênica da adaptação seja uma sensível integração de linguagens teatrais. O diretor empresta sentido físico à interpretação dos atores para estabelecer uma cena altamente poetizada pelo contraste entre a presença corporal e a revelação da mecânica do espetáculo. As coxias ficam à vista, como os cordoamentos, a iluminação, a caixa teatral se mostram em plena função. Os atores são o centro desse desvendamento, eles próprios com os corpos fracionados para ajudar a dar vida a pedaços.

A concepção cenográfica de Márcio Medina é perfeita para esse jogo de frestas que circula entre a realidade e o fabuloso. Os figurinos, também a cargo de Márcio, trazem a memória de outros tempos, com rasgos de inspiração na *commedia dell'arte* (como no leproso Galateo) e na utilização de tecidos e adereços que lembram artesanato mineiro. A música, que tão bem se integra à atmosfera ritualística da cena, é interpretada por um elenco com sólida preparação vocal. A iluminação de Alexandre Galvão e Wladimir Medeiros sabe dosar áreas de sombra e de penumbra com a luz brilhante de um palco aberto. Neste arcabouço cênico aparentemente cheio de elementos, transparece sofisticada simplicidade, que se confunde com depuramento. Cacá Carvalho conseguiu esse efeito despojado com parâmetros teatrais bem dosados, que não permitiram à fábula ser confundida com uma história picaresca. O desnudamento final, no qual o ator ultrapassa o personagem – "às vezes, a gente se imagina incompleto, quando é apenas jovem" –, é um golpe de teatro que completa a universalidade de uma montagem que encontra, no regionalismo de seus signos, na multiplicidade cultural de sua inspiração e na sintonia com um sentimento contemporâneo, a melhor densidade teatral.

Confirmando a crescente qualidade de seus componentes, os atores do Galpão –

Arildo de Barros, Beto Franco, Fernanda Vianna, Inês Peixoto, Lydia Del Picchia, Simone Ordones e Teuda Bara – se distribuem por atuações que formam imagens de um quadro dramático. Antônio Edson tem a dimensão do menino narrador. Eduardo Moreira deixa sempre nas figuras que encarna (pai, Galateo e Ezequiel) alguma marca dramática. Paulo André, mesmo sem muita agressividade interpretativa como o visconde Medrado de Terralba, vive com extrema sinceridade a sua cena final. O *visconde partido ao meio* traz à temporada carioca um sopro de inquietação e vitalidade num espetáculo sutilmente envolvente.

POR UM INCÊNDIO ROMÂNTICO

Terrence McNally (1938-), autor de *Por um incêndio romântico*, que está em temporada na Sala Fernanda Montenegro, no Teatro do Leblon, é também autor de *Master Class*. Apesar das diferenças entre as duas peças – a maior delas está na forma de quase monólogo com que *Master Class* mostra a fase crepuscular de Maria Callas –, há entre elas uma fixação no feminino, em que a mulher é vista como alguém com sensibilidade de expressão muito particular. O fato de serem escritos por um homem não faz com que os dois textos estejam menos sintonizados com sutilezas femininas – afinal, é o que cada um deles traz de mais atraente como material dramático. Em *Por um incêndio romântico*, duas mulheres de meia-idade empreendem viagem a uma Índia mística, que acaba por se confundir com as suas viagens interiores. A viagem é também pretexto para avaliar a convivência de toda uma vida, que ambas sempre desejaram que fosse única e especial.

A vizinhança da morte, presença constante nesse mergulho místico-existencial, e a companhia do deus-viajante Ganesh (corpo humano e cabeça de elefante), que peregrina com as duas mulheres pelos destinos terrenos e pelos abismos da alma, confirmam o desejo de ambas de encontrar-se num momento definitivo e mágico, o tal incêndio romântico. Ao criar o jogo entre os desígnios místicos que comandam as ações de um deus humanizado e o drama psicológico de mulheres em balanço existencial, o autor estabelece choque cultural que é responsável pelos aspectos de humor do texto.

Mas o humor existe em doses até sofisticadas nos diálogos em que as farpas de uma comicidade anglo-saxã percorrem os estágios de um sofrimento difuso. A peça, algumas vezes, parece desequilibrada por tantos planos narrativos, sem que se saiba, exatamente, por qual poderia se definir. Essa impressão, contudo, pode ser consequência da adaptação do diretor Felipe Hirsch, o que até teria favorecido o original pelas possibilidades que se abrem com essa indefinição estilística. Desarmam-se, assim, os mecanismos expressivos de cada um dos planos, o que possibilita ao diretor brincar melhor com os meios que sugerem ora o místico, ora o psicológico.

A montagem de Felipe Hirsch revela saudável insatisfação com a linearidade, já que cria espaço quase abstrato, a ponto de deixar a impressão de que se inspirou em imagens e concepções que remetem a referências bem evidentes – de Bob Wilson a Gerald Thomas. Apesar da assepsia de suas fontes referenciais, o espetáculo mantém *aquecimento* emocional que faz com que tenha mais pendor para o lado psicológico do que para as implicações místicas. Com a cenografia de Tony Silveira tem-se o espaço neutro dentro do qual cabem a memória e o mistério. A tela que separa a plateia do palco é a moldura para filtragem que torna a cena um quadro enevoado que impõe distância de espaço e tempo. Neste cenário de sugestão, projeções carregam ainda mais no caráter abstrato da cenografia, e a iluminação de Felipe Hirsch contribui para expandir a ideia do espaço atemporal. Os figurinos rompem um pouco com essa cena sem identificações geográficas e culturais. Seguem linha mais tradicional, até mesmo na figura do Ganesh, que é reproduzido com fidelidade. A trilha sonora se destaca, em especial pelas músicas incidentais que pontuam dramaticamente as cenas. O diretor Felipe Hirsch consegue levar a encenação a alcançar estados emocionais (na tradição do teatro psicológico norte-americano), enquanto em outros momentos paga certo tributo à experimentação com resquícios novidadeiros. Mas a direção atinge saldo altamente positivo com a sensibilidade de seu olhar sobre um universo feminino agridoce.

Letícia Sabatella, como Ganesh, conduz com refinados movimentos corporais o espetáculo, ainda que a voz em tom excessivamente baixo (o microfone não chega a ampliá-la até o nível necessário para dar autoridade ao personagem) e a insistência da atriz por marcar o deus mais como imagem do que como narrador prejudiquem a sua atuação. Erica Migon e Rosana Stavis, que interpretam as duas mulheres na juventude, dão um ar de ingenuidade às adolescentes esperançosas. As atrizes reproduzem com saborosa inconsequência essas esperanças que acompanhariam toda uma existência.

Guilherme Weber se desdobra nos personagens masculinos, que têm perfis semelhantes. O ator tira partido dessa "semelhança" com atuações que reforçam com sutis diferenças as nuanças dos homens da vida de Kat. Joana Fomm, como a mulher que perde o filho e vai à Índia levando as cinzas para depositá-las no Ganges, transpira tensão nervosa que é oposta à tensão interior de Kat. Eliane Giardini empresta a Mag, a amiga de Kat, a exata medida dos estados emocionais da personagem, equilibrando o humor cáustico de alguém que sabe ser portadora de uma doença mortal e a sombria constatação de ter perseguido durante toda a vida o desejo inalcançável de felicidade. Uma interpretação afinadíssima de Eliane Giardini.

Por um incêndio romântico é um agradável espetáculo, que reveste com invólucro visual contemporâneo uma trama na melhor linha do teatro psicológico. A montagem alcança muitos instantes de emoção e alguns de humor. É uma daquelas produções que justificam a constatação cada vez mais rara: um divertimento inteligente.

KRONOS

Kronos, em temporada na Fundição Progresso, representa um significativo avanço na trajetória do grupo Intrépida Trupe, que, em pouco mais de dez anos, desenvolve proposta de teatro-circo na procura do "dramático" no movimento e nos limites do equilíbrio do corpo. Nesta montagem, o texto é introduzido como mais um elemento que complementa e explora as possibilidades de inversão da verticalidade e a extensão do gesto de risco. A palavra entra nessa estrutura como tentativa de ordenar (ou dar uma representação) aos movimentos arriscados dos voos em trapézios, emprestando sentido de drama ao balé aéreo. Kronos, deus do tempo, serve de pretexto a um sobrevoo em torno da criação e das alternativas com que se defrontam os que especulam sobre a gênese ao longo da viagem pelo espaço da invenção. A explosão do mundo, que arrebenta num bigue-bangue de uma trupe que irrompe no palco em desfile circense com intenções cerebrais, já mostra a "novidade" neste estágio da Intrépida Trupe.

Um bufão, com traços nordestinos na roupa e na métrica de um cordel filosófico, assume a cena como narrador que sublinha em palavras as imagens que inventam formas para registrar a passagem do tempo. O céu e a terra são os pais de Kronos e o espetáculo propõe a reunificação da origem do deus, transformando o céu e a terra em metáfora da subversão da lógica espacial pelo malabarismo e em polos da existência, na qual o ser humano, com as suas necessidades cada vez mais terrenas, não perdeu a capacidade de olhar para o alto e sonhar.

A integração do texto no arcabouço "circense" da Intrépida Trupe sofre dificuldades técnicas e estruturais. O uso do microfone, indispensável para amplificar a voz no vasto espaço da Fundição Progresso, ainda não atingiu afinação que permita ao espectador ouvir com clareza aquilo que está sendo dito. A voz é soterrada por sofrível reprodução sonora, o que praticamente elimina a palavra do espetáculo. Por outro lado, falta equilíbrio entre o uso do texto e a "ação circense", em integração claudicante que pode até, nas intenções, querer emprestar visão poética ao movimento, mas que se separa do malabarismo quase adquirindo função autônoma.

Mesmo assim, a presença da palavra acrescenta e reforça essas referências poéticas que ampliam as investigações do grupo e apontam para um caminho repleto de possibilidades para que a Intrépida Trupe consiga, no futuro, equalizar palavra e gesto. O espaço imponente em dimensões da Fundição Progresso, ainda que despojado tecnicamente, impõe a *Kronos* uma espetaculosidade que se distribui por território propício a acomodar as partes "aéreas".

Mas, na profundidade, o espetáculo estabelece distância muito grande da plateia, distribuída por quatro arquibancadas, e sob esta perspectiva o espaço "engole" a montagem. A criação cenográfica desenha aparelhos que ganham formas de astros e planetas, enquanto longos panos são figuras aladas que servem de apoio aos malabarismos da trupe. Esses "aparelhos" com formas cenográficas são mais do que objetos "decorativos" e para adquirirem papel funcional na exibição dos atores-malabaristas. A utilização do fogo também amplia a grandiosidade, presente em todo o espetáculo.

O elenco "interpreta" os movimentos, buscando dar sentido teatral ao que realizam nos trapézios, mas a construção desses números, algumas vezes, carece de maior depuração dramática. Isso faz que a expectativa de criar a emoção pelo risco seja frustrada por insegurança na sua execução. A simultaneidade das ações, contudo, permite que os sentidos do espectador sejam constantemente solicitados, construindo caleidoscópios de efeitos que apelam para os estímulos visuais. Os figurinos de Valéria Martins não acompanham essa exuberância, com tonalidades escuras que pouco valorizam as figuras dos atores. *Kronos* é uma aposta da Intrépida Trupe na expansão de seu campo cênico, com a integração de aspectos que podem desenvolver a linha de pesquisa do grupo. Se a palavra ainda é uma experiência embrionária, a grandeza (ou a impressão de grandeza) que Kronos provoca demonstra como a Intrépida Trupe consegue transformar a precariedade em objeto de sonho.

2000

DECADÊNCIA

Dois casais que sobrevivem em tempos comuns e espaços paralelos encontram, na saturação dos excessos, o estímulo para as suas exaltadas experiências com sexo, drogas e primária saciedade dos sentidos. Em *Decadência*, texto do ator e diretor inglês Steven Berkoff (1937-), em temporada no Teatro Glória, a burguesa entediada Elizabeth é amante do aristocrata falido Alex, marido da nova-rica Dayse, amante do detetive arrivista Leo, que é contratado para matar Alex e vigia as escapadas de Elizabeth. Essas inter-relações se mantêm num quadro de decadência moral em que cada personagem é representante de uma segmentação social muito peculiar na sociedade inglesa.
Ainda que se deixe de lado a convenção da geografia social, *Decadência* está carregada de conotações locais que a tradução de Léo Gilson Ribeiro e Maria Adelaide Amaral ameniza, mas não consegue apagar inteiramente. Os casais pertencem à elite, com algum substrato em outro patamar, e seu comportamento decadente sugere questões que estão no bojo de um espaço sociológico determinado. Mas o que há de universal nos personagens fica mais na superfície das atitudes que assumem diante do desejo de explorar sua inconsequência até o limite do tédio. Nesta comédia burguesa – seria um Noël Coward tardio? – a ironia é a maneira como o autor trata os embates dos pares com o seu vazio, neutralizando relativa ingenuidade da carga crítica em relação ao decadentismo.
A chave que faz com que dois atores interpretem os quatro personagens é a mudança do movimento que convenciona como cada um se expressa interiormente. O diretor Victor Garcia Peralta aproveitou-se da duplicidade para construir espetáculo minuciosamente coreografado. O despojamento do palco – o único objeto é um pufe branco na caixa preta da cena – torna absoluta a presença dos atores, que ganham destaque. A iluminação de Guilherme Bonfanti também é responsável pelo estabelecimento das diferenças das situações entre os casais, além de obter belos efeitos de luz no ascetismo cenográfico. A direção imprime ao espetáculo um balé irônico, no qual os gestos acompanham a impostação assumidamente afetada que é dada às palavras. A encenação tira partido dessa linha, conduzindo ao clima de bufonaria na cena do banquete e da cavalgada feminina. As imagens sucessivas que se retiram do delirante diálogo dos casais criam paralelismo entre a voz e o gesto, projetando tom nervoso, que acaba por acentuar a transparência do humor.
Decadência, ao estabelecer jogo cênico entre o corpo e a palavra, possibilita ainda aos atores um exercício interpretativo exploratório da sátira. Guilherme Leme refina a sua atuação, superando problema de emissão, com integral

adesão à interpretação físico-cômica. Tanto como Alex, ao qual empresta ar criticamente tedioso, quanto como Leo, que comenta com vulgaridade cafajeste, o ator demonstra vigor atlético e vibração cômica. Beth Goulart expande a linha coreográfica com trabalho corporal elaboradíssimo, cheio de pequenos detalhes que compõem figura atraente e teatral. A atriz, ao explorar a frivolidade de Elizabeth e a vulgaridade de Dayse, lança, através da linguagem corporal, acurados comentários a tais características. A máscara facial completa uma interpretação que mantém magnetismo e deixa à vista a extensão da decadência. Uma interpretação sutil, inteligente e atraente.

APOCALIPSE 1.11

Depois de três semanas de ensaios abertos, estreou, sexta-feira, no desativado Presídio do Hipódromo, no bairro Bresser, em São Paulo, a versão do Teatro da Vertigem de *Apocalipse 1.11* (*Apocalipse um, versículo 11*). O prédio, que hoje abriga os serviços administrativos de saúde do sistema penitenciário paulistano, parece bastante anticonvencional para apresentação teatral. Mas pela dramaturgia cênica que o grupo desenvolve desde *Paraíso perdido*, em que transferiu para uma igreja a interpretação contemporânea do Gênesis, e, especialmente, em *O livro de Jó*, em que um hospital servia de cenário aos tormentos de um homem submetido a uma praga de sofrimentos, o diretor Antônio Araújo não mais surpreende na escolha de construções dentro das quais edifica a cena. Para as revelações contidas no Apocalipse, comunicadas a um João que pouco tem a ver com o evangelista bíblico, as paredes escuras e carregadas de memórias de violência, dor e desespero de um presídio são mais do que cenografia que procura tirar efeitos provocadores de lembranças: são ambientação que aprisiona o espectador numa representação apocalíptica.

O que se passa nesse teatro de horrores, no fim de milênio de um Brasil de convulsões sociais cada vez menos silenciosas, é uma celebração teatral cheia de indignação que transporta as revelações divinas ao profeta, para a perplexidade de um João solto numa grande cidade e que, diante da devassidão e da violência, deseja alcançar a Nova Jerusalém, espaço da consciência e da superação de um certo mundo. João é um retirante que, confinado a um hotel barato, com sua mala ordinária, recebe a visita de um anjo que concede a ele a graça de ver e testemunhar. Inicia-se, assim, a peregrinação de um homem contemporâneo pelos porões de uma sociedade perversa, doente e miserável. A partir de então, João se transforma numa figura muda, sempre presente e que, aparentemente, apenas vê. E ao seu lado estão os sessenta espectadores que percorrem, na companhia deste peregrino, as vilanias, crimes e punições aos miseráveis, presos na sua própria condição de sobreviventes de seu tempo. O público é levado para o interior do presídio por esse João que fecha, ruidosamente, atrás de nós, a primeira das muitas portas e grades de ferro que nos confinarão por duas horas tensas e surpreendentes numa experiência teatral vertiginosa.

O texto de *Apocalipse 1.11*, de Fernando Bonassi (1962-), se inspira tanto nas referências bíblicas – que retira não exclusivamente do último livro do Novo Testamento, mas também de outros – quanto nas vulgaríssimas palavras da prostituta Babilônia, a mulher de todas as abominações, ou da travesti Besta e seu discurso de abjeções. A cena em que esses personagens surgem se passa numa boate em que o *show*-culto-programa de televisão reúne algumas imagens da cultura descartável, da pregação das igrejas eletrônicas, do pansexualismo e das drogas, num espetáculo grosseiro na forma e macabro na essência.

O autor, que praticamente escreveu a peça ao lado do encenador – portanto, a autoria é quase indissociável deste projeto de dramaturgia cênica –, acentua a violência ao ambientar na prisão violações à dignidade humana. Ao julgamento que se segue, ninguém escapa da punição, e a morte é a única perspectiva que se oferece àqueles que são submetidos à lei do olho por olho, dente por dente. Ao final, João se reencontra com Jesus, com quem tinha rompido, para numa reconciliação, ambos sentados num meio-fio de rua, fumando cigarros, constatar que, depois de assistir a tantas abominações, perdeu o medo que trazia em si. A Nova Jerusalém está dentro dele, para além de todas as desgraças à sua volta. O otimismo desse final contrasta com a revolta que o texto espalha pelas diversas cenas, até mesmo na bucólica presença de uma menina que, placidamente, rega um vaso de flores para, logo em seguida, atear fogo às plantas, dando o tom do espetáculo logo no princípio. Nem sempre Fernando Bonassi e Antônio Araújo conseguem desviar-se do panfletarismo que ameaça a densidade dramática. Esses desvios ocorrem quando se pretende sublinhar ação de protesto, transformar aquilo que se evidencia por si mesmo em ato de exposição acusatória. *Apocalipse 1.11* tem laivos de um CPC (Centro Popular de Cultura) em tempos neoliberais. Mas são apenas algumas poucas farpas, que se recompõem na crueza da montagem e na consciência final do personagem, que é conduzido ao longo da encenação como uma figura-espelho da plateia. Num painel tão poderosamente atraente pelos estímulos que provoca, a participação dos atores, por vezes, pode parecer mais um elemento deste afresco mas, na verdade, o elenco demonstra vigor e coragem física e emocional para desafiar o peso da empreitada.

Antônio Araújo amplia o caráter processional de suas montagens anteriores, ao confinar o público a uma área de supressão como o presídio. O espectador não apenas caminha pela arquitetura degradada pelo uso e o abandono, como se submete à experiência de percorrer corredores escuros, celas que parecem gavetas mortuárias, e sentir o cheiro de mofo e umidade, criando uma relação física imperativa. A sensação física não se esgota na impressão de histórias vividas nesse cenário, mas é um apoio decisivo para que as impressionantes cenas construam a memória de um apocalipse que estamos vivendo. Assistir ao ato de sexo explícito, realizado por casal que vive profissionalmente dessa atividade, ou participar de corredor polonês na representação de um massacre e, ainda, se confrontar com a ameaça de tortura com um rato ou ficar frente a frente com um homem degradando uma mulher ao urinar em seu corpo são situações que adquirem sentido agressivo mas, em nenhum momento, gratuito ou banalizador da violência. A ação cênica está organicamente vinculada a uma dramática que reflete o real para erigir a metáfora, que tem na origem a narrativa bíblica e na expressão o apocalipse nacional. *Apocalipse 1.11* é um espetáculo nervoso, que deixa o público em suspensão. O que virá a seguir é sempre mais penoso e amargo do que aquilo com que já nos confrontamos antes. Nesse jogo furioso de degradações, o espectador vivencia um apocalipse, é preso numa área de dor, alertado para onde está, e escapa no final pelas mãos de João, que abre todos os portões e grades, devolvendo-o à rua. *Apocalipse 1.11* tem um forte efeito de sensibilização, e até na maneira como conduz a provocação, revela poética avassaladora.

A MÁQUINA

A máquina, adaptação teatral de João Falcão para o romance homônimo de Adriana Falcão (1960-), estreou nacionalmente quinta-feira, no Armazém 14 do Cais do Porto, no bairro do Recife Antigo. O armazém, que até há pouco abrigava um frigorífico, foi totalmente reformado para abrigar a fábula sobre o tempo, contada a partir das muitas possibilidades que uma história tem para ser contada. A escolha de um prédio antigo, com pátina de uso, não parecerá, à primeira vista, gratuita. Adquire sentido metafórico sobre a exploração de um espaço no tempo, tanto que para as próximas apresentações de *A máquina* – já está prevista a participação, em março, no Festival de Teatro de Curitiba, e uma temporada carioca ainda sem data – os locais precisam dispor do despojamento do armazém pernambucano. Ou, então, o despojamento total de uma praça pública.
O dispositivo cenográfico distribui por quatro arquibancadas os espectadores, que ficam, uns diante dos outros, em torno de uma arena com palco giratório, a qual multiplica por quatro o Antônio que inventa um mundo para satisfazer a amada Karina. As arquibancadas são mais do que uma possibilidade de acomo-

dação, mas elemento intrinsecamente incorporado à narrativa. O público, assim como os atores, faz parte dessa máquina de histórias, desse Antônio nordestino, de uma cidade não por acaso também nordestina, que inventa o tempo. A prosa de Adriana Falcão será regionalista por sua localização cultural, mas tem a universalidade na maneira como desarma os mecanismos da fabulação.

Sua história está no interior de um Nordeste fabular, cheio de memórias de mentiras, inchada de verdades reais, que dá a volta no passado para chegar até a criação do mundo, enrola o presente para cativar o objeto amoroso e viaja no futuro para remodelar o vivido. O livro A *máquina* é uma delicada trama de amor na qual o narrador percorre os sentimentos como etapas de existências que o antecederam, velhas histórias de outras épocas que se misturam no imaginário de todos os tempos. Adriana Falcão cria trama simples na superfície, como se quisesse apenas contar uma pequena fábula. Formalmente, A *máquina* é sofisticada como técnica de narração em que a palavra tem significado de uma peça que se movimenta no ritmo de malabarismos. As frases se justapõem num fluxo caudaloso e, no entanto, a narrativa mantém saudável frescor adolescente que nem mesmo um sutil niilismo consegue atingir.

A identidade do diretor João Falcão com esse desdobramento de histórias que se fazem como um quebra-cabeça de palavra e tempo – já demonstrada em suas peças A *dona da história* e *Uma noite na lua* – se confirma no texto escrito por sua esposa Adriana Falcão. A semelhança entre o universo ficcional do casal está na procura de ambos em revelar a mecânica que faz com que sentimentos de verdade possam ser expostos com truques de mentira. Na encenação de A *máquina*, João Falcão estabeleceu uma representação geográfica da fábula em detrimento de uma localização mais "abstrata". Ainda que o palco seja uma arena negra, tomada por ondas de fumaça e iluminada por áreas de luz que apenas insinuam formas, a montagem tem conotação regionalista, que faz os Antônios se parecerem com o personagem João Grilo, de O *auto da compadecida*, de Ariano Suassuna. O espetáculo é dinâmico, quase acrobático, com algumas cenas com irresistíveis firulas poéticas, mas reproduz com timidez os voos inventivos do livro original. Enquanto o romance desmembra a ficção em "pedaços que ficaram perdidos no caminho do tempo", o espetáculo junta esses pedaços num só tempo (a voracidade da escrita não se traduz com a mesma intensidade no palco) e num único espaço (o despojamento cenográfico não corresponde à necessária magia). A música desloca o foco da ação, interrompendo o brilho do jogo.

O elenco masculino – Gustavo Lago, Lázaro Ramos, Vladimir Brichta e Wagner Moura – realiza, com disposição de malabaristas, os diversos desafios físicos por que passa Antônio, o encantador do tempo. Alguns deles, em vários momentos, alcançam a centelha do homem manipulador de mundos inventados. Já a atriz Karina Falcão não deixa margem para que a personagem Karina seja pouco mais do que uma voz apagada.

VENTRILOQUIST

Ventriloquist confronta a plateia com a incerteza, a incapacidade de digerir o entulho de uma época em que tudo parece tão transitório e vago quanto a repetição da voz de um boneco de ventríloquo. A montagem de Gerald Thomas (1954-), em cena no Espaço Cultural Sérgio Porto, vai buscar na lata do lixo do fim do século os detritos de ideias e o impasse da criação para digerir, num ato antropofágico, os rejeitos de um tempo. O texto de Gerald Thomas é um manifesto sobre todas essas incertezas, uma avaliação quase poética de um século de monólogos em que se fala sem qualquer ressonância para si e para o outro.

Na construção dessa arquitetura de palavras e imagens que se confundem, muitas vezes até se anulando, o autor desestrutura as vozes em ruídos paralelos e imprecisões sonoras, e manipula o movimento numa sequência de gestos que se perpetuam pela ausência de sentido verdadeiro. As referências de *Ventriloquist* podem estar no fragmento da ópera *Moisés e Arão*, de Arnold Schönberg (1874--1951), através da sugestão de uma de suas cenas, ou, ainda, no desencanto verbal que remete a Beckett, ou também numa citação passageira de *A tempestade*, de Shakespeare. Mas, antes de se procurar identificação de fontes, é necessário compreender um estado de perplexidade. Gerald Thomas reflete sobre a perplexidade como um generoso ato de compartilhar dúvidas com o espectador, transformado em sujeito da cena, a quem oferece, como um náufrago, a garrafa com vários bilhetes. O prazer do espetáculo está em se permitir abrir essa garrafa e se deixar levar pelo que diz cada um dos bilhetes.

A encenação de *Ventriloquist*, aparentemente, é tão fragmentada quanto o texto, mas há na urgência e vertigem das cenas uma fina tessitura que captura pensamentos em ação, traduzindo em teatro o caráter de fingimento da representação. A mentira é jogada no rosto do público todo o tempo, e os aspectos patéticos, em alguns momentos até ridículos, são ênfases que o diretor busca para não deixar dúvidas sobre o cenário de que se está falando. O teatro é o palco, talvez, de "parábolas baratas", de onde se pode tocar na morte, e, igualmente, é uma área em que se está cada vez mais solitário. O criador, um Moisés sem a fatalidade bíblica de conduzir seu povo à Terra Prometida, serve de metáfora da passagem por um tempo em que se foi condenado ao presente como a idade de ouro da única utopia ainda possível. Nessa ciranda sociofilosófica, há lugar para o humor que quebra com a seriedade como atitude e o bom gosto como estética. Uma peruca de comediante popularesco ridiculariza um Andy Warhol falso, e os trejeitos de costureiro maneiroso lembram a vulgaridade de um programa de televisão em cenas que nos devolvem as imposturas da representação. *Ventriloquist* é um espetáculo espasmódico, feito de arranques, cenas que se desfazem com a mesma naturalidade como foram elaboradas, permitindo que a aparência comprometa, deliberadamente, o bom acabamento. Mas, ao mesmo tempo, *Ventriloquist* tem uma sofisticação de meios no despojamento cenográfico, no uso da música e no desenho de um universo cênico que remete à abstração de um inconsciente cultural.

O truque teatral ganha a dimensão de revelação exposta, aberta à frente do público para entrever todos os seus mecanismos. Ao contrário do que se imaginaria, a exposição dos truques faz com que sejam desmontados os seus efeitos e, assim, da mentira chega-se à verdade. Na belíssima cena final, em que a narradora enfrenta a dramaticidade da morte, o teatro se manifesta em plenitude.

A força feminina do elenco – Muriel Matalon, Arieta Corrêa, Fabiana Gugli, Camila Morgado e Ludmila Rosa – contrabalança o histrionismo dos atores – Marcos Azevedo, Bruce Gomlevsky, Marcelo Bosschar, Fábio Mendes, Caetano Vilela e Amadeu Lamounier –, harmonizando-se numa cena sempre provocante. *Ventriloquist*, desabafo reflexivo sobre um tempo de dúvidas, capta, em jogo teatral instigante, engraçado e, ao mesmo tempo, emocionante, a beleza das dissonâncias.

QUEM TEM MEDO DE VIRGINIA WOOLF?

As fotografias digitalizadas dos atores Marcos Nanini e Marieta Severo como Martha e George da peça *Quem tem medo de Virginia Woolf?*, em cena no Teatro Alfa, em São Paulo, distorcem os seus rostos de tal modo que parecem figuras tragicamente grotescas. Essas imagens, usadas no programa e no cartaz do espetáculo, com estreia prevista para novembro, no Rio, são a metáfora visual da direção do pernambucano João Falcão para o texto do norte-americano Edward Albee (1928-2016).

A peça, que há 35 anos teve montagem brasileira irrepreensível, assinada por Maurice Vaneau, e com Cacilda Becker e Walmor Chagas como o casal que se dilacera numa longa jornada de jogos psicológicos perversos noite adentro, volta como épico operístico, sem cenários e com ares de tragédia altissonante. A perspectiva antipsicológica do encenador se explica pela integração de *Quem tem medo de Virginia Woolf?* no personalíssimo universo narrativo de João Falcão. "Não tenho especial interesse pelo texto", afirma João Falcão, que se investe como diretor apenas como contingência necessária para encenar suas próprias peças. A preferência por seus textos não é tão exclusivista, já que antes de *Quem tem medo de Virginia Woolf?* havia sido quebrada a fidelidade com *O burguês fidalgo*, de Molière, e com a montagem de *A máquina*, a adaptação de João Falcão para a narrativa de Adriana Falcão, atualmente em temporada no Teatro Sesc Copacabana.

A liberdade total oferecida pelos produtores Marieta Severo e Marco Nanini permitiu que João Falcão ignorasse o realismo psicológico e o substituísse por sua linguagem cênica, que se identifica bem mais com a maneira como conta uma história do que com a história em si. A impermeabilidade da peça de Edward Albee a truques e a estilos narrativos diversos de sua característica original, não assustou a obstinação do diretor em revirá-la do avesso. "Não tinha que corresponder à expectativa de uma nova montagem de *Quem tem medo de Virginia Woolf?*. Marieta e Nanini queriam o meu trabalho."

Os três meses de ensaio foram antecedidos por um mergulho do diretor no texto, na investigação de sua estrutura e no que considera o mais importante, "o seu significado para o Brasil de hoje". A procura de teatralidade contemporânea e a sobrevivência da peça como carpintaria ultrapassaram as considerações sobre as informações históricas ou contornos realistas na apropriação de uma peça dos anos 1960. "O texto se presta a outras ideias, e não apenas àquelas vinculadas ao seu tempo."

O que lhe parecia sem sentido para os dias de hoje, como a dualidade ciência e história, referida em meio ao embate do casal, foi eliminado nesta transposição que buscou ser atemporal. Não há o sofá, objeto-símbolo do teatro psicológico, da mesma maneira que desapareceu qualquer cenografia que lembrasse rubricas. O palco é área abstrata, um mundo cerebral onde explodem impulsos, construído por iluminação sofisticada, na qual os espaços de luz criam a beleza de instalação plástica para as zonas sombrias dos personagens. "Procurei criar outros rumos para o espetáculo, valorizando o caráter trágico dos personagens, caminhando na tendência inversa do que está acontecendo."

A cenografia despojada, que transformou o palco numa área de imagens impalpáveis – a luz com dezenas de mudanças e a complementaridade com os efeitos luminosos da escultura de corpos são quase um quadro cinético –, destaca as dificuldades dos atores em se enquadrar num tipo de representação feito de abstrações. Os atores tiveram dificuldades em aceitar a proposta, afinal tinham uma referência de representação quando decidiram montar *Quem tem medo de Virginia Woolf?*. João Falcão deixa os atores muitas vezes sentados no chão, numa quebra radical da "veracidade" do retrato psicológico. "Persegue-se uma representação maior, mais trágica, com as falas ditas com poesia e determinado ritmo, assemelhando-se muito mais a uma ópera do que a um filme de Hollywood."

Além de Marieta Severo, que parece ainda à procura de se afinar com a tragicidade operística, e de Marco Nanini, com fina percepção do jogo proposto, Sílvia Buarque e Fábio Assunção se integram a essas árias para atores. Não há citações à interpretação que o cinema tão fortemente condicionou, muito menos ao peso histórico dos atores brasileiros que interpretaram personagens tão marcantes. "O teatro do futuro será melhor quanto mais distante da linguagem de outros veículos. Arte é experimental, o teatro nunca foi semelhante à realidade, teatro é representação, mas, hoje, não fazer isto é que é novidade."

FELIZES PARA SEMPRE

Felizes para sempre, que reúne numa combinação híbrida, no Teatro III do Centro Cultural Banco do Brasil, *performance*, exposição de artes plásticas e encenação teatral, tenta estabelecer com essas três linguagens um vínculo através de textos de Samuel Beckett (1906-1989) e da ideia de resgate da memória. Dividida em dois programas – apresenta, às quartas e quintas, a peça *Jogo* e, de sexta a domingo, *Ir e vir* e *Dias felizes* –, a criação dos irmãos Adriano e Fernando Guimarães ocupa as diversas áreas da sala de espetáculo com armários hospitalares que exibem fotografias, materiais médicos, monitores de vídeo e até o espaço vazio a ser preenchido pelo corpo do espectador.
O percurso proposto sofre com pequenas intervenções dos atores-*performers*, que ora fotografam a plateia (as fotos são incorporadas à exposição), ora se confinam nos armários, de onde emitem sons, repetem alguns textos (que podem ser uma fábula infantil ou sobre a circunstância em que as fotografias foram tiradas e até fragmentos de textos beckettianos). Na caminhada, pode-se ainda assistir à imagem de um ator reproduzida em monitor ou vasculhar com o olhar o movimento confinado de alguém encoberto dentro de um dos armários. Na alternância das exibições, essas manifestações plástico-cênicas se modificam, mas conservam o mesmo desenho no sentido de "introduzir" os espetáculos e de pretender que se realizem como "extensão" do que a plateia "vivenciou" anteriormente.
Não se trata de eliminar gêneros – até onde vai a exposição e se inicia o teatro?, como se visualiza a *performance* e se dramatiza a instalação? –, mas de saber até que ponto o universo de Beckett recria-se em tantas formas expressivas. Em *Felizes para sempre* se pretendem estabelecer relações diversas daquelas propostas por uma encenação teatral em que o espectador é visto como identidade entre tantas que se fixam nas fotografias (memória) ou nas palavras de Beckett (imobilidade). Mas o tratamento de toda essa construção restringe a instalação

performática a um prólogo aos espetáculos, que, por sua vez, se tornam complementares àquilo que se percorreu antes.

Os truques com os quais os diretores embalam a caminhada da plateia – da desgastada apropriação da imagem como referência à identidade ao uso da nudez como a expansão total do corpo – não chegam a criar relação mais integrada com os *performers-objetos*. O público fica diante de sua própria falta de ação (não há sequer sentido mais lúdico que o estimule) e a integração com os textos de Beckett fica reduzida a uma unidade visual (os armários são o cenário que uniformiza todos os planos).

Dias felizes, o jogo cruel em que as palavras desmentem aquilo que expressam, é, ao mesmo tempo, cômica e trágica, outro dos jogos tão caros a Samuel Beckett. A persistente Winnie cumpre o ritual da sua solidão num cenário deserto, que se estende às próprias condições de sua existência (vive enterrada na areia e, à proporção que o tempo avança, a areia vai cobrindo o seu corpo, deixando-a, ao final, apenas com a cabeça de fora). O tempo, marcado pelo som de campainha, que inicia e encerra cada um desses dias felizes, é o elemento inexorável diante do qual Winnie e seu marido – meio alheio, que vive confinado em um buraco – compactuam as suas solidões. Nos textos de Beckett, e em especial *Dias felizes*, as palavras adquirem ressonância hipnótica, e o modo de interpretá-las é o real jogo proposto.

Vera Holtz usa de um certo histrionismo para sublinhar esse tipo de jogo. A transformação de Winnie em objeto (a atriz está confinada num dos armários hospitalares) é atenuada pela intérprete que procura conferir dimensão dramática à personagem, deixando o caráter hipnótico do texto em plano secundário. Como *Dias felizes* é apresentado apenas em parte, os cortes são responsáveis por determinar outro ritmo à cena. O ator William Ferreira sofre, por essa razão, sensível diminuição na "funcionalidade" de seu papel.

Ir e vir, vinheta típica dos textos minúsculos de Samuel Beckett, se mostra na sequência performática como um adereço, diluído como expressão cênica. As atrizes Catarina Accioly, Miriam Virna e Shala Felippi correspondem à dinâmica das palavras. Já em *Jogo*, Nádia Carvalho, Catarina Accioly e William Ferreira se integram à transcrição de triângulo amoroso beckettiano através da supressão do corpo. Como cabeças falantes, conforme a narrativa vai se desenrolando, com o apoio fundamental da iluminação, esses fragmentos corporais concretizam melhor o espírito beckettiano em *Felizes para sempre*.

A VIDA É CHEIA DE SOM E FÚRIA

O diretor Felipe Hirsch é inequívoco admirador da cultura anglo-saxã, em especial aquela que se manifesta através da ficção e do cinema, seja como material dramático, seja como linguagem. Em A vida é cheia de som e fúria, em temporada no Teatro do Leblon, a música pop, produto dessa mesma cultura, é agregada à construção teatral de Felipe Hirsch como contracena para a exploração também da memória. Esta montagem, adaptação do próprio diretor para o romance inglês Alta fidelidade, de Nick Hornby (1957-), consolidou todas essas referências, imprimindo-lhe um certo sentimento de geração. A escolha da obra literária para a transposição cênica parece obedecer às possibilidades que o romance oferece como trilha musical para estado um tanto inercial diante da vida. Rob Fleming, o personagem desta história mais cheia de som do que de fúria, é dono de loja de CDs e de discos de vinil, que mantém preguiçosamente, da mesma maneira como administra as listas de cinco melhores, ou piores – músicas, filmes etc – ("elas têm opiniões, eu tenho listas"), as relações de amizade e as perdas amorosas.

Esse trintão, que se fixa nas lembranças das dispensas que recebeu das namoradas, evoca cada uma delas para apoiar a dor de cotovelo da perda da mulher com quem dividia o apartamento. Mas o rapaz parece estar mais empenhado em destacar o melhor ou o pior da música pop, e até admitir a interferência de algumas canções na possibilidade de revelar sentimentos ("nem um minuto de toda música gravada aqui descreve o jeito como Laura está se sentindo agora"). A música compõe para Rob os parâmetros emocionais, segundo os quais estabelece comunicação com o afeto. O personagem, despregado de padrões sociais – e neste sentido se tipifica como representante da nova ficção inglesa –, se mede através do abandono e se mostra incapaz de se afirmar como agente de sua existência, apesar do volume de palavras que despeja para negar-se. Rob Fleming circula pelos amigos, por amores eventuais, pelas relações com os pais, pelo abandono da mulher num tom queixoso e sem sair do mesmo ponto. A sonoridade musical é que marca o compasso e fornece o ritmo interno da sua frustração amorosa.

A adaptação de Felipe Hirsch é bastante fiel ao romance original na forma como reproduz as "repetições" da narrativa. O personagem amplia a posição estática na sequência descritiva de seu estado de autopiedade em seu longo e ensimesmado monólogo. A direção, do mesmo Felipe Hirsch, imprime movimento cinematográfico a esse roteiro de recorrências, com cortes nervosos e reiterações de cenas, com voltas na ação como se as imagens estivessem sendo editadas em um filme. O recurso à projeção, nem sempre necessário, reforça essa ideia do uso da linguagem de cinema. A trilha musical, determinante no espírito da narrativa, adquire força como elemento principal e comentário impositivo. O cenário, também de Felipe Hirsch, secciona a cena com dois painéis que acompanham essa dinâmica cinematográfica, com bons efeitos de iluminação de Beto Bruel. Numa cena limpa, em alguns momentos tocando o ascetismo visual, *A vida é cheia de som e fúria* tem ar de lembrança, de enevoadas imagens das fraquezas do personagem central. Guilherme Weber, que defende com empatia Rob Fleming, sabe projetar o humor implícito nos diálogos, revelando compreensão e sensibilidade do universo em que ele gravita. Fernanda Farah dá um tom de ausência e de relativa indiferença à Laura. Maureen Miranda está divertida como a fã das Spice Girls. Erica Migon faz composição adequada da mãe, enquanto Rosana Stavis explora bem o figurino como Patti Smith. Maíra Weber, Fabíola Werlang, Márcio Abreu, Caio Marques e Edson Rocha ficam num plano menos expressivo.

ESPERANDO BECKETT

O diretor Gerald Thomas estreou, na sexta-feira, *Esperando Beckett* – sua nova montagem, em temporada no Teatro Sesc Copacabana – para plateia cheia de celebridades, que foram de Cacá Diegues e Marina Lima a Paulo Coelho e Vera Loyola. No espetáculo, Gerald aproxima imagens extremadas de abstração (os texto de Samuel Beckett) e realismo (a presença no palco da apresentadora de televisão Marília Gabriela). Cria, assim, dois planos de expressão que circulam permanentemente nesta montagem, em que os papéis de autor e de entrevistadora se confundem numa integração que fragmenta cada um dos extremos para dar-lhes unidade. No prólogo, que tem duração de 50 minutos, Marília Gabriela se prepara num estúdio de TV para entrevistar o dramaturgo Samuel Beckett. Enquanto a apresentadora espera o entrevistado, a maquiadora folheia revista de amenidades justamente com Marília Gabriela e o namorado, o ator global Reynaldo Gianecchini, na capa. Assistentes, câmeras e diretores nervosos estão plantados nesse camarim de banalidades. Nessa expectativa, não por acaso um tanto parecida com a dos personagens de *Esperando Godot*, pequenas interferências sonoras prenunciam a chegada de Beckett, que, ao surgir ou não (afinal, tudo se torna aparência), transfigura a apresentadora, transformando-a em veículo quase mediúnico do autor. Ora sob a forma de Estragon, ora de Vladimir, aqueles que não se cansam de esperar Godot, mas elegantemente vestida com terno *fashion*. Beckett se encontra com a atualidade no espetáculo mediático dos mitos televisivos. Gerald Thomas encena essa fusão no espaço das ressignificações. O que se diz aponta para significações que carregam infinito vazio e pesado silêncio. Do fundo desse mistério de ser emergem incomensurável tédio e considerável carga de solidão, que sustentam um certo sentido de humor a que parece estar condenado o absurdo da vida.

Na apropriação do sentido beckettiano de se defrontar com a condenação de viver, Gerald Thomas encontrou registro que se inscreve nos meios contemporâneos de construção e uso de imagem e na linguagem ruidosa do silêncio. O monólogo, que interioriza um mundo de complexidades, tem a mesma fluidez do universo de alguém que confessa ter vento na cabeça e para quem o ato de viver pode ser confundido com a cadeia alimentar. Ser vítima da seriedade, mais uma forma de desconstruir significados, faz de Beckett portador de um estado mental dentro do qual o diretor Gerald Thomas gostaria que habitássemos, pelo menos como uma maneira de fruição do espetáculo, abrindo lugar para a ironia de humor ácido e asséptico. As palavras se atropelam em frases contínuas, num jogo que, muitas vezes, só é possível através do ritmo que se imprime à fala.

A dramaturgia cênica de Gerald Thomas, escrita no palco quase paralelamente à produção do texto, situa num estúdio de televisão de cor única (uniformemente neutra) a área expressiva de pensamento em estado de ebulição e em pleno processo da sua gênese. O cenário, para captar e ampliar esses fragmentos de pensar, está marcado pela habilidade como Gerald Thomas transfere as circunstâncias de uma personagem-personalidade real como material para construir a dramaturgia da montagem.

O mundo da mídia, especialmente os seus métodos de sustentação, fica aparente e serve de contexto dentro do qual adquire a ressonância do tempo (a atualidade) e a representação no espaço (a teatralidade do palco). A cena se monta através da abstração do pensamento refletido numa atmosfera que se apreende num mundo de realidades conhecidas. A televisão, a apresentadora-atriz, os tipos de um estúdio são mais do que ambientações. São reflexos que, tal como espelho, devolvem essas imagens filtradas pela liberdade de investigar mistérios. A primeira parte do espetáculo, além de demonstrar bom humor na observação de certa tipologia humana, apresenta algumas poucas mas significativas pistas sobre a biografia de Samuel Beckett.

A presença de Marília Gabriela, a princípio uma personagem que desperta curiosidade no papel de atriz, vai deslocando o foco do olhar para a afirmação de intuitiva inteligência cênica, na qual se sobressai sua voz, vibrante e cheia de autoridade teatral. Num desenho vagamente semelhante a um *clown* na tradição beckettiana, Marília Gabriela deixa que a maleabilidade de seu rosto conhecido seja explorado por caretas e pela expressividade de bufão, em comentários interpretativos que ajustam as imagens às palavras.

No monólogo final, quando o texto de Beckett ganha vida ao ritmo e velocidade da fala, a realidade indistinta dos significados e a extensão do silêncio são ampliadas pela voz, em gravação, de uma Marília Gabriela em profunda identidade com o universo de Samuel Beckett. A personagem se utiliza de uma atriz ainda inexistente, pretexto para que Gerald Thomas estabeleça o jogo do teatro em que Beckett surge da superposição de construtor de imaginações e de personalidade feita de vivacidade e inteligência.

2001

A COMÉDIA DO TRABALHO

A *comédia do trabalho*, que a Companhia do Latão de São Paulo está apresentando no Teatro Glauce Rocha, representa uma derivação, dentro de coerente projeto da cena como gesto político, na trajetória do grupo pela introdução da linguagem do humor e pela busca de maior alcance dos métodos de "conscientizar" a plateia. Nas montagens anteriores – *Ensaio para Danton, Ensaio sobre o Latão, Santa Joana dos Matadouros* e *O nome do sujeito* – os fundamentos da Companhia sedimentaram a proposta de um teatro de intervenção: o palco sob a perspectiva ideológica de transformação social.

Em A *comédia do trabalho*, as condições atuais do mercado de mão de obra (negociada como massa manipulada pelo sistema econômico) se inscrevem num quadro cênico em que são demonstradas as formas de exploração do trabalho e é traçado um esboço dos métodos que movimentam a engrenagem social. O sujeito da cena não é um homem, pelo menos não aquele que ameaça se matar pela ausência de possibilidades de sobrevivência e de afirmação de sua humanidade, mas a "vítima" dos condicionantes que o conduzem às periferias.

A dramaturgia, assinada pelo coletivo, usa "técnicas brechtianas" em que não se procura desenhar personagens, definir ação dramática ou estabelecer tramas, mas esboçar tipos, conceber situações e explorar formas narrativas. A criação coletiva carrega nas tintas, em painel em que se quer demonstrar, tornando explícitas sob o ponto de vista de ideologia facilmente identificada, as causas que sustentam o contexto social do trabalho e as maneiras de superação desse contexto. O material teatral é tratado como categoria a serviço da ação/militância, já que é apontado o caminho pelo qual se reverteriam tais condições.

O que é especificamente teatral em A *comédia do trabalho* está a serviço de uma cadeia dialética: exposição, denúncia, exemplificação e mobilização. Os recursos cênicos que poderíamos definir como emprestados das teorias de Bertolt Brecht são, eles mesmos, a razão de ser do espetáculo. É através da revelação dos meios que os atores se transformam em narradores, comentando a própria interpretação. E, por intermédio dos sons/ruídos/música, cenografia e figurinos, os elementos da cena se tornam tão evidentes para que o espectador perceba os mecanismos que desvendam o jogo do teatro e, assim, melhor compreenda aquilo que se quer demonstrar.

A *comédia do trabalho* é versão sem disfarces de como um palco é ocupado pela eloquência de um discurso partidário. Todos os "golpes de teatro" estão à mostra e são usados como instrumentos de reforço da ação artística em ação política. A montagem reproduz, pelo viés do humor, imagens que lembram a produção plástica do realismo socialista, através de composição de operários com foice e martelo, deixando claro o desejo de conservar o sentido mais óbvio e direto do modelo no palco. Os parâmetros da encenação admitem a obviedade como mais um entre tantos meios que atendem a ideia de missão ideológica. O teatro está lá. A objetividade da mensagem (a palavra é perfeita para configurar a atitude criativa da Companhia do Latão) também. Mas a poética da cena sofre com a fixidez da tese e com o caminho de mão única do palco militante.

COMPANY

As três décadas que separam *Company* da sua estreia deixaram os sinais do tempo no musical, pelo menos na inevitável perda da "novidade" temática que o texto de George Furth (1932-2008) propunha através da perplexidade do nova-iorquino Robert diante do dilema de encontrar companhia ou ser espectador de relações alheias. Sem o aparato operístico e pirotécnico de produções mais recentes, o tipo de comédia musical que *Company* sugere está mais próximo do conflito individual, vizinho de um pequeno (e banal) drama psicológico que trata das miudezas emocionais de rapaz cheio de hesitações na sua vida de perguntador e de *voyeur* do espetáculo dos outros. Mas não é por seu caráter psicológico ou por qualquer sofisticação dramática que *Company* mexeu com os cânones da comédia musical. A contribuição da música e das letras de Stephen Sondheim foi determinante para que esse exemplar renovado do gênero perdurasse com relativo vigor ao longo desses trinta anos.

A estrutura narrativa um pouco desequilibrada de *Company* transfere para os casais amigos de Bob e para as suas namoradas o papel de impulsionadores e protagonistas da ação, enquanto o personagem do rapaz trintão se deixa ficar como ouvinte e plateia de suas próprias dúvidas. Essa mudança de rotação do eixo dramático está distante de refletir revolução formal, mas ao menos acrescenta à comédia musical um caráter mais intimista e imprime à música, e especialmente às letras, o papel de comentar a ação. E Sondheim sabe usar a ironia e a sofisticação de imagens verbais para tornar tais comentários a cereja do bolo.

A trilha de *Company* é menos complexa do que algumas outras assinadas por Stephen Sondheim, como *Sweeney Todd* e *Into the Woods*, mas projeta igual carga expressiva e qualidade musical desses espetáculos mais "densos". Ainda que as canções estejam longe do "melodismo" dos musicais das últimas temporadas, têm sonoridade familiar, sem as dissonâncias e intrincadas construções formalistas de suas outras trilhas. *Company* combina a riqueza inventiva de Sondheim com a agradável musicalidade que insufla ao libreto, distendendo com refinamento as possibilidades da trama. Nas letras, Sondheim leva o jogo da composição até a exploração da musicalidade das palavras, e com a acidez da maioria delas vai mais adiante do que os diálogos do texto. A versão das letras confirma o domínio de Claudio Botelho dos fundamentos da comédia musical e a sua sensibilidade para encontrar correspondências sonoras em português e recriar o espírito das letras originais. A adaptação não só é fluente, como os versos são transcritos com absoluta fidelidade, ajustados à métrica da voz brasileira.

A montagem de Charles Möeller também procura se ajustar ao sotaque nacional, interpretando *Company* como uma comédia musical mais baseada em certa "espetaculosidade" ligada à imagem do gênero do que na melancólica e agridoce ironia das versões anglo-saxãs. O desenho do cenário metálico, sugerindo a paisagem dos prédios de Nova York – ainda que vários elementos cenográficos reproduzam a montagem londrina de 1995 –, se amplia no palco do Teatro Villa-Lobos com a iluminação feérica de Paulo César Medeiros e os figurinos impositivamente coloridos de Augustus. A direção deixa mais à mostra os alinhavos da dramaturgia, ainda que demonstre competência para coordenar as exigências técnicas da encenação. A montagem sofre quebras de ritmo nas prolongadas cenas do encontro de Bob com os casais (que devem ser atribuídas ao desequilíbrio do texto), mas expõe a capacidade do diretor em transpor com segurança os desafios de realização do modelo musical.

A orquestra ao vivo é sinal de respeito pela integridade do espetáculo, defendido por elenco com capacidade técnica para o musical. Claudio Botelho ajusta o Bob a uma interpretação mais histriônica, tanto na maneira como atua quanto como canta. Daniel Boaventura, Solange Badim, Raul Serrador, Doriana Mendes, Patricia Levy, Sabrina Korgut, Paulo Mello, Reginah Restelieux[10], Cidalia Castro, Ricca Barros e Mauro Gorini equilibram suas vozes bem preparadas com as dificuldades da partitura em interpretações que compõem quadro harmonioso. Totia Meireles e Cláudia Netto aproveitam com maior sentido de oportunidade cênica os seus solos.

A MEMÓRIA DA ÁGUA

Não por acaso, são três irmãs, numa referência pós-realista à peça de Anton Tchekhov (1860-1904). Elas se reencontram nos dias que antecedem ao funeral da mãe para um mergulho na região aquosa das lembranças. Maria, a neurologista que procura capturar as ligações do presente com o desaparecimento das

---

[10] Atriz hoje conhecida como Regina Restelli.

histórias do passado, se defronta com Teresa, para quem a organização do cotidiano está associada à necessidade de refazer a (des)ordem familiar da infância. E Catarina, a caçula, que se sente excluída emocionalmente desse núcleo afetivo, que a considera apenas o "patinho louco", é alguém que fez de si um feixe de nervos de histórias inventadas.

A presença masculina, com o marido desajustado, o amante dividido e namorados inalcançáveis, tempera o encontro com as recordações de uma mãe a quem atribuem a geração dos seus sentimentos. *A memória da água*, texto da inglesa Shelagh Stephenson (1955-), em cena no Teatro das Artes, penetra nesse intrincado mundo de pequenos sentimentos que se agudizam diante da morte e explodem na convivência que não pode conter-se nos limites do momento. As personagens voltam sempre ao passado para encontrar por lá justificativas e, desse movimento entre tempos, se valem das lembranças, vagamente verdadeiras, que constroem para inventar a si mesmas e a afeição da mãe.

É precisamente a mãe que, na cena inicial, lembra a Maria que a rachadura da parede está aumentando, e que o mar se aproxima perigosamente da casa em que estão, anunciando que tudo vai desaparecer, que toda a vida que aconteceu naquelas paredes ficará afogada, como se nunca tivesse existido. Assim, a autora estabelece as bases sobre as quais esse amontoado de frustrações e desejos se transforma no mistério que é o permanente "desassossego da vida". A memória da água, mencionada no título, é explicada por um dos personagens como a capacidade desse elemento de reter, como fita magnética, os agentes com que entra em contato quando se registra uma mistura. A figura materna, relembra Maria, metaforicamente, "passa através de nós como o vinho pela água".

Shelagh Stephenson escreveu um drama psicológico (ou seria comédia psicológica?) que encontra, num vago naturalismo tchekhoviano, a sua sutileza expressiva. A narrativa desloca, permanentemente, para cada uma das irmãs, o centro da ação, num movimento de atrito que desvenda os seus monólogos interiores. A quebra da tensão se estabelece tanto nas situações algumas vezes próximas ao ridículo (o ritual em torno da morte é propício a revelar o patético da vida) quanto nos diálogos, de humor quase sempre mordaz. Mas *A memória da água* alcança densidade dramática que retira de detalhes e minúcias sobre aquilo que nunca termina – tentar lembrar, experimentar viver – o material que, efetivamente, se utiliza para provocar "um gosto de sal na boca" e deixar a advertência de que para continuar é necessário "aprender a amar o frio".

Felipe Hirsch mantém, em *A memória da água*, a coerência como um diretor voltado para a construção de universo cênico que volatiza a memória. A tela transparente, que separa o palco da plateia, é um elemento que se repete em cada uma de suas montagens, como um tecido que cria uma névoa no olhar, distorcendo qualquer realidade, distanciando a poesia. Essa mesma tela serve de pano de fundo para projeções de imagens dos personagens afogando-se, que nunca se tornam ilustrativas, mas interrupções narrativas combinadas à intensa trilha sonora de Rodrigo Barros Homem Del Rei e L. A. Ferreira. Nessa moldura espacial, em que a perfeita interpretação cenográfica de Rita Murtinho, também responsável pelos adequados figurinos neutros, e a sutil iluminação de Beto Bruel completam a ambientação, o diretor traça teia fina de atração e repulsão. Felipe Hirsch projeta, com a segurança de refletida apropriação do texto, as entrelinhas de uma luta que se trava no plano das lembranças. No aspecto mais "realista" da peça, consegue até brincar com esse contraste. O humor cáustico está lá, como estão os silêncios e as pausas de dramática evocativa, em equilíbrio narrativo que manipula muito bem o contraponto das emoções. A encenação de Felipe Hirsch não tem a amargura que poderia emergir de uma peça em que a passagem do tempo mostra a impossibilidade de seu domínio. Mesmo a ameaça de resquícios melodramáticos não deixa que a direção se desvie da divertida – o riso nem sempre é somente agridoce – e melancólica aventura de três mulheres na sua inesgotável necessidade de se considerarem vivas.

Marcelo Valle encontra o espaço de sua atuação, como o marido submetido às pressões de um cotidiano arquitetado pela mulher Teresa, em variações em torno de uma leve crítica ao personagem. Isio Ghelman se mostra ainda mais discreto do que a própria discrição do amante de Maria. Clarice Niskier vive a imagem lembrada da mãe, numa composição rígida, vocal e corporalmente, que acaba por confundir-se numa figura de conotações realistas. Eliane Giardini vive Teresa com tensão habilmente elaborada, refletida nas explosões da personagem e, em especial, nos seus instantes mais "silenciosos". Ana Beatriz Nogueira foge do estereótipo da rebelde, numa interpretação em que afloram a solidão e o sentimento de perdas sucessivas que marcam Catarina. Andréa Beltrão empresta forte interiorização a Maria, sem cair em chave psicológica. A atriz demonstra as hesitações da personagem com frases e gestos que se interrompem, expondo, com emoção amadurecida, os choques internos de uma mulher cheia de dúvida. Interpretação impecável.

CAMBAIO

"Tudo é ilusão", confirma a letra da canção "Acalanto", de Chico Buarque de Hollanda, que encerra os 60 minutos de *Cambaio*, musical que estreou, sexta-feira, no Sesc Vila Mariana, em São Paulo. A ilusão não está apenas no clima onírico que o casal de autores Adriana (1960-) e João Falcão (1958-) procura criar com um fiapo de história, quase um jogo de armar palavras, mas no próprio universo do *show business* por onde circulam os personagens. O cambista Rato, que tem sempre nas mãos o último ingresso do *show* do Cara para vender, encontra Bela, fã do cantor, por quem ambos se apaixonam. No rodízio dos desejos, cada um busca o seu papel numa ciranda da paixão conduzida pelo sonho. O cambaio do título, que o dicionário *Aurélio* define como "de pernas fracas, trôpego", é o material de que é feita a superfície que sustenta a ilusão do espetáculo.

Cambaio não segue linha tradicional do gênero. A narrativa quebra qualquer lógica ficcional, marca da dramaturgia de João Falcão, sem usar de ação contínua e comportadamente evolutiva. Não há sequência marcada pelo tempo e fincada em espaço muito definido. Os movimentos cambaleantes surgem dessa indefinição, em que cada palavra se desdobra em outra que, por sua vez, nega a anterior para deixar a incerteza de que os significados não eram exatamente aqueles que pareciam indicar. Confuso? Vago? Inconsistente? Mas, como se trata de sonhos, nada é impossível, e a trama é apenas um resquício de realidade submetida à liberdade da implosão narrativa. O rótulo de ópera pop admitido pelos autores parece pouco adequado a esse *show* musical com arquitetura cênica mais próxima a uma volátil proposta dramática para trilha de alto nível musical e poético.

O que se vê no palco é resultado de uma ação integrada do diretor João Falcão com os compositores Chico Buarque de Hollanda e Edu Lobo, ao lado de dezoito atores-músicos-cantores que desde o início do ano se preparam tecnicamente, colaborando no processo de criação do espetáculo. A cada estágio dos ensaios, atores, autores e compositores estabeleciam teia de informações que movimentava a elaboração da montagem. Até a estreia, *Cambaio* viveu esse ritmo, num ir e vir que desembocava nos diálogos que se faziam e refaziam e em canções e letras que brotavam das sugestões de novos diálogos.

O elenco, formado a partir de testes de seleção entre 4,3 mil candidatos e sem nenhum nome famoso, foi ensaiado para desempenhar qualquer um dos personagens. Não há personagens fixos e, assim, a cada sessão, com a troca de papéis, é possível, pelo menos em tese, assistir a um espetáculo diferente por noite. Esse método, que reafirma a "impessoalidade" do espaço da representação – "Deve haver algum lugar/Um confuso casarão/Onde os sonhos serão reais/e a vida não" (letra de "A moça do sonho") –, exige dos atores sólido preparo para enfrentar a circularidade de funções cênicas.

A estrutura metálica, que ocupa o palco como cenário de um *show pop*, é o apoio para os movimentos cambaleantes dos atores, que se penduram nesse aramado de ferro, invertendo o sentido de equilíbrio. A narrativa se desenrola em equilíbrio instável, atores-malabaristas subvertendo a posição segura do plano horizontal e músicos funâmbulos tocando de cabeça para baixo, num quebra-cabeça de corpos, gestos, vozes e sons formando painel em movimento, destacado pela iluminação feérica de Ney Bonfante. A concepção física da montagem, inspirada na voltagem de um *show* e no volume de efeitos malabarísticos, nem sempre demonstra absorver o aspecto onírico que as músicas e as letras tão bem traduzem. Ainda que tenha havido integração no processo criativo de *Cambaio*, o texto adquire caráter complementar no espetáculo, não chega a ganhar autonomia expressiva, confundindo-se com um jogo de palavras ("Eu dei pra sonhar que sou ele sonhando que sou eu sonhando que sou ele") mais hábil do que dramático.

Mas *Cambaio* é um belo *show* de apresentação de trilha musical, que deve sair em CD em junho, com as oito canções originais do espetáculo que atingem o mesmo plano criativo que a dupla Edu Lobo e Chico Buarque de Hollanda alcançou nas músicas do balé *O grande circo místico*, escritas em 1983 para o Teatro Guaíra, de Curitiba. Edu e Chico não se reuniam para escrever trilhas para teatro há quase duas décadas, como atestam *O corsário do rei* (1985) e *Dança da meia-luz* (1988). A parceria, agora revitalizada em *Cambaio*, mantém a sonoridade variada, o temperamento e o sopro inventivos dos compositores, experimentando-se na atemporalidade de acordes de valsas e toques de bossa nova. A direção musical de Lenine e as vozes do elenco – Carolina Bello, a Bela, foi o destaque na noite da estreia – projetam em cena as qualidades das composições, que, a exemplo da mística dos espetáculos musicais da Broadway e do West End londrino, também tem a sua canção para ficar no ouvido. E, sem dúvida, essa canção é "Acalanto". Não será a única que pode ter vida autônoma do musical. A letra de "Uma canção inédita", embalada pela música sensível, compõe a ilusão de uma trilha de sonho. "Se você beijar um outro, pode se partir/A valsa/Mas se roendo-as-unhasmente me quiser ouvir/Descalça no breu/Pé ante pé/Abra o peito bem devagar/E deixe/ Sete notas a vibrar/E feche."

REI LEAR

Lear, por designação divina, está investido da realeza e, ao renunciar a essa prerrogativa, ainda que mantenha os privilégios da função, vai de encontro à liturgia de seu papel. A partilha do reino pelas três filhas, submetidas ao ritual de dissimulada oratória de amor filial, conduz ao engano de desprezar a única entre elas que efetivamente tem-lhe amor sincero, desencadeando a tragédia de ter a si e o seu poder reduzidos à demência e de se saber responsável pelo enredo que provocou. Despojado da dignidade da realeza e alijado da sua humanidade, Lear se perde nas sucessivas demonstrações de seu erro, lançado na dúvida de não mais se reconhecer ("Quem vai me dizer quem eu sou?").

Goneril e Regana, as filhas que eliminam a autoridade real e a dimensão paterna, permitem a Lear transpor o controle do tempo que a sua investidura nobre o fazia supor dominar, e projetam no plano mais humano da incerteza a capacidade de encontrar a verdade, descobrir a justiça e revelar a razão na loucura. Em *Rei Lear*, William Shakespeare (1564-1616) constrói um personagem que sustenta a "tragédia da natureza violentada", em que cada ato do rei autoexilado do poder confirma a consciência adquirida como homem. Aquele que "não devia ficar velho antes de se tornar sábio" se investe de transgressor das leis que regem o poder, o tempo e o indivíduo, emergindo da tragédia gerada em si como um homem na integridade de sua condição. A abrangência de *Rei Lear* como criação dramática está nesse percurso até o domínio da consciência, caminho através do qual se defronta com a representação do caráter humano numa extensão de acuidade cirúrgica.

Os problemas que um tal texto propõe ao encenador são de ordens diversas, mas o maior deles é o de trazer à cena a grandiosidade de Lear, suscitando a integridade de sua dimensão poética, e de aliar a atormentada alma do personagem à sequência narrativa, tornando ambas claras e audíveis a plateias contemporâneas. A montagem de Ron Daniels, em temporada no Teatro Villa-Lobos, é extremamente hábil na maneira como ressalta o enredo, sem reduzir a amplitude da tragédia a uma trama bem narrada. Com a variedade de subtramas – os personagens não são figuras complementares ao Lear –, *Rei Lear* está repleto de histórias paralelas que se interpenetram. Ron Daniels afirma que, tanto na direção quanto na adaptação, perseguiu a "naturalidade", procurando o despojamento e a simplicidade.

A versão de Daniels dá corpo ao aspecto "aventuresco" de um Lear que vive a sua saga interior como projeção dos acontecimentos que a motivam. A encenação é fluente e límpida na maneira como transmite e integra essa história ao fluxo da trama. A grandeza do texto não se amesquinha, apenas o diretor optou por encenação mais "expositiva" do que interpretativa.

A cenografia de J. C. Serroni reveste o palco de solenidade e suntuosidade, responsáveis pela atmosfera de grande montagem. O impacto da inclinada estrutura que, ao longo da representação, vai ganhando outras posições (este efeito já impõe dramaticidade poderosa), se renova a cada uma dessas mudanças, coadjuvadas por iluminação espetaculosa e eficiente de Domingos Quintiliano.

Rei Lear, como quaisquer outros textos shakespearianos, mostra alto grau de dificuldade na distribuição de papéis. Na montagem de Ron Daniels, o elenco desempenha os personagens sem arroubos e destaques. Raul Cortez é um Lear com contenção, até mesmo na cena da tempestade, em que o ator busca, na dosagem de gestos e na enxugamento da loucura, a medida da tensão.

Gilberto Gawronski, em atuação que não apela para trejeitos e malabarismos, apropria-se da "seriedade" do Bobo. Lu Grimaldi (Goneril) e Christiane Tricerri (Regana) marcam demais o caráter das filhas, enquanto Bianca Castanho é uma Cordélia inexpressiva. Mário César Camargo empresta excessiva nervosidade ao duque de Gloucester e, em contrapartida, Luiz Guilherme é um conde de Kent lúcido de menos. Rubens Caribé equilibra composição física e sutileza como Edgar. O Edmundo de Rogério Bandeira ganha contornos de malandro. Bartholomeu de Haro, Leonardo Franco e Mário Borges acrescentam pouco nas suas intervenções.

VISITANDO O SR. GREEN

Um texto como *Visitando o Sr. Green*, do norte-americano Jeff Baron (1952-), parece colocar tudo no seu devido lugar. Cada detalhe da trama e cada palavra do diálogo, além da emoção e do humor distribuídos em dosagens bem medidas, revelam como a narrativa utiliza com método e rigor de planejamento a construção de uma peça teatral que segue os cânones da técnica da escrita programada. O encontro entre um velho de 85 anos, que vive solitário em seu apartamento em Nova York, depois da morte da mulher com quem viveu por quase sessenta anos, e um executivo trintão em conflito com a sua homossexualidade é estabelecido por pretexto corriqueiro. Obrigado a prestar assistência, uma vez por semana, ao rabugento idoso, por força de ordem judicial, depois de tê-lo atropelado, Ross Gardiner vai, ao longo das sucessivas visitas, conquistando a confiança do irascível velhinho. Ao mesmo tempo, a intimidade cria teia de aproximação e de revelações, desfazendo preconceitos.

A peça vive da arquitetura dessa convivência (definição das características dos personagens e da quebra das resistências ao relacionamento imposto) e da individualização de grupos que sofrem discriminações (a rigidez diante de preceitos e a insegurança sobre um modo de viver balizam as formas interiorizadas de preconceito). Na verdade, a peça oferece dois caminhos que correm quase em sentidos inversos. A trama, que inicialmente é conduzida pelos encontros que apontam para comédia dramática sobre embate geracional, se transforma em confronto de perspectivas sobre situações de vida aparentemente irreconciliáveis.

Visitando o Sr. Green encaixa cada uma dessas oposições (cena emocional e a exposição de preconceitos) com a precisão de quebra-cabeça, no qual cada uma das peças tem a desempenhar papel definido. Exemplar típico do *playwriting* anglo-saxão, reproduz a técnica que segue leis próprias da escrita para o palco, que procura acomodar uma ideia dramática ao formato do bem-feito e do bem-acabado. A peça se enquadra na linha do artesanato com técnica e cede ao apelo do politicamente correto, ainda que forneça algumas pistas de que faz, exatamente, o jogo contrário. Mas, como manual de regras satisfatoriamente interpretadas, *Visitando o Sr. Green* encontra, na precisão dos diálogos e na justeza do arcabouço dramático, o caráter aliciante do Sr. Green. Ainda que não seja um texto de extraordinária qualidade, *Visitando o Sr. Green* tem base teatral sustentada pela conjugação da artesania elaborada e de uma dose apropriada de bons sentimentos.

O espetáculo de Elias Andreato revela a limpeza e a correção da narrativa escorreita, sem desníveis e sem desvios. O diretor tenta, com discreta habilidade, tirar da dupla de atores o tom que torne intensa e verossímil a cena, e que provoque, moderadamente, alguma emoção. Andreato não permite que a montagem fique carregada de sentimentalismo, que a figura de um velhinho solitário e abandonado facilmente provoca. A direção encontra a medida para que a dramática não se esvazie em emoções artificialmente provocadas, mas o espetáculo trafega na linha segura do já conhecido. O cenário de Renato Scripilliti reproduz com realismo o apartamento ocupado por um homem deprimido. O espetáculo corre suave e sem maiores voos, tal como o texto, suave e sem maiores voos.

O jogo entre os dois atores se cria com temperamentos interpretativos complementares. Cássio Scapin, mesmo adotando tom, às vezes, choroso e se apoiando em emoção mais intensa do que se pode perceber nas motivações do personagem, tem contracena articulada. Paulo Autran compõe, com firulas de sentimentos e aguçada observação, o mau humor e as idiossincrasias do velhinho, desenhando imagem vívida e terna do personagem. E projeta, ainda, a densidade dos seus silêncios e o seu cansaço de viver. As mudanças internas de Green são sutilmente transmitidas pelo ator com tal economia gestual e sotaque característico, que imprimem carga amorosa à sua criação. Paulo Autran domina a cena com humor agridoce e tocante solidez interpretativa.

ESPERANDO GODOT

"Nada a fazer". O veredicto definitivo, na primeira fala de *Esperando Godot,* se confunde com o destino inescapável na vida de dois homens, que de si sabem apenas da condenação à expectante chegada de alguém. Não há nada a fazer quanto a essa espera, como também não há nada a fazer enquanto se espera. O determinismo existencial que condiciona as atitudes de Estragão e Vladimir, vagabundos que se encontram numa estrada, junto a uma árvore seca, prescinde das respostas a perguntas que nunca são feitas. A existência desses indivíduos, numa geografia de passagem e na monotonia do avanço do tempo, é pura inação. O movimento estático, que estabelece o jogo entre eles e ajuda a passar o tempo, dilui toda a ação em vagas lembranças ("O que fizemos ontem?"), sensibilidades perdidas ("Dói? E daí?") e no vazio e na imobilidade ("Há dois mil anos temos um papo sobre nada"). Jogados no centro desse deserto humano, Estragão e Vladimir se tornam espectadores de suas próprias vidas, com a definitiva consciência de que "viver não é suficiente, morrer não é suficiente". Nesse espaço de contingência impossível, Samuel Beckett (1906-1989) estabelece com sua poética niilista a dimensão inescapável do humano.

Pozzo e Lucky, os dois outros personagens de *Esperando Godot*, criam uma forma de jogo na qual se defrontam, com igual indiferença e consciência de inutilidade, no espetáculo do servilismo à sua condição. O mesmo servilismo que faz de Estragão e Vladimir subservientes e cegos ao interminável preenchimento do tempo de vida como escravos do peso de carregar os dias numa espera sem qualquer sentido. Pozzo, que tiraniza Lucky como proprietário de suas vontades, é também destituído de desejos passíveis de se concretizarem. Bufões e palhaços do picadeiro de horror no qual se apresenta a dupla de vagabundos, Pozzo e Lucky confirmam o papel de atores de função tão incomodamente real, e fazem de Estragão e Vladimir espectadores de suas cenas, coadjuvantes que ajudam a gastar o tempo.

Reflexo do real, não por acaso, a peça termina no mesmo ponto em que se inicia. Nada muda, ninguém se transforma, o que prevalece é a inexorabilidade do percurso. *Esperando Godot*, estreada em 1953, se apoia num estilhaçamento do realismo, ainda que seja dele que retire a "banalidade cotidiana" de sua angústia e as *gags* circenses de sua forma. Samuel Beckett começa a estabelecer com este texto uma tal concentração de elementos (palavra e trama) que reduz a imagem teatral a uma economia expressiva (silêncios e recorrências) a qual consolida o universo desértico das possibilidades beckettianas. Godot, por ser a de início, é a menos radical das peças de Beckett em relação a esse processo de supressão do realismo dramático, mas contém da sua origem despedaçada a "informação" de suas bases dramatúrgicas.

A encenação de José Celso Martinez Corrêa vai buscar, no reflexo do real (ou pelo menos na sua crítica mais imediata), o desenho do seu espetáculo em cena no Teatro I do Centro Cultural Banco do Brasil. O diretor procura fazer, efetivamente, de Estragão e Vladimir, os espectadores de Pozzo e Lucky. O caráter do espetáculo está nas mãos desses personagens que contaminam o tom e a linha carnavalizada da cena. José Celso transfere para a dupla, que parece identificar como veículos mais maleáveis a uma crítica antropofágica da atualidade, o sentido único da cena. Não se trata apenas de visão personalista do texto teatral, mas a confirmação (ou seria consolidação?) da linguagem exuberante de um diretor que transforma a cena, invariavelmente, em ritual que se equilibra entre o orgiástico, o hedonístico e o carnavalesco.

O ajuste dessa estrutura a *Esperando Godot* elimina a poesia do texto e anula as *questões existenciais*, transferindo-se para a representação de um confronto com o mundo proposto pela peça. A montagem se mantém em estado de exaltação, numa escala em que o estático daquele mundo fica soterrado. *Esperando Godot*, nesta versão, demonstra uma urgência de jogar algumas *verdades* no rosto do espectador, deixando escapar aquelas que a peça tão bem tangencia. O excesso de referências a um universo exterior ao texto (homossexualidade, apagões, trechos de letras de música *funk*, sensibilização da plateia), ainda que sejam elementos desviantes e de mínima eficácia cênica, deve ser atribuído ao jogo de cena que o diretor cultiva, dentro e fora do palco. No espetáculo, transparece o interesse seccionado do diretor pela peça, mas José Celso Martinez Corrêa não deixa de impor o seu peculiar temperamento de encenador com autoridade criativa indiscutível.

O cenário de Gringo Cardia cria um espaço cênico em forma de passarela, remetendo, através da cobertura no teto, a um terreiro. A disposição cenográfica possibilita envolvência, especialmente pela alternância de luminosidades do desenho de luz de Ricardo Moranes, ainda que seja um tanto asséptica, em contraste com a visão mais "suja" que o diretor expõe no palco. Os figurinos, também assinados por Gringo Cardia, vestem Pozzo de domador imperialista; Lucky, de patinador com veludos; o menino, de garoto de rua camuflado; e Estragão e Vladimir como mendigos bem-postos, numa tradução de acordo com o espírito dominante.

Xando Graça não sustenta a carga crítica que se impôs ao Pozzo. Fernando Alves Pinto é ultrapassado pela necessidade de encontrar ritmo para o discurso do pensamento desconexo de Lucky. O menino, Darlan Cunha, marca a sua presença pela simplicidade. Otávio Müller (Estragão) e Selton Mello (Vladimir) têm interpretações que incorporam toda a ginga do espetáculo, com intensidade física que contradiz a imobilidade metafísica dos seus personagens. Nesta linha, os atores emprestam um nervosismo um tanto distante da tensão, tanto que a última cena, que tem tratamento em tom mais concentrado e denso, fica esmaecida pela dificuldade deles em encontrar registro interpretativo mais equalizado com a agonia beckettiana. Nada a fazer.

CASA DE BONECA

Nora, a personagem do norueguês Henrik Ibsen (1828-1906) em *Casa de boneca*, é uma mulher que se transforma em objeto de manipulação afetiva pelo marido, o diretor de banco Torvald Helmer, como antes havia sido objeto feminino a ser construído, através de outra forma de dependência, pelo pai. O casamento sela essa passagem por mãos masculinas, que amoldam a aparente inconsequência e futilidade da frágil mulher, colocada em um mundo doméstico, vitrina de funções preestabelecidas (esposa, mãe), cumpridas com a devoção ao papel de "rainha do lar", investidura incontestável do poder do marido. Esse pacto, que se reafirma no cotidiano cristalizado dos papéis, é rompido de maneira radical, pelo menos para os padrões do século XIX (*Casa de boneca* estreou em 1879), quando Nora percebe a extensão do poder de uso exercido sobre ela e diante do qual se sente fortalecida para estabelecer as suas próprias leis de vida. O que acontecerá depois de sua decisão ela mesma não sabe; tem apenas a certeza, que transmite ao marido com certa ironia, de que "preciso tentar educar a mim mesma".
As interpretações "feministas" de *Casa de boneca* não esgotam as possibilidades investigativas em relação a Nora Helmer, personagem que vive, para além das circunstâncias da sua "condição feminina", a sua condição humana de alguém que procura se despregar de um cenário social restritivo e imobilizante. Nora, como os demais personagens de *Casa de boneca*, aspira à manutenção e estabilidade num quadro burguês, cada um deles recorrendo ora à hipocrisia (o marido, a amiga Cristine e o chantagista Krogstad), ora à sinceridade (o doutor Rank e a própria Nora), para conservar ou alcançar prerrogativas sociais. A atitude de Nora incendeia uma casa de brinquedos, com os seus simulacros que imitam a vida, encerrando não somente um casamento que ela permitia que fosse uma quase imaterialidade, mas explodindo em gesto libertário as regras de sua autoexclusão.
A peça de Ibsen se enquadra na categoria de "drama burguês", texto que se fundamenta no realismo como forma narrativa e expressão estilística. A sua força, quaisquer que sejam as suas versões cênicas, está na possibilidade de reviver a história de uma mulher que constrói, numa sociedade de marcadas convenções, a possibilidade de se refazer como indivíduo. *Casa de boneca* tem alguns pontos dramáticos que se tornam,

senão anacrônicos, pelo menos frágeis dentro desta base realista, ainda que na essência ressaltem a permanência temática e a poética da cena.

O diretor Aderbal Freire-Filho não abandonou o realismo da peça, apenas sugeriu um contraponto narrativo que indica ruptura no estilo, sem perda da carga dramática. A encenação desmonta a "naturalidade" com impostação que dimensiona a cena em planos que se armam pelo efeito dos contrários. Os atores adotam um tipo de interpretação que "esfria", deliberadamente, suas atuações, da mesma maneira que se movimentam com liberdade gestual que quebra os limites do espaço emocional.

Os objetos, em especial a mesa, impositiva e dominante no palco, e em torno da qual giram os atores, têm a função de corporificar a ação dos personagens. As cadeiras, que pontuam quase todas as cenas, deixam exposta, pelo contraste, a atitude interior dos personagens. Os móveis e a casa de bonecas (a miniaturização do real) ganham projeção dramática, e as marcações dos atores de costas para a plateia e a dramaticidade submetida à sua desestruturação tornam ainda mais eficiente e refinado o desenho do espetáculo.

Aderbal Freire-Filho decodifica os cânones realistas por meios físicos. Não se trata apenas de um feliz resultado da sólida preparação corporal de Rossella Terranova, mas de que, através desses gestos mecanicamente criados, se possa alcançar verdadeira atmosfera dramática. Há no espetáculo um depuramento de recursos que deixa, mesmo quando eles podem se confundir com aspectos mais formalistas, uma "limpeza" cênica que contribui para dar densidade narrativa; esta, em alguns momentos, alcança um sopro poético. O cenário de José Manuel Castanheira, que também sabe contrastar o realismo com a sua transposição, deixa a cena com um belo e constante ar de sonho-pesadelo. A iluminação de Maneco Quinderé cria fragmentos e fracionamentos de luz que complementam vigorosamente a cenografia. Os figurinos de Rosa Magalhães demonstram correção e cuidado na confecção. A música original de Tato Taborda é decisiva, pontuando tempos e passagens dramáticas.

O elenco nem sempre se mostra afinado com o estilo de interpretação que comanda esta versão de *Casa de boneca*. Há uma certa dificuldade em encontrar o equilíbrio entre essa "corporeidade" do espetáculo e a tendência dos atores a procurar emoções ilustrativas, o que acaba por reduzir os intérpretes a vozes estabilizadas por som monocórdio. Ana Paula Arósio sustenta Nora com algum ardor, em especial quando a esposa se revela mais coquete, mas a personagem escapa-lhe quando é necessário projetar suas nuances. Floriano Peixoto uniformiza o caráter de Krogstad com virulência que o personagem não possui. Sílvia Buarque e Michel Bercovitch se distanciam dos conflitos de seus personagens, com atuações pouco decantadas. Marcos Winter é quem melhor envolve-se na agressividade mal contida e no exercício do poder doméstico de Torvald.

2002

AS ARTIMANHAS DE SCAPINO

O diretor Daniel Herz foi buscar na *commedia dell'arte*, na origem mesma de *As artimanhas de Scapino*, os fundamentos para a sua deliciosa encenação deste clássico de Molière (1622-1673). A encenação, que segue com fidelidade rigorosa o original, se debruça sobre o personagem – um criado esperto, ardiloso e solitário, a quem os patrões recorrem para resolver suas pendências – com visão solar, iluminada pelo espírito da comédia à italiana, mas com sotaque brasileiro.

Daniel Herz estabeleceu sutil unidade entre esses dois polos narrativos, retirando da *commedia dell'arte* o desenho da cena e a convenção do humor; e da linguagem nacional, a sequência mais livre de *gags* verbais e visuais, no mesmo ritmo delirante que Molière propõe na sua peça. O diretor investe nesses aspectos mais espontâneos de Scapino, ao contrário de um Scapino exaltado por desejos, ambições e um certo fastio, que assiste à passagem e ao ridículo da vida de um lugar periférico e com algum ceticismo.

A ênfase desta inesgotável trama está na forma como se orquestram as peripécias que separam casais que querem se juntar e pais que se opõem à aproximação, conduzindo os personagens a se separarem por circunstâncias e se unirem por coincidências. É do jogo de encontros e desencontros, de pantomimas que ridicularizam os poderosos pelas escaramuças dos espertos, que *As artimanhas de Scapino* mantém o frescor e o brilho de comédia clássica, sempre pronta a se renovar em sucessivas versões.

O humor surge dos estratagemas urdidos pelo autor e se baseiam em diálogos consistentes que apoiam a ação intensa e veloz. Daniel Herz faz um mergulho na peça para deixar surgir a própria mecânica das cenas, com cenário que revela os bastidores e com a presença permanente do elenco no palco, à espera da sua entrada na área de representação.

Ao utilizar esses recursos, o diretor expõe o jogo através de suas próprias regras. A palavra, que em Molière é tão contundente quanto as suas habilidosas tramas, está revigorada por atores que incorporam seu significado. E essa fluência verbal, tão bem conduzida pelo elenco, pode ainda ser atribuída à tradução de Carlos Drummond de Andrade.

O frescor que o texto ganha no palco – a montagem é uma agradável transcrição que envolve o espectador, segurando seu interesse por duas horas – apaga um pouco a cena final, em que Scapino, sozinho, se queixa da sua condição de esquecido. Mas esse detalhe em nada compromete a trajetória do sagaz personagem que, ao longo do espetáculo, deixa sinais bem visíveis de que não é apenas um manipulador espertalhão.

A seriedade e o empenho da montagem ressaltam na orientação corporal de Márcia Rubin, na direção musical de Carlos Cardoso, nos criativos figurinos de Heloísa Frederico, no cenário simples, mas que projeta colorida ilusão teatral, de Ronald Teixeira, e na iluminação vibrante de Aurélio de Simoni. O espetáculo respira vitalidade e alegria. O elenco forma unidade interpretativa harmoniosa, exemplarmente ajustada à linha imposta pelo diretor.

Charles Fricks é um Scapino maleável, com flexibilidade corporal apreciável, e que retira do personagem inteligente sagacidade. Anderson Mello (Argante), Leandro Castilho (Leandro) e João Marcelo Pallotino (Otávio) fazem composições bastante eficazes, enquanto Raphaela Cotrim (Herina) e Maíra Graber (Zerbineta) demonstram completa integração ao estilo interpretativo do espetáculo. Márcio Fonseca (Silvestre), Val Elias (Carlos) e Paulo Hamilton (Gerôncio) acentuam mais o aspecto "popular" nas suas atuações. Vanessa Dantas (Jacinta) se mostra menos à vontade em cena.

A PROVA

Mais do que qualquer outra qualidade, a dramaturgia norte-americana contemporânea vive da predominância da técnica na escrita teatral, da ordenação de temática e entrecho, de diálogos dosados por uma veracidade que, quando alcança envolvimento poético (ou seria um consistente aparato emocional?), nunca abandona os ganchos dramáticos encadeados para provocar reações sentimentais. *A prova*, de David Auburn (1969-), é uma das melhores evidências de dramaturgia que se desenvolve quase como um gênero, encontrando na técnica do *playwriting* o modo de fazer, mais do que a sua sustentação cultural. (Vale a pena ler o texto de Aderbal Freire-Filho publicado no programa do espetáculo, em que o diretor focaliza com precisão essa dramaturgia.) De certa maneira, *A prova* segue a gramática desse tipo de autoria com cuidadoso percurso pelas etapas que fazem com que tais peças ofereçam boas oportunidades para os atores e enredem a plateia numa discussão "intelectual" – neste caso, a matemática –, compensando-a com prêmios.

Auburn conhece todas as regras e sabe aplicá-las na resolução do teorema de palavras e ação. O matemático brilhante que se apaga pela esquizofrenia vive com a filha, igualmente brilhante, que abdica de sua formação universitária para cuidar do pai até a morte. A peça se inicia no dia anterior ao enterro de Robert, surpreendendo Catherine deprimida, nos fundos da casa, a conversar com o pai morto.

A presença de Hal, um aluno de Robert, que vasculha os escritos confusos deixados pelo matemático, provoca a ressensibilização de Catherine para uma nova forma de afetividade e para a posse do conhecimento científico. A chegada da irmã Claire para o enterro estabelece o contraponto das inteligências e as diferenças entre as duas, encorpando as dúvidas sobre a sanidade e os conhecimentos matemáticos de Catherine. A verificação sobre se a jovem, exilada numa casa decadente em companhia de um homem com lapsos de razão, é, verdadeiramente, aquela para a qual as aparências apontam, forma o centro dramático da peça. Catherine é submetida à prova sobre si mesma e suas atitudes são transformadas em indícios que repetem sintomas, insinuam imposturas e deixam rastros de mistério. Armadilhas narrativas lançam pistas e dúvidas na plateia. O autor domina os meandros dramáticos neste rendilhado de iscas que faz surgir fantasiosa aparição do morto para confirmar os fatos. David Auburn escreve com precisão matemática, armando os elementos de sua equação teatral sem se desviar da busca de "eficácia de resultados".

A montagem de Freire-Filho demonstra a sua percepção do alcance do texto, ao qual empresta visão despojada de realismo explícito para fazê-lo cenicamente enxuto, como correspondência dramática que se estabelece pela limpeza dos meios. O diretor evita ênfases e atmosferas supérfluas – a peça é perigosamente vizinha de jogos e dramas emocionais – para manter o espetáculo no registro da teatralidade escorreita.

As passagens de tempo são marcadas por um contrarregra que, acintosamente, desarma e arma as cenas (o segundo ato se inicia com esse "personagem" em plena ação), rompendo a chave realista pela sua explicitação. Esse detalhe se expande para a linha interpretativa do elenco, que não se baseia em traços verídicos de atuação. Levemente contidos e equidistantes de qualquer explosão ou clímax, os atores desvendam seus meios expressivos.

O cenário de José Manuel Castanheira, tentativa de criar um quadro hiper-realista, se frustra em parte pela sua desproporção no palco e pela difícil identificação do ambiente. Será um quintal com móveis, uma varanda ou um cômodo de guardados? Os figurinos de Rita Murtinho vestem adequadamente os personagens, enquanto a iluminação de Maneco Quinderé pontua com extrema sensibilidade a montagem, da mesma forma que a trilha de Marcos Ribas de Faria.

Andréa Beltrão imprime inteligente, sutil e provocante interpretação da jovem. A atriz envolve a personagem em tensão nervosa, projetando intensidade humana à figura instável e, simultaneamente, determinada de Catherine. Andréa encontra a vibração dessa mulher em falas entrecortadas por pausas dramaticamente hesitantes. Uma atuação de alto nível.

Emílio de Mello se mantém no mesmo plano da sua companheira de cena. Os riscos de estereotipar um Hal falsamente tímido não eram pequenos, mas o ator os evita com a delicadeza com que sugere as dubiedades do personagem. José de Abreu demonstra tendência à composição mais convencional do Robert, mas não se deixa levar pela tentação de sugerir traços de esquizofrenia. Gisele Fróes se prende um pouco aos aspectos exteriores de Claire.

NOITES DO VIDIGAL

O grupo Nós do Morro desce do Vidigal para estrear um espetáculo no circuito comercial da cidade. É a primeira vez, desde a sua criação, há quinze anos, que o projeto comandado por Guti Fraga tem montagem que inicia temporada fora de seus domínios, e este fato, antes de apontar para qualquer mudança nas características do grupo, reflete apenas a consolidação de trabalho artístico associado à valorização social de seus integrantes.

Noites do Vidigal não pode ser desvinculado de sua origem geográfica e bases sociais, mas a estreia fora dos limites da favela demonstra a consciência do grupo de que apresenta uma montagem com qualidades que, sem esquecer seus "condicionantes" (o seu meio é a razão mesma de sua existência), demonstra autonomia artística.

O musical de Luiz Paulo Corrêa e Castro se situa no Vidigal dos anos 1970, uma comunidade bem menor do que a atual, com relações mais pessoais, em que até havia uma escola de samba. Sem torná-lo um espaço idealizado, o autor ressalta uma maior "ingenuidade" na vida do morro, ainda que não se afaste dos problemas que existiam e que persistem até hoje, agravados. A pretensão não é de analisar ou mesmo expor problemas sociais, somente a de ambientar uma história de amor no cenário da favela, em que as dificuldades e as tensões funcionam apenas como contrapontos dramáticos.

Os primeiros ocupantes do morro, depositários da "cultura popular", começam a ser engolidos pela presença dos aparelhos de TV que magnetizam os olhares, enquanto personagens característicos (o compositor, a mãe de santo, o poeta, o bêbado, o homossexual e a cabrocha não escapam de uma certa tipificação) são envolvidos pela truculência policial. *Noites do Vidigal* guarda muito do espírito de outro musical, *Orfeu da Conceição*, de Vinicius de Moraes, na mesma linha de "poetizar" o morro pela possibilidade que tal viés oferece como material para maior encaixe e fluidez da linguagem musical.

A dupla de diretores, Guti Fraga e Fernando Mello da Costa, estrutura cenicamente a peça sob o ritmo nervoso de uma batucada, mantendo a ação permanentemente distribuída no palco. Os trinta atores e músicos parecem se multiplicar, mantidos em ação contínua, ocupando o bem desenhado cenário de Fernando

Mello da Costa. A cenografia acompanha os declives das vielas do morro, facilitando a movimentação intensa do elenco. Os diretores têm o domínio desse conjunto, do qual retiram vibração que se assemelha a ala animada de escola de samba.

Os figurinos de Flávio Graff lembram fantasias e a iluminação de Fred Pinheiro se integra a esse quadro de musicalidade dramática. As músicas e a direção musical de Gabriel Moura são envolventes e ajustadas à trama. O uso do vídeo para contar parte da história confere carga dramática adicional.

Os atores do Nós do Morro demonstram capacidade de projetar harmonioso conjunto de vozes que sustenta as canções e garra em atuações que se impõem como retratos sensivelmente compostos de um certo modo de viver. *Noites do Vidigal* é musical com jeito brasileiro, que deve sua concepção à origem de sua temática e de seus atores, mas que ultrapassa sua geografia para mostrar a sedimentação de um projeto teatral consequente.

A TRAGÉDIA DE HAMLET

Peter Brook (1925-) se permite a ousadia de colocar estilos e convenções completamente diferentes em *A tragédia de Hamlet* para transformar o percurso do príncipe da Dinamarca em trajetória sem contexto histórico, desalinhada de sua sequência e recriada numa dimensão teatral descarnada de nobreza. A tragédia de Shakespeare, em cartaz somente até hoje no Teatro Carlos Gomes, é revista como algo que pode ser encenado em outros termos que não aqueles que o autor estabeleceu. A transposição de tempos narrativos – o que foi suprimido é utilizado como resíduo para enxugar a grandeza das forças que impulsionam o personagem – transfere o enquadramento histórico e trágico para escala humana e simplificadora. Hamlet, já na cena de início, não é aquele indivíduo submetido aos atos divinos que se refletem na natureza cinzenta, prenunciando infortúnios, mas alguém em estado de dúvida que reafirma sua humanidade nos conflitos que se manifestam como projeção interior.

A vingança pela morte do pai e a maneira de concretizá-la mobilizam, unicamente, esse Hamlet pelos interpostos caminhos da adaptação cênica de Brook, para quem o personagem vive menos da fúria trágica para encarnar um desejo de concluir um ato imposto por sua consciência. Se "a vida de um homem não é mais do que o tempo de dizer um sim", como afirma Hamlet, a montagem vai em busca de preencher esse espaço de tempo para encontrar a medida de uma voz interior e a condição mesma desse homem, "a quintessência do pó". Despojada da perspectiva histórica, essa versão paga um tributo ao esvaziamento poético e à confrontação com o tom destituído de "heroísmo". Nada pretende ser grandioso nesta montagem camerística, na qual as motivações de Hamlet parecem nascer de uma juventude impetuosa, que retira suas incertezas de uma filiação ferida por perdas de vidas e afetos, até atingir o silêncio. O espetáculo é quase ascético em seus métodos e recursos expressivos. Tudo converge para o ator, catalisador dos atos do personagem que rompe com o solene e o hierárquico.

Os atores estão livres para construir, paralelamente ao pluralismo étnico de sua origem e à dualidade de papéis que cabe a alguns deles, uma humanidade que se aproxima da sensibilidade atual. A concepção da montagem comporta até mesmo um "caco" em português ("Esse cara é muito chato"), o que demonstra a sua permeabilidade à liberdade de recusar qualquer definição espacial e severidade declamatória. Nesse arcabouço, Peter Brook abandona a fidelidade ao texto (subverte a estrutura para investir contra a estratificação) para identificar na narrativa um significado que quer ultrapassá-la.

O espaço cenográfico se reduz a um enorme tapete de cor forte, com algumas almofadas e assentos, também muito coloridos, que iluminam o palco com uma clareza que deixa evidente a "limpeza" que espana a poeira da celebração trágica. Esses poucos objetos, as vestes, os tecidos (de leve sugestão oriental), compõem as cenas de maneira quase brincalhona. A dificuldade é saber se a maleabilidade do texto suporta tais intervenções sem perda de substância.

O Hamlet de William Nadylam é perfeito dentro do desenho da montagem. O ator decompõe o personagem através da leveza e da emocionalidade com que o diretor o concebeu. A desordenada progressão do papel – a supressão e a mudança na evolução das cenas comprometeram a sua integridade "intelectual" – comanda a interpretação de William Nadylam sem, contudo, retirar-lhe a carga comunicativa e envolvente que faz de Hamlet alguém que se movimenta como um *rapper* e, ao mesmo tempo, sintoniza-se com o ritmo da poesia das palavras. Bruce Myers, o ator veterano da trupe de Peter Brook, mantém a força de seus meios mais técnicos. Sotigui Koyate reduz Polônio a um alcoviteiro senil. A Antonin Stahly escapa o controvertido final rearrumado pelo diretor. As atrizes Lilo Baur (Gertrudes) e Véronique Sacri (Ofélia) têm participações apagadas, tanto quanto Rachid Djaïdani. Emil Abossolo-Mbo (o rei e o fantasma) é uma figura hierática em cena, construída com mínimos e refinados recursos interpretativos.

LONGA JORNADA DE UM DIA NOITE ADENTRO

A culpa, até mais do que o amor, é o que une a família Tyrone. Cada um deles atribui ao outro as suas fraquezas, vivendo da imagem das recriminações que este espelho de sentimentos reflete sobre todos. Não há mais lugar onde possam viver juntos, mas estão condenados a compartilhar a intolerável sujeição afetiva que os reúne por laços de dependência mútua. Ao longo do dia, que começa num café da manhã cheio de suspeitas, se prolonga num almoço de anunciadas dores, se estende por uma tarde de histórias irreparáveis, adquire solitárias certezas no jantar e se acomoda no início da madrugada na fantasmagórica desistência de viver, os Tyrone empreendem a sua caminhada para a noite.

Com a ação concentrada num único dia, a peça póstuma de Eugene O'Neill (1888-1953) – ele só permitiu a encenação após sua morte – faz tributo aos antepassados do autor, que escreveu sobre a própria família com "profunda piedade, compreensão e perdão". Os sentimentos de O'Neill em relação aos seus não seriam os mesmos que os personagens que criou puderam experimentar entre si. O passado prende cada um deles aos demais, numa rede de conflitos em que se atribuem responsabilidades pela infelicidade de suas vidas, mas demonstram que essa trágica unidade afetiva se articula através de insustentável amor.

O jogo de culpabilidade mantém a família em permanente angústia por tentar compreender o verdadeiro papel individual dentro dela. O sofrimento, algumas vezes, parece barulhenta história melodramática, na qual todos gritam e se exaltam, bebem e se drogam, são ferinos e maldosos, choram e se desesperam, mas encontram o seu mais profundo amor nas pausas entre os embates emocionais e nos silêncios da repulsa.

Longa jornada de um dia noite adentro se fundamenta no realismo psicológico e a trajetória dos personagens se identifica, profundamente, com esse verismo narrativo que traça os contornos dos personagens com força dramática, impondo-se pela refração poética ao mero naturalismo. A construção da peça obedece a uma disciplinada e rigorosa evolução, em que o tempo real se confunde com o psicológico, de tal maneira que a passagem das horas acompanha a imobilidade daquelas vidas que estagnaram no passado, de onde retiram a seiva para continuar, mesmo em litígio e imobilizadas pelas culpas divididas.

"A vida nos fez assim", diz a frágil Mary, enquanto o atormentado Jamie constata que "tudo é como está". Nesta empreitada, joia do realismo envolvida pela neblina do que já passou, afogada no amor estrangulado pelos ressentimentos, Eugene O'Neill descreveu a experiência existencial concentrada em dilacerantes 24 horas.

A montagem de Naum Alves de Souza é uma suave transposição e sutil captação das firulas do texto. O diretor se mostra cuidadoso no tratamento de personagens tão verdadeiros e reais, mas igualmente voláteis e abstratos em sua exacerbada sensibilidade. O espetáculo não faz qualquer julgamento daquelas pessoas, apresenta cada uma delas buscando desenhá-las em traços finos e equidistantes.

O diretor acompanha o desenvolvimento dos personagens com olhar de longe, que apenas amplia o alcance do que mostra para focalizar a extensão do que quer ressaltar. A medida de uma encenação de *Longa jornada de um dia noite adentro* está no ajustamento entre a densidade que emana do texto e a dimensão que se pode dar a essa densidade. O melodramático é uma ameaça constante que, nesta versão, fica neutralizada pela disciplinada transcrição de Naum Alves de Souza, com a sua sensível compreensão e "solidariedade" com a trama familiar.

O cenário de Celina Richers divide horizontalmente o palco, com uma das metades encoberta pela transparência de uma tela, o que cria um seccionamento da cena, tornando-a realista num plano e evocativa em outro. Esta moldura, além de não ser favorecida pela arquitetura do palco, somente é aproveitada nas cenas finais, e acaba se transformando numa enorme tela para projeção que informa a passagem do tempo. O figurino de Miko Hashimoto é correto, ainda que seja mais teatral no vestido de Mary do que nas roupas masculinas. A iluminação de Aurélio de Simoni é marcada pela alternância dos estágios emocionais dos personagens, regulando a intensidade da luz ao ritmo dos diálogos. Já a música de Edgar Duvivier, que capta bem o clima daquele universo, nem sempre tem presença oportuna. No início, soa invasiva, sublinhando desnecessariamente. Na segunda parte, no entanto, encontra a sua adequação dramática. A tradução de Barbara Heliodora é um valor agregado.

Cleyde Yáconis interpreta Mary na medida do temperamento da personagem a quem serve, com interiorização que desvenda as suas fraquezas e mágoas, projetando o alheamento de quem se desprega da vida porque, afinal, "não adianta mais". A inconstância de humor de Mary, que num rápido momento se altera, é minuciosamente interpretada pela atriz, que, no detalhamento de gestos, na modulação da voz e nas sutis pausas, ilumina a frágil mulher. Cleyde Yáconis vive com rigor e nitidez os conflitos de Mary, reforçando com sentido emocional a sua percepção da complexidade desta mulher. Atuação marcante.

Sérgio Britto, como Tyrone, o pai e ator que se condena por aquilo que sempre amou, alcança o personagem numa aproximação naturalista em contraste com dramaticidade mais densa. O ator briga com esses extremos, encontrando algum equilíbrio ao contracenar com a personagem da sua esposa. Marco Antônio Pâmio, que faz Edmond, o filho caçula (que representa bem mais do que o *alter ego* de Eugene O'Neill), compõe a fragilidade física e emocional do rapaz doente. Genésio de Barros vence a difícil cena da bebedeira, e Flávia Guedes agarra a oportunidade de desempenhar o episódico papel da empregada com vivacidade que parece simpática demais.

OS SOLITÁRIOS

As duas peças, *Pterodátilos* e *Homens gordos de saia*, do norte-americano Nicky Silver (1960-), que compõem *Os solitários*, em cartaz no Rio, adquirem complementaridade quando apresentadas em sequência. O núcleo de ambas é a família, resíduo de pulsões instintivas que despeja com humor grotesco os estágios de ruptura das convenções sociais que tornam possível a convivência. Na conferência canhestra que abre o espetáculo, o professor reduz a evolução humana a uma bizarra interpretação da história, dando assim o tom, surreal, do que se seguirá. O desvio do padrão e a vontade de ignorar a interdição deixam os personagens de Silver à deriva de si mesmos. Em *Pterodátilos*, cada um dos membros da família e um agregado se mostram irremediavelmente sós e assustados, o que justificaria os seus atos, seja o de beirar o incesto, seja o de, simplesmente, uma mãe esquecer o nome da filha. Em *Homens gordos de saia*, mãe e filho, sobreviventes de desastre aéreo, iniciam na floresta caminhada irreversível em direção à animalidade primordial.

O autor concentra nesses dois polos familiares a intenção de provocar, no mínimo, uma inquietude pelo choque de revelar instintos tão explicitamente confessados. As imagens verbais (excessivas e arrebatadas) e as físicas (contrastantes pela inversão de papéis sexuais e pela associação da antropofagia e do incesto com a extinção de espécies e o comportamento de primatas) estão carregadas de referências pop. A narrativa do autor não se constrange em absorver diálogos que poderiam estar em uma *sitcom* e até mesmo em reacondicionar situações de uma "comédia burguesa". Os conflitos que se desenvolvem na família são, apocalipticamente, projetados na instabilidade de um processo civilizatório e sublinhados pela imposição da metáfora dessa crise.

Nicky Silver procura afastar-se da convenção para provocar a estranheza com os recursos que se pregam ao instantâneo de imagens superficialmente provocantes e à urgência de suscitar um consumo reativo. O efeito pode ser contrário. *Os solitários* nivela os possíveis sinais inquietantes e agressivos ao plano anódino, anestesiante e diluidor das imagens de efeito. O diretor Felipe Hirsch tenta impor ao espetáculo gradação de intensidade no humor negro, mas fica aprisionado à artificialidade e aos truques do texto. A sua encenação é "elegante", com sofisticação de meios que neutralizam ainda mais essa crueldade de aparência. Hirsch reforça com as projeções uma das suas marcas autorais como diretor, o aspecto visual refinado da montagem, ainda que o que se veja possa provocar, na abstração, textura e porosidade das suas formas, uma relativa aversão.

O ótimo cenário de Daniela Thomas, que distorce perspectivas, enquadra melhor a opção do diretor. Os figurinos de Cao Albuquerque são por demais realistas no comentário a modos de viver e vagamente estilosos na maneira de vestir outros personagens. A refinada iluminação de Beto Bruel completa esse aparato visual que, ao tentar acondicionar a cena num quadro de arquétipos, aponta mais para a instalação plástica.

Hirsch costura com humor negro o aspecto inconsciente da trama para trazê-lo à frente desse volume de pistas visuais, especialmente na direção do elenco. Na interpretação dos atores, *Os solitários* se desprega da moldura para ampliar o jogo possível de "brincar" com o inconsciente. Marco Nanini leva ao **ex**tremo de sua inteligência cênica as indicações excessivas dos seus papéis, explorando-os na exacerbação das possibilidades quase farsescas que uma jovem problemática ou um menino devorador de cadáveres deixam antever. O ator traduz o impalpável das motivações dessas figuras em observações sutilmente críticas que devolvem, pela sagacidade de seu tom interpretativo, a exata reação desses personagens. Marieta Severo tempera os condicionantes tradicionais de uma mãe de atitudes inconsequentes, revelando os estereótipos que essa tradição produziu. A atriz submete, com ferina malícia, a personagem à manipulação desse código. Na mãe de *Homens gordos de saia*, ela provoca um esfriamento na sua representação, como para evitar qualquer facilidade dramática, o que, no entanto, leva a atuação a uma intensidade linear. Guilherme Weber adota humor adequadamente cínico, e Wagner Moura encontra, na ambiguidade, a dose de estranheza do personagem. Erica Migon sustenta, na medida, suas pequenas intervenções.

PÓLVORA E POESIA

Alcides Nogueira (1949-), autor de *Pólvora e poesia*, transpõe o encontro dos poetas franceses Arthur Rimbaud e Paul Verlaine e a convivência de seus temperamentos e atormentados estados de alma (dor e prazer, culpa e êxtase, convenção e rebeldia) para uma poética dramática. A essência da poesia de cada um deles é o aspecto que Alcides Nogueira ressalta através de diálogos que retratam história real – o relacionamento amoroso, a agressão de Verlaine a Rimbaud com arma de fogo, os conflitos provocados pela amizade dos poetas na sociedade parisiense do século XIX. Mas esses diálogos, na verdade, sustentam o enfrentamento de dois artistas diante da sua criação.

Arte e vida, realidade e ficção, se confundem através da obra, que é aquilo que os aproximou (as cartas de Rimbaud, escritas da província, à espera da aprovação do poeta consagrado, são o prenúncio do fascínio mútuo). E os uniu (a paixão é o veículo destrutivo que transfere o ardor da escrita para os desajustes irreconciliáveis da existência). E os separou (o tiro fere o alvo, mas não modifica os sentimentos). É desse material que Alcides Nogueira retira a ficção teatral que propõe como poema dramático, em que os movimentos de atração e retração de dois artistas se estabelecem com métrica marcada pelo amor que, para cada um, assume diferentes medidas.

Para Verlaine, preso a regras do êxito nos salões intelectuais e vivendo um casamento, foi preciso lutar para se despojar de tudo e acompanhar a juventude arrebatada de Rimbaud, cuja força da criação se encontrava na existência desmedida. Mas o que os ligava mais fortemente era a experiência vivida na poesia. O comportamento que provoca escândalo tem peso menor em *Pólvora e poesia* do que a angústia e as dúvidas de Verlaine e o arrebatamento poético-existencial de Rimbaud. A peça assinala na sua escrita limpa, decomposta da cronologia pelo ato de agressão que deflagra a narrativa, a metáfora do medo do risco. Verlaine mira no perigo e acerta na solidão. Rimbaud despreza as regras para viver a emoção em estado bruto, na loucura, nas drogas, na miséria.

Apesar de um universo tão impregnado de adjetivos sonantes, o texto de Alcides Nogueira possui limpidez e depuramento refinados, em que as situações mais contundentes do desregramento dos sentidos servem apenas de munição para projetar o processo poético. A tensão aparece no interior dessa poesia, transferida para a realidade como um prolongamento de temperamentos que encontram justificativa na gênese da obra que produzem.

O diretor Márcio Aurélio transporta essa mesma integração entre vida e obra para a sua montagem, despojada de adereços ou adornos cênicos, mas inflada de emoção pinçada na força poética do texto. O espetáculo é quase ritualístico em seu despojamento, um recital dramático no qual um pianista compartilha o palco com os atores, em desenho cênico traçado com gestos, ora rígidos na apresentação dos personagens, ora quase dançados nos instantes de exaltação. O rigor construtivo do espetáculo investe em elementos cênicos que poderiam caracterizar preciosismo formalista, mas que, no entanto, se definem na unidade teatral de um texto candente em imagens depuradas, configurando sofisticado e apaixonado rito poético.

A música permeia e pontua algumas cenas, com alternância de um prelúdio de Chopin com sons de composição serial. A cenografia de Gabriel Villela distribui por um tablado quadrangular, com leve inclinação, a área de representação, depurando o palco de muitos objetos, nada além de um piano e uma porta, criando espaço poético delimitado por belo painel com cortes e rasgos e palavras escritas com estilete. Esta simples, mas impactante, arquitetura cenográfica é servida por sutil iluminação de tonalidades ocre que esquentam e retiram qualquer conotação realista da cena.

João Vitti corresponde com disciplina e sinceridade a um Rimbaud de juventude perdida e temperamento mais apaziguado. O ator demonstra contenção de meios expressivos, o que se ajusta ao ascetismo expositivo da montagem, deixando escapar, no entanto, alguns traços mal esboçados que sublinham emoções postiças. Leopoldo Pacheco tem atuação irretocável, com o seu despojamento e economia de recursos que resultam em perfeita interpretação dos conflitos interiores de Verlaine. A sobriedade do ator reflete uma carga múltipla e contraditória de sentimentos – do medo à vergonha, da irracionalidade à razão – iluminada com inteligência e emoção.

Pólvora e poesia é um espetáculo rigoroso, de realização precisa, mas com ampla capacidade de envolver a plateia. O público do Rio merece receber essa montagem que, na simplicidade de sua concepção e no refinamento de seus métodos, confirma, de maneira exemplar, a necessidade do poético na cena contemporânea.

NOVAS DIRETRIZES EM TEMPO DE PAZ

Há seis meses, *Novas diretrizes em tempo de paz*, do autor paulista Bosco Brasil (1960-), surpreendia o Festival de Teatro de Curitiba pela maneira enxuta, simples e, ao mesmo tempo, rigorosa como o texto chegava à plateia, provocando verdadeira emoção e dando sentido poético à reflexão. Quando estreia no Rio, com um novo ator no elenco, justifica-se outra resenha crítica. O espetáculo possui qualidades que determinam a revisão desta pequena joia de apenas 50 minutos de duração, na qual o autor menciona as diversas formas de sobreviver às guerras, internas e externas, e se pergunta sobre a capacidade do teatro (e da arte) em refletir aquilo que se vive – em especial em reproduzir a persistência da vida.

Bosco Brasil, em texto fluente, sem qualquer desperdício de palavras, na medida exata de uma gramática de lembranças que evoca "sujeito, objeto e predicado" como regra de verificação do passado, descreve um policial sem certezas à espera de que o fim da guerra alcançasse os funcionários burocráticos. O agente, responsável pela concessão de salvo-conduto aos estrangeiros que aportam no Rio de Janeiro fugindo da guerra na Europa, se defronta com imigrante que pretende reconstruir a vida no Brasil. A ação se passa em 1945, logo depois da assinatura do armistício, mas antes das novas diretrizes em tempo de paz. Segismundo, o policial fiel cumpridor de ordens, até mesmo para torturar, sente-se ameaçado por esses novos tempos.

O imigrante Clausewitz é um ator polonês que, sem qualquer bem material como valor de troca, se candidata à permanência no Brasil, oferecendo-se como agricultor ("o país precisa de mãos na lavoura", ironiza). No confronto entre eles, o policial exerce seu poder de determinar a vida futura do estrangeiro, e o imigrante procura, através de ardis de sua verdadeira profissão, convencer o seu juiz a abrir-lhe as portas de entrada. Segismundo detém o poder sobre outras vidas, mas a sua própria está dominada pela incapacidade de romper com o domínio de um poder internalizado que o faz obedecer, sem qualquer receio de destruir os seus sentimentos. Clausewitz encobre o seu verdadeiro papel com as técnicas dissimuladoras asseguradas pela sua profissão, até descobrir que a arte é seu real material de troca.

Segismundo e Clausewitz são sobreviventes das atrocidades que cometem ou testemunham, também vítimas de sua impotência em gerir acontecimentos que os ultrapassam como indivíduos. Segismundo é vítima de sua origem, incapaz de descumprir uma ordem, reagindo com brutalidade à consciência do absurdo da sobrevivência. Clausewitz é vítima da guerra, espectador de atos desumanos, culpado pelo absurdo de ter sobrevivido. Desta maneira, se igualam, não apenas como vítimas, mas como sobreviventes da crueldade construída no desespero de reafirmar a vida pela morte.

O entrechoque entre os dois se acentua quando o policial exige, para liberar ou não o imigrante, que o faça chorar – ele, que já ouviu tantas histórias de guerra e praticou outras tantas violências – nos dez minutos que os separam da partida do navio de regresso à Europa, levando aqueles que tiveram o visto recusado. O ator recorre, então, ao truque do teatro, e aquilo que seria uma representação se transforma num ato revelador de que, mesmo diante do horror, a vida se prova sonho.

Bosco Brasil atinge voltagem poética e carga emocional com inteligentes diálogos, aparentemente revestidos de simplicidade coloquial, que fazem com que *Novas diretrizes em tempo de paz* seja uma peça tocante, provocativa e quase niilista, mas que surpreende no final pela sua profissão de fé nas infinitas possibilidades de tradução do humano pela arte. O autor não cai na armadilha de transformar o teatro num veículo redentor, mas apenas expressa a dúvida sobre a capacidade da arte é capaz de "falar do que se vive". Nesta dúvida estão contidas, ainda, a exploração poética na arte e as refrações da vida que se manifestam nas mais sombrias regiões do humano. Não há maniqueísmo de carrasco-vítima, os personagens emergem de uma realidade que os justifica como homens em estado de beligerância consigo mesmos. Bosco Brasil decompõe a língua para construir a linguagem, evocando a história política para desenhar individualidades. Um texto refinado e emocionalmente melancólico. Uma peça irretocável.

Ariela Goldman adotou a simplicidade e o despojamento aparentes do texto na sua encenação, igualmente simples e despojada. A diretora concentrou-se nos intérpretes, extraindo dos personagens que contracenam intensamente a medida das atuações, que jogam muito bem com os diversos climas dramáticos das cenas. A montagem se apoia no "duelo" de interioridades e estabelece com os intérpretes uma escala para o jogo cênico que se mantém na sutil linha narrativa da peça. A prova da segurança da diretora se confirma com a mudança de ator no papel de Segismundo, que recria o personagem mantendo o mesmo delineamento estrutural do espetáculo.

A encenação é quase estática, os atores se movimentam com economia de gestos, a iluminação se fixa em imperceptíveis mudanças, mas transmite a sensação de que a única luz de cena é a de uma lâmpada. Nada distrai o olhar do espectador da interpretação dos atores, ponto referencial da montagem.

Tony Ramos, que assumiu o papel de Segismundo, empresta imagem um tanto marcante ao policial burocrata, mas projeta, com detalhada compreensão da complexidade do personagem, os conflitos de um homem que convive com a sua vilania. Dan Stulbach evita a composição do imigrante polonês (o sotaque em português é resultado de construção teatralmente sólida, e não de mimetismo caricatural) para trazer uma rica interpretação de alguém que se refaz diante do outro que o nega. O ator mede a dosagem de ironia, tristeza, e até de humor, em interpretação capaz não apenas de emocionar a plateia – a sua atuação chega a ser comovente em algumas cenas –, mas de provocar relação viva do ator com o material dramático. Uma interpretação memorável.

A PAIXÃO SEGUNDO G. H.

A narrativa parece impossível de ser transposta para o teatro. *A paixão segundo G. H.*, em cartaz no Teatro III do Centro Cultural Banco do Brasil, redimensiona literariamente (ou seria existencialmente?) um fluxo de consciência que a autora Clarice Lispector (1920-1977) deixa correr, como caudal de sentimentos designados por nomenclatura da alma e que não se detém em sua sutil voracidade em direção à coisificação do (des)encontro com o mundo. Não há propriamente ação, já que o percurso é feito através da negação de qualquer ordem e da incerteza sobre aquilo que se vive. A personagem, mulher que desvenda os espaços interiores como a abertura de portas de cômodos de uma casa habitada por seres tão misteriosos e desconhecidos quanto uma empregada esquecida ou uma barata saída do armário com trastes abandonados, empreende mergulho para dentro de si, imaginando-se outra.

A desorganização apaixonada desse monólogo interior, dessa "náusea" que leva a devorar o objeto do nojo, é marcada pelo rigor literário que conduz à procura de se "apossar daquele enorme vazio". O que se pretende descrever é aquilo que se vive. Fala-se de impossibilidades para demarcar concretudes, e o que o real fornece como informação são somente sinais esparsos para "essa coisa sobrenatural que é viver".

O imponderável da existência, que lança desconfiança até mesmo sobre o que lhe aconteceu, e que "pelo fato de não saber viver" se transfere para qualquer um, retira "da tessitura de que as coisas são feitas" a seiva que sustenta o corpo da alma. A adaptação de Fauzi Arap é tão sensível e cuidadosa quanto a labiríntica narrativa de Clarice Lispector. Os cortes cirúrgicos, que seccionam a obra sem retirar-lhe substância, abrem sulcos dramáticos que tornam esse desconhecimento "do que fazer do que vivi" matéria pulsante e poética no palco, sem que se interfira na voz da autora, mas condensando, no tempo cênico, o fluxo do tempo literário. A costura bem tramada de Fauzi Arap, no entanto, não seria suficiente para que o caráter delicadamente portentoso de *A paixão segundo G. H.* ganhasse vida e igual tensão poética em cena. A adaptação é um excelente início, mas a equipe de realização da montagem demonstra unidade criativa que se complementa harmoniosamente.

O diretor Enrique Diaz, que assina a "criação" ao lado da atriz Mariana Lima, utilizou o espaço do Teatro III com oportunidade dramática, criando áreas de representação que, na medida da gradual abertura dos cômodos, iniciam, em paralelo, um trajeto que identifica personagem e plateia. Se, a princípio, a intimidade de um quarto estabelece o código de identificação, a passagem por um corredor e pela cozinha reforça a adesão do público ao desconforto da personagem, que se sente "do lado de fora", deixando "pedaços meus no corredor", consciente de que não cabe em lugar algum. A plateia (de apenas 25 espectadores) testemunha a entrada no quarto de empregada, ponto de chegada para tocar no intocável, "porque viver não é relatável", cúmplice de sua angústia. E essa angústia da personagem espirra sobre cada um da plateia em partículas de medo a pairar sobre a "neutralidade viva", já que o embate daquela mulher é para valer.

Marcos Pedroso tira partido dos espaços disponíveis com algum realismo, no quarto, bem como o figurino de Marcelo Olinto para a cena desenrolada nesse cômodo. Mas o cenógrafo subverte a impressão fotográfica do primeiro quadro no quarto de empregada. A desconstrução de medidas, com transparência para as ótimas e dramáticas projeções de vídeo, empresta ao aposento completa transfiguração (os quartos de empregada não são assim), acomodando nas telas-paredes brancas do espaço neutro as angústias aprisionadas nos despojos domésticos. As paredes, que se tornam muros que "a gente pisa [...] com uma pata humana demais, com sentimentos demais", são divididas com os insetos, também alpinistas levados a escalar a ignorância de sua condição. A precisa iluminação de Guilherme Bonfanti e a presença, oportuna e envolvente, da música composta

por Marcelo Neves complementam o cenário que, como raramente acontece, encontra sentido para o conceito de "instalação plástica" num espetáculo teatral.
Mariana Lima confere autoridade interpretativa ao texto fluido e volátil de Clarice Lispector. A atriz dá realidade cênica e verdade dramática a fluxos de sentimentos que se apresentam com pontuação em que vírgulas e pontos são tão determinantes quanto a métrica de um poema.
De início, Mariana Lima busca imagem física que guarda muito de realismo figurativo, remetendo a um retrato passível de ser reconhecido, além de impor tensão nervosa e gestos exteriorizados, como fumar e adotar porte elegante e afetado, que desenham atuação perigosamente referenciada. Mas a atriz cresce ao longo da encenação, abandonando progressivamente esse "realismo" em função de interpretação que se integra à corredeira fluvial das palavras, com pausas que desconstroem qualquer ênfase dramática, atingindo o substrato da linguagem poética original. O corpo se amolda a essa corrente narrativa; e o gesto largo significa contenção e o silêncio, grito.
Mariana Lima contracena, ainda, com as imagens do vídeo ou com a sua própria imagem projetada quando de sua ausência em cena, num diálogo de intensa carga teatral. Interpretação sutil e visceral de uma atriz que estabelece vínculo com a plateia por meio da emoção inteligente na filigranada montagem de uma obra arrebatadora.

OS SETE AFLUENTES DO RIO OTA

Alguns críticos reduzem Robert Lepage (1957-) a um "construtor de imagens" que brinca com *gadgets* teatrais, quando, na verdade, o diretor transforma a "ação cênica" em um jogo de referências, um meio de combinar linguagens (da arquitetura à acrobacia, da dança aos mais contrastados gêneros teatrais) e cartografia cultural. A encenação de *Os sete afluentes do rio Ota* é a terceira montagem desse autor e diretor canadense apresentada no Brasil. É a primeira dirigida por outra encenadora, Monique Gardenberg, que seguiu a ideia original e a coordenação de criação – a montagem de Lepage é resultante de elaboração coletiva – para "reproduzir" o desenho de um espetáculo que estreou em 1994, ganhou uma segunda versão em 1998, e que agora pode ser visto no Teatro I do Centro Cultural Banco do Brasil.
Fascinado pelo Oriente, em especial pelo Japão, o autor utiliza em *Os sete afluentes do rio Ota* jogo de espelhos culturais que torna possível integrar dramaticamente a explosão da bomba em Hiroshima com lembranças de um campo de concentração na Polônia. A refração de fatos históricos, que incidem sobre a vida de pessoas tão comuns quanto qualquer um de nós, desconstrói a representação

com técnicas de teatro oriental, vídeo e ópera. *Os sete afluentes do rio Ota* é uma saga que percorre lembranças indeléveis e consequências irrecusáveis da Segunda Guerra ao longo dos anos de 1945 a 1997.

A bomba de Hiroshima deixa cega uma menina japonesa que introduz a história de uma mulher, também desfigurada pelos efeitos do ataque, que, por sua vez, encontra um soldado norte-americano com o qual tem um filho que, adulto, viaja para Nova York, onde descobre vestígios de seu passado, e que... A narrativa, como fluxo fluvial, prossegue destacando de cada uma das sete cenas um personagem que remete a outro anterior e que dá sequência a um desenrolar de histórias de pequena humanidade, vítima de fatos que submetem suas vidas a razões político-sociais, diante das quais são imponentes alvos sem escolha.

Para Robert Lepage há uma "dramaturgia cênica" que preexiste ao texto, que só é escrito depois de esgotados todos os mecanismos da criação coletiva. *Os sete afluentes do rio Ota* segue trajetória – dividida pela evolução temporal – com um único recuo para esclarecer a origem de alguns personagens – em que cada uma das sete cenas traz informação sobre aquilo que a antecedeu. A esta saga nada épica se assiste com a curiosidade que desperta um "novelão" de poéticos contornos folhetinescos e emoção esvaziada de melodrama. O grande ato (a guerra, o extermínio) age sobre vidas comuns com força devastadora, e é nessa ação e em suas derivações no mundo individual que transitam as vítimas. Pelo detalhe, chega-se ao painel. A Hiroshima em que se iniciam esses rios de histórias é o ponto de chegada da mesma personagem que, cega pelo horror do fogo, vislumbra, através das chamas que destroem a vida, a possibilidade de sobrevivência pela perseverança do exercício do amor.

Os sete afluentes do rio Ota tem muito em seu componente estrutural de *La ronde*, de Arthur Schnitzler (1862-1931), peça do início do século passado apoiada na circularidade narrativa e na qual a evolução da história se transmite por meio de personagens que parecem sair uns de dentro dos outros. Lepage acrescenta ao modelo diversas formas de linguagem que marcam a diversidade de estilos de roteiro tão finamente organizado. A ópera, que é somente sugestão temática a princípio, se torna elemento narrativo decisivo na cena que encerra o quarto quadro. As técnicas de representação oriental deságuam na poética cena sete, da mesma maneira que memórias ilusionistas carregam de emoção a cena quatro.

À rigorosa escrita cênica de Lepage corresponde essa mistura multicultural e de instâncias fabulares que fascinam por seu poder quase hipnótico. A narrativa é deliberadamente lenta e pausada para permitir que uma real emoção surja em cada quadro, como se o autor-diretor quisesse demonstrar de que região da fábula ela brota. O espetáculo, dividido em dois dias – a primeira parte, com três horas de duração, termina na cena quatro, e a segunda tem duração de duas horas e dez minutos –, demonstra mais impacto e consegue maior envolvimento nos quatro quadros iniciais. Ainda que os três restantes mantenham a alta voltagem poética – e talvez aí esteja a maior dificuldade de se completar a volta desse carrossel de afetos sem romper a intensidade dramática surda dos primeiros quadros –, há um certo desgaste na montagem, sem contudo, enfraquecer o poder do painel.

Monique Gardenberg seguiu o roteiro e a concepção do espetáculo original, tanto que assina a montagem ressaltando que foi inspirada no espetáculo de Lepage e de seu grupo Ex-Machina. Só a introdução de um poema de Allen Ginsberg escapa da dramaturgia de Lepage. Até mesmo a cenografia obedece ao desenho proposto pelo espetáculo canadense, o que não retira da diretora, do cenógrafo (Hélio Eichbauer) e da equipe os méritos de tornar possível uma "recriação" que alcança "autonomia" a partir das características dos participantes desta montagem.

A direção mantém o rigor da dramaturgia original, na suave narrativa que não escorrega na facilidade da emotividade, mas que sustenta a comunicação fluente das histórias com emoção oriunda da consistência do roteiro bem planejado. Monique Gardenberg dosa o ritmo do espetáculo com a precisa lentidão de uma peça em que o tempo dramático se confunde com a falta de urgência narrativa. Há uma secura aparente nas mais contundentes cenas, como a da morte consentida, ou a do truque de mágica no campo de concentração, ou, ainda, na descrição do jardim morto, acompanhada pelos movimentos de butô, que projetam a encenação a planos-sequências de uma cinematografia de imagens cruas, mas tocantes.

Todo o elenco se distribui por vários papéis e as interpretações se pautam por não se desviarem do despojamento, mesmo nos personagens que, eventualmente, tenham apelo mais farsesco. Beth Goulart mostra contenção filigranada como Nozomi, quando atua de costas para a plateia, mas sabe usar a exterioridade expansiva como a gerente do hotel e dosar o aspecto nervoso da ex-mulher do embaixador. Caco Ciocler tem atuação sem resquícios de qualquer excesso no soldado, e com uma limpeza e economia de meios na transmissão dos sentimentos do doente terminal.

Maria Luísa Mendonça perpassa 60 anos de vida da personagem, mantendo seguro domínio interpretativo. Helena Ignez tem seu melhor momento como a monja. Lorena da Silva está um tom acima das suas personagens. Pascoal da Conceição se destaca pelo humor, tanto como o bibliotecário quanto no tradutor, e pela presença como o mágico do campo. Giulia Gam não permite que a sua Ada Weber se desfaça no melodramático. Jiddu Pinheiro compõe com eficácia Jeffrey Yamashita. Madalena Bernardes mostra voz poderosa, e Thierry Trémouroux sustenta o ator nô. Gilles Gwizdek empresta a figura e o sotaque ao embaixador.

Caio Junqueira dá nitidez e colorido ao jovem Pierre. Charly Braun, Bruno de Oliveira, Daniel Tendler e Julia Barreto têm atuações mais circunstanciais.

PESSOAS INVISÍVEIS

As histórias curtas de uma "arte sequenciada" ou um conto gráfico que se aplica aos quadrinhos fazem parte da obra do norte-americano Will Eisner (1917-2005), capaz de transferir a vida de personagens perdidos no vulcão cotidiano de uma grande cidade (Nova York) para as tiras que, visualmente, interpretam um esboço de traços sobre a existência contemporânea. Will Eisner, consagrado pelo personagem Spirit, estendeu o seu grafismo narrativo para uma série de histórias em que figuras de realidade humana e social marcada pela solidão do anonimato e pela desimportância coletiva, compartilham, em um cortiço ou na impessoalidade de uma viagem de metrô, a violência que assalta as suas portas e o medo de viver o dia a dia sem perspectivas. Saídos de *Contrato com Deus*, de *Avenida Dropsie*, *O edifício*, *New York – The Big City*, *Will Eisner Reader* e *Spirit*, os personagens de Will Eisner formam mosaico de histórias em *Pessoas invisíveis*, concepção dramatúrgica de Maurício Arruda Mendonça e Paulo de Moraes que reúne, com a habilidade da escrita cênica identificada com os quadrinhos, pequenos dramas da metrópole.

A dupla de adaptadores extrai das situações vividas por essa gente insignificante ("a barata só tem que viver. Eu tenho que me perguntar por quê?") um arcabouço dramático que junta três personagens de histórias diferentes (o músico Tonatti, o amedrontado e esquivo Mensh e o escapista Shnobble). Eles representariam certa consciência do mundo em que vivem e do qual são vítimas, chegando à morte sem concretizar seus sonhos. Um pouco síntese dos demais, os três percorrem a narrativa impulsionados pela dor da frustração e pelo rompimento sempre iminente da morte.

Os adaptadores criaram, efetivamente, um texto teatral que acomoda a variedade de personagens numa estrutura dramática construída pela "estética dos quadrinhos", e da qual não se desviam, mesmo quando se percebe alguma reiteração e ingenuidade na origem do material. Os adaptadores acertaram na medida em que trataram a obra de Eisner com a mesma linguagem na qual foi gestada, e, assim, puderam tirar o melhor partido da sua inventividade através dos próprios meios expressivos que a qualificam.

A montagem de Paulo de Moraes intensifica a relação da trama com a sua forma, de tal maneira que a cena está sempre referenciada aos aspectos visuais, seja pelo ritmo sequenciado dos quadrinhos, seja pela interpretação dos atores, desenhada com movimentos e gestos que cristalizam os traços do papel. A cena inicial, que se passa num vagão de metrô, já prenuncia a intensidade com que o diretor deixa fluir a passagem dos quadros e o estilo de interpretação imposto ao elenco.

As cenas são como quadros por onde correm desenhos em movimento e que encontram a sua "dramaticidade" no abandono de atuações veristas. Os atores demonstram, continuamente, que estão um tom acima do realismo, como se descolassem da linha do desenho para ganhar, em movimentos expandidos, suprarrealidade que os torna comoventes algumas vezes, patéticos outras, e sempre merecedores de alguma compaixão. Paulo de Moraes concretiza esses elementos oriundos dos quadrinhos em evolução ritmada, tendo o olhar cênico ajustado ao mundo que retrata.

A relativa modéstia de recursos perceptível na realização do adequado cenário – de Paulo de Moraes e Carla Berri, e do vídeo –, não compromete a visualidade do espetáculo, que revela, nos figurinos de João Marcelino e na iluminação de Paulo César Medeiros, tentativas de criar imagens de impacto. Não atingem seus objetivos, mas envolvem o espaço da Fundição Progresso num apreciável clima teatral, com alguma força evocativa. A trilha, também assinada por Paulo de Moraes, contribui para a fixação da atmosfera de quadrinhos dramáticos.

Simone Mazzer mostra tendência a interpretação mais "caricata" nos seus diversos personagens. Fabiano Medeiros vive Shnobble sobrevoando, perplexo. Patrícia Selonk desenvolve sugestão de mímica e do estilo *clownesco* que ajuda a atriz a tocar o registro da emoção, transmitindo a opacidade, frustração e amor de Tonatti. Marcos Martins, Sérgio Medeiros, Simone Vianna, Marcelo Guerra e Stella Rabello sustentam com vigor a linha de interpretação.

2003

COM A PULGA ATRÁS DA ORELHA

Nada é mais fim de século do que as intrigas de alcova e o jogo de aparências das peças do francês Georges Feydeau (1862-1921). O *fin-de-siècle*, evidentemente, se refere ao século XIX e início do XX, numa época em que o *vaudeville* e a opereta pareciam tomar conta da mundanidade cênica de uma Paris de esposas que não precisam ser virtuosas, mas apenas parecerem virtuosas, e de maridos que se empenham em driblar evidências de suas aventuras amorosas. O gênero sobreviveria a tempos mais complexos pela habilidade como essas pequenas traições e esforços para manter intocada a moralidade burguesa conseguiram se tornar plausíveis para espectadores menos complacentes com os mecanismos cênicos que o autor utiliza para tentar "salvar" a estabilidade do casamento e restabelecer a acomodação social dos bons costumes.
É essencial acreditar nos quiproquós desencadeados por cartas que chegam a mãos erradas, que semelhanças físicas possam confundir identidades e que personagens não possam ficar frente a frente porque, de outro modo, desabam as razões para que a engrenagem narrativa se mantenha de pé. E é exatamente a fórmula de conduzir essa engrenagem que sustenta o *vaudeville* como gênero. A montagem precisa, portanto, traduzir o tempo narrativo, conduzir as firulas desse relógio com batidas de humor nas horas certas, para que a plateia se integre às regras do jogo do inconsequente entrecho. Há que se fazer o espectador participar da corrida de disfarces para que ninguém que possa ser visto esbarre naquele de quem se está escondendo. O jogo em si é ingênuo, as regras é que fazem essa ingenuidade ganhar dinâmica e impor-se como *divertissement*, se não inesgotável, pelo menos eficiente.
O diretor Gracindo Júnior afirma que desejava montar *Com a pulga atrás da orelha* desde que assistiu, na década de 1960, ao espetáculo assinado por Gianni Ratto com o elenco do Teatro dos Sete (Fernanda Montenegro, Ítalo Rossi e Sérgio Britto). Se o entusiasmo de Gracindo Júnior nasceu daquela longínqua lembrança, como diretor da atual versão ele se esqueceu das melhores qualidades da encenação de Ratto (a leveza e o exercício de estilo) para transformar a peça em um jogo articulado, mas com apelos dispensáveis à vulgaridade (o que seria malícia não passa de explícitas referências) e a um ritmo e interpretação pelo menos dois tons acima do real nível de humor do texto.
O diretor não estabelece conivência da plateia com a trama, tudo corre com velocidade distante da relojoaria que marca o tempo cômico pela exatidão com que esse mecanismo é acionado na escrita. Os saltimbancos, que promovem uma pantomima no início, repetem movimentação agitada que nunca alcança a *feérie*

de encontros e desencontros cronometrados, mas que desfilam, mecanicamente, sem qualquer cumplicidade com o código da cena. Os poucos risos da estreia confirmaram que a engrenagem está desregulada.

A montagem se cristaliza no exagero, que não se restringe às facilidades da chanchada, aos apelos fáceis, aos gestos dúbios e à vulgarização do linguajar. Os artifícios ultrapassam as regras do núcleo cômico onde *Com a pulga atrás da orelha* justifica o seu humor, que não suporta esses desvios, revelando as rugas de expressão da sua hábil estrutura. Se o humor não acha a sua sintonia neste jogo de armar, suas peças caem por terra.

O cenário de Renato Scripilliti é mais engenhoso do que inventivo. O truque cênico em que o cenário se desmonta diante da plateia é o melhor momento do espetáculo. Os figurinos de Kalma Murtinho têm um excesso de cor e de brilho que não contribui para um visual mais elegante. A iluminação de Aurélio de Simoni confirma sua competência profissional.

O elenco, prejudicado por linha de interpretação apelativa, se perde na maratona à procura do humor a qualquer custo. Herson Capri, em papel duplo, usa prótese no nariz e dentadura que apenas se justificam para fazer dos personagens figuras ridículas. Maitê Proença tem atuação sem espírito e malícia, enquanto Françoise Forton se revela ainda mais apagada. Edwin Luisi recorre a inúmeros maneirismos para compor um Camille de chanchada. Rogério Fróes se mantém numa área de atuação bem mais discreta, o que já não ocorre com Edgar Amorim e Tony Correia. Agnes Fontoura fica no extremo oposto da exuberância. Os demais atores – Pia Manfroni, Jean Marc e Michael Menaugh – têm maior identidade com a comicidade proposta pelo diretor, e alguns deles – Chico Tenreiro, Celso Magno e Carolina Virgüez – conseguem se sobressair nesta cena agitada, mas sem vitalidade.

4.48 PSYCHOSE

Apenas em São Paulo e por mais dois dias, a atriz francesa Isabelle Huppert se imobiliza no palco do Teatro Sesc Anchieta com máscara facial fria, ainda que intensa, movendo os dedos como se experimentasse a dor de os ter quebrado, falando pausada e explicitamente de dentro do silêncio da incomunicabilidade sobre o despregar da vida. É *4.48 Psychose*, texto da inglesa Sarah Kane (1971-1999), que nesta montagem do francês Claude Régy é, mais do que nunca, um poema de ritmo descompassado, que penetra em mente psicótica para capturar a alma que expõe a impossibilidade de chegar a si mesma. E há, ainda, a culpa de transformar o desejo da vida em morte, de compreender a loucura e descobrir que não há o que fazer com esse conhecimento, de demonstrar a necessidade de amor, e essa vontade ser mitigada por receituário médico.

De calça de couro preta, camiseta azul, rabo de cavalo, Isabelle Huppert, que interpreta em francês (a peça tem legendas), assume figura cênica quase banal, emoldurada por uma tela aramada transparente que deixa entrever o ator Gérard Watkins, vestido com roupas de alegre tonalidade alaranjada, difusa presença de um médico ou da consciência viva do mundo racional. Na tela, ora com sua textura metálica, ora como imenso fundo negro, são projetados números ou palavras que acompanham a procura de alguma ordenação, a listagem dos fluxos interiores que brotam como avisos para adiar a hora final. Qualquer outro som, que não a voz compassada e o desespero do sofrimento ritmado pela mesma musicalidade das palavras, surge como sutil comentário, quase uma pausa entre os espasmos dissonantes de dor. É hipnótico.

As circunstâncias que levaram a autora da peça a se matar, aos 28 anos, em ascendente carreira de dramaturga, com apenas cinco textos escritos em cinco anos de atividade, podem informar ou aproximar sua vida do universo ficcional de *4.48 Psychose*. Como esta foi a sua última peça, é inevitável que se identifique o texto a testamento poético ou a oratório-confissão da morte pressentida. Mas a peça transcende a biografia de Sarah Kane, por mais cruel que possa parecer tal afirmação, pela autonomia expressiva que adquire ao estabelecer área de representação abstrata de uma mente-alma em desagregação, mas presa à racionalidade de um pedido de socorro.

O que o texto provoca não fica apenas na epiderme de uma situação-limite, apelando para o dramático ou a comoção de sentimentos. Neste monólogo interior, disseca-se um espaço elíptico, o momento perigoso em que cessa a luta, em que o abandono da vontade, cansada de desafiar as impossibilidades, rende-se à hora de agir, decidindo-se pela ausência e pela retirada. A guerra acabou. Está definitivamente perdida. O instante da decisão se localiza no horário mencionado no título, o atraente e melancólico início do ocaso.

A peça é inóspita, de crueldade corajosa diante de quadro depressivo assustador, sem qualquer concessão à voz dominante de uma suicida que, através dos fragmentos de seu discurso de negação, constrói imagens da luta contra o sofrimento de ter consigo aquilo que lhe causa tanto mal e, no entanto, é inexorável.

O diretor Claude Régy não torna as coisas nem um milímetro mais fáceis para o espectador. É da linguagem dura e incômoda que retira a substância de sua montagem. As frases são ditas pausadamente, esfriadas com deliberada intenção de valorizar a cirúrgica dissecação da racionalidade e da poética do texto. Em quase duas horas de espetáculo, Isabelle Huppert é um corpo falante: o maior movimento que faz é, uma única vez, olhar para o lado, gesto lento que termina com a volta à posição original.

O diretor explora com essa imobilidade física não somente a metáfora da inabilidade da personagem para suportar sua dor, mas também a manutenção dessa dor como a única possibilidade de continuar até o final. A luz, lateral, branca, quase policial, torna ainda mais árida a cena, incapaz de deixar qualquer fresta por onde possa surgir um fecho descompressor. Os sons incidentais são poucos, e a música, usada em pequenos trechos, talvez o único respiradouro dessa asfixiante exposição.

A linha do diretor é tão mais adequada quando se apercebe de como esse "esvaziamento" dramático (seria redundante enfatizá-lo) permite que se conduza a emoção pela essência da palavra poética. Desse rigor ascético emerge a força completa da poesia carregada de sentimento. É fascinante.

Gérard Watkins fica à sombra do protagonismo da cena, contraponto e alvo das dúvidas e da raiva daquela que fala o tempo todo para si mesma. Isabelle Huppert incorporou, integralmente, o despojamento sugerido pela direção, fixando-se na presença despojada e rígida, que atinge a emoção pura por vias transversas. As lágrimas caem, mas a atriz não chora.

A sucessão de palavras e de números é dita com carga de desespero que se estabelece no árido corpo inerte, invólucro perfeito para a emoção tocante. E a cena final de Isabelle Huppert é definitiva. A incorporação da morte é um suave, e nem por isso menos desamparado e solitário, reencontro com a sua unidade humana. A atriz deixa entrever a extensão do trágico, sem mudar (exceto talvez no discreto tom de voz, um pouco mais baixo) a sua máscara facial.

A elipse da narrativa se fecha com o pedido, numa troca do sentido do tempo da representação teatral, para que a cortina seja aberta. No fim, está o princípio. Isabelle Huppert percorre o tempo cênico como investigadora de uma linguagem transposta como ferida, que ela toca impiedosamente, sem lamento. Deixa à vista a dor em estado absoluto. É brilhante.

INTIMIDADE INDECENTE

O ponto de partida é a separação de um casal que, aos 50 anos, descobre-se envelhecendo. A discussão que deflagra o fim do casamento de mais de vinte anos surge pela acomodação do cotidiano – ele, indiferente, mergulhado nas palavras cruzadas, ela, insatisfeita, buscando carinho – e explode na saída do homem para conviver com a jovem namorada. Nesta primeira cena se definem, mais do que as características dos personagens, as condições emocionais e uma certa tipologia social do processo de ganhar idade. *Intimidade indecente*, de Leilah Assumpção (1943-), repete, nas décadas seguintes, aquilo que se define de início, acompanhando o relacionamento do casal e as mudanças de cada um, repetindo a estrutura da primeira cena. O par, que nunca mais se reuniu, tem encontros sucessivos ao longo dos anos, reforçando, com o peso da idade, a sua ligação afetiva. A autora construiu uma peça que se pauta na convenção, seja pelo tratamento que adota em relação à velhice, seja na maneira como utiliza o humor e o melodrama. Os diálogos mantêm, com sua linguagem desabridamente coloquial, a temperatura da cena aquecida na superfície. O compromisso de que cada uma das frases contenha uma "piada" é sustentado por incansável procura por reproduzir alguns dos clichês sobre a idade e o sexo. Os monólogos – a cada década, um dos membros do casal faz uma exposição interior das suas fraquezas – contemplam o aspecto melodramático que trata da solidão e do abandono.

Sob essas opções narrativas, Leilah Assumpção acompanha as mudanças sofridas pelo casal com alguma eficácia, já que a reação que o texto provoca na plateia é certeira. Da mesma forma que a autora consegue fazer rir, deixa o público emocionado com a cena final, o que demonstra que as suas ambições parecem ter sido totalmente cumpridas. A ausência de maior adensamento dos personagens, que poderia conferir-lhes mais ampla dimensão e matizes, deixa evidente que não estava nos planos da autora se estender naquilo que se pretende apenas eficaz na comunicabilidade direta.

A montagem de Regina Galdino não cria nada além de oportunidades para que os atores possam explorar as sugestões do texto, com alguma insistência no viés do humor. A diretora, por outro lado, não carrega muito no melodrama, deixando, uma vez mais, que os atores conduzam com moderada intensidade esse aspecto da peça. Mesmo os pontos mais vazios de *Intimidade indecente* – alguma repetição na narrativa, sem um "crescendo" dramático que disfarce a previsibilidade da trama – são preenchidos pelo empenho dos atores em acentuar a comunicação do espetáculo.

O cenário de Fabio Namatame atende às necessidades da cena, desenhando relevos nas paredes com elementos esculutóricos de objetos domésticos, compondo bonito painel, ainda que um tanto severo visualmente. Mas o efeito final, com a contribuição da iluminação de Ney Bonfante, funciona muito bem como ilustração e truque cênico.

Irene Ravache empresta a sua competência à personagem, que permite uma certa facilidade interpretativa. A atriz tira partido do caráter mais espontâneo da linguagem para liberar a sua atuação, que dosa, com maior equilíbrio do que seu companheiro de palco, humor e emoção. Marcos Caruso, ator de temperamento cômico, corteja a plateia com interpretação que se joga para o público na tentativa de conquistá-lo irrestritamente. Tem pleno êxito na empreitada.

NO RETROVISOR

Marcelo Rubens Paiva (1959-), autor de *No retrovisor*, faz no presente uma avaliação do passado (a juventude de sua geração), buscando as razões para tentar compreender em que se transformaram os personagens Ney e Marcos. Amigos na década de 1980, formando dupla de aspirantes a atores que apresentavam esquetes cômicos em circuito alternativo, sonhavam ao som do The Clash e The Police, faziam do Asdrúbal Trouxe o Trombone espelho de suas vivências, vibravam sob a lona do Circo Voador, perdiam-se na exacerbação dos sentidos. O inventário dessa amizade é marcado pelo reencontro dos amigos, trintões, com as vidas desenhadas: Ney, cantor popular, cego depois de um acidente, e Marcos, sobrevivendo de emprego medíocre, casado e com um filho.

Frente a frente, sem testemunhas para interferir na investigação da amizade encardida, revivem o que sonharam juntos, expondo o que são hoje. Ney traiu a sua rebeldia para se acomodar no sucesso. Marcos, fiel à idílica exaltação juvenil, cristaliza-se no cotidiano banal. Dos anos formadores restou a história sanguínea da amizade, mas também ressentimentos e lembranças. O passado, desfeito, renasce no reencontro com seus insuperáveis desgastes, deixando para trás uma época incapaz de ser recuperada.

A velocidade que percorre o espaço (emocional) ao ritmo do tempo (a juventude) imprime movimento (o acidente e o afastamento), que agora se vê pelo retrovisor (a reverberação dos sentimentos), mas que não é capturado. São imagens rápidas, que ficaram como dúvida sobre aquilo que poderia ter sido. A dupla especula sobre se o acidente não tivesse acontecido, se a separação não tivesse ocorrido, se o talento de cada um tivesse sido canalizado para a rebeldia da arte que absorviam na sintonia turbulenta dos verdes anos.

Marcelo Rubens Paiva, lúcido e cruel, afetuoso e honesto, expõe uma geração à passagem do tempo, num balanço agridoce daquilo que muitos, como ele, viveram. O acidente, por exemplo, acontece no tênue instante, um acaso irreversível. A prova sobre o talento como ator, por outro lado, é uma crítica ácida sobre as possibilidades profissionais dos que se empenham no teatro e se multiplicam na televisão. *No retrovisor*, sem dúvida a peça mais amadurecida de Marcelo Rubens Paiva, guarda, além das suas qualidades – segurança nos diálogos, ritmo dramático e dosagem entre tensão e humor –, um sincero e, muitas vezes, tocante tributo aos laços de amizade e aos anos 1980.

Mauro Mendonça Filho se mostra sensível ao texto, em encenação que transcreve os conflitos de afetos, escorados por quadro sonoro e evocativo que sustenta com minúcias o embate do retorno. Num espetáculo inevitavelmente concentrado no temperamento dos dois atores, o diretor não só sabe tirar o melhor de cada um deles, como estabelece integração e complementaridade da dupla. Já no divertido prólogo, ainda que um tanto alongado, Mauro Mendonça Filho equilibra a "espontaneidade" dos diálogos (conversa exaltada com sotaque coloquial) e a carga de emoção. Uma direção na medida do texto e que sabe valorizá-lo, não só pela interpretação dos atores como pela atmosfera cênica envolvente.

A trilha sonora, assinada pelo diretor e pelo autor, é oportuna dramaticamente, refletindo o prazer saudosista de trazer de volta a década de 1980. A projeção de imagens, ainda que a maioria tenha um valor de registro e desperte curiosidade na identificação dos retratados, nem sempre é o melhor recurso para quebrar a tensão. O cenário de Cristina Novaes ambienta bem o apartamento de Marcos e já sugere a desconstrução provocada pela visita de Ney. Os figurinos de Cao Albuquerque são perfeitos como desenho dos personagens e a iluminação de Wagner Pinto se integra bem na intensidade nervosa da montagem.

A identidade que Marcelo Serrado e Otávio Müller encontram com os personagens contribui para que suas interpretações ganhem alto teor de sinceridade e de sutileza. Marcelo Serrado, como Ney, compõe com dose de amargura e alguma ironia a história de alguém que perdeu mais do que a visão num acidente. O ator está preciso na forma como joga com reação explosiva e sentimentos contidos.

Otávio Müller tem interpretação que toca a emoção quase que através do confronto físico, feito de suor e de silêncios intensos. Nesta atuação carnal, cheia de dores e gestos virulentos, Otávio Müller projeta a integridade emocional de Marcos. Dois belos trabalhos de ator nesta montagem de qualidade a partir de texto vibrante.

ZASTROZZI

Há algo de adolescente em *Zastrozzi*, texto que poderia lembrar folhetim de capa e espada, argumento para histórias em quadrinhos ou, ainda, roteiro para filme B de ação. Seja como paródia, seja como farsa ou ainda como manipulação de gêneros narrativos, a peça do canadense George F. Walker (1947-) se sustenta pela forma como estabelece os contrastes entre sua linguagem e o objeto de sua inspiração. Zastrozzi é um "herói" do mal, concentrando em si a malignidade, capaz de utilizar a astúcia e a inteligência em favor da vingança e de instrumentalizar pessoas para o exercício da retaliação.

O personagem age perseguindo um artista enlouquecido por responsabilizá-lo pela morte de sua mãe. O ardor sexual e a prática de inteligência amoral conduzem Zastrozzi na perseguição de seu objetivo, até que, ao encontrá-lo, deixa que o artista se vá para que possa continuar a justificar a sua existência e vilania. A perseguição é a razão mesma da vida desse anti-herói.

Alguns diálogos até podem ser considerados interessantes, especialmente quando se instala certo absurdo, o descompromisso com a verossimilhança, quando explodem investidas contra religiões estabelecidas e se vocifera contra hipocrisias. Mas são apenas passagens, tão rápidas e circunstanciais, que ficam por conta do verniz que encobre material dramático bem pouco estimulante, a não ser como brincadeira ou exercício de estilo para quaisquer das linguagens que o texto pode acomodar.

A encenação de Selton Mello e Daniel Herz investe em vários caminhos, na tentativa de se apropriar com mais segurança da flacidez da peça. Aparentemente, a dupla de diretores não encontrou linha mais nítida para incorporar a inconstância paródica e investir numa das linguagens possíveis com maior definição na escolha. A opção folhetinesca fica na superfície da farsa aventuresca sem evidente resquício crítico que comente a forma. O fracionamento visual das histórias em quadrinhos e desenhos animados não chega a ganhar dimensão no palco, já que se reduz a projeções cenográficas. As cenas de ação, lutas corporais e disputas de espada têm algo de citação ao consumo juvenil de super-heróis.

A filosofante amoralidade de *Zastrozzi* e a eventual ironia do autor em relação aos meios narrativos que utiliza criticamente não escondem a dificuldade dos encenadores em encorpar a montagem com texto que dispõe, essencialmente, de sugestões imagísticas. *Zastrozzi*, nesta versão, se ajusta na ampla e vaga inspiração da cultura pop. É uma forma de torná-lo mais próximo do espectador atual, recorrendo a signos visuais e à música, fortalecendo o enquadramento na contemporaneidade. Redunda, no entanto, em tradução fragmentária de um universo de possibilidades rarefeitas.

A cenografia de Eduardo Filipe resolve mal as projeções, numa ambientação que funciona de maneira convencional. Os figurinos de Tatiana Rodrigues procuram a atualidade na reinterpretação das roupas de época. A iluminação de Aurélio de Simoni explora dramaticamente a cena, e a música de Marcelo Vindicatto e Plínio Profeta sintoniza a montagem com temperatura mais pop.

Selton Mello reafirma as suas grandes qualidades de ator. Em personagem que poderia se transformar numa caricatura de maldade, o intérprete constrói atuação quase cínica, ao mesmo tempo que "brinca" com as diversas linguagens com as quais a montagem namora.

A destreza de Selton Mello em dominar a sua interpretação permite que se compreenda o seu empenho em encenar *Zastrozzi*, afinal, impõe ao espetáculo carga de humor, ironia e prazer do jogo cênico que não transpõe para a sua compartilhada direção. Ângelo Paes Leme entra no registro aloprado do artista com tal disponibilidade que nada o inibe de arranhar o ridículo. Natália Lage e Gisele Câmara ficam apenas na tentativa de comentários ao clichê. Michel Bercovitch, com alguma vitalidade, e Álvaro Diniz, numa composição mais física, completam o elenco desta montagem cheia de intenções, mas sem muito fôlego.

FAUSTO

A encenação de *Fausto* propõe, tal como esse inesgotável poema dramático – passível de tantas interpretações quanto são as suas possibilidades de investigação sobre o espírito e a criação humanas –, outras tantas alternativas de abordagem desse arquétipo literário. Síntese de seu tempo, a obra de Goethe (1749-1832) adquire ressonâncias na contemporaneidade pela solidez com que abarca grandes temas, filosóficos, existenciais, para trazer à tona, com a sua complexidade, outras tantas questões do ponto de vista formal. A montagem de Moacir Chaves da primeira parte de *Fausto*, conhecida como A tragédia de Margarida, estabelece relação camerística com o texto, revelando desejo de aproximá-lo do espectador, mas sem abastardá-lo com falsas "popularizações" ou leituras facilitadas.
O diretor se serviu da tradução primorosa de Geraldo Carneiro, que, ao procurar sonoridade "coloquial" para as palavras de Goethe, não só foi capaz de ajustar o texto ao ouvido contemporâneo, como de manter a força poética do original. A fluência que as palavras adquirem no palco se deve a essa sonoridade vertida que, sem trair o espírito da obra, permite que o texto alcance clareza e abandone a tentação de ser mais inteligente e erudito do que aquilo que se está traduzindo. A ótima tradução se integra à concepção despojada e miniaturizada do espetáculo, estabelecendo mediação entre a "massa de texto" e a articulação cênica mais solta. Os cortes, inevitáveis e necessários nesse caudal de instâncias narrativas, condensaram a trama sem atingir sua arquitetura dramática, preservada na economia de meios e na "simplicidade" da abordagem. Moacir Chaves mantém a montagem sempre num mesmo ritmo. As projeções, que indicam lugar ou antecipam situações, marcam a evolução narrativa, acompanhada pelas palavras ditas quase em tom monocórdio, despidas de dramática que procure ênfases ou rubricas inventivas.
A palavra é submetida a tratamento expositivo, dita de forma a ser captada em seu sentido mais agudo, e assim chegar ao cerne da sua poética. Esse descarnamento

dramático deixa, por outro lado, a dúvida sobre quais são as verdadeiras intenções do diretor na montagem de *Fausto*. Fica a impressão de que Moacir Chaves tenta quebrar a "solenidade" da abordagem, mas que ainda não consegue estabelecer identidade cênica que traduza a sua visão da peça. O que o diretor pretende desmontar é perceptível. Aquilo que pretende construir fica mais obscuro.

Na concepção limpa e arejada de postiças erudições, o cenário não poderia ser mais essencial. Apenas poucas cadeiras se distribuem no espaço, com folhas outonais espalhadas pelo palco, na cenografia de Fernando Mello da Costa, plenamente de acordo com a "simplicidade" do espetáculo. Os figurinos de Inês Salgado vestem os personagens com lembranças a nossos dias. A música de Tato Taborda rompe, parcialmente, com a escala desdramatizada da encenação. A luz de Aurélio de Simoni, de extrema sensibilidade, contribui para a atmosfera da cena. Gabriel Braga Nunes é um Fausto na medida da linha adotada pelo diretor. Muitas vezes a sua fala fica discursiva, direta, desprovida de qualquer emoção, vibrando num ritmo que emana da própria distância que o ator estabelece com o texto. Pequenos movimentos de pernas são a única e mais visível ruptura desse diapasão interpretativo equalizado pela "linearidade". Fernando Eiras atenua o registro mais frio, com um Mefistófeles malandro, que transforma a sua capacidade de envolvimento em lábia. O ator identifica-se com desenho referencial do personagem. Sua atuação viva, mesmo que algo desviante da linha geral, se integra quase sempre na concepção geral. Ludoval Campos demarca demais as suas intervenções e sofre com as exigências de traduzir quase como num burlesco a cena de rua. Já Alberto Magalhães tem dificuldades em entrar na "atuação branca" do elenco. Monica Biel está apagada e Helena Stewart não encontra o tom para a Margarida.

CIRCO DA PAIXÃO – GODSPELL

A tradição da comédia musical anglo-americana está de certo modo engessada em fórmula que faz com que sejam poucas as novidades no gênero. As maiores modificações já podem ser contabilizadas em décadas. Os musicais se mantêm cada vez mais revolvendo o passado à procura de bons temas e de trilhas que tornaram sucessos algumas canções. *Godspell*, que na tradução e adaptação de Miguel Falabella recebeu o título de *Circo da paixão – Godspell*, é dos idos de 1970 e embala os ensinamentos de Jesus no espírito dos movimentos de contracultura que explodiam na época.

A habilidade com que o músico e libretista Stephen Schwartz (1948-) ambientou parábolas e temas religiosos numa trupe de músicos, conduzida pelo apóstolo João

Batista, ligava mensagem de paz e tolerância de origem bíblica às celebrações de paz e amor dos *hippies*. Esse cenário de ocasião mostrava o sentido de oportunidade do autor e sua habilidade em atualizar, usando as regras convencionais dos musicais, um universo que poderia ser confundido com pregação religiosa.

Acrescentando-se à escrita hábil canções facilmente audíveis – "Day by Day" foi, sem dúvida, a de maior repercussão –, a fórmula estava pronta para funcionar. E, realmente, funcionou. A volta, fora de seu contexto de época, não chega a comprometer a eficiência desse musical que resiste bem ao tempo e às múltiplas diluições de sua trilha e até de sua estrutura. Miguel Falabella foi tão hábil quanto o autor ao modificar o cenário em que transcorre a ação. Não é mais uma banda musical que encena as parábolas, mas um grupo de mendigos-circenses que faz representações dessas parábolas com os meios e as técnicas que o circo abriga.

A transposição não só atualizou, tornando mais "plausível" a sequência de cenas em que o malabarismo, a comicidade dos palhaços, as acrobacias e os movimentos no trapézio se traduzem em linguagem, como se ajustou à intensidade narrativa necessária para manter a atenção do espectador e provocar interesse para a próxima cena. A adaptação acertou neste novo palco, sustentando melhor a "ingenuidade" da ambientação original.

A direção, também de Miguel Falabella, insufla vibração e fluência ao espetáculo, transformando as duas horas e meia de duração em agradável exposição de equipe afiada e integrada na busca de oferecer demonstração de técnica e de prazer de estar em cena. A encenação investe no espetáculo no seu sentido de *show*, de mostrar efeitos, criar magia, manipular emoções, liberar o escapismo onírico.

Com segurança e domínio do material cênico, Miguel Falabella projeta vitalidade que revigora a fórmula e confirma sua identidade com o musical. Mesmo na inevitável mudança de tom do segundo ato, quando a montagem paga tributo à quebra de ritmo, *Circo da paixão – Godspell* não se desvia desse ardor pelas regras do espetáculo como diversão pura.

Josimar Carneiro assina a excelente direção musical e Roseli Rodrigues a eficiente coreografia. Guilherme Bonfanti ilumina com brilho a montagem feérica. Mas a beleza visual do espetáculo se concentra na cenografia de Cláudio Tovar, responsável ainda pelos ótimos figurinos e adereços. A qualidade do cenário já se anuncia no impactante pano de boca, verdadeira tapeçaria de retalhos brilhantes, e se estende pelo cenário, sugestivo na cena inicial e de efeito grandioso nas demais. Os figurinos, tanto dos mendigos quanto dos artistas de circo, têm tantas nuances, bordados e detalhes que cada um deles merece ser visto individualmente, sem roubar a atenção do excelente quadro que formam em conjunto.

Os atores-cantores demonstram qualidades técnicas, especialmente vocais, que permitem que enfrentem as dificuldades da partitura e os desafios, até físicos, da interpretação. O elenco – Alessandra Linhares, Alessandra Maestrini, Camila Caputti, Fábio Yoshiara, Francisco Farinelli, Frederico Silveira, Ivan Parente, Janaína Bianchi, Lilian Valeska, Pedro Lima, Roberto Rocha e Sara Soares – corresponde inteiramente ao espírito de diversão de *Circo da paixão – Godspell* com seu apuro técnico e comunicabilidade transpirante para a plateia.

SÉRGIO 80

Num recital biográfico, numa conversa sobre sua vida, Sérgio Britto condensa em pouco mais de hora e meia os 58 anos de teatro e os 80 de vida. No roteiro estão concentradas as vivências de um ator e diretor profundamente vocacionado para o palco, profissional atento ao que se faz na arte, cultor de ópera e aficionado por cinema. As facetas desse homem que dedica tanto tempo a integrar essas paixões à sua vida são expostas no pequeno espetáculo de bolso em que Sérgio Britto conversa com a plateia, revisando a carreira e avaliando sentimentos e encontros. São histórias marcadas não só pela sinceridade como também por prodigiosa memória sobre fatos e pequenos acontecimentos da história do teatro brasileiro das últimas seis décadas.

A prodigalidade com que Sérgio Britto refaz o percurso de sua existência não se esgota na exposição solitária e na voz única do monólogo, mas se manifesta na característica de conversador que o espetáculo, dirigido com o mesmo espírito prosador por Domingos de Oliveira, transforma em agradável bate-papo. Por mais elaborado que seja o fluente roteiro, a presença de Sérgio no íntimo palco do Teatro Candido Mendes ganha a espontaneidade de uma boa prosa, na qual o ator "comunica" a sua experiência, sem nenhuma tomada de posição ou pretensão a fazer um balanço. Sem ressentimentos, com pequenos toques de autocrítica, *Sérgio 80* em nenhum momento se confunde com amostragem egocêntrica da carreira.

Ao estabelecer intimidade com a plateia, pela maneira franca e sincera com que revolve suas experiências, Sérgio Britto estende, de certa maneira, o set de perguntas do público a toda a estrutura do recital. A impressão é de que Sérgio está conversando durante a encenação – até o uso da agenda como lembrete para algumas passagens estabelece esse ar de intimidade e espontaneidade, confirma a leveza e a simpatia desse papo teatral.

O roteiro de Domingos de Oliveira reproduz com fidelidade as boas histórias contidas na biografia escrita pelo ator. Enquanto diretor, Domingos de Oliveira deixa o ator Sérgio Britto interpretar-se a si mesmo com a liberdade de viver essa experiência a seu jeito. Pode-se perceber essa "espontaneidade" quando o ator responde às perguntas da plateia. O mesmo Sérgio que interpreta é aquele que conversa com o público e, desse modo, o recital mostra unidade cênica que serve tão bem à integridade do diálogo que o ator pretende estabelecer com o espetáculo.

Com a simplicidade de meios, que se reflete no figurino, na cenografia e na iluminação – é uma montagem pronta para viajar e ser apresentada em qualquer espaço –, *Sérgio 80* tem muito do estilo de interpretação que o ator demonstra nos palcos ao longo de tantos anos. Ao mesmo tempo, ilumina o temperamento inquieto do ator, diretor e produtor, refletido na curiosidade e na atenção que demonstra pelo novo, não como originalidade circunstancial ou modismo passageiro, mas como algo que pode trazer ao teatro outra perspectiva, mais brilhante, desconhecida.

A montagem resume a trajetória de Sérgio Britto com o mesmo entusiasmo que ele demonstra pelo teatro. E esse entusiasmo está presente com igual intensidade no recital do ator, que esteve presente em alguns dos melhores momentos da história do teatro brasileiro. É extremamente simpático ouvir e conversar com alguém que, ao falar de si, desdobra-se em ótimas histórias de palco e bastidores.

TIO VÂNIA

Em *Tio Vânia*, como na maioria das peças de Anton Tchekhov (1860-1904), a realidade dos personagens se localiza na vaga região entre a imponderabilidade de uma insatisfação difusa e o desesperado tédio de vidas sempre adiadas ou condenadas à imobilidade, por fastio de conseguir transformá-las. Viver, para essa pequena burguesia russa pré-revolucionária desgarrada de si mesma, é comprovar que o ato de existir parece tão solitário quanto a comunicabilidade impossibilitada por intermináveis monólogos interiores que fazem com que cada um gravite em torno do gesto que alcança o outro sem nunca completá-lo.

Não importa o que aconteça com a chegada do casal Serebriacov, os desejos frustrados permanecem e todos voltam ao ponto de partida, presos a um círculo de sentimentos. A vida é um fardo, repleto de desejos, mas vazio de possibilidades. Sônia, a mulher que se abandona ao trabalho monótono diante do amor ignorado do médico Astrov, expressa os sentimentos dos demais personagens ao reduzir a existência a um tempo de espera, até que seja possível alcançar a paz e a felicidade pela transcendência da morte. Não há nada a fazer, completa Astrov, apenas se deixar perder num cansaço de cortar a respiração.

Tchekhov capta em pleno voo de queda a pulsação dessas almas aflitas, o surdo desespero acomodado de sobreviventes que perpetuam o desencontro definitivo com a existência. Neste texto niilista, o sentido imutável que sustenta a (in)ação dos personagens contamina aqueles seres até a absoluta desesperança. Um grupo que abdica, por medo de não alcançar aquilo que já deu por perdido, se esvai num cotidiano melancólico, apenas interrompido pela presença do velho Serebriacov e da bela esposa Helena. Vânia e sua sobrinha Sônia mantêm a fazenda com a dedicação de um tributo (a quem? a quê?), acumulando, ruidosamente, sentimentos silenciados. É este silêncio, embutido de ruídos, que ganha eco na passagem do casal pela propriedade.

Tio Vânia transcorre no período dessa visita, tempo em que irrompem desejos tardiamente confessados, sancionando o desencontro definitivo dos personagens com as suas vidas. A narrativa é conduzida com serenidade, com os movimentos sísmicos no subterrâneo das atitudes, até eclodir na grande cena da discussão em que os destinos se definem. Ficam onde estão.

O rigor construtivo de *Tio Vânia*, exemplar bem-acabado do realismo teatral, envolve os personagens neste fluxo de ambiguidades afetivas e de poética miserabilidade emocional. Cada um parece um universo que se concentra nas suas próprias indecisões, impondo-se monólogos interiores que estrangulam a aproximação do outro. A montagem de Aderbal Freire-Filho transmite a ideia de personagens nucleares, que partem de seu silêncio interiorizado para sua exposição diante da realidade em monólogos solitários, nos quais não há lugar para a contracena. A ambientação na mansão do Parque Lage parece ter determinado o tom da encenação, em especial a cenografia de Daniela Thomas, que transforma o pátio central e a piscina em extensa área de representação. Além do uso teatral do casarão, das belas soluções cenográficas e da marcante iluminação de Maneco Quinderé, o espaço amplo expandiu o espetáculo de tal modo que as cenas parecem seccionadas.

A impressão de que os atores monologam mais do que contracenam se acentua quando se percebe que esta versão de *Tio Vânia* não estabelece concentração dramática que torne camerístico e íntimo o jogo atritante das relações entre aqueles desgarrados do afeto. A montagem se conserva num mesmo plano, em que o ritmo é gerado por uniformidade mais seca do que surda. O ruído subterrâneo que provoca a implosão dos personagens aparece como recusa inteligente a interpretações psicológicas, mas sem alcançar a humanidade do universo de impossibilidades e frustrações. A amplitude do espaço cênico e a individuação em "monólogos" faz com que o espetáculo ganhe uma certa aridez e distância que destacam, bem mais, os aspectos tediosos e covardes daqueles indivíduos do que a poesia e a irreparável melancolia que os prendem à imobilidade. A encenação de Aderbal traz à tona uma perspectiva menos condescendente com os personagens, mostrando-os, senão de modo cruel, pelo menos duro.

Os figurinos de Marcelo Pies vestem com forte acento crítico a pequena burguesia rural, oscilando entre o terno caipira de Teléguine e a brincadeira com o fardão acadêmico de Serebriacov. Já os vestidos de Helena tornam mais bela a atriz que os usa. A trilha musical de Tato Taborda se ajusta com precisão aos tempos cênicos e a tradução de Millôr Fernandes é de extrema sonoridade dramática.

Alby Ramos não dimensiona bem a humildade de Teléguine, especialmente na cena da discussão dos patrões. Já Ida Gomes dá a medida exata à velha criada conformada. Suzana Faini marca presença nas suas intervenções como Maria Vassilievna. A interpretação de Rogério Fróes se desequilibra entre o vigor e a fraqueza de Serebriacov, com tendência do ator a criticar o personagem. Bel Kutner reforça a figura apagada de Sônia, com discreta atuação, distanciando-se das características completas da mulher frágil. Daniel Dantas desenha o seu Astrov como se o projetasse para a plateia, e não a partir de sua interioridade. Débora Bloch capta melhor a fluidez de Helena através dos silêncios e das pausas. A atriz empresta uma tensão aparente à personagem que a faz um tanto mecânica. Diogo Vilela tem interpretação sensível, capaz de mostrar as contradições de Vânia, trazendo para a cena, com elaborada ressonância, os seus embates interiores, sem apelos psicologizantes ou ênfases dramáticas. A construção do choro final é bem a demonstração do alto nível de sua interpretação.

A MORTE DO CAIXEIRO-VIAJANTE

Willy Loman, o caixeiro-viajante que percorre as praças comerciais com sua mala-mostruário, perdeu a conta do prejuízo de apostas erradas que fez ao longo da vida. Pouco resta a esse homem, aos 70 anos, a não ser pagar com a própria vida a apólice de um seguro que tentou quitar durante toda a existência. O sonho do êxito, a simpatia como método de venda e a dissimulação do fracasso que esse comprador de ilusões perseguiu são investimentos que só deixaram dividendos pesados. Há que vender mercadorias e a si mesmo, mas Willy descobre, tardiamente, que escolheu mal o balcão.

Arthur Miller (1915-2005) revela em *A morte do caixeiro-viajante*, em temporada no Teatro João Caetano, a perplexidade de um homem submetido à idealização de imagens perdidas, como a de um pai quase desconhecido, da descendência redentora e das possibilidades de conquistar o inconquistável. Em planos temporais diversos, a peça mergulha no interior desse homem para revelar os aspectos psicológicos da existência e se conclui na desesperada lucidez de uma decisão.

Ao descobrir-se sem lugar no mundo, já que o pouso na sua cidade e o abrigo em sua casa são inatingíveis, Willy compra com a morte o direito de eliminar a troca afetiva que nunca compreendeu e de rejeitar a mercantilização de desejos que pagou com a moeda corrente do fracasso.

A dimensão trágica de Willy Loman, em permanente desencontro, se manifesta por suas impossibilidades, e até mesmo o desfecho que escolheu confirma que pagou o tributo, o mais alto deles, ao que sempre soube ser mentira. O caráter social que múltiplas interpretações emprestam à saga de Willy Loman ainda tem validade, apesar de o caráter realista-psicológico do texto se manter inalterado desde a estreia, em 1949.

Na introdução de Arthur Miller, publicada no sofisticado programa do atual espetáculo, ele afirma que "desejava criar uma forma que fosse, em si mesma como forma, literalmente o processo dos meandros mentais de Willy Loman". Chega a dizer que gostaria de entrar no interior da cabeça do personagem. A encenação de Felipe Hirsch é bastante fiel a esse desejo do autor, além de ser, disciplinadamente, seguidora das rubricas do texto. *A morte do caixeiro-viajante* está em cena na íntegra nesta versão, desde a entrada da música até mesmo à relativa correspondência às indicações cenográficas.

O diretor cria um espaço de memória, um plano quase abstrato, em contrapartida ao realismo da ação dramática, estabelecendo atmosfera onírica, controlando a emoção natural do texto. A montagem é fria, asséptica, desprovida de emotividade, construindo quadro evasivo de um Willy Loman difuso.

Felipe Hirsch, ao decompor o real através dos fragmentos das lembranças, atendeu às rubricas de Miller, mas ampliou de tal maneira essa "irrealidade", que retirou da peça as suas referências físicas e aquela matéria de que são feitos os sentimentos. Além de perder a emoção, fundamental para a tragicidade e o patético do personagem, o espetáculo perde também a fluidez narrativa, tornando-se um tanto intrigante para quem desconhece o texto. É até possível que Felipe Hirsch quisesse estabelecer atmosfera intrigante, mas ao custo de rigor formalista que se mostra confuso na busca de romper significados tradicionais.

Daniela Thomas desenvolve sugestão de Arthur Miller, que menciona para o cenário "atmosfera de sonho que emergisse da realidade", indicando transparência que permita aos personagens ultrapassar a convenção do verismo. O sonho está na concepção da cenógrafa, mas não a realidade. As transparências de telas de aramado em contraste com o preto da caixa cênica evocam área desolada e remota, sem a densidade dramática que possa remeter à memória.

As projeções, que aparentemente complementariam a cenografia, se tornam dispensáveis. Os figurinos de Rita Murtinho acompanham com coerência a insipidez do cenário, na monotonia das derivações do cinza. A iluminação de Beto Bruel busca "esquentar" a cena, e a trilha sonora de L. A. Ferreira e Rodrigo Barros Homem Del Rei tem a aspereza de um réquiem.

A linha de interpretação do elenco não foge ao espírito da montagem de Felipe Hirsch, que imprimiu aos atores a mesma rigidez formal, marca do espetáculo. Quando Marco Nanini entra em cena, curvado e com duas malas nas mãos, a figura do ator lança uma tal carga física ao personagem que é possível "ver" Willy Loman. No decorrer do espetáculo, no entanto, Marco Nanini se despe dessa integridade corporal e deixa à mostra interpretação excessivamente composta e equidistante de um Willy Loman que carrega angústia, mas nenhuma pungência. Juliana Carneiro da Cunha também está distante da consciente e compassiva Linda, esposa de Willy, que tem a medida da extensão do fracasso do marido, mas que mantém o seu afeto e dedicação a ele. A atriz se concentra na máscara facial para projetar dramaticidade exteriorizada, em especial na cena que encerra o espetáculo.

Guilherme Weber, como o filho Biff, repete a mesma linha de atuação de seus recentes trabalhos. Gabriel Braga Nunes revela empenho em projetar a ansiedade e lassidão do filho mais jovem, mas seu Happy fica circunscrito ao esforço. Francisco Milani se destaca pela "realidade" que dá ao seu Charley, que brota, carnal e pulsante, em meio a tanta abstração. Pedro Brício está mais satisfatório como Bernard adulto. Bruce Gomlevsky não encontra um "cenário" de onde possa contracenar. Analu Prestes fica presa à composição da mulher vulgar e Rubens Caribé, na superfície do jovem empresário, enquanto Dora Pellegrino, Ana Kutner, Paulo Alves e Sylvi Laila têm participações episódicas.

ÓPERA DO MALANDRO

Quando John Gay (1685-1732) cantou as mazelas dos europeus do século XVIII, sabia como incomodar os seus espectadores. Bertolt Brecht (1898-1956), inspirando-se na *Ópera do mendigo* de seu antecessor no tema, se lançou, dois séculos depois, aos cortiços de Londres para abalar os alicerces do edifício da moralidade e das regras do jogo econômico na *Ópera dos três vinténs*. Chico Buarque de Hollanda, em 1978, pretendeu ir tão fundo quanto os seus antecessores na *Ópera do malandro*, transferindo a ação para a Lapa e as mazelas nacionais para o Brasil do Estado Novo. Com estrutura bastante semelhante à utilizada por Brecht, Chico Buarque segue, na trama e na própria sequência das cenas, a mesma intenção "didática" de utilizar a malandragem da ópera para reproduzir as teorias brechtianas sobre a arte e o processo social.

O autor nem sempre consegue desenvolver a ação com clareza e comunicabilidade, muito em função do sentido que pretendeu atribuir ao entrecho. O texto procura demonstrar o caráter do jogo social e de como as regras são feitas e desfeitas segundo as necessidades da hora. Os personagens são agentes de uma lógica socioeconômica que os utiliza como peças de reposição de realidade perversamente perpetuada. Chico Buarque avança com a narrativa sem perder a referência de *Ópera dos três vinténs*, e por mais que sua versão tenha alcançado autonomia expressiva – é, sem dúvida, uma obra original pela ambientação e pela extraordinária trilha musical –, fica um travo limitador por essa situação social. A forma brusca com que se conclui o texto é a maior evidência dos desequilíbrios e da dificuldade de conversão "política".

Charles Möeller ignorou esse caráter "político" do texto, fixando-se no aspecto técnico do musical-*show*. O diretor procura dar forma espetacular à encenação, usando as características da comédia musical no espírito Broadway e West End, ressaltando os aspectos mais técnicos e visuais, enfatizando as canções. Talvez seja este o melhor caminho para a montagem de musical, linguagem ainda carregada de preconceitos e presa a padrões que só agora alcançam o patamar dos importados.

A direção musical de Claudio Botelho e os arranjos de Liliane Secco valorizam as canções, já em si excelentes, que a dupla redimensiona para a montagem mais "leve", mantendo a alta qualidade das composições e a poética das letras. A brincadeira de introduzir algumas citações da música de Kurt Weill é um deleite. Como boa parte das canções é por demais conhecida, a direção musical deu um sopro de renovação e fez ajustes perfeitos para o clima da encenação. A seleção de trechos de ópera no final, ainda que dramaturgicamente seja um recurso que não resolve a trama, ganha divertida ressonância musical e, mais uma vez, destaca as qualidades de letrista de Chico Buarque.

A concepção visual do espetáculo, assinada também por Charles Möeller, é bastante funcional. O desenho dos Arcos da Lapa, numa sugestão cenográfica do antigo teatro de revista, embute os diversos ambientes exigidos, mas tem certo peso no palco. Os figurinos, previsivelmente "cafonas", vestem de muita cor o elenco. A iluminação de Paulo César Medeiros busca o brilho da cena. A coreografia de Renato Vieira não procura inventar, apenas compõe movimentos executados com correção.

No conjunto, no entanto, *Ópera do malandro* cria agradável relação com a plateia, como uma montagem cuidada e realizada com profissionalismo, que enquadra o musical brasileiro em um alto padrão técnico. A qualidade dos músicos, sob a regência de André Luís Góes, e o nível vocal do elenco asseguram o prazer de um *divertissement* de qualidade.

Alexandre Schumacher não cai no estereótipo do malandro carioca, buscando sua ginga entre a malemolência do corpo e a figura da vítima, com segurança na voz. Mauro Mendonça mantém a sua presença de cantor, brincando com a canalhice do Duran. Lucinha Lins carrega na composição da mãe.
Soraya Ravenle confirma a maleabilidade de voz límpida e de timbre agradável. Cláudio Tovar e Cláudio Lins estão afinados nas suas interpretações. Alessandra Maestrini explora muito bem a sua espontânea comicidade, além de demonstrar o melhor de sua técnica vocal. Telmo Fernandes sabe dosar os gestos e a emoção da Geni.
As prostitutas – Ada Chaseliov, Sabrina Korgut, Ivana Domenico, Renata Celidônio, Sheila Matos, Lilian Valeska e Maria Carolina Ribeiro – formam um coro com brilho coletivo, no qual cada uma tem bons destaques. Os malandros – Ronnie Marruda, Paulo Mello, Mauro Gorini, André Falcão e Giuliano Candiago – demonstram ótima preparação vocal.

O INSPETOR GERAL

Todos são impostores em O *inspetor geral*. A grande farsa que se estabelece entre os poderosos de uma província na Rússia czarista é provocada pelo anúncio da chegada de autoridade da capital para verificar as contas da municipalidade. Incógnito, o inspetor já pode estar na cidade, cumprindo sua missão. O pânico se instala entre os membros da administração, todos comprometidos com falcatruas e com o uso pessoal da função pública.
Um funcionário subalterno, endividado pelo jogo e pronto a ser expulso, por falta de pagamento, do hotel onde se hospeda, é confundido com o temível visitante, e a partir dessa identidade erroneamente atribuída, outras tantas falsidades se manifestam em pagamentos de propinas e ensaios de romances, numa teia de hipocrisia e de atos inescrupulosos.
Todos mentem e procuram descobrir a melhor forma de cultivar a mentira para que dos enganos se restabeleça a falsa verdade. Mas o erro de pessoa desvenda, mais do que os mecanismos corruptores, a natureza da culpa coletiva que revela mesquinhos desejos e medo de perder os privilégios injustificáveis.
A farsa satírica de Nikolai Gógol (1809-1852) mantém perversa atualidade, não apenas pela correspondência a métodos e práticas tão presentes na vida contemporânea, como também pela agudeza com que aborda o patético e o desolador de certas atitudes. O gênero, tão distante das demais obras do autor russo, dramáticas e até trágicas, serve com eficiência à trama, que, somente pelo recurso ampliado da comédia, não parece tão dissociada da sua visão sempre crepuscular do ridículo e

da mediocridade. A impiedade com que Gógol faz a caricatura do grotesco, expondo os personagens à sua própria dissimulação, ressalta o humor amargo com que expõe atitudes tão reais.

Para encontrar o tom de farsa que desenvolve com tanta fidelidade na sua versão de *O inspetor geral*, o diretor Paulo José burilou o mecanismo do gênero, destacando as formas mais teatrais dessa linguagem, muitas vezes usada como disfarce para a facilidade. A montagem tem construção rigorosa, que se revela em ágil jogo cênico, no qual recursos como sonoplastia e exposição das entranhas desse jogo são elementos determinantes da alegoria da mentira, inclusive da "mentira" teatral.

Paulo José imprime impostação farsesca na medida do próprio gênero, introduzindo saudável espírito nacional numa tradução com liberdade para brincar com nomes de localidades próximas, citar figuras de nossa vida política e explorar sotaques e inflexões que brincam com as possibilidades cômicas da voz. Tudo com bom humor, sem banalizar ou tornar óbvias quaisquer dessas referências.

O diretor pontua a montagem com trilha musical que explora canções populares russas, com letras cômicas que lembram, algumas delas, corruptelas da língua original. A cenografia de Paulo José, Kika Lopes e Máximo Soalheiro, de estrutura simples mas com engenhosa funcionalidade, se presta com seus vários painéis a servir de base para compor sons, até que esses painéis caiam no final para mostrar os bastidores da mentira da representação. Os figurinos de Kika Lopes são exuberantes na cor e no desenho artesanal das roupas femininas e na caracterização dos atores. A iluminação de Alexandre Galvão e Wladimir Medeiros se integra bem aos efeitos visuais.

Os atores do grupo Galpão estão se depurando tecnicamente, e em *O inspetor geral* alcançam unidade e sintonia interpretativas. Inês Peixoto usa a voz como chave de efeito cômico, como a esposa do governador. Eduardo Moreira, mesmo um tanto tenso na sua composição corporal, acaba por encontrar o registro de humor ao longo do espetáculo.

Antônio Edson e Paulo André fazem boa dupla com atuação de ingênua simplicidade. Arildo de Barros e Chico Aníbal se apoiam em caracterizações humorísticas, assim como Simone Ordones e Teuda Bara, num quadro interpretativo equilibrado, que se completa com as participações eficientes de Rodolfo Vaz, Geraldo Carrato e Fernanda Vianna.

SONHOS DE EINSTEIN

Em *Sonhos de Einstein*, a Intrépida Trupe experimenta de maneira mais radical ainda a relação espaço-corpo, tempo-movimento. Com técnicas variadas de trapézio, cordas, dança, malabarismo e interpretação, essa trupe de saltimbancos do voo poético se lança no universo da física para explorar, cenicamente, as dúvidas do jovem Einstein. No livro que dá título à montagem, de Alan Lightman (1948-), Einstein propõe perguntas que conduzem a hipóteses quase oníricas. O texto surge como vagas referências à aplicação da física no cotidiano, ideias soltas no ar que apoiam dramaturgia cênica, traduzida pelo desejo de desestruturar a ocupação do espaço. Não há uma narrativa tradicional, muito menos qualquer estrutura dramatúrgica no texto.

A palavra é utilizada como acessório, a partir do qual se ampliam os meios expressivos dos malabaristas, capazes de incorporar a voz apenas como sugestão para construir imagens e coreografar teorias. A economia nas palavras não reduz o espetáculo a série exibicionista de habilidades, mas encaminha, num discreto roteiro indicativo, dúvidas a se concretizarem em ações físicas. As identidades que se criam entre conceitos e imagens estabelecem atmosfera dramática, que inclui a tensão do risco, a liberdade disciplinada dos limites e a tentativa de inverter o equilíbrio gravitacional.

No espaço da Fundição Progresso, *Sonhos de Einstein* encontra o enquadramento perfeito para as múltiplas cenas, que variam da delicadeza do gesto à amplitude dos movimentos aéreos. A sensação de desequilíbrio que parte da plateia pode acompanhar com mais intensidade se escolher os balanços laterais para se sentar, se contrapõe à procura da harmonia, que a necessidade do acerto e a busca da beleza tão bem dramatizam. É através dessa contradição que se realiza a "dramática" do espetáculo, aparentemente uma sequência de quadros para expor exercícios. Longe da forma pela forma, *Sonhos de Einstein* dá relevância ao movimento, faz o tempo voar e cronometra o controle do físico. A força de algumas imagens e a brincadeira com a equação espaço, velocidade e tempo conferem teatralidade ao desejo de ultrapassar impossibilidades.

Para além do aspecto onírico, a montagem de Cláudio Baltar provoca tensão pela ousadia de muitos movimentos e pela proximidade da trupe do público. A queda calculada de uma atriz sobre uma cama de mãos, de uma altura abissal para o olhar do espectador, evoca o erro e desencadeia a insegurança. O voo de duas atrizes nos elásticos, que a cada passagem provoca deslocamento de ar que alcança o rosto de quem assiste, deixa soprar o vento do medo. A manipulação de objetos – o balé com o cubo é quase um jogo infantil – e o uso de aparelhos – é como se os desenhos de algum Leonardo da Vinci deixassem o papel – despertam o espírito lúdico.

Tantas sensações esparsas são costuradas por roteiro até certo ponto volátil, no qual se alternam cenas de impacto com outras com apelos ao humor e à dança. O quadro que utiliza as janelas tem efeito pela singeleza, enquanto a cena final parece ficar incompleta, gerando um anticlímax. Mas, se na desestruturação do roteiro registra-se algum equívoco – a voz do físico é muitas vezes inaudível e a cena da mesa, dispensável –, o diretor supriu com belas e provocantes imagens aquilo que a dramaturgia não codificou.

Ainda que a maquiagem procure marcar demais o rosto de atores que se expressam mais pelo corpo, o visual de *Sonhos de Einstein* é de vigorosa beleza. Os elásticos, os panos e as cordas compõem um "cenário" que ultrapassa a funcionalidade. Os elásticos que se tornam redes de dormir e os aparelhos que surgem no palco como objetos voadores também desenham, lindamente, essa cenografia utilitária. A iluminação de Aurélio de Simoni é decisiva para a exuberância visual do espetáculo. Ágil, inventiva, geométrica, sensível, a luz se transforma em elemento essencial e integrado.

O elenco da Intrépida Trupe demonstra amadurecimento e maior domínio técnico. A qualidade e o depuramento de suas habilidades se manifestam em leveza, segurança e limpeza dos movimentos, que estão mais soltos e espontâneos. O elenco se destaca pelo conjunto e o grupo evolui a cada montagem, mantendo-se fiel a uma linha nem sempre muito pródiga em invenção.

AOS QUE VIRÃO DEPOIS DE NÓS – KASSANDRA IN PROCESS

A experiência que o grupo gaúcho Ói Nóis Aqui Traveiz apresenta na Fundição Progresso demonstra volume de trabalho e de investigação que aponta bem mais para o percurso interno da montagem do que propriamente para as qualidades de sua execução. *Aos que virão depois de nós – Kassandra in process* se apropria do mito de Cassandra, através da obra da alemã Christa Wolf (1929-2011), para determinar um espaço cênico em que atores e plateia vivenciam formas ritualísticas de representação, estabelecendo relação cênica que busca os sentidos como sensações reflexivas.

Numa concepção cenográfica dramaticamente labiríntica, os espectadores são conduzidos pelas diversas cenas como parte integrante (vivencial) dos quadros, misturando-se aos atores numa tentativa de encontrar seu lugar dentro daquele ritual. O cenário adquire a função de integrar o público à ação cênica, e este é instado a se individualizar – são permitidos apenas 40 espectadores – como acólitos de um coro silencioso, mas que reverbera com seus corpos, invadindo a área da representação para reacomodar o jogo do teatro.

Não se trata de uma perspectiva lúdica de encenação, mas de encontrar na mobilidade e na envolvência física da plateia o caráter da representação. O espectador é tocado e o espetáculo esbarra a todo momento na plateia, sem que haja qualquer provocação a participar ou a entrar em cena. O público, desde o início, já está em cena, e a caminhada que faz pelos diversos ambientes, sugerindo sensações de instabilidade e de vulnerabilidade, adere ao caráter da dramaturgia do espetáculo.

O roteiro desta construção arquetípico-trágica, seja como permanência do mito na contemporaneidade, seja como atualidade belicista no exercício do poder, está inflado de carga teatral em que, muitas vezes, as intenções ficam sombreadas pelas múltiplas referências dramáticas e culturais. O excesso de alegorias, do texto e da cenografia, dispersa o foco da cena, engolindo os sentidos do espectador numa voragem de estímulos que ampliam a atenção da plateia, que se faz mais alerta do que concentrada.

A palavra é a maior prejudicada por esta vertigem de imagens, já que a progressão das falas, minuciosamente "pinçadas da memória", como anuncia Cassandra, acaba por anestesiar os ouvidos num cantochão que comprime a dramática num ritmo seriado, e a emoção numa indistinta sequência.

Dessa contradição entre a encenação da palavra e a exuberância da visualidade, *Aos que virão depois de nós* retira a sua força expressiva, numa linguagem que está sendo experimentada como "espetáculo total". A música adquire a função de referendar as cenas, com belos efeitos sonoros retirados de línguas variadas, mas algumas vezes sua utilização se restringe ao esteticismo. A cenografia, áspera, cinza, arenosa, consegue se tornar sensorial nas diversas ambientações pelas quais se penetra na narrativa. Os adereços contribuem para o aspecto ritualístico, capaz de remeter à grandiosidade de um cavalo de Troia de carro alegórico e a um desfile dionisíaco de mascarada carnavalesca.

O elenco tem intensa participação nesta montagem de 2h45 de duração, em que o físico é determinante na interpretação, destacando-se Tânia Farias, que empresta a Cassandra vigorosa fragilidade. O experimentalismo de uma montagem que se avalia permanentemente propõe várias possibilidades – algumas delas inspiradas em pesquisas teatrais que circulam internacionalmente – bastante instigantes, que fazem de *Aos que virão depois de nós – Kassandra in process* um desafio de renovada "vivência teatral".

O QUE DIZ MOLERO

Pelos cânones da dramaturgia tradicional seria impensável a encenação de *O que diz Molero*, romance escrito pelo português Dinis Machado (1930-2008). "Romance-rio", narrado por um certo Molero, que escreveu relatório sobre alguém simplesmente chamado de Rapaz, e que é lido por uma dupla de investigadores, desencadeia lembranças de uma vida que não se "desancora da infância".

Viajante em busca de experiências, alcança a última fronteira do autoconhecimento num inatingível encontro consigo mesmo, na volta ao bairro de nascimento, "a raiz do convívio universal". Saga de um herói sem conquistas senão aquelas que fizeram da trajetória a própria razão da existência, o Rapaz, como diz Molero, preenche a "evidência do vazio" na corrida desse "maluco de amor" por "uma fatia do bolo da solidão".

No caudal de situações que o relatório acumula, emerge um homem que dos anos de formação guarda o travo de que "todas as pessoas são mais ou menos infelizes". E que na criação – em que o cinema é "um álbum imaginário, um xampu dos miolos" e o teatro, abrigo para vanguardas ridículas e críticos pernósticos – se misturam referências que, confundidas com as vivências, se tornam parte da aventura do mundo.

Dinis Machado acompanha esse andarilho, conduzido pelos sons das palavras, com o humor de quem sabe que os tropeços são risíveis ou, pelo menos, assim considerados para serem mais suportáveis. Usada de maneira precisa e ritmada, a palavra domina, absoluta, a narrativa, que se vai contando como permanente espera mútua. O autor monta um *bric-à-brac* de lembranças, como um prestidigitador que manipula a ilusão que o substantivo corporifica e o rigor do verbo ratifica. *O que diz Molero* se nutre da efervescência da palavra na sua capacidade de definir imagens e descobrir universos, e é sob esse plano essencialmente verbal que o diretor Aderbal Freire-Filho cria sua dramaturgia cênica, capaz de traduzir essa torrente em fonte teatral.

O diretor encena a palavra, transforma em ação aquilo que está sendo narrado, numa reversão de perspectiva, de tal modo que o literário se transforma no teatral, estabelecendo cena autônoma, com independência de linguagem. Tal como no romance, a versão teatral de *O que diz Molero* se deixa conduzir pela sonoridade das palavras, que é o núcleo irradiador da sua construção, mas empresta a elas interpretação que as liberta do papel, recriando-se, vivamente, em outro plano expressivo.

Aderbal Freire-Filho, que há anos assinou a transcrição de um romance na íntegra para o palco – *A mulher carioca aos 22 anos*, de João de Minas –, atinge com *O que diz Molero* o depuramento dessa técnica. A integridade da montagem, que se organiza na multiplicação e agilidade dos quadros, desenha um espetáculo orgânico como adaptação e original como invenção. As quatro horas de duração se diluem no percurso ágil com que a palavra é devolvida, retrabalhada nas suas possibilidades teatrais. O humor da maioria das cenas e o rigor na transposição mantêm a integridade daquilo que se pretende dizer. Pela música das palavras, aporta-se num vigoroso texto cênico.

O espaço criado por José Manuel Castanheira é ocupado por arquivos de aço que compõem, ao mesmo tempo, arquitetura urbana e escritório de detetives. Das gavetas dos arquivos brotam objetos, adereços, luzes e até sons, e essa massa cenográfica serve de paisagem funcional e envolvente a tantos acontecimentos por que passa o Rapaz. A iluminação de Maneco Quinderé participa do ritmo nervoso da montagem. Os figurinos de Biza Vianna se inventam, em colorido e diversidade, sempre com ótimo efeito. A trilha sonora de Dudu Sandroni se insinua na medida exata da montagem.

O elenco, perfeitamente integrado à linha da montagem, demonstra vigor e unidade que são determinantes na comunicabilidade do espetáculo e na projeção da essência do texto. Chico Diaz, onipresente, Raquel Iantas, múltipla, Gillray Coutinho, vivaz, Cláudio Mendes, pródigo, Orã Figueiredo, intenso, e Augusto Madeira, arrebatado, formam a trupe de comediantes que encena com brilho essa celebração cênica da palavra.

2004

AGRESTE

A poesia cênica de um teatro regionalista com inflexão homoerótica se desenha em *Agreste*, que estreou semana passada no Teatro Cacilda Becker, no bairro da Lapa, em São Paulo, como o elemento impulsionador da narrativa. O autor pernambucano Newton Moreno (1968-) mantém a integridade de seu universo dramatúrgico neste texto em que matrizes da cultura nordestina (imaginário popular, oralidade, literatura) permeiam o contrato afetivo através de zonas obscuras e dubiedades. Newton Moreno retoma, ainda que em escala bem menos reveladora, a dramaturgia de conotação homossexual, que já foi vista no Rio, há dois anos, em *Dentro*, surpreendente transposição poética da solidão dos desejos. *Agreste* é quase uma fábula em que os processos narrativos se desmontam nas vozes dos contadores, eles próprios personagens do "causo" que expõem. Na aridez da paisagem, geográfica e humana, o encontro amoroso é feito de silêncio e medo, e a fuga desse homem e dessa mulher para o sertão profundo é a viagem definitiva até a tragédia. A aproximação receosa e prevenida dos dois é lenta como o tempo em que viviam, sempre separados por uma cerca que precisou ser rompida para que se cumprisse a inevitabilidade de um desígnio, já "que tinha alguma coisa no amor deles que não devia acontecer, mas aconteceu".

A aspereza da atmosfera se estabelece na narrativa seca e despojada que descreve os movimentos tímidos de cada um deles até alcançar o outro, como introdução àquilo que se desenrola depois da partida para o sertão. Essa primeira parte, um monólogo de força poética, projeta, simultaneamente, a secura física do sertão e a crueza na manifestação dos sentimentos. Há na aridez que perpassa essa cena inicial lembranças de Graciliano Ramos ou de João Cabral de Melo Neto, dispersas num lirismo atritante.

Depois da fuga, o texto adquire o caráter de fábula nordestina, com a incorporação do meio social e da galeria de tipos (o padre, o delegado, os vizinhos) que fornecem contexto regional à trama. Em alguns momentos, essa segunda parte pode parecer um tanto marcada pela caracterização nordestina, tangenciando as referências mais persistentes desse universo. Mas *Agreste* se afasta desse contexto, pela forma lírica no tratamento do regional e pelo espaço emocional em que transcorre a história.

A direção de Marcio Aurelio é decisiva na ampliação da cena poética. Não só pelas sutis impressões oníricas que impõe, mas pelo enxugamento de citações. Originalmente um monólogo, *Agreste* se estrutura em planos narrativos que seriam interpretados, segundo a rubrica, por um ator-contador e por outros atores, que criariam uma "partitura física". Marcio Aurelio rompe com essa divisão – há sempre o perigo de a "partitura física" ficar como ilustração dançada do monólogo –, trabalhando, efetivamente, com os níveis narrativos e distribuindo as cenas por dois atores.

É a dupla de atores que monta e desmonta o cenário e as instâncias da fabulação, integrando a universalidade do prólogo e o regionalismo da segunda parte. O diretor encontrou o ponto de flexão da montagem no uso do sotaque em contraponto à fala poética. Num despojamento de gestos e de adereços, a primeira parte é desenhada pela imobilidade dos atores, de frente para a plateia, permitindo que esta se envolva, quase unicamente pela audição, com a beleza poética do texto. Nas cenas da fábula sertaneja, varais e lençóis, candeeiros e objetos miniaturizados se transfiguram em telas para projetar o mundo rural e em circo mambembe para conter a representação.

Paulo Marcello e João Carlos Andreazza formam a dupla de intérpretes que, como prestidigitadores, manipula a cena em permanente mutação. Quando estáticos, dividem a aspereza poética e silenciam os movimentos para ecoar sonoridades. Quando figuras regionais, umedecem a atuação como os personagens que "põem os filhos na chuva para aguar, para crescer". Interpretações de fino rigor e delicados contornos contribuem para que *Agreste* revigore a cena poética. Um belo espetáculo.

MACBETH

Macbeth faz um corte profundo na ambição como um processo transfigurado pelo medo e o remorso, mas que ao se instalar adquire razão própria que movimenta a engrenagem de sua perpetuação. Tragédia em que o mal se transforma em fúria e em que o destino de um homem, mais do que de um rei, se deixa conduzir pelo desdobramento de um ato, penetra as zonas de sombra para que se perceba o esfacelamento da "máquina do mundo".

A tragédia de William Shakespeare (1564-1616), repleta de imagens desenhadas pela poética manchada de humanidade sangrenta, é transposta pelo grupo Amok para um quadro ritualizado no qual o som, mais do que qualquer outro contraponto, funciona como metrônomo que determina o ritmo da cena. As máscaras, com diversas referências culturais, impõem dramática solene, e a ambientação "étnica", referenciada a uns tantos orientalismos, configura a cerimônia de teatralidade fabular.

A adaptação, que condensou o tempo cênico e fundiu personagens, serve perfeitamente à ritualização sem que esse recurso se transforme em cenografia dramatúrgica. As imagens, tão expandidas pela riqueza do texto, são revestidas de formalização visual e de sonoridade impositivamente interveniente que marcam o tempo narrativo alongado, mas que ressaltam a palavra como centro da interpretação física. Os atores incorporam essa ambientação ritualística com força gestual, que oscila entre a fixidez da máscara e a alternância entre a postura estática e os movimentos dançados.

Esse arcabouço envolve as cenas, continuamente acompanhadas por sonoridade, muitas vezes rascante, e coloca os atores como figuras centrais desse cenário para a palavra. *Macbeth* adquire atmosfera menos sombria, determinando moldura dramática que aguça mais os sentidos – ruído e imagem, canto e ação física – do que qualquer outro plano de interpretação. A tragédia se redimensiona como fábula, sustentada por esse aparato sensorial, recontada através da aspereza sonora e da imperiosa força visual.

A montagem de Ana Teixeira revela minúcia artesanal, que transforma a sua beleza em elemento decisivo para ampliar a comunicação. As máscaras e a maquiagem, de variada inspiração asiática e africana, os figurinos, de acabamento refinado, assinados por Stephane Brodt, a iluminação de Renato Machado, que destaca dramaticamente o vermelho, formam conjunto de desconcertante harmonia. A onipresente música de Carlos Bernardo conduz o espectador por experimentação sonora quase exasperante. Essa sonoridade tem a sua função, ainda que excessiva.

No elenco, com preparação requintada, nem todos respondem com a mesma intensidade ao estilo interpretativo de inspiração física. Stephane Brodt, como Macbeth, concentra na máscara facial e em pequenos reflexos (tremores das mãos) uma interpretação cuja densidade surge do vigor corporal. Mesmo que o sotaque afrancesado do ator contribua para que a palavra pareça ainda mais fracionada na sua emissão, essa característica não compromete a integridade dos seus significados. Stephane Brodt é uma figura assombrosa em cena.

Gustavo Damasceno empresta autoridade a Ross com refinada composição de corpo e voz. Ludmila Wischansky corresponde, modestamente, como intérprete de Lady Macbeth. Marcus Pina, Ricardo Damasceno, Fernando Lopes e Pedro Rocha se destacam em atuações que servem à concepção desta montagem que busca, e alcança, uma visão autoral da tragédia de Shakespeare.

CONJUGADO

Conjugado, em cartaz no Sesc Copacabana, promete ser um ensaio teatral sobre o olhar. A dramaturgia cênica desta montagem-instalação-*performance*-multimídia busca o olhar do espectador, que se pretende cúmplice através da única atriz em cena, além de tentar estabelecer relação de curiosidade diante das atitudes da personagem. E conclui com os rostos de mulheres que suprem, com seus depoimentos sobre a solidão, a matéria de que é feita a condição de estar só.

Ver e ser visto, e utilizar a intermediação do vídeo, meio que banaliza imagens, determina a dramaturgia de um espetáculo que se inscreve em tantas categorias quantas são as suas influências. Monólogo, projeta como texto as atitudes recorrentes de uma mulher que, seguidamente, chega à casa para cumprir em gestos, quase sem palavras, uma rotina obsessiva. A sucessão de atos se baseia na necessidade de ajustar-se à solidão de um cotidiano mecânico no qual a luminosidade da TV fica tão indistinta quanto a curvatura de um aquário, onde um peixe é o único interlocutor vivo.

Instalação que aprisiona em cubo-apartamento os movimentos em sequência de alguém num espaço emocional vazio (vago), *Conjugado* procura integrar a plasticidade cenográfica à ação performática. Os diversos televisores que projetam as entrevistas com mulheres, fornecendo os depoimentos que constituem as falas da atriz, complementam essa ambientação de aparente novidade.

A montagem, criação da diretora Christiane Jatahy e da atriz Malu Galli, é uma tentativa de explorar sob essas várias perspectivas expressivas o estado de solidão urbana, recorrendo a linguagens que, individualmente, são um tanto reiterativas para tal temática e, em conjunto, redundam em clichês. A diretora não consegue estabelecer contato com a plateia pela pretendida troca de olhares. O espectador é induzido a participar da encenação por meio da visão da atriz que o convida a dividir a cena. Mas a participação não acontece, por faltar real estrutura dramática que crie esse relacionamento.

O espetáculo se torna derivativo, preso a linguagens que se interpõem, sem, no entanto, escapar do esvaziamento de cada uma delas. A frieza e o distanciamento que *Conjugado* provoca não contribuem para reforçar o universo que se pretende retratar, apenas demonstrando a ausência de costura de um material documental de valor humano, mas de pouca consistência dramática.

Malu Galli percorre o ritual da solidão com movimentos banais levados ao limite irritante da repetição. Na tentativa de enfatizar o performático, a atriz usa olhares sugestivos e gestos indutores que contrastam com a desumanização da personagem. Malu Galli se coloca cara a cara com o espectador, mas a mulher que interpreta desvia o olhar de si mesma para os truques em que se apoia em cena.

A CASA DOS BUDAS DITOSOS

O prazer sexual pode ser instrumento de expressão vital, forma de se colocar no mundo de alguém em que os condicionantes da moralidade não retraem a procura incansável pela satisfação do desejo luxuriante. A velhota de 68 anos que, em narrativa picaresca sobre as suas vivências sexuais, derrama sobre o público a experiência de uma vida dedicada à liberdade procede a um inventário de sensações recolhidas do imaginário coletivo.

A casa dos budas ditosos percorre os escaninhos de uma individualidade construída sob o impulso de trazer o outro para si, de explorar as profundezas de seu corpo, de retirar prazer da integração física. João Ubaldo Ribeiro (1941-2014), que escreveu seu livro a partir do tema da luxúria, subverte o ponto de partida para esvaziar de culpa e de interdição um dos sete pecados capitais e transfigurá-lo através dessa baiana de generosidade vocabular que aponta, com ironia, a hipocrisia dos sentimentos. Pornográfica, quando se serve da linguagem para revelar a dissimulação dos sentidos; erudita, para confrontar o desejo com os papéis sociais; vulgar, para demonstrar falta de preconceitos; sedutora, para ressoar vibrações físicas, a mulher não pretende demolir barreiras, apenas demonstrar o seu sentimento do mundo.

A narrativa de João Ubaldo, com seu irretocável amoralismo e sofisticado manuseio do idioma, atinge na transposição para o palco a mesma fluidez e envolvimento da palavra escrita. A dramaturgia de Domingos de Oliveira serve bem ao original, ao retirar-lhe alguns trechos, os que escapam da "ação", sem comprometer a sua essência. A extensão do humor e a crítica à moralidade mentirosa se reproduzem pelos criteriosos cortes do adaptador.

A concentração na trama não só favorece o tempo de duração do espetáculo, como redesenha – o artifício da conferência é sugerido pela troca das fitas de gravação e pela presença da atriz diante de uma mesa e de um microfone – a necessidade de ressaltar dramaticamente o núcleo narrativo. Domingos de Oliveira encontra o tom perfeito para que a exuberância das imagens tenha a melhor tradução. Ele demonstra ter feito leitura precisa do texto, identificando o fluxo das lembranças da mulher no seu próprio ritmo descritivo e na sua desabrida sinceridade.

Domingos rege a atriz num exato tempo cênico, com sutis mudanças de luz e pequenas intervenções musicais, e sem quaisquer ênfases que acentuem "momentos", direcionem o humor ou destaquem climas. A montagem tem tal fluência que o risco de se prender à imagem de "escândalo" se dilui na agilidade com que a encenação exibe falta de pudor, que apenas reflete voracidade verbal.

Fernanda Torres é uma atriz inteligente, sagaz e muito bem-humorada que sustenta, sem qualquer desvio, uma interpretação em que o leve sotaque baiano não é esquecido em nenhum instante, e o caráter irônico e revelador dessa sexualidade se manifesta com completa frontalidade. O figurino, que deixa evidente o desprezo pela idade da personagem, pode se chocar com a juventude da atriz, até porque o uso do sotaque é preservado na tentativa de corresponder à descrição do autor.

A idade emprestaria dimensão ampliada à narrativa, mas a opção em cena no Centro Cultural Correios é, por todas as razões, defensável e justificada, pela vibração com que a atriz assume as palavras e as reproduz no ritmo solto de sua sonoridade teatral. Fernanda Torres brinca, no melhor sentido do termo, com o texto, quase tão lúdico quanto o jogo da sua interpretação.

ENSAIO.HAMLET

Ensaio.Hamlet desmonta o texto shakespeariano, menos como "agressão" ao original, e mais como experiência especulativa sobre a representação da obra. Não se trata de medir a extensão da fidelidade à obra – afinal, o corpo do texto, ainda que fraturado, está em cena. O que se propõe é a maneira como esse despedaçamento se transforma em pretexto para estabelecer diálogo cênico impertinente.

O diretor Enrique Diaz persegue código teatral que impõe ao *Hamlet* desconcertante versão, em que experimentos sugestivamente arbitrários tornam secundária qualquer outra apropriação do texto.

A encenação desarticula, aparentemente, a narrativa, mas, na verdade, procura quebrar a ilusão da representação com recursos a um jogo teatral lúdico, tentando fazer com que "alguma coisa de real aconteça em cena". O ensaio do título justifica essa opção do diretor, que, ao integrar *Hamlet* a essa superestrutura narrativa, transfere ao texto o papel de roteiro e confirma o processo da encenação como a identidade da montagem.

Nem sempre ficam muito claros os mecanismos desse processo, com os frequentes e desconcertantes comentários, alguns apenas visuais, na atribuição de pretensa "atualidade". Enrique Diaz propõe método que atinja a solenidade dramática, considerada um cânone a ser atacado na representação shakespeariana. Para ultrapassá-lo (ou para substituí-lo), o diretor cria contrastes capazes de identificar formas da cultura pop (personagens representados por super-heróis e figurados como bonecos de plástico, canções românticas sonorizando citações), a tal ponto que toda essa carga referencial acaba por se restringir a uma fonte ilustrativa e a imagens de humor provocativamente desfigurador.

Construir essa superestrutura para Shakespeare pressupõe o conhecimento da narrativa por parte de quem assiste à montagem, caso contrário corre-se o risco de estrangular a sua "compreensão" e obscurecer seu sentido. As instâncias narrativas nem sempre transferem à plateia um tão particular instrumento de decodificação. Uma marchinha carnavalesca entoada por Hamlet ou Gertrudes vestindo um Hamlet grotescamente infantilizado podem ser detalhes mais ressonantes numa sucessão de efeitos contrastados. No segundo ato, os contrastes diminuem consideravelmente, consolidando a montagem através da carga textual, recapturando *Hamlet* em seu caráter dramático.

A cenografia de Marcos Chaves e Cesar Augusto reúne objetos – espelhos e velas, crânio e bonecos de borracha, bolinhas de pingue-pongue, sacos plásticos – com a função de fetichizar a cena como caixa de truques. Os figurinos de Marcelo Olinto sugerem muitas possibilidades – roupas superpostas, vestimentas femininas usadas por homens –, em integral sintonia com o espírito do espetáculo.

A trilha sonora e músicas originais de Lucas Marcier, Rodrigo Marçal e Felipe Rocha têm contribuição decisiva na diversidade da cena. A iluminação de Maneco Quinderé, que funciona como coautoria da encenação, mantém a nervosidade da montagem, criando belíssimas imagens de luz – o desenho luminoso em torno da arena forma imaginária sustentação para uma lona de circo, pode-se especular – que ressaltam os momentos mais "poéticos" do espetáculo.

Em um *Hamlet* de características tão desestruturantes, o elenco corresponde à multiplicidade de um jogo interpretativo de extenso arco de exigências. Fernando Eiras demonstra completa identidade com essa diversidade de climas, circulando com muita desenvoltura em cada uma das suas intervenções, até mesmo naquelas em que se aproxima, intencionalmente, do ridículo. Malu Galli é uma Gertrudes de muitos rostos e de surpreendente dimensão dramática na quadra final. Bel Garcia desempenha Ofélia com energia interpretativa, servida por cena muito bem articulada da morte da personagem. Felipe Rocha, Marcelo Olinto e Cesar Augusto se valem, com êxito, de desabrida disponibilidade na encenação de *Ensaio.Hamlet*, em que o atormentado príncipe da Dinamarca resiste, com inesperada desenvoltura, a uma ciranda teatral de muitos artifícios e, ainda assim, se deixa entrever.

SONHO DE UMA NOITE DE VERÃO

A adaptação de Luiz Paulo Corrêa e Castro para *Sonho de uma noite de verão* busca encontrar (ou ressaltar) o popular na comédia de William Shakespeare (1564-1616). A ideia de aproximar o texto e a montagem das características do grupo Nós do Morro permite que se mantenha o clima onírico das estripulias de fadas e entes fantásticos, que brincam com os sentimentos de casais enamorados, e de artesãos que encenam pantomima na celebração das bodas de mortais ardentes, interligando a trajetória do grupo ao universo shakespeariano.

A "continuidade" já se estabelece de início, na cena no *hall* do Centro Cultural Banco do Brasil, em que os personagens de *Burro sem rabo*, montagem anterior do elenco, sequestram os artesãos-atores da representação atrapalhada para assumir o seu lugar. Essa ingênua solução funciona como simbólica apropriação do texto nos próprios termos do grupo.

O adaptador, sem ferir sensibilidades em relação à "pureza" do original, imprime tom "coloquial" aos diálogos, sustentando a riqueza verbal e a integridade da construção dramatúrgica. A adaptação não critica ou desrespeita, muito menos se intimida ou se retrai diante da carga cultural do texto: tão somente redimensiona as possibilidades de comunicação aplicadas a um mundo referencial diverso.

Fernando Mello da Costa reafirma esse aspecto integrador de universos culturais envolvendo a montagem em pequenas, mas decisivas, aproximações entre essas "realidades" – aos catadores de sucata da abertura seguem-se aristocratas ingleses jogando críquete. Não há espaço para quaisquer confrontações simplificadoras, mas discreto movimento de um jogo de espelhos.

O diretor ajusta a montagem ao ritmo e ao temperamento de um grupo que encena textos gerados a partir de sua realidade social, e que nesta investida em Shakespeare se ajusta muito bem a um mundo ficcional que lhe fornece realidades oníricas e fantásticas. *Sonho de uma noite de verão*, amoldado ao grupo, recria-se com menos impostação e se confirma como infalível comédia popular.

A cenografia, de Fernando Mello da Costa e Rostand Albuquerque, soluciona a exiguidade do palco do Teatro I do Centro Cultural Banco do Brasil, com estruturas móveis de fios coloridos e objetos de vidro e metal que emitem sons evocativos de floresta ao serem tocados. Dessa maneira simples e envolvente, os cenógrafos provocam o efeito de encantamento da floresta.

Os figurinos de Jefferson Miranda e Flávio Graff, ainda que sejam menos satisfatórios nos nobres, se completam com o colorido do cenário nos elfos e fadas de inspiração *hippie*. A iluminação de Fred Pinheiro desenha cuidadosamente a cena. A música de Gabriel Moura, Pedro Luís e Rodrigo Maranhão, que utiliza sons variados – *rap*, samba, *hip hop*, *techno* –, é fiel à tradição dos espetáculos do Nós do Morro, que recorre a canções como elemento preponderante em suas montagens. A música é mais um ponto que confirma o paralelismo cultural, ainda que o elenco nem sempre se mostre disponível tecnicamente para soltar a voz.

Sonho de uma noite de verão dá sequência ao empenhado trabalho dos atores desse grupo, em constante progresso. Roberta Santiago e Wendel Barros, em dupla, interpretam com vigor corporal e jeito matreiro, como requer o ardiloso e irrequieto Puck, e realizam com verve a boa solução da leitura bilíngue do texto, que encerra, de modo tão coerente com a concepção geral, o espetáculo. Guti Fraga e Babu Santana como Oberon dividem bem um mesmo papel.

O núcleo dos artesãos-atores – Jota Freitas, Eunice Conceição, Edson Oliveira, Pierre Santos e Christiano Lima – demonstra entrosamento, mas é André Santinho que se destaca com seu temperamento de comediante popular. Hélio Rodrigues, Cíntia Rosa, Rosana Barros, Mary Sheyla de Paula e Cida Costa revelam mais segurança que os demais atores.

MEDEIA

O trágico como elemento propulsor da memória arcaica, de mitos que constituem o ventre gerador dos atos dos mortais, e o obstinado desejo humano de conquista de inalcançáveis unidades utópicas refazem o percurso da fúria feminina, alimentada pela vontade contrariada, em nome da qual uma mulher trai e assassina. Medeia, que arranca de si os desígnios para impor-se um destino, está condenada à dor mortal, ao horror do sofrimento, inescapável sentimento de quem constrói a vingança, engendrando em si mesma o furor da perda.

Aquela que conhece a sua condição feminina como satélite do masculino, a detentora de poderes que invoca a ajuda dos deuses para apoiar o ódio, age contra a sua ascendência para servir ao amado. Destrói a descendência para atingi-lo, ainda que seja, ela própria, portadora da morte, condenada à inexorável destruição.

A tragédia de Eurípedes (480 a.C. - 406 a.C.) pode adquirir ressonâncias diversas nas encenações contemporâneas pela forma como se empregam os signos e os sinais de permanência que a narrativa traz como fundamentos da cena. Bia Lessa, numa montagem que procura criar aspereza na arquitetura de um teatro tradicional, expõe as entranhas dessa tradição, explorando, metaforicamente, através de elementos vitais (água, terra, fogo e ar), a essencialidade de sentimentos tão remotamente perdidos no mítico, no ancestral, na atualidade.

A diretora, ao reconstruir cenograficamente o Teatro Dulcina, devassa o antigo palco, engole plateia e camarotes, aproximando a cena do espectador, envolvido pela mesma matéria que respinga do texto. *Medeia*, nesta versão, cria estrutura até certo ponto imperiosa para alcançar o essencial, transfigurando nas formas da natureza o fulgor da palavra. Numa ambientação quase sensorial, o trágico se estabelece como poderosa emulação das forças representadas por essa natureza cenográfica, em que a narrativa é exposta como embate físico entre os atos e os elementos.

Por esse filtro telúrico, escoa uma Medeia atormentada pelo ódio provocado pela dor de ser exilada de tudo. A desgarrada da pátria, a desajustada da feminilidade, a destruidora da origem e a algoz de si mesma se perpetuam numa encenação em que a extensão do horror se faz pela vizinhança de tantos males que circundam nosso tempo. Bia Lessa, com sua encenação encorpada por visual tão arrebatado, sublinha a correspondência entre o cenário da dor e o desespero da existência. Ao reproduzir a tragicidade como inesgotável manifestação do humano, a diretora confere atualidade a Eurípedes, na sonora tradução de Millôr Fernandes.

O cenário de Gringo Cardia, com elementos aéreos, cadeiras invadindo a área de representação, a cortina de seda esvoaçante e a chuva persistente que se derrama sobre o piso de terra, serve, na medida, à concepção da diretora, além de sugerir belas composições em montagem de poéticas imagens agrestes.

A iluminação de Maneco Quinderé é decisiva na beleza da cena, com o aproveitamento pleno do espaço dramático, capaz de explodir em luminosidade contrastante ou em meios-tons oníricos, ao mesmo tempo que relembra a arquitetura original da sala de espetáculo, ao delinear a boca de cena e jogar foco sobre a atriz, encerrando o espetáculo. Mais que efeito, uma luz poética.

Medeia é pontuada por música com trilha eclética selecionada por Sérgio Mekler, ainda que esta às vezes pareça interveniente demais. Os ruídos de vozes, os gritos de dor, os sons retirados de portas que se fecham e alçapões que guardam armas ou corpos, têm tanta força quanto a música contínua. Os figurinos de Sylvie Leblanc se inspiram na tradição, com volumes que redesenham os corpos e sapatos que redimensionam a altura, acompanhando, num tom um pouco menos satisfatório, os demais elementos visuais.

Renata Sorrah reveste *Medeia* de carga mais dramática do que trágica, marcando com o ritmo da respiração as tensões da personagem. A atriz, com pequena mudança no tom da voz, determina as atitudes de Medeia, refletindo interioridade interpretativa que se estende ao vigoroso uso do corpo. A máscara de Renata Sorrah empresta ainda maior grandeza à personagem, que se confunde com as forças da natureza.

A Christiana Guinle talvez falte alguma autoridade vocal para assumir a responsabilidade de representante única do coro, ainda que tenha suficiente presença para garantir o belo fecho do espetáculo. José Mayer se torna algo mecânico como Jasão. Dalton Vigh compõe Egeu como figura hierática, e Cláudio Marzo é um Creonte com menor realeza. Ivone Hoffmann cumpre com eficiência a sua participação como a ama. Emiliano Queiroz valoriza a sua intervenção como o mensageiro. As crianças, Gabriel Caixeiro e Gabriel Moura, completam a distribuição.

O CANTO DE GREGÓRIO
PRÊT-À-PORTER 6

Antunes Filho (1929-) estreou, no fim de semana, O *canto de Gregório* e *Prêt-à--porter 6*, em São Paulo, depois de longa gestação, como é do estilo do diretor do Centro de Pesquisa Teatral do Sesc (CPT), para quem cada montagem é um tratado de investigação da cena como uma totalidade, como algo essencial. Tanto o texto de Paulo Santoro (1972-), resultante do círculo de dramaturgia orientado por Antunes desde 1999, quanto a sexta versão da experiência de descobrir "a emoção teatral pura", que o onipresente mago coordena desde 1998, se encontram numa complementaridade estilística e unidade de intenções que se aproximam da utopia de nova dramaturgia e novo ator.

A dupla estreia ganha, ainda, o sentido simbólico de se concretizar no mesmo espaço em que se criaram os espetáculos: o sétimo andar do prédio do Sesc Consolação, onde funciona o até então misterioso CPT, que abriu sua sala de ensaio para o público de 70 espectadores. De certa maneira, o ato de liberar a área de criação funciona como reveladora das entranhas de um processo de trabalho que se pode ver mais de perto na sua elaboração e que se articula através de texto em que instâncias religiosas, filosóficas e literárias vasculham as impossibilidades do ser humano contemporâneo.

O pequeno teatro, que prescinde de iluminação especial e dispõe de mínimos objetos de cena, uma caixa preta capaz de conter as três cenas e os pares de atores da sequência dos exercícios de *Prêt-à-porter*, abriga igual despojamento técnico e cenográfico quando bonecos contracenam com os atores no percurso de Gregório para provar com a sua própria experiência e com "ideias que pesam mais do que pedras" que a bondade é impossível.

As duas montagens convergem para as teorias de Antunes Filho, baseadas na preparação do ator mais integrado em cena, criador de "jogos infinitos", intérprete de dramaturgia que reflita "um avanço no campo do conhecimento para, através dele, serem encontradas saídas para o caos que está aí". *Prêt-à-porter 6* ronda esse caos na exposição de três situações que capturam o conflito de dois personagens, sempre dois, jogados em um instante de tensão.

Em *A casa da Laurinha*, uma jovem prostituta experimenta o seu vestido de casamento, costurado pela dona do bordel, que tenta convencê-la da mentira de seu desejo de se tornar uma mulher socialmente reconhecida. Em *Senhorita Helena*, um empregado demitido mantém em cativeiro a filha de seu ex-patrão, numa dependência mutuamente doentia. Em *Estrela da manhã*, uma transexual procura cirurgião para implantar seios.

Essas sugestões dramáticas, criadas pelos próprios atores, se sustentam na convenção realista e sem qualquer pretensão de fazer alta dramaturgia, mas apenas de investigar práticas teatrais para alcançar o despojamento de recursos que transforme a ação cênica em algo simples, depurado e essencial. As tramas são previsíveis e remetem a flagrante rodriguiano, a filme de William Wyler (*O colecionador*) ou à peça M. *Butterfly*. Mas pouco importa a inspiração ou a origem, o que prevalece é a oportunidade que cada uma das narrativas, com tempo de duração entre 20 e 40 minutos, apresenta como "questões da representação".

As duplas de atores conseguem convívio cênico que cria jogo cúmplice, deixando que o artifício e a falsa naturalidade apareçam sem disfarces. Juliana Galdino, Carlos Morelli e Emerson Danesi refinam essa ilusão de realidade no mesmo plano interpretativo de Arieta Corrêa, Kaio Pezzutti e Simone Feliciano.

Prêt-à-porter 6 antecipa, com os instantâneos que registram indivíduos soltos num mundo que não compreendem, as dúvidas de um homem que persegue o conhecimento sobre si mesmo e que é levado à loucura na sua busca em O *canto de Gregório*. O texto de Paulo Santoro não se fixa numa dramaturgia convencional, com sua narrativa decomposta, em que as razões e atos de alguém que se pergunta quem é e quais as justificativas para viver se enredam numa linguagem dramática que tanto pode ser manifesto niilista quanto monólogo interior de ressonâncias existenciais.

A forma como O *canto de Gregório* se assume como teatralidade está estritamente ligada ao que pretende dizer com a trajetória de um homem que gira em torno de sua alma atormentada por perguntas. Diante do caos à sua volta ("cada um era um peito, cada um era uma bala"), Gregório se mede diante do absurdo da existência. Nesse trajeto, sem volta e sem respostas, se confronta com Sócrates, Jesus Cristo, Buda, e é julgado por assassinato e condenado a sobreviver a si mesmo, paralisado.

Paulo Santoro prescinde da ação dramática, com exceção do julgamento, como forma de incorporar referências literárias – O *estrangeiro*, de Albert Camus, e O *processo*, de Franz Kafka, são quase citações. A argumentação de Gregório, que ele próprio admite como "jogos de linguagem", parece repetir, por maneiras diversas, sempre a mesma coisa. Ainda que o personagem caminhe na sua procura de saber da possibilidade da bondade, passando por estágios diferentes de conhecimento, revelação e iluminação, a sua caminhada parece estática.

Mesmo partindo da dúvida para a loucura e transformando cada passo em um jogo, um labirinto, em descrença e mentira, Gregório permanece em seu ponto de partida, igualmente sem respostas, mergulhado numa absoluta negação. Esse texto paralisante, que experimenta as oscilações de um pensamento sombrio, é visto cenicamente por Antunes Filho no mesmo registro desiludido do autor. A luz de velas e a iluminação baixa, os figurinos pretos, de juízes e religiosos de uma soturna Europa Central, e os bonecos ambientam a sala semiobscura, onde os atores cumprem ritual de interpretação com a marca de Antunes Filho.

A inversão de gênero – Gregório é interpretado pela atriz Arieta Corrêa –, a figura dos bonecos se confundindo com o elenco e os movimentos e ruídos produzidos por blocos de atores parecerão familiares na gramática cênica do diretor.

A secura e a aridez de um texto que expõe quadro aniquilante, de modo tão pouco condescendente com as técnicas dramatúrgicas, se transformam numa encenação que utiliza os elementos essenciais para acentuar um mundo sufocante. O espetáculo não dá tréguas no seu racionalismo e em sua dialética cênica, propondo ao espectador argumentos em cascata, diante dos quais a única emoção que provoca é o seu abissal pessimismo.

SOPPA DE LETRA

A ideia é simples, mas arriscada. *Soppa de letra* – os dois pês ficam por conta do apelido de Pedro Paulo Rangel, Pepê – reúne uma variedade de canções brasileiras que têm suas letras interpretadas pelo ator. Sem a música para apoiá-las, transferindo para as palavras a sonoridade de algo que foi escrito para outra escala, essas dezenas de versos recebem musicalidade dramática que chega por meio da habilidade de um ator maleável. Numa relação extensa, que inclui composições de Chico Buarque de Hollanda, Noel Rosa, Nega Gizza, Cacaso e O Rappa, entre dezenas de outros, se subtraem as músicas para ressaltar as letras que, por costura bem alinhavada, bordam retalhos de memórias sonoras.

Algumas delas, bastante conhecidas, ganham independência expressiva que nos faz esquecer da música – ou, pelo menos, sua lembrança é secundária – para se integrar num fluxo de palavras que se desdobram, letra a letra, numa composição única, num roteiro dramatizado.

Não existem, propriamente, módulos temáticos. Fala-se de tudo – o amor, como é previsível, domina –, mas as letras se encadeiam conduzidas pelo sabor das escolhas da poesia, humor ou melodrama. Como evitou-se criar uma "história" a partir da seleção, os roteiristas Antonio De Bonis, Naum Alves de Souza e Pedro Paulo Rangel encontraram narrativa amena para dizer as letras, retirando-lhes ênfases ou sublinhando-lhes intenções, a fim de que sejam conduzidas como concerto de palavras.

Soppa de letra, com a sua simplicidade bem urdida, corre o risco de ter de pagar certo tributo ao seu formato, já que, como monólogo (não escapa desta determinação e dos riscos decorrentes da inevitável concentração em um só ator), e com "texto" descontínuo e fracionado, o papel de intérprete pode se transformar em armadilha para um temperamento histriônico. Em *Soppa de letra*, esse instrumento solitário deve estar ainda mais sintonizado pelo fato de não dispor de texto dramático que comande a interpretação. Pedro Paulo Rangel impõe-se, como chef requintado, na confecção de sua sopa.

O diretor Naum Alves de Souza, seguindo a simplicidade da estrutura do roteiro, também buscou um espetáculo despojado, sem maiores invenções, destacando a presença do ator como absoluta em cena. Joga sobre as costas do ator o peso, que se transforma em leve prazer, de conduzir o espectador por sequências de letras que formam tênues situações.

Esses pedaços de estrofes compõem versos esparsos e descontínuos, que o roteiro tende a prolongar, encantado pelo seu efeito combinatório, e recebem da direção forma dinâmica que possibilita diminuir a tendência a explorar com tanta generosidade criativa o vasto material selecionado. Naum é, ainda, responsável pelo cenário que lembra um bar e pelos figurinos, que vestem o ator com discutíveis ternos com palavras impressas no tecido.

A música, presente como complemento das palavras, atua como referência original e sonoriza a encenação de modo saboroso. A ressaltar, a direção musical e os arranjos de Roberto Gnatalli e os instrumentistas Lena Verani, Nilze Carvalho e Fabiano Salek.

Pedro Paulo Rangel demonstra, neste formato difícil que escolheu para contar músicas e cantar palavras, a extensão de suas possibilidades como ator. Saltando de um homem desprezado para uma mulher traída e se insinuando por entre os sentimentos desses personagens tão fugazes como a síntese de emoções metrificadas, expõe domínio técnico para saltar por essas alternâncias e por sobre o material tão perigosamente fluido.

O ator recria afetividade, brinca com humores, alterna sentimentos, redescobre poesia, ri de perdas, exulta de prazer. Numa interpretação que se individualiza, não pela inevitável solidão do monólogo, mas pela alegria de experimentar-se tão sinceramente em cena, Pedro Paulo Rangel ultrapassa o formato desgastado e mostra o salutar prazer e inteligência de um intérprete em pleno domínio de sua capacidade técnica e maturidade artística.

REGURGITOFAGIA

Regurgitofagia não chega a ser neologismo teatral. A invenção cênica de Michel Melamed (1976-) para um monólogo, misto de *stand-up comedy* e coletânea de textos, está na possibilidade de explorar, através do meio tecnológico, a reação da plateia à atuação do intérprete. O ator, ligado a fios que o prendem nos tornozelos e pulsos, recebe impulsos elétricos toda vez que o público esboça qualquer ruído. O choque que o ator absorve, representado por movimentos reagentes de contração, se repete a cada barulho captado por esse dispositivo e transmitido pela fiação.

A configuração dessa máquina de choques reveste uma série de textos curtos. A estrutura tecnológica, que estabelece relacionamento com o espectador – a sua reação é incorporada pelo movimento corporal do ator e pela "dor" provocada pelos choques –, cria uma carga diversa da proposta inicial.

A relação entre o ator e a plateia se conduz por mecanismo pelo qual se processa dupla manipulação. De um lado, o ator, o corpo pulsionado gerando atitude que se repete sem definir uma dramática que sustente a palavra. E, de outro, os estímulos da plateia, que, ao descobrir o funcionamento do jogo, provoca reações artificiais para sentir a sua interferência.

É possível perceber como os espectadores provocam a tosse ou se movimentam na arquibancada para que, dessa forma, lancem os estímulos físicos e o ator reaja. O que fica menos nítido nesse arco de ação e reação é o recebimento de estímulos mais sutis, como uma emoção, secundária, num circuito cênico algo pavloviano. A criação de Michel Melamed propõe aspecto mais performático do que propriamente teatral, ainda que a realidade do texto seja bem presente, e que as reações que provoca, decantadas pelos fios, não produzam eletricidade de mão dupla.

O mecanismo precisa ser revelado à plateia, que, descrente, acredita que o ator simula os movimentos, tanto que um espectador é convidado a receber a carga elétrica. A necessidade de fazer alguém da plateia acreditar no jogo demonstra alguma disfunção das suas regras ou seria somente uma maneira de o ator ganhar algum fôlego, pausa necessária depois de tantos choques?

Ao entrar na convenção e impulsionar o jogo, mesmo que na sua estimulação mais primária, o espectador tende a deixar a escuta da palavra em plano secundário. A estrutura técnica, que se consome com igual rapidez com que os textos pretendem refletir o esgotamento da percepção contemporânea, sufoca demais a cena, que poderia ir mais além do monólogo performático, devido ao interesse despertado pelo que é dito.

Michel Melamed revela, tanto como autor quanto como intérprete, inquietação e desejo de falar, de deixar um depoimento, o que transforma *Regurgitofagia* em experimento que lança dúvidas e deglute invenções. O que torna a encenação mais atraente é essa liberdade do ator de experimentar outros meios que tentam, apesar e para além do resultado, se inserir na vivência de seu tempo. Michel Melamed está à procura de encontrá-lo. *Regurgitofagia* é um bom começo.

MADEMOISELLE CHANEL

A temporada do monólogo *Mademoiselle Chanel*, de Maria Adelaide Amaral, no Teatro Faap de São Paulo, se estende há dois meses com êxito de público, que compensa o investimento de 1 milhão de reais no espetáculo produzido pela CIE Brasil[11], a mesma que importa musicais da Broadway para fiéis versões brasileiras.

O braço nacional da empresa que se lança em montagens locais segue, de certo modo, o estilo de seus produtos importados, com alto custo e rigor profissional, num compromisso com o *entertainment*. Esta vertente, clara, definida, cujas regras de funcionamento estão bem explícitas, utiliza técnicas de *show business* para tornar o produto atraente. *Mademoiselle Chanel* se incorpora a essa forma de produção e assume o invólucro artístico em que prevalece a exposição, o apelo aos sentidos e à aparência. No caso da criadora de moda francesa Coco Chanel, nada mais adequado, já que a estilista admitia que o luxo era supérfluo, mas necessário para tornar a vida não apenas melhor, mas também mais suportável. Esse embrulho para presente que envolve a produção e se amplia na concepção da cena reflete, portanto, a política mercadológica da empresa e, de certo modo, condiciona a criação de seus espetáculos.

A peça de Maria Adelaide Amaral (1942-), escrita sob encomenda, não chegou a entusiasmá-la, como confessa a autora, uma vez que o universo da personagem lhe parecia distante. Vencida a resistência inicial, Maria Adelaide mostrou que, com sua habilidade de dramaturga profissional, era possível transformar a encomenda em peça teatral com vitalidade cênica.

Ao utilizar o formato de monólogo, encontrou uma maneira econômica de sintetizar uma trajetória que se confunde com a história cultural do século XX, acrescentando-lhe observações sobre o comportamento de uma mulher que redefiniu os parâmetros da moda.

O formato pouco generoso do monólogo acomoda situação criada pela autora, que flagra a estilista já no fim da vida, em seu ateliê da rue Cambon, em Paris, numa sexta-feira, angustiada pela possibilidade de mais um fim de semana solitário, ao se

---

[11] Atual T4F – Time 4 Fun.

perceber vazia sem o apoio do trabalho. Captura Mademoiselle em momento declinante, ao repassar a sua vida com comentários mordazes e ácidos sobre si mesma e sobre aqueles com quem conviveu com chorosa autocomplacência.

Maria Adelaide Amaral transpõe a biografia de Chanel para o palco, evitando sequência factual e ordenação cronológica, o que tornaria o texto excessivamente convencional. A autora procura nas vivências da criadora elementos que possam traçar desenho menos linear da personagem, oferecendo pretexto dramático para sustentar a loquacidade informativa.

Coco Chanel se configura em cena como um temperamento singular, conduzido por narrativa semelhante a um molde bem alinhavado para cair bem, sem maiores inventividades, mas pronto para vestir.

A montagem de Jorge Takla, responsável pela direção geral, cenário, iluminação e ilustração sonora, não deixa dúvidas sobre como a concentração de funções é decisiva na concepção expositiva do espetáculo. O diretor incorpora o luxo e a sofisticação como elementos básicos da cena, pontos referenciais de uma montagem decorativa, com apelos ao olhar. É a partir da moda e da imagem de Chanel, talvez um pouco mais do que das contradições de Mademoiselle, que Jorge Takla concebeu a moldura para um espetáculo em que a beleza predomina em relação à realidade.

O quadro cênico é extremamente atraente, com o cenário branco, paredes de espelhos e escadaria, reproduzindo o ateliê parisiense, servido por iluminação que dá cor e clima ao *décor*, enquanto a trilha é bem servida de canções francesas (a inclusão de Charles Trenet é deliciosamente evocativa) e outras tantas lembranças musicais. A presença de duas atrizes-modelos, Laura Wie e Elen Londero, que desfilam com extrema elegância os vestidos de Coco Chanel, completa essa ambientação de *show* para os sentidos.

Marília Pêra tem inesgotável capacidade de redimensionar seu temperamento interpretativo, vigoroso e crítico, às exigências das personagens. Como Chanel, a atriz se ajusta à construção do mito por meio de seus aspectos impressionistas, captados por sensíveis ligações que estabelece com o modelo físico da personagem.

Numa interpretação detalhadamente composta, com movimentos corporais bem marcados por gestos característicos e por postura que indica a passagem do tempo, Marília Pêra transpõe os limites do mimetismo e recria, com alguma acidez e aguçada distância crítica, uma interpretação mais solta, contrabalançando, de certo modo, a rigidez da composição. A atriz conduz com sagacidade as variações do texto, escapando da armadilha das cenas mais melodramáticas, estabelecendo cumplicidade com a personagem, sobrepondo-se ao luxo e ultrapassando a aparência, deixando Coco Chanel mais humana e verdadeira.

A CAMINHO DE CASA

Como três textos independentes, as narrativas de Maurício Arruda Mendonça (1964-) e Paulo de Moraes (1965-) em *A caminho de casa* – em cartaz na Fundição Progresso – formam corpo único de espetáculo esbatido, na decomposição da cena deflagradora da possibilidade de acreditar num mundo de incertezas. Na dramaturgia que lança sob perspectivas dramáticas bem distintas entre si, *A caminho de casa* especula sobre a emergência dos atos diante da necessidade de transcendência, da busca de manter ou exercer a fé em meio ao caos da existência.

Em *Sobre a impossibilidade de dar um passo*, a explosão de um ônibus em território conflagrado por dissensões políticas aprisiona, num engarrafamento gigantesco, um grupo de pessoas que adquire outra e momentânea forma de convivência. *A história do velho sufi e do menino judeu* reúne, pela dor profunda de perdas e pela necessidade de continuar vivendo, as contradições da intolerância. E em *Crianças brincando em campo sagrado*, a mãe, em uma imprecação, se dirige ao deus a quem seu filho se imolou.

As histórias são, aparentemente, desconectadas, com elemento impulsionador que, num primeiro momento, não aparece como o fato dramático que as permeia. A referência é sutil e se infiltra entre as histórias esparsas, estabelecendo contraponto aos estilos narrativos contrastantes. Os personagens presos nos carros são quase figuras de quadrinhos, *flashes* de citações de imagens (*Traffic*, de Jacques Tati, ou a sequência inicial de *Fellini oito e meio*), esboços de quadro geral, capturados como instantâneos de situação inesperada.

A solidão, que une pela morte e pela dor o velho e o garoto, de origens diferentes e antagonizados por hostilidades históricas, impulsiona-os a recomporem-se em novos papéis. Pai e filho ligados pela consanguinidade dos sentimentos. Essa fábula sobre a tolerância é narrada por prostitutas.

A mãe, que procura justificativa para a morte do filho e leva a fé com dedicação fundamentalista, sobrevive ao próprio fluxo de suas palavras. Na intersecção das histórias está a explosão do ônibus, cujos estilhaços caem sobre cada uma delas como tantas outras bombas, que, detonadas pela violência por injustificadas "razões", ferem a existência de todos.

Cada um dos textos, ao seu estilo e a seu modo, serve como painel de um mundo explosivo, captando do estrondo a capacidade do indivíduo em refazer-se pela fé em si. O diretor Paulo de Moraes explora os estados reflexivos e emocionais procurando individualização estilística, sugerida pelo caráter da escrita.

Não são pequenas montagens autônomas. A cada uma se imprime um tom que a torna mais ágil, em cortes e enquadramentos nervosos, em especial na primeira.

No texto seguinte, os narradores se distanciam para estabelecer, na delicadeza narrativa, esfuziante e irônica fabulação das prostitutas.

Em *Crianças brincando em campo sagrado*, o sentido pungente das palavras da mulher que perdeu o filho é reforçado por malabarismo de corpos pendurados, pedaços humanos presos a ganchos em exposição sangrenta que se contrapõe à manipulação do barro com o qual, em primitiva referência, é gerada a vida.

A cenografia, de Paulo de Moraes e Carla Berri, e a animação gráfica de Rico Vilarouca e Renato Vilarouca são responsáveis pelos sugestivos efeitos, como no impacto da explosão do ônibus e no traço poético na conversa dos garotos, com as pipas em céu aberto, numa vigorosa metáfora visual. Os figurinos adequados de João Marcelino acompanham o estilo variável dos textos. A iluminação de Paulo César Medeiros funciona com eficiência e a trilha de Paulo de Moraes busca sublinhar climas dramáticos na diversidade.

O elenco, bastante renovado, do grupo Armazém nem sempre se mostra amadurecido. Simone Mazzer, mais histriônica como a mulher gorda, cria um garoto de patético desamparo. Sérgio Medeiros faz do legista figura estranha e, do pai, presença distante. Ricardo Martins está menos convincente como professor de filosofia do que como filho. Simone Vianna cuida da esposa do professor, e Raquel Karro desenha as suas interpretações com movimentos coreografados. Stella Rabello e Isabel Pacheco têm participações mais modestas. Thales Coutinho aproxima bastante o mendigo da primeira história do velho da segunda. Patrícia Selonk, com recursos mais corporais, compõe a lutadora de *telecatch*, projetando a medida da dor materna em atuação lúcida e emotiva, alcançando embocadura brechtiana.

A caminho de casa traz o contemporâneo ao centro da cena, com dramaturgia viva e nada circunstancial, registrando alguns flagrantes da fotografia enevoada do nosso tempo.

AS PEQUENAS RAPOSAS

As pequenas raposas é típica representante do realismo psicológico, marcante na dramaturgia norte-americana do século XX. A peça de Lillian Hellman (1905-1984), escrita em 1941, e cuja ação se passa no Sul dos Estados Unidos, em 1900, traz as características de um teatro que procura, através de estrutura narrativa baseada na fixação do caráter psicológico, apoiar velada crítica social. Diante de um negócio que promete garantir a sua ascensão, a família Hubbard se digladia em manobras e artifícios para alcançar o que as frustrações acumuladas do passado até então não haviam permitido.

Os irmãos não mostram muito escrúpulo ao se aproveitarem de vantagens oportunistas em atos desmedidos, em especial com relação àqueles que, em torno das disputas, se mostram vítimas, consentidas ou inocentes, numa trama de mágoas, inveja e ressentimentos. O cenário desse quase melodrama é uma sociedade que se modifica rapidamente, com os arrivistas à procura de se integrar a uma ordem emergente, na qual a moral e a ética são apenas questões retóricas.

Lillian Hellman constrói com detalhamento psicológico o caráter dos personagens, traçando perfis bem definidos, sem deslizes na coerência da escrita e com domínio formal, demonstrando segurança e bom acabamento dramatúrgico. Mas uma atual encenação de *As pequenas raposas*, em que a estrutura narrativa (nada que o cinema e as novelas de televisão não explorem à exaustão) parece tão familiar às plateias, assim como os seus truques dramáticos (mortes induzidas e conflitos explícitos), exige verificação cênica para ajustar a passagem do tempo e reavaliar a sedimentação histórica do texto.

Naum Alves de Souza se comporta como fiel tributário do texto, diretor respeitoso que procura reproduzir preceito modelar na apropriação da cena realista. Há tendência em colocar tudo no lugar, deixar que o texto discorra por si mesmo, que fique claro que o que se pretende contar é uma boa história com igual correção do código e das convenções do gênero.

A montagem de Naum Alves de Souza revela confinamento às características de *As pequenas raposas*, como se o diretor não quisesse ultrapassar a linha que separa um espetáculo com atmosfera e pulsação próprias de outro encenado com cuidado e correção, mas sem identidade e temperamento. Naum não impõe visão mais nitidamente perceptível à narrativa de Lillian Hellman, que se mantém na justeza da exposição sem desvios, mas também sem muitos contornos originais.

A cenografia de Celina Richers tem a "exatidão" de uma casa sulista do início do século XX, com detalhes de luxo e perfeita distribuição dos espaços no difícil palco do Teatro I do Centro Cultural Banco do Brasil. Os figurinos de Beth Filipecki e Renaldo Machado são adequados, refletindo a época da trama e com boa execução. Edgar Duvivier pontua com sonoridade suave alguns momentos. A iluminação de Aurélio de Simoni projeta sensíveis luminosidades, sugerindo os melhores climas da montagem.

O elenco também está excessivamente preso à fidelidade estilística do encenador. Aires Jorge compõe com gestual e voz um empregado por demais "típico". Patrícia Werneck demonstra pouca experiência para enfrentar personagem aparentemente secundária, mas decisiva. Pedro Osório transmite constante inadequação em cena. Léa Garcia empresta dimensão e máscara forte a Addie. Roberto Pirillo tem correta atuação como o empresário. Rogério Fróes se destaca pela ardileza e ambição que projeta como o irmão que se imaginava o mais ambicioso. Edney Giovenazzi carrega demais na fraqueza de Oscar. Joana Fomm faz delicado desenho da frágil Birdie. Sérgio Britto conduz Lawrence com serenidade irônica. Beatriz Segall vive uma Regina com maior tensão exterior do que racionalidade maldosa.

ORLANDO

De certa maneira, o escritor Sérgio Sant'Anna desorganiza o literário na sua adaptação teatral de *Orlando*, de Virginia Woolf (1882-1941). Aquilo que é o imponderável na criação e o registro dos movimentos literários ingleses, do século XVI ao século XX, que refluem do romance, surgem nesta adaptação como referências residuais, pontos de partida para a revisão do personagem como portador de mudanças, manipulador de energias que reinventa o espaço e o tempo, na tentativa de escrever um poema ao longo de trezentos anos.
O jovem seiscentista que persegue a palavra perfeita é o mesmo que no início do século XX, mulher, 36 anos, encontra o que procura apenas com a certeza adquirida de que a trajetória foi bem mais rica do que a chegada. Nesta secular busca, em que perde ilusões para adquirir outras e constata que passa por várias vidas, comprovando a inutilidade de todas elas, Orlando confunde-se com a evolução do tempo e a invenção da forma.
Único pela irrealidade dos contornos, múltiplo pela insistência na criação, o personagem se transforma em veículo do seu percurso, herói épico que subtrai a reflexão para se deixar conduzir pela aventura da existência e pela ação da narrativa.
A diretora Bia Lessa, mais do que o adaptador, recondiciona o texto numa exaltada perspectiva visual e física, em que as entrelinhas ficam soterradas pelos ruidosos apelos sensoriais e pela intensidade das atitudes. A cena é nervosa, ágil, premente, como se a diretora desejasse, em quase duas horas de espetáculo, desestruturar a fábula para provocar estranheza. Nesta versão, *Orlando* propõe-se como variações em torno de uma ação física, cujos elementos adquirem força dramática.
O corpo dos atores despido de mistérios, o fogo consumindo figurinos, a água banhando, em torrente, as transformações, a terra soterrando o abandono, são empréstimos visuais aos quais se imprimem significados. O espaço conquistado no Teatro Dulcina, semidestruído, com o nivelamento de palco e plateia e a caixa cênica totalmente revelada, é fascinante área de exploração, que Bia Lessa uma vez mais ocupa com competência.
Ainda que as dimensões espaciais pareçam maiores do que a possibilidade de aproveitá-las integralmente, *Orlando* tem belo desenho, que ressalta na cenogra-

fia de Fernando Mello da Costa, com a utilização de objetos únicos, como a máquina de escrever de madeira e as cadeiras que adquirem movimentos de barcos. Os ótimos figurinos de Kalma Murtinho, que vestem as mudanças de época, a iluminação de Maneco Quinderé, que preenche dramaticamente os espaços vazios e cria efeitos portentosos, como o de céu estrelado, e a trilha de Hélio Ziskind, que encorpa a suntuosidade da montagem, completam essa moldura.

Bia Lessa se apoia nessa sucessão de efeitos (cada um deles parece querer provocar reações de impacto), de modo que a leitura do texto condena à sensibilização quase tátil (os atores, a água, o fogo, a areia e as folhas que caem durante toda a encenação ficam muito próximos do público), num estágio de envolvimento mais sensorial do que reflexivo.

O literário se torna secundário diante da gramática cênica da diretora, que tem a coragem de eleger o arbitrário como propulsor de sua criação, rompendo com alguns cânones pelo descompromisso que estabelece entre a invenção e o material dramático. A aparência anárquica da cena não obscurece a mão firme da diretora, que, desrespeitosamente, conduz com rigor e provocação.

Betty Gofman demonstra generosidade interpretativa para construir um mutável Orlando. A atriz se entrega fisicamente às exigências da montagem, prejudicada pela pequena extensão de sua voz, que ela compensa com a garra de estar em cena. Vanessa Gerbelli e Natália Lage se distribuem com regularidade por alguns personagens. Já ao elenco masculino – Dany Roland, Rodrigo Penna e Guga Coelho – falta maior flexibilidade para se adaptar às exigências da montagem.

2005

INFRATURAS

O besteirol se atualiza. Pelo menos é o que deixa entrever *Infraturas*, exemplar do gênero que traz autor promissor e lança dois atores, perfeitamente integrados ao espírito dessa forma teatral tão carioca. Numa seleção de esquetes, todos escritos por Fábio Porchat (1983-), há tendência em buscar em fatos banais, pequenas observações do cotidiano e dos maus costumes urbanos, os percalços e as chatices a que estamos sujeitos nestes tempos confusos. Seguindo a mesma estrutura de histórias curtas a serem interpretadas por dupla de atores, brincando com as possibilidades de fazer humor com a troca de sexos e jogos de palavras, os esquetes prenunciam nova geração de autores do besteirol.

A medida desse humor não ultrapassa a caracterização tipológica, ao criar, pelo olhar expandido sobre situações corriqueiras, perspectiva de identidade com a experiência da plateia. Os textos de Fábio Porchat mantêm a mesma sintonia com as alfinetadas e piscadelas com que o besteirol instiga banalidades que se tornam engraçadas, a partir de interpretação debochada de algo que está à nossa volta. A crítica está na maneira como se captam tais interferências no cotidiano, provocando aquilo que nos é visível, mas encoberto pela desatenção.

Os melhores esquetes de *Infraturas* são aqueles que registram com ágil manuseio das palavras aquelas irritantes situações vividas na urgência de todos os dias. A ligação telefônica para um serviço de atendimento de *telemarketing* é impagável, na sucessão de ordens recebidas e na mecânica voz metálica no outro lado das muitas linhas. Ou a sequência de códigos que é preciso memorizar para abrir portas, tirar dinheiro dos caixas, ou tantas outras atividades incorporadas ao nosso dia a dia. Somente esses esquetes seriam suficientes para mostrar a habilidade e o estilo desse estreante autor no gênero.

Nos demais esquetes, no entanto, a facilidade em ativar o bombardeio de palavras – Fábio Porchat encontra o ritmo interno das falas – nem sempre é muito original. O esquematismo e a rapidez do esquete exigem que essa concentração narrativa deságue em historieta com desfecho interessante, ou pelo menos divertido, para que não se limite a piada.

Malu Valle, na sua estreia como diretora, "levantou" o espetáculo com simplicidade e preocupação visível de valorizar a atuação do jovem elenco. A ambientação, adereços e figurinos de Aline Ciafrino seguem a simplicidade da montagem, assim como a iluminação de Aurélio de Simoni e a trilha de Isabel Lobo. Fábio Porchat e Paulo Gustavo estabelecem boa contracena, compondo espetáculo feito apenas para divertir, e que revela redator de humor que bem poderia dar contribuição para a melhoria do nível dos programas humorísticos da televisão.

TRIUNFO SILENCIOSO

A dramaturgia epistolar, com as suas trocas de cartas como elemento central da narrativa e com a simplicidade da escrita pessoal, concentra num feixe nervoso de palavras a carga da ação dramática. *Triunfo silencioso*, adaptação da dupla Fabiana Valor e Bernardo Jablonski para o romance *Destinatário desconhecido*, da norte-americana Kathrine Kressmann Taylor (1903-1996), transpõe a correspondência de dois amigos de origem alemã, que mantêm negócios nos Estados Unidos, durante os anos 1930, depois que um deles volta à Alemanha. Da mesma maneira que o texto original se restringe às cartas trocadas entre eles, também a versão teatral utiliza esse método narrativo para tratar das ressonâncias nas vidas desses dois homens provocadas pela ascensão do nazismo.

A palavra, medida pelos contrastes entre o desvendamento dos sentimentos ocultos e o confronto provocado pela crueldade de um regime, é o veículo para chegar à verdade do horror. A volta de Martin para a Alemanha deixa entrever a sua progressiva adesão ao nazismo, ao se apoderar de seus valores éticos e subjugar a amizade a preceitos totalitários. As mudanças de tom a cada carta, em que Martin vai revelando a sua filiação a algo que o afasta, definitivamente, do amigo judeu Max, conduzem à traição e à vingança, num rastilho de incompreensão e intolerância que deixa à mostra um cenário humano desolado pela irracionalidade, fanatismo e corrupção.

Com a mesma simplicidade aparente das cartas, que reescrevem no plano individual a tragédia provocada pelo nazismo, a dupla de adaptadores construiu narrativa cênica habilmente encadeada. Do início, com a apresentação dos personagens e os informes da nova vida de Martin na Alemanha, até o "golpe de teatro" provocado por Max, os adaptadores traduziram em cena a força do texto ao ressaltar na palavra a essência de sua capacidade reveladora.

Bernardo Jablonski e Fabiana Valor tiveram o mesmo cuidado em manter na direção o impacto das palavras, numa cristalina e, visivelmente, sincera apropriação do texto. Não há invenções que perturbem o modo quase demonstrativo com que os diretores conduzem a narrativa, em constante plano e contraplano do envio das cartas. Esse ritmo de ida e volta adquire dinâmica dramática que provoca "expectativa" de aguardar o próximo passo da correspondência. Sem qualquer apelo para acelerar a "ação", a dupla de diretores encena os movimentos internos que geram os atos de cada um, e até mesmo a "virada" de Max é apresentada nesta sintonia suave, e por essa razão provoca reações tão espontaneamente catárticas na plateia.

A trilha sonora de Ronaldo Fucs pontua com oportunidade a narrativa e os figurinos de Kalma Murtinho têm discreto corte de época. A iluminação de Maneco Quinderé contribui decisivamente para criar envolvente atmosfera, para a qual o cenário de Marcelo Marques, na sua minimalista representação da distância oceânica, também contribui.

Edwin Luisi atinge um tal detalhamento do Max com interpretação interiorizada, capaz de mostrar as sutis modificações do personagem com pequenos gestos e variações na máscara facial. Na contenção de meios expressivos, o ator consegue dar dimensão aos atos do personagem, oscilantes entre sentimentos violados e atitude vingativa. Herson Capri, com igual interiorização a serviço de personagem cujas transformações podem levar a ser vivido com tintas mais fortes, exibe perfeita compreensão das fraquezas de Martin. Da arrogância ao medo, Herson Capri perpassa o caráter do personagem, projetando a sua extensão humana. A destacar ainda a integração em cena dos atores, que, com atuações bastante pessoais, estabelecem contracena equilibradamente integrada.

DAQUI A DUZENTOS ANOS

Daqui a duzentos anos é de uma simplicidade didática. Este recital, que reúne três contos de Tchekhov (1860-1904) e fragmentos de suas peças, nada mais pretende do que transpor, de modo que se aproxime da oralidade dos contadores de histórias, o universo do autor, buscando teatralidade extremamente despojada. Os atores – Luís Melo se impõe nos solos – contracenam com as obras, retirando de contos com aparente suavidade e agridoce tristeza, a amarga comédia da vida.

Sem artifícios, senão aqueles que a cena propõe como revelações de verdades pelas mentiras da representação, *Daqui a duzentos anos* percorre histórias que falam de dolorosos sentimentos com a evocação de perdas contínuas. Dos três contos selecionados, "Brincadeira" fala de amores de juventude, em que aquilo que se diz, por mais evidente que possa parecer, se fixa apenas na zona vaga do medo. "O amor" é soterrado pela avalanche das hesitações. "O caso do champagne" vaticina para um solitário chefe de estação, perdido de si em meio à estepe russa, as desgraças que já lhe são familiares. Em "Amor", com irônica desilusão, um apaixonado se submete à rotina de união que se sabe sufocante. Trechos de *A gaivota*, *Tio Vânia* e *Ivanov* talvez acrescentem pouco à estrutura do espetáculo, mas sem dúvida ouvir, uma vez mais, algumas palavras desses textos não deixa de ser um prazer, embalado por sua força sempre renovada.

O depuramento de ornamentos, a começar pela escolha dos contos, já revela que a equipe do espetáculo desejou apenas apresentar textos para serem ouvidos, em encenação simples que destaca a presença irradiadora das histórias de pessoas comuns. Essa afinidade da forma com o conteúdo – os contos são vizinhos do *fait divers*, de fábulas cotidianas sobre situações quase pungentes – atinge a essência das histórias exatamente por se desviar de qualquer invenção que fuja da delicada exposição verbal. Quase leitura dramática, *Daqui a duzentos anos* se constrói como recital, no qual o papel do diretor Márcio Abreu se mostra tão discreto quanto os meios sutis utilizados na sua concretização. A direção "desaparece" em meio a concepção que privilegia a maneira como os atores, em especial Luís Melo, desenvolvem a sua interpretação. O cenário enxuto – somente um tablado com *assemblage* de portas e janelas de demolição, formando mosaico que lembra iconografia russa, e cadeiras ocupadas pelos atores – complementa a simplicidade da montagem. A presença de uma atriz que toca acordeão e canta com fio de voz cria clima melancólico, que marca pausas e ritmo entre os contos. Como no melhor teatro tchekhoviano, *Daqui a duzentos anos* vive de atmosfera, suave, envolvente, criada com teatralidade nada imposta, estabelecendo vínculos com a sensibilidade do espectador.

Luís Melo, figura através da qual emana o essencial da cena, retira da pequena humanidade que povoa os contos de Tchekhov sutis relações interpretativas que revelam os escaninhos de pessoas comuns. O ator, em movimentos corporais dramaticamente imperceptíveis – a maior parte de sua atuação se passa enquanto permanece sentado –, domina com autoridade a sua voz, numa interpretação frontal e simples. André Coelho, que tem oportunidade maior em "Brincadeira", não se sai mal, e Janja faz apenas intervenções esparsas. Edith de Camargo, com o acordeão e o canto, envolve em melancólica sonoridade esta celebração à limpidez da palavra.

BAQUE

As referências são tão distantes, mas decisivamente presentes, quanto os cânones da tragédia grega. A pulsação existencial é tão contemporânea quanto a de um mundo fora do eixo. *Baque* transita por tempos trágicos que se encontram em três depoimentos perturbadores sobre impulsos que se manifestam de modo cruel e que se perpetuam sob a proteção da continuidade da vida. O autor Neil LaBute (1963-) ressalta a "atualidade" dos conflitos nos textos curtos que compõem o espetáculo através de ressonância da tragicidade grega, tanto que em dois dos seus títulos – *Efigênia* e *Medea redux* – a citação temática é direta.

Os atos de cada personagem assaltam o seu cotidiano como pulsões que deixam à mostra a potencialidade para o mal como componente íntimo da nossa humanidade. As consequências da ação moralmente condenável se transformam em peso inevitável, mas diluído pela necessidade de permanecer vivo, a mesma que os levou a cometer seus atos transgressores. Em *Efigênia*, um incógnito homem de negócios escolhe ouvinte anônimo em um bar qualquer para despejar a história de ato violento e da culpa gravada na alma, que parece se renovar a cada noite com outro ouvinte anônimo qualquer. As revelações surgem com a banalidade de uma conversa de bar até alcançar a verdade, e se encaixam numa permanente tensão, desaguando em surpreendente desfecho. O seu ato é um momento de supressão da ética e da moral, atitude em que os limites da civilidade e da contenção são ultrapassados por perversidade incontrolável.

Em *Medea redux*, o crime semelhante ao cometido pela personagem grega se repete em alguém que acumula, no desprezo e abandono, forças para ferir aquele que a violentou, física e afetivamente, condenando-se com seu gesto à perpetuação desses sentimentos. Em *Um bando de anjos*, a eclosão da violência se manifesta num cenário de aparente despreocupação, num fim de semana de entorpecimento em que um jovem sucumbe ao preconceito e à intolerância, incapaz de se defrontar com a própria imagem. Nos três textos, Neil LaBute demonstra perfeito domínio daquilo que caracteriza os personagens, percorrendo a zona sombria de pessoas comuns, que provocam uma situação-limite construída por instantes de implosão de seu cotidiano. *Baque* é a expressão de uma dramaturgia segura e impactante.

A montagem de Monique Gardenberg é igualmente segura e impactante, além de sensível. Ao valorizar as qualidades do texto em montagem ao mesmo tempo despojada e emocional, a diretora trouxe à tona as motivações dos personagens, deixando-os translúcidos e com nervos esgarçados. A tensão interna se traduz por concepção em que os atores, em frontal cara a cara com a plateia, contracenam com as angústias dos personagens, revelando sutil contribuição da diretora às suas interpretações. Transparece na encenação de Monique Gardenberg cuidado nos detalhes, nos gestos precisos (contribuição da direção de movimentos de Márcia Rubin), na intensidade emocional e no rigor do desenho cênico.

A tradução fluente de Geraldo Carneiro capta a sonoridade coloquial e seca do original, além de resultar bem a adaptação em *Um bando de anjos*. O cenário de Isay Weinfeld resolve de maneira simples, mas visualmente sofisticada, a necessidade de três ambientes. A iluminação de Maneco Quinderé é eficientemente precisa.

Emílio de Mello transita entre a contenção do temperamento do personagem e a explosiva revelação de seu ato, com interpretação madura, interiorizada e delicada. O ator imprime exato tempo dramático à progressão das revelações que o personagem vai desfiando, com alternâncias refinadas dos estados emocionais ao longo da sua incômoda narrativa. Carlos Evelyn marca um pouco além da sutileza a sua interpretação como o jovem participante de fim de semana festivo. Com tendência à composição, o ator procura reproduzir um tipo que, mesmo não comprometendo, é um tanto destoante. Deborah Evelyn faz o contraponto, com a apatia e a sonolência da garota inconsequente, à violência à sua volta. A mesma Deborah Evelyn – a transformação em minutos da atriz de *Um bando de anjos* para *Medea redux* é admirável *tour de force* – vive a mãe assassina com carga de emoção que transpira em cada momento da atriz em cena. A crueza como se apropria da fúria e da dor da personagem transmite bem a certeza de um "mundo fora do eixo".

LADRÃO EM NOITE DE CHUVA

No prólogo acrescido ao texto de *Ladrão em noite de chuva*, o ator Cecil Thiré procura estabelecer ligação entre o Rio de 1955 – a cidade onde a peça se situa e o ano em que foi escrita – e as atribulações da vida urbana no espaço carioca de hoje. A introdução pareceu necessária para aproximar as ingênuas situações que marcam o estado de apreensão de um casal que tem sua casa invadida por um ladrão, com quem conversa com educação e civilidade, impensáveis nos confrontos mais diretos e bem menos sutis do cotidiano atual. Esse preâmbulo não chega a cumprir integralmente a sua função de situar dois momentos da conturbada história social do Rio, mas se justifica pela tentativa de destacar duas épocas com alguns pontos imutáveis em comum. O título original, *Do tamanho de um defunto*, foi substituído pelo mesmo do roteiro cinematográfico baseado na peça, além de o desfecho ter sofrido modificação, o que talvez torne mais efetivo o ajuste do humor a novas realidades e faça a sátira ampliar o seu objeto de crítica.
Millôr Fernandes (1923-2012), com ou sem atualizações, confirma nessa encenação de texto escrito há cinquenta anos sua capacidade de dominar com habilidade os diálogos e de manipular, com a desilusão dos céticos, os percalços da aventura humana. Nesta comédia de costumes, que trata, secundariamente, de burocracia, corrupção e falta de solidariedade, prevalece certa visão sobre tempos menos cruéis. A montagem, por quaisquer modificações propostas por um diretor, não ultrapassa esse quadro "ingênuo", que a comparação com a agressividade das experiências do cotidiano de hoje torna ainda mais distante. *Ladrão em noite de chuva* se fixa pela inteligência com que são criadas as regras da comédia, à qual o autor imprime agilidade argumentativa, deixando a ação mais interessante.
João Bethencourt conhece, tanto como diretor quanto como dramaturgo, os meandros da comédia, e com a experiência que os anos de exercício profissional

proporcionam se sai com facilidade de mais esta montagem. A encenação funciona no compasso do texto, leve, fluente e um tanto grisalho. O diretor mantém o elenco no ritmo do humor do texto, sem exageros ou apelos a comicidade mais explícita, que, evidentemente, estaria distante do espírito da peça. Mas João Bethencourt não pretende fazer nada mais do que deixar a narrativa evoluir, sem interferir com maiores invencionices no desenrolar da ação. O humor, ainda que se desenvolva a partir da ação, não depende exclusivamente dela, já que é no contrapé do diálogo que o jogo se arma. E o diretor sabe bem tirar o humor desse tipo de contracena, ainda que se acomode na segurança do domínio dos meios.

Num cenário convencional, mas eficiente em seu realismo, e com figurinos bem apropriados, o quarteto de atores cumpre seus papéis. Nilvan Santos como o policial atrapalhado, tem passagem corriqueira pela cena. Rosane Gofman pouco acrescenta à esposa, reagindo com expressões e movimentos sem muitas variações. Cecil Thiré utiliza algum histrionismo para buscar o humor do médico, enquanto André Valli emprega, com parcimônia, sua figura e temperamento.

LOUISE BOURGEOIS: FAÇO, DESFAÇO, REFAÇO

Ao buscar compor a forma plástica com as palavras de uma escultora, Denise Stoklos estabelece diálogo entre a voz e o corpo e contracena com emocional sensibilidade artística. No monólogo-*performance Louise Bourgeois: faço, desfaço, refaço*, procura a identidade entre arte e vida e a dialética da criação, a partir da obra e do pensamento da artista francesa.

Baseada nos diários de Louise Bourgeois (1911-2010), a montagem, dirigida, coreografada, iluminada, vestida, adaptada, traduzida e interpretada por Denise Stoklos – Louise é responsável pelo texto e pelo cenário –, recria a pulsão expressiva de alguém fixado na infância e nas suas sequelas. A traição, a solidão, o autoritarismo, o silêncio, o medo e o desprezo, com seu séquito de espanto e horror, constituem os elementos de personalidade artística presa a esses traumas fundadores, diante dos quais sua obra se constrói e sua existência se tece. Na tentativa de captar a consolidação escultórica, Louise Bourgeois burila as fragilidades de uma arquitetura afetiva, repleta de tensão e angústia. Da mesma maneira que "o torrão de açúcar se desfaz na terra úmida", em movimento paralelo à obsessiva ordenação da forma, a artista persegue na escrita as emoções que se diluem em angústia. O alcance de sua inadequação existencial se confunde com os contornos de suas esculturas, um ato permanente de reviver o artesanato de costurar fios inconscientes que se fazem e desfazem desde a infância.

Na concepção do espetáculo, Denise Stoklos tentou reforçar a identificação de vida e obra, enfatizando nas palavras de Louise a sua carga emocional, traduzindo em vozes e gestos, marcados pela distorção do dramático, as peculiaridades dessa convivência tumultuada. O roteiro abre brechas para revelar histórias de amizades de Louise com artistas como Fernand Léger, seu professor, e Marcel Duchamp, de quem segreda inconfidência divertida. E até um *rap* (a definição musical neste caso é bastante ampla) escrito por ela, que ironiza os papéis femininos, contrabalança a crueza expositiva de inalcançável harmonia. Denise Stoklos tenta ainda quebrar a tensão com comentário sobre a coragem da escultora em enfrentar-se a si mesma sem a ajuda de antidepressivos. Mas não há muito mais do que isto para romper com o peso da narrativa, que lembra bastante os mergulhos abissais das peças da inglesa Sarah Kane.

Uma vez mais, Denise Stoklos, em nome de seu "teatro essencial", toma a si todas as funções da cena, num concentracionismo que retira a possibilidade de, pela distância e circulação das ideias, encontrar outras possibilidades. A atriz reafirma, em gramática gestual e modulação vocal, o estilo Stoklos, corporificação de linguagem criativa na sequência de coerente investigação. Mas a forte personalidade interpretativa da atriz ultrapassa a evolução desse estilo, que acaba por ficar ameaçado por certa cristalização, que a diversidade temática – de referências políticas a questões existenciais, renovadas a cada montagem – já não consegue distinguir. Em *Louise Bourgeois: faço, desfaço, refaço* a sincera entrega da atriz à personagem, através de seu código de atuação que se origina na mímica e se consolida em dramaticidade corporal, é traduzida por variantes gestuais e modulações vocais que parecem se reiterar mutuamente. Denise Stoklos cria imagens que sublinham a palavra, nem sempre de maneira evocativa, mas como aplicação de preceitos interpretativos que se sobrepõem às características da personagem. Ao tentar dar forma ao inconsciente, Denise Stoklos dramatiza o gesto para referendar a palavra, criando espaço expressivo com indiscutível assinatura, ainda que mais impositiva do que a da artista retratada.

A cenografia de *Louise Bourgeois*, que dimensiona no palco do Teatro I do Centro Cultural Banco do Brasil três massas escultórias – escada, "jaula" e espelho –, determina alguma rigidez espacial, em espetáculo em que o formalismo é explorado como material da vida de Louise Bourgeois, nesta personalíssima versão de Denise Stoklos.

A SERPENTE

A serpente, por sua concisão e situações recorrentes na obra de Nelson Rodrigues, parece um tanto "cansada", o que não é surpreendente, já que esta é a sua última peça, escrita em 1978, dois anos antes de sua morte. Algumas das suas maiores obsessões permanecem intactas, como o relacionamento entre irmãs, tema desde *Vestido de noiva*. Os diálogos, curtos, incisivos, rascantes, se mostram com a inteireza do estilo, mas com pálido vigor. O tempo dramático se revela exíguo para o desenvolvimento da ação, deixando pouco espaço ao adensamento das cenas e provocando desfecho um tanto apressado. *A serpente*, apesar desses aspectos declinantes, mantém os traços de um universo dramatúrgico peculiar e remete a outros textos rodriguianos, mais brilhantes, se sustentando pela memória dessa obra.

Guida, que vive com exuberante intensidade o amor por Paulo, cede, por uma noite, o seu marido, ao descobrir que Décio, depois de anos de casados, nunca tocou na irmã dela, Lígia. Esse ato desencadeia a explosão de ciúmes, a transferência de identidades e conflitos de remotas interdições, que são muito mais sugeridos do que levados a extremos dramáticos. As cenas, muitas vezes, parecem ficar a meio, esboços de situações, parcialmente desenvolvidas. Mas *A serpente* ainda tem relativa contundência, especialmente na linguagem, que provoca reações palpáveis na plateia, como risos nervosos e expressões de espanto, o que demonstra muito da "eficácia" e vitalidade do texto, apesar das eventuais restrições, comparativamente a peças mais instigantes do autor.

Yara de Novaes situa essa pequena tragédia familiar no imponderável do inconsciente, trazendo a realidade para o plano do vácuo da razão. No cenário de André Cortez – em que as paredes têm a espessura de um tecido, os móveis partidos ao meio representam a simbólica divisão dos sentimentos e a inversão da estrutura espacial provoca o desfocar da perspectiva – os personagens se entrechocam num mundo de impulsos incestuosos e perversos. A diretora investe nessas motivações humanas básicas e na desconstrução do realismo. Há proposital descaracterização de contexto, não apenas refletida na cenografia, mas também no estilo de intepretação do elenco. A ambientação, que filtra a cena por meios que a distanciam da realidade mais reconhecível, confere ao texto aspecto mais próximo de um capítulo de folhetim, com forte imagem inicial (a mancha de sangue que é limpa), que se concluirá com plano cinematográfico (um corpo que cai). A iluminação de Telma Fernandes ambienta bem essa cenografia, assim como os figurinos de André Cortez e a colaboração da trilha sonora de Morris Picciotto. A preparação corporal de Mônica Ribeiro desenha os movimentos dos atores em cortes ágeis.

Cyda Morenyx encarna com menos provocação e mais sensualidade a Crioula das Ventas Triunfais. Augusto Madeira imprime ar malandro, que se desvia um pouco das características do marido impotente. Alexandre Cioletti empresta certo ar fatalista ao Paulo. Mônica Ribeiro e Débora Falabella, como as duas irmãs, estabelecem contracena bastante equilibrada.

ANTÍGONA

No cenário de um cemitério, os cadáveres insepultos de Etéocles e Polinices são revelados por Dioniso, um deus que exuma a tragédia de seus arquétipos para, reduzida a sua ação essencial, desmontar os mecanismos do teatro. A teatralidade assume, desse modo, mais do que os cânones trágicos, o centro da cena nesta versão de Antunes Filho para *Antígona*, de Sófocles (497 a.C.-406 a.C.). O ato de desafiar o interdito e as tragédias desencadeadas a partir da intolerância se transformam em exercício sobre a conexão entre vida e morte, em especulação sobre o mistério do sagrado, revivificado pelos rituais da encenação.

Os deuses descem ao palco para apoiar o método de Antunes Filho em transpor o substrato do texto de Sófocles, condensado ao conflito básico, ao eterno retorno do diretor a seu universo cênico. O coro se duplica, com bacantes, qual dervixes ocidentais ou dançarinas embaladas pela morte, e em rostos masculinos cobertos por máscaras de outras tragédias. Os figurinos remetem a montagens anteriores, mantidas a liberdade com as identidades dos sexos, a obsessão pelos trajes negros e a subversão de época. A área de representação é, uma vez mais, ocupada por um grupo de atores que se movimenta em massa, em sentido horizontal, num mesmo balé de formas que lembram o clássico *Macunaíma*. A volta de J. C. Serroni ao Centro de Pesquisa Teatral reforça referências a outras montagens, com sua ambientação pétrea de cemitério-palácio e de caixões que se tornam vitrines, como em *Gilgamesh*, mas agora como quadros de exposição da morte.

Na reutilização desses recursos, driblando intencionalmente o trágico sem cair no dramático, Antunes Filho projeta, nas citações a seu próprio universo, *Antígona* a um plano de verificação de suas teses e teorias cênicas. A mais controvertida delas será, certamente, a maneira como trabalha a voz dos atores, em que procura conferir autoridade ao que é dito e projeção tecnicamente límpida à palavra internalizada pelo ator.

É bastante difícil para a plateia ouvir uma Antígona que quebra o ritmo da fala, com alternâncias de tonalidade, entre o gutural e o trêmulo, provocando artificialidade interpretativa que estabelece profunda distância entre as intenções do diretor e a sua concretização no palco. A respiração marcada por cortes nas falas de Creonte deixa pouco espaço tanto para a inflexibilidade quanto para a consciência da dor do personagem. O coro escaninha as palavras num recitativo em compasso monótono, que obscurece e desvia a atenção daquilo de que falam. Neste quadro de enxugamento e da busca de voz autônoma e original para o trágico, *Antígona* se esgarça em seu processo de investigação dos seus meios expressivos, que podem ter encontrado intensidade e vibração internas e justificado

muitas das suas teorias, mas que, sem dúvida, ficaram na sala de ensaios.
O espetáculo avança em cenas que conseguem algum efeito em conjunto, quando as citações relembram outras encenações, mas deixam a montagem enredada em suas contradições. Arieta Corrêa se mostra opaca como uma Ismênia reduzida a pálida contracena. Juliana Galdino é uma Antígona presa a tecnicismos de emissão e prosódia que provocam apenas estranheza. Rodrigo Fregnan se enreda na respiração falsamente arfante de um Creonte sem fôlego. Carlos Morelli é um pouco mais convincente do que Adriano Suto, nesta Antígona feita de melhores imagens do que da força das palavras.

JUNG E EU

Domingos de Oliveira procurou, de certo modo, ultrapassar em *Jung e eu* os limites do monólogo ao redistribuir pelo único ator em cena dois personagens que contracenam através de suas vozes interiores. O sonho, material que o psicanalista Jung explora em suas investigações da psiquê, se aproxima pela mesma origem misteriosa e reveladora da ilusão, matéria-prima do teatro. O transporte entre esses dois mundos, que o monólogo intenta corporificar em cena pela identidade de universos expressivos paralelos, se realiza através de Leonardo Svoba. Aos 82 anos, um a menos que Carl Jung (1875-1961) quando este escreveu *Memórias, sonhos, reflexões*, Svoba descobre em si as possibilidades de reinterpretar a experiência-síntese do pensamento junguiano de que o "inconsciente se realizou".
Em parceria com Giselle Kosovski, Domingos de Oliveira constrói com esta dualidade de mundos o ponto de apoio para a quebra da rigidez do monólogo, estabelecendo uma circulação de conceitos, que Jung transmite a Svoba, que por sua vez o faz confrontar com questões para além da criação teatral. Esse aspecto extremamente atraente do texto, que propõe capturar o movimento de "alguém que nos sonha", atenua o caráter "informativo" necessariamente embutido no desenho da personificação e das teorias de Jung.
Em "doze cenas e dois finais", *Jung e eu* mantém, em grande parte de sua narrativa, a percepção do ator daquilo que lhe é dado descobrir para interpretar Jung. Quando esses polos se tocam, o texto ganha densidade e refinamento que a sua característica mais realista acaba por deixar um tanto esmaecida. As dificuldades em conseguir montar um espetáculo sobre Jung, as lembranças da esposa morta, o relacionamento difícil com o filho e com a nora, os problemas com o produtor, constituem moldura que, às vezes, lembra os antigos monólogos que serviam para "homenagear" atores na maturidade. A tentativa de criar situações a partir das quais se incorporassem algumas circunstâncias da gestação desta montagem

talvez tenha feito que se perdesse algo mais sólido em detrimento de um espaço dramático mais instigante.

A montagem de Domingos de Oliveira é, como generosa oferta a Sérgio Britto, reverente e cuidadosa com o ator. A partir da escrita, que possibilita ao ator contracenar consigo mesmo, interpretando personagens diferentes e rompendo, parcialmente, com a estrutura do monólogo, o diretor explora as possibilidades de colocar a encenação a serviço das melhores características do ator. Num cenário despojado e discreto de Marcelo Marques, tal como a montagem, e com iluminação suavemente interveniente de Paulo César Medeiros, *Jung e eu* mostra Sérgio Britto com dedicação plena à sua interpretação, como aliás é do seu temperamento, demonstrada em décadas de carreira. Com o sutil ato de tirar os óculos, Sérgio Britto transfigura-se, ora em Svoba, ora em Jung, acrescentando a esse gesto mudanças de voz, de corpo e até de máscara facial que, antes de caracterizar níveis interpretativos apenas físicos, demonstram a garra com que um ator veterano amplia, com permanente inquietação, os seus recursos interpretativos.

MAJOR BARBARA

O irlandês George Bernard Shaw (1856-1950) demonstrava, para além do frasista e do *blaguer* que circulava pelas tertúlias intelectuais da Londres vitoriana, mordaz e desafiante percepção de um mundo que se transformava, plenamente refletida em sua dramaturgia. Esse socialista evolucionista, para quem as contradições sociais desafiavam a sua impertinência de moralista cínico, tem em *Major Bárbara* campo para expor suas ideias com a frieza de um debate sem maniqueísmos.

Uma matriarca se defronta com dificuldades de manutenção da família e manipula a volta do marido, empresário da indústria bélica, do qual está separada há anos, para que seja acertada a sucessão dos negócios ao primogênito e ajustado o casamento da filha, militante do Exército da Salvação. A peça se inicia com Lady Britomart, a matriarca, discutindo com o filho esses problemas, criando a expectativa de cena tradicional de um drama familiar. Shaw, no entanto, introduz a questão central do texto, ao contrapor a filha ao pai, que através de um acordo – ele vai em visita ao Exército da Salvação, ela, às instalações da fábrica de armamentos – se encontram ao final diante de impasse entre a ética como valor individual e a lógica do lucro como valor social. Outros personagens gravitam em torno desse núcleo, em que intelectuais são apresentados como humanistas de ocasião, a aristocracia como classe decadente por trás do verniz da aparência e os desfavorecidos com a ardileza de ganhar o pão pela simulação da fé.

Major Bárbara investe em vários pontos e resulta de um momento histórico, tão fortemente refletido na Inglaterra do início do século XX. A rigor, o que a peça propõe é uma reflexão sobre transições sociais e um quase libelo contra os autoimpostos limites éticos, governados pela necessidade de se ajustar a conveniências. A estrutura da peça em três atos bem demarcados, além de diálogos que incorporam jogos verbais, tão ao gosto do autor, e a racionalidade argumentativa, numa dialética de afirmação e negação, exigem encenação afinada com todas essas exigências. E também sensibilidade da plateia.

A montagem de Eduardo Tolentino de Araújo corresponde aos desafios propostos pelo texto, com encenação rigorosa, elenco afinado e cuidado na concepção visual. Para enfrentar o texto, de certa forma "difícil" e "distante" para olhos e ouvidos voltados para enganosas urgências, o diretor construiu montagem simples, despojada, centrada no elenco, que explicita com suas interpretações as firulas do texto. A boa tradução, não creditada no programa, contribui para que a força do texto não seja prejudicada pelas dificuldades de verter as sutis soluções verbais exigidas pelo original. O cenário de Renato Scripilliti utiliza desenho inteligente e simples, que tira partido dos mecanismos do próprio teatro, criando enquadramentos e atmosferas. Os figurinos bem executados e corretos de Lola Tolentino e a iluminação cuidada de Nelson Ferreira complementam o visual.

Emília Rey projeta com acidez refinada o temperamento pragmático de Lady Britomart. Tony Giusti permite com a sua discreta atuação que se perceba a hesitação e fraqueza do filho deserdado. Waleska Pontes se mantém em discreta contracena, como exige o papel da irmã. Clara Carvalho empresta ar de perplexidade e de espanto, que tão bem caracterizam Bárbara Undershaft. Brian Penido Ross dá o toque de cinismo e hipocrisia ao helenista Adolphus Cusins. Paulo Marcos retira humor da precariedade intelectual de Cholly. Zé Carlos Machado deixa evidente a crueza do industrial Andrew Undershaft. Igor Zuvela, Rosa Grobman, Cacá Amaral e Guilherme Sant'Anna compõem o conjunto de deserdados assistidos pelo Exército da Salvação. Marizilda Rosa e Lu Carion têm atuações corretas.

2006

SONHO DE OUTONO

Os personagens do autor norueguês Jon Fosse (1959-) se movimentam pelas franjas dos espaços emocionais, nas sombras dos sentimentos, nos limites decisivos da vida e da morte. Falam de si como se desconhecessem o objeto de sua expressão, revolvem o tempo como se tivessem parado o relógio que marca a passagem dele, silenciam, ruidosamente, sobre perdas que ecoam interiormente. São indivíduos presos à existência por tudo aquilo que a nega e rejeita. Seja por uma espera inútil, cotidianamente repetida num dia, no verão, seja por encontros de desejos que nunca se completam num inverno de solidão. Ou ainda em lembranças oníricas de amores desgarrados em outonal impossibilidade. Jon Fosse situa o seu universo nas ausências, não no que está sob a luz, mas no que se esgueira nas sombras, na área impalpável determinada pela dimensão do tempo. Os diálogos são entrecortados, as frases se repetem, o sentido das palavras fica indefinido, as pausas são preenchidas pela mesma matéria de que é feita a imobilidade.
Em *Sonho de outono*, cartaz do Centro Cultural Correios, Fosse transporta os personagens para um cemitério, cenário terminal de encontros irrealizados, incompletos, vagos. O casal, que se amou no passado, reata o que ficou inconcluso por entre lápides e epitáfios, enreda-se no desejo, hesita no sentimento, refuga a vida, que se lhes escapa. Os diversos enterros que perpassam sua ligação reafirmam o inescapável desencontro, origem de todos os encontros. Os tempos se misturam, para que a narrativa se construa pela lacuna, no encaixe da decomposição linear, no desvão das imagens desconexas do sonho. É desse modo que o texto transita, conduzindo-nos por impressões que, ao final, se armam em descrença absoluta.
Emílio de Mello manipula o aparente naturalismo dos diálogos com a representação de certa atmosfera onírica. O que parece sequencial como ação dramática é logo desfeito pela metáfora da banalidade das palavras, em quadros que o diretor pontua com quebras sonoras e desfoque da linha interpretativa do elenco. Não se oferecem indícios exteriores, mas se expõe a ação interior com bem dosada intensidade dramática. O espetáculo reflete contenção e economia de meios, que deixam à mostra o que não está revelado, preenchendo o subentendido. Frio, ascético, sem provocar emoções, a versão de Emílio de Mello segue, diligentemente, o que Jon Fosse propõe com sua dramaturgia.
A tradução de Susana Schild soa perfeita. A cenografia de Flávio Graff, em que pese algum excesso de elementos (o projetor e os despojos de sapatos e roupas), encontra a ambientação plástica que escapa de imagens realistas de um cemitério. A sensível iluminação de Tomás Ribas harmoniza os climas com vários momentos de destaque, como na cena inicial. Os figurinos de Marcelo Olinto são um tanto

"elegantes" e brilhantes demais. A música original de Marcelo Alonso Neves se integra na montagem com sutil ressonância. Adriano Garib adota interpretação que investe em naturalismo intencional, esvaziando o personagem de qualquer "complexidade". Já Christiana Kalache assume ar equidistante, permanente sorriso e tom de voz propositadamente monocórdio, projetando desta maneira os avassaladores sentimentos da personagem. Camilla Amado, apesar do figurino destoante, desenha a mãe não pela superficialidade de seu aspecto físico, mas pela obsessão verbal de circunscrever o medo e a solidão. Zemanuel Piñero compõe com dramaticidade física uma sombreada figura. Daniele do Rosário participa, discreta e delicadamente, de cenas decisivas, como ao enterrar os brinquedos do filho e na confissão compartilhada na última cena.

LEITOR POR HORAS

Três pessoas gravitam em torno de suas próprias existências, indivíduos à deriva, que têm as suas vidas reunidas por circunstância banal e que, a partir desse encontro, ficam ligados por mútua dependência. Em *Leitor por horas*, do espanhol José Sanchis Sinisterra (1940-), os personagens são refrações das páginas de livros, constroem-se como experiência ficcional de solidão e de incomunicabilidade, fatias de histórias marcadas pelo silêncio que explode em verdades surgidas de mentiras e ambiguidades.
Um professor empobrecido é contratado por um pai para ler para a filha cega, num acordo que implica bem mais que pagamento monetário. Ao contratá-lo, impõe regras para o exercício da tarefa, a primeiro delas é de que, como leitor, não imprima qualquer intenção na voz ou na interpretação sobre aquilo que lê. A obrigatoriedade da palavra mecânica explica muito do desenvolvimento da ação, em que o pai, mais do que ocupar as horas intermináveis da filha, deseja mantê-la sob seu jugo, mas de quem ela consegue, de certo modo, libertar-se e exercer dominação sobre o professor. No universo fechado, sem perspectivas, desse trio desajustado não há saídas, a comunicação é parcial e as portas voltam sempre a se fechar atrás de cada um deles.
O cenário interpreta à perfeição o espírito do texto, integrando atores e plateia numa biblioteca circular, repleta de portas, que transmite a sensação tanto de confinamento quanto de movimento. O escuro, em dramática projeção da cegueira, acentua o sentido quase claustrofóbico, ao mesmo tempo que serve de pausa para a circularidade das cenas.
A encenação de Christiane Jatahy reverbera ressonâncias, às vezes irônicas, próximas da crueldade, de uma história de relacionamentos incompletos. A diretora

explora, para além da angulação cenográfica, as possibilidades de sentimentos sombrios, em radiografia desfocada e inconclusiva. A montagem desenha o caráter dos personagens sem ultrapassar os misteriosos motivos das suas atitudes, mantendo-se na zona das razões obscuras.

Luciano Chirolli circula entre a necessidade de sobrevivência que o prende à função de leitor e os vínculos com um passado controvertido, mantendo as oscilações do personagem em sóbria projeção de suas fragilidades. Sebastião Vasconcelos amplia com hesitação proposital o poder do pai, reforçando a imponderabilidade das suas ações. Ana Beatriz Nogueira incorpora os olhos perdidos da cega como transposição de visão consciente de interioridade complexa.

ADIVINHE QUEM VEM PARA REZAR

Os dois personagens mais velhos de *Adivinhe quem vem para rezar* insistem em afirmar que aquilo que se passa entre eles é conversa de homens. Com todas as dificuldades inerentes a um acerto de contas e a desconfiança masculina em relação a expor os seus sentimentos, o texto de Dib Carneiro Neto (1961-) é uma reiteração das hesitações dos homens em falar de si mesmos. Mas a narrativa não se restringe a esse aspecto, também vai à procura das origens para recomposição afetiva de cada um. A busca pelo pai na sombra da mãe abre espaço para investigação interior, quando o filho se confronta consigo e descobre a inevitabilidade de viver com o passado, comprometido com a exigência de sustentar o futuro. E se estende ainda pela verificação dos anos da ditadura, numa tentativa de levar adiante, sem qualquer consequência, os ecos desse tempo, numa referência tardia e integrada de maneira postiça.

No texto há indisfarçável necessidade de expor mais do que de criar atmosfera mais densa, capaz de ampliar a polaridade dos personagens, que se mantêm numa mesma linha (queixosa, em um deles, exemplares nos demais). Se o filho permanece numa repetitiva preleção sobre os fantasmas juvenis, os anciãos detêm a sabedoria de fazê-lo compreender que é preciso tomar a vida nas mãos, sem se fixar num passado de culpas. Dib Carneiro Neto equilibra as hesitações do rapaz numa ambientação de tempestade forte, que antecipa as revelações. Há quebra do realismo em favor de convenções psicológicas, que o autor explora através de dualidades e contrapontos, criando área de vacuidade onde os diálogos ganham suprarrealidade. Quem é quem? Em que plano existencial se está? Por qual areia movediça se caminha? A peça aponta para várias direções, que conduzem ao final um tanto abrupto e voluntarista, incapaz de conter a indignação obsessiva demonstrada, anteriormente, pelo filho.

Elias Andreato compreendeu a extensão do texto como veículo para dois bons atores e sua encenação se fixa neste diálogo entre intérpretes. Não há muito que inventar neste corpo a corpo com a mágoa, apenas deixar que os atores encontrem a sua sintonia na contracena de temperamentos marcados pela distância de gerações. Num cenário simplificado de Ulisses Cohn, mas que tenta ser, pelo menos à primeira vista, sugestivo, confrontam-se os dois atores, iluminados confusamente no início por Wagner Freire, que em seguida se acerta. A trilha composta por George Freire e Matias Capovilla se torna, progressivamente, menos presente, enquanto os ruídos, necessários dramaticamente, se fazem por demais realistas e ruidosos.

Cláudio Fontana defende com vontade seu papel, um tanto ingrato pela linearidade das obsessões do filho, que se transformam em repetitiva lamentação e monótona imprecação. O ator, no entanto, procura se manter entre a fragilidade juvenil e as dúvidas adultas, ainda que sucumba na insatisfatória cena final. Paulo Autran exercita toda a sua autoridade de intérprete em três diferentes personagens, impondo a sua personalidade de ator elegante, seguro e inteligente a personagens que se modificam com o detalhamento de movimentos corporais, alternância vocal e um sutil à vontade no palco. Mesmo como um padre, de dispensável presença na trama, Paulo Autran faz composição que confirma os melhores recursos de um ator de excepcional vitalidade cênica.

CALÚNIA

Calúnia, que Lillian Hellman (1905-1984) urdiu como trama sem qualquer deslize de lógica e de objetividade nos efeitos dramáticos, parece menos resistente à passagem do tempo, deixando visíveis os seus truques e maneirismos dramatúrgicos. O texto se desenvolve com coerência e delineamento de personagens, como nos melhores exemplares do realismo, mas a capacidade da autora em manipular os mecanismos de construção narrativa revela persistente procura pelo *gancho* que capture o espectador. E, sete décadas depois de ter sido escrita, ainda consegue – com menor eficiência, é verdade – agarrar a plateia.

A habilidade com que Lillian Hellman reveste entrecho de contornos misteriosos para a época, utilizando-se de formas narrativas certeiras, aproxima a peça das técnicas diluidoras de nossas novelas de televisão. A teia de mentiras que a menina arma contra a dupla de professoras que contraria seus caprichos contamina a poderosa avó, que por sua vez amplia a história por toda a cidade. As professoras, vítimas da acusação leviana, ficam estigmatizadas e se segregam em suas próprias dúvidas. A mentira se revela uma verdade oculta, diante da qual não há perdão e só resta que se chegue a um fim que expie a falta subjetiva. Mas antes do desfecho se recorre ao artifício do telefone, que por não ser atendido, e trazer a notícia redentora, provoca desmedida tragédia.

Na montagem de *Calúnia*, no contexto da cena atual, talvez seja necessário enfatizar o caráter realista e até melodramático da ação. Com seu envelhecimento e desgaste, a possibilidade de insuflar novo fôlego estaria na exploração desses elementos que a fazem "desatualizada". A ambientação, que seria determinante para criar realidade de tempo e de lugar, fica reduzida nesta versão a esboço de cenário, sem qualquer referência identificadora.

A linha de interpretação do elenco se esvazia por impostação exteriorizada e ênfases desnecessárias. O diretor Eduardo Wotzik não estabelece atmosfera que torne verdadeira a história, acentuando aquilo que o tempo distanciou e as técnicas banalizaram. O que se mantém como força propulsora da ação dramática são os movimentos que fazem com que os personagens se enredem na trama, mas a direção conduz a trama como um desenrolado com displicência. É demonstrativa desse pouco empenho a reação descabida de riso da plateia. Camilla Amado, engessada em atuação postiça e de falsa autoridade, não consegue estabelecer o contraponto com a perversidade da menina, o que se agrava bastante na esvaziada cena final. Suzana Faini tem dificuldades em colorir um pouco mais a sua monocórdia atuação. Maria Clara Wermelinger projeta parcialmente o modo como Mary alimenta a sua maldade. Janaína Mendes e Michelle Catunda ficam longe de capturar a reação das professoras como alvos da ardilosa mentira. Cristina Rudolf é apenas presença discreta, assim como Alexandre Varella. Giselle Brito, Ana Bello e Ananda Ramos cumprem com a juventude de suas figuras os papéis das meninas.

INCIDENTE EM ANTARES

A carga literária de uma obra ao ser transposta para o palco deve sofrer inevitáveis adaptações para que possa ser expressivamente autônoma em seu novo meio. Mas o traço original, pelo menos aquele que identifica, estilisticamente, as suas características essenciais e que projeta seu espírito gerador, precisa ser conservado, sob pena de se transformar numa tradução híbrida e sem identidade própria de algo que se perde no caminho. É o que acontece com a versão teatral de *Incidente em Antares*, adaptação do livro de Érico Veríssimo (1905-1975), uma farsa política, com toques de realismo fantástico e de fábula metafórica, que se impõe como literatura e como jogo macabro da verdade.

Os cadáveres insepultos que assombram os vivos, lançando publicamente as mazelas dos sobreviventes e empesteando a cidade, são a demonstração exemplar de manipulações políticas e sociais que revelam a miséria humana. Essa realidade, em que mortos e vivos se encontram para ajuste de contas, em que a degradação física de corpos se confunde com a putrefação ética de uma sociedade, é manipulada até se desvanecer numa lembrança absurda, em ilusão alucinatória, para que mentiras, corrupção e desonestidade, descrédito e ignorância conveniente sejam mantidas tal e qual.

Os adaptadores, Adriano Garib e Maurício Arruda Mendonça, não deixam de ser fiéis ao original, pelo menos na reprodução do entrecho, mas sem encontrar expressão que individualize a versão cênica. A troca de papéis – na qual políticos corruptos e traficantes assumem atualidade jornalística, e diálogos referenciados, quase citações a fatos recentes, aproximam a peça do livro – se restringe à transferência funcional. O original explora o inusitado como elemento deflagrador para narrativa, à qual se pode atribuir vários níveis de leitura, o que não acontece na adaptação teatral. O aspecto mais superficial da trama e a atualização circunstancial se desencontram na correspondência cênica. O texto, por falta de arcabouço estilístico mais nítido, se reduz a fábula desestruturada, de baixa ressonância crítica, a perseguir o imediatismo de imagens diretas.

A montagem de Adriano Garib só acentua os problemas da adaptação, incapaz de definir-se em construção cênica tão pouco consistente. Ao diretor falta mão para enquadrar o espetáculo sob alguma perspectiva mais bem concretizada, sem que pareça encenação involuntariamente *trash*. Sem a possibilidade de estabelecer a farsa política ou encontrar a metáfora crítica, Adriano Garib cai no vazio de cenas reiterativas, interpretações desmedidas e trilha musical exagerada.

O que ressalta desses desacertos é, sobretudo, a sequência banalizada de mortos-
-vivos, bem mais amadoristicamente inspirados em clipe popular do que numa visão diretorial organicamente constituída. O elenco se mostra insatisfatório e perdido em meio à frouxidão generalizada deste *Incidente em Antares*.

2007

DISCURSO DOS ANIMAIS

As duas partes do *Discurso dos animais* – *O animal do tempo* e *A inquietude* – que estão em cartaz em horários alternados no Espaço Sesc são a oportunidade de entrar em contato com o autor francês Valère Novarina (1947-), um dos nomes mais destacados da dramaturgia europeia, que propõe através da recriação da linguagem o deslocamento do fato dramático. A tradição da palavra, tão cultuada pela cultura francesa, é levada ao palco por Novarina redimensionada pelo rompimento de seus significados. Não há exatamente narrativa como concepção evolutiva, mas malabarismo verbal, em que vocábulos são descritos na cadência dos sentidos que se lhes atribui. A teatralidade está na busca do que a palavra pode gerar como encenação, jogo, quase lúdico, de perseguir conotações em meio a neologismos que adotam conteúdos projetados em sentimentos, impressões e lembranças.

Novarina desafia o espectador a encontrar a própria expressão daquilo que é dito, imiscuir-se por entre o derramamento verbal e a cascata de imagens, mais como fluxo do que propriamente como encadeamento. Constrói-se sequência de palavras que adquire, na fluência, sonoridade dramática. Neste jogo de linguagem, tudo precisa ser designado como numa partida em que as regras são estabelecidas na contracena ator-plateia. O som volátil cria realidade cênica com quebra-cabeças silábicos, conjugações vocabulares e desconstruções vocais, desfocando o conceito da palavra para descobrir-lhes interioridades. Novarina propõe, no início de *A inquietude*, que se ouçam as palavras, para concluir sobre a dificuldade de "tirar vida das palavras". Entre essas duas proposições, ambos os textos sugerem que se navegue na imponderabilidade do que tantas vozes podem desencadear.

Se em *O animal do tempo* a atriz circula por túmulos (na verdade, folhas soltas, nos quais se leem epitáfios), em *A inquietude* volteia-se por esferas que iluminam trilhas múltiplas. Antônio Guedes dirige *O animal do tempo* e Thierry Trémouroux, *A inquietude*, tendo a atriz Ana Kfouri como intérprete em ambas. Dominando os caudalosos textos com segurança interpretativa, Ana embala a música verbal com variantes de tonalidades entre a poética do gesto e a vocalização de intencionalidades. A atriz demonstra nesse *tour de force* limpidez e adesão plena ao universo novariano.

A destacar ainda a excelente tradução de Angela Leite Lopes, que transpôs para o nosso idioma em versão escorreita, sonante, criativa, que se reinventa vernacularmente, numa evidência da compreensão extensiva do original. *O animal do tempo* e *A inquietude* não deixam de ser um desafio à coparticipação da plateia nas encenações. O público deve somente se deixar levar pelas possibilidades de fruição que os textos oferecem, e se dispor a usufruí-los a partir de seu próprio código de escrita.

TERRA EM TRÂNSITO
RAINHA MENTIRA

No espetáculo duplo de Gerald Thomas, em cena no Oi Futuro, a força da imagem da contemporaneidade aparece em crônica desdobrada em manifesto teatral. O diretor despeja, como num fluxo de pensamento, aquilo que pensa e aquilo de que duvida. Se a encenação é obra do acaso total, como teoriza Gerald Thomas, a vida sob sua perspectiva cênica acompanha o mesmo fluxo, manifestada como forma operística, desidratada de verdades, massacrada por mentiras.

Em *Terra em trânsito*, o que se vê é algo que se move em torno de uma pasta de palavras, incapaz de compreender o que se passa, mistura de fígados expostos à trituração da atualidade, preparada para ser servida como patê autofágico de um tempo desesperado.

A cantora que se prepara no camarim para entrar em *Tristão e Isolda* se exalta, à custa de cocaína e de provocações radiofônicas de um Paulo Francis delirante, em diálogo com um cisne que andou por Woodstock e cita Haroldo de Campos. Esse cisne, um judeu de posições heterodoxas, faz contraponto à cantora que de si sabe apenas que há algo difuso que a persegue, um caudal de palavras que acossam seus sentidos, aos quais atribui migrações a lugares improváveis, como a cabeça de George Bush.

Repleto de todas essas referências, *Terra em trânsito* retoma o humor no teatro de Gerald Thomas, até então restrito a *Um circo de rins e fígado*, como atenuante da visão de finitude, na qual a morte individual é espelho da morte coletiva. Ao se ver usurpada de sua voz no palco, substituída por outra cantora, a mulher confronta-se consigo mesma numa aterrorizante perspectiva de chegar ao fim, de não ter mais lugar, de sucumbir ao que as palavras e as tentativas de agir não alcançam. A metáfora se conclui.

Fabiana Gugli, identificada com o estilo de Thomas de conduzir os atores, impõe coreografia nervosa e arrebatada, sem prescindir de humor sorrateiramente crítico diante da efusão verbal. A atriz vence, com a bravura de sua interpretação inteligente, as múltiplas referências, algumas delas quase secretas, como os comentários sobre o teatro de Harold Pinter, triturando-as num tom de maliciosa frivolidade. Pancho Capelletti, como a voz e o manipulador do cisne, tira o melhor partido da estranha criatura de tantas incertezas intelectuais.

Rainha mentira, a segunda peça do programa, é diferente, sendo o mesmo. Neste desabafo sobre uma perda, Gerald Thomas assume tom pessoal, dando nomes e significados próprios a episódio de sua vida, no qual não se furta de exibir sentimentos. Ao mesmo tempo, integra essa "história particular" à corrente da memória do século XX, em que fatos determinantes jogaram a vida de uma alemã a lugares perdidos, sem caminho de volta.

Aquele que deixa o café da manhã na mesa e parte, na véspera de grandes desgraças, para ser herói anônimo de diásporas, passa por bombardeios, sobe em trens lotados que trafegam de meia em meia hora, num "salve-se quem puder", percorrendo a escuridão do nosso tempo. Não há bombeiros que consigam apagar esses enormes incêndios ou impedir que torres de impérios, de meias-verdades ou de mentiras, de fantasias abandonadas e conhecimento acumulado, desabem como construções fictícias, deixando à mostra o vazio de mundos paralelos. Pela voz de Gerald Thomas, os atores falam de mortes em que a felicidade fugaz está na revisita às lembranças da geografia perdida e no aviso definitivo de que não é mais preciso viver.

Gerald Thomas modela essa despedida-depoimento na sua poderosa máquina teatral, impulsionada por imagens esfumaçadas e cinzentas de um tempo disforme e descolorido. No palco vazio, apenas com projeção, quase abstrata, de torres incendiadas, com flashes de declínio físico e pilhas de livros sugerindo paralelismos, a luz é elemento decisivo para movimentar o poder dessa máquina. Cenas como a das lâmpadas que descem em ritual de enterrar, e se apagam, ao anúncio de tantos mortos, compõem encenação que pulsa de teatralidade, que, antes de se fechar num formalismo de repetições, reafirma-se como poética cênica única.

LES ÉPHÉMÈRES

Atualmente em Buenos Aires, a mais recente montagem do Théâtre du Soleil captura, como numa epopeia intimista, a pequenez de existências que sobrevivem ao tempo, aos silêncios, à guerra e à morte. Em *Les éphémères* [Os efêmeros], que Ariane Mnouchkine tece como narrativa feita de instantes, colcha de sentimentos capaz de envolver uma galeria de anti-heróis nos grandes acontecimentos do último século, as histórias se desenrolam como afetos vividos numa corrente de alegria, dores, agonia, separações e abandono.

Esse fluxo de "pequenos mundos" é deflagrado por uma placa de "vende-se" afixada no portão da casa de uma senhora que acaba de morrer. A filha percorre os cômodos, revivendo lembranças, até receber um comprador eufórico com o nascimento do primeiro filho. É o ponto de partida para outras histórias, que se desdobram como cenas de um filme, editado com a mesma sutileza e fugacidade com que o efêmero conduz os movimentos dos personagens que vagueiam por suas vivências.

São 29 quadros que se tocam, às vezes, como mera localização geográfica; em outras, como contrastes dramáticos; e ainda como imperceptível costura para que a narrativa se torne fluvial como projeção subterrânea da história europeia do século XX. As consequências do nazismo, o colonialismo, a violência social surgem como pontos distantes, referências casuais, que aparecem não para justificar a linearidade de cotidianos, mas como cenário desfocado para a realidade das emoções. A dramaturgia cênica que Ariane Mnouchkine emprega neste mar de histórias se confunde com a cenografia, que coloca os espectadores, frente a frente, em arquibancadas que delimitam o espaço da representação. Em praticáveis móveis, conduzidos pelos atores, numa verdadeira coreografia de pernas e coordenação de movimentos, os quadros se deslocam como cenários contínuos, trazidos a este palco-passarela por um forte sopro de ar, que os faz surgir do escuro dos bastidores. A expectativa, a cada entrada dos praticáveis-cenário, se renova, já que trazem a própria narrativa contida nos carrinhos, como se essa formalização do fabular fosse miniatura em ação do jogo teatral. A sucessão de quadros, sem qualquer cronologia ou aparente unidade entre eles, propõe à plateia alternâncias emocionais, o que, verdadeiramente, consolida as peças deste *puzzle* cênico. O realismo visual dos objetos, móveis, alimentos preparados em cena, roupas e penteados de época, ao contrário de comprometer, reforçam a síntese dramática deste afresco de poucas palavras e traços de sentimentos que se revelam com maior tensão por olhares, gestos e movimentos.

O cinema parece sempre à espreita, como se cada cena fosse um fotograma que se alonga em tempo real, e os conflitos fragmentados e recordações de infâncias roubadas lembrassem filme de Robert Altman ou roteiro de Ingmar Bergman. Nessa atmosfera de memória de cinema e de multiplicação de imagens, *Les éphémères* deve também muito do seu adensamento dramático à música de Jean-Jacques Lemêtre, imprescindível na sua constante variedade melódica. E também à manipulação dos carrinhos, que como um balé de pernas acompanham o ritmo, que introduz a ação na sua superfície.

No coletivo em que se estrutura o Théâtre du Soleil, os atores exercem múltiplas atividades, e em *Les éphémères* colaboraram, decisivamente, para trazer elementos para as histórias de "seres humanos pequenos, que descobrem que são mortais". Dessa forma, parece redutor destacar atores em um elenco visceralmente ligado ao processo de criação de uma obra em que são coautores, sob a regência de Ariane Mnouchkine, poderosa alquimista de cânones teatrais. Mas a brasileira Juliana Carneiro da Cunha, por sua força emocional, e Shaghayegh Beheshti, pela impactante composição de mulher fronteiriça, acabam por serem notadas num elenco impecável, inclusive as crianças.

Les éphémères, que pode ser vista em duas partes, em versão de três horas e meia cada, ou em oito horas em versão integral, é experiência teatral embalada pela emoção, que nasce do rigor e da inteligência. Vale a pena se deslocar a Porto Alegre, no fim do mês, ou a São Paulo, em outubro, para vivenciar esta experiência de imersão na vitalidade do teatro.

AS CENTENÁRIAS

O pernambucano Newton Moreno (1968-) recria na sua dramaturgia nordestina, com investidas no universo homoerótico, um espaço regional com implicações existenciais. Não se trata apenas de registro de um mundo de cultura própria e de geografia mítica, mas de atualizar a tradição popular com humor e lirismo. *As centenárias*, em temporada no Teatro Poeira, é, nesse sentido, típico texto do autor, ainda que não seja o mais instigante.
A dupla de carpideiras, num embate permanente com a morte, na tentativa de driblá-la, se utiliza de artifícios em que a astúcia e a esperteza desmontam a inevitabilidade da sua ameaçadora onipresença. Os muitos anos que o título contabiliza, chorados como encenação por perdas que a elas atingem como mais uma partida vencida a favor de suas vidas, perpetuam a mágica temporária da imortalidade. O que esse duelo ardiloso reúne de histórias, casos e fantasia forma imaginário que brinca com o medo e a certeza do fim, numa investida interminável que deixa à mostra um ritual do fantástico sertanejo.
Newton Moreno estabelece dois planos de tempo para que as diatribes das mulheres diante da morte sejam a expressão desse imaginário, servido por linguagem de desabusada inventividade vocabular e por situações reiterativas que acompanham esse carpir de sobrevivência. Em cenas que se alternam entre presente e passado, os ardis se sucedem como demonstração de malícia utilitária e de memória popular declinante. Pela riqueza dos diálogos, de gramática peculiar, e pela reprodução de ilusão coletiva, *As centenárias* rememora o tradicional, compondo narrativa que, às vezes, se esgota nos próprios causos que desfia.
O diretor Aderbal Freire-Filho, com habilidade de mestre de cerimônias, ambientou a montagem como sugestão circense, sem carregar nos traços do gênero. A bela concepção cenográfica de Fernando Mello da Costa e Rostand Albuquerque desenha um picadeiro com painel-cortina de bonecos ao fundo e aclimata a concepção do diretor, numa mandala de sinais nordestinos. Sob a lona imaginária, Aderbal-Freire Filho determina o estilo do elenco, com as atrizes marcando as passagens de tempo ao percorrer o arco do picadeiro, e vestindo-as, ao final, de personagens-símbolo do circo. A proximidade circo-teatro facilita a circulação

de signos populares, que dão vida a bonecos, apoiando a cantilena e a prosódia nordestina e sustentando a existência do fantástico.

O figurino de Samuel Abrantes estabelece contraste com o colorido da cena, fartamente iluminada pelo criativo Maneco Quinderé e bem sonorizada pela trilha de Tato Taborda. Os bonecos de Miguel Vellinho se transformam em personagens e duplos com integrados efeitos cênicos.

Marieta Severo e Andréa Beltrão compõem as carpideiras com movimentação corporal e detalhamento vocal que se estendem da juventude à senilidade. Com visível afinidade de atuação, as atrizes depuram linha "caricatural", para circunscrever, detalhadamente, o que há de citação nordestino-sertaneja nas figuras que projetam. Marieta Severo traça com sintonia fina a representação do exagero, e Andréa Beltrão desdobra o exagero em sutis momentos. Interpretações inteligentes e comunicativas em encenação que emoldura a cultura popular sem folclorizações.

FIM DE PARTIDA

"Nada a fazer." Assim começa *Esperando Godot*, um dos textos de Samuel Beckett (1906-1989) em que a espera é imobilidade definitiva. "Acabou." Desse modo se inicia *Fim de partida*, tragicômico jogo que, já de saída, está perdido. As primeiras falas das suas peças conduzem a significados que o universo pelo qual o autor irlandês circula se anulam pelo próprio sentido de seu vazio. Não há nada que possa ser feito. Tudo foi feito, resta apenas seguir o curso das coisas, da maneira e com os meios de que se dispõe.

O cego Hamm, que nunca consegue se levantar, é servido por Clov, aquele que nunca consegue sentar, acompanhados por outros despojos humanos, Nagg e Nell, que, sem pernas, vivem em latões de lixo. É o fim, já no começo. No abrigo em que se mantêm respirando, aguardam coisa alguma. O mundo exterior foi dizimado, a natureza está morta, o mar avança perigosamente, aquilo que os sustenta semivivos se esgota, fora e dentro de cada um. A partida há muito está encerrada. O que acontece, se sabe, é imutável; desse modo, as palavras não querem dizer mais nada, inúteis, estagnadas, mortas.

Beckett com a sua poética metafórica trata de inexorabilidades, a maior delas a existência, falhada desde sempre. Em *Fim de partida*, o autor faz dos personagens palhaços dessa representação derrisória, jogadores movidos por regras vencidas, mas que continuam a atuar como intérpretes do absurdo teatro do mundo. Na montagem em cena no Espaço Sesc, o caráter *clownesco* é, de certo modo, predominante sobre quaisquer outras abordagens do texto.

O diretor Pedro Brício, sem abrir mão do adensamento da cena, imprimiu tom menos pesado, que se manifesta pelo tipo de interpretação do elenco. Ao acentuar as indicações de representação teatral como estilização de bufonaria, Pedro Brício "puxou" sua encenação para a tragicidade cômica a que se refere Beckett. Sob esta perspectiva, não se perde o espírito da peça, ao contrário, se reencontra uma sensibilidade ventilada para abordar, sem quebrar a atmosfera beckettiana, os fundamentos do texto. A iluminação de Tomás Ribas é decisiva para a ambientação do palco, coberto por coloração terrosa, reproduzida nos figurinos de Rui Cortez. A luz interfere constantemente, criando espaços múltiplos (do foco em um par de óculos à explosão luminosa de algumas áreas), em permanente procura de efeitos, que funcionam bem em instantes mais sugestivos, tornando-se, muitas das vezes, atuantes demais.

Marina Vianna cria, com gestual e máscara facial marcados pela certeza da inexistência, o patético da mulher jogada no lixo. Sérgio Módena mostra tendência a interpretar com excessiva caracterização o que pediria maior contenção. Isabel Cavalcanti explora bem, na repetição de movimentos e na oscilação vocal, a condenação servil de Clov. Guida Vianna se impõe, com interpretação amadurecida pela plena compreensão daquilo que diz, sendo capaz de modular os estados de consciência de Hamm com amarga verve de *clown*.

MÃE CORAGEM E SEUS FILHOS

Na guerra – no caso de *Mãe Coragem e seus filhos,* ambientada na Guerra dos Trinta Anos do século XVII –, a metáfora que Bertolt Brecht estabelece é menos sobre as consequências do conflito na busca da sobrevivência, em meio a um "mundo que se afoga no lixo", do que sobre "qualquer possível ilusão a respeito do homem". Por maior que seja o caráter político e ideológico que Brecht empreste à obra, há nela, escrita às vésperas da Segunda Guerra, visão um tanto niilista.

A mulher que vagueia pelos campos de luta, vendendo o que é possível negociar, comprimida entre as facções em luta, sobrevive de despojos. Nos negócios, inclui-se também a preservação da vida dos filhos, que acabam por escapar-lhe, apesar dos acordos e concessões maternais. O percurso dessa vivandeira, que passa ao largo das justificativas para as "razões de guerra", ou da "ética religiosa" para atos condenáveis, se adapta às situações que evitem comprometer o oportunismo de seu mercado. A consciência de que não é possível manter aquilo que, por fundamento, já está perdido na origem escapa à Coragem, que assiste à morte de um a um de seus três filhos sem que se lhe modifique a obstinação em seguir mercado. O efeito demonstrativo que Brecht pretende ao refletir as atitudes de

Coragem dilui-se no espectador pelo excesso de ação que cria caminhos desviantes, em episódios que dispersam, mais do que concentram ideias. O gesto final da muda, que "incorpora" a dimensão trágica da guerra, talvez seja não somente a conclusão de um trajeto sem rumo, como o irônico silêncio diante de qualquer voz capaz de se defrontar com o inexplicável.

A montagem de Paulo de Moraes, em cartaz no Teatro I do Centro Cultural Banco do Brasil, não deixa transparecer na cena teorias brechtianas, que, muitas vezes, inibem os diretores para criar de maneira menos engessada. O diretor conduz a encenação com maior "soltura", procurando ultrapassar a dramática para tentar relativa experimentação estilística, tanto na atuação quanto na variação de climas cênicos. Ainda que em alguns momentos tais oscilações possam deixar dúvidas sobre a justeza dessa tentativa de imprimir um selo mais pessoal em relação ao texto, a direção, pelo menos, tenta ampliar a comunicabilidade. A cenografia de Paulo de Moraes e Carla Berri, que transformou a carroça num avião de combate, determina bastante o ritmo e a atmosfera da cena. Objeto pesado, que no início é utilizado de forma quase brincalhona (os atores ocupam a "fuselagem", imitando pilotos), nem sempre se movimenta no acanhado palco com muita mobilidade. A difícil sonoridade da música de Paul Dessau não encontra intérpretes capazes de integrá-la na sua função de comentar a ação. A narradora no papel de arqueóloga de ossadas, ainda que seja imagem forte, se esvazia ao longo da encenação.

Pela diversidade estilística com que a direção leva o espetáculo, Louise Cardoso como Mãe Coragem se preocupa em não carregar no dramático, emprestando à personagem desenho bem atenuado. Patrícia Selonk sobrecarrega na composição de Kattrin, o que resulta em ênfases desnecessárias. Os demais atores – Thales Coutinho, Sérgio Medeiros, Simone Mazzer, Marcelo Guerra, Ricardo Martins, Verônica Rocha, Simone Vianna, Isabel Pacheco e Raquel Karro – compõem elenco que responde à linha da direção.

HOMEMÚSICA

O que torna mais atraente o trabalho de Michel Melamed (1976-) é a sua permanente inquietação, seja diante da forma como se apresenta, seja como assiste ao que se passa à sua volta. *Homemúsica*, em temporada no Teatro II do Centro Cultural Banco do Brasil, dá continuidade à procura de uma expressão própria que sistematize, artisticamente, a visão de um tempo. A dramaturgia cênica de Melamed traduz os conflitos de um pensamento cheio de ideias, mergulhado na cultura pop e filtrado por referências que contribuem para apoiá-los. No palco, exibe essas tentativas de explicar-se culturalmente e de refletir como se individualiza um sentimento de perplexidade diante do mundo.

A música, dominante como a linguagem que permeia essa colagem de *performance*, teatro, projeções e poesia, é usada como o elemento central, em que um personagem, tal como palhaço-orquestra de circo mambembe, transforma seu corpo em sonoridade. A partir dessa musicalidade se estabelece o eixo de um *show* em que a palavra se torna música pelo humor, aspereza e ironia, e a tecnologia é arcabouço cenográfico para a crítica verbal. A fala pode ser lida, a poesia infiltrada na letra de música, a impotência marcada pelo acorde de um palavrão. Michel Melamed talvez não tenha feito o espetáculo mais bem "acabado", muito menos aquele com maior sofisticação técnica, mas, sem dúvida, retoma com maior liberdade de exposição e com a mesma afiada palavra o que *Regurgitofagia* tinha de melhor: o texto.

A figura de Helicóptero, o personagem tributário da porção teatral de *Homemúsica*, é menos interessante neste sarau-tecno-cênico, ao dar continuidade à pesquisa. Ainda que (parcialmente) possa ser reduzida a formalismo de segunda mão, essa figura é consumida, mais como curiosidade. Mas, em cena, não se percebe qualquer prepotência do ator, diretor, autor e músico para conduzir a plateia a uma egotrip. Pelo contrário, o que está em cena são dúvidas, que tantas influências e leituras provocaram como desafios.

Música e imagens procuram desconcertar cânones. De passagem, lembra-se de Paul Verlaine e Émile Zola, cita-se René Magritte, Melamed evoca o New Order, colore de verde e amarelo outras bandeiras, e recorre a Maiakóvski para localizar no Brasil, talvez, a existência de um homem feliz. Autor da maioria das músicas, acompanhado por vibrante banda e pela ótima direção musical de Lucas Marcier, Melamed canaliza numa interpretação-depoimento aquilo que a intensidade do autor pretende transmitir. Com ar bem à vontade, antes de mostrar habilidades, reflete sobre o que intriga um artista num tempo descontínuo e num mundo fracionado.

7

7, que estreou sábado no Teatro João Caetano, discute cenicamente o que seria um musical brasileiro. A montagem de Charles Möeller (texto e direção), Claudio Botelho (letras) e Ed Motta (música) demonstra sua identidade nacional por elementos que se encontram na universalidade de sua origem.

Os contos de bruxas, a magia de uma fabulação inspirada em lembranças narrativas tradicionais, se transferem para um Rio em que cai neve, e os personagens revivem os arquétipos dos irmãos Grimm e cantam como se fossem saídos de um musical de Stephen Sondheim. E nada mais brasileiro, pelo espírito de brincadeira com a necessidade de denominar nativo o que a origem já garante, do que constatar que a matriz anglo-saxã recebe um tratamento que a decanta com força renovada. Os significados míticos e simbólicos do número sete são explorados numa trama que envolve uma contadora de história, vítima do tempo e de sortilégios, que narra as atribulações de Branca de Neve como interminável fábula sobre si mesma. Quem ela é, e o que aconteceu à sua vida, se descobrirá no final, quando o relógio sem ponteiros que marca a passagem punitiva do tempo a condena a perder, uma vez mais, o fugitivo embarque no amor. Em situações paralelas, que se encaminham para o desfecho com habilidosa urdidura, os personagens de 7, tal como os enredos que o inspiram, vivem sentimentos que expõem a natureza múltipla e em alguns momentos perversas, dos desejos humanos.

No entanto, neste musical, que faz do tempo quase uma personagem a mais, não há época determinada. A ambientação mostra painéis do Rio, como os Arcos da Lapa ou o Pão de Açúcar, como ironia pela busca de aclimatação do gênero, já que a ambiência é bem mais sombria, com citação a cenários de cidades e florestas de outras latitudes. A moldura cenográfica de Rogério Falcão cria atmosfera visual, ao mesmo tempo grandiosa e camerística, que tão bem serve, pelos extremos, a musical diverso dentro das convenções. O figurino de Rita Murtinho, o visagismo de Beto Carramanhos e a iluminação de Paulo César Medeiros reforçam o desenho *dark* da cena, em traços criativos e ótimos efeitos.

A música de Ed Motta, com letras inventivas – algumas delas, brilhantes – de Claudio Botelho, tem requinte sonoro e variações rítmicas que se ajustam à evolução dramática. Com harmonias complexas, mas nem por isso menos melodiosa, a trilha de Ed Motta é atraente ao ponto de se desejar ouvi-la após a saída do teatro. A direção musical, os arranjos, a regência e os músicos estabelecem qualidade sonora que valoriza a beleza da trilha. Apenas uma melhor equalização do som, cujo volume, eventualmente, se superpõe à emissão vocal de alguns atores, poderia deixar a cena um pouco menos "gritada".

Charles Möeller, em sua direção mais criativa, orquestra cada detalhe, criando quadros de belas composições e conduzindo com segurança o competente elenco. Os atores – Cristiano Penna, Fabrício Negri, Jonas Hammar, Jules Vandystadt, Raul Veiga, Rodrigo Cirne e Tuto Gonçalves –, com menos oportunidades do que as atrizes, em musical essencialmente feminino, mostram vozes preparadas para enfrentar as dificuldades da partitura. Ida Gomes, com sua poderosa emissão, além de inspirada figura, é sensível presença na abertura e no final do espetáculo. Tatih Köhler dá conta, com sua juventude e límpida voz, da menina Clara. Alessandra Verney se impõe pela beleza e projeção como cantora, além de Gottsha e Marya Bravo, que imprimem humor às suas eficientes interpretações. Eliana

Pittman, com dois bons solos, e Rogéria, que não deixa sua figura ultrapassar a personagem, estão corretas no surpreendente elenco. Zezé Motta se destaca com sua modulação tão aveludada ao lado de Alessandra Maestrini, atriz de recursos variados, que com sua musicalidade e refinamento vocal é um dos pontos de referência deste musical sofisticado e liricamente comunicativo.

AS CONCHAMBRANÇAS DE QUADERNA

A dramaturgia de Ariano Suassuna (1927-2014), marcada pelo universo nordestino, com ressonâncias ibéricas e projeções de fábulas ancestrais, estabelece através da farsa o caráter exemplar de tramas ingênuas, que se concluem com a moralidade circunstancial dos maus costumes. Em suas narrativas, a esperteza e a malícia são os instrumentos possíveis para a sobrevivência em mundo de aparências e dissimulações, mas há sempre lugar reservado aos modos impertinentes de harmonizar os contrários. O personagem Quaderna, símbolo e condutor da saga de Suassuna pelos meandros das armas armoriais e batalhas em arena sertaneja de evocações medievais, e centro do romance *A pedra do reino*, se desloca da sua origem para compor essas "conchambranças". São três peças curtas – *Casamento com cigano pelo meio*, *A caseira e a catarina* e *O caso do coletor assassinado* –, mas apenas as duas primeiras estão reunidas na montagem em cartaz no Teatro Sesc Ginástico. E, uma vez mais, o autor demonstra a sua habilidade em sustentar a dramaturgia a partir de referencial erudito na construção de textos verdadeiramente populares.

Tanto em *Casamento com cigano pelo meio* quanto em *A caseira e a catarina*, as tramas ardilosas procuram superar as dificuldades com negociação e astúcia daqueles que têm pouco mais do que a inteligência para se manter atentos diante das armadilhas cotidianas. No *Casamento...*, a troca de noivas, conduzida por Quaderna, revela aquilo que a aparência mal camufla. Em *A caseira...*, um marido é o objeto de troca com o diabo, vestido pela sagacidade de um prestidigitador da justiça. Ignez Vianna traçou a montagem com as linhas seguras fornecidas pelo riscado do texto. A ingenuidade e a conotação regional são apoiadas pela diretora, que amplia essas características sem banalizar as bases que a sustentam. Se reduzidas a simples tramas, ou carregadas demais na geografia, as duas pequenas peças poderiam redundar em vinhetas cênicas folclorizadas, o que estão longe de ser. Ignez Vianna apropriou-se dos textos pela sua forma, transferindo para o palco a irreverência da observação e o frescor comunicativo do popular. A encenação flui com facilidade, sem entraves ou tempos mortos, embalada pelo humor que surge sem ser provocado artificialmente. Os painéis que correm, trazendo e ocultando os personagens, resultam num dos bons efeitos que o espetáculo inventa. A cenografia de Nello Marrese, utilizando as bandeiras dos estados nordestinos, sugerindo estandartes, além dos desenhos de Ariano, evoca a iconografia armorial. O figurino de Flávio Souza é adequadamente regionalizado, enquanto a iluminação de Renato Machado preenche com luminosidade expandida o espaço. A direção musical de Marcelo Alonso Neves e a participação dos músicos Thais Ferreira e Guilherme Bedran conferem refinados comentários sonoros à ação.

Leonardo Brício se destaca na primeira peça por interpretação agitada, malabarística, repleta de intencionalidades bem-humoradas, como artífice-narrador das divertidas tramas. Dani Barros, em especial como a mulher traída, adota encorpado tom farsesco que apoia as suas intervenções. Debora Lamm recorre à brejeirice maliciosa para os dois tipos que interpreta. Ricardo Souzedo assume linha humorística bem-sucedida como o juiz. Iano Salomão, Diogo Camargos, Zé Wendell, Júnior Dantas e Viviane Câmara, em papéis menores, compõem harmoniosamente o elenco desta montagem agradável e comunicativa.

2008

ÀS FAVAS COM OS ESCRÚPULOS

Juca de Oliveira (1935-), além de ator, é autor bem-sucedido. *Às favas com os escrúpulos*, a sua mais recente comédia, em cartaz no Teatro Clara Nunes, confirma a sua habilidade em construir situações cômicas, com comentários críticos sobre acontecimentos da nossa vida social e hábitos políticos, que não deixam dúvidas sobre quais são os alvos de sua dramaturgia.

A cartilha do *boulevard*, minuciosamente traduzida para vivências nacionais, já envolveu maridos infiéis com esposas vingativas, políticos com práticas corruptas, quase sempre com eficiente comunicabilidade com as plateias, como se fizesse o público rir daquilo que ele deseja ouvir. Com esta fala coletiva embutida, transmitida por sua voz, Juca de Oliveira acumulou êxitos expressivos, como *Motel Paradiso*, *Caixa dois* e *Meno male!*, e com o atual *Às favas com os escrúpulos* não tem sido diferente. Na temporada paulista, de mais de um ano, o público se entregava ao riso catártico a cada observação sobre os desvios éticos e morais dos políticos, atualizados toda vez que surgiam novidades no noticiário.

A mulher, vivendo casamento de mais de quarenta anos, considera o marido acima de qualquer suspeita, tanto como pai de família, quanto como senador. A descoberta de uma amante e de falcatruas na vida pública o transformam em alvo da indignação da esposa, até que, também ela, se locupleta com a corrupção, e dessa maneira tudo permanece na mesma. Para conduzir a narrativa, Juca usa de vários truques, nem todos muito inventivos, alguns até repetem outros a que o autor já recorreu em textos anteriores, mas mesmo com o alongamento da trama, o final algo desequilibrado e a repetição da fórmula, *Às favas...* reafirma seu domínio de comédia e dos meios de fazê-la chegar à plateia.

Jô Soares também sabe como fazer rir, e na direção procurou sublinhar o humor do texto através da interpretação do elenco. Numa montagem em que nada está fora do lugar, o diretor cria brincadeiras visuais, como numa das cenas da empregada; sublinha *gags* verbais, como no pileque da esposa. Desse modo, oferece a cada um dos atores a oportunidade de bons desempenhos.

Cenário convencional de Cyro del Nero (como exige a ambientação), figurinos adequados de Cássio Brasil (apenas excessivos na personagem Brenda), iluminação correta de Maneco Quinderé e música ilustrativamente dispensável – é no elenco, e em especial em Bibi Ferreira, que está o eixo da encenação.

Gracindo Júnior compõe com correção o senador, sustentando bem o discurso cínico do político, superando com dignidade a sua postiça cena final. Neusa Maria Faro, como a empregada, tira partido de sua projeção vocal e do humor ingênuo. Bárbara Paz demonstra inteligência interpretativa para "criticar" a sensualidade óbvia. Daniel Warren, em participação pequena, revela-se presença vivaz. Bibi Ferreira, que praticamente não sai do palco em quase duas horas, dispõe de arsenal de mecanismos interpretativos que sabe acionar no momento exato para estabelecer comunicação intensa com o público. A cena da bebedeira, por exemplo, revela a extensão dessas armas, quando é capaz de acompanhar com toques sutis de malícia e ironia o aumento do teor etílico nas atitudes da personagem. Atuação que corteja a plateia para que tenha o prazer de assistir ao vigor da maturidade de uma atriz irresistível.

CALÍGULA

Como um dos mais filosóficos romancistas franceses de sua geração, Albert Camus (1913-1960) transfere para o teatro as suas preocupações niilistas sobre a existência do ser humano, incapaz de ser livre (porque para consegui-lo é necessário subjugar o outro), e de atingir a felicidade, nem mesmo pela morte desejada. Em *Calígula*, em temporada no Sesc Pinheiros, o autor franco-argelino utiliza o imperador romano como porta-voz dessa desesperada visão de mundo para confirmar a transitoriedade do absoluto e as possibilidades destrutivas do poder.

Não existem limites para que Calígula experimente manipular fraquezas e vilanias, as suas e as dos demais, num exercício de poder discricionário, reflexo da revolta contra o destino que lhe roubou a irmã-amante e afirmação da certeza do absurdo e do trágico da vida. O escape está na construção do suicídio, na eliminação do mundo em favor de um estado lunático, símbolo inalcançável de certo modo de sobreviver. Outras e tantas proposições e metáforas possíveis deste personagem que Camus transformou em veículo da barbárie política, ao ser escrito em 1938, ampliado na sua desesperança filosófica no final da Segunda Guerra (e justificado nos seus delírios orgiásticos vinte anos depois), acompanham estas variações segundo os ares do momento.

A encenação de Gabriel Villela atualiza *Calígula* com nosso tempo e sua gramática teatral. Na alegórica montagem, Villela equilibra o inescapável barroquismo visual com relativo distanciamento crítico, que possibilita que crie uma cena, muitas vezes poderosa e de rascante beleza, e, ao mesmo tempo, seja capaz de "borrá-la" com ilações satíricas e referências culturais mais óbvias. Para demonstrá-lo, o diretor sublinha com traços marcantes os contornos, mascarando aqueles que se submetem ao tirano, fazendo-os de palhaços quando reforçam a mentira do teatro, ou de bonecos quando quer confundi-los com objetos vivos.

A ótima tradução de Dib Carneiro Neto, de certo modo, se confronta, na sua fiel sintaxe ao original, com a versão mais "coloquial" da direção, o que deixa evidente a ausência de sintonia da linguagem do texto com a do palco. Esta relativa "descaracterização" se torna mais visível no ato final, quando a verbosidade e a recorrência da "ação" revelam as fraturas e o tom sentencial das palavras, aprisionadas num discurso filosofal. Mas a máquina teatral de Gabriel Villela é suficientemente provocativa e instigante para permitir que essas dissonâncias sejam o material mesmo de sua dramaturgia cênica.

A cenografia de J. C. Serroni, com escultura esférica de metal, bobinas de papel e biombos-espelhos-lago, que permitem constante mudança de atmosfera, é complementada pela intensa iluminação de Domingos Quintiliano e ambientada com a épica trilha musical de Cacá Toledo e Daniel Maia. Os figurinos de Maria do Carmo Soares e Gabriel Villela desenham nos corpos dos atores intenções nada sutis para que não passem despercebidas. E esta aparente necessidade de não dissimular se transfere para o elenco, capaz de ser desabridamente "didático" na sua exposição narrativa.

Os atores não projetam sentimentos, mas teatralizam o que o discurso encerra. Dessa maneira, Thiago Lacerda se movimenta, maneiristicamente, como se representasse uma fábula de seus movimentos interiores. Os demais atores – Pascoal da Conceição, Rodrigo Fregnan, Jorge Emil, Magali Biff, Pedro Henrique Moutinho e Ando Camargo – seguem a mesma linha, com maior ou menor disponibilidade para manipular a mentira; como ironiza Camus e Villela confirma, "o maior equívoco dos homens é não acreditar no teatro".

POR UMA VIDA MENOS ORDINÁRIA

O texto de Daniela Pereira de Carvalho (1977-), que está em cena no Teatro da Casa de Cultura Laura Alvim, é um dos oito que escreveu em sete anos de atividade. Todos encenados. Esta carioca de 30 anos, que recebeu o Prêmio Eletrobras de Teatro há duas temporadas, e este ano concorre ao Prêmio Shell paulista, circula pelo urbano, em que drogas, corrupção policial e ausência de perspectiva de uma geração, a mesma da autora, provocam autodestruição, desejos abortados ou indefinidamente adiados e fracasso existencial.

Em *Por uma vida menos ordinária*, Daniela Pereira concentra num apartamento de Copacabana um casal de irmãos e um policial, que, movidos a álcool e droga, são confrontados, a partir de um ato acidental, com seu insustentável vazio. O acidente que deveria acentuar as contradições desse núcleo desagregado se torna situação dramática que contribui apenas para fazer evoluir a narrativa. O movimento interno dos personagens e a projeção de suas vivências são arranhados, mas não exatamente dimensionados. Os diálogos têm expressão vocabular, refletindo as vivências dos personagens. Os três se mantêm vivos no cenário que os ambienta, mas falta o impulso para que as suas existências se realizem no palco. O texto parece ter maior compromisso com o "bom acabamento" do que com a exploração de um mundo esfacelado. Na sua dramaturgia, a autora já investiu em universo semelhante, como em *Tudo é permitido*, com maior adensamento e impacto.

A montagem de Gilberto Gawronski tenta conferir atmosfera mais intensa à trama. Consegue, apenas em parte, em função da sua engenhosa cenografia. Os baldes com areia, que são manipulados a cada marca dramática, configurando o consumo de drogas ou a evolução do tempo, adquirem aspecto metafórico que sustenta a cena, ainda que, às vezes, se reduzam ao efeito estético. O diretor trata os personagens com realismo fotográfico, o que deixa Eduardo Moscovis um tanto postiço, Liliana Castro um pouco chorosa e Joelson Medeiros expansivo demais.

O DRAGÃO

O dragão, montagem de Ana Teixeira em cartaz no Espaço Sesc, trata de conflitos, aqueles que se instalam em vítimas de belicismos intermináveis, deixando sentimentos devastados e construindo trincheiras de intolerância. A guerra entre israelenses e palestinos como representação de confrontos entre povos, explicáveis por razões históricas ou de sobrevivência em graus múltiplos de justificativas convenientes, é vista pelos que vivem em territórios em litígio. E suas vidas são arruinadas pela crueldade de petardos que deixam aos sobreviventes apenas mutilações dolorosas e solidão. Esse roteiro de depoimentos, de dois palestinos e dois israelenses, recolhidos em fontes variadas e costurados pela diretora e por Stephane Brodt, acentua a humanidade das semelhanças de campos opostos.

Os coveiros de uma aldeia bombardeada, ao contrário de enterrarem os mortos, precisam desenterrá-los dos escombros; o motorista de um ônibus explodido por um jovem-bomba tem o osso de um passageiro perfurando seu corpo; estes são personagens de descrições reais que se tornam ficção teatral, e se pautam como figurantes de reportagem do cotidiano de qualquer guerra. Na dramaturgia de *O dragão*, a cena é tão relevante quanto a estrutura textual. Com o pretexto de gravar depoimentos para documentário, o quarteto relata as consequências do conflito sobre suas existências. Ainda que esse artifício deflagrador das impactantes vozes seja menos engenhoso do que a tessitura das narrativas, parece ter sido a forma de os autores ambientarem a dramaturgia. Mas o que imprime força à montagem é o cenário individualizado da guerra no aspecto cruel de vidas suprimidas, mortes numéricas e despojos emocionais.

Na mesma linha do roteiro, Ana Teixeira circula pela ideia de conflito para alcançar a emoção. O que separa, como a cenografia feita de painéis para delimitar, como cercas farpadas e muros intransponíveis, é o mesmo que os une. A encenação estabelece nessa duplicidade unitária a similitude das diferenças, desenhando, como se houvesse um espelho refrator, imagens geminadas. A cena final, com o israelense tocando *cello* e o palestino o seu tambor, numa pungente sonoridade complementar, é arrebatadora. O contraponto entre reflexão e emoção – o verdadeiro jogo de O *dragão*, que evita "tomar partido" de qualquer dos lados – é dado pelos quadros que se armam para "desvendar" a engenharia teatral, e se desarmam para retratar sentimentos explodidos.

O rigor da montagem, que se distribui pela música de Carlos Bernardo, a iluminação de Renato Machado, o figurino de Stephane Brodt e o cenário de Ana Teixeira, se estende ao elenco. Cassiano Gomes e Kely Brito demonstram precisa contenção. Fabianna de Mello e Souza transmite, na medida, a dor de duas mães. Stephane Brodt mergulha com intensidade emocional na irracionalidade dos efeitos da guerra, criando poderoso elo de racionalidade. A mímica do paraplégico e a integração dos gestos com a voz, em solos refinados, confirmam Stephane Brodt como ator de posse e domínio de seus melhores instrumentos interpretativos.

A FORMA DAS COISAS

Não por acaso, Neil LaBute (1963-) é roteirista e diretor de cinema. Sua dramaturgia, em especial A *forma das coisas*, com cenas curtas e cortes abruptos, encontra semelhanças narrativas com a linguagem cinematográfica nesta versão perversa de um Pigmaleão jovem. Neste caso, uma universitária que empreende, em nome da construção de realidade artística, a manipulação de sentimentos daquele que se tornará a consubstanciação de sua obra. Ao esculpir o outro, transforma seu ato em *performance* do processo de criação, cinzelando formas exploratórias de seu objeto de investigação como definitiva meta que se justifica por si mesma. Sem brechas, apenas com um sussurro ironicamente alentador ao final, nada detém a criadora que deseja provar, com sua escultura pulsante, que a arte ultrapassa a vida da criatura, depositário de emoções amoldáveis, material passível de ser considerado arte, apesar da cruel arquitetura dos seus meios, ou exatamente por utilizar tal método para existir como obra.

Neil LaBute, na linha da dramaturgia norte-americana, na qual a exposição de emoções dúbias, quase doentias, reflete muito da desarrumação afetiva que faz das relações contemporâneas objeto de barganha entre individualidades egoístas, flagra esse microcosmo de uso mútuo. A sequência de quadros, que evoluem como projeções de imagens editadas com economia de recursos e diálogos que reproduzem a linguagem direta de um roteiro de cinema, reforça a ligação do autor com a tela. Essa proximidade facilita o ritmo da narrativa, que corre com dinâmica seca, mas internamente tensa, e em diversos momentos parece conduzir o espectador por pistas enganosas. A história, que a princípio se revela mais uma entre tantas sobre a convivência entre amigos e o envolvimento amoroso de casais universitários, vai desvendando um jogo de armar, no qual as peças ganham forma no momento do encaixe.

Guilherme Leme foi sensível ao mecanismo desse encaixe, desenhando a montagem conforme as regras do jogo do autor. As cenas rápidas, instantâneos de costura urdida, se desenrolam como *flashes* de imagens, somente vistas por inteiro ao se completar a instalação plástica. O diretor reforça os traços da escrita, deixando-os evidentes, como reflexos da manipulação da personagem, enquadrando a cena com "secura", o que a desenraiza de qualquer geografia.

A tradução fluente de Marcos Ribas de Faria e o cenário de Aurora dos Campos colaboram para a "limpeza" da encenação. A cenografia que utiliza elementos geométricos, os quais se tornam esculturas, camas, sofás, e que acumula objetos a cada quadro, compondo, dramaticamente, a instalação do final, é inventiva na simplicidade. A iluminação refinada de Maneco Quinderé e os figurinos de Sonia Soares e Tatiana Brescia, que vestem adequadamente o elenco, completam com a trilha de Marcello H. o bom acabamento da montagem.

O elenco tem interpretações cuidadosas, em sintonia fina com o despojamento geral, marcadas por movimentos interiores e contenção externa. Karla Dalvi não caracteriza demais a loura, mais ou menos certinha, que descobre o papel de coadjuvante desempenhado no jogo. André Cursino transmite tanto a ambiguidade quanto a rudeza do amigo cheio de arestas. Carol Portes segura com firmeza a artista manipuladora. Pedro Osório se destaca como o tímido que é submetido ao projeto da namorada, com atuação inteligente e requintada nos detalhes.

RESTA POUCO A DIZER

Em *Resta pouco a dizer*, em cena no Oi Futuro, os irmãos Adriano e Fernando Guimarães, de Brasília, trazem ao Rio parte de sua pesquisa de dez anos sobre a obra de Samuel Beckett (1906-1989). *Performances*, instalações plásticas e teatro se alternam em programações que se modificam a cada três semanas. O programa atual reúne a *performance Respiração*, que, em alternância, mergulha dois atores em tanques de água, dizendo texto, didático, sobre o ato de respirar; *Catástrofe*, em que um diretor de teatro e sua assistente manipulam ator inerte; e, ainda, *Atos sem palavras II*, em que uma dupla de homens revisa sua rotina,

saindo de sacos, e *Jogo*, em que três cabeças falantes comentam um adultério.
A reunião desses textos curtos dimensiona as várias possibilidades de intervenção de Beckett na linguagem cênica e literária. O que emerge desses fragmentos é a absoluta descrença do autor nos meios, socialmente possíveis, de alcançar o outro. As impossibilidades são os próprios veículos de sua explicitação, e é através das metáforas da irrealização que Beckett exercita a extensão desses limites. O modo de falar, transformando a palavra numa torrente, é o que dá "significado" ao que se diz. O corpo fracionado, seja uma cabeça, seja uma boca, dissocia a razão. O que fazer? A resposta se avizinha à exploração de uma zona indistinta, o nada se torna linguagem.

Nesta série de textos, os irmãos Guimarães criaram com a água a ambientação a partir da qual se estabelece o cenário vivencial. Tanto a progressiva repetição das teorias sobre a capacidade física de respirar quanto o crescente esforço físico dos atores para sustentar a atuação ao sair de cada mergulho criam angustiante fôlego, que antecipa o que se encontrará em seguida. Os atores que mergulham a cabeça em baldes, como introdução às cenas, mantêm esse caráter opressivamente aquoso, que ao final transforma-se em bateria rítmica. Com acordes de samba que se tornam sons nordestinos, os diretores identificam geograficamente a universalidade do autor. A assepsia que se associa a Beckett, interferida por essa contaminação virótica abrasileirada, se estende ao elenco, com atores que correspondem ao clima beckettiano, mas com indisfarçável sotaque familiar. *Resta pouco a dizer* estabelece percurso cênico instigante que constrói o mundo de Beckett nos seus próprios termos, mas mergulhado em líquido corrente em nossa vizinhança.

OS PRODUTORES

O filme *Primavera para Hitler*, que deu origem ao musical *Os produtores*, tinha como melhor de seu humor a contramão do correto. Para os produtores que desejam encontrar o sucesso financeiro com o fracasso artístico, e para tanto escolhem um personagem injustificável como estrela de sua pantomima musical, o êxito chega por via transversa. Mel Brooks, no filme e na comédia musical, utiliza os meios tradicionais do "mundo do entretenimento" no seu modelo norte-americano para revelar o *nonsense* deste universo. Brooks, como inteligente comediante e dominando os escaninhos do *show business*, subverte a perspectiva do negócio.

Os produtores leva até o limite do grotesco as referências a alguns elementos formadores do panteão da Broadway. A loura exuberante, as superstições profissionais e as fantasias exibicionistas são revistas através de suas imagens convencionais, como as das dançarinas em "linha do coro" ou do sapateado. A trilha musical segue a mesma linha de explorar a convenção para reforçar o estilo e gramática do gênero. Nada é nem deseja ser inovador; apenas dá verniz, levemente atrativo, a um entrecho bem achado.

A versão brasileira que tem tradução e direção de Miguel Falabella reproduz, por questões contratuais, a original norte-americana. Ainda que seja necessário manter a concepção, Falabella reuniu equipe de músicos, atores, cenógrafo, figurinista e técnicos que, por mais que se norteiem por pauta importada, consegue imprimir à montagem ar maliciosamente local. As citações brasileiras são de oportuna comicidade e as recriações visuais e de atuação se deslocam, com prudente "desrespeito", da produção original.

A capacidade desse grupo de enfrentar os desafios técnicos que uma comédia musical oferece é digna de registro. Cantar, dançar e atuar num gênero com recente presença no mercado teatral demonstra que há geração de atores, bailarinos e cantores bem preparados para tais atuações. Mesmo com essa capacitação e a boa transposição do texto e das letras, se perde algo do humor, da ironia e das piadas, mas afinal são perdas residuais. Os números de conjunto são bastante divertidos, com a utilização de recursos variados para provocar todo tipo de efeitos, como a explosão de fogos e os divertidos figurinos da apoteose no show *Primavera de Hitler*, a cena mais delirante do musical.

Apesar de necessitar de alguns ajustes no som, e em detalhes da iluminação, que abafaram as vozes e a orquestra, e atingiram o ritmo, na estreia, *Os produtores* confirma a crescente intimidade nacional com a comédia musical. O coro se mostra conjunto afinado, e se sai a contento em cada uma das suas intervenções. Edgar Bustamante faz com empenho o nazista desvairado. Maurício Xavier conquista a plateia com a desabrida composição da Carmen Ghia. Sandro Christopher transita bem entre as ambiguidades cômicas do "pior diretor do mundo". Juliana Paes empresta sua figura à loura estereotipada, cantando com voz bem ensaiada. Vladimir Brichta se entrega de maneira bastante expansiva, tanto vocal quanto corporalmente, ao tímido coprodutor. O ator, sem ser cantor, desempenha com eficácia várias canções, o que também acontece com Miguel Falabella, que revive, uma vez mais, a sua inconfundível personalidade cênica.

NÃO SOBRE O AMOR

As cartas do escritor russo Viktor Shklovsky (1893-1984) para a sua amada Elsa Triolet (1896-1970) estão reunidas na peça de câmara *Não sobre o amor*, em cartaz no Teatro III do Centro Cultural Banco do Brasil. Poeta e teórico literário, Shklovsky, autor russo que viveu no século XX, escreve do exílio em Berlim para Elsa, em São Petersburgo, que recusa o seu amor, e mesmo permitindo a correspondência, o proíbe de falar sobre esse sentimento.

O poeta faz de toda a sua vida uma carta endereçada a ela, materializando a metáfora do amor interdito ao interceptar a intimidade da amada, a sua existência de expatriado, e as memórias da juventude e da cultura natal. Ao se ver negado pela decisão do ser amado, Viktor vai traçando "palavras boas", todas "pálidas de exaustão". Apartado de sua terra, "estrangeiro desventurado, definhando em seu zoológico interno", encontra nas imagens de Marc Chagall no teto da igrejinha de aldeia, ou no apelo telúrico do *Dom Quixote*, de Cervantes, a medida da sua inexistência no exílio. Ao escrever o que parece estar sendo desmentido, o poeta confirma sentimentos e propaga o que não pode ser dito. Na via contrária, se estabelece o paralelo de "manter o coração leve", e a certeza de que "sem a palavra, nunca se chegará ao fundo de nada". É dessa interseção que *Não sobre o amor* dissimula na melancolia a verdade dos sentimentos.

Felipe Hirsch é cirúrgico na construção de espetáculo ascético, destituído de firulas dramáticas e carregado de rigor estético. De um formalismo detalhista, a montagem traduz o texto com o mesmo distanciamento contido nas cartas, expressando o que aparenta ser nostálgico em emoção verdadeira das lembranças. Ainda que o diretor tenha conduzido a cena de maneira tão racional, emerge real emoção que se impregna do vácuo em que o personagem flutua, sem o eixo que o localize como exilado de si mesmo.

O cenário de Daniela Thomas é decisivo na transcrição desse estado de suspensão, ao subverter os planos espaciais, criando uma área de evasão, na qual as projeções de imagens estão plenamente integradas à excelente concepção cenográfica. A iluminação de Beto Bruel, com especial destaque na citação ao macaco, os figurinos de Veronica Julian e a trilha sonora só acrescentam mais rigor a um espetáculo exemplar.

O casal de atores segue interpretações destituídas de certa dramaticidade que a carga de sentimentos eventualmente poderia sugerir. Integrados à linha "branca" do espetáculo, os atores atingem a emoção de forma distanciada, quase imperceptível, conduzindo-se como personagens demonstrativos, mas cheios de vida. Arieta Corrêa projeta a dimensão da mulher que não se deixa amar, enquanto

Leonardo Medeiros, numa atuação irrepreensível, circula por entre realidade e memória com a sutileza da razão e o temperamento da emoção.

HAMLET

Mais do que qualquer outro texto da dramaturgia universal, *Hamlet* propõe em sua inesgotável possibilidade de análise e interpretação, múltiplas encenações que redimensionam ao longo do tempo a poética de William Shakespeare (1564-1616). O jovem Hamlet, angustiado, cínico, cheio de dúvidas, arquiteto de uma vingança que se desconstrói na certeza da verdade, é personagem que se transmuta a cada versão, capaz de ser levado a paroxismos de imagens e a espectro de matizes, sustentando-se na permanente consciência de que "nosso tempo (qualquer tempo) está fora do eixo". É alguém que reflete a dimensão do humano na sua complexidade, seja na exaltação dos sentimentos, seja na miséria da existência.

A abordagem cênica contemporânea de *Hamlet* aproveita-se dessa infinita força expressiva de obra definitiva para ampliar outras tantas visões que se oferecem para a leitura da peça seminal. A montagem de Aderbal Freire-Filho, que estreou há uma semana no Teatro Faap, em São Paulo, e que deve cumprir temporada no Rio no início do próximo ano, não pretende inovar ou trazer qualquer provocação para a caminhada de Hamlet até o esgotamento da verdade e da certeza de que todo o resto é silêncio. Mas se mostra sintonizada com a sensibilidade de um impulso brasileiro para a representação, desbastando qualquer tom solene e lançando luminosidade por entre as frestas sombrias da tragédia do príncipe da Dinamarca. A começar pela tradução, assinada por Wagner Moura, Barbara Harrington e Aderbal, que encontra sonoridade "coloquial", sem perder o seu vigor poético e fluência métrica, em ajuste à dinâmica de uma cena em que se evidencia o teatral.

O palco da tragédia se desvenda aos olhos da plateia, que diante do cenário-coxia--bastidores de Fernando Mello da Costa e Rostand Albuquerque pode assistir aos atores vestindo os figurinos de Marcelo Pies e ver ampliada a imagem dos atores em um telão que projeta outro meio de capturar a atuação. O jogo está a descoberto, as suas regras e método estão expostos, tanto quanto os refletores e o cordeamento do palco, como que para confirmar Shakespeare de que "o teatro é um espelho da natureza". Ao criar essa refração, o diretor confirma o teatro como o artifício a que recorre Hamlet para apontar culpados e dar voz a seus fantasmas, mostrando que "os atores são a crônica de seu tempo".

Assim se arma a encenação de Aderbal Freire-Filho, na qual as dúvidas, as hesitações, a vingança e o trágico cedem lugar à construção do teatro de um personagem. A aparente loucura de Hamlet nada mais é do que astúcia, e é na representação desse fingimento que a versão se delineia. Sem perder sua força, mas sobrevoando suas oscilações de sentimentos, Hamlet é quase bufão de sua própria tragédia, histriônica presença entre tantos atores de vidas canastronas, encenando o que precisa revelar. Nesta montagem até certo ponto "solar", Aderbal Freire-Filho se debruça sobre as entranhas do teatro para trazer à boca de cena um Hamlet revivido na sua integridade poética e vigor humano.

O elenco forma esse painel de triste bufonaria, em que o grupo parece afinado mais na composição de um quadro do que na individuação do detalhe. Wagner Moura projeta, como malabarista de palavras e gestos, a dor do filho que tem o pai assassinado, revestindo a procura do culpado em interpretação astuciosa até a revelação. Com ironia e malemolência, cria um Hamlet menos melancólico e mais carnal, como um palhaço que encena o trágico. Interpretação rica e fascinante. Tonico Pereira, sem qualquer solenidade, é um Claudio debochado, numa perspectiva desfocada da realeza culpada. Fábio Lago, como Laertes, demonstra bem a "virada" final do personagem, além de ter com Wagner Moura elegante disputa de esgrima. Gillray Coutinho uma vez mais prova, agora como um Polônio nada previsível, sua alta qualidade de ator. Carla Ribas (Gertrudes) e Georgiana Góes (Ofélia), Cláudio Mendes (Guildenstern), Marcelo Flores (Rosencrantz), Felipe Koury (Bernardo) e Caio Junqueira (Horácio) são os demais intérpretes desta trupe que reconfirma, com tanta passionalidade, a perenidade de um texto sempre renovável a cada versão. A atual é atraente em sua devoção ao teatro.

INVEJA DOS ANJOS

Há um leva e traz de afetos em *Inveja dos anjos*, em cartaz na Fundição Progresso, acompanhado por chegadas e partidas simbolizadas por um trem de emoções que vai e vem para deixar tudo no mesmo lugar. O texto, assinado por Maurício Arruda Mendonça (1964-) e Paulo de Moraes (1965-), intenta flagrar estados emocionais provocados por situações de separação e proximidades, de negações e certezas provisórias de pequena humanidade perdida numa cidade interiorana qualquer, sobrevivendo ao peso das lembranças.

O trio de amigos, que num pacto informal decide queimar o passado, empreende volta no tempo, reativando dores e hesitações, passados e encontros, amores e ódios. Essa cena inicial, que desencadeia a memória, é introdutória para viagens pessoais em que os passageiros das próprias existências descobrem como estão condenados a seus sentimentos. A garçonete que reencontra o homem que a abandonou. A doceira que esgota o ódio à mãe, e o homem que refaz sua afetividade diante de uma filha inesperada. Cada um se transforma para permanecer. Os autores refinam a teia memorialística com delicados fios condutores, levada por anjos, ora decaídos, ora de pedra, que modelam os sentimentos e que, ao contrário de serem queimados no fogo destrutivo, se incendeiam pela revelação de suas fragilidades. O texto, em ambientação não identificada, se assemelha a peças oriundas do realismo psicológico norte-americano. Não falta o carteiro anunciador e bisbilhoteiro, que perpassa os personagens com sua gaita em que tira algumas frases musicais de "Somewhere Over the Rainbow". A trama e o desenho dos personagens se impõem como referências a uma dramaturgia e a um universo bastante conotados a um estilo e a uma estética.

Paulo de Moraes ambientou a cena com trilhos de ferrovia que enquadram a ação, e iluminação e movimentos acrobáticos de belos efeitos teatrais, ainda que tais recursos ampliem demais a extensão do quadro, a ponto de comprometer o intimismo. Por vezes, perdem-se os detalhes de tão pequenas vidas nesta amplitude espacial e na sequência de pirotecnia visual. Esse esgarçamento do espaço, de certo modo, condiciona a interpretação do elenco, que tem atuação mais expandida, também na contramão do registro camerístico das palavras. O trio Marcelo Guerra, Patrícia Selonk e Simone Mazzer conduz a narrativa com a sensibilidade do pormenor. Ricardo Martins e Thales Coutinho imprimem interpretação mais corporal. Simone Vianna e Verônica Rocha alcançam bons momentos.

A ÚLTIMA GRAVAÇÃO DE KRAPP
ATO SEM PALAVRAS 1

Há sempre algo de devastador nos textos de Samuel Beckett (1906-1989), mesmo quando os sentimentos e as lembranças invadem a contínua exploração da palavra como reafirmação de que já não há mais nada a dizer. Até quando o humor se infiltra por esses despojos, pouco antes ou logo depois do fim, Beckett não abandona a zona de sombras de vidas que ficaram no passado e sempre foram vividas com a consciência de finitudes e de inescapável incapacidade de transpor a certeza de permanentes impossibilidades. Não há na dramaturgia beckettiana áreas de escape, o mergulho é em direção ao escuro, à exumação de existências perdidas, de volta a ponto de partida que não tem chegada. Existir só é possível na contínua repetição do ato de viver, as vozes ou o silêncio prolongam o que já se deixou de escutar e a projeção da fala ou da mudez se transformam em pantomima indefinida.

Na reunião de dois textos curtos de Beckett – *A última gravação de Krapp* e *Ato sem palavras 1* – em espetáculo único, em cartaz no Oi Futuro, essas características da dramaturgia do autor irlandês se confirmam, por contraste, como refração de uma mesma imagem. Em *Krapp*, o tempo e as recordações são catalogados em fitas de rolo, num arquivo de voz que, antes de registrar emoções por perdas, captura a impermanência, o que ficou lá atrás, mas que se sabe irrecuperável. O solitário Krapp, em fim de jogo, manipula o gravador, editando a própria voz, acumulando acervo de si mesmo, em registro definitivo do limite do tempo. No *Ato sem palavras 1*, os truques do teatro e da memória behaviorista de um desejo se mostram como tais, gestos inúteis que, antes de frustrar, somente ampliam a certeza do vazio.

A diretora Isabel Cavalcanti estabelece para o ator, em *Krapp*, interpretação evocativa, com pequenas nuances de ritmo, que oscilam do detalhamento de gestos à modulação vocal. A onipresença do gravador, centro deste embate com o tempo perdido, é o personagem-contraponto, o objeto que armazena sentimentos a ser transfigurado em cena. A diretora desloca, sutilmente, mas com alguma perda, a intensidade dessa contracena com a materialidade da voz gravada. A dimensão do duelo se esgarça, mesmo obedecendo indicação do original, ao perseguir uma "mobilidade" que, algumas vezes, se reflete, comprometendo maior concentração "dramática". Em *Ato sem palavras 1*, Isabel Cavalcanti orquestra em tom perfeito e evolutivo adensamento de climas, até o ponto de conseguir do ator tal integridade interpretativa que torna a sua atuação corajosa e impecável.

A cenografia de Fernando Mello da Costa tira efeito do desvendamento da maquinaria cênica, atendendo às duas ambientações, e ainda que possa parecer pesada na mudança, cumpre o tempo necessário para a troca de texto. A iluminação de Tomás Ribas, penumbrosa quando necessário, solar quando exigido, funciona a contento, assim como os figurinos de Ney Madeira. A música de Tato Taborda é por demais marcante e interveniente.

Sérgio Britto, com a autoridade de ter interpretado, ao longo da carreira, outros textos de Beckett, e com a maturidade como intérprete, se reinventa em mais esta investida no autor. Em *Krapp*, Sérgio imprime voz forte, vibrante, jovem na gravação do personagem aos 39 anos. Na velhice, adota a voz da idade do personagem, velada, um tanto hesitante, e dessa alternância o ator desenha a miséria das suas lembranças solitárias. No segundo texto, Sérgio Britto projeta com o corpo e máscara vigorosa o esforço patético de alcançar o inatingível. Em frestas de humor e "crescendo" de tensão, Sérgio chega à desilusão completa do fim. Imagem de limpidez beckettiana.

TRAIÇÃO

Como em tantas outras peças do autor inglês Harold Pinter (1930-2008), *Traição*, em cartaz no Solar de Botafogo, tem no substrato dramático a razão mesma do aparente realismo que desafia a construção narrativa. A dupla, que se reencontra para conversa que, supostamente, traz revelações sobre a convivência de ambos – as quais imagina-se a princípio, são desconhecidas do quadrilátero afetivo do qual fazem parte – se desdobra no tempo, numa reversão de certezas desmascarando verdades.
A vivência dos personagens é apresentada de trás para a frente, e antes de ser recurso engenhoso de narração, é a própria exposição de dissimulações e meias-verdades a ressaltar a consciência das mentiras em que se estiolam as suas vidas.
O simulacro se transforma em invólucro para o falso, e ao construir verdades para encobrir inverdades, cria-se mais uma forma de mentira para acentuar a distância da incompreensão. Com violência embutida, diálogos que não obscurecem a ironia e a palavra reveladora, Pinter deixa à mostra, para além do visível, o espaço das atitudes dúbias. *Traição* é esse novelo que se desenrola sem que se chegue ao fim da meada, fio condutor de sentimentos escondidos pelos despistes das pausas e pelos silêncios subentendidos. Ary Coslov transfere para a montagem a atmosfera de palavras tão sutilmente candentes num cenário humano, exteriormente, tão frio. O confronto de sussurros, que esconde caudal de emoções, é apropriado pelo diretor e detalhado em involução temporal que revela o modo como os personagens encobrem a verdade, de si mesmos e uns dos outros.
A boa tradução de Isio Ghelman colabora para que a "naturalidade" dos diálogos tenha a fluência necessária ao realismo, mentirosamente exteriorizado. A cenografia de Marcos Flaksman, como depósito de mobiliário que os atores compõem no palco segundo as rubricas de cada ambiente, é outro elemento tão bem integrado à concepção do diretor. A iluminação de Aurélio de Simoni compõe com sensibilidade os meios-tons das cenas, enquanto a oportuna trilha sonora marca o ritmo. Os figurinos de Rô Nascimento acompanham a mudança dos anos sem que as roupas pareçam cabides de moda.
O teatro de Pinter necessita de atores mais técnicos para atingir as áreas difusas por onde se movem. Nesta montagem de *Traição*, o diretor acerta, quase que inteiramente, no trio central. Isio Ghelman consegue projetar a dubiedade do personagem nos vários estágios de sua vida, com silêncios provocantes e hesitações na medida. Leonardo Franco manobra bem um personagem mais "expansivo", com pausas adequadas e efusões contidas. Isabella Parkinson, em interpretação menos interiorizada, perde a oportunidade de capturar a figura catalisadora da mulher. Marcelo Aquino tem participação episódica, mas eficiente.

2009

CÂNDIDA

George Bernard Shaw (1856-1950) foi um autor de seu tempo. Na Inglaterra vitoriana escreveu o seu teatro, apontando para a sociedade suas observações afiadas com a autoridade de quem conhecia os seus meandros por dentro. O arcabouço do código de convivência, baseado em verdadeiras "castas", em que o modo de falar, as vestimentas e o nível de educação determinavam os ritos do jogo social, se revela em variadas formas de hipocrisia. A manutenção dessa ordem de aparência frívola, justificada muitas vezes por razões políticas ou religiosas, faz dos personagens de Shaw veículos para que o autor retrate, com diálogos acurados e ironia fina, as fissuras na moralidade das atitudes, na linguagem estratificada das camadas sociais e nos valores de imutabilidade da tradição.

Cândida, escrita em 1895, que na tradução e direção de Zé Henrique de Paula está em cartaz no Teatro do Jockey, é um exemplar da dramaturgia do autor irlandês, naquela que é a sua comédia de costumes com características agridoces, mas que, paradoxalmente, projeta universo que tanto atrai a perspicácia e se confunde com o círculo social que Shaw retrata. Esposa de um pastor, com discurso socialista de palavras eloquentes, ainda que um tanto vazias de significado na sua própria vida, Cândida se entedia num casamento morno, regrado por papéis predeterminados. A presença de um jovem de 18 anos, poeta arrebatado, apaixonado por Cândida, e que estabelece com o marido duelo verbal e emocional na disputa do objeto amado, desafina a "harmonia" e transforma a mulher em porta-voz da sua insatisfação com o casamento. Os demais personagens – o pai de Cândida, empresário grosseirão e ambicioso; a secretária do pastor, alguém marcado pela origem; e o assistente, postulante menos brilhante a reproduzir a oratória do religioso – circulam em torno do triângulo afetivo como figuras periféricas que servem a sutis críticas.

Neste teatro da palavra, em que cada diálogo traz em si a carga de intenções que ultrapassa o peso da "ação", além de projetar geografia e tempo historicamente localizáveis, em quaisquer das revisões contemporâneas pode resultar somente em "exercício de estilo". Seja pela tentativa de reproduzir, pela técnica ou pelo realismo, os fundamentos do autor, seja pela reverberação de eventual atualidade narrativa, *Cândida* está conotada pela historicidade de sua origem e registro de sua época. O diretor Zé Henrique de Paula ficou no meio-termo entre essas possibilidades, criando montagem mais livre em tentativas de mimetizar o ambiente textual. Há um enquadramento que leva em conta a "ação", na exterioridade dos meios que remetem aos princípios assinalados na peça. Por outro lado, há um viés solto, que permite ao diretor que encene o caráter dos personagens com tom expansivo, distante das entrelinhas e próximo da exposição. A mistura atende, satisfatoriamente, às motivações que levaram o diretor a escolher o texto, já que as questões tratadas pela dramaturgia de Shaw se confirmam, nos dias que correm, pela sua capacidade de contemporizar com sua origem.

O cenário e os figurinos também assinados por Zé Henrique se encaixam na linha adotada pelo diretor. Grandes janelões, que filtram a luz, poucos móveis, deixando o palco como espaçosa e simbólica "caixa preta", cromatizados sobriamente pelos fiéis e bem-acabados figurinos, a par com "dramática" iluminação de Fran Barros, estabelecendo visualidade de "época", simples e agradável. A música de Fernanda Maia sublinha o clima da montagem.

Thiago Ledier, responsável pela abertura do espetáculo, como narrador das rubricas e assistente do pastor, demonstra temperamento extrovertido em ambos os papéis. Fernanda Maia, como a secretária, tira partido do seu tipo físico, jogando com acentuado humor. João Bourbonnais, o pai, se apoia na espontaneidade. Sergio Mastropasqua oscila entre um início em que busca atuação mais contundente e as hesitações interiorizadas das cenas finais. Bia Seidl se aproxima com delicadeza e suavidade de sua Cândida, emprestando-lhe o ar vaporoso com que a personagem se apresenta, para segurá-la com força e vigor, nos seus momentos decisivos. Thiago Carreira tem atuação sintonizada com as dúvidas e rebeldias de Eugene Marchbanks, construindo figura frágil, tal como os sentimentos do atormentado poeta que encarna.

NA SOLIDÃO DOS CAMPOS DE ALGODÃO

É um encontro. Tão fortuito quanto podem ser encontros numa zona escura e decadente da cidade, em que figuras sombrias estão dispostas num cenário mal iluminado, oferecendo aquilo que não se sabe ou não se quer saber como comprar. Qualquer gesto nessas circunstâncias (basta um olhar) adquire a dimensão da incapacidade de compreender o imponderável do relacionamento humano. O outro é a extensão de si mesmo, objeto de troca de algo que está à venda, mas que se materializa em linguagem. As palavras nada mais são do que a representação de significados aos quais se emprestam sentimentos que não deixam que se saiba exatamente a sua natureza. O encontro, ponto de partida, é também ponto de chegada. Tudo permanece o mesmo, sem mudanças. O roçar de emoções na vertigem de uma noite é exercício da marginalidade dos desejos, no qual o comércio entre dois homens se faz com a mercadoria de suas existências, moeda corrente que nunca conclui as compras e que simula o troco com notas falsas.

Na solidão dos campos de algodão, em cartaz no Centro Cultural Correios, é exemplar marcante da obra dramática do francês Bernard-Marie Koltès (1948-1989), autor de poucos, mas instigantes textos, que morreu com apenas 41 anos. Da sua curta produção teatral, *Na solidão dos campos de algodão* cristaliza a sua perspectiva autoral, na manutenção da tradição literária da cena francesa, com o uso do dramático como pretexto não para sugerir ação, e sim para evidenciar o que encobre a falta de ação. Os dois personagens na solidão de um campo urbano estariam vendendo seus corpos ou alguma droga pesada? A ânsia de mercar algo interdito nada tem a ver com moralidades ou ordenamentos, mas com a volatilidade que cada um traz em si para este comércio de circunstância. Escambo momentâneo de duas vidas de passagem por beco escuro ou por depósito abandonado de almas solitárias. Não há passado que explique e justifique o instante. O diálogo entre esses desgarrados se estabelece pela instabilidade das suas pulsações, ao se jogarem em disputa verbal incontornável. Como observou Patrice Chéreau, o primeiro diretor do texto de Koltès, "os personagens são construídos e desenvolvidos inteiramente a partir da linguagem", que os faz fluidos, incapazes de ser compreendidos por um sentido único. Eles nos oferecem pistas, que desfazem a seguir, permitindo, no entanto, que se construa fluxo de palavras-imagens de uma corrente nervosa.

Na montagem de Caco Ciocler, a ambientação de Bia Junqueira é decisiva na força e envolvência da encenação na palavra instável. Com contêineres demarcando o espaço ao ar livre, e imensas gangorras no centro do "palco", Bia Junqueira criou, mais do que cenografia, uma intervenção poderosa que aponta para o cerne do texto. Os movimentos de suspensão e queda provocados pelos atores nos extremos das gangorras determinam ritmo, impacto e integração completa com a atuação da dupla de atores.

A iluminação de Rodrigo Portella acentua o geometrismo e os ângulos do cenário, com firmes efeitos. O figurino de Amanda Carvalho situa bem os personagens, em especial no misterioso capote, com medalhas e pequenos adereços de um dos homens. A trilha sonora de Felipe Grytz precisava de ajustes na noite da estreia. Com esta visualidade impositiva e vigorosa, o diretor Caco Ciocler soube conjugar o que poderia ser somente arcabouço estético ao vigoroso intimismo do confronto. O espaço é o ringue oscilante do embate verbal, onde o diretor encontra a real expressão da cena. As tensões interpretativas e espaciais se criam como unidade, com os atores apoiados em bases físicas para projetar o desequilíbrio da inconcretude das palavras. Armando Babaioff e Gustavo Vaz mergulham com empenho físico nesta torrente de consciência que explora escaninhos. O sobe e desce de sensações, vagos sentimentos que se afogam em discurso, é projetado pelos atores como turbilhão de impressões amoldadas em escalada verbal. O aparente formalismo exterior, tão bem manipulado pela direção, complementa a sensibilidade atritante das interpretações de Armando Babaioff e Gustavo Vaz, que explodem com arrebatamento e competência o enquadramento poético.

INQUIETO CORAÇÃO

O monólogo que compila quatro obras de Santo Agostinho (354-430), e que está em cartaz na Sala Rogério Cardoso da Casa de Cultura Laura Alvim, retrata a caminhada de um indivíduo, santificado pela obstinação em compreender a sua humanidade, em mergulho místico-intelectual. Agostinho projeta em seus escritos a imagem de alguém assaltado por suas pulsões vitais confrontadas com interpretações dos desígnios e leis divinas. O sentido de contemplação e fervor religioso é submetido à manutenção da fé na transcendência e, paralelamente, na existência humana. As possibilidades de prazer e as manifestações do mal não são tratadas com repulsa e abominação, mas como trilhas para tentar a compreensão do que é desconhecido. A verdade, como perspectiva a alcançar, e Deus, como forma de conhecimento, são exercícios de um homem para elaborar e sentir a sua fé.

O inquieto coração do título da peça captura o conflito e a dissolução de certezas pela constante exploração da dúvida, discutindo o alcance e os meios de sustentação da religiosidade. As elevações contemplativas, o fervor espiritual e o inalcançável "destino supremo" se transformam em perguntas incontáveis, nas quais se reavalia o interminável percurso das descobertas. É esta a proposta que a dramaturgia de Eduardo Rieche procura extrair dos escritos de Santo Agostinho para alcançar uma expressão cênica, ao mesmo tempo, poética e reflexiva. O "autor" imprimiu ao roteiro coerência estrutural que permite ao espectador acompanhar, com a intensidade das emoções e com o rigor do pensamento, experiências de vida e questões filosóficas. Visivelmente identificado com o universo agostiniano, Rieche encena as suas palavras com convicção expositiva.

O diretor Henrique Tavares buscou o ascetismo neste monólogo, despojando o mais possível a cena de quaisquer adereços que pudessem comprometer a "preleção" do ator. O importante é encenar a palavra, fazê-la audível como prédica teatralizada, na qual o que é dito chegue comunicativamente à plateia. O despojado cenário de Doris Rollemberg, com elementos como pedras, areia e traços, empresta significados ao percurso do personagem. O figurino de Mauro Leite, uma veste religiosa, é bem aproveitado pelo movimento e gestual do ator, e a iluminação de Renato Machado tira partido da relação do intérprete com os objetos de cena.

Eduardo Rieche interpreta o Santo Agostinho de sua compilação, com a mesma identidade que se percebe na dramaturgia. Sincero, com a emoção filtrada pela razão, o ator expõe com clareza, sentimento, dúvidas e verdades inspiradoras.

EXERCÍCIO Nº 2 – FORMAS BREVES

Palavras, trechos de livros, fragmentos narrativos, piadinhas, blá-blá-blá, esse "vasto verbal" está como representação das possibilidades na exploração de linguagens e na colagem de impressões do nosso tempo. Não há linearidade, mas volteio. O cenário engana pela quase imaterialidade de fios e a uniformidade da cor negra. A música, e algumas vozes, ruídos e gestos, são toques, acordes, sentimentos sonorizados pelo trágico e o banal. Os atores, executores da coreografia de movimentos perplexos, formam balé de solos dissonantes. Repetem-se atitudes até que se esvazie o seu sentido. Escreve-se no palco para encenar o viver dos livros. *Exercício nº 2 – Formas breves*, em cartaz no Teatro Tom Jobim, no Jardim Botânico, é mais do que compilação literária com a plasticidade de uma instalação, mas construtivismo cênico que persegue "alguma coisa em vez do nada".

Bia Lessa e Maria Borba zapeiam páginas de livros para fixar flagrantes de vida em quadros rápidos que se desfazem logo em seguida, substituídos por outro tão evanescente quanto o anterior. Esse desdobramento de leituras, que captura, às vezes, somente uma frase ao fracionar descrições, é a essência da montagem, que oscila por alternâncias para estabelecer um fluxo de pensamento. A dramaturgia é retirada do papel para que a escrita seja traduzida pela volatilidade do palco. Não se está diante de coletânea tradicional, e sim de ressonâncias que palavras escolhidas podem desencadear. Seleção livre de livros abertos, aparentemente de modo arbitrário, se propõe como exercício de formas teatrais breves. O título é revelador do que se assiste, como a frase projetada ao final ("o homem se faz na linguagem que o faz") sintetiza o espírito do espetáculo.

Na "complexidade" ensaística de *Exercício*, o que define o jogo teatral são os seus vários atalhos, que ora conduzem à tradução pelas imagens, ora se expressam pelo anedotário de piada safadinha. Apesar de Bia Lessa considerar que a neutralidade visual elimina a cenografia, a rigor a montagem constrói poderosa arquitetura cênica, na qual o impacto dos quadros surpreende continuamente. Os fios que ligam o suicida à morte para desconectá-lo da vida são de efeito dramático arrebatador. Os vestidos brancos que dançam até desaparecerem no piso escuro, para ressurgirem negros diante de corpos nus, emprestam significado definitivo ao emaranhado de liames narrativos.

Bia Lessa traz neste exercício a referência das artes plásticas, que explora sempre com invenção, e citações oportunas ao teatro-dança de Pina Bausch, ao ascetismo de Bob Wilson, e à frontalidade de Ariane Mnouchkine. Numa montagem pulsante, com tantas variantes, o elenco se transforma em elemento vivo de quadros em movimento. Estão em cena atores e não atores, como que para evidenciar uma teatralidade que não pertence ao intérprete, mas ao coletivo da criação.

A MÚSICA – SEGUNDA

Essencialmente escritora, a francesa Marguerite Duras (1914-1996), uma das artífices do *nouveau roman,* demonstra em A *música – segunda*, em cartaz no Teatro Maison de France, que sua intenção no teatro é a de encenar a palavra. Não que falte a essa peça narrativa dramática, ação temporal, definição de personagens, mas é do literário que se retiram as anotações para o palco.
A palavra escrita é que sobressai no diálogo do casal que se reencontra para a assinatura do divórcio, em hotel de província, onde iniciara o inferno do casamento e se constata sua indissolúvel ligação. Neste embate de palavras, os personagens percebem que o tempo não se recupera, que não é possível enganá-lo, contínua demonstração de quanto a vida é dilacerante, "sem começo e sem fim". Os dois estão atados a sentimentos desesperados, movendo-se entre a luz e a escuridão, chegando ao mesmo lugar-comum da última vez das suas vidas. O encontro sela a inevitabilidade do fim, de um certo fim, tal como em melodramas amorosos. É deste encadeamento de palavras, conduzidas por precisa redação, na qual se procura o balanço do ritmo, que Duras embala A *música.*
Feito de escaninhos afetivos, de silêncios e pausas ruidosas, de diálogos de arestas pontiagudas, e de vozes e presenças exteriores na refrega dos sentimentos, o texto volteia as aparências e o subentendido, entreabrindo a janela de vidro das revelações. Na costura literária de climas emocionais, o casal persegue o significado verdadeiro daquilo que diz. Na contraluz do que se deixa ver, nas sombras projetadas pela luminosidade, nos diálogos entrecortados pelas lembranças, Marguerite Duras constrói uma exposição de sentimentos, que parecerá, pelo menos a princípio, mais adequada ao livro do que ao palco, mas que revela sua pulsação em cena quando traduz, na mesma sintonia, o que está embutido na escrita.
O diretor José Possi Neto intentou trazer para a frente da cena, como *close* cinematográfico, o imponderável da atmosfera. Possi captura a hesitação e fraqueza do casal em pausas longas, tempos marcados por ritmo silencioso e pela música que alterna emoções. A trilha de Tunica Teixeira e Aline Meyer tem papel marcante, ousando misturar sons suaves e impositivos, como o bolero cubano

"Siboney", ouvido na íntegra com os atores imóveis. Com apoio da tradução de Aline Meyer, do cenário cinzento de Jean-Pierre Tortil e da sensível iluminação de Possi Neto, a direção apenas demonstra a inutilidade ilustrativa do casal de bailarinos que, em contraponto redundante, desaparece, por dispensável, ao fundo. Helena Ranaldi, em composição algo rígida, como elegante manequim de contornos frios, atinge, para além dessa configuração física, alguns momentos de interiorização e de detalhamento emocional. Leonardo Medeiros dosa com seguro domínio interpretativo a intensidade das explosões e a fragilidade do homem que assiste à sua fuga do cansaço da vida a dois, e à rendição ao fim de batalha sem vitória. O intrigante título, A música – segunda, se justifica por ser esta a segunda versão da peça, reescrita por Marguerite Duras, em 1985, vinte anos depois de A música.

ESPIA UMA MULHER QUE SE MATA

Os textos de Anton Tchekhov (1860-1904) estão envoltos em meios-tons, pausas significativas, silêncios medidos, entrelinhas de sentimentos e muita melancolia. Em Espia uma mulher que se mata, em cartaz no Espaço Sesc, livremente baseado em Tio Vânia, vamos encontrar outro Tchekhov. Para o argentino Daniel Veronese, que assina a adaptação, nada do que sempre se disse sobre as peças do autor russo se mantém como verdade. O teatro tchekhoviano e fragmentos de Jean Genet (1910-1986) são referências exploradas mais como métodos teatrais do que propriamente como releitura dos textos, atuando como provocação aos padrões formais da cena tradicional.
Nesta versão nada convencional de Tio Vânia, e talvez para referendar a mesma irônica observação de Tchekhov sobre suas peças, que as definia como comédias, Veronese amplia até o limite do patético os conflitos familiares e o desespero de sentimentos contrariados que os diálogos originais tão habilmente exploram. As reações dos personagens nada têm a ver com sutileza ou pausas: são exacerbadas, melodramáticas, tratadas quase como letras de bolero, hiperprojeções de interioridade vulcânica.
O que é pausa se transforma em estrondo. O que é silêncio se amplia em grito. O que é gesto comedido ganha a força de soco. O que é tristeza se revela como humor. Nada parece estar no lugar certo, tudo está distorcido e exacerbado, os contrastes negam aquilo que se diz, num fogo aberto e direto aos cânones. Surpreendentemente, os recursos subversivos repõem o original na sua trilha, capturando pelo estrondo dos meios a contenção de sua dramática.
A decomposição da montagem alcança a cenografia, propositadamente mambembe com suas portas tapadeiras, batidas com a força da raiva canastrona, ou

com cortes que servem de moldura a caricatos rostos. As interpretações que se exteriorizam, no limite da agressão física e do "amadorismo" consentido, fraturam o texto para expô-lo como ferida. O tom carnal das emoções caminha em sentido inverso ao que se espera do autor e acaba por atingir o essencial por vias transversas. Cada um dos atores – Roberto Bomtempo, Miriam Freeland, João Vitti, Marco Miranda, Flávia Pucci, Regina Sampaio e Symone Strobel – desempenha em perfeita sintonia com a proposta de Daniel Veronese a desconstrução deste jogo de contrários.

RAINHA[(S)] – DUAS ATRIZES EM BUSCA DE UM CORAÇÃO

Cibele Forjaz não quis, simplesmente, levar ao palco a tragédia segundo parâmetros teatrais que seguissem cânones tradicionais. A ideia é a de construir, a partir de situações dramáticas retiradas do texto de Friedrich Schiller (1759-1805), estrutura narrativa que incorpore elementos que possam jogar luz, contemporânea, autoral, difusamente teatral, sobre o sombrio embate de mulheres que espremem os seus corações.

Nesta dramaturgia cênica, em cartaz no Espaço Sesc, a plateia recebe as duas atrizes se preparando para interpretar as rainhas Maria e Elizabeth, que chegam já duelando sobre atrasos, cabelos, grampos, estatura, e que logo expõem, de maneira bem coloquial, a trama da tragédia. O que acontecerá, as razões do enfrentamento das primas, tudo se reduz a conversa de camarim, porque o importante está na forma como se confundem os desejos de duas mulheres-atrizes em projetar mulheres-rainhas.

O subtítulo é bastante esclarecedor sobre o espírito da montagem. É o coração o móvel das atitudes de quem está em cena, sejam as atrizes, sejam as personagens. A mandala-labirinto que demarca a arena, e para onde tudo converge, é o centro de pulsação destes corações cheios do sangue vigoroso que impulsiona vidas. Não se trata de mero paralelismo, mas de encontrar no ritual do teatro, via dramática de Schiller, correspondência na expressão de vontades e sentimentos. Se, às vezes, possam parecer um tanto ingênuos tais arrebatamentos, a impressão se desfaz pela habilidosa e inteligente arquitetura como diretora e atrizes, a cada novo instante, se apropriam do enfrentamento, quase lúdico, de razão e sentimento.

E o humor também se equilibra nesta bem urdida máquina de reinventar um clássico, com comentários autocríticos ao tipo de opinião sobre esse "desrespeito" ao tradicional, e na revelação das entranhas da cena. Os truques se revelam, o sangue cenográfico é preparado à frente da plateia, a contrarregra entra e sai de cena sem qualquer disfarce, os figurinos são parcialmente vestidos, e os objetos (cabides, perucas) ganham a relevância de coroas ou se desfazem em gestos dramáticos. Ao público é lembrado, a todo momento, que se está e que se faz teatro, e lhe é proposto desvendar parte das regras deste jogo de aparências, para o qual é convidado até mesmo para uma votação. Quem deve morrer? Maria ou Elizabeth? O resultado, que nem sempre segue a verdade histórica, precisa ser arranjado pelas atrizes para que seja reposta a exatidão do texto e se conclua a narrativa. Mas o que se evidencia é que o espetáculo conduz o público a escolher entre as duas, segundo a sua adesão ao que assiste, já que estabelece, com a sua autonomia expressiva, possibilidades de intervenção no original.

Cibele Forjaz, como a orquestradora desta sinfonia de batimentos do coração, cria montagem emocionalmente provocativa e racionalmente sentimental. Até mesmo as excessivas referências que a diretora inclui em suas montagens, como em algumas outras anteriores, em *Rainha[(s)]* também estão presentes, mas se fazem bem mais teatrais pela maneira como se integram, com mais solidez, ao estilo definido da encenadora.

O encontro de Cibele Forjaz com as atrizes Isabel Teixeira e Georgette Fadel é determinante para o desenho borrado e os traços arrojados deste voo em torno de *Maria Stuart,* no qual a essência da disputa se derrama sobre atrizes, instigadas a mergulhar, com despudor, ao fundo do coração. Isabel e Georgette são, ao mesmo tempo, peças e manipuladoras neste tabuleiro-labiríntico, vozes próprias que se misturam à de Schiller para criar dissonância integradora, revigorando a extensão das suas interpretações e "atualizando" a força poética de narrativa clássica.

GLORIOSA

A história real de Florence Foster Jenkins (1868-1944) tem a peculiaridade de demonstrar como a excentricidade de uma milionária, que se supunha cantora e fazia bizarras apresentações, expunha-se ao ridículo de sua própria veleidade. Como presidente de associações femininas e com o dinheiro de que dispunha, comprava não só a plateia, mas também as amenidades que oferecia ao público (a garrafa de xerez com seu rosto estampado era de praxe) e toda a produção de seus espetáculos. É dessa personagem curiosa que trata a comédia musical de Peter Quilter, que inaugura o confortável Teatro do Fashion Mall.

A desastrada voz de Florence, que assassinava qualquer repertório e era acompanhada por figurinos e gesticulação tão dissonantes quanto a sua pretensão, se transformaria em objeto de culto numa Nova York vivendo os ecos da Segunda Guerra. O ápice e o final da carreira nada ortodoxa da cantora viriam com o convite que recebeu para um recital no Carnegie Hall, onde mais uma vez se empresariou, recebeu as chacotas de sempre e os aplausos dos curtidores fiéis, na celebração definitiva de sua inquebrantável incompetência vocal. O modo como Florence criou um universo paralelo para abrigar a sua ensombrada consciência da falta de talento é visto pelo autor como apenas um detalhe em meio aos flagrantes de sua obsessão por cantar. O pianista que a seguiu até a morte é o narrador e, ao mesmo tempo, quem repõe a realidade em contraponto aos delírios vocacionais de Florence. Mas o que se acentua no texto é o comportamento da personagem visto em seu aspecto mais externo, naquilo que alguém com tais atitudes seria capaz de demonstrar. Ainda que o desenho tenha traços sublinhados pelo esboço, o autor, pelo menos, não tentou especular sobre as razões para tais comportamentos ou atribuir explicações. Apenas expõe uma história verídica.

A dupla Charles Möeller e Claudio Botelho se identifica com o mundo do musical estabelecendo com a montagem aproximação com a época e o clima do *show business* nova-iorquino, já que não há muito mais a extrair dessa comédia do que a sua escrita propõe. Com seus diálogos articulados com o humor, exigência de atriz de forte presença e instrumentos técnicos afiados, especialmente vocais, e com clima entre o nostálgico e o efusivo, o espetáculo corre macio sobre esses trilhos. Os diretores utilizaram bem os elementos de que dispunham e fazem com que a montagem evolua sem maiores percalços, superando as dificuldades de mudanças de cenários com projeções e trilha saborosa.

O cenário de Rogério Falcão, com estrutura que possibilita variações de ambientes, não tem a agilidade que possa acelerar as necessárias modificações. Os figurinos de Kalma Murtinho se valorizam não só pela sua exuberância e detalhes de confecção, como também pelo teatralismo dos efeitos. A luz de Paulo César Medeiros confere ar de espetacularidade às cenas.

Eduardo Galvão, como o pianista Cosme McMoon, demonstra elegância e discrição que se ajustam ao papel do narrador. Guida Vianna, em três personagens, tira o melhor partido de cada um deles: seja como a empregada mexicana, com seu sotaque e língua destravada, como a amiga de Florence ou como a amante de música indignada com o fiasco da "diva", a atriz é sempre divertida. Marília Pêra exercita, uma vez mais, a extensão de seu virtuosismo como intérprete. Adotando linha de comédia que remete à tradição dos atores populares, depurando com meios sofisticados o humor mais sutil, dominando com segurança as possibilidades da voz, e atuando com a vitalidade da sua maturidade de atriz, a atriz oferece grande prazer ao público. Quando Florence volta ao palco para finalmente soltar a voz aprisionada dentro de si, Marília Pêra excede no golpe de teatro que este *finale* representa, com interpretação límpida da "Ave Maria", de Bach/Gounod.

A MÁQUINA DE ABRAÇAR

A origem do texto do espanhol José Sanchis Sinisterra (1940-) é a entrevista do neurologista Oliver Sacks (1933-2015) com uma autista, que relata as formas fragmentadas através das quais ela construiu a sua presença no mundo, estabelecendo contato com os próprios sentimentos e com a possibilidade de estendê-los ao outro. Mais do que um caso médico, o depoimento expõe as bases da ponte de comunicação que se vai formando a partir da noite branca do autismo, como espreita delicada de universo intransponivelmente solitário. *A máquina de abraçar*, em cartaz no galpão do Espaço Tom Jobim, é a adaptação desse relato, e para tanto Sinisterra estruturou situação dramática que permitisse dar arcabouço teatral à narrativa.

Numa exposição do caso da sua paciente, a terapeuta descobre, diante da plateia, que aqueles não são os espectadores especializados de simpósio médico, mas leigos diante do tema. Ao mesmo tempo, revela estar sendo boicotada por seus métodos terapêuticos pouco ortodoxos. Na sua longa explanação, apresenta o histórico da jovem, as tentativas de chegar até ela, além das ameaças que, efetivamente, se concretizam. Até o aparecimento da paciente, este quadro é exposto quase com didatismo, em "conflitos dramáticos" encaixados com alguma superficialidade. A presença fugidia da jovem, a princípio, demonstra a cautela com que se apresentam os laços que tece com a sua individualidade. Quando ganha a palavra, a hesitação, as pausas, a ordenação se armam como cacos de espelho partido que, ao se juntar, formam unidade cheia de veios e estrias reveladoras. As imagens que a autista cria para se lançar aos outros vai buscar na botânica a mediação humanizada, e são tão poeticamente esculpidas que se percebe o desenho verbal de sua máquina de abraçar.

Malu Galli, como não poderia fugir ao jogo da dupla de atrizes, acentua este cara a cara, seguindo a estrutura pendular do texto. Mesmo que não sejam dois momentos, a conferência e a participação da autista, e por mais que se demonstrem "necessários" como esclarecimentos preliminares, há relativo desequilíbrio entre eles. A diretora, disciplinada em relação à escrita, consegue retirar das atrizes, muito especialmente da intérprete da autista, atuações precisas.

A cenografia de Raul Mourão amplia esses dois momentos, com a divisão de ambientes. O público penetra numa sala, semelhante a instalação plástica, para depois chegar ao espaço cênico. Se a instalação tem pouca integração com a área de representação, esta repete a dualidade, com estrados ligados por passarela, com os espectadores dispostos em cadeiras giratórias. A cenografia impõe certa dispersão. Marina Vianna adota o tom discursivo da terapeuta, sem muita alternativa de escape no papel inescapável de apresentadora. O eixo central está com Mariana Lima, que não se restringe a trabalho vocal e corporal detalhista e ao sentido de tempo interpretativo medido pela percepção da personagem. Mariana Lima estende com força poética e interpretação interiorizada a mão para que o espectador toque no espelho que a autista colou com seus cacos. Atuação límpida, racional, irretocável, tocante.

TILL, A SAGA DE UM HERÓI TORTO

O Galpão volta às origens com *Till, a saga de um herói torto*. Vai às praças, encena ao ar livre, procura comunicação mais direta, como nos tempos de seu primeiro espetáculo, em 1982. O grupo nasceu com essas pretensões e, 27 anos e algumas experiências muito bem-sucedidas depois – *Romeu e Julieta* é emblemática nesse sentido –, retoma, com estrutura técnica e maturidade cênica, os primórdios de sua trajetória.

Baseada em *Till Eulenspiegel*, de Luís Alberto de Abreu (1952-), que por sua vez se baseou em história medieval alemã, a montagem dirigida por Júlio Maciel busca no imaginário desencadeado por um "herói torto" a aproximação com um qualquer anti-herói contemporâneo. O texto de Luís Alberto de Abreu tem o tratamento de saga, com múltiplas cenas e tantas peripécias que o esforço de torná-lo comunicativo e envolvente para as plateias atuais passa por cortes e adaptações. Foi o que, inteligentemente, fez o Galpão, reduzindo para hora e meia a duração do espetáculo, que de outro modo poderia se estender por horas. Essa escolha permitiu que o caráter "popular" da saga se evidencie e a relação com o público se amplie.

Till, objeto da disputa entre Deus e o Diabo, é um homem que dispõe de sua consciência, sobrevivendo de expedientes ao lado de outros tão miseráveis quanto ele. Assim como os três cegos, investidos de narradores, que peregrinam pela escuridão dos atos humanos à procura da redenção pelo sonho e a imaginar plenitudes libertadoras. A linguagem para contar esta saga é a de encontrar o tom simples da fabulação, sem impor seriedade e "carga intelectual" à fluidez narrativa. A montagem do Galpão demonstra sem qualquer disfarce as razões pelas quais levou ao palco essa fábula exemplar, não perdendo de vista a sua imediata e direta capacidade de falar sem subterfúgios a todo tipo de público. Os comentários, sempre oportunos e certeiros, sobre a "moralidade" da história são incorporados como parte da encenação, de modo que as piscadelas para reflexões se integram, perfeitamente, ao espírito do espetáculo.

O diretor adotou a bufonaria para o elenco, na qual a movimentação corporal, o traço forte da máscara e a distorção da voz compõem figuras pateticamente ingênuas e miseravelmente poéticas. As imagens dos atores são reforçadas pelos figurinos de Márcio Medina: com material rústico e adereços que conferem teatralidade à roupagem, se parecem ora mendigos de qualquer das nossas cidades, ora reinterpretações de personagens dos quadros de Hieronymus Bosch.

O cenário, também assinado por Márcio Medina, utiliza palco com vários alçapões e painéis com lua e sol em variações de cor de céu pontilhado, e pintura de fundo que, igualmente, lembra Bosch. Fumaça e truques com fogo complementam a ambientação, ao mesmo tempo melancolicamente terrosa e tristemente colorida. A música de Ernani Maletta acentua as cenas-chave, com os atores tocando os instrumentos, característica das montagens do Galpão que neste caso ganha especial relevo. A iluminação de Alexandre Galvão e Wladimir Medeiros tira partido do espaço cênico, em inevitável competição com o entorno.

O elenco do Galpão se integra em perfeita sintonia à proposta da montagem, com cada um dos atores afinado com a linha interpretativa adotada. Não há destaques entre esses bufões, apenas o registro de um elenco – Antônio Edson, Arildo de Barros, Chico Pelúcio, Eduardo Moreira, Inês Peixoto, Lydia Del Picchia, Simone Ordones e Teuda Bara – que, efetivamente, forma uma companhia com dedicado e íntegro trabalho de anos de sempre renovada investigação.

KABUL

O grupo Amok prossegue com *Kabul*, em cartaz no Espaço Sesc, a trilogia sobre a guerra, que se iniciou com O *dragão*, há dois anos. Como na montagem anterior, também nesta a guerra é vista a partir daqueles que sofrem com sua irracionalidade, dos que têm suas vidas atingidas por ela e a morte como possibilidade cotidiana.

O cenário bélico se individualiza para capturar existências estioladas, desejos suprimidos, despojos emocionais, num detalhamento dos estilhaços e das bombas que caem sobre sua sobrevivência. Existir em meio à negação, reafirmar humanidade em torno da barbárie, paralisar diante de inevitabilidades, a guerra lança desafios que atingem os mais recônditos escaninhos. É nesse espaço que *Kabul* penetra, ao criar paralelismo entre dois casais sofrendo as consequências de uma nação mergulhada no fundamentalismo religioso e no autoritarismo político. As execuções, em especial de mulheres condenadas a se tornarem figuras invisíveis, são regidas por julgamentos sumários, derivados de ordenações sociais e políticas severas e cruéis. Os efeitos das pressões sobre o casal jovem, que interioriza a violência exterior, e o casal maduro, que encontra significado para o fim inevitável de ambos, se avizinham no texto de Ana Teixeira e Stephane Brodt. A construção narrativa se confina a áreas fechadas, casas pobres, prisão sombria, onde a destruição adquire o seu aspecto mais corrosivo, e em que a realidade ganha a verdadeira dimensão de sua desumanidade.

Os autores particularizam o exterior para ampliar o interior, revestem de carne, ossos e alma mulheres encobertas por burcas. E a burca se transforma em metáfora da crueldade do anonimato dos direitos individuais, vestido de indiferença e de desrespeito. O texto, com simplicidade planejada e suavidade intencional, costura a tensão e virulência instalada nas vidas dos casais, até o desfecho em que se transgride o anônimo para desvelar a identidade.

A direção, também assinada por Ana e Stephane, desmonta a estrutura textual. A manipulação dos elementos cenográficos acompanha a circularidade da ação, ora centrada num casal, ora em outro, com pausas definidas para deixar clara a "teatralidade". Essa ambientação essencial, com figurino perfeito e iluminação despojada de Renato Machado, é acompanhada por música de Beto Lemos, que tão bem aclimata os quadros.

O elenco revela a profundidade com que constrói as interpretações, resultantes de evidente procura de rigor. Stephane Brodt, com composição corporal e força expressiva, dá o tom para os demais atores. Kely Brito e Marcus Pina sustentam, ainda que sem maior corporificação, o casal jovem. Fabianna de Mello e Souza deixa um tanto à mostra o percurso até chegar à sua atuação.

SIMPLESMENTE EU, CLARICE LISPECTOR

Nesta seleção de textos de Clarice Lispector, em cartaz no Centro Cultural Banco do Brasil, o que o roteiro de Beth Goulart ressalta são os sentimentos que a autora descreve na produção literária e que projeta na própria vida. Personagens dos contos "Amor" e "Perdoando Deus" se revelam em meio a trechos de *Perto do coração selvagem* e de *Uma aprendizagem ou O livro dos prazeres*, deixando entrever, através de fragmentos de depoimentos, entrevistas e correspondência de Clarice, a sensibilidade da escritora.

Numa tessitura de recortes e fios, os textos se entrelaçam com costura amorosa, que Beth Goulart deixa à mostra através de atmosfera delicada, em que as palavras ganham dimensão mais humana do que literária. A escolha dos textos procura estabelecer diálogo de sentimentos, deixando em segundo plano a valorização da obra de Clarice. A humanidade da escritora, expressa em mergulhos emocionais e rendilhados afetivos, compõe esse percurso em que se destaca o processo de recriação da vida flagrado por meio de um rato que atravessa o caminho durante passeio por Copacabana. Ou da encruzilhada de origens em que se misturam sotaque e língua presa, culpa pela morte que se atribui da sua ascendência. São momentos de uma obra que não pretendem traçar qualquer linha biográfica ou analisar teoricamente a escrita, mas retratar alguém que se confrontou com a existência, utilizando a si própria como meio de capturar o fluxo vital.

Beth Goulart demonstra a extensão de seu mergulho, nada ocasional, na obra. Ela assina a direção, com supervisão de Amir Haddad, e reproduz no palco o tom do roteiro. Como também é a intérprete do monólogo, a diretora impõe à atriz enquadramento quase etéreo, no qual percorre sentimentos com intensidade embutida de sensações candentes. Não há exaltações ou rupturas, somente emoção pura. A solar cenografia de Ronald Teixeira e Leobruno Gama, bem iluminada por Maneco Quinderé, os figurinos de Beth Filipecki e a maquiagem de Westerley Dornellas criam visualidade envolvente e adequada. A destacar a trilha sonora de Alfredo Sertã. A direção de movimento de Márcia Rubin se coordena com a identidade corporal da atriz.

Na primeira cena, Beth Goulart se investe de Clarice Lispector, com postura fotográfica, na maneira como fuma, movimenta o corpo, reproduz a voz. É quase uma imagem recuperada, mas que serve à atriz como cartão de apresentação, que ao longo de uma hora de *Simplesmente eu, Clarice Lispector* vai se diluindo como figura mimética para ganhar em atuação rica de nuances. Beth circula pelos vários matizes afetivos com tom amoroso de uma fiandeira de sentimentos – assim como Clarice.

VIVER SEM TEMPOS MORTOS

Os acasos da existência, a liberdade e a tessitura da convivência, o desejo e a razão, o passado da moça bem-comportada, o sexo segundo as épocas, o tempo de uma vida, estão condensados em 60 minutos num depoimento sobre sentimentos e evocações de Simone de Beauvoir (1908-1986). Em cartaz no Oi Futuro, *Viver sem tempos mortos* é um solo de Fernanda Montenegro que marca encontro teatral com Beauvoir através da palavra que se apresenta na essencialidade dos sentidos, interpretada com ascetismo.

Não há desperdícios em efeitos e áreas de escape, tanto para a atriz quanto para a plateia, que, frente a frente, se enredam na exposição dos escritos da autora, compondo relato sem espaço para devaneios enganosos e baixas de guarda. Uma vida, definitivamente, sem tempos mortos. Neste retrato falado, monólogo revelador de como palavras abrangem uma biografia, perpassam a origem burguesa de Simone, os seus encontros intelectuais e amorosos, o feminismo e o ambiente político da ocupação da França. Mas a voz que predomina é a que descreve a sua ligação, até depois da morte, com Jean-Paul Sartre. O texto, carregado de informações, procura ser digerível para qualquer público, em especial para aquele que desconhece Simone de Beauvoir, mas sem nenhuma pretensão didática ou de registro biográfico. A emoção se insinua pelo despojamento confessional.

A direção de Felipe Hirsch centraliza na atriz, e apenas nela, o foco da montagem. Despido, sem adereços, com apenas uma cadeira e iluminação fixa, o palco negro ambienta as palavras, da autora e da atriz elas, sim, as reais personagens. Cada palavra ressoa com seu eco interior, até mesmo nas pausas e silêncios. Não há tempos mortos, mas não há, igualmente, grandes momentos, apenas suave e pulsante sussurro. Fernanda Montenegro, em instante algum, pretende "representar" Simone de Beauvoir, seja pela composição, seja por qualquer mimetismo visual. Simone se manifesta numa Fernanda economicamente emocional e francamente sincera. A atriz se esgueira pelos escaninhos das palavras, para trazer sua força ao palco. Conduzindo o público pela terna vertigem de uma vida, Fernanda Montenegro, com recursos minimalistas, reafirma a grandeza de uma carreira.

MOBY DICK

O romance *Moby Dick*, de Herman Melville (1819-1891), é aventura inesgotável, inclusive no teatro. O diretor Aderbal Freire-Filho se debruça com leitura consistente sobre o percurso do capitão Ahab, que tem seu destino ligado ao da baleia branca. A obsessão com que Ahab conduz sua tripulação ao encontro do cachalote que roubou bem mais do que sua perna, e que para Starbuck, um dos seus subordinados, apenas exerceu seu instinto, liga, indissoluvelmente, o capitão a sua presa, que se defrontam no mar revolto da animalidade humana. A grandeza e a pequenez de ambos se medem na construção da trajetória de um até se confrontar com o outro, numa batalha de vida conduzida pela morte. A baleia, que dimensiona a força do homem por suas múltiplas fraquezas, pode significar tão somente uma narrativa de aventura, ou ser objeto de especulações literárias e investidas teatrais como a atual, em cartaz no Teatro Poeira.

Aderbal Freire-Filho, de certo modo respaldado por experiências anteriores com seus "romances-em-cena", nos quais transcreve, com integridade literal, narrativas literárias, captura *Moby Dick* com acréscimos ocasionais de outros textos. As mudanças são apenas de ajuste, já que o eixo permanece o mesmo. Se o humor pode ser recurso em comunicação científica, a poética pode conter a rudeza de baleeiros. Então, por que os embates de Ahab e Moby Dick não podem ser representados por um único ator? É dessa intersecção de atmosferas que o diretor constrói sua teia de intencionalidades, traduzindo em quadros de câmara a grandeza da palavra escrita.

Como saltimbancos-tripulantes do barco Pequod, os atores se distribuem no tablado-nau com suas caixas de utensílios cênicos-náuticos (livros, máscaras, adereços) de onde surgem intérpretes-arpoeiros com a missão de acompanhar Ahab até o confronto definitivo. São cômicos, algumas vezes, arrebatados quando instigados, amedrontados diante do constante perigo, acólitos de um ritual ensandecido, narradores de aventura clássica. Aderbal consegue criar essas pulsações, num permanente desmonte de uma viagem por mares agitados.

A cenografia de Fernando Mello da Costa e Rostand Albuquerque se integra à concepção do diretor, bem coadjuvada pela luz de Maneco Quinderé e pelos figurinos de Kika Lopes. A música de Tato Taborda sublinha a ação com precisos contrapontos. Isio Ghelman imprime maior discrição à sua interpretação. Orã Figueiredo e André Mattos têm participações que exploram o melhor de seus temperamentos para o humor. Chico Diaz desenha Ahab através de conformação física, que alcança a imagem poética na luta com os cachalotes.

IN ON IT

O texto do canadense Daniel MacIvor (1962-) traz toda a carga da dramaturgia burilada pela técnica do *playwriting* desenvolvida em bancadas acadêmicas. Em *In On It*, em cartaz no Oi Futuro, as bases da dramaturgia anglo-saxã contemporânea servem de pretexto para exercício de decomposição narrativa, estabelecida a partir da ideia do teatro como jogo.

A duplicidade de cada atitude dos personagens, duplos em si mesmos, representa aquilo que supostamente é a sua própria vida. Ou não. O entra e sai na história, ficcional ou verdadeira, se torna quase gincana de descobertas, na qual a trama é o sujeito oculto de análise amargamente lúdica. O estímulo ao desvendamento e os movimentos para acomodar as peças do quebra-cabeça são os elementos que impulsionam o sugestivo texto de MacIvor, que mesmo carregado de formalismo lembra certa escrita dramática identificada com o realismo (os diálogos o demonstram), fazendo referências a autores que manipulam a emoção como recurso fabular.

Enrique Diaz tem em sua trajetória de encenador a apropriação do texto como a linguagem da montagem. Em *In On It* é o texto que oferece essa desestruturação pronta. O diretor conduz com avanços e recuos minimalistas a "ação", num detalhamento que permite aos dois atores exibir as regras do duelo dramático. Frio e distante na aparência de racionalidade misteriosa, quente e pulsante no substrato da trama, *In On It* é traduzido no palco por Enrique Diaz como contrastes dessas equidistâncias.

Fernando Eiras e Emílio de Mello formam dupla complementar. Não há destaque de um ou de outro, os dois sobrevoam o labirinto dos personagens como exímios narradores de seus percursos. Se Eiras parece mais emocional do que Mello, se Emílio insinua mais as características de seu duplo do que Fernando, ambos mergulham nesta aventura narrativa como intérpretes inteligentes deste desafio a atores sensíveis.

O ESTRANGEIRO

A adaptação do romance de Albert Camus (1913-1960), em cena no Espaço Sesc, não se resume a transcrever para a forma de monólogo a riqueza e a contundência do original. O dinamarquês Morten Kirkskov capturou a força e a atmosfera da narrativa de Camus no seu fluxo, reproduzindo o que as palavras adquirem nos seus significados mais eloquentes: a "suavidade" que sua vida revela, deixando-se tocar pelo que o envolve como pequena fricção, leve sopro, que nem a morte transforma em ventania. Empreender esta fabulação nada mais é do que falar de si como sempre foi. Morrer se faz contingência de viver. Matar, prerrogativa do acaso.

Igual sensibilidade se percebe na montagem de Vera Holtz e Guilherme Leme, que com despojamento de meios e rigor de avaliação projetam a inexorabilidade de uma exposição sem floreios. A encenação, desprovida de adereços que se desviem da contenção e da verdade, apropria-se da "indiferença" do personagem como condutor do ascetismo visual e da eliminação de arroubos dramáticos. Desse modo, a dupla de diretores projeta no teatro a extensão do literário.

A "imperceptível" cenografia de Aurora dos Campos, com seu quadro de luz, tablado e cadeira, em contrastante branco dimensionado para o vazio do preto, está de acordo com a sutileza do todo. A iluminação de Maneco Quinderé encontra insinuante luminosidade. A trilha de Marcello H. se faz presente de maneira comedida. Guilherme Leme se apodera de Meursault adotando o mesmo tom das palavras de Camus. Não busca a emoção, mas a sua construção. O ator se pauta na indiferença, a mesma de Meursault.

CORTE SECO

É uma proposta de dramaturgia de palco. A montagem se circunscreve, primordialmente, como cena. O texto se insinua em narrativa formalizada como meio expressivo em si mesmo, e a intermediação com a plateia se faz através de recursos múltiplos. As imagens captadas de fora do espaço delimitado pela área convencional de representação se misturam a variados desvendamentos, tanto pela intervenção direta da diretora quanto pela exposição da parte técnica, ficando visíveis as entranhas do jogo.

Corte seco, em cartaz no Espaço Cultural Sérgio Porto, é o prolongamento da investigação da diretora Christiane Jatahy (1968-) sobre linguagens manipuladas como encaixe de possibilidades intervenientes na arquitetura narrativa. Na pesquisa de Christiane, o "texto" se constrói pela circularidade estabelecida entre a realidade do que informa o coletivo e a ficção criada a partir da individualidade das cenas. Os atores trazem experiências próprias, fatos divulgados pela imprensa, variadas referências que se tornam material de roteirização, criando quadros curtos com pistas inconclusas, que deixam incerteza quanto à "veracidade" do que se apresenta e dúvidas quanto à "mentira" das técnicas dramáticas. O que parece real – o ator confundido com suas atitudes em cena – logo se desfaz pela maneira como é quebrado, com algum truque de teatro, o que se mostrava verdadeiro.

A onipresença da equipe técnica, às vistas do público, com a diretora armando e desarmando as cenas, determina a ordem de quem age e de como deve ser desenvolvida a ação. Dessa forma, a cada dia, a montagem se arruma de um jeito, embaralhando a sequência criteriosamente desordenada. Nada se conclui como progressão ou clímax. Apresenta-se uma situação, corta. Passa-se a outra, corta. Esvazia-se o palco e os monitores projetam o que acontece nos camarins e na rua em frente ao teatro, corta. Na sucessão de pequenos flagrantes, em que casais se enfrentam, sexualidade se revela, violência verbal é confundida com agressão física, restam impressões. A exigência do dramático como percepção fica diluída pela relevância que a linguagem ganha como centro e razão única da montagem. Saber como termina cada um desses flagrantes de existências, ou considerá-los como relativamente banais e desinteressantes, é o risco que a secura dos cortes pode provocar. A essência de tudo está no caráter exploratório da linguagem. O jogo é o personagem central. O público, apenas um jogador que não interfere, *voyeur* das regras e da estratégia.

A afinação da estrutura exige rigor e segurança, não só como conceito, mas também na realização. A diretora demonstra segurança, dominando o roteiro muito bem amarrado para permitir até mesmo o improviso que orquestra o artesanato e não tropeça na tecnologia.

Além da eficiência tecnológica e capacidade de conjugar tantos elementos, *Corte seco* expõe a integração do elenco como parte viva e intrínseca do desenho geral. A fragmentação e os cortes abruptos, os eventuais vazios e frustrações de alguns quadros, a intermitência de estados emocionais exigem dos atores plena segurança em cada uma das suas intervenções. Branca Messina, Cristina Amadeo,

Daniela Fortes, Eduardo Moscovis, Felipe Abib, Leonardo Netto, Paulo Dantas, Ricardo Santos, Stella Rabello e Thereza Piffer revelam coragem e disponibilidade próximas da sinceridade e do desnudamento pessoais.

O ZOOLÓGICO DE VIDRO

"Escrevo sobre a realidade vestida de ilusão", anuncia no início de O *zoológico de vidro* Tom, o jovem incapaz de fugir da família e que estende à mãe frustrada e à irmã frágil sua ligação por sentimentos indeléveis.

Os Wingfield sobrevivem amargurados num presente sem perspectivas, agarrados ao passado de imagens desfocadas, que cada um ajusta, com a incerteza de saídas, à convivência asfixiante. Tom, empregado num depósito de calçados, se refugia no cinema. A mãe Amanda, abandonada pelo marido, projeta nos filhos vivências perdidas. Laura, com defeito nos pés, doentiamente tímida, coleciona bichinhos de vidro. O mundo lá fora vive recessão econômica, guerras se anunciam, mas na modesta casa dos Wingfield as disputas são pela acomodação do tempo ("a maior distância entre dois lugares"). São existências estagnadas, fixadas nas lembranças da juventude idealizada, tímidos desejos figurados na translúcida fragilidade de bibelôs que se quebram com facilidade e silêncios marcados pela falta de coragem de se jogar na vida.

Esses desgarrados, tão próximos da biografia de seu autor, Tennessee Williams (1911-1983), permanecem sólidos como construção dramatúrgica, e delicados como metáfora de vidros partidos. O texto dos anos 1940 é um dos melhores exemplares do realismo psicológico e se mantém pela capacidade de desencadear emoção. Os monólogos, que estabelecem o papel de Tom como narrador e *alter ego* de Williams, têm o efeito infalível de agarrar o público. A montagem de Ulysses Cruz sustenta esse universo psicológico, deixando à mostra os seus mecanismos, como se realidade e ilusão se combinassem em poética harmonia. Ao mesmo tempo, o diretor busca "atualização" e "proximidade" com o espectador de hoje, pelo modo como vai à procura de sintonias com nosso tempo.

A tradução solta de Marcos Daud soa bem na prosódia de maior intimidade com a linguagem corrente. A música original de Victor Pozas associa acordes melancólicos. Os efeitos sonoros de Laércio Salles ampliam ruídos de gavetas que se abrem, de vidros que se tocam, de sons incidentais, ouvidos como se estivesse em movimento. O cenário de Hélio Eichbauer é mais sugestivo que realista, desenhando com tubos de construção e painel de tijolos queimados, ao fundo, o tristonho ambiente familiar. A iluminação de Domingos Quintiliano explora os espaços com sombras e focos. Os ótimos figurinos de Beth Filipecki e Renaldo

Machado são ainda muito bem confeccionados. Com esse enquadramento ajustado à proposta da direção, Ulysses Cruz, de certa maneira, ousa alcançar tom acima do sombrio e do melancólico, tentando respiração cênica mais arejada.

Sem perder a mão para o poético, o diretor quebra a ação interior com gestos e movimentos que chegam até a provocar risos. Esta linha fica bem mais clara na interpretação de Cássia Kiss, uma Amanda que retira da agitação física e verbal da personagem sua composição lançada com despudor. A Amanda de Cássia é explosiva, sem meios-tons, mas nem por isso com menor força. Karen Coelho, também em composição bem demarcada, neste caso pela deficiência física, gesticulação nervosa e olhares enfáticos, encontra a sutileza de Laura por esses meios evidentes. Erom Cordeiro, em atuação mais naturalista, consegue transmitir o vazio e a aposta na mediocridade do "pretendente", com adequado vigor. Kiko Mascarenhas equilibra a tensão interior de Tom, buscando na memória a ilusão que reveste o real. E como diz o seu personagem na última cena, evocando a inesquecível irmã, "apague as velas, o mundo hoje está iluminado por relâmpagos".

2010

VIRGOLINO FERREIRA E MARIA DE DÉA – AUTO DE ANGICOS

Em cartaz no Espaço Sesc, a peça de Marcos Barbosa propõe variações a mais um texto em torno de personagens do cangaço. Já vista pelo público carioca em montagem vinda de Salvador, há pouco mais de um ano, *Virgolino Ferreira e Maria de Déa – Auto de Angicos* se mostra permeável a outras interpretações que não apenas aquela que transforma a dupla de "justiceiros" sertanejos em casal em fim de linha.
Os últimos momentos de Lampião e Maria Bonita são vividos como despedida, movida por premonição surgida de um sonho, pretexto para que o casal reafirme a sua paixão mútua e compreenda a impossibilidade de continuar a luta contra as volantes, ainda que saibam ser impossível sair dela. A ameaça pressentida, vivenciada numa madrugada insone, aproxima ainda mais o casal, numa exposição de sentimentos agressiva, dura, afetuosa à sua maneira, em que qualquer demonstração é envolta por disfarces e atalhos que ajudam a revelar o que, efetivamente, sentem um pelo outro.
A ameaça que o sonho anuncia está presente em cada movimento dos personagens, mas o que se ressalta, pelo menos, em grande parte desta montagem de Amir Haddad, é esse encontro afetivo final. Ainda que o aspecto "político" do cangaço esteja visível, tanto no texto quanto na encenação, prevalece esta "humanização" de um casal histórico, submetido aos embates de suas próprias contradições e, paralelamente, às imposições de sua atuação social.
O diretor Amir Haddad procura o equilíbrio entre esses dois traços dramáticos, enquadrando a montagem numa ambientação política em que os personagens refletem visão crítica da nacionalidade, mas, ao mesmo tempo, envolve-se numa individualização que, com certa liberdade de avaliação, poderia se identificar como "drama psicológico". A minúcia com que a direção trata os diálogos, ditos com tal detalhamento, exalta mais a sua poética rude, sem perder a dimensão social que justifica a existência dos personagens.
Esses dois traços se manifestam bem no cenário de Nello Marrese, que com lona embrulha e desembrulha a encenação, ao mesmo tempo que cria um céu estrelado com indisfarçável intenção lírica. Amir desenvolve tantas formas para encerrar a montagem, lançando alguns finais, que acaba criando sugestões mais dispersivas do que conclusivas, enfraquecendo o arremate.
O figurino de Nello Marrese tem bom efeito, da mesma maneira que a iluminação de Paulo César Medeiros e a música original de Caíque Botkay. Os atores Marcos Palmeira e Adriana Esteves estabelecem jogo interpretativo que serve com muita eficácia ao diálogo. Adriana Esteves cresce ao longo da encenação, acompanhan-

do a evolução e a complexidade de sentimentos apresentados pela personagem. Marcos Palmeira mostra contenção que evita o estereótipo do cangaceiro e ressalta o aspecto mais "íntimo" de Lampião.

CONVERSANDO COM MAMÃE

Quando se entra no teatro do Centro Cultural Correios, o cenário de *Conversando com mamãe*, a peça em cartaz no seu palco, já pode ser visto. A concepção visual de Marcos Flaksman criou uma árvore cenográfica à esquerda da cena, tendo ao lado uma porta solta, que delimita paredes inexistentes. À direita, uma cozinha, com todos os apetrechos úteis a essa divisão, como pia, geladeira e legumes reais, manipulados pela atriz. Esse fracionamento na ambientação reflete bem o estilo do texto do argentino Santiago Carlos Oves (1941-2010), que ganhou versão teatral de Jordi Galceran.

O naturalismo das conversas na cozinha de mãe e filho trata do relacionamento de parentesco com exposição das afetividades. Já a abstração de paredes invisíveis e da árvore conferem certo toque de "realismo fantasista" à segunda parte e à continuação desse emotivo diálogo. Tal como o cenário, o texto pretende espelhar a realidade dos objetos de uso doméstico e conquistar, por identificação, os sentimentos da plateia. Não é incomum ouvir o público elogiar a beleza realista do cenário, e reagir de modo incontido a algumas afirmativas dos personagens. Esse efeito identitário assegura carreira promissora da peça junto a espectadores mais maduros, que se sensibilizam com a simpatia ranzinza da mãe octogenária que cultiva as fraquezas emocionais do filho cinquentão.

Semelhante a um roteiro que ficaria bem em especial de televisão, *Conversando com mamãe* é exatamente aquilo que é. Não pretende ser algo que investigue quaisquer situações, basta expô-las, revesti-las com carga afetiva bem administrada, para não fazê-las piegas, e alcançar efeito junto aos que se sensibilizam com universo que se oferece para ser revivido.

A montagem, com direção compartilhada por Susana Garcia e Herson Capri, demonstra ter domínio do material dramático e revela ser capaz de administrá-lo com pontaria certeira de saber como acertar o alvo. A começar pelo cenário, que cria imagem de envolvência doméstica, estendendo-se à música de Alexandre Elias, que cria vinhetas sonoras que marcam, como em novelas televisivas, as passagens das cenas. Os figurinos de Kalma Murtinho evocam os tempos, ou planos, diversos em que circulam os personagens.

O enquadramento visual e sonoro reflete e acentua a emotividade que se pretende cortejar, e é reproduzido pelo elenco. Enquanto Herson Capri se mantém em elegante posição discreta para ressaltar a presença de Beatriz Segall, a atriz tem oportunidade de conduzir com leveza a sua interpretação da senhora de mais de 80 anos.

OUI, OUI... A FRANÇA É AQUI

A proposta de Gustavo Gasparani (1967-) e Eduardo Rieche (1972-) em *Oui, oui... a França é aqui*, em cartaz no Teatro Maison de France, é utilizar o formato de "revista de ano" para garimpar traços da cultura francesa na vida carioca. A inspiração, retirada do balanço de um ano em que as revistas do século XIX comentavam os acontecimentos do período, mantém a crítica, humor e música das originais. E introduz a comédia *O tipo brasileiro*, de França Jr. (1838-1890), como elemento de ligação entre os quadros e para balancear a sequência musical. A estrutura da revista de ano reforça a seleção de músicas, de marchinhas carnavalescas a "Je suis la femme (Melô do piripiri)", de "Cidade maravilhosa" à "Marselhesa", numa mistura bem divertida das influências de uma cultura deglutida pela irreverência de outra.

A dupla de autores se apoia na concepção do gênero, colorindo a pesquisa de gabinete, ainda que nem sempre consiga equalizar o passado referencial com a sua atualização estilística. A comédia escolhida para ilustrar o tema fica um tanto desalinhada em relação à saborosa seleção das músicas, e não se consegue alcançar o tom de humor que a parte musical tão bem comunica. Nas mais de três dezenas de composições do roteiro, a ingenuidade, malícia e crítica das letras sobressaem entre inserções de canções francesas clássicas, românticas e populares, que se complementam na partitura teatral, servindo com paladar carioca sabores franceses.

João Fonseca cozinhou esses ingredientes em fogo brando, sem carregar muito nos temperos e nas formas da degustação. A direção constrói uma cena dinâmica, buscando manter o ritmo no desenrolar dos quadros, alcançando melhor rendimento no segundo ato. O visual, cenários de Nello Marrese e figurino de Marcelo Olinto, em que pese a busca de variação, são pouco inspirados, com excesso de brilhos e precariedade de execução.

Gustavo Gasparani, com comicidade que lembra a de atores populares, explora com bons resultados essa sua faceta. Cesar Augusto tira o melhor do humor em suas participações. Cristiano Gualda se destaca como cantor e por algumas tiradas como apresentador. O trio feminino – Gottsha, Marya Bravo e Solange Badim – sobressai, como ótimas cantoras que são, e pelas divertidas vinhetas de atuação que cada uma delas reverte sempre em bom humor.

A GERAÇÃO TRIANON

A comédia de Anamaria Nunes (1950-) é evocativa da época, primeiras décadas do século XX, em que o Rio mantinha a hegemonia teatral, e que com sua forma improvisada de produção e criação procurava agradar ao público, ingênuo e provinciano. *A geração Trianon*, em cartaz na Casa de Cultura Laura Alvim, captura o espírito desse teatro, com sua hierarquia cênica, atuações pomposas e fórmulas para cortejar a plateia.

O texto, que faz citações a vários personagens reais – o autor Abadie Faria Rosa é incorporado à narrativa –, revive as funções de ensaiador, primeiro ator, primeira atriz, os entreatos e cortinas, o ponto e o avisador, mencionando a terminologia de palco de então (esquerda alta, direita baixa), os derramamentos das peças e dos atores. A autora brinca com esses aspectos com dosagem bem medida de humor e de carinhosa homenagem. Mas a eficácia da comédia precisa encontrar correspondência em cena que saiba reinterpretar o que a trama costura com habilidade. Não que a direção a quatro mãos de Luiz Antonio Pilar e Cristina Bethencourt tenha perdido o sentido histórico e nostálgico, ou mesmo que tenha acentuado o humor para além do que está no texto. O que se percebe é a relativa dificuldade de encontrar maior precisão no modo como encenam as referências teatrais daqueles tempos. Não que a despojada ambientação cenográfica ou a perceptível restrição de produção tenham prejudicado a montagem. O que talvez possa ter limitado a ampliação cênica da comunicabilidade do espetáculo, que mesmo assim é bastante notável, é a desigualdade do elenco.

Os quinze atores demonstram pouca intimidade com códigos de atuação que precisam ser conhecidos para desmontá-los. A irregularidade das interpretações, no entanto, não compromete o jogo da comédia, que submete a plateia ao prazer do riso sem objeções. E é isso que se quer, portanto, o que vale mesmo é a diversão.

RECORDAR É VIVER

Indiscutivelmente, *Recordar é viver*, em cartaz no Teatro II do Centro Cultural Banco do Brasil, é a primeira peça escrita por Hélio Sussekind, com a inescapável carga das tentativas de projetar universo dramático ainda preso à necessidade de medir limites e tatear lembranças. Há muito de promissor e de sinceridade nesta exposição do novo dramaturgo no mergulho em família de classe média, em que o filho mais jovem vive imobilidade existencial diante de um passado do qual se apropria como extensão afetiva da ligação avassaladora com os pais. A inexistência de possibilidades de romper com o círculo familiar e a imutabilidade como conduz sua vida deixa muito pouca distância para se reconhecer com existência própria. Como em muitos outros textos de estreia, também neste, o autor despeja influências e caudal de citações que demonstram muito mais insegurança do que razões dramáticas que as justifiquem. Como nas referências a clássicos que se introduzem na narrativa, fundamentalmente realista, para estabelecer diálogo desajustado com a "alta dramaturgia". Mas ao lado desses deslizes de "primeira obra", Hélio Sussekind cria ambiente emocionalmente sufocado, e retrata de forma quase naturalista a angústia daquele que não consegue sobreviver para além da história de sua ascendência.

O diretor Eduardo Tolentino de Araújo não encontrou soluções que ultrapassassem as fraturas do texto. Como acontece com personagens cuja atuação dramática se esgota sem muito acabamento e sem muita função. Alguns personagens, como os irmãos, que têm presença ora secundária, ora reiterativa, também se estiolam, sem que a direção encontre modo de lhes dar mais vigor. Na linha realista, Eduardo Tolentino cria relativa melancolia que serve ao texto, em especial na quadra final.

Ana Jansen não supera o esquematismo da irmã, enquanto Camilo Bevilacqua enfrenta o desafio de evitar repetir-se na linearidade do irmão mais velho. José Roberto Jardim nem sempre se mostra convincente como o rapaz em conflito. A dupla Suely Franco e Sérgio Britto domina a cena com interpretações que dosam humor agridoce e emoção contida.

O ANIMAL AGONIZANTE

Luciano Alabarse (1953-), diretor atuante em Porto Alegre e curador do festival Porto Alegre em Cena, está em cartaz no Instituto Goethe, em Porto Alegre, com o segundo espetáculo que encena este ano. Depois de se debruçar no primeiro semestre sobre *Bodas de sangue*, do espanhol Federico García Lorca, agora se volta para o norte-americano Philip Roth (1933-), do qual adaptou o romance *O animal agonizante*.

Mudança sensível de universo, que resultou numa quase homenagem a Luiz Paulo Vasconcelos, ator, diretor e professor de formação profissional no Rio, mas que se mudou para Porto Alegre, onde desenvolveu carreira no teatro e no ensino de artes cênicas. A homenagem fica por conta do personagem-fetiche de Roth, David Kepesh, que surge como *alter ego* do autor, e que Luciano Alabarse adaptou habilmente, para o palco. O intelectual, que tem de si profunda percepção, se apaixona por uma das suas alunas, com quarenta anos menos do que ele, um homem de 70 anos. A sua consciência de que a morte é uma inevitabilidade cada vez mais próxima é tão forte quanto o descontrole de sentimentos provocado pela aluna perversamente jovem. O mergulho que o tempo propicia dá a Kepesh a possibilidade de assistir à morte de amigos, medir as diferenças e semelhanças que constata no filho, e enfrentar a ameaça do desaparecimento definitivo do objeto amado.

No romance, um pouco mais do que uma novela no conceito anglo-saxão de narrativa, a ambientação marcadamente norte-americana é decisiva para definir as características do personagem, exemplar típico do realismo psicológico. Na versão para o teatro, esses contornos se diluem pela dificuldade de transpor para nossa geografia humana um mundo e um intelectual produzidos por referenciado meio social. A adaptação procura a abrangência factual do romance, mais do que projetar a atmosfera que cerca o professor em seu último fôlego antes da aposentadoria afetiva.

O diretor construiu a montagem através da presença dominante do ator, que vive o narrador da própria existência como voz que monologa consigo mesma. Absoluto no livro e no palco, Kepesh é tocado pelos demais personagens somente como elementos refratores de sua imagem. Luciano Alabarse criou cenário despojado, horizontalizado, para que essas figuras, como sombras insinuadas, se acerquem daquele que está no centro da eclosão de seus sentimentos.

Luiz Paulo Vasconcelos vive com algum distanciamento dramático o papel de David Kepesh, mantendo-se num mesmo diapasão vocal e gestual, evitando atribuir qualquer emotividade ao professor. Assume, como numa leitura branca, o caráter mais narrativo, transformando a complexidade emocional da palavra de Roth em vivência expositiva de intérprete cerebral. Os demais atores – Luciana Éboli e Thales de Oliveira – são presenças coadjuvantes, em que ela não capta a ambiguidade da jovem, e ele empresta uma intensidade algo desordenada ao filho.

HAIR

Ao assistir à versão de Charles Möeller e Claudio Botelho para o musical de Gerome Ragni, James Rado e Galt Macdermot, mais do que voltar para o mundo dos anos 1960, quando essa celebração ao fenômeno *hippie* estreou na Broadway, se podem avaliar as qualidades intrínsecas dessa vivência coletiva de uma utopia. O sexo livre, as drogas liberadoras e a rejeição dos condicionamentos sociais, ao lado da oposição às guerras, transformaram esse movimento socioexistencial em bandeira de mudanças que viriam a ser deglutidas pelos avassaladores mecanismos do consumo. O musical, que causou impacto quando da estreia, em plena efervescência do "hippismo", provocava escândalo pela nudez frontal, pelo culto ao psicodelismo e pelos *slogans* ("faça amor, não faça a guerra"). Quatro décadas depois, com os códigos sociais bem menos restritivos, e a violência globalizada, *Hair* não se reduz a reportagem musical sobre a época e seus cabeludos e coloridos contestadores.

A trilha, apesar de muito conhecida, e a trama, bastante referenciada ao período, se mostram vivas e pulsantes, driblando o desgaste do tempo e as mudanças de costumes. A encenação de Möeller e Botelho mantém a estrutura original, mas consegue extrair do que se poderia considerar "de época" a força dramática e a carga espetacular que o roteiro conserva de origem. O musical nesta montagem fala de seu tempo, de um tempo marcado por signos muito explorados, mas vibra na frequência da atualidade, com sinais da permanência do que há de bom desde sua estreia. O sopro de revitalização se desenha também naquilo que a dupla tão bem executa, que é a escolha dos elencos de seus musicais. A perfeita adequação entre os diversos tipos e personagens se completa pelo preparo técnico de cada um, prevalecendo a qualidade vocal, coreográfica e a unidade interpretativa de atores preparados para enfrentar e responder à complexidade do que lhes é exigido. A qualificação do grupo e a sua juventude permitem que a oxigenação que os diretores insuflaram na cena alcance ainda melhor realização no palco.

A direção musical e os arranjos de Marcelo Castro "rejuvenescem" o já tão ouvido e renovam a envolvente sonoridade da trilha. O cenário de Rogério Falcão, com tambores de óleo grafitados, Kombi, traços psicodélicos e armação de ferro, sugere ambientação quente para o galpão que abriga os *hippies*. Os figurinos de Marcelo Pies seguem a estética dos jovens do movimento, acrescentando ar oriental e cores ainda mais fortes às vestes dos riponogas. A destacar, a iluminação de Paulo César Medeiros, o visagismo de Dudu Meckelburg e o irrepreensível desenho de som de Marcelo Claret. E uma vez mais, Claudio Botelho encontra a transcrição adequada das letras para o nosso idioma.

A unidade conseguida com o elenco não permite que se aponte nomes, já que os trinta atores correspondem no palco à justeza das escolhas nos testes a que foram submetidas para a seleção. Cantam, dançam e atuam com vitalidade, contribuindo, decisivamente, para revigorar e atualizar *Hair*, sintonizado na mesma carga de empenho e rigor que os diretores impuseram à totalidade da montagem.

DEVASSA

O poder letal de uma mulher, que Frank Wedekind (1864-1918) chamou de *Lulu* e a montagem da Cia. dos Atores envolveu com o título e a aura dúbia de *Devassa*, é revivido nesta transposição afinada com tempos urgentes como dissecação cênica. Algoz e vítima, provocadora e passiva, imagem e borrão, a menina abandonada e violada, instrumento de morte dos homens com que vive, que saiu das ruas na infância, volta às calçadas, prostituta em fim de linha, para ser assassinada e feita em pedaços. É deste esquartejamento, do início ao fim de uma existência em que a hipocrisia estabelece o padrão de moralidade, que se esfacela a personagem na montagem dirigida por Nehle Franke, em estreita colaboração entre atores e autores.

Não se está diante de uma Lulu arrebatadora, centro de dominação e fatalismo, mas de um ímã que atrai sexualidade reveladora e projeta mecanismos abissais do desejo. Projeção de perversidades, objeto de uso, receptáculo de pulsões masculinas, Lulu se arma com meios destruidores que extirpam aquilo que a nega e repudia como feminino, mas que a condena à retaliação definitiva dos homens.

Nehle Franke e a Cia. dos Atores recondicionaram o texto à estética do grupo, na qual os "clássicos" são submetidos a liquidificação cênico-dramatúrgica, reavivada por dúvidas contemporâneas e por cena que inclui as indefinições geradas na sala de ensaios. *Devassa* está longe de ser *work in progress* no sentido banal da terminologia, mas será, sem dúvida, a dissecação de uma dramática que se desloca na horizontalidade de espaço existencial que reverbera múltiplas expressões. O que se estabelece nesta versão de Lulu está delimitado pelo espaço existencial da moral burguesa, alvo permanente de Wedekind, que aqui, em transfigurada autópsia de suas entranhas, deixa-se ver em visceral desnudamento.

Nehle decompõe a narrativa através de impressões digitais de sentimentos superexpostos, numa percepção racional do jogo de irracionalidades. Ao mesmo tempo, impõe circularidade ao carteado de eliminações, até que reste definitiva e contraditória figura inerte e despedaçada numa maca hospitalar, trágica "vivificação do corpo feminino". Mergulho improvável e desabrido em *Lulu*, *Devassa* propõe encenação investigativa de possibilidades, de julgamentos de uma certa moral e de lembrança de variados rótulos, até mesmo de cerveja.

A cenografia asséptica de Aurora dos Campos se distribui com alguma folga na área disponível no mezanino do Espaço Sesc. Talvez pudesse ficar mais fechada, o que poderia esgarçar menos o quadro. A iluminação de Maneco Quinderé se revela coadjuvante, para funcionar impositivamente na última cena. A orientação corporal de Dani Lima se concretiza na desenhada movimentação dos atores, e a direção musical de Rodrigo Marçal pontua com sonoridade adequada momentos oportunos.

O elenco fixo da Cia. dos Atores, acrescido de convidados, está alinhado ao temperamento coletivo. Em orquestração harmonizada por inteligentes atuações: Alexandre Akerman, vagamente perscrutador; Bel Garcia, lucidamente arrebatada; Cesar Augusto, vigorosamente contido; Marcelo Olinto, fragilmente intenso; Marina Vianna, *femme fatale* às avessas; e Pedro Brício, com autoridade interpretativa. *Devassa* é uma proposta arejada e instigante.

KASTELO

O Teatro da Vertigem se joga, mais uma vez, no abismo de "territorializar" a representação. Depois de ocupar igreja em *Paraíso perdido*, hospital em *O livro de Jó*, presídio desativado em *Apocalipse 1.11* e o rio Tietê em *BR-3*, o grupo paulista ocupa o exterior do prédio do Sesc da avenida Paulista com *Kastelo*.
Originalmente inspirado em *O castelo* de Kafka, nesta investida nas entranhas de uma corporação, a cidade se desenha ao fundo como cenário perigosamente instável e gestador de humanidades suspensas pelo provisório do trabalho. Andaimes na fachada do edifício são os palcos móveis de onde os atores, numa complexa operação técnica, se mostram à plateia, distribuída em cadeiras de escritório, emoldurados pelos vidros dos janelões. Em três frentes, os andaimes são manipulados pelos atores no compasso das cenas, com sobe e desce que conduz o olhar do espectador para a alternância dos quadros e para a confortável sensação de "segurança", ao contrário da experimentada pelo elenco, preso a cordas que o mantêm na altura de três andares do asfalto da Paulista.
Talvez essa diferença de posições delimite e reforce os papéis de atores como expositores, e não como "veículos", e da assistência como receptores apaziguados, e não como integrados ao espaço abissal. A estrutura cenográfica, e muitas vezes a do texto, instiga a sensação de inexorabilidade gravitacional. O risco da queda, elemento físico calculado para os atores que balançam e pendem como corpos à deriva, não se transfere, como compartilhamento dramático, para o corpo daqueles que assistem aos ritos perversos de trabalho com os quais, sem dúvida, têm alguma intimidade.
O vidro que separa palco e plateia estabelece transparência opaca, quadro vivo de pulsação controlada (apenas a cidade exterior miniaturizada cenograficamente), espelho sem reflexo de reações passivas (reação do público somente ao malabarismo do efeito). E é o vidro, contraditoriamente, o material que procura ampliar o olhar, desembaçar a imagem exterior, trazê-la para o interior. Tanto que, ao entrar na sala, o zelador, um dos sete personagens, limpa cuidadosamente as vidraças para deixá-las translúcidas e, assim, permitir que se acompanhe a entrada

da cidade nesta cápsula teatral, simulacro de empresa-vitrine. O zelador é responsável também por eliminar sujidades para que se possa ouvir, sem interferências, o ascensorista recitar texto médico sobre morte por afogamento. E arauto do desvendamento dos demais escaladores de pirâmide sem topo, cada um (*motoboy*, executiva, secretário, telefonista e arquivista) tentando permanecer agarrado à sobrevivência corporativa.

O retrato da escalada por estar dentro, seguir, aceitar, permanecer, que pressupõe comportamentos regidos por leis empresariais que determinam linguagem, modo de vestir, atitudes, vida, enfim, estão capturados pelo texto de Evaldo Mocarzel (1960-) em cirúrgica reprodução. Os deslocamentos do *motoboy*, transportado pela urgência e dirigido pela selvageria do trânsito, apreendem as desumanas relações urbanas. A executiva que congela o tempo para que o futuro seja cimentado por práticas laborais irrestritas sucumbe ao mau gerenciamento da própria existência. Para a telefonista, o troféu de "empregada do mês" é o passaporte para a idealizada e melancólica promoção. A secretária, máquina que acelera a funcionalidade burocrática, amarra o cordel desta desatada trituradora, da qual apenas a arquivista (refração de imagem exemplar ou mensageira que devolve a plateia à loucura de seu cotidiano?) ultrapassa a parede de vidro.

Nesta reportagem existencial sobre corporações, com a cidade servindo de nutriente de desejos frustrados e emoções enganosas, Evaldo Mocarzel lança ponte dramática entre a intervenção urbana e o flagrante do aniquilamento das individualidades. O texto, ao fotografar pontos que identificam os métodos empresariais e a carga que o urbano impõe, toca com maior extensão dramática o centro nervoso da narrativa, muito além da dramaturgia espacial intentada pela diretora Eliana Monteiro. Em que pesem os problemas técnicos bem solucionados e a logística cênica plenamente funcional, que permitem que os atores se tornem figuras deslocadas de seu eixo, *Kastelo* se cristaliza no formalismo do risco e na estetização do inusitado, deixando em segundo plano a reflexão sobre suas intencionalidades.

GYPSY

Gypsy tem ficha técnica invejável pelos padrões clássicos dos musicais da Broadway. Com Jule Styne como compositor, Stephen Sondheim como letrista, Jerome Robbins como coreógrafo e Arthur Laurents assinando o libreto, essa comédia musical trata da fantasia que o mundo do espetáculo exerce sobre o desejo de fazer parte de sua engrenagem.

A incansável Mama Rose procura transferir às filhas a ilusão de sucesso no *show business* através de uma trupe infantil que vai se estiolando à medida do avanço da idade do elenco e das mudanças do mercado teatral. Baseado na biografia de Gypsy Rose Lee – uma das filhas que se transforma em *stripper*; a outra, June Havoc, em atriz de cinema –, o musical que estreou em 1959 idealiza o impulso de atingir o topo em contraste com a realidade do percurso pelas incertezas do teatro. Obsessiva em transformar a sua frustração em carreira, as filhas em "escadas" de um sonho, e o êxito em moeda de troca com a vida, Mama Rose é o centro da trama, apesar do título que nomeia aquela que, por via transversa, chega lá.

A afiada equipe que escreveu o musical não deixa margem a muita invenção, já que tudo está ordenado, sem rotas alternativas ou possibilidades de desvios criativos. A música e as letras têm a sonoridade exigida pela época que embala um mundo em inexorável decadência. A coreografia, inspirada nos balés ingênuos e patrióticos do *vaudeville* norte-americano dos anos 1920, ou na grotesca sensualidade dos *strip-teases* do burlesco do mesmo período, é dissimuladamente canhestra. O libreto reveste o musical de estrutura dramática que equilibra as canções com o entrecho, de tal modo que tanto umas quanto o outro se ajustam e se uniformizam como narrativa.

Gypsy cumpre ainda a função que está na base do gênero, a de puro entretenimento. É nesta faixa artística que musicais como este, bem urdido nos seus fundamentos e propósitos, realizam suas indisfarçáveis pretensões. A dupla Charles Möeller, diretor, e Claudio Botelho, tradutor das letras, é sagaz na percepção destes condicionantes, e transporta, com crescente segurança dos meios e depurado acabamento profissional, a vitalidade deste "clássico" para a sua "grife teatral". Ainda que, na concepção, pouco mudou do original, esta "recriação" certifica a habilidade do diretor em seguir o que está tão bem convencionado. A marca da dupla está no modo como assegura fazer possível em nossa geografia artístico-mercadológica aquilo que deu certo na célula de origem.

O cuidado com a feitura se demonstra pela qualidade da seleção do elenco, e se revela em cada elemento do espetáculo. A sonoridade da orquestra regida pelo maestro Marcelo Castro é de notável musicalidade. Os figurinos de Marcelo Pies, inspirados nos croquis originais, nem por isso são menos criativos na revisão e acréscimos. O cenário de Rogério Falcão, a iluminação de Paulo César Medeiros e o *design* de som de Marcelo Claret conferem refinamento artesanal à montagem. A já conhecida habilidade de Möeller e Botelho na escolha de seus elencos, uma vez mais se repete neste coletivo em que, desde as crianças até os protagonistas, todos estão adequadamente selecionados. O grupo de pequenos atores é capaz de cantar, dançar e sapatear com desenvoltura adulta. Os rapazes – Elton Towersey, Lucas Drummond, Igor Pontes, Tomas Quaresma e Kaio Borges – e as garotas – Giselle Lima, Carol Costa, Carol Ebecken, Giulia Nadruz, Joana Motta e Viviane Rojas – compõem conjunto integrado. André Torquato ganha relevo no seu solo como Tulsa. Léo Wainer, Jitman Vibranovski e Otávio Zobaran têm intervenções discretas como pedem seus tipos. Patrícia Scott Bueno e Dudu Sandroni criam pela caracterização física divertidas figuras. Renata Ricci projeta uma June infantilizada. Sheila Matos, Ada Chaseliov e, com algum destaque, Liane Maya formam o patético trio de *strippers*. Eduardo Galvão projeta a fidelidade e paciência do empresário. Adriana Garambone conduz a jovem Louise até a exuberante Gypsy com sensibilidade interpretativa. Além da beleza, a atriz embala com voz suave a canção "Carneirinho". Totia Meireles é uma Mama Rose que lança, tal como a personagem, a vontade de ocupar cada tábua do palco, em atuação de ressonância vibrante.

CLOACA

O grupo carioca Tapa, radicado há anos em São Paulo, desenvolve trabalho coerente com suas propostas estéticas, caracterizando-se como coletivo que valoriza a presença do ator na encenação. Atualmente em cartaz na capital paulista, no Teatro Nair Bello, no shopping Frei Caneca, com *Cloaca*, o Tapa reafirma tanto a coerência quanto a valorização dos intérpretes.
O texto da holandesa Maria Goos (1956-) pretende lançar olhar feminino sobre o mundo masculino, ao concentrar a trama em quatro amigos quarentões, reunidos, depois de algum tempo dispersos, para mergulho no passado, desentendimentos no presente e desagregação no futuro. O que os liga nessa confraria de companheirismo, competição e agressões é a afetividade interferida, em que os sentimentos se expressam de maneira indireta, quase sempre por vias transversas. A revelação do que cada um, efetivamente, sente pelo outro se demonstra por meio do egoísmo de um marido imaturo, da fragilidade de um artista frustrado, da insegurança de um consumidor de drogas e dos delírios de um diretor de teatro. As aproximações e recuos que a retomada da convivência possibilita ao quarteto constituem o núcleo dramático deste texto realista, que vive da construção bem dosada de diálogos precisos, de situações postas em lugar certo, e de crescente ritmo até atingir desfecho de efeito, ainda que previsível. Essa arrumação sem ousadias configura comunicabilidade direta, em que o que se vê representa a transposição linear do que se retrata. Sem outras intermediações.
Eduardo Tolentino de Araújo delimita a encenação nos próprios condicionantes do texto. O realismo desenhado pela autora chega ao palco com medida de tempo e espaço em que o gênero se fundamenta, numa perfeita compreensão do diretor das características do estilo. Eduardo Tolentino conduz com as ferramentas adequadas

ao azeitamento dos mecanismos cênicos esse enfrentamento masculino. O diretor não ressalta o lado "cloaca" (a palavra é usada pela autora como denominação autoidentitária do grupo, e como óbvia metáfora) e os aspectos "masculinos" do comportamento. É verdade que o texto não avança muito nas duas características, mas Tolentino mostra ter se mantido por demais fiel às rubricas, sem tentar ultrapassá-las ou acrescentar-lhes quaisquer outras implicações.

O revestimento da cena ganha cenário elegante de Lola Tolentino, que ocupa com funcionalidade o ótimo palco do Teatro Nair Bello. Os figurinos, também assinados por Lola Tolentino, seguem, estritamente, os perfis dos personagens. A iluminação de André Canto se atrapalha com a horizontalidade do palco.

Mas o destaque da montagem está no elenco, que tem interpretações definidas, bem desenhadas e com bons momentos. Até mesmo na única e pequena participação feminina (Camila Czerkes ou Vanessa Dock, em dias alternados) é possível sentir a mão do diretor na orquestração desse coro harmonioso de atores. Tony Giusti sabe evitar o perigo de melodrama que ronda o personagem e supera a pieguice do desfecho. Brian Penido Ross imprime relativa superficialidade ao cineasta, driblando a carga postiça da sua fala final. Dalton Vigh e André Garolli têm intervenções refinadas no registro realista, capazes não só de estabelecer vínculo com o público, que adere aos personagens como figuras verdadeiras, como de inscrever detalhes nas suas atuações, estendendo com maior riqueza as nuances e complexidade dos personagens.

AQUELES DOIS

O conto de Caio Fernando Abreu (1948-1996) que deu origem à montagem de *Aqueles dois* recebeu adaptação irrepreensível. Como a história é narrada e o caráter literário, incontornável, o grupo mineiro Luna Lunera se apropriou desses aspectos, imprimindo-lhes teatralidade autônoma que ultrapassa esses elementos, a princípio tão pouco dramatizáveis.

Ao verificar que a direção e a dramaturgia são resultado de criação coletiva, ficam evidentes as ideias cênicas inventivas e integradas, que devolvem a esse processo o seu sentido genuinamente grupal, que já há tempos não se via pelos palcos. Os atores Cláudio Dias, Marcelo Souza e Silva, Odilon Esteves, Rômulo Braga, além de Zé Walter Albinati, recriam não apenas a essência do conto, mas dimensionam sua projeção dramática através de multiplicidade de efeitos, condicionando a atmosfera teatral. O Luna Lunera ampliou o meio expressivo original, sem a preocupação de ser comportadamente fiel, e reverteu as características do invólucro em matéria encenável. As soluções encontradas seguem-se umas às outras, algumas vezes até de modo surpreendente, mantendo, com humor e ritmo, o espírito da obra do autor gaúcho.

O texto de Caio Fernando Abreu tangencia a solidão de dois homens, que, vindos de outras cidades, vivem em São Paulo a rotina do trabalho burocrático e se aproximam pelos desejos confessos e inconfessos. O relacionamento de ambos, filtrado com maledicência pelos colegas de repartição, deságua em acusação anônima e despedimento, lançando-os, inevitável e libertariamente, um ao outro. Caio Fernando, para além de ambientar num mundo mesquinho e sem perspectivas esses desgarrados de suas próprias existências, inunda as suas trajetórias de referências a músicas, cantores e filmes, que refletem similaridades da dupla. A circulação por mundos conflitantes, delimitados pela vida rotineira e ansiedades recônditas, percorre o arco das situações em que quadros obedecem à estrutura do conto, acrescido de cartas de Caio Fernando. O jogo de fazer e desfazer desenvolve o corpo a corpo da atração reprimida e repulsão amorosa – como se desenha no início, quando, num balé de entrechoques sugeridos e afeição viril, antecipam-se nos movimentos os diálogos silenciosos dos sentimentos.

O quarteto de atores se distribui nos papéis dos dois homens, que se alternam ao compasso da coreografia emocional, criando a figura de cada um, encontrada por todos em sua realidade ficcional. O espectador é levado a não se fixar em determinado ator como intérprete único do personagem. A toda hora, muda-se, transfere-se de um para outro a imagem que começa a ser cristalizada, e desse modo, num "sistema coringa" revivificado, os personagens demonstram-se, expõem-se e distanciam-se para melhor desvendar painel colorido das emoções. O cenário, concebido também pelo núcleo de criação, reveste o espaço de objetos como máquinas de escrever, luminárias, vitrolas portáteis, dos quais os atores retiram o campo existencial.

A iluminação de Felipe Cosse e Juliano Coelho está bem ajustada à tensão e agilidade geral. Os atores-dramaturgos-cenógrafos-criadores desta coletivização de instigantes propostas dão corpo e voz à orgânica transposição do literário para o cênico, numa íntegra unidade onde não há lugar para destaques. Cláudio Dias, Marcelo Souza e Silva, Odilon Esteves e Rômulo Braga formam núcleo de criação vigoroso, em que ideias se transformam em teatro pulsante.

TRISTE FIM DE POLICARPO QUARESMA

Até seu triste fim, Policarpo Quaresma experimentou, com patriotismo ingênuo, a amarga farsa do exercício da nacionalidade. Vítima de ilusão patriótica, adquire a consciência como herói ridículo da sua própria invenção de sociedade sustentada por suas raízes fundadoras. Após sucessivas derrotas diante de um mundo, transforma-se em bufão de suas ideias. O hospício, ao qual é levado pela defesa da língua tupi-guarani, abriga a primeira decepção, seguindo-se a frustrada tentativa de reformar a agricultura, irremediavelmente vencida pela ação da baixa política e pela voracidade das formigas. Não menos decepcionante é sua adesão à defesa da nação, quando fica frente a frente com o poder da corrupção e da comédia da artilharia. Desse percurso, Policarpo conclui que "fizera a tolice de estudar inutilidades", e que a pátria é pouco mais do que uma quimera.
O romance de Lima Barreto (1881-1922), lançado em 1911, trata de um anti-herói, patético em seus propósitos, risível nas suas inalcançáveis pretensões, que desfia fracassos como alguém que foi devorado por um Brasil real, pelo persistente país de fancaria. A adaptação de Antunes Filho, em cartaz no Teatro Sesc Anchieta, na capital paulista, empreende retorno, "o eterno retorno" do diretor às suas obsessões estéticas e aos escaninhos da nacionalidade.
É inevitável referenciar a atual montagem à de *Macunaíma*, que Antunes dirigiu há 32 anos. Se antes o herói era desprovido de caráter, agora é íntegro, ambos identificados pelas semelhanças do país que os moldou. Se a cena de então determinava poética de brasilidade difusa, hoje se repete com o acréscimo de conotações mais palpáveis. A transcrição do romance, essencialmente descritivo e com poucos diálogos, não intimidou o adaptador, que anteviu as possibilidades de enquadramento na sua rica moldura cênica. Há um tom farsesco, quase picaresco, que se destaca entre tantas outras memórias narrativas, criando humor em contraluz com lirismo.
A movimentação dos atores, em conjunto e com horizontalidade formal, é marca definitiva do diretor, cultivada ao longo de várias montagens. A ausência de cenários, substituídos por adereços, figurinos, máscaras, maquiagem e máquinas de cena, individualiza o grupo, que em bloco ocupa o espaço com furor de personagem-massa. Num desses "quadros vivos", Antunes Filho reproduz, com impacto visual e desenho crítico, as obras pictóricas do positivismo, com sua exaltação à nacionalidade de estampa e de símbolos, e pelotões de vestais patrióticas e lábaros verde-amarelos. A imagética do diretor atinge o arrebatamento quando, ao som do Hino Nacional, Policarpo sapateia como um alegórico dançarino de nossos males. A música, de modinhas, canções militares e valsa, é preponderante no estabeleci-

mento dessa atmosfera de brasilidade desiludida, de sonoridade arranhada pela rouquidão da desesperança, como revela o discurso final de Policarpo.

Nesta transcrição de *Triste fim de Policarpo Quaresma* por Antunes Filho, a sedimentação da gramática teatral do encenador respira por alguns novos poros, abertos pela inquietação de refletir sobre a nostalgia de um país arduamente vivido e eternamente irrealizado. O bem orientado elenco realiza com a determinação do que lhe foi proposto a delirante e cética investigação sobre o que somos ou o que irredutivelmente fomos. A projeção, indiscutível, é do ator Lee Taylor, intérprete inteligente de Policarpo, macunaímica presença como artífice do desencanto.

MACBETH

A complexidade de *Macbeth* está menos em sua trama de trágica poética e nos significados que possam ser atribuídos aos atos de personagens tão cheios de humanidade, do que na forma como o texto de William Shakespeare (1564-1616) é encenado. Traduzir a compreensão, ou a visão, de como o poder se transforma em um corpo que adquire vida e corrói as veias que fazem circular o sangue da ambição não deixa de ser um desafio fascinante.

Macbeth e seu séquito, gravitando em torno de assassinatos, vilanias e traições, se igualam em seus atos, como antecipam as bruxas do início. Bem e mal se realizam como natureza do humano, e a escalada de Macbeth não termina com o seu desaparecimento. Perpetua-se naqueles que repõem a justiça nos tronos que se sucedem. *Macbeth* faz um corte profundo na ambição como processo transfigurado pelo medo e pelo remorso, mas que ao se instalar adquire razão própria que movimenta a engrenagem de sua perpetuação. Tragédia em que o mal se transforma em fúria e em que o destino do homem, mais do que do rei, se deixa conduzir pelo desdobramento de um ato, penetra zonas de sombra para que se perceba o esfacelamento da "máquina do mundo". Macbeth assassina o sono, que se esconde, a princípio, no remorso, mas que se transforma em vigília, para assegurar a conquista. Lady Macbeth, a artífice do primeiro assassinato, que invoca o mal e investe contra a sua feminilidade, se torna sonâmbula na consciência da sua desumanidade, em contraponto a Macbeth, que, amortecido de culpa, se entrega à escalada de mortes.

Na tragédia de Shakespeare, repleta de imagens manchadas de humanidade sangrenta, o diretor busca estabelecer poética que encontre a voracidade abissal das palavras que tocam pulsões e impulsos do homem de modo arrebatador. Transpor esse arrebatamento para a teatralidade contemporânea, em que novas possibilidades de se debruçar sobre a permanência sejam vitais e arejadas, instiga os encenadores diante da narrativa "empanturrada de horrores". Aderbal Freire-Filho procura, em sua montagem em cartaz no Espaço Tom Jobim, trazer *Macbeth* para sintonia de convergências teatrais e transcrições imagísticas.

Na tradução do próprio Aderbal e de João Dantas, persegue-se a métrica do fluxo verbal, sem a ameaça da coloquialidade da traição. Na concepção, o ponto de partida é o inesperado estilístico. As bruxas se apresentam como caricatas figuras, em pernóstica impostação, durante o chá, com a melodia de "Tea for Two" ao fundo. Nesta pequena crítica à fidelidade erudita a Shakespeare, o diretor fundamenta as bases de sua encenação.

Há indiscutível ajustamento da montagem ao espaço, com soluções cenográficas de Fernando Mello da Costa que fracionam, em quatro tablados, a distribuição da ação. O esgarçamento da área de atuação, com o desmonte das cenas à vista da plateia, deixam visíveis os truques da representação, nos quais a evidência é incorporada, mas o dramático se dispersa. A fluidez da tradução, que serve à vocalização "natural" dos atores, e a quebra surpreendente da primeira cena, que determina a perspectiva da montagem, impõem ritmo que desvenda em excesso, prejudicando o adensamento. A tragédia é mais contada do que interpretada, e sua trama prejudicada por esse desmonte espacial e desnudamento artesanal. A palavra, ao mesmo tempo que é posta num fluxo mais escorreito, pela tradução e pela fala, quebra o seu substrato, torna-se sonoridade.

A montagem se deixa levar pelo desejo de descobrir luminosidades na grandeza sombria de *Macbeth*. Daniel Dantas, como Macbeth, é quem mais sofre com essa formalização da voz poética. Sua interpretação parece monocórdia, de linearidade sonora, como se o ator estivesse à procura do texto, da próxima frase. Renata Sorrah, como Lady Macbeth, se apropria com maior densidade da essência do verbo, mas a dispersão dos quadros impede que a atriz amplie a contracena. Os demais atores – Andrea Dantas, Camilo Bevilacqua, Charles Fricks, Edgar Amorim, Erom Cordeiro, Felipe Martins, Guilherme Siman, Marcelo Flores, Ricardo Conti e Thelmo Fernandes –, distribuídos por vários personagens, asseguram no coletivo das interpretações o apoio à montagem.

MENTE MENTIRA

A admiração do diretor Paulo de Moraes e do tradutor Maurício Arruda Mendonça pela dramaturgia norte-americana uma vez mais se expressa numa montagem em que a dupla demonstra identidade com o realismo psicológico desta geografia cênica. Em *Mente mentira*, texto de Sam Shepard (1943-), em cartaz na Casa de Cultura Laura Alvim, tanto o encenador quanto o tradutor reafirmam a sua investigação sobre universo familiar e as possibilidades de levar ao palco na atualidade a psicologia realista de conflito existencial.

A peça de Shepard serve, formalmente, a essas intenções na sua escrita medida por pesos dramáticos calculados e por personagens que, na sua humanidade em situação-limite, vivem ambiguidades entre verdades e mentiras. Após espancar a esposa Beth, que sobrevive com perturbadas sequelas, Jake acredita tê-la matado, e, para confirmar a certeza do irmão, Frankie vai à procura da família da agredida. O autor estabelece, a partir dessa agressão, o retrato dos grupos familiares dos envolvidos, em que a neurose de todos impulsiona o delírio de cada um. As atitudes que assumem ao conviver com as consequências do ato de violência, evidenciam o furor na flagelação dos sentimentos, sempre incompreensíveis, perdidos no passado e revividos nos desejos do presente. Shepard configura, com desenho próximo ao naturalismo, o enfraquecimento de quem procura sobreviver à sua própria desilusão. Nenhum dos personagens parece acreditar no que diz e na forma como age. Cada movimento em direção ao outro é nada mais do que mentira, maneira de camuflar a verdade, que está prestes a eclodir em impulso ora sincero, ora perverso. A violência, que se manifesta individualmente de modo contundente, é gerada e cultivada nas relações entre parentes, gestada por silêncios, ressentimentos e dissimulações.

Paulo de Moraes manipula esse material com as conotações fornecidas pelo universo disfuncional dos afetos, acentuando os "ganchos" dramáticos que Shepard tão diligentemente constrói. Além de envolver a cena com atmosfera tensa, em que os choques são provocados por confrontos fundamentados em pulsões, Moraes mantém o elenco em suspenso, em permanente fricção.

O visual é outro dos elementos que asseguram clima denso à montagem. Assinada pelo diretor e por Carla Berri, a cenografia faz suspensão no palco, criando alçapão em que se depositam refugos de lembranças, unificando os ambientes com adereços referenciais. O uso de portas de ferro, como as de lojas comerciais, não só tem efeito na composição do cenário, como interfere sonoramente, ao se fechar e abrir, marcando mudanças e pausas. A iluminação de Maneco Quinderé é sensibilíssima, ao lado dos figurinos adequados de Rita Murtinho e da música original de Ricco Viana.

Malvino Salvador, como Jake, e Fernanda Machado, como Beth, têm suas primeiras cenas em tom excessivamente conotado, que ao longo do espetáculo tentam repetir sem muita força. Augusto Zacchi, como o irmão Frankie, evita repetir, com interpretação um pouco mais afinada, os maneirismos dos companheiros de palco. Menos equilibrado e um tanto exteriorizado, Marcos Martins vive o irmão de Beth. Keli Freitas, a irmã de Jake, empresta imagem dúbia à relação de amor e ódio pela família. Malu Valle e Roza Grobman interpretam mães, de estratos diferentes e emoções contraditórias, com consistentes intervenções. Zé Carlos Machado desenha com integridade interpretativa o pai autoritário e irascível, dominando cada detalhe do personagem sem perder as firulas de suas oscilações e cair no engano de transformar sua agressividade em truque. Uma atuação bem-acabada.

PTERODÁTILOS

"Assustados e solitários", é como um dos personagens de *Pterodátilos* define a sua existência e da sua família, que não poderia ser mais contemporânea como reflexo das contradições de sobreviver ao seu tempo. Entre a perplexidade e o isolamento, se debatem na refração do mundo exterior, do qual reelaboram os ecos sem quebrar o silêncio da própria angústia e a impossibilidade de chegar ao outro. Cada atitude parece desconexa, sem correspondência aos padrões familiares convencionais, num jogo permanente de sentimentos confusos que recriam o mundo externo com o rasteiro desconhecimento de si mesmos.
A mulher alcoólatra se anestesia, sem saber para onde conduz suas vivências. O homem escapa da realidade, ao perder o trabalho e os laivos de lucidez. O filho soropositivo vagueia por sexo circunstancial. A filha ensaia casamento com rapaz, transformado em empregada doméstica. É neste lar, de alicerces oscilantes, que o autor Nicky Silver (1960-) constrói farsa dramática de humor rascante, em que cada um parece não caber no próprio corpo e encontrar lugar no seu cotidiano. Alimentados por entorpecimentos variados, têm percepção disforme do mundo, são quase despojos de uma atualidade que não entendem. Apenas se submetem a ela. Condenados à extinção, como aquela que fez desaparecer os répteis fósseis do título, esses desgarrados vivem sobre cemitério de ossos, perdendo o chão a cada passo, incapazes de sustentar até mesmo o mínimo equilíbrio de uma casa que afunda em solo irrigado de susto e solidão. Com cenas curtas, centradas nos diálogos sempre amargos e, eventualmente, cruéis, o texto não tem pudor em se utilizar de metáforas evidentes e de evitar justificativas para os personagens através de qualquer traço psicológico. São tão somente tipos revelados por sua própria exposição e esquematismo de efeito provocativo.
Felipe Hirsch confirma sua identidade como diretor, mais uma vez, bem traduzida pela cenografia de Daniela Thomas. Neste espetáculo, a instabilidade familiar é projetada por tablado que se movimenta e se desfaz à medida que a exibição deste núcleo descomposto evolui até a derrocada. Ossos surgem depois que o piso vai sendo retirado, criando pequenos fossos que ameaçam engolir os

personagens, em imagens de quedas iminentes e de pequenos abismos de um mundo em ruínas. A iluminação de Beto Bruel é decisiva na incorporação da cenografia à dramática da encenação.

Hirsch se afina, em sintonia irônica, ao humor de Silver, e o elenco responde com inteligente atuação às imprecações do autor norte-americano. Felipe Abib tira partido da ambiguidade do homem que se traveste de empregada, enquanto Álamo Facó confere desenho corporal ao rascunhado soropositivo. Mariana Lima domina com acuidade e brilho a fútil e neurótica mãe. Marco Nanini, tanto como o chefe da família quanto como a filha, deixa a marca do ator de alto nível e de autoridade interpretativa amadurecida.

ROCKANTYGONA

Não se trata de adaptação reducionista da tragédia de Sófocles (497 a.C.-406 a.C.), mas de intervenção sonora e visual que torna o desafio de *Antígona* diante do poder discricionário uma construção cênica de musicalidade atritante. O rock que se junta ao nome da filha de Édipo não é apenas apelo de título, mas incorporação do desejo de contemporaneidade que ecoa por sonoridades para além do teatro.

A força milenar do texto se mantém inalterada na condensação do trágico ao camerístico e no enxugamento da ação, no que se propõe como reflexos do exercício de poder. É à volta dele que giram os atos de Creonte e de onde emana a desobediência e o determinismo de Antígona. Nesta contracena, que expõe as razões de Estado, ou da baixa política, encobrindo o mando como valor que se justifica por sua própria manutenção, é a atitude transgressora das leis injustas que inicia o esfacelamento da autoridade personalista. É deste conflito, opondo Antígona, decidida a cumprir os preceitos de enterrar o corpo do irmão, a Creonte, que decreta que se proíba a realização do ritual, que a versão de *RockAntygona* conserva a integralidade trágica, ainda que procure outras reverberações.

A concepção do diretor Guilherme Leme se reveste de visualidade originada de instalações plásticas. A música preenche esse espaço como complemento ambiental, ruído que capta dissonâncias e projeta o barulho das palavras. A presença de um DJ, que controla o som e também é narrador, atualiza o coro. A interpretação do elenco se integra a esse quadro plástico como figuras hieráticas, traços firmes de um mural reflexivo. O rigor é o elemento que ressalta na encenação de Guilherme Leme, transmitindo refinamento na arquitetura cênica de filigranado detalhamento. Apesar de a abordagem formal ser predominante, o diretor não permite que se transforme em mero exibicionismo do bem-executado ou em frieza ascética.

O espetáculo instiga a reflexão e aquece a emoção através dos recursos plásticos e musicais, num geometrismo de meios, não de fim. O cenário de Aurora dos Campos imprime distensão espacial à cena, estabelecendo profundidades, planos e transparências dramáticas de requintado impacto. A iluminação de Tomás Ribas valoriza a cenografia com luminosidade vigorosa de poética beleza. O figurino de Tatiana Brescia talvez pudesse ser menos conotado para os atores, especialmente para Creonte, mas o despojamento da túnica vermelha de Antígona contrasta bem com as cores escuras da ambientação. A trilha sonora original de Marcello H. e JR Tostoi pulsa ao ritmo dramático da batida *"heavy"*, interferência precisa na sua contundência. Marcello H., que manipula a mesa de som e informa sobre o desenvolvimento das cenas, tira partido da projeção da voz e da trilha como mais um ator no palco.

Armando Babaioff, mesmo com a discutível apresentação coreográfica de Hémon, demonstra segurança e sutileza para expor as mudanças por que passa o filho diante da inflexibilidade do pai. Larissa Bracher tem, como Antígona, interpretação madura que dosa obstinação moral com consciência de saber o que está reservado à personagem. A atriz, de maneira despojada e seca, confere dignidade à sua atuação. Luís Melo, um Creonte que em sua cena inicial adquire involuntário, mas pertinente perfil de alguns dos nossos políticos, confirma a sua autoridade e densidade como intérprete, prejudicado em parte pela condensação da tragédia que não permite que a passagem da tirania ao declínio só seja possível para o ator vivê-lo como um tempo de registro momentâneo.

HISTÓRIAS DE AMOR LÍQUIDO

A urgência e a competitividade dos dias atuais condicionam e levam adiante a vida, como se a afetividade se diluísse em impulsos ralos que escoam por entre as fragilidades das relações. É nessa confluência aquosa de contatos fugazes e de diálogos de vozes dissonantes que Walter Daguerre situa os personagens das *Histórias de amor líquido*, em cartaz no Teatro Poeira.

São três as histórias da "liquefação das relações contemporâneas": uma "corretora de relacionamento" administra a imagem dos clientes como se tratasse de existências virtuais; uma mulher esbarra em um guarda noturno, ambos vítimas de insônia sem trégua; e um casal, isolado numa casa com ligação externa interrompida, é obrigado a se defrontar. As narrativas se entrecruzam, e os papéis, distribuídos pelos atores de tal forma que a maioria participa de todas elas, representam esses fiapos de vidas comuns.

Ainda que não seja um artifício narrativo inovador, e muito menos recurso radical ao paralelismo, Daguerre escreveu envolvido por aura de estranhamento, algo evocativa de dramaturgias nórdicas. Se em *A corretora* parecerá fixado demais em evidente captação de comportamento que reflita o momento, em *Rua sem saída* elabora trama de proximidades que se desenrola em fios mais bem tecidos. Já em *A casa da ponte* alonga o entrecho, sem contudo perder a essência do pretendido. Paulo José adota ritmo dinâmico e nervoso na direção, resolvendo bem as passagens das histórias, deixando claras as transposições e as ligações que as unificam. O inventivo cenário de Fernando Mello da Costa, que utiliza, como poucas vezes se viu no teatro carioca, projeções com ótimo efeito dramático e qualidade técnica, é marca complementar à agilidade da montagem. Os vídeos, assinados por Rico Vilarouca e Renato Vilarouca, retiram efeitos de palco que colaboram, decisivamente, para o atraente visual, que conta ainda com a eficiente iluminação de Maneco Quinderé e figurino de Kika Lopes.

Com exigências múltiplas e necessidade de mudanças de papéis em segundos, o elenco se sai bem nesses desafios. Ana Kutner, mais exigida em duas personagens complexas, consegue transmutar-se em pouco tempo e com segurança. Bel Kutner se ressente da fragilidade no desenvolvimento da corretora, à qual o autor imprime julgamento moral e ético que enfraquece a sua veracidade. Márcio Vito circula com desenvoltura pelo empresário e pelo guarda noturno, enquanto Alcemar Vieira atinge a dimensão interpretativa dos personagens, e até mesmo dos tipos, como o jogador de futebol, enriquecendo cada uma das suas participações.

COMÉDIA RUSSA

É russa na ambientação e nas referências, mas brasileira no espírito e no ritmo a comédia escrita por Pedro Brício (1972-), em cartaz no Teatro Nelson Rodrigues. A série de quiproquós se passa numa repartição pública de Moscou em que os funcionários nada têm a fazer, apenas preencher o tempo de ócio trabalhista com intrigas, fofocas e muito cafezinho. Nessa rotina de expediente sem trabalho, a burocracia dissimuladora de falcatruas e compadrios é interrompida por assassinatos e investigações de policiais nada convencionais.

No quadro da repartição em que vegetam na inutilidade funcionários de serviço nenhum, Pedro Brício explora o humor, entre a ironia e a chanchada, a crítica e o deboche, em comédia de maus costumes que lembra bons exemplares do gênero e tem semelhança com outras geografias. Brício, que em textos anteriores já demonstrava domínio da linguagem do humor, e que tem visível preferência por explorar gêneros tradicionais, nesta nova investida acrescenta toques policiais e ácidas observações sobre as consequências da corrupção endêmica num patético grupo de burocratas. Na linhagem da dramaturgia de João Bethencourt e Millôr Fernandes, o texto de Pedro Brício se torna original, não só pela escolha da temática, como pelo tratamento que adota na convergência de variados estilos.

João Fonseca interpretou essa diversidade estilística à maneira do grupo Os F... Privilegiados, que dirige. A irreverência e a desconstrução pelo humor, características do coletivo fundado sob o abrigo das "provocações" de Antônio Abujamra (a começar pela sua denominação), se reproduzem nesta montagem. Com o coro do elenco, que a princípio introduz as cenas com música que canta o espírito dos Privilegiados, o diretor acentua a carga do deboche e da chanchada que perpassa a narrativa. Esses aspectos são imperativos em cada elemento da cena, seja na cenografia de Nello Marrese, com seu inesperado cachorro de pelúcia, seja nos figurinos de Rui Cortez, com sua reinterpretação de vestimentas russas. E ainda na linha de atuação do elenco. Alexandre Pinheiro e Cristina Mayrink imprimem crescente voltagem delirante às suas interpretações, alcançando oportunas intervenções. Daniela Olivert e Filomena Mancuzo transmitem com humor, quase patético, os absurdos dos atos das funcionárias da repartição. Marcos Correa se destaca na sua língua ininteligível como o refugiado de ex-república soviética. Natália Lage encarna a inconsequente patricinha e Rose Abdallah tira partido de voz poderosa para compor a ex-estrela *pop* de vida empoeirada no emprego público. Roberto Lobo reveste de maneirismos a canastrice do chefe. Ricardo Souzedo e Thelmo Fernandes, como os policiais atrapalhados, lembram as clássicas duplas de comédias de pastelão. Rodrigo Nogueira, como o funcionário recém-admitido, adota ar *gauche* que se ajusta bem à perplexidade do rapaz em início de carreira.

CADERNO DE MEMÓRIAS

Não se pode dissociar Jean-Claude Carrière (1931-) como autor teatral do roteirista de cinema. A habilidade em construir roteiros para a tela, que manipulam situações tão bem arquitetadas e desenho de personagens que se afiguram enigmáticos e complexos, pode ser confirmada em produções assinadas por Luis Buñuel, Andrzej Wajda, Nagisa Oshima ou Peter Brook. Essa trajetória no cinema, ao lado de contos e romances, marca a sua carreira no teatro, com textos que se "roteirizam" como narrativas cênicas com emulação da tela.

Em *Caderno de memórias*, em cartaz no Teatro Fashion Mall, pode-se considerar que Carrière apropriou-se de um *fait divers*, quase uma vinheta de *boulevard*, para envolvê-la em pretensioso invólucro de jogo de dissimulações e ares de estranhamento. A chegada, intempestiva e sem explicações, de uma mulher ao apartamento de um advogado bem-sucedido desencadeia diálogo de surdos, em que a verborragia dela esconde mais do que revela, e as poucas palavras dele não deixam perceber a construção de reações para além da passividade de ouvinte. A ponte afetiva que se estabelece entre eles, permeada por reiterados depoimentos sobre suas razões ou falta delas, acaba por se revelar de arquitetura discutível, sem muitas bases que sustentem tanta insistência em esgotar situação dramática restrita em si mesma. Ao tentar impor algum significado a esse esbarrar de duas existências, o autor acentua a vacuidade do encontro. O excesso de verbosidade dos diálogos, que se inflam de palavras, nem sempre vence o esforço de transformar fluxo em agilidade. A arena na qual o casal discute em interminável bate e volta é pouco mais do que um acolchoado espaço sem muita reverberação.

O diretor Moacyr Góes parece ter compreendido a extensão do material de que dispunha, e concentrou sua montagem em empenhada corrida por imprimir ritmo. A rapidez nas constantes mudanças de tempo e a música sublinhando a sua passagem, ainda que sejam elementos exteriorizantes, impulsionam, de alguma maneira, o alongado e tedioso confronto verbal. O cenário de Hélio Eichbauer sugere um *studio* sofisticado, a iluminação de Adriana Ortiz apoia esse visual e os figurinos de Luciana Buarque seguem, realisticamente, a mesma linha.

Com este acondicionamento, o diretor oferece aos atores a possibilidade de dar veracidade e consistência à conversação do casal. Otto Júnior mantém sua interpretação um tanto à margem da opacidade do advogado, servindo de contraponto discreto à impulsividade da visitante inesperada. Dira Paes não evita a linearidade, pelo menos sonora, da metralhadora vocal apontada pela personagem. A atriz, mesmo sem escapar dessa massa de palavras, impõe alguma vivacidade à loquaz e invasiva hóspede.

BLITZ

O enfrentamento emocional de um casal diante de uma verdade que se mostra discutível assume o centro da cena nesta *Blitz*, de Bosco Brasil (1960-), em cartaz no Espaço Rogério Cardoso. Ele, policial, acusado de matar uma criança durante blitz, ela, balconista de uma padaria, pressionada no bairro pelo suposto ato do marido, desafiam incertezas num jantar que parece ser definitivo em direção à ruína da convivência. A violência da ação profissional contrasta com a "bondade" da vida comunitária, já que a dupla, criada no bairro, manteria, até então, reconhecimento irrestrito da vizinhança.

As reações, pessoal e coletiva, ao assassinato do colegial se revelam contraditórias e conflitantes, comprometendo o perfil dos personagens, um tanto instáveis em sua construção. A forma como o casal desconstrói pelas palavras o que pretende demonstrar com sentimentos aponta para contradições gestadas no desequilíbrio da ação dramática. O que se revela de início é progressivamente desmentido, não como recurso narrativo, mas como se o autor tivesse sobreposto à ideia original tratamento que o conduziu para o inverso das suas intenções. Os diálogos pretensiosos reforçam a disparidade entre a atmosfera idealizada e o que se intenta estabelecer com o confronto.

O diretor Ivan Sugahara sobrevoou os problemas do texto, abandonando qualquer tentativa de fixar os aspectos realistas. Com a colaboração cenográfica de Natália Lana – uma grande mesa de jantar – e da iluminação de Renato Machado – fracionando áreas de luz –, Sugahara confere um vazio de perspectivas, pausas alongadas e ritmo interiorizado ao que ameaça sempre se transformar em melodrama social. Janaína Ávila é mais convincente no discreto gestual e nos silêncios que pontuam as hesitações da personagem. Marcello Escorel domina melhor as oscilações do policial, dosando explosão e contenção.

MARIA DO CARITÓ

Como em outros de seus textos, o autor pernambucano Newton Moreno (1968-) escreveu *Maria do caritó* também por encomenda. No pedido, supõe-se estar implícito o que de melhor a sua dramaturgia produziu, e também o sucesso que acompanha Moreno nesta década. As circunstâncias que produziram *Maria do caritó* não parecem ter condicionado a sua criação, mas deixam evidente relativo esgotamento do universo regional do autor, que captura personagens farsescos do sertão e da cultura nordestina para dar-lhes vida no teatro.

A Maria que está presa à promessa paterna de se manter virgem até a morte, ainda que procure um marido através de qualquer simpatia que a tradição oral espalhe pelos grotões, nunca desiste do seu intento. Cinquentona, mantém a esperança que imagina encontrar em circo mambembe, perdido na sua cidadezinha, e que a acolhe como uma das suas "atrações". Como numa farsa moralizante, tudo se desvenda no final, repondo verdades e apontando hipocrisias.

É clássico. Newton Moreno não se desvia da fórmula: com os ingredientes que manipula com destreza em peças anteriores, nesta repete como receita requentada e de pouco sabor. Falta o viço que a trama frágil exigiria, e mais inventiva nas evocações da cultura e do imaginário populares e nos diálogos, que se esgotam em imagens cansadas.

O cenário de Nello Marrese ambienta a cena sugerindo um circo, com recortes de bandeirinhas e gambiarras coloridas. Os figurinos de J. C. Serroni colorem essa cenografia. O diretor João Fonseca tenta explorar a ligação entre a peregrinação de Maria para conseguir um casamento e o estilo de representação carregada dos dramas do circo-teatro. Consegue parcialmente, já que nem sempre diretor e elenco sustentam essa linha. Lilia Cabral desempenha com facilidade a Maria desejosa de sair do caritó. Leopoldo Pacheco vive o galã de circo como um tipo de composição corporal. Fernando Neves faz divertida intervenção em travesti, enquanto Silvia Poggetti está correta em seus vários papéis. Dani Barros sobressai com a sua impagável composição da galinha.

Índice cronológico

1982

- 15 AS LÁGRIMAS AMARGAS DE PETRA VON KANT
- 17 HEDDA GABLER
- 20 SERAFIM PONTE GRANDE
- 22 A AURORA DA MINHA VIDA
- 23 QUERO
- 25 LEONCE E LENA

1983

- 29 TRAIÇÕES
- 30 EVITA
- 34 TESTEMUNHA DE ACUSAÇÃO
- 35 A AMANTE INGLESA
- 37 VARGAS
- 38 REI LEAR
- 40 QUASE 84
- 42 O CÍRCULO DE GIZ CAUCASIANO
- 44 VIÚVA, PORÉM HONESTA
- 46 A FARRA DA TERRA

1984

- 50 A CHORUS LINE
- 52 ROMEU E JULIETA
- 54 CAMINHADAS
- 55 IRRESISTÍVEL AVENTURA
- 57 EMILY
- 60 MORTE ACIDENTAL DE UM ANARQUISTA
- 61 MÃO NA LUVA
- 63 ESPERANDO GODOT
- 64 FREUD, NO DISTANTE PAÍS DA ALMA
- 65 O BEIJO NO ASFALTO
- 67 TEM PRA GENTE, SE INVENTE

1985

- 70 GRANDE E PEQUENO
- 72 O TEMPO E OS CONWAYS
- 73 C DE CANASTRA
- 75 ASSIM É SE LHE PARECE
- 78 ESTE MUNDO É UM HOSPÍCIO
- 80 THEATRO MUSICAL BRAZILEIRO: 1860-1914
- 82 QUATRO VEZES BECKETT
- 84 CYRANO DE BERGERAC
- 86 O CORSÁRIO DO REI
- 89 UM BEIJO, UM ABRAÇO, UM APERTO DE MÃO

1986

- 92 OS VELHOS MARINHEIROS
- 93 ENCONTRO DE ÍTALO ROSSI E WALMOR CHAGAS COM FERNANDO PESSOA
- 95 FEDRA
- 98 IDEIAS E REPETIÇÕES – UM MUSICAL DE GESTOS
- 99 TRAIR E COÇAR... É SÓ COMEÇAR
- 100 MAHAGONNY
- 101 CARMEM COM FILTRO
- 103 SÁBADO, DOMINGO, SEGUNDA
- 105 KATASTROPHÉ
- 107 QUARTETT
- 110 DE BRAÇOS ABERTOS
- 111 LILY E LILY
- 112 A HONRA PERDIDA DE KATHARINA BLUM
- 115 ELECTRA COM CRETA
- 117 ARTAUD

1987

- 120 LIGAÇÕES PERIGOSAS
- 121 O ENCONTRO DE DESCARTES COM PASCAL

123	LÚCIA MCCARTNEY
125	GARDEL: UMA LEMBRANÇA
127	A CERIMÔNIA DO ADEUS
129	DONA DOIDA: UM INTERLÚDIO
131	MATURANDO
132	MEU TIO, O IAUARETÊ
134	CENAS DE OUTONO
135	A ESTRELA DALVA
137	NOSSA CIDADE

1988

140	UMA PEÇA POR OUTRA
141	TRILOGIA KAFKA
141	XICA DA SILVA
144	MEU QUERIDO MENTIROSO
146	EXERCÍCIO Nº 2
146	EXERCÍCIO Nº 3
148	O PREÇO
149	FRAGMENTOS DE UM DISCURSO AMOROSO
151	DENISE STOKLOS IN MARY STUART
152	FILUMENA MARTURANO
155	A CERIMÔNIA DO ADEUS
157	INIMIGO DA CLASSE
158	ORLANDO

1989

161	ENCONTRARSE
163	SUBURBANO CORAÇÃO
165	O JARDIM DAS CEREJEIRAS
167	MARAT MARAT
168	A ESTRELA DO LAR
170	A VIDA DE GALILEU

1990

173	A PARTILHA
174	A MULHER CARIOCA AOS 22 ANOS
176	A BAO A QU
176	M.O.R.T.E.
179	A ESCOLA DE BUFÕES
181	CARMEM COM FILTRO 2,5
183	CONCÍLIO DO AMOR
183	VEM BUSCAR-ME QUE AINDA SOU TEU
183	PANTALEÃO E AS VISITADORAS
184	QUADRANTE
185	ELAS POR ELA
187	JOÃO DE MINAS: A MULHER CARIOCA AOS 22 ANOS

1991

191	CARTAS PORTUGUESAS
192	O TIRO QUE MUDOU A HISTÓRIA
194	O BAILE DE MÁSCARAS
196	NARDJA ZULPÉRIO
198	NO LAGO DOURADO
199	VEM BUSCAR-ME QUE AINDA SOU TEU

1992

203	ANTÍGONA
204	ROMEU E JULIETA
205	UMA RELAÇÃO TÃO DELICADA
206	NO CORAÇÃO DO BRASIL
208	COMUNICAÇÃO A UMA ACADEMIA
209	IMAGINÁRIA
210	CONFISSÕES DE ADOLESCENTE
211	VAU DA SARAPALHA

1993

- 214 VIAGEM AO CENTRO DA TERRA
- 215 GILDA – UM PROJETO DE VIDA
- 216 BRINCANTE
- 217 O FUTURO DURA MUITO TEMPO

1994

- 220 HAM-LET
- 221 CAPITAL ESTRANGEIRO
- 222 EDUARDO II
- 224 O HOMEM SEM QUALIDADES
- 225 SERMÃO DA QUARTA-FEIRA DE CINZAS
- 226 A RUA DA AMARGURA
- 228 PENTESILEIAS
- 229 PEER GYNT

1995

- 232 GILGAMESH
- 233 TRÊS MULHERES ALTAS
- 234 TORRE DE BABEL
- 236 DON JUAN
- 237 PÉROLA
- 238 DIAS FELIZES
- 239 MELODRAMA
- 240 EXORBITÂNCIAS

1996

- 243 A DAMA DO MAR
- 244 JANGO, UMA TRAGÉDYA
- 245 O BURGUÊS RIDÍCULO
- 247 O SONHO
- 248 AS BACANTES
- 249 VENTANIA
- 250 REI LEAR
- 251 SONATA KREUTZER
- 252 METRALHA
- 254 MARY STUART

1997

- 257 CARTAS PORTUGUESAS
- 258 O LIVRO DE JÓ
- 259 DRÁCULA E OUTROS VAMPIROS
- 261 DIÁRIO DE UM LOUCO
- 262 MORTE E VIDA SEVERINA
- 263 NOITE DE REIS

1998

- 267 GATA EM TETO DE ZINCO QUENTE
- 268 PARA DAR UM FIM NO JUÍZO DE DEUS
- 270 A DONA DA HISTÓRIA
- 272 SOMOS IRMÃS
- 274 TODA NUDEZ SERÁ CASTIGADA
- 276 TIME ROCKER
- 278 DA GAIVOTA
- 280 CARTAS DE RODEZ
- 281 AS TRÊS IRMÃS
- 283 CACILDA!
- 285 ARTE
- 286 ROBERTO ZUCCO
- 288 UMA NOITE NA LUA
- 290 A VIDA É SONHO

1999

- 293 DOLORES
- 294 UM EQUILÍBRIO DELICADO
- 296 ALICE ATRAVÉS DO ESPELHO
- 297 O ZELADOR
- 299 O VISCONDE PARTIDO AO MEIO
- 301 POR UM INCÊNDIO ROMÂNTICO
- 303 KRONOS

2000

- 306 DECADÊNCIA
- 307 APOCALIPSE 1.11
- 309 A MÁQUINA
- 311 VENTRILOQUIST
- 312 QUEM TEM MEDO DE VIRGINIA WOOLF?
- 314 FELIZES PARA SEMPRE
- 316 A VIDA É CHEIA DE SOM E FÚRIA
- 317 ESPERANDO BECKETT

2001

- 321 A COMÉDIA DO TRABALHO
- 322 COMPANY
- 323 A MEMÓRIA DA ÁGUA
- 326 CAMBAIO
- 328 REI LEAR
- 329 VISITANDO O SR. GREEN
- 331 ESPERANDO GODOT
- 333 CASA DE BONECA

2002

- 336 AS ARTIMANHAS DE SCAPINO
- 337 A PROVA
- 339 NOITES DO VIDIGAL
- 340 A TRAGÉDIA DE HAMLET
- 341 LONGA JORNADA DE UM DIA NOITE ADENTRO
- 344 OS SOLITÁRIOS
- 345 PÓLVORA E POESIA
- 347 NOVAS DIRETRIZES EM TEMPO DE PAZ
- 349 A PAIXÃO SEGUNDO G. H.
- 351 OS SETE AFLUENTES DO RIO OTA
- 354 PESSOAS INVISÍVEIS

2003

- 357 COM A PULGA ATRÁS DA ORELHA
- 358 4.48 PSYCHOSE
- 360 INTIMIDADE INDECENTE
- 362 NO RETROVISOR
- 363 ZASTROZZI
- 365 FAUSTO
- 366 CIRCO DA PAIXÃO – GODSPELL
- 368 SÉRGIO 80
- 369 TIO VÂNIA
- 371 A MORTE DO CAIXEIRO-VIAJANTE
- 373 ÓPERA DO MALANDRO
- 375 O INSPETOR GERAL
- 376 SONHOS DE EINSTEIN
- 378 AOS QUE VIRÃO DEPOIS DE NÓS – KASSANDRA IN PROCESS
- 379 O QUE DIZ MOLERO

2004

383	AGRESTE
384	MACBETH
385	CONJUGADO
387	A CASA DOS BUDAS DITOSOS
388	ENSAIO.HAMLET
389	SONHO DE UMA NOITE DE VERÃO
391	MEDEIA
393	O CANTO DE GREGÓRIO
393	PRÊT-À-PORTER 6
395	SOPPA DE LETRA
397	REGURGITOFAGIA
398	MADEMOISELLE CHANEL
400	A CAMINHO DE CASA
401	AS PEQUENAS RAPOSAS
403	ORLANDO

2005

406	INFRATURAS
407	TRIUNFO SILENCIOSO
408	DAQUI A DUZENTOS ANOS
409	BAQUE
411	LADRÃO EM NOITE DE CHUVA
412	LOUISE BOURGEOIS: FAÇO, DESFAÇO, REFAÇO
413	A SERPENTE
415	ANTÍGONA
416	JUNG E EU
417	MAJOR BÁRBARA

2006

420	SONHO DE OUTONO
421	LEITOR POR HORAS
422	ADIVINHE QUEM VEM PARA REZAR
423	CALÚNIA
424	INCIDENTE EM ANTARES

2007

427	DISCURSO DOS ANIMAIS
428	TERRA EM TRÂNSITO
428	RAINHA MENTIRA
429	LES ÉPHÉMÈRES
431	AS CENTENÁRIAS
432	FIM DE PARTIDA
433	MÃE CORAGEM E SEUS FILHOS
434	HOMEMÚSICA
435	7
437	AS CONCHAMBRANÇAS DE QUADERNA

2008

440	ÀS FAVAS COM OS ESCRÚPULOS
441	CALÍGULA
442	POR UMA VIDA MENOS ORDINÁRIA
443	O DRAGÃO
444	A FORMA DAS COISAS
445	RESTA POUCO A DIZER
446	OS PRODUTORES
448	NÃO SOBRE O AMOR
449	HAMLET
450	INVEJA DOS ANJOS
451	A ÚLTIMA GRAVAÇÃO DE KRAPP
451	ATO SEM PALAVRAS 1
453	TRAIÇÃO

2009

455	CÂNDIDA
456	NA SOLIDÃO DOS CAMPOS DE ALGODÃO
458	INQUIETO CORAÇÃO
459	EXERCÍCIO Nº 2 – FORMAS BREVES
460	A MÚSICA – SEGUNDA
461	ESPIA UMA MULHER QUE SE MATA
462	RAINHA[(S)] – DUAS ATRIZES EM BUSCA DE UM CORAÇÃO
463	GLORIOSA
465	A MÁQUINA DE ABRAÇAR
466	TILL, A SAGA DE UM HERÓI TORTO
467	KABUL
468	SIMPLESMENTE EU, CLARICE LISPECTOR
469	VIVER SEM TEMPOS MORTOS
470	MOBY DICK
471	IN ON IT
472	O ESTRANGEIRO
472	CORTE SECO
474	O ZOOLÓGICO DE VIDRO
489	AQUELES DOIS
491	TRISTE FIM DE POLICARPO QUARESMA
492	MACBETH
493	MENTE MENTIRA
495	PTERODÁTILOS
496	ROCKANTYGONA
497	HISTÓRIAS DE AMOR LÍQUIDO
498	COMÉDIA RUSSA
499	CADERNO DE MEMÓRIAS
500	BLITZ
501	MARIA DO CARITÓ

2010

477	VIRGOLINO FERREIRA E MARIA DE DÉA – AUTO DE ANGICOS
478	CONVERSANDO COM MAMÃE
479	OUI, OUI... A FRANÇA É AQUI
480	A GERAÇÃO TRIANON
480	RECORDAR É VIVER
481	O ANIMAL AGONIZANTE
482	HAIR
484	DEVASSA
485	KASTELO
486	GYPSY
488	CLOACA

Índice alfabético

358	4.48 PSYCHOSE	221	CAPITAL ESTRANGEIRO
435	7	101	CARMEM COM FILTRO
176	A BAO A QU	181	CARMEM COM FILTRO 2,5
422	ADIVINHE QUEM VEM PARA REZAR	280	CARTAS DE RODEZ
383	AGRESTE	257	CARTAS PORTUGUESAS (1997)
296	ALICE ATRAVÉS DO ESPELHO	191	CARTAS PORTUGUESAS (1991)
35	AMANTE INGLESA, A	333	CASA DE BONECA
481	ANIMAL AGONIZANTE, O	387	CASA DOS BUDAS DITOSOS, A
203	ANTÍGONA (1992)	134	CENAS DE OUTONO
415	ANTÍGONA (2005)	431	CENTENÁRIAS, AS
378	AOS QUE VIRÃO DEPOIS DE NÓS – KASSANDRA IN PROCESS	127	CERIMÔNIA DO ADEUS, A (1987)
		155	CERIMÔNIA DO ADEUS, A (1988)
307	APOCALIPSE 1.11	50	CHORUS LINE, A
489	AQUELES DOIS	366	CIRCO DA PAIXÃO – GODSPELL
117	ARTAUD	42	CÍRCULO DE GIZ CAUCASIANO, O
285	ARTE	488	CLOACA
336	ARTIMANHAS DE SCAPINO, AS	357	COM A PULGA ATRÁS DA ORELHA
440	ÀS FAVAS COM OS ESCRÚPULOS	321	COMÉDIA DO TRABALHO, A
75	ASSIM É SE LHE PARECE	498	COMÉDIA RUSSA
451	ATO SEM PALAVRAS 1	322	COMPANY
22	AURORA DA MINHA VIDA, A	208	COMUNICAÇÃO A UMA ACADEMIA
248	BACANTES, AS	437	CONCHAMBRANÇAS DE QUADERNA, AS
194	BAILE DE MÁSCARAS, O	183	CONCÍLIO DO AMOR
409	BAQUE	210	CONFISSÕES DE ADOLESCENTE
65	BEIJO NO ASFALTO, O	385	CONJUGADO
500	BLITZ	478	CONVERSANDO COM MAMÃE
216	BRINCANTE	86	CORSÁRIO DO REI, O
245	BURGUÊS RIDÍCULO, O	472	CORTE SECO
73	C DE CANASTRA	84	CYRANO DE BERGERAC
283	CACILDA!	278	DA GAIVOTA
499	CADERNO DE MEMÓRIAS	243	DAMA DO MAR, A
441	CALÍGULA	408	DAQUI A DUZENTOS ANOS
423	CALÚNIA	110	DE BRAÇOS ABERTOS
326	CAMBAIO	306	DECADÊNCIA
54	CAMINHADAS	151	DENISE STOKLOS IN MARY STUART
400	CAMINHO DE CASA, A	484	DEVASSA
455	CÂNDIDA	261	DIÁRIO DE UM LOUCO
393	CANTO DE GREGÓRIO, O	238	DIAS FELIZES

427	DISCURSO DOS ANIMAIS	444	FORMA DAS COISAS, A
293	DOLORES	149	FRAGMENTOS DE UM DISCURSO AMOROSO
236	DON JUAN	64	FREUD, NO DISTANTE PAÍS DA ALMA
270	DONA DA HISTÓRIA, A	217	FUTURO DURA MUITO TEMPO, O
129	DONA DOIDA: UM INTERLÚDIO	125	GARDEL: UMA LEMBRANÇA
259	DRÁCULA E OUTROS VAMPIROS	267	GATA EM TETO DE ZINCO QUENTE
443	DRAGÃO, O	480	GERAÇÃO TRIANON, A
222	EDUARDO II	215	GILDA – UM PROJETO DE VIDA
185	ELAS POR ELA	232	GILGAMESH
115	ELECTRA COM CRETA	463	GLORIOSA
57	EMILY	70	GRANDE E PEQUENO
161	ENCONTRARSE	486	GYPSY
121	ENCONTRO DE DESCARTES COM PASCAL, O	482	HAIR
93	ENCONTRO DE ÍTALO ROSSI E WALMOR CHAGAS COM FERNANDO PESSOA	220	HAM-LET
		449	HAMLET
388	ENSAIO.HAMLET	17	HEDDA GABLER
429	ÉPHÉMÈRES, LES	497	HISTÓRIAS DE AMOR LÍQUIDO
294	EQUILÍBRIO DELICADO, UM	224	HOMEM SEM QUALIDADES, O
179	ESCOLA DE BUFÕES, A	434	HOMEMÚSICA
317	ESPERANDO BECKETT	112	HONRA PERDIDA DE KATHARINA BLUM, A
63	ESPERANDO GODOT (1984)	98	IDEIAS E REPETIÇÕES – UM MUSICAL DE GESTOS
331	ESPERANDO GODOT (2001)	209	IMAGINÁRIA
461	ESPIA UMA MULHER QUE SE MATA	424	INCIDENTE EM ANTARES
78	ESTE MUNDO É UM HOSPÍCIO	406	INFRATURAS
472	ESTRANGEIRO, O	157	INIMIGO DA CLASSE
135	ESTRELA DALVA, A	471	IN ON IT
168	ESTRELA DO LAR, A	458	INQUIETO CORAÇÃO
30	EVITA	375	INSPETOR GERAL, O
146	EXERCÍCIO Nº 2	360	INTIMIDADE INDECENTE
459	EXERCÍCIO Nº 2 – FORMAS BREVES	450	INVEJA DOS ANJOS
146	EXERCÍCIO Nº 3	55	IRRESISTÍVEL AVENTURA
240	EXORBITÂNCIAS	244	JANGO, UMA TRAGÉDYA
46	FARRA DA TERRA, A	165	JARDIM DAS CEREJEIRAS, O
365	FAUSTO	187	JOÃO DE MINAS: A MULHER CARIOCA AOS 22 ANOS
95	FEDRA	416	JUNG E EU
314	FELIZES PARA SEMPRE	467	KABUL
152	FILUMENA MARTURANO	485	KASTELO
432	FIM DE PARTIDA	105	KATASTROPHÉ

303	KRONOS	456	NA SOLIDÃO DOS CAMPOS DE ALGODÃO
411	LADRÃO EM NOITE DE CHUVA	448	NÃO SOBRE O AMOR
15	LÁGRIMAS AMARGAS DE PETRA VON KANT, AS	196	NARDJA ZULPÉRIO
421	LEITOR POR HORAS	206	NO CORAÇÃO DO BRASIL
25	LEONCE E LENA	263	NOITE DE REIS
120	LIGAÇÕES PERIGOSAS	288	NOITE NA LUA, UMA
111	LILY E LILY	339	NOITES DO VIDIGAL
258	LIVRO DE JÓ, O	198	NO LAGO DOURADO
341	LONGA JORNADA DE UM DIA NOITE ADENTRO	362	NO RETROVISOR
412	LOUISE BOURGEOIS: FAÇO, DESFAÇO, REFAÇO	137	NOSSA CIDADE
123	LÚCIA MCCARTNEY	347	NOVAS DIRETRIZES EM TEMPO DE PAZ
384	MACBETH (2004)	373	ÓPERA DO MALANDRO
492	MACBETH (2010)	379	O QUE DIZ MOLERO
398	MADEMOISELLE CHANEL	158	ORLANDO (1988)
433	MÃE CORAGEM E SEUS FILHOS	403	ORLANDO (2004)
100	MAHAGONNY	479	OUI, OUI... A FRANÇA É AQUI
417	MAJOR BÁRBARA	349	PAIXÃO SEGUNDO G. H., A
61	MÃO NA LUVA	183	PANTALEÃO E AS VISITADORAS
465	MÁQUINA DE ABRAÇAR, A	268	PARA DAR UM FIM NO JUÍZO DE DEUS
309	MÁQUINA, A	173	PARTILHA, A
167	MARAT MARAT	140	PEÇA POR OUTRA, UMA
501	MARIA DO CARITÓ	229	PEER GYNT
254	MARY STUART	228	PENTESILEIAS
131	MATURANDO	401	PEQUENAS RAPOSAS, AS
391	MEDEIA	237	PÉROLA
239	MELODRAMA	354	PESSOAS INVISÍVEIS
323	MEMÓRIA DA ÁGUA, A	345	PÓLVORA E POESIA
493	MENTE MENTIRA	301	POR UM INCÊNDIO ROMÂNTICO
252	METRALHA	442	POR UMA VIDA MENOS ORDINÁRIA
144	MEU QUERIDO MENTIROSO	148	PREÇO, O
132	MEU TIO, O IAUARETÊ	393	PRÊT-À-PORTER 6
470	MOBY DICK	446	PRODUTORES, OS
176	M.O.R.T.E.	337	PROVA, A
60	MORTE ACIDENTAL DE UM ANARQUISTA	495	PTERODÁTILOS
371	MORTE DO CAIXEIRO-VIAJANTE, A	184	QUADRANTE
262	MORTE E VIDA SEVERINA	107	QUARTETT
174	MULHER CARIOCA AOS 22 ANOS, A	40	QUASE 84
460	MÚSICA – SEGUNDA, A	82	QUATRO VEZES BECKETT

312	QUEM TEM MEDO DE VIRGINIA WOOLF?	466	TILL, A SAGA DE UM HERÓI TORTO
23	QUERO	276	TIME ROCKER
428	RAINHA MENTIRA	369	TIO VÂNIA
462	RAINHA[(S)] – DUAS ATRIZES EM BUSCA DE UM CORAÇÃO	192	TIRO QUE MUDOU A HISTÓRIA, O
		274	TODA NUDEZ SERÁ CASTIGADA
480	RECORDAR É VIVER	234	TORRE DE BABEL
397	REGURGITOFAGIA	340	TRAGÉDIA DE HAMLET, A
38	REI LEAR (1983)	453	TRAIÇÃO
250	REI LEAR (1996)	29	TRAIÇÕES
328	REI LEAR (2001)	99	TRAIR E COÇAR... É SÓ COMEÇAR
205	RELAÇÃO TÃO DELICADA, UMA	281	TRÊS IRMÃS, AS
445	RESTA POUCO A DIZER	233	TRÊS MULHERES ALTAS
286	ROBERTO ZUCCO	141	TRILOGIA KAFKA
496	ROCKANTYGONA	491	TRISTE FIM DE POLICARPO QUARESMA
52	ROMEU E JULIETA (1984)	407	TRIUNFO SILENCIOSO
204	ROMEU E JULIETA (1992)	451	ÚLTIMA GRAVAÇÃO DE KRAPP, A
226	RUA DA AMARGURA, A	89	UM BEIJO, UM ABRAÇO, UM APERTO DE MÃO
103	SÁBADO, DOMINGO, SEGUNDA	37	VARGAS
20	SERAFIM PONTE GRANDE	211	VAU DA SARAPALHA
368	SÉRGIO 80	92	VELHOS MARINHEIROS, OS
225	SERMÃO DA QUARTA-FEIRA DE CINZAS	183	VEM BUSCAR-ME QUE AINDA SOU TEU (1990)
413	SERPENTE, A	199	VEM BUSCAR-ME QUE AINDA SOU TEU (1991)
351	SETE AFLUENTES DO RIO OTA, OS	249	VENTANIA
468	SIMPLESMENTE EU, CLARICE LISPECTOR	311	VENTRILOQUIST
344	SOLITÁRIOS, OS	214	VIAGEM AO CENTRO DA TERRA
272	SOMOS IRMÃS	170	VIDA DE GALILEU, A
251	SONATA KREUTZER	316	VIDA É CHEIA DE SOM E FÚRIA, A
420	SONHO DE OUTONO	290	VIDA É SONHO, A
389	SONHO DE UMA NOITE DE VERÃO	477	VIRGOLINO FERREIRA E MARIA DE DÉA – AUTO DE ANGICOS
247	SONHO, O		
376	SONHOS DE EINSTEIN	299	VISCONDE PARTIDO AO MEIO, O
395	SOPPA DE LETRA	329	VISITANDO O SR. GREEN
163	SUBURBANO CORAÇÃO	44	VIÚVA, PORÉM HONESTA
72	TEMPO E OS CONWAYS, O	469	VIVER SEM TEMPOS MORTOS
67	TEM PRA GENTE, SE INVENTE	141	XICA DA SILVA
428	TERRA EM TRÂNSITO	363	ZASTROZZI
34	TESTEMUNHA DE ACUSAÇÃO	297	ZELADOR, O
80	THEATRO MUSICAL BRAZILEIRO: 1860-1914	474	ZOOLÓGICO DE VIDRO, O

Fontes Freight Text e Arboria

Papel Pólen soft 80 g/m²

Impressão Nywgraf Editora Gráfica Ltda.

Data Julho de 2017

MISTO
Papel produzido a partir
de fontes responsáveis
FSC® C044162